U0525908

二十世纪人文译丛

希腊人的崛起

〔英〕迈克尔·格兰特 著
刘 峰 译

商务印书馆
The Commercial Press

MICHAEL GRANT

THE RISE OF THE GREEKS

Copyright © 1987 Michael Grant

Published by arrangement with Orion Publishing Group via The Grayhawk Agency Ltd.

本书中文版依据凤凰出版社（Phoenix Press）2001版翻译

本书地图系原书地图
审图号：GS（2022）3851

商务印书馆（上海）有限公司 出品
The Commercial Press (Shanghai) Co. Ltd.

"二十世纪人文译丛"
编辑委员会

* 陈　恒（上海师范大学）

陈　淳（复旦大学）

陈　新（上海师范大学）

陈众议（中国社会科学院）

董少新（复旦大学）

洪庆明（上海师范大学）

黄艳红（上海师范大学）

刘津瑜（美国德堡大学）

　　　（上海师范大学）

刘文明（首都师范大学）

刘耀春（四川大学）

刘永华（北京大学）

陆　扬（北京大学）

孟钟捷（华东师范大学）

彭　刚（清华大学）

渠敬东（北京大学）

宋立宏（南京大学）

孙向晨（复旦大学）

杨明天（上海外国语大学）

岳秀坤（首都师范大学）

张广翔（吉林大学）

* 执行主编

〔英〕迈克尔·格兰特

作者简介

迈克尔·格兰特（Michael Grant，1914—2004），英国著名的古典学家，历史畅销书作者，曾任爱丁堡大学拉丁文学教授，喀土穆大学与女王大学校长。他翻译的塔西佗《编年史》至今仍然是常用译本，他还翻译了诸多其他古典作家的作品，并著有《希腊人的崛起》《罗马之巅》《维苏威的城市》等多达七十部关于希腊、罗马、中世纪历史的著作，其《古典时期的希腊》一书更是被译为德语等多种版本。格兰特教授退休后潜心写作，是古代史领域少见的自由作家，《泰晤士报》将其评为少有的"同时赢得学术界与普通读者尊重的经典史学家"。

译者简介

刘峰，海德堡大学古代史与碑铭系博士生。

总　序

"人文"是人类普遍的自我关怀，表现为对教化、德行、情操的关切，对人的尊严、价值、命运的维护，对理想人格的塑造，对崇高境界的追慕。人文关注人类自身的精神层面，审视自我，认识自我。人之所以是万物之灵，就在于其有人文，有自己特有的智慧风貌。

"时代"孕育"人文"，"人文"引领"时代"。

古希腊的德尔斐神谕"认识你自己"揭示了人文的核心内涵。一部浩瀚无穷的人类发展史，就是一部人类不断"认识自己"的人文史。不同的时代散发着不同的人文气息。古代以降，人文在同自然与神道的相生相克中，留下了不同的历史发展印痕，并把高蹈而超迈的一面引向二十世纪。

二十世纪是科技昌明的时代，科技是"立世之基"，而人文为"处世之本"，两者互动互补，相协相生，共同推动着人类文明的发展。科技在实证的基础上，通过计算、测量来研究整个自然界。它揭示一切现象与过程的实质及规律，为人类利用和改造自然（包括人的自然生命）提供工具理性。人文则立足于"人"的视角，思考人无法被工具理性所规范的生命体验和精神超越。它引导人在面对无孔不入的科技时审视内心，保持自身的主体地位，防止科技被滥用，确保精神世界不被侵蚀与物化。

回首二十世纪，战争与革命、和平与发展这两对时代主题深刻地影响了人文领域的发展。两次工业革命所积累的矛盾以两次世界大战的惨烈方式得以缓解。空前的灾难促使西方学者严肃而痛苦地反思工业文明。受第三次科技革命的刺激，科学技术飞速发展，科技与人文之互相渗透也走向了全新的高度，伴随着高速和高效发展而来的，既有欣喜和振奋，也有担忧和悲伤；而这种审视也考问着所有人的心灵，日益尖锐的全球性问题成了人文研究领域的共同课题。在此大背景下，西方学界在人文领域取得了举世瞩目的成就，并以其特有的方式影响和干预了这一时代，进而为新世纪的到来奠定了极具启发性、开创性的契机。

为使读者系统、方便地感受和探究其中的杰出成果，我们精心遴选汇编了这套"二十世纪人文译丛"。如同西方学术界因工业革命、政治革命、帝国主义所带来的巨大影响而提出的"漫长的十八世纪""漫长的十九世纪"等概念，此处所说的"二十世纪"也是一个"漫长的二十世纪"，包含了从十九世纪晚期到二十一世纪早期的漫长岁月。希望以这套丛书为契机，通过借鉴"漫长的二十世纪"的优秀人文学科著作，帮助读者更深刻地理解"人文"本身，并为当今的中国社会注入更多人文气息、滋养更多人文关怀、传扬更多"仁以为己任"的人文精神。

本丛书拟涵盖人文各学科、各领域的理论探讨与实证研究，既注重学术性与专业性，又强调普适性和可读性，意在尽可能多地展现人文领域的多彩魅力。我们的理想是把现代知识人的专业知识和社会责任感紧密结合，不仅为高校师生、社会大众提供深入了解人文的通道，也为人文交流提供重要平台，成为传承人文精神的工具，从而为推动建设一个高度文明与和谐的社会贡献自己的一份力量。因此，我们殷切希望有志于此项事业的学界同行参与其中，同时也希望读者们不吝指正，让我们携手共同努力把这套丛书做好。

"二十世纪人文译丛"编委会
2015年6月26日于光启编译馆

目 录

序 言 / 1

第一章 早期希腊人 / 7

第二章 雅 典 / 39

    第 1 节 早期雅典 / 39

    第 2 节 厄琉息斯 / 49

    第 3 节 梭 伦 / 51

    第 4 节 庇西特拉图及其儿子 / 59

    第 5 节 克里斯提尼 / 69

    第 6 节 雅典与埃吉那 / 76

第三章 伯罗奔尼撒 / 79

    第 1 节 阿尔戈斯 / 79

    第 2 节 科林斯 / 86

    第 3 节 斯巴达 / 97

    第 4 节 锡西安 / 108

    第 5 节 麦加拉 / 112

    第 6 节 奥林匹亚 / 117

第四章 希腊中部和北部 / 121

    第 1 节 优卑亚：莱夫坎迪、卡尔基斯、埃雷特里亚 / 121

第 2 节 　德尔菲 / 127

第 3 节 　拉里萨和色萨利人 / 134

第 4 节 　忒拜与波奥提亚同盟（赫西俄德）/ 138

第五章 　爱琴海东部和中部 / 147

第 1 节 　伊奥尼亚：希俄斯（荷马）、萨摩斯 / 147

第 2 节 　伊奥尼亚：米利都 / 167

第 3 节 　伊奥尼亚：以弗所、士麦那、福西亚 / 179

第 4 节 　爱奥尼亚：米提列涅 / 190

第 5 节 　基克拉迪斯：纳克索斯、帕罗斯、提洛岛 / 196

第六章 　南部和东部 / 207

第 1 节 　克里特：克诺索斯、格尔蒂、德雷鲁斯 / 207

第 2 节 　塞浦路斯：萨拉米斯、帕福斯 / 215

第 3 节 　昔兰尼 / 222

第 4 节 　叙利亚和埃及的港口市场 / 227

第七章 　西部地区 / 235

第 1 节 　坎帕尼亚：皮特库塞和库迈 / 235

第 2 节 　锡巴里斯、克罗顿（毕达哥拉斯）、西洛克里 / 239

第 3 节 　西西里岛东部：叙拉古 / 251

第 4 节 　西西里岛北部：赞科勒和希梅拉 / 256

第 5 节 　西西里岛南部：盖拉和赛利诺斯 / 263

第 6 节 　马萨利亚 / 267

第八章 　北部地区 / 273

第 1 节 　亚得里亚海：科基拉、阿特里亚和斯宾纳 / 273

第 2 节 爱琴海北部和黑海的通道 / 278

第 3 节 黑海：西诺普、伊斯特罗斯、奥比亚 / 290

第九章 后　续 / 305

附　录　希腊人与其他人的关系 / 311

附录 1　影响希腊人的地区：近东与中东 / 311

附录 2　相互影响：色雷斯人和斯基泰人 / 326

附录 3　受希腊人影响的地区：伊特鲁里亚城邦 / 338

时间表 / 353

注　释 / 363

参考书目 / 405

索　引 / 417

地图目录

6	地图 1	古代地中海
14	地图 2	早期希腊殖民地
81	地图 3	伯罗奔尼撒半岛以及科林斯地峡
120	地图 4	希腊中部和北部以及阿提卡
146	地图 5	爱琴海东部和中部
206	地图 6	昔兰尼加和克里特
216	地图 7	埃及和塞浦路斯
234	地图 8	南意大利和西西里
279	地图 9	爱琴海北部地区
284	地图 10	黑海的通道和色雷斯地区
289	地图 11	黑海
310	地图 12	近东与中东地区
340	地图 13	伊特鲁里亚城邦

序　言

　　古希腊人是我们的先行者，他们意义非凡，值得被研究。尽管他们面临的许多情况与我们有所不同，同时不可避免地存在很多问题，但毋庸置疑他们是我们的先辈，无论如何，他们都是西方文化的祖先和来源。

　　无论是一个世纪前还是近一个世纪的诸多研究，都在这些年历经考验。毫无疑问，从苏美尔人（位于美索不达米亚）到埃勃拉古国（Ebla，位于叙利亚），我们今天对其他更遥远文明有了更多的了解。然而，我们对这些文明的了解并没有削弱希腊人所扮演的重要角色，反而有所增益，因为无论如何，古希腊在时间范畴上离我们更近，而且更像我们的祖先。我们当下讨论的其他文明与西方息息相关（附录1），它们更古老，也更遥远，却不是故事的全部，因为我们想讲的是西方文明。

　　希腊的遗产通过古罗马传播到拜占庭，又于意大利文艺复兴时期发扬光大，但这都不是本书关注的重点。研究希腊化时代后期的学者应该更关注以上问题，我希望我的另一部关于希腊化时代历史的著作——从《亚历山大到克里奥帕特拉》(*From Alexander to Cleopatra*) 能够回答其中的部分相关问题。任何关注古希腊文明的人，越关注古希腊人在文明中举足轻重的地位，就越想知道这一切的起源。传统上，关于古希腊的研究分为三段，分别涉及早期、古典和希腊化历史。定义和划分历史时段不可或缺，否则历史书写将困难重重。不同历史时段之间也应该有合适的转折点，比如希波战争是希腊早期文明和古典文明的转折点，亚历山大大帝是希腊化时代的起始点。本书的主要目的是探讨这两个转折点之前漫长的历史时期。

"古风"（Archaic）一词，最初用来讨论约公元前720（或前750）—前480年这一时段内与艺术相关的主题，但是，在讨论这一漫长的历史时期之时，我们应该尽量避免使用"古风"一词，因为在词典释义中，该词有原始（primitive）和陈旧（antiquated）之意，这种具有贬义的词汇不应该用来形容早期希腊人，因为他们成就了世界历史上最具创造力的时期之一。此外，也应该尽量避免使用"古典"一词，该词与下一历史分期相关，最初指的是一流的作品[1]，同时也暗指古典时期之前的成就仅为二流，但是很显然，无论是在艺术还是其他领域，这种轻视早期希腊文明的观点都是站不住脚的。在不以任何可笑的方式贬低公元前5世纪和前4世纪，即"古典时期"成就的前提下，应知早期希腊文明同样辉煌，因其发迹于微，滋生于无。

除此之外，还有两个重要原因促使我们研究早期希腊人的言行、思想和作为。从某种意义而言，这两个理由相互矛盾。其中一个重要原因是近年来，特别是过去十年中，学术热点转移，学者们将更多的重心放在这一时间段的研究上，现在是时候对这些研究进行总结和评估了。然而，另一个原因似乎与前者有些冲突，那就是尽管经过了对这段时间的研究，我们对于这一时期希腊人的了解仍有很多不足之处。尤其在文献方面，我们的所得并不足以支撑对整个时代的全面研究，因为很多文献都是后世记载，并且所强调、选择的内容和评价充满了偏见（尤其是后来的雅典作家，他们为我们提供了大部分内容）。在考古方面，诚然我们拥有一些重要的发现，其中包括一些最近的发现。但是，尽管有的发现轰动一时，却并不均衡，且过于零碎，这零星的发现照亮了特定的细小领域，但是剩下的仍然在无尽的黑暗中沉默。因此，为这些"前古典"时期的希腊人著书是一项要求极为严格的探究活动。我没有完全意识到这项巨大的挑战，在此我要感谢那些为此项事业做出贡献的专家，他们的研究令我受益匪浅，此外，书中若有舛误，责任在我一人。

在重构这一时期故事的过程中，资料的匮乏和零散绝不是唯一的挑战，除此之外，还有另一个难题，即不同于罗马城之于罗马人，希腊人并没有一个绝对的核心聚居区。与罗马人相反，希腊人有着强烈的去中心化意愿，据我们所知，希腊大地上起码曾经零散地分布着七百多个城邦，真实数量说不定有此两倍。希罗多德曾言，希腊人是一个整体，被共同的血缘、习俗、语言和宗教联系在一起。[2] 但是他们之间其实也存在着很大分别，因为这数百个城邦在政治上是相互独立的。

这一情况给学习希腊历史的学生带来了极大的困扰，尤其是本书涉及的早期希腊历史部分。而下一个历史时期，即古典时期的情况要好一些，虽然困境仍然存在，但并没有那么尖锐。在这个时期，雅典人在整个画面中占据着核心位置，首先，因为现存的很多史料都源自雅典人之手，并且与雅典人相关；其次，因为他们的成就卓越非凡，可以在很大程度上根据雅典发生的事情来合理地描述"古典"希腊人。

但是即使在古典时期，这种集中和简化地用雅典人代表希腊人都容易过犹不及，若用于更早的时期，那更是大谬不然。不过有两点事实我们也必须注意：首先，早期希腊与后一个时期的希腊一样，绝大部分的史料或来自雅典人，或与之相关；其次，即使是在早期希腊，雅典人也已经成就斐然。当然，即使以上两点是事实，我们也应注意将之置于适宜的语境中加以分析。尽管史料零散，且大部分倾向雅典，我们也应该尽量去发掘雅典之外的希腊世界。因为即使雅典在早期希腊时期就已经显露头角，处于核心地位，但是彼时同样处于核心的还有其他地区。诚然，描画整个希腊世界所有城邦（也包括其他希腊人的社会组织，如部落组织和市场等）曾发生过什么是不可能也不可取的，但至少我们可以对其中至少五十个城邦做出较为全面的描述（还可以对其他二十几个做些简短描述）。

以上就是我会尽量在本书中做到的，这非一蹴而就之事，只希望我选择的方向没有错。书中对雅典的讨论会比对其他地方多，除了以上提到的两个原因（史料的数量和雅典人自身的成就），还因为通过对雅典的全面研究，也能够拓展我们对雅典之外希腊世界的了解。不过即便如此，雅典也仅占本书内容的九分之一。

从前边的论述可以清楚地了解到，我想从地理的角度处理早期希腊人的历史。这与我们约定俗成的观点大相径庭，即现代希腊是古代希腊的唯一继承人。这种观点显然并非事实，小亚细亚西部的希腊人，南意大利、西西里和俄罗斯南部的希腊人都以自己丰富多样的成就成为希腊世界的见证者。[3]这也是我将本书命名为"希腊人的崛起"而非"希腊的崛起"的根本原因。

总体而言，从地理的角度组织与早期希腊人相关的材料具有优势，因为每个独立的城邦都在追求自己独特的政治文化发展路径。另外，从地理的角度进行布局有一个显著的优点：能够清晰地表现出某一个时代最具代表性的人来自哪里，当然在某些特定情况下，了解这些人在哪里发光发热比知道他们的来源地更为重要。不需要因过度重视和书写这些伟人，如作家、思想家、艺术家而觉得不安，因为这些人的确在希腊人的崛起之中起了不可或缺的作用。的确，这种对个体的重视已经不符合现在的研究之风潮，但是由于各邦之间的激烈竞争，自然也是各个城邦之内杰出之人的角力，这便要求研究者应该充分重视个体。此外，大多数个体身上都带有与之密切相关的地方印记，如果我们不逐个探讨比较各个城邦，这些印记就极容易被忽视。诚然，按地理分布原则谋篇布局并不是十全十美，得到的结论也可能极为发散。[4]但我仍然认为这是最好的方法。希腊人的历史，正如世界上其他族群的历史一样，都与地理有着很大关系，或更甚，如果不将这点铭记于心，则不能理解其历史。此外，其他组织历史的原则似乎没有这种方法有效。

但是，一开始我也试着尽可能多地概括希腊人生活的方方面面，所以我在开展关于地理的谋篇布局之前先按照主题顺序，而非城邦顺序，概述了这一历史时期的发展。出于相同的目的，我将以两张可以比较的时间表来总结这本书。第一张表的目的是提供事件发展顺序的整体画面，列出同一时间域内的主要希腊地区。第二张表旨在满足其他更深远的目标，尽管本书并未着重提及，但极为重要的是，将这些事件和伟人与附录中提及的其他非希腊文明相联系，这些文明或受希腊人影响或曾施加影响于希腊人。

我非常感谢魏登费尔德和尼克尔森出版社的林登·劳森（Linden Lawson）

和坎迪达·布拉齐尔（Candida Brazil）在出版期间高效地审读本书章节，以及玛利亚·伊利斯（Maria Ellis）、珍妮弗·奥迪（Jennifer Oddy），还有彼得·詹姆斯（Peter James）提供的有效帮助。我的妻子也一如既往为我提供了宝贵的帮助。

迈克尔·格兰特，1987年

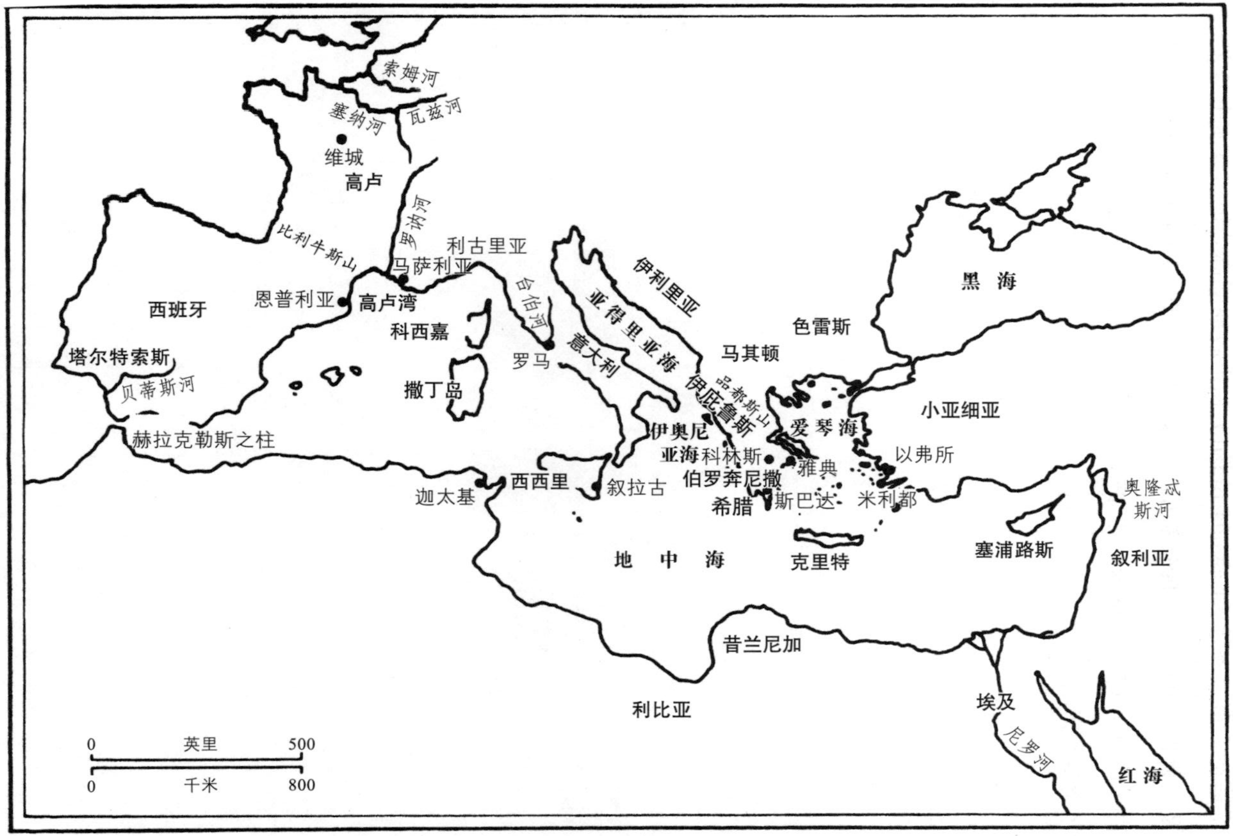

索姆河
塞纳河
瓦兹河
维城
高卢
罗讷河
比利牛斯山
利古里亚
马萨利亚
恩普利亚
高卢湾
西班牙
塔尔特索斯
贝蒂斯河
赫拉克勒斯之柱
科西嘉
撒丁岛
台伯河
罗马
意大利
亚得里亚海
伊利里亚
伊庇鲁斯
品都斯山
马其顿
色雷斯
黑海
小亚细亚
爱琴海
伊奥尼亚海
科林斯
雅典
伯罗奔尼撒
希腊
斯巴达
以弗所
米利都
克里特
西西里
叙拉古
迦太基
地中海
塞浦路斯
奥隆忒斯河
叙利亚
昔兰尼加
利比亚
埃及
尼罗河
红海
英里
千米
0
500
0
800

地图1　古代地中海

第一章　早期希腊人

公元前3千纪希腊大地上的人说的并非希腊语，且与希腊语无甚关系。他们的语言特征存留在许多希腊地名中，例如那些包括-nth和-ss（在阿提卡方言中为-tt）等非印欧语后缀的地名，例如科林索斯（Corinthos）、帕纳索斯（Parnassos），还有吕卡维多斯（Lykabettos）。但是在公元前2000—前1900年左右，即考古学家称之为中期赫拉斯文明（Helladic）或中期青铜文明的开端，操早期希腊语的入侵者从北部而来，摧毁了大多数原住民的居住地。[1]

在随后的几个世纪中，尤其是约公元前1600年之后，希腊显然受到了米诺斯（Minoan）文明（因米诺斯［Minos］国王神话而得名）的影响，该文明以克里特岛为基础，以北部另一个岛屿锡拉岛（Thera，今天的圣托里尼）为前哨。以迈锡尼人为代表的希腊本土文化为极具流动性的米诺斯艺术赋予了更加稳定、宏大和更具层次性的特征，迈锡尼人的名称来源于其发源地阿尔戈利斯（Argolid）的迈锡尼（Mycenae，伯罗奔尼撒半岛东北部），当然除此之外，希腊本土还有其他文化中心，例如临近的梯林斯（Tiryns），同一半岛西南部的皮洛斯（Pylos），以及波奥提亚（Boeotia，希腊中部）的忒拜（Thebes）。据我们所知，这一文明的最北端可以延伸到色萨利（Thessaly）的伊奥尔科斯（Iolcus）。

贵族居住在这些地理位置优越的精致宫殿中，周围聚居着底层民众，墓葬中大量的金器和线性文字B记录下他们丰厚的财富，彰显出他们享受着奢侈的生活。[2]迈锡尼人不仅是勇敢的战士，也是富有进取精神的航海者，他们一直在航行,并在地中海东部建立了不少市场和前哨,也在地中海中西部建立了大量的海港城市。但是我们无法确定荷马在《伊利亚特》(参见第五章,第1节)中所说的这些"阿凯亚人"(Achaeans)是否真的占领了特洛伊,这座位于小亚细亚西北部,远眺赫勒斯滂(Hellespont,达达尼尔海峡)的城市。

然而,从公元前13世纪后期开始,一些人的毁灭性举动久而久之渐渐吞噬了整个文明,这与赫梯帝国的陨落密切相关(附录1,注释19),埃及人为我们留下了与之相关的记录,整个爱琴海地区和近东地区为之动荡。但是这些人是谁,我们并不能确定。可以确定的是这帮人构成多样,且整个过程极为复杂。无论如何,整个迈锡尼文明传承了几代人便遭毁灭,内部长期的不和与纷争或许加速了这一过程,而华丽的宫殿和寄居其中的权力或是第一个被摧毁的。

根据花粉分析,这一时期人口急剧缩减,生活方式重归畜牧。[3] 书写艺术已经消失了几个世纪,用石头建造的房屋也已消失,希腊变成了一个乡村之邦,制造着原始的陶器(亚迈锡尼文明,约公元前1100—前1050年),陶器上遍布着风格单一的手绘圆形或者半圆图样。黑暗时代的黑暗并不仅仅因为我们对这个时期知之甚少,更代表了这一时期真实而又痛苦的转型。[4]

尽管存在各种争议和不同的理论[5],有个古老的说法看来是可以被接受的,那就是经历了几个世纪的浩劫之后,一批新的希腊人(或者至少是王室或者贵族的首领及其跟随者)抵达伯罗奔尼撒半岛,这就是多利安人,他们由北方通过色萨利和伊庇鲁斯(Epirus)的边界转移到希腊西部。[6] 后来的传说坚持认为他们是由赫拉克利德(Heraclids),即赫拉克勒斯的后裔带领到达此处的,与其说是"到达"(约公元前1120年),不如说是"回归",因为他们的祖先赫拉克勒斯之子许罗斯(Hyllas)早在特洛伊战争之前就到达了这里[7],并死在这片大地。

这种认为多利安人早就在许罗斯的带领下来到希腊的假设,明显不切实际,制造出这一过早的日期是为了让他们在希腊大陆的出现名正言顺,援引而上,攀附成赫拉克勒斯的后裔。这个故事还赋予了多利安人巧取豪夺的权力，他们能据此抢夺那些神话中记录的原本属于阿伽门农，佩洛普斯（Pelops）之孙的土地，而佩洛普斯则是伯罗奔尼撒名字的来源。

在几个重要的中心中，似乎只有优卑亚岛（Euboea）和雅典成功逃过了多利安人的入侵。优卑亚岛的莱夫坎迪遗迹（Lefkandi，莱夫坎迪人称之为利兰同[Lelanton]）展示出了黑暗时代（第四章，第1节）深处隐藏的繁荣。雅典（第二章，第1节）后来成为来自希腊其他地区的移民，即伊奥尼亚人（Ionians，神话中源于伊翁）的领头者。为了逃避多利安人，这些"难民"越过爱琴海，定居在小亚细亚西海岸以及附近岛屿上，即伊奥尼亚地区。其他从色萨利和波奥提亚来到小亚细亚及其周边岛屿的人定居在爱奥尼亚（Aeolis），南邻伊奥尼亚，多利安人定居在更南边。在小亚细亚沿海地区以及周遭岛屿，移民与原住民有着广泛的族群交融，伴随着漫长的移民过程带来的融合，很难说希腊是一个单一的种族。

这些人都说希腊语，但是有不同的方言。根据现有的材料来看，主要有两个分支，西部方言（主要包括多利安方言和西北部希腊语方言，迈锡尼陷落之后由新定居者引入）和前多利安东部希腊语（主要包括爱奥尼亚方言、伊奥尼亚方言[其分支包括阿提卡方言]以及阿卡迪亚－塞浦路斯方言[主要存在于伯罗奔尼撒半岛中部的阿卡迪亚（Arcadia）和塞浦路斯岛上]）。[8]

分布广泛的原始几何陶（约公元前1025—前900年）最先流行于雅典，然后不断在阿尔戈利斯发展，一直延伸发展到色萨利和基克拉迪斯（Cyclades）北部的广阔区域，这类陶器不再延续之前亚迈锡尼文明的圆形手绘图案，取而代之的是由多个刷子绘制的同心圆图案。[9]这种原始几何陶彻底改变了之前亚迈锡尼文明艺术的发展方向，尽管发展方向广受质疑，但是仍然应该被视为新的开端，这一艺术风格虽未继往却已开来。

公元前10世纪，社会环境日趋稳定，当城镇逐渐出现，城市化的进程逐渐拉开。学界一般称之为"居地统一"（*Synoikismos*或*Synoikisis*），这些城镇凝结在统一的都城之下。[10]但是这一过程可能有不同的表现方式。不同的村社可能迁移并联合在一起形成一个城邦，例如斯巴达和科林斯，就此将之前散居的人聚焦在一个核心区域中。还有另一种情况，村社并未迁移，而是留在原地，选出一个村社作为中心，这个村社便是母邦，这便是在阿提卡（Attica）发生的情况。雅典的崛起并没有将所有周边的村社湮灭，而是将之归置在新的城镇系统之下。大多数希腊城市由一个高高的卫城（polis）和一个低于卫城并受其保护的城镇（astu）组成，这种规制能够使城市规避海盗的威胁。

更具决定性的是，这些城镇的集中地逐渐成为政治独立的城邦核心。这是公元前850—前750年希腊人生活的主要特征。诚然，除此之外还有其他组织形式，尤其是那些缺乏公民制度的族群、部落或部落群体，色萨利人就是最明显的例子。[11] 但是一般而言，随着时间的流逝，只有落后的群体才会延续这种制度。正如序言所说，希腊有几百个不同的城邦，没有特别大的，有些只占一隅之地。[12] 每一个都可以称之为"城邦"（令人困惑的是，polis一词既可以表示卫城也可以表示整个城镇单位）。城邦之名并不陌生，尽管迈锡尼文明周遭的定居点（即使对他们的记忆，或者迈锡尼文明的继承者影响了后迈锡尼文明时期的城镇结构，当然这个论点本身也存疑）可能并不符合城邦应有的特征，但是像叙利亚和腓尼基这种古代近东城市，尤其是他们在逃避大国统治的时期，是可以称之为城邦的。[13]

然而，可以肯定的是，以雅典人为例，希腊人虽然由家庭（oikoi）、氏族（gere）和部落（phratries）组成[14]，但是他们用"城邦"这个全新的、丰富而又现实的概念囊括了以上所有关系。这些希腊城邦包含周遭的乡村[15]，然而这些乡村生产力一般较低，正如希罗多德所言，"希腊与贫穷是一对姐妹"[16]，但是乡村对希腊人仍然至关重要，因为不只是粮食这方面，全方位的自给自足是希腊人的首要目标。的确，大多数希腊城邦都做到了自给自足，这也直接导致每个城邦的人民都有符合自己城邦特性的社会、经济、道德、智识和艺术特色。这些人对自己的生活认同到了无以复加的程度，这在今天看来是难以接受的。[17]

更特别的是希腊人的生活围绕着城镇的市场（agora），或者固定聚集点（这个描述似乎比市场更加准确）。或许在更早的米诺斯和迈锡尼文明时期，这样的聚集点（例如德雷鲁斯［Drerus］，参见第六章，第1节）就开始成为公民非正式会面磋商的地点，还兼顾开展宗教游行和体育赛事的功能。除此之外，按照希腊传统，他们还会讨论政治。但是这一时期，这些在市场上的集会空有公民大会之名，践行的政治权力却微不足道，因为这样早期的集会只能服从上边的号令，所谓身居上位的人就是那些君主，传统而言，他们往往是城镇的统治者。

亚里士多德认为最早的新兴城邦统治者就是这些君主，这些君主是过去迈锡尼文明伟大王权的小复制品。[18] 但是近年来，这种论点广受质疑，因为我们并没有找到关于此类君主统治系统全面的史料。但是在我们对黑暗时代的现象整体知之甚少的情况下，这种缺席论就显得没有必要，尽管每个城邦情况不同，因为他们都有着自己的历史，但是亚里士多德的设想仍然适用于相当多的城邦。

随着时间的流逝，面对贵族的竞争，这些黑暗时代的希腊君主再也无法维持原先的独裁权力。在某些特殊情况下，例如独裁的君主在战争中丧命之时，贵族会趁机削弱王权，最终取而代之。贵族作为一个群体，在争权中发现彼此分享权力要比再度厮杀夺权明智，后者无论如何都不算是可行的主张。

现在的贵族统治是集体统治，而之前的君主是个体，他们声称自己权力神授，声称自己是这些神明的后裔。[19] 位极于此，他们自称垄断美德（*arete*），也因而垄断了创造优良秩序（*eunomia*）的权力，这就导致了一切不服从的行为都会被定性为罪行。这些所谓贵族实际上跟其他农民和牧人差不多，有少量的工匠和奴隶帮助，但是拥有着最好的土地。当然，他们也保留着一些贵族传统，他们会骑马，有马场的还会豢养马匹，因而亚里士多德将这些贵族统治的政权称为"骑士团"（参见下文以及注释32）。[20] 荷马描述的礼物交换、宾主之谊和热情待客的复杂社交习俗，公元前8世纪的听众可能并不熟悉。男性的会饮（*symposia*）是另一种贵族传统，宴饮上的娱乐创作出了那个时代最好的诗歌，具有悠久的政治意义。

在希腊中部的一个地区，东洛克里（Eastern［Opuntian］Locris）地区，有证据（大约在公元前5世纪，也可能更早）表明，此处曾经有一百座贵族房屋和一千人左右的议事会。希腊其他地区例如爱奥尼亚的库梅（Cyme）、伊奥尼亚的科洛丰（Colophon）等地都有着超过一千人的议事会，毋庸置疑，这些大会都包含贵族，或许也包含社会地位稍逊于贵族的阶层。当然也有的地区参会人数只有六百人，像科林斯，只有两百人，甚至有的只有一百八十人。大多数情况下，这些议事会的实权仍然掌握在少数领导人手中，比如荷马《伊利亚特》中阿伽门农曾经召集的长者们。[21]

希腊艺术的几何陶时期从约公元前900年持续到约前700年（约公元前900年到前850年发迹，前850年到前800年逐渐发展，前800年到前750年发展成熟，之后到前700年是末期），正如之前的原始几何陶时期一样，尽管其他地区，如阿尔戈斯（Argos）、科林斯、波奥提亚、纳克索斯（Naxos）、帕罗斯（Paros）、锡拉岛和米洛斯岛（Melos）等地区都有风格整体相近但仍各具特色的陶器，但是雅典在陶器制造的领域显示出强大的影响力。这种风格就正如其名：陶器表面上有一系列规则重复、线条笔直的图案，包括折线、之字形、十字形和三角形，这些图案用笔刷绘制，沿着瓶身转圈按照等高平行线有规律地绘制而成。近东对这种风格的影响（参见附录1）十分明显，希腊并未直接从近东获取模型和复制品，但是这种抽象的高度重复的几何图案应该借鉴了近东金属装饰风格。正如原始几何陶时期一样，这种明确的、成体系且极具逻辑性的分析创作十分符合希腊人的一贯风格。

带状的动物图案开始出现在几何陶器上，又渐渐出现在大型的陶罐上，其中包括最著名的"迪派隆大师"（Dipylon Master，约公元前770—前750年）的作品，他开始将人类的形象绘在陶罐的装饰带上。近东艺术和晚期迈锡尼艺术对这一过程的影响难以评估，但是可以肯定的是，前者影响力大于后者（另外需要补充一点，这些雅典陶器最远可以出口到叙利亚和塞浦路斯地区）。其中有一个场景被认为是荷马史诗《伊利亚特》中描述的帕特洛克罗斯（Patroclus）的葬礼，不过这一观点并不是板上钉钉，因为陶瓶上展现出的场景是高度程式化、抽象化的，而且线条比较粗略。然而，这毕竟是希腊人对人类本身形象最初的构想，也是第一次通过艺术手段重现人类形象，可见他们认为对人及其作品的关注是极为重要的。

这五百年期间，最具影响力的发展大概发生在公元前8世纪，这一时期，希腊大陆再度对近东的影响敞开怀抱。在迈锡尼时代，这种影响同样存在，那些在迈锡尼文明衰落中没有被湮灭的地区，直到随后的黑暗时代，都保持着跟近东文明的经济文化交流。不过尽管有联系，这种联系也仅仅局限在部分地区，限定在特定领域，直到公元前8世纪才得以大规模恢复。

这一时期的沟通渠道是多样的，包括塞浦路斯和克里特，他们跟雅典和优卑亚一样，逃脱了后迈锡尼时代的衰落命运。这种沟通渠道中最重要的一般是阿尔米纳（Al Mina）和港口市场（emporia）这种由优卑亚人领导在叙利亚北部海岸建立的连接点（第六章，第4节）。这些与叙利亚的贸易联系连接点在公元前8世纪希腊世界爆发的改革中起着重要的作用，不过正如假托柏拉图所作的《伊毕诺米斯》（Epinomis）中所说的一样，希腊人在借鉴别人经验为己所用方面从未让人失望。[22] 在艺术领域，最显著的成果是科林斯陶瓶画的东方化特征（第三章，第2节），这种陶瓶画摒弃了原先的几何形装饰，取而代之的是大量动物志怪和曲线设计，灵感可能来源于叙利亚北部、腓尼基、亚述和其他近东邻居（附录1）。这种新的陶瓶广为流传，并迅速被其他希腊城邦模仿。[23]

这一场公元前8世纪的革命并不仅限于艺术领域，还影响着生活的方方面面。与之并进的是希腊铁器时代的发展。千纪之交铁器就已经有所发展（早期铁器时期）[24]，但是在约公元前750年到约前650年之间，铁器冶炼的发展促进了希腊生活方方面面的进步，在这种更为稳定的生活方式下，希腊的人口成倍增加。[25] 越来越多的人从畜牧彻底转向耕作，粮食产量显著增长，然而，希腊仍然没有足够的耕地用来周转。[26] 随着时间的推移，将会出现严重的人口过剩问题（尽管缺乏实质性的证据），随之而来的就是重新分配土地的要求。由于希腊并没有实行长子继承制，这导致情况越来越严重，因为

地图2　早期希腊殖民地

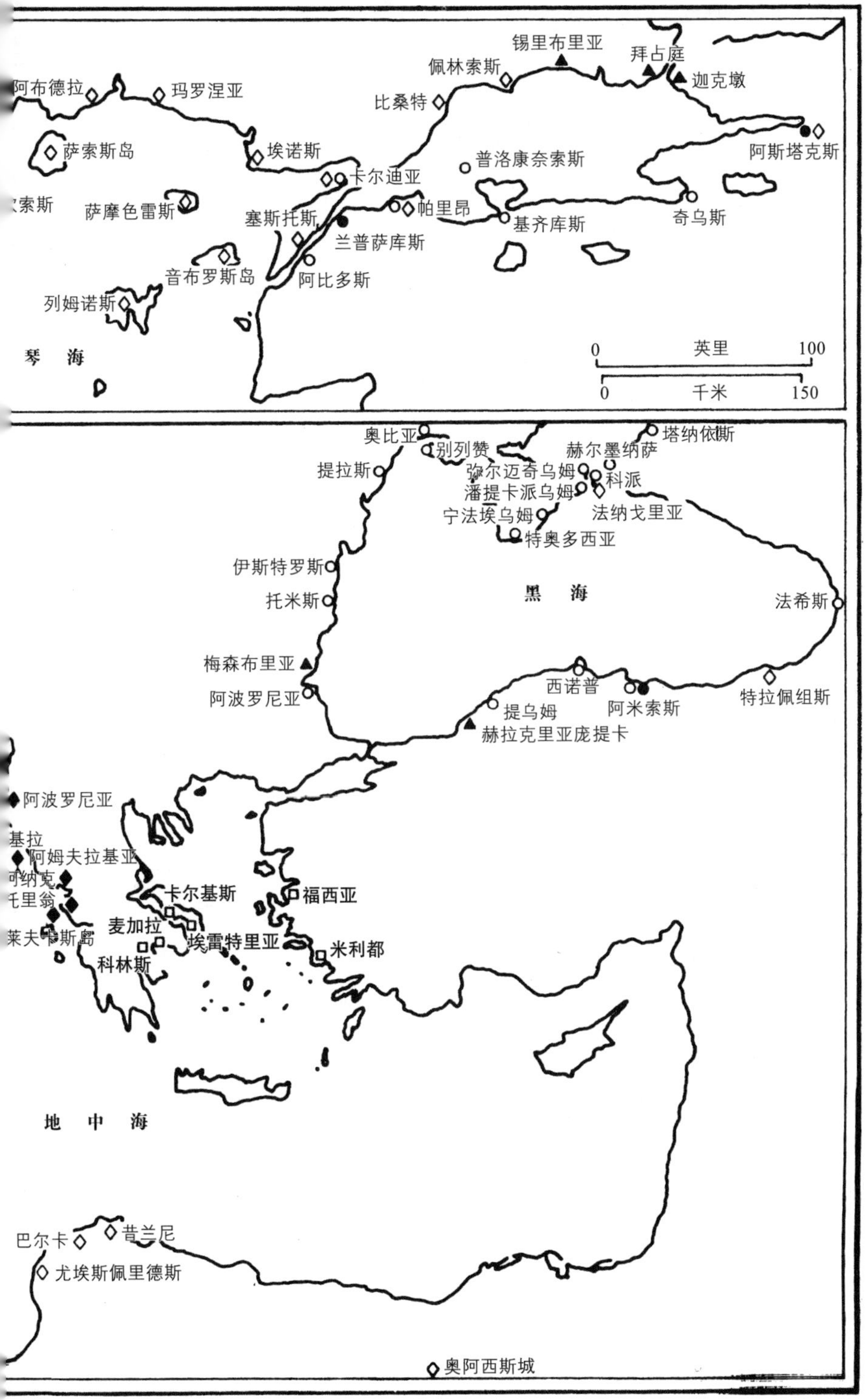

锡里布里亚
拜占庭
迦克墩
佩林索斯
阿布德拉
玛罗涅亚
比桑特
萨索斯岛
埃诺斯
阿斯塔克斯
普洛康奈索斯
卡尔迪亚
萨摩色雷斯
帕里昂
塞斯托斯
兰普萨库斯
基齐库斯
奇乌斯
音布罗斯岛
阿比多斯
列姆诺斯
0
英里
100
0
千米
150
奥比亚
塔纳依斯
别列赞
赫尔墨纳萨
提拉斯
弥尔迈奇乌姆
科派
潘提卡派乌姆
宁法埃乌姆
法纳戈里亚
特奥多西亚
伊斯特罗斯
黑 海
法希斯
托米斯
梅森布里亚
西诺普
阿波罗尼亚
特拉佩组斯
提乌姆
阿米索斯
赫拉克里亚庞提卡
阿波罗尼亚
阿姆夫拉基亚
卡尔基斯
福西亚
麦加拉
埃雷特里亚
米利都
科林斯
地 中 海
巴尔卡
昔兰尼
尤埃斯佩里德斯
奥阿西斯城

在一个人去世之后，他的财产会平均分配给所有在世的儿子。这就导致土地被不断分配，直到分到土地面积太小，不足以维持生活。这种持续不断的过程给贫困农民造成巨大痛苦，导致他们欠债并被债务束缚，这个问题将在雅典部分（第三章，第2节）进行讨论，毕竟我们大部分史料来自雅典。不过这个问题应该广泛存在于雅典之外的希腊世界。

这些困难导致的人口压力造成了大量希腊人移居海外。随后的版图扩张引得柏拉图将自己的同胞比喻成"围在池塘周围的蚂蚁或青蛙"[27]，聚集在一个从黑海最远海岸延伸至赫拉克勒斯之柱（直布罗陀海峡）的池塘周围。正如我们所见，迈锡尼文明衰落之后，由于两个世纪之前大量的移民迁徙到小亚细亚西海岸和周围岛屿，希腊世界首次扩张，到公元前8世纪希腊的城邦数量已经增加了一倍。这就是大殖民时代，不过这些建立的城邦（希腊人称之为apoikiai，意为远离家乡）不像现代意义上的殖民地，因为在城邦建立者（后来被尊崇为英雄，参见注释45）带领移民来到这遥远的海岸时，建立的这些城邦本身就是独立的，或者很快就独立于母邦。索福克勒斯后来将航海称为人类最伟大的发明。[28]

公元前8世纪最知名的殖民城邦是优卑亚人建立在意大利西南部的库迈（Cumae）、伯罗奔尼撒北部的阿凯亚人建立在意大利东南部的锡巴里斯（Sybaris）和克罗顿（Croton），以及西西里岛上的赞科勒（Zancle）和叙拉古（Syracuse），整个区域被称为"大希腊"。赞科勒和叙拉古的殖民者分别来自卡尔基斯（Chalcis）和科林斯，他们曾经也在伊奥尼亚海（亚得里亚海南部）的科基拉（Corcyra，科孚岛［Corfu］）建立殖民地。这些殖民活动以私人为主，但是也需要母邦的支持，常常伴随着其他团体的赞助，有时也可能是在德尔菲神谕的指引下完成的。

通过这种方式，地中海中部迈锡尼人相去已久的古老沟通网络得以重新建立，不过这一重建的沟通网络受到了腓尼基城邦的挑战，比如泰尔（Tyre）和西顿（Sidon）就在相同的地区建立了迦太基（Carthage）等殖民城市（参见附录1）。尽管存在这种竞争，但是在公元前7世纪伊奥尼亚城邦福西亚

（Phocaea）仍然积极向地中海西部探索，最终建立了马萨利亚（Massalia）。

然而，与此同时，其他城邦也在同一海域的东海岸扮演了相同的角色，在满目的定居点中，麦加拉在色雷斯博斯普鲁斯海峡建立了迦克墩（Calchedon）和拜占庭，黑海沿岸被米利都人占领，很多米利都人建立的殖民地城邦的重要性甚至超越了希腊本土城邦，比如奥比亚（Olbia）。此外，在遥远的北非，爱琴海上的锡拉岛在这里建立了昔兰尼（Cyrene）。

殖民城市向希腊本土运送金属（贵族、寡头政府及其成员和军队的需求量很大）、原材料和食物，从家乡进口制成品作为交换。当然这些贸易也不一定全部由殖民地城邦主导，也可以由非殖民地的港口市场主导。皮特库塞（Pithecusae）和库迈（在其被殖民之前）都属于此类，在埃及，法老允许诺克拉蒂斯（Naucratis）这样的港口城市成为众多希腊城邦的定居点。

至于哪里适合建立殖民地和港口城市，这种消息最早来自商人（或者海盗）。商业活动最早萌芽于公元前850年，随后不断发展，因为当时的海上交流正在不断发展。不过这一时间段贸易的规模不大，可能是船舶尺寸较小导致的。尽管货物的流通有时也出于非商业目的，例如礼物交换和圣所献祭，这构成了贵族生活方式的一部分，仍然是当时希腊文明不可或缺的一部分。这些贵族是城邦的大地主，拥有土地和工人，有能力装备船只并送船出海（这些人雇佣战舰作为商用，这类船为了行船速度和战斗力放弃了载货量，直到公元前6世纪才建造出大型货船或商船来运输大宗商品）。就像殖民一样，贸易最开始在希腊并不由城邦或者独立的组织主导协调，很大程度上是私人行为。

依据我们现在的标准，希腊人缺乏生产性投资的本能（相反的是，财富是用来享受和炫耀的）。据称苏格拉底和亚里士多德都曾经表达过对生产逐利和机械化生产的不满。这种态度阻碍了希腊人技术进步，哲学家的观点进一步加剧了这种趋向，因为哲学家更喜欢理论争辩而非实践和创新发明，这一趋势会在之后的章节中进一步展开。

毋庸置疑，当时的社会有看不起商品零售和倒卖的趋势。亚里士多德更喜欢传统的贵族和农业生活方式。然而，我们并不知道这种对传统念念不忘的想法在多大程度上反映了希腊早期贵族时代的真实情况。与之相反，普鲁塔克的《梭伦传》却提到"在早期希腊，商人一词似乎也承担着荣誉"（参见萨福的哥哥卡拉修斯［Charaxus］，第五章，第4节）。但是在科林斯（新型船只就在此处发明建造，第三章，第2节）似乎是个例外，以上的看法应该并没有在此处流行，因为希罗多德曾经记载到"科林斯人，在所有希腊人中，是最不蔑视手工业者的"[29]。

也就是说，在早期希腊的所有阶层中，商业活动是确实存在的，只不过规模有限。在这些活动中，来自不同城邦的人协同工作。但是与其他城邦的人合作在当时是很难接受的，因为从某种意义而言，希腊不同群体之间关系的本质是冲突。经常自省自己存在的意义，伴随而来的就是无法与邻居相处，无论何时，无论何城邦。觉察到这种情况之后，希腊人想了很多方法来避免战争，比如在公元前600年之前，城邦政府就开始相互派遣外邦代理人（proxenoi）调节关系，但是收效甚微。正如柏拉图后来冷静地指出，希腊城邦之间的自然状态就是战争。[30]

地方性的战争很少对整个城邦造成致命打击，因为士兵不能长时间离开农田。所以克罗顿摧毁锡巴里斯的时候，造成了广泛的震惊，此事也被视为暴行。无论如何，城邦之间的战争持续不断，造成了毁灭性的损失和羸弱。这个现象十分奇怪，聪明机智如希腊人，他们却如此好战，外交能力如此之弱。他们参加战争，是因为他们无法获得维持自给自足的资源，而每个城邦，都希望夺取这些资源。因此，如果可能的话，他们会通过武力从其他城邦夺取所需资源。

这种现象与希腊另一种传统相关，即希腊人根深蒂固的比赛和竞争（agon）观念，荷马史诗《伊利亚特》中阿基琉斯的父亲佩琉斯（Peleus）一直敦促他超越其他人，正是这种观念的描画。[31] 在封闭的城邦生活圈中，公民之间的相互竞争抑制了过度膨胀，成就了很多有意义的活动。但是当这种观念转移到城邦关系之间，由之产生分裂和特殊主义造成的后果与城邦间混战无异。

在这种情况下,每个城邦需要增强自己的军事实力,其结果就是众所周知的"重装步兵改革",在这之中阿尔戈斯、卡尔基斯和科林斯是领头羊。重装步兵全副武装,取代了之前骑兵和马匹(除了意大利、色萨利和优卑亚,其他地方很难采购到充足数量的马匹)占据主要位置的兵种。[32] 重装步兵的装备由带护鼻护颊的头盔(首见于科林斯)和腹甲或胸甲(卡尔基斯)还有胫甲组成,全是青铜材质[33],这种技术既受东方影响也受到了欧洲中部的影响。这些步兵的防御主要依靠一个固定在左臂上的沉重圆形或椭圆形青铜盾牌(阿尔戈斯),武器是一把小巧精悍的短剑(卡尔基斯)和一把九尺长的投掷矛。

希腊陶瓶上绘制了重装步兵战斗的方阵。这是一个紧密而又集中的方阵,深达八行,靠推进(othismos)战斗,行进过程中每个人都在保护身边的人。我们已经摆脱了荷马时代的个人决斗和英雄行为,进入了一个团结一致、整齐划一、纪律严明的时代,每个人代表的不是自己,而是自己所属的城邦。

这一演变具有政治意义。这一新的发展不利于社会底层人物,因为重装步兵需要自备武器盔甲,这也就是说,他们必须有一定的财富才能做到。即便贵族可能是重装步兵中的主导,但是重装步兵却不全都出身高贵。事实上只有一小部分人符合这个标准,而就是这些人,如亚里士多德指出的那样,是城邦的捍卫者,最终控制了城邦并掌握发言权(比如声称战利品应该平均分配)。[34] 尽管贵族为了维系自己的统治把重装步兵推向历史舞台(在相对富裕的城邦掌控这种好战的角色有一定政治优势),但是这种存在一定程度上推动了以出身为等级划分政权的发展,贵族等级人数不断壮大,同时也埋藏着衰落的种子。

另一个现象也加剧了这一结果的发生。正如我们所见,地中海世界的开放极大地促进了贸易发展。的确,贵族并不反对贸易,自己也参与其中,但是不可否认的是,某些出身不高贵的人也能在机缘巧合之下在这一领域获得殊荣。此外,在迈锡尼时代线性文字B消失的五百年里,通过引入和改写腓尼基字母或北叙利亚字母（由北叙利亚港口和卡尔基斯引入，参见第六章，第4节，附录1）[35]，希腊人的生活发生了很多改变。

新的书写方式带来了教育程度的增长。[36] 此外，虽然希腊人健谈，保留着口头文化的传统，但是新的字母文字很快被视为实现公共、世俗价值观的理想工具。尤其是人们现在开始想用书面形式查看和阅读城市的法律（*nomoi*），君主和贵族任意推行他们神授权力（*thesmoi*）的时代已经过去了。[37] 因此，城邦中出现了立法者，即便斯巴达的吕库古（Lycurgus）是个神话，萨勒塔斯（Thaletas）在克里特也曾经立法（法典的部分内容最早发现于德雷鲁斯），他的学生扎莱乌库斯（Zaleucus）在南意大利的西洛克里（Locri Epizephyrii）做了同样的事情，卡隆达斯（Charondas）在西西里的卡塔纳（Catana）及其他地方亦是作为立法者出现。最后两个例子很重要，因为新殖民城邦的发展对成文法有极高要求，他们的生活更加开放，导致异邦人之间的习俗冲突日益明显：来自不同城邦混合杂居的成员之间习俗差异巨大，需要成文法稳定关系。不过，母邦也有同样的发展，比如雅典、忒拜和科林斯。

这些法律在后人看来难免严苛。事实上，各个城邦将这些法律书写下来可能是为了限制自由和权利，而非促进它们，但最终的结果却是相反的：成文法的出现使得公民对自己的权利和可能性有了新的认知，导致了（正如某些贵族曾经预料到的那样）改革和革命，当然并非所有想法都能付诸实践。这种现象不久之后也削弱了贵族的政权。

新文字的到来正好促成了《伊利亚特》和《奥德赛》完整本的书写。这两部史诗以往都是口头流传，由吕拉琴（*lyre*）伴奏（福尔明科斯琴[*phorminx*]或西塞拉琴[*citharis*]），按照六音步吟唱（六音步长短短格，速度音调和情绪各不相同，由一对长音组成）[38]，由荷马（第五章，第1节）创作而成，尽管这个说法一直有所争议。这两部作品有着优异卓绝的品质，这使得它们在后世希腊人中影响巨大，为他们提供了源源不断的灵感。

希腊中部波奥提亚的赫西俄德创作的史诗风格迥异，《神谱》为宇宙诞生等神学讨论奠定了基础，学者一般认为更早的一部诗作《工作与时日》（第四章，第4节）比荷马史诗略晚成作，因为这部诗歌描述内容较晚，且英雄元素较少。但是这一判断标准是不可靠的，因为这些史诗的作者是富有想象力的诗人，而不是同时代的历史学家，他们写作期间游历了不少地区，而这些地区的生活方式和发展过程绝不相同。

荷马和赫西俄德之前的诗人所创诗歌并未保存至今。与之同时消失的是荷马史诗《伊利亚特》和《奥德赛》中提到的其他非史诗类诗歌[39]，这些类型的诗歌与史诗共同构成了表演传统的一部分。这种希腊人创作的非史诗戏剧性诗歌，融合了话语、音乐[40]和舞蹈，被泛称为抒情诗[41]。但是这个术语本身就模糊不清，它所指代的诗歌类型最好分两类，一类是吕拉琴或其他乐器伴奏的合唱歌（帕罗斯岛上的阿基尔罗库斯［Archilochus］、阿尔克曼［Alcman］和斯特西克鲁斯［Stesichorus］是其中翘楚，后者先后居住在斯巴达和希梅拉［Himera］），另一类是独唱颂歌（阿尔卡埃乌斯［Alcaeus］和莱斯博斯岛［Lesbos］的萨福），诗人一般独自吟唱并以吕拉琴或长笛伴奏。

不过，希腊人更喜欢用格律分类。挽歌最早是由阿基尔罗库斯和以弗所的卡利努斯（Callinas）所演奏。这类诗律包括抑扬格和扬扬格，五音步、六音步交错，这类体裁比浓重的六音步更加细致，能表现出局部细腻的情感。"挽歌"一词本身或许与东方的长笛有所关联，所以挽歌的诗歌形式或许与长笛曲相关。研究者以往认为哀歌与悲恸哀悼相关，或许值得怀疑。这类格律可以被用在多种场合，包括在贵族会饮（symposia）上演奏的长笛曲（scolia），也适用于激情和历史主题与战歌，比如提尔泰奥斯（Tyrtaeus）和梭伦。

抑扬格（这个术语来自近东）并不是长短格，也不是长长格，而是五音步短长格，一般带着嘲弄讥讽之意，阿基尔罗库斯和西蒙尼德斯（Semonides）经常使用此种格律。这些明显的个人情感表达和独唱颂歌歌唱者表达出的更多种多样的强烈的情感，都是作者个人经历和情感的投射，因此很多人认为这拉开了古希腊新的抒情诗时代，取代了之前的史诗时代。但是这种解读是基于对诗歌创作过程的误解，诗歌中呈现出的人物形象是具有想象力的文学建构，并不一定要反映创作者的真实经历。因此当阿尔卡埃乌斯写他丢盔弃甲从战场上逃脱时，当萨福描述情人的感受时，并不意味着他们真的经历了这一切。他们所关注的是诗歌意象的创造和投射，就像现代小说的"叙事者"并不完全等于小说家本人。

希腊抒情诗所含的分析和内省目的甚于史诗，抒情诗的创作手法完全不同。不过，由于之前所说的"抒情诗时代"中，诗人开始描述自己的生活，表达自身的情感，这个概念是存疑的。而荷马提到的各种类型的抒情诗出现的时间一定比他早，因此，从史诗到抒情诗的时间线划分是错误的。这两种诗歌可以追溯到民歌，一直延续到荷马、赫西俄德、阿基尔罗库斯之后一段时间，直到新的字母到来，为后代保留下这些诗歌。

宗教因素弥漫在这些诗歌中，换言之，它从未被遗忘。因为宗教并不是希腊的附属品，它是希腊不可或缺且永恒存在的一部分，存在于所有的活动中。尽管本书会依照一个一个的地理中心试着逐渐解开宗教的奥秘，但是希腊的宗教仍然很难理解。希腊宗教是多神教。希腊诸神数量众多，他们反映了人类世界的多样性，尽管很多神明的功能重叠，但是他们代表着希腊生活的不同侧面。主神在全希腊范围都获得认可，但是大多数神明与自己特殊的圣所关系密切。就此，我们又面临着一个悖论：一方面，他们与过去的联系十分密切；另一方面，他们又能从旧的东西中有所创新。

他们对过去的联系往往体现在那些伟大的女神身上，例如赫拉、德墨忒尔和阿尔忒弥斯。所有这些能够被感知的联系，都通过不同的方式回应着早期文明的地母和狩猎女神。赫拉牛目天后（*Boopis*）的绰号，雅典娜的猫头鹰，都能让人联想到崇拜动物图腾的时代。宙斯是众神领袖、天空之王，他是后来的产物，伴随着迈锡尼的陷落，产生自动荡的社会。阿波罗亦产生自同一时代，他最具希腊特征，尽管他的名字并不那么希腊。

希腊宗教的起源是个谜。有时他们会被归因于埃及，这种观点有时令人信服，但是荷马和赫西俄德为希腊凝聚奥林匹亚诸神并标准化的观点，似乎更可信。正如后来的希腊人（有时也有人持反对观点，比如色诺芬尼［Xenophanes］）注意到的那般，以荷马为代表的一群人创造了他们：一群危险的强大神明，有着不少缺点和不足。这些缺点实际上是人类身上存在的，因为希腊宗教最大的特色就是神人同形同性论，这在当时世界上流行的几大宗教中都极为特殊，荷马早就注意到了这一点。这些男神和女神是人类的放大，因为希腊人本身极具戏剧性和可塑性，他们深知人的无限潜能，所以不能想象神明以其他形式出现。

至少在早期，这些神明因美好和力量受人赞誉，无论是他们自己做出的行为，还是应人类所求做出的行为，都未被当作道德层面的模范，除了宙斯，他的某些特定称谓展现了其能力的不同方面，比如保护求助者和善待陌生人，这都代表了良好行为的基本模范。其他的不当行为，比如傲慢、牺牲他人、放纵自我等行为（参见第四章，第2节）偶尔会遭到惩罚，不过，众神憎恨狂悖之人这一观念出现的时间未必早于公元前500年。不过可以肯定的是，当人类不承认这些神明的时候（即希腊文 *nomizein* 一词的含义——不相信）他们会变得愤怒，若是他们的愤怒得不到平息，他们会变得十分危险。这是一种基于互惠的宗教焦虑，以明确的方式相互交换，人信仰神，所以神应该予以回应。

作为交换，最重要的就是祭祀，祭祀中最好的牺牲便是血与肉，这能满足献祭者的不安或狂喜，通过死亡来证明生命（剩余的祭祀材料可以作为食物）。因此，祭坛是早期宗教崇拜的中心，神庙是在后期才发展起来的。祭坛和神庙之类的祭祀场所最初不仅仅从族群中吸纳资金，富人也会对其提供一定资助。

大型圣所应运而生，比如宙斯在多多纳（Dodona）、奥林匹亚和尼米亚（Nemea）的圣所，阿波罗在德尔菲、提洛岛（Delos）、迪迪马（Didyma）和克拉洛斯（Claros）的圣所，赫拉在阿尔戈斯、萨摩斯以及近克罗顿和波塞冬尼亚（Posidonia）的圣所，阿尔忒弥斯在以弗所（Ephesus）的圣所，以及波塞冬在科林斯地峡附近的圣所。没有明确的证据能够证明这些圣所从迈锡尼时代延续到现在（即使存在延续性，这种延续也涉及了神明的更迭）。但是这些重要的圣所在公元前8世纪作用日益明显，影响了希腊人的发展，并在随后的两百年中迅速壮大。一些圣所以神谕闻名，其中多多纳和德尔菲影响巨大。[42]

围绕着四个重要的圣所，希腊人举办了不同的赛会，奥林匹亚赛会、皮提亚赛会、尼米亚赛会和地峡赛会。赛会的形成似乎可以追溯到荷马时期英雄的葬礼仪式，当然这种推测是存在争议的。柏拉图曾经称赞赛会精神，认为它们赋予了个体以"整体性"。[43] 但是，它是否真的促进了希腊世界的统一，增加了希腊世界的整体性是存疑的。一方面，赛会的泛希腊性确实在一定程度上消弭了部分城邦的特性，但是与此同时，赛会的基本特征就是竞赛，这一特征塑造了自由竞争的典范，城邦之间也因此分离。这种竞争精神（*agon*）也激发了向圣所奉献艺术品的风气，希腊世界的城邦和个人都争相奉献，奥林匹亚和萨摩斯的赫拉圣所盛极一时。这些奉献的物品包括从公元前8世纪起延续下来的两种青铜器皿，风格受到叙利亚影响，这种家用器皿周边加以装饰，是后来雕塑的前驱。[44]

除了对奥林匹亚诸神的崇拜之外，还有其他一系列更受欢迎的宗教崇拜，一般饱含地方性特色，从而定义了每个城邦的个性。这一类宗教崇拜着区域或民族英雄、历史上或传说中的传奇人物，宗教中心一般是传说中他们的坟墓所在地。[45] 除此之外，还有一些充满狂热崇拜和阴间因素（冥界、丰产）的宗教仪式，最具代表性的是狄奥尼索斯的崇拜（源自色雷斯）和德墨忒尔的秘仪（主要在厄琉息斯 [Eleusis]）。原始宗教崇拜发展到末期时，冥界的因素越来越重要，究其原因，是秘密仪式能够带来来世的救赎，这种兴奋是虚无缥缈的来世所缺乏的，荷马史诗中描述的冥界就是如此。[46]

在厄琉息斯，成为祭司最初是某些家族的世袭特权。在厄琉息斯和其他希腊地区，职业的祭司最初并不存在。[47] 因为尽管希腊宗教崇拜不断发展，但是始终没有统一的教会，没有正统的教规。这一点能从希腊宗教令人眼花缭乱的种类和不同信仰之间的冲突看出。这些冲突无处不在，起源和目的千差万别,没有任何综合性的解释能够统筹所有问题。这些问题抓住了我们的智慧、情感和想象力,它们象征着我们无法掌握的问题。它们试图解释自然和社会现象,同时记录了民间传说,它们为仪式辩护,也被仪式维护,它们有时服务于爱国目的,比如维护城邦这样那样的荣光以及统治地位的贵族。

又或者,它们只是在讲述故事。荷马这一类型的故事生动而又神圣地描述了诸神的画面,打开了后世理性思考的闸门。但是,不管这种理性如何发展,大多数神话即便不能被完全视为历史上的真实,也不会被人遗忘,且将会一直被认真对待。希腊人的神话生动地证明了他们的信仰,即人类和类人行为充满吸引力,希腊神话是值得研究的主题,具有不可估量的深度,包含了无尽的财富,始终是希腊人想象力创作的最杰出的产物。

在其他方面,希腊人的生活不断变化,政治领域最为明显。因为不久之后,除了色萨利等较为落后的地区的政权依旧被出身高贵的精英团体控制,其他地区已经发生改变。每个城邦发生改变的方式各不相同,但是在相当多的以海上贸易为主的城邦中,贵族统治被后来希腊人称为僭主的人推翻。

僭主(tyrannos)一词,可能来源于腓尼基语(与希伯来语的seran有关),帕罗斯岛的诗人阿基尔罗库斯最早用它来称呼吕底亚(Lydia)国王巨吉斯(Gyges,约公元前685—前657年,参见附录1)。[48]巨吉斯通过暴力手段推翻了现存政权,建立了自己的威权统治,这也是希腊僭主的主要特征。

希腊城邦的僭主一般都通过暴力手段,打破当地的政权,建立自己的最高统治。

在希腊几个主要城邦中,只有斯巴达和埃吉那摆脱了这种统治。僭主统治这种政体形式最早可能发生在伊奥尼亚(可能受到邻国吕底亚的影响)。但是这种猜测没有足够的证据,第一位僭主也可能最早出现在希腊本土。如果是在希腊本土,那这位先驱者有可能是阿尔戈斯的统治者菲冬(Pheidon),在希腊早期历史上,阿尔戈斯是伯罗奔尼撒地区的主导者。菲冬生卒年月不详,一直备受争议,但是一般认为他的统治时期不早于约公元前675年。菲冬不太符合对僭主和独裁者的一般定义,因为根据亚里士多德的说法，他是从国王变成僭主，也就是说，他不同于后来的僭主，不是试图打破成规的贵族或新兴贵族，而是一个世袭国王（basileus），超越了他的宪法权力。[49]

更加符合僭主定义的是科林斯的库普塞鲁斯（Cypselus）、锡西安（Sicyon）的奥塔戈拉斯（Orthagoras）、萨摩斯的波利克拉特斯（Polycrates）、米利都（Miletus）的塞拉叙布鲁斯（Thrasybulus）、阿克拉伽斯（Acragas）的法拉里斯（Phalaris）以及盖拉（Gela）的希波克拉底（Hippocrates）。这些人中的每一个都通过自己的方式颠覆了贵族政府，建立僭主统治。他们大多出身贵族，竭尽全力获得持不同政见者和其他贵族的支持，与此同时还竭力争取并获得了虽非贵族但发展壮大的重装步兵的支持（这时候重装步兵已经出现了，尽管他们的方阵战术未必已经发展完善），因为很多重装步兵成员发现他们虽然是城邦军事力量的核心，但是在旧有的贵族统治下，并没有获得相应的政治发言权。

这种僭主统治的特征包括雄心勃勃的对外交往、结盟、联姻以及发展海上舰队，舰队的发展在波利克拉特斯的统治时期达到了较高水平，这些特征也促进了贸易的发展。贸易的发展同时也得益于钱币的广泛使用，即将金属转换成一定质量保证的小块，并加之雕刻设计，一开始仅有一面有雕刻（另一面仅有打孔标记），后来的钱币发展到双面都有雕刻，前期货币材质是琥珀金，后期是银。[50]

塞拉叙布鲁斯统治时期（约公元前600年，也有可能是在他获取政权之前）的米利都率先学习吕底亚的经验，开始使用钱币，以弗所、基齐库斯（Cyzicus）、米提列涅（Mytilene）和福西亚紧随其后。吕底亚率先制币，可能是部分源于亚述和美索不达米亚地区的先例和计量体系，便于国库出账（雇用军队、船只租赁房屋）和入账（租金、税收和罚款）。希腊城邦开始制币时，目的相差无几。正如前文所言，在钱币的使用过程中，希腊人也发现这一发明方便了商品交换和贸易发展。不过小面额钱币的缺失的确带来了瓶颈。另一个问题是度量衡的混乱，不同的地区根据自己的度量标准制币。

这造成了不安复杂的城际形势。出于统一币制的必要性，整个希腊世界大概使用两种主要标准，一种是埃吉那制，另一种是优卑亚—阿提卡制（分别基于美索不达米亚和叙利亚度量）。事实上，希腊人还曾试图将两种币制相结合，于是他们创造了重量约为425克的米那（Mina，约六分之一塔兰特），约能兑换70个埃吉那币制德拉克马，100个阿提卡币制德拉克马（150个科林斯币制德拉克马）。尽管如此，仍然存在无数的局部复杂差异，这导致大多数钱币并没有传播得很远，起码最初的情况如此。

不过，希腊人从吕底亚人那里借鉴来的制币越来越重要。很显然，城邦的僭主很早就用实际行动发掘钱币的潜力，他们意识到了钱币带来的政治声望，并且通过委任优秀的设计者进一步提高这种声望（他们的工作将在后文讨论）。

此外，僭主吸收借鉴了先前的贵族统治群体的经验，他们在公共建筑、城邦宗教和节日上斥巨资，将艺术创作的资助集中在自己手中，削弱了基于传统的家族、氏族的仪式力量。

为了满足日益增长的资金要求，他们开始对土地的生产和买卖收税，一系列的港口税也因此出现。这些强加的措施显然不会受到欢迎，但是科林斯的僭主库普塞鲁斯和锡西安的僭主奥塔戈拉斯却通过对前多利安人的友好姿态赢得了更强大的政治基础。他们有意识地保持法律原封不动。

他们的儿子，佩里安德（Periander）和克里斯提尼（Cleisthenes）比他们的父亲更为成功。但是在此之后，其他城邦的情况亦是如此，这种僭主统治由于缺乏合法性而被质疑，不断失去人心，面临反抗，这一过程使得僭主一词变成贬义词，直到现在都没有改变过。这些僭主的统治被推翻，僭主时代也被终结，除了西西里，由于政治局面一直不稳定，僭主统治不断重复出现，小亚细亚也是如此，因为波斯领导人后来发现专制统治更为方便。

尽管希腊世界的其他城邦情况各不相同，但可以肯定的是，僭主很容易被寡头统治取代，也就是说由少数人组成的政权，他们的统治资格不靠出身（尽管麦加拉的泰奥格尼斯［Theognis］曾经感叹他们失去了天赋权力，但是出身高贵的人仍然能找到一席之地），而是依靠财富，财富的积累以前体现在土地上，但是现在也可以通过刚刚建立的货币制度，用钱币更方便地衡量财富。正如我们所见，即使在僭主统治之前的贵族统治时期，他们也不得不承认财富和出身一样决定了他们的地位。僭主时代结束之后，除了色萨利和斯巴达，几乎没有完全以高贵出身为基础的贵族政府存在，后者的政体形式十分特殊，斯巴达人结合了各种政体的特征，通过这种奇妙的组合和有效的平衡维系了稳定的统治，甚至从阿尔戈斯人那里接手了对整个伯罗奔尼撒地区的领导权。

因此在经历了僭主统治的城邦中，他们的政体序列可以简化为贵族制—僭主统治—寡头统治。那些没有经历僭主统治的城邦，寡头统治紧随贵族统治而来。后者和前者一样，理想的城邦形式是"优良秩序"（eunomia），即在一个和谐的整体中尊重法律，每个人都能在这个整体中找到自己的位置。寡头政体习惯于将公民数量限制在一定范围之内，这个范围与重装步兵人数大致相当。这些公民像之前的贵族统治时一样，在少数人的领导下开会，但实际上他们的权力非常有限，在有些城邦中，这类的集会干脆就被省去了。

然而这种枉顾民意的做法并不普遍，而且逐渐改变。有人指出，在僭主统治时期，那些新贵和贵族中地位较低的人，比如重装步兵，他们联合寡头群体推翻了僭主统治；在寡头统治时期，他们又逐渐推翻寡头统治建立了不同类型的民主政体，公民大会是这种政体的核心特征，其囊括了城邦内的大多数男性公民。在这种政体中，公民也不断尝试在自己短暂的一生中获取政治权力。这种民主倾向的国家推崇"优良秩序"，主张平等（isonomia），认为法律面人人平等。

斯巴达也算是一种民主国家，从某种意义上来说，斯巴达的男性成员（除了黑劳士［Helots］、奴隶和边居民［dweller］）是平等的（homoioi）。公元前6世纪希俄斯（Chios）的一块铭文上刻着"damos"（意指demos，大众）一词，这暗示着这一时期岛上正在发生一些改变。但是民主制度真正的壮大是在雅典，公元前500年前克里斯提尼在梭伦改革颁布解负令废除债务的前提下，进行改革，这些改变似乎包含了后来的辉煌民主制的许多特征（可以从后期相互冲突的宣传中看出这一点）。

正如前文所说，西西里的情况十分特殊，由于城邦内部冲突不断，僭主统治一直占据主导地位。大多数希腊城邦虽然没有复辟，但是内部也存在着不同种类的矛盾，比如寡头派和民主派之间的矛盾，特权和非特权阶层的矛盾，以及贫富矛盾。这种冲突也可以归为派别之争（stasis），意思是对公共事务认知合理的分歧到严重的党派之间的暴力，这种冲突时有发生。殖民地地区的冲突更为明显，比如原住民和后来定居者之间的冲突。[51]最经典的派系冲突是修昔底德描述的发生在公元前420年左右的科基拉内战。[52]如果我们有足够的材料，就会发现，在科基拉和一两个世纪之前的其他地区普遍存在这种现象，麦加拉也有相关记录。

希腊的城邦制度是一个绝妙的主意，城邦内部也有无数闪光的想法，但是这种制度注定衰落，因为内部的纷争不断导致的内战和城邦之间的持续性相互敌视是一个致命的结合。

公元前7世纪目睹了希腊世界建筑和雕塑所有重要的发展。希腊人从埃及人那里得到了利用巨型石头建筑雕塑的灵感，公元前7世纪以降，他们可能在诺克拉蒂斯或者埃及其他地方见到了这种建筑。不过，按照惯例，希腊人对他们看到的东西结合自己的传统进行了全面修改，这体现在木质和迈锡尼式的住宅以及大厅（megara）的保留上。

在科林斯（大约在公元前720年出现了"东方化"的陶器）和受科林斯影响的地区可以看到最早建立的规模较大的神庙。这些建筑风格后来被归为多利安式。这种风格的柱子柱身巨大，没有柱础，有着条纹状凹槽，柱头由矩形石板构成。这种风格的石柱上方是水平的门楣，再往上有带状三联浅槽饰（由垂直凹槽分成三条的石板），与柱间壁（方形平面，通常刻有浮雕，比三竖线花纹凹陷）交错分布。整个多利安式建筑的顶部有一个斜檐，屋顶的两端是三角形山墙，斜檐顶端到门楣中间这块三角形区域，也为艺术家的创作提供了空间。

多利安柱式体现了希腊人对规律的敏感性。它用水平线和垂直线将建筑物置于一定图景之中，使眼睛不自觉往上看，给人一种与大地完全不同的崇高感，但又不会过度拔高，冲破天际，不会像哥特式教堂那样试图打破地心引力规律。这些清晰的轮廓和辉煌的斜檐，被色彩鲜艳的细节衬托出来，这是缜密思考的结果，这种思考带来了进一步的改良，即微妙的曲线、倾斜和凸起，满足光学和美学需求（并确保建筑稳定性和排水）。约公元前6世纪的所有神庙中，石头是整个结构的基础（用以支撑沉重的屋顶结构）。从公元前6世纪开始，大理石材料得到了广泛应用。最好的多利安式神庙是品位、比例、图案对称、安静、力量和静止等因素共同构成的杰作。

此后不久，在小亚细亚沿海以及周围地区，兴起了伊奥尼亚式建筑，其中最为有名的是萨摩斯的赫拉神庙和以弗所的阿尔忒弥斯神庙，其规模远超以往。这些巨型建筑物让人联想到埃及石柱如林的神庙，这表明，除了战争时期，希腊城邦在神庙建设上投入了大量的资金。

伊奥尼亚柱式建筑风格自由而不受拘束，显得比多利安式更轻盈灵活，装饰的线条流畅，更具奢华气息。柱子上的凹槽数量更多，切割得更深，每根柱子都有柱础。伊奥尼亚式柱头风格鲜明[53]，最早受士麦那（Smyrna）和腓尼基影响，呈现横向的螺旋卷或涡形结构（这种设计经大量修改加工而来，最初来自近东，尤其是腓尼基人），柱帽通常附以蛋与舌标志（egg and tongue，一种椭圆与箭头交替排列的装饰线条），柱顶过梁被分为三条平行条带，其上是一排齿状条带。有时顶端也会有精美的雕带，取代了多利安式的三联浅槽饰。

这种带装饰的雕带以及神庙山墙上的浮雕代表了早期希腊雕刻家的杰出水平，体现了他们与建筑师的密切关系。此外，独立于建筑的雕塑也在同时期迅速发展。这种类型的大型雕塑取代了以长发女性形象为主的、被称为代达罗斯式的小型雕塑，后者在希腊大地流行于公元前7世纪前中叶，雕刻材料多种多样。这种代达罗斯式的雕塑者受到了腓尼基和叙利亚红陶小雕像影响，可能最早在克里特岛上流行，据说代达罗斯曾经在这里教了两位学生，狄派诺斯（Dipoenus）和斯库里斯（Scyllis），后来他移民到了锡西安。

新的大型雕塑受到了代达罗斯式雕塑的影响，但是就如大型神庙建筑受到埃及影响一般，这些雕塑更主要的影响应该也是来自埃及（也有学者对此提出质疑）。这些大型雕塑（主要集中在雅典）似乎是在公元前650年之前，首先在基克拉迪斯群岛的纳克索斯和帕罗斯岛上制作的，因为那里的石料唾手可得。除了雅典，萨摩斯和其他一些地区也有着悠久的雕塑传统。

这种创新的雕塑艺术最鲜明的特征就是青年雕像（kouros），显示了希腊日常生活中裸体男性的主要形象。这些形象一般出现在墓碑、还愿奉献和宗教图像上，代表了阿波罗或他的追随者。这些雕塑者想通过雕塑重现一个永久的、去个性化的充满男子气概的光辉希腊男性形象。这个过程在公元前6世纪稳定发展。尽管他们已经去个性化，但是这些来自希腊世界各地的形象仍然反映了自然主义和现实主义的持续对抗，在长时段的角度来看，它们承载的理想内核与后来启发文艺复兴和相关艺术家的理想是一样的，这种影响一直延续到毕加索时期。不过，即使是到了约公元前525—前500年之间，这种青年雕塑的巅峰创作阶段，它们始终与自然主义的人物塑造有一两步之差，不是因为这些雕塑家没有掌握解剖学的知识，因为他们一直在这方面努力，并且在下个世纪得到了较为明显的进步，而是因为它们始终试图通过雕刻男性身体来描绘理想而非真实。

在许多地区，女性雕塑（korai）也广泛存在。她们主要存在于圣所中而非墓葬，代表的是女神及其追随者，当这些追随者或工作者离开神庙步入婚姻之时，有可能会将自己的形象雕刻献祭，永远留在圣所。

在既有的认知中，女性雕塑和青年男性雕塑有着相同的发展过程。但是这个发展过程包含着不同发展形式。就青年男性雕塑而言，注意力一般集中在男性的身体上，而女性雕塑则更关注曼妙优雅的线条和衣服飘逸的褶皱，最先是朴素的长款羊毛织裙，继承了代达罗斯式艺术，后来附上彩绘，内着白色亚麻袍子（chiton），外着羊毛长袍（peplos）。这类雕塑有着著名的"古风式的微笑"，它们的雕刻者来自伊奥尼亚，他们的家乡受到波斯人的入侵，故而大量涌入雅典和其他希腊城邦。像其他艺术分类一样，在公元前500年左右，古风风格开始向古典风格转变。

其间，精湛的浮雕仍旧源源不断产生。更小型的宝石和钱币得到了更广泛的使用。宝石仍然是上流社会精美的艺术品，产量有限。[54]而钱币的数量迅速增长（参见注释50），城邦很渴望自身的设计独具艺术性，能超越其他城邦。有时钱币上刻画了保护神或英雄的形象，比如克尼多斯（Cnidus）的阿芙洛狄忒、西西里纳克索斯的狄奥尼索斯、叙拉古的阿瑞图萨（Arethusa）、神话中塔拉兹（Taras）的建立者塔拉斯或帕兰修斯（Phalanthus）、雅典的雅典娜以及波塞冬尼亚和波提狄亚（Potidaea）的波塞冬。有时候也会描绘他们的标志性特征，比如埃吉那岛的海龟（阿芙洛狄忒的标志）、科林斯的帕加索斯（Pegasus，柏勒洛丰［Bellerophon］的双翼神马）以及雅典的猫头鹰。

此外，城邦具有特色的标志和象征物也可以成为钱币设计的一部分，一般是当地的出产物。比如昔兰尼的罗盘草（silphiam）、塞浦路斯岛上的萨拉米斯（Salamis）的山羊、意大利南部城市梅塔庞托（Metapontum）、锡巴里斯和塔拉兹的麦穗、公牛和海豚[55]，还有基克拉迪斯群岛中的纳克索斯和佩帕瑞托斯岛（Peparethos）上的葡萄和酒器。另一个同样盛产葡萄酒的城邦萨索斯（Thasos），喜欢绘制带有性暗示的狂热萨提尔（satyr，酒神的追随者），一般会伴随着宁芙女神。有时候城邦的标志会采用谐音形式，比如腓尼基的海豹（phoke）、希梅拉的公鸡（hemera，代表白天）、罗德岛上的卡米罗斯（Camirus）和伊利索斯（Ialysus）的玫瑰（rhodos）。贵族家庭和个人的标志也会成为钱币图标的一部分，比如早期以弗所的钱币（注释50），城邦有时会为了取悦名门望族将他们的族徽印在钱币上（第二章，第4节）。老米太亚德在色雷斯切索尼斯（Thracian Chersonese，加里波利半岛）曾经将四驾战车印在钱币上，庆祝自己在奥林匹亚赛会上的胜利。

公元前6世纪的另一项艺术成就是陶瓶画，种类和数量都得到了长足发展。科林斯是这一艺术的先驱，雅典后来取得了毋庸置疑的领导地位。该世纪上半叶，黑陶瓶画发展到巅峰。黑陶是将黑色涂料画在红色黏土，用雕刻工具刻画细节，最后烧成黑釉。早期瓶画中的装饰性绘画减少了，取而代之的是叙事性绘画，一般包含神话中的人物形象。

雅典的黑绘陶流传甚广，公元前530年陶瓶画技术革新之后，分布更加广泛。这种新发展就是红绘陶瓶画，与之前的黑绘陶相反，红绘陶画的背景是黑色的，分界线也不用刻在瓶身上，而是画上去的。这种风格给自由创作提供了可能性。和雕刻家一样，希腊的瓶画艺术家依旧没有走向后来在绘画界风格自成一派的自然主义。不过，他们更加善于描绘大场面。从公元前6世纪中叶开始，许多瓶画艺术家开始尝试透视技术，这种技术起初仅限于没有生命的物体，因为他们觉得英雄人物还是适合通过二维平面展示。黑绘陶和早期红绘陶瓶画的画家在力量呈现和刻画动态美的技术上达到了后人难以企及的高度。

在艺术不断发展的过程中，这些艺术家也在理性和科学领域不断创新。很多杰出的思想家都被笼统地归入"前苏格拉底哲学家"，从某种意义而言，他们大体与今天所谓的哲学家确实差不多，只不过有的方面有所不及，有的方面又超过今天的哲学家不少。不足的是，尽管他们或多或少受到了荷马对诸神相对冷静的态度的影响，并将这一看法发扬光大，认为他们虽然对神明有所依赖，但是人类作为自由的个体，一切行动都由自己的意志决定（这个难题困扰了下一个世纪的悲剧作家），但是他们对宇宙的认知仍未从早期神话概念中解脱出来。他们的研究方法也不够"哲学"。与此同时，这些前苏格拉底思想家不仅仅是哲学家，因为他们关注的现象在今天看来，不仅与哲学相关，还与科学相关。

米利都的泰勒斯（Thales）、阿那克西曼德（Anaximander）和阿那克西美尼（Anaximenes）作为这些前苏格拉底哲学家中的第一批，思考的问题是宇宙如何起源以及宇宙由何种质料构成。在不断探寻这些问题的同时，泰勒斯口述，其两位弟子书面记录（这是革命性的进步，构建了一个新的、更为严谨的思想表达的分析模式），朝着创建逻辑推理更进一步，这一切必须要归功于伊奥尼亚。

面对波斯人的侵入，另外两位哲学家从伊奥尼亚移居到希腊西部的城邦，他们的成就会在西部城邦相关章节中叙述（第七章，第2、4节）。科洛丰的色诺芬尼是其中之一，他猛烈地批判了荷马和赫西俄德提出的神人同形同性论。另一位是萨摩斯的毕达哥拉斯（Pythagoras），他既是数学和医学的先驱，还是一个宗教团体的创立者，这个宗教团体后来取得了克罗顿的统治权。他与另一个伊奥尼亚人，以弗所的赫拉克利特（Heraclitus，著有一部散文），开始将关注的重点从宇宙的宏观世界转移到人类灵魂的微观世界，把两者的存在和发展都归结为对立的冲突。这种二元论在未来的一个世纪中收到了伊利亚（Elea）的巴门尼德（Parmenides）一元论的挑战，他认为世界是独立的、永恒不变的、不可分割的"一"，根据他的观点，所有表面上的变化和多样性都是虚幻的，并非真实存在。

这些人之间以希腊的方式相互竞争，试图修正前人的观点，想将特例与一般规律联系起来。尽管他们争论的问题十分尖锐，论点也极具开放性，但是这一切推动的是科学理论的发展，而非科学实践。这些思想家的目的是从理论层面理解人和自然。他们中也有些人是现象的敏锐观察者，不过数量并不多。希腊的科学发展滞后的原因，整体而言，是由于经验主义观察一直不被重视。[56]

无论如何，公元前6世纪的希腊人在各个领域都取得了惊人的进步。他们之所以能完成这么大的进步，是因为他们有足够的闲暇时间。柏拉图和亚里士多德对体力劳动的鄙视并不广泛存在（例如，梭伦是否有这种想法就存疑），但希腊人的确十分喜欢这种赋闲在家的感觉。在一个希腊人自身或其他人眼中，不劳作就无法维持生活，这无疑十分可怜。希腊世界并不存在"为了工作而工作"的概念，劳动力也并不会被当作商品而出售。正因如此，如亚里士多德所言，闲暇无比重要，是比勤劳更理想更全面的目标。[57]

亚里士多德也曾说过，如果无法避免劳作，那沦为他人的劳动工具是灾难性的："一个自由人不应该为他人的利益而活。"[58]这一观点并非首创，荷马史诗《奥德赛》中就曾提到，没有人像穷人那般痛苦（阿基琉斯的影子如是说），因为穷人不得不将自己的服务出售给其他人。[59]然而，自由的非职业工人有时会因为贫穷遭到嘲笑，但直到公元前500年，他们在数量上仍然超过奴隶。

虽然奴隶一开始数量较少（传统观点如此认为）甚至并不存在，但是在整个早期希腊，其数量是不断增长的。所有早期城邦都在不同程度上拥有奴隶，后来的希腊人仍是如此。[60]诚然，奴隶只是希腊经济发展的辅助因素（贫穷的自由人会将之视为劳动力），但是如果没有他们，希腊人的发展境遇将会很糟糕。奴隶是主人的私有财产，如同工具一样（唯一不同的是奴隶能感到恐惧），可能并不会被体面地对待。这些私有奴隶肯定不在雅典的劳里昂（Laurium）银矿工作，那里是阿提卡的劳苦之地。整体而言，照顾好奴隶的健康是明智之举，就如破坏自己的工具是愚蠢的。

古代的作家被两极对立所吸引，倾向于看到自由人和奴隶之间简单的双边对比。这常常使他们容易忽略一个非常重要的事实，那就是公民和奴隶之间还存在各种各样的非公民群体。比如雅典的异邦人（metoikoi），他们有权利参与大多数公共生活，在工商业中扮演着极为重要的角色，只不过他们并没有公民资格。

此外，在斯巴达和其他一些希腊地区，还有一种边居民（perioikoi），他们生活在城邦的周围。[61]他们主要居住在自己的村子，但是在城邦中服兵役，他们同样在工商业中扮演不同角色，却无缘参与城邦的政治生活。在斯巴达的拉哥尼亚（Laconia）以及其他希腊某些地区，这些人被称为黑劳士，据说他们一般是早期居住者的后裔。学者一般不认为这些黑劳士属于奴隶[62]，而是将他们划入农奴行列，故而他们被认为有颠覆城邦统治的可能性。

然而，在希腊城邦中，最缺乏政治参与的应该是妇女群体。但是希腊妇女的情况不可一概而论，首先，我们关于妇女地位的仅存证据都来自男性；其次，就我们所掌握的信息而言，希腊每个城邦中的情况都不一样。

有迹象表明，在小亚细亚西海岸附近的岛屿及其周遭地区，妇女所承担的作用要比后来大。荷马史诗中的妇女，很明显反映了他所处时代的情况（尽管这一问题很难确定，参见第五章，第1节），她们虽然不是决策者，但是在决策中起到了很重要的作用。然而，后来萨福（生于约公元前

612年）描述了莱斯博斯岛上的女性社会，她们在现实和情感上都有很大的自主权。不过，即便是这一小小海岛上的特殊情况，也招致了阿莫尔戈斯（Amorgos）的西蒙尼德斯的恶意（最初来自萨摩斯，参见第五章，第1节）。而希腊本土的情况和走向能从赫西俄德对女性的恐惧窥知一二，潘多拉的神话便是最直接的影射。

尽管我们一如既往过多地依赖雅典的证据，那里的妇女似乎比希腊土地上的任何其他地方享的自由更少，但是从赫西俄德的态度出发，我们似乎可以做一些简单的概括。斯巴达和克里特似乎呈现了一个更为自由的画面，在公元前6世纪晚期的克里特，女性甚至可以成为城邦的君主，这很像希腊化时代女王的前身。然而在希腊化时代之前的希腊大陆，女性通常没有公民身份，也不会在城邦中担任职务，更不会参与城邦政治活动。按照法律，她们无权处理与自己相关的法律事务，一切应该由男性全权代理，她们也并没有合法拥有私有财产的权利。当然，家庭的情感无处不在（墓碑能够证明这一现象），否认女性在家庭生活的不可或缺是荒谬的。希罗多德明里暗里都接受这一说法，他甚至认为女性在建立并维系城邦秩序方面跟男性扮演着同样重要的角色。

不过，希罗多德的观点并不常见。赫西俄德和西蒙尼德斯更符合传统观点。希腊很多文学作品中都回荡着对妇女的仇恨，或者说是对女性在城邦中可能承担的角色感到焦虑。在这个压抑的以男性为主导的社会中，存在着大量性词汇，节日仪式中有夸张的淫秽特征，整个社会存在一种奇怪的性别隔离。尽管女性在生育方面显然是不可缺少的，但她们在希腊男性眼中似乎是一个神秘的、危险的、会污染环境的他者，希腊男性非常担心她们可能会失控，可能会脱离他们指定的、她们被驯服的地方。

在神话和文学中，戏剧性的表现背后，常常隐含的上述内容，这似乎与希腊女性参与城邦生活受到的限制，形成了一种奇怪的对比。亚马逊女人族的凶残，阿提卡喜剧中男女性别的颠倒，以及悲剧中带来厄运的女性，无一不在提醒这一点。欧里庇得斯的《酒神的伴侣》（*The Bacchae*）甚至得名于报复彭透斯（Pentheus）的迈纳德（Maenads），她们是酒神的忠实追随者。

最后这个例子似乎提醒着我们，与其他希腊城邦的公共生活相比，女性在宗教事务中承担着重要角色。她们有属于自己的节日，比如地母节（Thesmophoria），女性在这类节日中起到了显著的领导作用（这种节日直言不讳地强调女性的生育能力）。因为希腊人认识到神明身上有野蛮、狂暴和不羁的一面，这与受到男性统治的秩序井然的希腊社会完全不同，女性似乎很适合服务于诸神的这一面向，这一面向充满了破坏和秩序的颠覆，一切习惯都被搁置。毕竟，这就是希腊人对婚姻的看法：对狂野、难以控制、不理性的女性的驯服过程。因此许多希腊陶瓶画中都描绘了一个男性强行拉着妻子的手走进她的婚礼，这某种意义上也象征了死亡。而且一旦结婚，女性便悬在两个家庭之间，并不断调停，且未必会得到双方的信任。因为在大多数希腊城邦中，妇女在有关婚姻的任何问题上都没有法律地位，正如她没有其他法律权利一样。

在一些极端案例中，有的希腊女性没有兄弟，当这种男性继承人缺席的情况发生时，希腊人会安排她与最近的男性亲属结婚，比如他父亲一方的亲属，按照固定的优先顺序，其父亲的兄弟是第一顺位。出生在这样环境中的女性，肩负了绵延家庭（oikos）的责任，在雅典被称为女继承人（epikleros），意思是家庭财产（kleros）的附属，梭伦还曾对此立法（第二章，第3节）。

女继承人的这种境遇（在斯巴达和克里特有所不同）说明了在希腊世界，女性几乎很难自主决定自己的婚姻生活。诚然，通过这种方式，可以看出大众将她们视为财产的传递者从而保持延续性，但是也能看出她们没有能力做自己的决定。希腊的男性也非常重视婚前贞操，这种思想导致了女性成婚年龄较小，根据目前已知的文献材料，年龄大概在十八九岁（新郎年龄一般较大），不过有理由认为，十六岁甚至更早的婚姻绝非罕见。

这样的态度导致了希腊世界对同性恋的接受程度比现在高。城邦就这一具体的行为有各自不同的态度和管理方式。尽管如此，像之前一样，对这种情况做一个一般性的概括是可行的。在一个群体中，若女性集体蜗居在家，而男性在外参加城邦政治生活、赛会甚至战争，有时也会因会饮（symposia）和贵族俱乐部（hetaireiai）结缘，这样的社会结构很容易滋生同性恋关系，这种关系比男女之间的关系更为敏感、深切和复杂。像斯巴达、忒拜、伊利斯（Elis）和锡拉这种没有老式的"英雄"社会结构的城邦，男性伴侣关系获得了不同程度的传统甚至法律的认可。正如我们看到的，很多艺术家都着力展现男性裸体形象。

无数瓶画上的绘画还说明了另一个问题：少年恋相较于同一年龄层的同性恋关系更受欢迎。围绕着前一种关系，希腊人构建了一套完整的哲学论点，即年长者既是少年恋人的教育者、军事训练者还是他们的合作伙伴。柏拉图在与斐多的对话中曾经提及，世界上最令人闻风丧胆的军队应该是由一对对同性恋人组成的。[63]在公元前4世纪，伊利斯和忒拜的神圣军队恰恰体现了这一观点。[64]尽管法律明确规定禁止鸡奸，但是官方对少年恋的观点各有不同。一般而言，少年恋中年龄较少的一方应该尽量避免沉浸于性爱的愉悦中，应该避免爱人对自己肉体的关注，使他成为一个追求者。就像在今天的异性恋生活中，一个女孩可能会觉得需要在最初表现出一种象征性的反抗（也许有点过时）。根据希腊同性恋的不成文规定，年少者可能最终需要奖励成年恋人，向成年恋人对他所做的一切表示感谢，毫无疑问这里的奖励指的是性爱。女性之间的同性关系少有记载，瓶画上也没有相关的描绘，但不能据此否认萨福的女同性恋圈子的存在，不能刻意回避这一事实，因为在斯巴达和其他一些希腊城邦都流传着类似说法。

在本书所讨论的最后一个时期，希腊人已经建立的整个复杂的政治、社会、经济、知识和艺术结构受到了东方大国波斯的致命威胁。

波斯国王居鲁士二世在征服吕底亚王国之后（公元前546年），从吕底亚手中接收了小亚细亚及其沿海希腊城邦的统治权。大流士一世进入欧洲大陆，吞并色雷斯（约公元前513—前512年），打开了进入希腊世界的大门。伊奥尼亚城邦率先抵抗大流士的入侵（公元前499—前494年），其他城邦纷纷响应，两个地处西部的城邦——雅典和埃雷特里亚（Eretria）曾经派遣船只帮助他们。希罗多德的判断是正确的，这使希波战争不可避免。[65]这些战争和冲突不在本书的讨论范围之内，本书试图描绘战争爆发之前的希腊世界。

第二章 雅 典

第1节 早期雅典

阿提卡半岛是一个三角形海角，面积约1 000平方英里，与德比郡和卢森堡相当，稍大于罗德岛。她位于希腊大陆最东端，西部起于麦加拉，以凯拉塔山（Cerata）为界，北部起于波奥提亚，以帕尔涅斯山（Parnes）和西塞隆山（Cithaeron）为界，向南延伸。阿提卡半岛东南部以爱琴海为界，东部以尤里普斯海峡（Euripus）为界，南止于萨龙湾。阿提卡最南端的苏尼翁海角，赋予了阿提卡最早的名字"Acte"，意思是延伸入海的狭长土地。自西向东四条山脉——艾加洛斯山（Aegaleos）、伊米托斯山（Hymettus）、潘提里山（Pentelicus）和劳里昂山——将希腊大陆分割成三个平原，分别是派迪亚平原（Pedia，包括雅典）、美索吉亚平原（Mesogeia）和特里亚细亚平原（Thriasian，包括厄琉息斯及其主要村落）。

阿提卡地区土地一年需要耕种三次，以保持上层土壤松散。据柏拉图所言[1]，此地土地贫瘠，遍布着大块光秃秃的岩石。尽管在夏天，葡萄和橄榄的根部可以从低层土壤中汲取水分，阿提卡的土地也只有四分之一可以耕种，而这部分耕地周围往往聚集着稠密的人口，因而随着时间流逝，势必要大宗进口粮食。尽管条件艰苦，阿提卡的农作物仍然算是阿提卡的优势之一。当这一地区得到发展之后，优势也得到了扩展，包括劳里昂银矿、潘提里山上的大理石，以及基菲索斯河（Cephisus）里的黏土；这一地区另一永久的优势就是在山脉屏障之中，较大的地理单位之间的紧凑性。

在青铜时代，这一地区的人口就已经很稠密了，许多遗址出自这些人之手。公元前15世纪到前14世纪，雅典出现了大量的墓葬，虽然这些墓葬并不能与同一时期迈锡尼和忒拜的豪华相匹敌。《伊利亚特》中出现的阿凯亚（希腊）船表，大范围提及了青铜时代晚期的城邦（第五章，第1节），其中唯一提到的阿提卡城邦便是雅典。此时的雅典极有可能控制了阿提卡的大部分地区，她地处平原的东南部，距海3英里。

雅典人声称他们是土著居民，即土生土长在阿提卡地区。他们传说中的国王厄瑞克透斯（Erechtheus）被认为是大地女神盖亚的儿子，据传他被雅典娜带大（雅典也因此得名），在她战胜波塞冬之后，波塞冬之子忒修斯（Theseus）却成了城邦的英雄。雅典卫城坐落于险峻的山顶，如科林斯和阿尔戈斯一样，远离海边，以便脱离海盗的攻击范围。卫城上竖立着一棵橄榄树，据传是雅典娜亲手种下，以纪念这场神圣的战争。雅典人最终的继承者也是如此声称的。

根据传统的说法，多利安人共同入侵阿提卡地区（第一章，注释4—7），但在入侵雅典时被击败。在这个动乱的时期，阿提卡西部极有可能习惯使用新式的单一石砌墓——用石板砌成，埋得较浅——取代了过去的大型室墓。至于雅典，有理由相信，雅典的要塞抵御了入侵者的一波又一波进攻，敌人终难以通过雅典城。

一些证据记录下了这一动荡的时代，比如卫城斜坡上那些被遗弃的房屋，卫城自身有明显的增强过防御工事的迹象，通过设计陡峭的台阶来保证在围攻期间水的供应（约公元前1225年）。有一些关于入侵后难民流入雅典的故事，尤其是伯罗奔尼撒半岛上的皮洛斯人，诗人弥涅墨斯（Mimnermus）[2]声称，他们与雅典王室通婚，而他自己便是这些人的后代。

但是这一王室的起源是什么？雅典人是一个整体吗？在某一个阶段，他们开始自称"伊奥尼亚人"。这一名称在荷马的诗歌中被提及。但是在青铜时代晚期，这些人在希腊大陆分布的广度仍具争议，关于他们的起源，也不可能得出结论，他们明显来自混合的民族，无疑混合于移民涌入阿提卡之时。

"雅典娜"和"雅典"都不是希腊名称，赫卡泰乌斯（Hecataeus）明显感受到了这种非希腊风格，因为他将早期生活在这个城邦的人和土著居民称为皮拉斯基人（Pelasgians），这一词语成了早期笼统地称呼非希腊人的代名词。[3] 接着，神话作家认为"伊翁"定居雅典之后，将人民分成了四个部落（以其四个儿子命名）。[4]

雅典也被称为"伊奥尼亚最古老的大陆"[5]，因为，根据一个有力的亘古不变的地方传言，因难民数量而剧增的雅典人，于特洛伊陷落六代之后，在其一个或数个王室领主的带领下，领导了伊奥尼亚人向小亚细亚西部和诸岛（第五章）移民。

许多人曾对雅典人的贡献进行大量渲染，尤其是修昔底德。他致力于寻找公元前5世纪雅典同盟的历史范例。无论如何，阿提卡地区的阿提卡方言和小亚细亚海岸的伊奥尼亚方言保持着相似性，与此同时，这两个地区拥有相同的部落组织和节日（尤其是阿帕图利亚节［Apaturia］）。基本上，尽管有所质疑，我们仍能接受这一观点，即后来的雅典人在移民去伊奥尼亚地区的过程中扮演着重要的角色。尽管这一移民过程较传统记述明显冗长且缓慢，除此之外还可能包含希腊大陆其他地区的移民，且未必借道雅典，但是他们仍在某些特定情况展示出了自己的领导力。

至于雅典本身，传说中的雅典国王科德鲁斯（Codrus）毕生致力于守护自己的城邦，持续对抗周遭的骚乱。迈锡尼、皮洛斯以及其他青铜时代的城邦已经被摧毁，雅典如同其他少数尚存的城邦一样，在动荡与不安中生存。因而雅典人也带着自己的使命在迈锡尼文明的余晖中砥砺前行。

荷马史诗表明雅典人当时并没有极高的声望，他们也并未在经历过这次危机之后迅速恢复，一方面他们在移民过程中失去了太多人口，另一方面阿提卡内部不再如先前般团结。无论如何，雅典至少保留了对阿提卡东部的控制权，与希腊本土的其他地方不同，在公元前1100年前后十数年中，此处人口相当稠密，至公元前1000年左右已经有了稳步增长的趋势。此时，铁第一次在希腊大陆出现（有可能源自中东），伴随着火葬的日益风行，自约公元前1050年之后普遍起来。法勒荣（Phaleron）海滩上的锚座、比雷埃夫斯深水港的入口以及载阿港口（Zea，穆尼西亚[Munichia]海角两边的水域）维持了雅典人与各个海岛之间的海上交流，其中包括塞浦路斯岛。

雅典的陶器证明了她没有在入侵中被摧毁，体现了雅典与迈锡尼文明的延续性。希腊有很多地方都生产原始几何陶（约公元前1050/1025—前900年），这类陶器借用圆规和刷子快速绘制同心圆，绘制得比之前的亚迈锡尼文明陶器更为细致小心。雅典虽然不是此类陶器的最初产地，但是雅典通过自己精湛的技术，在公元前10世纪，成为了原始几何陶传播的中心。在雅典，凯拉米克斯（Ceramicus）区公墓大量的火葬证据可以表明，原始几何陶的结构和艺术水平都达到了巅峰。

似乎可以得出这样的结论，雅典古典时期艺术绝对统治力来源于早期的优越性。但是这样的结论是有争议的，因为古典时期的巅峰很难直接或确定地追溯到其先行者。不过其中千丝万缕的联系的确存在。无论如何，当雅典生产原始几何陶时，希腊艺术的领导地位一度属于雅典，即使几何陶艺术取代原始几何陶时，这种地位依旧未改变。除非我们被雅典出土陶器的数量所蒙蔽（这样的可能性很低），否则必须承认雅典的几何陶活力以及制造艺术都远远高于其他希腊城邦。不过不久之后，其他希腊城邦的几何陶生产也迅速发展，声势日显，这是否能够归咎于雅典本身的影响力降低尚不可知，总之阿提卡中期几何陶（约公元前850—前770/750年）传播范围很广，甚至到达了塞浦路斯和叙利亚。此外，这一时期刚开始时，雅典凯拉米克斯区公墓的几何陶陶器数量丰富，这或许与劳里昂银矿（由索瑞库斯[Thoricus]的发掘可知）冶炼带来的繁荣息息相关。

雅典的迪派隆大师（约公元前770—前750年）跨出了世纪性的一步，他发明了，或者说推动了晚期大型几何陶的发展，这种陶器一般是四五英尺高的陶瓶，竖立在坟墓前作为标志，中间有孔洞，可通过孔洞向死者倾倒饮用品。[6]这些大型陶罐除了有抽象的几何装饰，还加入了中饰带，上面可以看到船只、动物和人物形象。对船舶的描绘（数量惊人）显示出当时人们对贸易路线的兴趣。陶罐上小型动物形象受到了近东几何构想的影响（附录1），或直接受到象牙浮雕和刺绣的影响，或间接受到影响，比如阿提卡地区金冠可能受到东方模式的影响，尽管几何野兽的具体形式本身是一种新奇的希腊风格。

这些陶罐上的几组人类形象，经过抽象、线性、扭曲的程式化描绘，或许又受到了近东模型（包括编篮）以及迈锡尼晚期形体艺术残留的启发，已初步确定描绘的是荷马诗歌中的人物和场景（第五章，第1节）。例如其中的一个葬礼场景可能指的是帕特洛克罗斯的葬礼。在这种情况下，他们可能被视为象征着希腊的"文艺复兴"或者过去英雄主义的复兴，把史诗的新传播作为基础，根据这个基础来解释当前的事件和成就，例如船只展示了骄傲的艺术成就。不过尽管约公元前730年的一个刻有六音步对句的奖杯反映了书写的创新，这与荷马史诗的创作时间大体一致，但是这并不能够证明其与陶罐的设计有关系。很多神话场景都可能被选来当作创作的背景，所以大多数绘画应该是通用的，很难真的找到具体出处。当然，或许还有其他大师与迪派隆艺术家齐名，但是他们的作品可能遗失了。就我们目前掌握的材料而言，他是第一个认真思考人类形象的画家，或者说是第一个有辨识度的希腊艺术家，因为他的作品可以通过一以贯之的，有节奏的描绘和边角填充方式识别。

晚期大型几何陶瓶的创作者们使用大量墓葬主题作为装饰，显示了当时阿提卡社会的变化。当时阿提卡地区的统一，或者说再统一（通过每年的"统一节"[*synoikia*]纪念）在约公元前900年之前已经结束，美索吉亚平原地区的合并已经完成。这样一个单一的城邦就形成并巩固了，它包含了一个独特的城乡协作机制，不仅拥有（对希腊而言）异常庞大的规模，而且十分稳定。这是一个村镇联合（*synoecism*）的过程，不包括人口迁移，而是将现有的团体组织合并，集中统治。

神话和传统叙事中仍然保留了阿提卡规模较小的独立城邦的记忆,尽管这些城邦现在已经降至村级,但村镇联合并不意味着这些原来的小邦完全失去了自主权。相反,在早期的集中势头有所减弱之后,阿提卡乡村的许多迈锡尼村落和领地又重新有人定居下来,这是一个乡村复兴的过程(约公元前750—前730年)。整个阿提卡地区,详细的坟墓的数目在公元前8世纪期间增加了六倍,这表明出生率有异常大的增长,相当于每年约4%。还有人推测阿提卡的人口在公元前800年到前750年之间翻了两番,在随后的半个世纪里几乎又翻了一番,不过这一推测并没有确凿的证据。

这些人仍然生活在亲属等级序列的组织群体之下,这种血亲关系可以追溯到很久之前,他们声称自己是最早随着伊翁来到这里的定居者的后裔。这些群体包括家庭(*oikos*)、宗族(*genos*,旧译氏族)、胞族(*phratry*)和部落,是一个与外部世界不同的同心体系(尽管有时会重合)。有一种理论认为,整个体系的结构和组成部分是后来人为区分出来的。但是荷马史诗对早期的部落组织已有着墨,阿提卡早期人口按照亲属关系区分的假设仍然具有合理性,并且在约公元前1200—前1000年旧的政权体系崩溃之后,这种关系取代了过去并构建了新的社会主导模式。血亲关系是早期雅典的基本社会因素,更确切地说是早期铁器时代的雅典,也就是说,它不一定是迈锡尼的遗产,因为这样的结构在更强大的迈锡尼国王统治下作用不会很大。

后迈锡尼时代的基本社会单元是家庭,即*oikos*,很大程度上也是生活结构的主要组成部分,是财富的拥有者(大多数户主是自给自足的土地所有者),也是社会延续的基础。希腊的家族不仅包括核心家庭成员,而是在此基础上或多或少有扩展,有时还包括很多与家庭成员共同生活的自由人和奴隶。这是宗族在经济和物质上的表现。宗族由很多家庭组成(有时直接由一个大家族组成,包括成年儿子及他的妻子),他们声称是同一个祖先的后代(尽管非亲属很早就能被接纳),并且有同样的崇拜。我们现在并不能确定是否所有的雅典人最早都属于同一个宗族,或许不是,因为宗族一定是由贵族统治的,并且很有可能所有成员都出身贵族。婚姻是由这些宗族的首领安排的，虽然他们最初在雅典或其他希腊法律中没有地位（荷马没有提到），后来变得比家庭更重要，并通过他们的联盟和竞争对重大问题做决定。

每个胞族包含三十个宗族，胞族的形式起源于更早形式的军事组织"血盟兄弟会"（与《伊利亚特》记载相符合），这是一种非常古老的组织（不过现存的线性文字B中并没有找到这一短语）。在家庭—宗族—胞族这样的结构中，能看到城镇化之前的早期部落世界的结构，胞族站在顶端，仅次于部落本身。一个胞族的总人数也许可以与一个乡村或城市地区的人数相媲美。

从公元前8世纪左右开始，胞族越来越重要，涉及雅典人生活的所有主要阶段，并且是各种活动的重点。反映出这样一个事实，社会秩序中的每一个群体，从家族到宗族，都是一个宗教单位（尊崇自己的英雄，一般与特定群体的命名有关），每一个胞族都有一个固定的年度节日（阿帕图利亚节）来敬奉他们的保护神（比如宙斯阿帕图利亚节和雅典娜阿帕图利亚节），并吸纳新成员。这种新成员不一定只包括宗族成员，胞族也允许一些与宗族无关、地位较低的雇佣者或随从加入，比如农人、匠人和公民身份存疑的人，他们没有与宗族成员同样的祖先，当然也没有适于耕种的土地。尽管有各种不同的解释，但似乎正是这外围的胞族成员，被雅典作家描述为归化民（*orgeones*）。

四个雅典部落中，每个有三个胞族（另一个重要的名词"三一区"可能是胞族的代名词，从区域角度来看，它们的设置是为了地方管理）。《伊利亚特》中提到了胞族和部落这两个单位。[7]在小亚细亚和伊奥尼亚的城邦也存在着同样名称（参见注释4）的部落，与宙斯的四个崇拜头衔相一致。部落有自己的领导人，一般与部落其他人有着血缘关系，他们主要承担军事功能（根据荷马史诗记载）。他们似乎从来都不是地方或地理学意义上的实体。

按照传统而言，阿提卡和雅典的部落由单一的国王统治，这个国王是传说中的科德鲁斯之子墨冬（Medon）的后裔。然而这片土地上的公民组织最初还不是很完整，只包括上面所述的部落、宗族和家庭之间的一系列政治、法律和宗教联盟。国王的职责是尽可能地将他们团结在一起，尽管他威望很高，在形式上比四个部落的首长位置都要高，但是实际上却没有迈锡尼时代的国王地位高。公元前700年之前，与希腊世界其他地方一样（但并非到处如此，因为未城市化的族群仍然存在），这种松散的结构演变为城镇特征更加紧密的公民体系，尽管雅典的城镇差不多一个世纪之后才或多或少实现了城市化，到那时雅典的人口也只有十万人左右。

有人认为雅典的墨冬后裔的君主统治权力被贵族群体不断分割，这种推测十分合理。在君主统治的早期，新设立的军事执政官（*polemarch*）一职分担了君主的部分权力，后来国王将一部分民事事务的管理权分给了名年执政官（*archon*）。最终，一般认为（尽管如古代作家所概述的那样，事件确切过程的真实性令人怀疑），一名叫作阿卡斯图斯（Acastus）的君主完全放弃了自己的统治权力，成为一名终身执政官[8]，与此同时雅典还设置了负责宗教事务的宗教执政官。君主权力分割的下一步发生在公元前8世纪中期，终身执政官被十年任期制取代。后来任期干脆变成了一年（公元前683/682—前682/681年）。

自这个时期开始，原来的君主的各类职能被名年执政官、王者执政官和军事执政官分别取代。名年执政官和军事执政官由选举产生，出身和财富是选举的重要依据。[9] 名年执政官是雅典定年的重要依据，担任最重要的职务，是政治生活和各类冲突的主要负责人。军事执政官的地位低于另外两种执政官，说明城邦的领导权已经是民事事务范畴了。在公元前7世纪中期之后，也可能更早，雅典又增加了六个律法执政官（*Thesmothetai*），他们应人口增长（以及好讼的特点）而出现。从那时起，每年由选举产生九位执政官。

战神山议事会（*Areopagus*）为他们提供建议，他们声望极高，宣扬权力神授。战神山议事会成员都是终身任职，都是贵族（*Eupatridai*），在一些希腊城邦中，议事会成员只接纳一家之主，但是公元前7世纪的战神山议事会是否亦是如此是存疑的。另一个由全体公民组成的机构——公民大会（*Ecclesia*），是正式的组织但是并没有多少决策权。

在政治演变的过程中，艺术也在不断发展。在雅典瓶画中，阿纳拉托斯画家（约公元前700年）是先行者，奈索斯画家紧随其后（约公元前620年）。这些画家借鉴科林斯东方化的艺术和黑陶技术，创作了大量作品与几何陶艺术抗衡，尽管主题有时有些粗俗，但仍然展示出了强大的个性和独特性。

在约公元前632年（也可能是公元前621年之后），麦加拉僭主塞阿戈奈斯（Theagenes）的女婿，一个名叫库伦（Cylon）的贵族，曾经尝试攻击雅典卫城，夺取雅典的统治权。他的图谋没有成功，本人也被处死，很有可能是因为雅典人痛恨给他提供支持的麦加拉人。库伦的这一举动很可能显示了当时社会的激进情绪，他希望利用当前农民的不满情绪（第3节中会继续讨论）。如果是这样，那库伦的确失算了，因为当时的大部分雅典人并未以激进的方式进行思考。无论如何，他的未遂政变并不是受到民主思想启发的，而是不同贵族和贵族首领之间尖锐冲突的产物。库伦政变失败之后，他的追随者进入神庙请求庇护，但是被阿尔克迈翁家族（Alcmaeonids）的人杀死，这也为阿尔克迈翁家族招致了流放的命运。阿尔克迈翁家族的人被敌人视为"流氓贵族"，尽管他们的嗜血只不过是贵族领袖之间冲突的典型表现。

无论如何，雅典都遇到了一些严重的问题，不管库伦或者阿尔克迈翁家族是否激进，似乎当时的雅典人都已经知道了，希腊世界的其他地方，法律正在被书写下来（先是克里特岛，然后是南意大利和西西里），他们也不再愿意接受贵族、法律执政官等掌管律法的官员基于口头的随意裁决，越来越期望依据成文法进行裁决。在公元前621—前620年，雅典任命德拉古（Dracon）编写法典。他不一定是执政官，或许是被任命为立法者的，正如其他地方如西洛克里和卡塔纳。

德拉古的法典并没有成为正式的制度，之前被认为是德拉古编纂的一部法典后来被证实是后来的、时代错序的产物。德拉古编纂法典更像是当时的贵族为了缓解人民不满而推行的政策，这种不满恰恰是库伦当初想要利用的。这一点很难实证，但是我们可以肯定的是，德拉古至少在一个问题上有着显著贡献，那就是关于谋杀的定义，他介绍了（公元前5世纪的铭文可以印证)[10] 谋杀的概念，对谋杀和过失杀人以及正当杀人做出了区分。德拉古开始主张城邦应该干预血亲复仇。这些之前是宗族和家庭事务，完全由受害者的亲族负责，但是现在城邦试图发挥领导作用，声称这种复仇行为是对神的亵渎，复仇者在宗教意义上也会变得不洁。

德拉古的其他措施在后人看来十分严苛，他们认为这些措施"以血书就"。例如，偷一颗卷心菜会被判处死刑。此外，他的债务法则在出身高贵的人和出身卑微的人之间也有所不同，在宗族（gennetai）和归化民（orgeones）之间也有所不同，因为前者即使负债（第3节会继续讨论这一问题），至少也不会像普鲁塔克所说的那样被卖为奴隶，这只是穷人的命运。[11] 德拉古的立法非常严苛，不过实际操作上可能并没有比之前更严苛，但是其重要的特征在于将这种无情的惩罚以书面的形式固定下来，并将之带入了公共视野之内（这可能并不是德拉古的原意），所以这在他们看来是十分残暴的。

在这一时期的结尾，雅典在希腊城邦历史中多少有些褪色。雅典曾是卡劳利亚（Calauria）同盟的成员（波罗斯岛 [Poros]，阿尔戈利斯的东边，参见第三章，第2节），在约公元前730年之后，由于阿尔戈斯的敌对和埃吉那岛宣称的对萨罗尼克湾（Saronic gulf）的海上控制（在本章末尾叙述），雅典已经失去了其早期的海上主动权。雅典不像其他城邦，最初并没有拓展殖民地，大概是因为阿提卡地区面积广袤，这在很长一段时间内使其避免了土地危机的产生。但是随着债务危机不断恶化，这种相对平静的局面现在即将结束。在公元前7世纪末期，阿提卡人口不断增加，尽管不至于将大量人口赶出阿提卡，这也意味着必须采取一些措施，养活这些人口，比如控制从黑海和普罗庞提斯海（Propontis，马尔马拉海 [Marmara]，参见第八章，第2节）的粮食运输通道。

因此这就是雅典人现在做的。在奥林匹亚运动会胜利者弗吕侬（Phrynon）的带领下，占领了位于特洛阿德（Troad，小亚细亚西北部）的西基昂（Sigeum，靠近耶尼谢希尔 [Yenişehir]），此地位于肥沃的战略位置，在赫勒斯滂（达达尼尔海峡）南入口。这一占领和雅典与米提列涅（莱斯博斯）

之间的长期斗争息息相关，后者的统治者庇塔库斯（Pittacus）在决斗中杀死了弗吕侬。但是，科林斯的独裁者佩里安德裁定这场冲突有利于雅典，尽管雅典人在接下来的半个世纪里没有建立对西基昂的完全控制。

第2节 厄琉息斯

在公元前675年左右，雅典通过将厄琉息斯置于统治之下，完成了对整个阿提卡区的控制。厄琉息斯是继雅典之后阿提卡地区最重要的地区（之后是比雷埃夫斯），地处拉里亚平原（Rharian Plain）以东（在特里亚细亚平原最肥沃的地方），身居战略位置，与萨拉米斯隔海相望（参见注释15）。位于进出雅典的南北要道。时间追溯到青铜时代早期，厄琉息斯凭借其高耸的卫城独立于雅典统治之外，有自己的君主，但是现在厄琉息斯被雅典征服，整个阿提卡地区基本都归雅典人统治。

厄琉息斯因其秘仪广为人知，这一秘仪是为了纪念德墨忒尔和珀耳塞福涅（Perseohone，科莱［Kore］，少女），这一仪式开始于青铜时代晚期，即迈锡尼时期，起码不晚于公元前11世纪。因为这里有一座宫殿（女神栖息之处），显然是最早敬奉女神的圣所。随后有一个圆形拱顶建筑（*megaron*），建筑时间约为公元前800年，此地有众多女性举行过葬礼的痕迹，她们很可能是当时的女祭司。

神话为我们提供了女神的信息，她似乎是希腊人到来之前此地的冥神和美索不达米亚丰产女神的混合体，她的女儿珀耳塞福涅被哈迪斯（冥王）抓走之后，她悲痛万分。珀耳塞福涅的悲惨遭遇导致了大地的停产，这与赫梯的特里皮努（Telepinus）的消失有得一比。美索不达米亚和迦南人都有相关的神话（附录1）。

为了寻找她的女儿，德墨忒尔来到了厄琉息斯，厄琉息斯君主刻琉斯（Celeus）的女儿发现了她独坐在井边，便邀请她到王室内做客，随后她成为国王儿子的保姆。当她的身份为厄琉息斯人所知之时，她便退居到一个为她建造的宫殿中，直到宙斯同意珀耳塞福涅应该在一年的三分之二的时间重返大地。于是，德墨忒尔在拉里亚平原播撒了第一颗种子，恢复了大地的生机，在她回到奥林波斯山之前，她将秘仪的内容和仪式全盘告诉了国王刻琉斯。

"秘仪"一词源于"*muein*"，原意是保持沉默，这些在夜间举行的、拿着火把前进的仪式最主要的特征就是不能为外人所知，可能这一仪式的原意是为了不让外人知道秘仪敬奉的神的名字以及如何获得神的帮助。因此这可能是一种放大版的家庭崇拜，理论上说，只有一家之长允许，新人才能加入。但是德墨忒尔的崇拜并不是一个秘密，因为她有一个可以容纳四千名信徒的房间，并且很多说希腊语的男女老少甚至奴隶，只要证明他们没有杀人罪缠身，就有入会资格。

从零散的证据来看，秘仪似乎会重新上演珀耳塞福涅被玷污的场面，以及她母亲到厄琉息斯寻找她的画面，仪式的高潮是将照亮仪式的火把扔到空中。参加仪式的人似乎还会展示阳具模型，以及男女性交的雕像[12]，因为男女性交被认为可以促进谷物的生长，与此同时，人们还大声呼喊淫秽的言语助兴（这被认为是短长格诗律的起源）。

到约公元前600年，雅典人接管厄琉息斯几代人之后，厄琉息斯秘仪的地位逐渐提升，上升为泛希腊仪式。这种仪式能够得到广泛的信仰是因为秘仪为来世提供了一些特殊的利益，这表现在连续邀请入会的方式上，作物的重生代表了人死后的重生[13]，这与荷马史诗中的黯淡前景完全相反。品达（Pindar）曾言，"那些进入空空如也的地下之人，若是在生前见过这些东西，那他就是有福的，因为他会理解生命的结束以及诸神赋予的新生命的开始"，对于没见过这些仪式的人而言，他认为："一切都会变得很糟糕。"[14]这一崇拜也不可避免地吸引了希腊社会中被淹没的女性声音，因为该秘仪以德墨忒尔和珀耳塞福涅两位女神为模型，将她们视为拯救来世的动力源泉。

正因如此，雅典试图在自己的控制下将这一秘仪进一步发展，打着崇高的幌子，从而因势利导，将所有的广泛存在的怀疑思想和兴奋等情感都包含在这种行为略显粗俗、崇拜极为神秘和民间流行的传统中，从而在他们的历史框架中，将厄琉息斯秘仪复刻成希腊民间宗教最优秀的结果。大厄琉息斯节在每次奥林匹亚运动会的第二年举行，其他年份则较少庆祝，这一节日最早由雅典的两个世俗家庭——欧摩尔波斯家族和克律克斯家族管理，前者声称自己是色雷斯人欧摩尔波斯的后裔，据称他是第一位主持厄琉息斯秘仪的人。大约在拔高厄琉息斯秘仪的地位的同时，荷马颂诗中最引人注目和传奇的《致德墨忒尔》的创作完成了，因纪念两位女神及其神话，这一创作很有可能发生在雅典。

在雅典政治家梭伦的鼓动下，这些变化在当时都加速了，他主张在厄琉息斯建立宫殿（*Anaktoron*）。下文将对梭伦进一步叙述。

第3节 梭 伦

我们第一次听说梭伦是因为雅典。雅典吞并厄琉息斯之后，完成了对阿提卡的统治，随后不可避免地开始觊觎邻近拥有战略位置的萨拉米斯。萨拉米斯岛与厄琉息斯隔海相望，雅典人需要占据萨拉米斯以保证其黑海粮食运输通道的安全。[15]尽管萨拉米斯早期的历史有不同的记载，但可以肯定的是，此时萨拉米斯属于麦加拉（第三章，第5节），麦加拉从埃吉那手中夺去了萨拉米斯岛（注释45），所以雅典人（与岛上的海盗有着密切的联系）现在想从麦加拉人手中夺取萨拉米斯。就算雅典人的这一尝试曾经成功，应该也没有持续多久，因为几年之后，梭伦仍旧在鼓励自己的士气已经渐渐低落的同胞，试着继续完成这一吞并。[16]

梭伦是希腊早期政治家中唯一留下作品的人，用严肃、有力且激动人心的方式创作了不少诗歌，这一切很有可能是受神谕指引的。[17]他深涉当时的公共事件，运用他的文学天赋来解释他的政治观点，他很有可能在贵族酒会上朗诵过自己的诗歌，那里是讨论政治事务的理想场合。梭伦是一个知识分子，同时也是一个生动的宣传者。他出身高贵但是属于中产，依据传统和他自己的诗歌中体现出的周游希腊世界的经历，以及他对经济提出的建议等方面，可以推测他大概是一个商人。他出生于拥有土地的家族，属于贵族群体，却开始从事商业活动。

根据现有的材料，很难重构梭伦曾经的事业，到了公元前5世纪和前4世纪，梭伦的故事已经几近传说，后世不断评论他对民主的功过是非。所以梭伦当时到底做了什么，以及他内心的想法值得被还原，但是我们现在研究梭伦最重要的史料是普鲁塔克的作品，这一作品写于梭伦后八百年左右，所以面对普鲁塔克应该小心谨慎，不应该全盘接受。阿提卡之前就存在的农业问题似乎在这段时间集中爆发，最终导致了几个强大家族之间的对抗。其中一些家族对那些心生不满的穷人做出了大胆或轻率的承诺，因此，其他的家族请求梭伦，希望他拯救他们，以期社会免于彻底陷入混乱，引发暴力革命。所以这个集思想家、诗人和商人特征于一身的人成功在公元前594/593或前592/591年当选执政官（他还可能担任了其他职位，因为他的立法活动一直持续到公元前580/570年左右，不过关于此推论并没有实质性的证据）。

事实上，阿提卡地区正陷于农业和经济困境，甚至可能处于内战的边缘。此类危机的原因业已阐明。土地集中在少数人手中，而农场主将自己的土地份额不断在儿子之间再分配，直到无地可分。贫穷者日益贫穷，不断尝试开辟荒地、面积较小的山脚之地，但都失败了。随后几年的歉收使情况更加糟糕，也使得一切都令人难以接受。

这一切导致一些面对饥荒无可奈何的公民，开始向自己富有的邻居借粮食，前者一般是德拉古立法中处于等级边缘的人，一不小心就会因为欠债而失去公民权，成为奴隶。通过这一过程，很多人变成了"六一汉"（*hektemoroi*）。这个备受争议的术语可能意味着他们的债务使他们的土地所有权转移到了富有的债权人手中。后者有权力在这些土地上耕种，并且设立木头或石质界碑（*horoi*），以证明这块土地属于自己，借债人连同自己的整个家庭也都属于债权人，直到他们还清债务。即便如此，借债人还应该将自己收成的六分之一奉献给债权人，他才有资格继续在赎回的土地上继续耕种，这也是"六一汉"名字的来源。这是一种非常严重的负担，尤其是考虑到土地的贫瘠状况时，失去十分之一（tithe）的产物都令人难以接受了。况且，当时德拉古立法作为成文法，提出了过于乐观的预期，当许多其他公民通过海外商业活动获得利益改善生活之时，这种负担就显得更重了。

但是梭伦相当大胆地运用了自己的力量。所有以土地和人身自由为抵押的借贷都被取消了，并且明令禁止在之后的借贷活动中以人身作为抵押，基于此，所有形式的债务束缚都被解除了。那些因欠债而失去土地的人又重新获得了土地，梭伦记录了自己移除界碑的过程，"让之前被奴役的土地重新获得自由"[18]，与此同时那些被贩卖为奴隶的人，不管他们身在何处，都应该获得自由。他还限制了利息[19]，这意味着承租者所交的租金限制在可以接受的范围之内。

整体而言，他取得了惊人的突破。但是，他很清楚，他能够成功，完全是靠无休的努力和巧妙的妥协，这也说明梭伦是一个有独到眼光的精明的操盘者。他"用尽全力，拿着一只大盾，保护双方"，但是结果也得罪了很多人。[20] 富有的债权人的贪婪被梭伦粉碎了，他们的损失数额巨大，他们显然不会满意梭伦的所作所为。但是梭伦很有可能使他们摆脱了更加糟糕的命运，因为他巧妙规避了那些贫穷的支持者的诉求，没有像希腊其他地方一样，按照平等的原则把所有土地进行平均分配。

关于梭伦，就我们有限的证据而言，他似乎深信自己是历史上最伟大的温和派之一，他想要纠正不公正的现象，谴责这两种极端，自己却成了吃力不讨好的角色，历史每天都在证明这一点。此处必须补充的一点是，虽然梭伦已经十分温和，没有将所有的土地进行平均分配，但是他仍然促成了一场社会革命，那些曾经是受害者的自由民，已经变成了雅典社会的主体，他们深知个人权利的重要性。没有必要否认这是梭伦原本的目标。但是有一个结果或许是梭伦未曾预料的。"六一汉"的解放给债权人造成了一个重大的劳工短缺问题，只有从国外大量进口奴隶才能解决这个问题，尽管这种现象直到许多年以后才大规模地出现。

梭伦对普通公民的关心，似乎在其他方面也表现得很明显。他首次确立了公民依法提起诉讼的权利，因此，第三方可以代表被冤枉的人介入诉讼，任何人的错误都是每个人应该关心的事情。该法令的一个重要特征是，纷争的调解可以独立于家庭或宗族，当事人独立行事，古老的亲属关系早前就已经被削弱，现在削弱得更为明显。这种关系在另一个方面也被削弱了，之前德拉古立法就已经有意将对谋杀的惩罚权从家庭、宗族转移到城邦手中，梭伦进一步强化了这一规定，家庭和宗族都不允许私下处置杀人犯，只能通过一系列复杂的诉讼程序将杀人者绳之以法。

诚然，事态的发展并没有太快。公共权力依旧相对薄弱。但是公共权力朝着强化迈出了重要一步。

梭伦并不是全心全意想削弱基于家庭和宗族的古老联系。相反，在从家庭和宗族手中夺取谋杀案的处置权之后，梭伦一直在另一方面积极地鼓励和维系家庭。如果普鲁塔克的叙述是正确的，那他的一些措施实际上维护了家庭的财产权，尤其是在雅典设立的女继承人制度（*epikleroi*）。这一制度第一章曾有提及，针对的是那些没有兄弟的女性。她们就变成了可以分配的资产的女性继承人（*epidikoi*），也就是说她们会被强制嫁给家中父亲一脉的亲属，第一优先级是父亲的兄弟们。在民主情绪日益高涨，影响到了大多数人遵循的社会规范时，他们仍然在女性身上设置了如此多的限制，即便这里的女性跟其他地方一样，在宗教仪式方面有很高的参与度[21]，但是这种情况仍然揭示了雅典女性较低的地位。之后的雅典悲剧和喜剧诗人将很快开始自由地讨论女性涉及的诸多悖论。

梭伦并没有将自己视为妇女解放者，他对女性的观点可能跟当时存在的流行观点差不多，即不允许女性脱离条条框框。不过，根据普鲁塔克记载，梭伦十分重视女性的家庭责任。他改革的一项措施就是引入遗嘱，这对女继承人的婚姻做出了一些规定。他不鼓励男性被人收养，因为有的男性喜欢行此事，成为别家养子，然后获得大量财富。他认为年纪比较大的男性也不应该找一个有丰厚财产的伴侣，以期享受她的财富，而不生育继承人。据说，梭伦为达到此目的采取的措施十分奇怪，他规定，每个娶了女继承人的男性都应该每个月与之进行至少三次性交，如果他没有能力做到，那该女继承人就可以跟他的近亲性交，以确保其子属于她自己的家族（也就是其父亲一脉的家族）。

梭伦并不致力于解放女性，而是在调整现有制度的基础上，以期产生最有利的结果，使本应灭绝的家庭得以生存。事实上，他的所作所为，显示出他认识到了女性的宝贵和不可或缺，尤其是女性作为财产传递者和社会秩序维系者的作用。

他采取的防止贪婪的老人闯入其他家庭，进而扰乱婚姻的措施，在一定程度上也可能是为了防止家庭内部矛盾，避免进一步扰乱城邦的安宁。他建立妓院可能也是为了同样的目的，那里有为达成此目的而买来的妓女。然而，他本身对女性的态度可能是超然的，因为他的诗歌显示出似乎超越了文学传统的少年恋倾向。[22] 不过，即便如此，他（如德拉古一般）也通过了一些措施，来保护男童免受性侵害。他还十分重视男童的教育问题，要求每一个公民都应该教授自己的孩子识文断字。大约在这个时候，雅典率先将军事训练在学校教育体系的优先级降到第二位。

这些在城邦内部实施的关于家庭的措施在梭伦立法中起了突出作用，而梭伦法律本身规模要大得多，这一系列相互关联的法律说明，梭伦似乎想编纂一部全面的法典。这是梭伦最重要的成就，绵延几个世纪。像在克里特和西洛克里一样，梭伦想将习惯法落实成成文法。[23] 与其他地区一样，梭伦的这一立法行为（正如对负债做出的改革一样）毫无疑问将社会推向了改革的方向。

同样，法庭（*Heliaea*）在梭伦的计划中有着非常重要的作用。这个术语本身的意思是公民的集会，但是公民的集会现在指的是公民大会（一个古老而正式的组织，但是这时实际权力并不大）；意思也可能是指其成员中的某一部分，以司法身份听取个人对城邦的决定和判决的诉求。[24] 这些判决最初可能限于死亡、流放和丧失公民权利等问题，完全不受限制的申诉权代表着一种民主理想，这是迄今为止没有人设想过的。无论如何，这正是民主的开端，因为一项重要的原则就此确立：一个蒙受冤屈的公民，可以随时向自己的同胞申诉，以实行自己的合法权利。[25]

梭伦利用他的商业经验，刺激农业发展。他大力推动橄榄油的生产，可能是为了追求一种普遍的"回归土地"政策，并为生产者提供额外的资源来对抗日益增加的压力。另一个动机，根据普鲁塔克的说法，是为了增加橄榄油的出口，以充盈国库，进而从外部进口阿提卡日益需要的粮食。除了橄榄油，所有其他的农作物在雅典都被禁止出口，尤其是谷物，以避免卖给潜在的敌人——埃吉那和麦加拉。梭伦还通过要求父亲教授儿子技艺，来促进贸易和制造业的发展。

此外，梭伦还采取政策，鼓励异邦人（*metoikoi*）成为永久移民，这样他们的手工业工艺技巧可以发挥重要的作用。这类数目庞大的异邦人（主要是希腊人），尽管跟奴隶和妇女一样没有公民权，但是在阿提卡地区却有着公认的地位，享有充分的法律保护，缴纳适度的税款，并且能够分享雅典人服兵役的资格（除战争时期皆以自愿为原则）。但是他们不能拥有土地。这意味着他们只能从事制造业，从而出口，加上之前的橄榄油出口，这一系列行为都帮他们在城市和港口打上了深深的烙印，梭伦非常善于利用异邦人的优势（他还为一部分表现优秀的异邦人授予了公民权）。

按照现代意义来说，他很难被称为一个政治经济学家，因为他遵循旧的宗教道德标准，把社会的问题归咎于贪婪和不公正等人格上是他的天性。然而，尽管他出身高贵，他还是从事了贸易活动，他的个人兴趣和努力为这份职业增加了声望，无须怀疑促进工商业和制造业的发展是不是梭伦的既定目标，因为事实的结果就是他的确推动了社会向这个方向发展。

梭伦还可能在其活动的第二阶段，对宪法进行了修改，虽然后来的人不断回顾，又使这些修改的真相变得模糊不清，但这些改动对他自己的时代和将来显然都是至关重要的。一开始，他将所有公民分为四个等级（*tele*）：五百斗级（*pentakosiomedimnoi*，指那些粮食或其他等价物年收成在五百斗以上的人）、骑士阶层（*hippeis*，可以在军事活动中自备马匹之人）、双牛级（*zeugitai*，农民的代称，该词源于*zeugos*，指牛身上的枷锁，该阶级的公民年收入在两百斗到三百斗之间），还有贫民（*thetes*，收入较低，一般被雇用做劳工）。[26] 第一个等级是新形成的，这是一个人数不多但很有影响力的群体，一部分是贵族，一部分是非贵族的富人（或相对富有的人），是最近财富增长的反映和体现。其他各类等级，都有较早的起源，但梭伦把它们正式地定为新公民结构的一部分。

梭伦又一次在保守主义和进步主义之间取得了平衡，他没有加入任何一方，不属于任何一派。梭伦的等级划分是相对保守的，起码到目前为止，他的主张遵循了旧的贵族思想，要求每个人都应该知道自己在社会中的位置，这个社会框架应该是优良秩序（*eunomia*），即好的秩序和稳定的政府，他不希望有任何暴力冲突，因为他曾经说："我不想做任何暴力之事，不想做任何与僭主暴行相关之事。"[27] 他还将财富（*timocracy*）而不是出生作为社会等级结构的框架，他创造了一个客观的概念，即一个不受情感影响的城邦，这与之前贵族领导的随意性相反，从而打开了一个决定性的、突破至高无上的贵族统治的缺口，由于梭伦意识到贵族中有些人冷酷无情，他显然没有后悔打开这个缺口。

即使是贫民，他们太过于贫穷，以至于无法自备武器和盔甲，也没有办法担任任何国家公职，但是理论上也有权利参加公民大会和投票，并且能够在民众法庭服务。不过在现实实践之中，他们在什么时候通过什么方式行使这一权利并无法证明。然而，将这些人纳入统治秩序之内，似乎本就是雅典的创新，就我们现在所知，其他城邦也在逐渐效仿。至于中产的双牛级公民，参与公共事务的大门已经为他们打开。不过最重要的职位，比如九个执政官（还有战神山议事会，他们的成员一般是终身任职）还是在前两个等级中选出（直到公元前487/486年，就只能由最高等级中选出），只得再次强调的是，这样的划分依据的基础是财富而非出身。

不过事实证明，这项改革真正意义重大的地方在于，双牛级的公民有权在议事会中任职，这是一个新的机构。这一机构由梭伦建立，包括四百名成员，每个部落提供一百人。这种看法大概在公元前5世纪就存在了（甚至更早），近年来对此的研究很多，很多人认为将这一制度归于梭伦是一种虚构，因为当时阿提卡的地方史家（*Atthidographers*）是为了给五百人议事会（克里斯提尼改革，参见第5节）找一个前身，故而有此一说，不过，整体而言将四百人议事会的创立跟梭伦联系在一起并无太大问题。尽管后来的雅典作家具有创造性的倾向，但也不能认为完全是谎言，因为这样一种笼统而规模宏大的理论几乎不可能被创造出来，也不可能被普遍接受。

那么如果梭伦真的创立了一个四百人议事会，其作用是什么呢？尽管我们知道这个组织曾经被称为"城邦的两个基石"[28]之一，但是其具体的职能我们知之甚少。不过可以肯定的是，他与战神山议事会共同维系城邦的稳定。与此同时，通过限制贵族的日常权力，以确保贵族群体无法做出具有压迫性的决定（不过实际上直到约公元前462年，战神山议事会的成员还保留着选废官员的权力，*dokimasia*和*euthuma*）。为了建立这一新的组织，梭伦很有可能从斯巴达那里借鉴了经验。

我们并不知道梭伦设立的四百人议事会是否跟后来的五百人议事会一样是公民大会的预备会议（为公民大会提供预案）。但是可以肯定的是，四百人议事会的成员是由公民大会选出来的，尽管当时人民主权的观念并没有深入每个人的脑海，但是梭伦已经认清了这个现实，因为据称梭伦曾经说过，公民群体等同于公民大会的成员，值得拥有一些特殊权利。[29]这是一种真正的政治力量，所有支持他的人都能够找到满意的地方。这也再度刻画出了梭伦愿意妥协的形象。在新与旧的交替争锋中，梭伦再一次平衡了二者，并且朝着未来的政治哲学迈进一步，这一步滋养了民主制度的土壤。

梭伦喜欢身体上的愉悦，欣赏美丽的女性或少男，认为拥有儿子、外邦友人、有用的马匹和猎犬都是件美好的事情。但是他也明白，任何人都无法避免疾病和死亡，当一个人活到七老八十，这些痛苦难免会找上身。即使他面临种种压力，他还是拒绝了继续在雅典担任要职，这是他最满意的结果。[30]他希望人民过得好，却不希望他们受制于人，不希望他们在别人的领导下找到幸福和满足，而是希望他们自己寻找。

第 4 节　庇西特拉图及其儿子

然而，梭伦希望雅典人在他的指点之后，能够获得自我救赎的想法，被证明大错特错了。他活得够久，所以也看到了当时发生了什么。尽管他定下的法典和改革的成果得到了保留，但是他定下的政治基调却被改变了，并且引发了一些新的具有破坏性的问题。也就是说，他取消了承载着贵族权力的、以出身论英雄的旧制度，就此为新的斗争开辟了战场。贵族开始反扑，决心毁掉他的改革，而也正是由于梭伦的妥协精神，他未曾撼动贵族根基，当时的贵族家庭、宗族和部落仍有不少权力，这为贵族的反扑奠定了基础。

贵族们仍然可以煽动支持者为他们已经被削弱，但未被摧毁的地位而战，努力为他们自己提名的候选人寻求投票支持。这种支持必须由中产阶级和次等阶层的人提供，尤其是那些对原来的家族、宗族和部落关系保持忠诚，但是在雅典新的改革环境下仍有公民权的有雄心的人。在他们的帮助下，世袭贵族家族的古老竞争传统又开始以新的野蛮方式复活了。执政官年表能够充分反映这场危机，因为在公元前590—前589年和前586—前584年之间并没有执政官存在，整个城邦属于无政府状态。

公民大会中产生了三个派系：平原派（*pedieis*）、海岸派（*paralia*）和山地派（*diakria*）。这种纯粹按照地理位置的分类方式，打破了原来的界限，忽视了既有的流动性和重合性，将原来基于个人和家庭的矛盾冲突过渡转移到派系之争上。这三个词更像是概念和口号，而不仅仅是地理单位，虽然它们确实与阿提卡地区的地理环境相关，但是更有可能是的，当时代表不同利益的派系领导人分别来自这三个地区。

当时的平原派由优帕特利德家族领导，这个派系的人并不喜欢梭伦改革的措施。海岸派的成员包括小手工业者和商人（*demiourgoi，orgeones*），他们非常支持梭伦的制度。海岸派的领导者是阿尔克迈翁家族，他们之前由于杀死库伦而被流放，回到雅典之后他们将自己与梭伦相对进步的观点绑在了一起。山地派的成员很多可能是从沿海地区逃离出来的，大多是阿提卡西北部庄园中曾经被雇用的牧羊人和农民。梭伦的解负令让他们恢复了自由，但是并没有让他们彻底摆脱贫困，也没有缓解他们因之前的贫苦产生的激进民主思想。

不过也不要认为梭伦改革后的这段时间，雅典仅仅充斥着政治分歧和动荡。其实这也是见证艺术璀璨发展时刻，此时在雅典工作的雕刻家和画家为古典时期的辉煌艺术奠定了基础。青年雕塑（kouroi）这种艺术形式显然起源于基克拉迪斯的纳克索斯岛和帕罗斯岛，但是这一时期雕刻技术取得了令人惊讶的发展，擎牛者雕塑（*Moschophorus*，约公元前570/560年）体现了这一发展，这一雕塑刻画了一个驮着小牛仔的男性形象，极具力量和复杂性，这或许是派鲁斯（Palus）之子罗姆布斯奉献给雅典娜的。

大约在同一时期，雅典陶工埃尔戈蒂姆斯（Ergotimus）和克里提阿斯（Clitias）创作了弗朗索瓦陶瓶，打破了较为原始的瓶画绘画风格。这一陶瓶出土于伊特鲁里亚（Etruria）的克鲁西乌姆（Clusium），现藏于佛罗伦萨的考古博物馆。这一装饰华丽的作品有26英寸高，人物基本上是黑色的，但是也有彩色装饰，这一瓶画标志着一个新时代的开始，在这一时代，陶工和画家一样，他们都自豪地在自己的作品上签名。克里提阿斯的这个花瓶上描绘了270个人和动物人物，以及121条铭文。他是一个微雕主义者，专注于细节的描绘，尽管内容丰富，瓶画的整体构图仍有一定的连贯性。各种精心设计的人物场景，广泛地借鉴了神话，展现了一种前所未有的、巨大的叙事复杂性，这是科林斯人（雅典瓶画最开始以科林斯瓶画为原型）从未达到的。克里提阿斯直接或间接借鉴了来自近东的金属切割技术和纺织技术，并加以调整改造，产生了不凡的效果。弗朗索瓦陶瓶是一份宣言，宣告了阿提卡瓶画辉煌的未来，同时也标志着雅典人接手了此前由科林斯人主导的市场。

不久之后，科林斯在陶瓶领域的商业性和艺术型就被雅典独具创造性的黑陶瓶画所取代。雅典陶瓶的瓶身底色为红，橙红色的黏土直接取材于基菲索斯河，通过打磨和抛光工艺，为瓶身铺上了一层光泽。复杂的图画由同样具有光泽的黑色颜料绘制而成，画面上色牢固，边缘轮廓鲜明，给人一种空间内有力的动态感。在原初创作者选定的范围和限制下，这种黑陶画为他们提供了丰富的视野。

有两位陶瓶画家非常出名。一位是阿马西斯画家，或许得名于一位将该词刻在陶瓶上的陶工（这一情况十分不寻常，一位陶工在自己制作的陶瓶上进行了绘画创作）。阿马西斯画家活跃在约公元前561—约前514年，在这漫长的时间中，他不断从神话和现实生活中汲取养料，从不同的角度选择不同主题进行绘制。[31] 他的作品完成度很高，他描绘的人物举止优雅轻盈，笔迹生动，并伴随着意想不到的生动的幽默感。

公元前6世纪中后期，还活跃着另一个地位与之相当的画家，名为埃克塞基亚斯（Exekias），他同时以陶工和画家的身份在作品上签名，他刻绘的人物形象丰富，细节精致。埃克塞基亚斯擅长描绘具有戏剧张力和情感充沛的场景（预示了下个世纪中悲剧文学展现的张力），他不满足于仅仅描绘动态的场景，更善于通过描绘动作前的静止画面，增加画面张力。他的作品在心理深度和情感敏感度上达到了极高的成就，这在有限的时间范围内是难以超越的。

当雅典黑陶引领希腊的时候，内部由平原派、山地派和海岸派统治，但也正是在这个时期，雅典内部的政治背景发生了转折，一个集权、专制的僭主政体逐渐形成，这在其他城邦或许很常见，但是在雅典史无前例。

这一转折由庇西特拉图（Pisistratus）推动，他自称是皮洛斯国王的后代，并称母亲一脉传自梭伦一脉。在公元前569/568年，他在与麦加拉人的战役中崭露头角，在这场战役中，麦加拉人暂时失去了尼赛亚（Nisaea）港口的控制权，雅典取而代之。庇西特拉图自此成为山地派的领导者，他或许也是山地派的建立者，至少山地派因他而有了明确清晰的定义，通过这一团体，庇西特拉图吸纳了一大批拥有公民权但是家境贫寒的随从者以及其他对当时社会不满的不稳定因素。在公元前561年，通过公民大会给他的卫队，庇西特拉图成功成为雅典的僭主。不久之后他就被分别由吕库古（埃特比塔德家族的首领）领导的平原派和麦加克勒斯（Megacles，阿尔克迈翁家族的领导者）领导的海岸派合力驱逐出雅典，随后，两派发生内斗，庇西特拉图从中获利，他通过与麦加克勒斯的女儿结成连理，化解了与麦加克勒斯的矛盾。不过，庇西特拉图始终未与这一位妻子同房，所以他再一次与麦加克勒斯分道扬镳，并且试图在公元前555年再度夺权，不过庇西特拉图又一次失败了，在他的朋友和支持者的帮助之下，他逃离了雅典。

不过这一次，他逃离雅典之后潜心谋划，他将马其顿和色雷斯中间的地区变成了自己的根据地，随后是塞尔迈湾（Thermaic Gulf）的莱阿克鲁斯（Rhaecelus）和潘盖翁山（Pangaeum）附近，这里的金银矿的开采为他之后的事业提供了极大的帮助。与此同时，斐赖家族中一位敢于冒险的成员老米太亚德占领了色雷斯切索尼斯（加里波利半岛），并在此建立统治，鼓励雅典人来这里定居。此时庇西特拉图已经积累了不少的实力，团结了大量的盟友，老米太亚德的支持让他如虎添翼。在这些外部势力的帮助下，公元前546年，他在马拉松登陆，击败了自己的对手，第三次统治雅典，这一统治延续到他去世，即公元前527年。

由于他跟海外势力的联系，他背后有着雇佣军的支持（包括色萨利骑兵，或许还包括斯基泰弓箭手），据说他以温和的方式统治着城邦，更像是一个公民而非僭主，受到了大多数贵族和平民的支持。贵族接受他的主要原因是他本就出身贵族，并且他维护了古老的贵族结构和贵族精神。但是实际上他一直致力于抑制二者内部的冲突，因为维持城邦的统治秩序是他的统治原则。通过驯服精英，并将他们置于制度框架之中，庇西特拉图完成了对传统贵族权力的限制。

庇西特拉图最终帮助雅典人建立了对萨拉米斯的统治（在斯巴达的仲裁之下，从麦加拉手中夺回）①，并帮助雅典巩固了与其他爱琴海岛屿之间的关系。他声称雅典是所有伊奥尼亚希腊人的母亲和领导人，阿提卡艺术经历了

---

① 雅典与邻邦麦加拉为争夺位于两个城邦之间的萨拉米斯岛冲突不断，起初，雅典失利，放弃了对萨拉米斯的控制权，后在梭伦的领导下继续作战，庇西特拉图作为梭伦的亲属，曾在公元前565年左右与麦加拉的战争中夺取了尼赛亚港，从此崭露头角。

一段伊奥尼亚时期,他通过将提洛岛的节日庆典置于自己的管理之下,进一步完成并巩固了这一切。

庇西特拉图始终保持着对色雷斯和马其顿海岸诸地区的兴趣,这些地区不仅有丰富的金属资源、充足的木材,还在黑海地区粮道上占据重要的战略位置。此外,他最后一次重返雅典之后不久,就占据(或重新控制)了赫勒斯滂(达达尼尔海峡)的西基昂,并将此地交由其子海盖西斯特拉图斯(Hegesistratus,第八章,第2节)。通过这种方式,他控制了潘格乌斯银矿(Pangaean Mines)①,这一时期劳里昂银矿的产量是否足够雅典使用并不确定。庇西特拉图似乎发行了一系列的Wappenmünzen,即雅典纹章银币,银币上包含了相应的徽章标志。也有学者认为这一系列货币的发行早于庇西特拉图时期。以往这些铸币行为常常被看作自发的,代表了不同贵族家族之间的竞争,比如,庆祝贵族家族中某个成员当选了执政官,但是,庇西特拉图铸造发行这些铸币的行为更像是与优帕特利德家族的和解。(有其他观点认为这种类型的铸币应该是来自军队的徽章造型,或者是来自庇西特拉图后来的十个部落的徽章样式,但是这种观点并没有得到广泛的认同。)或许其中一些有戈尔贡头像的钱币上出现城邦的标志时,象征着铸币职能的转变,即铸币不再只关乎家族和宗族的荣誉。

与此同时,庇西特拉图帮助中农、小农,让他们有了相对安全和独立的地位。他们获得了城邦的"贷款基金",这是维持梭伦取消债务奴隶制改革成果的重要保障。此外,他们的地位受到三十位巡回法官的保护,他们获得了原本地方贵族的管辖权。

不过,庇西特拉图对中小农的友善态度并没有以雅典本身的利益为代价,他的权力依赖城邦中较贫穷的这部分人,而城市为这些失去土地的农民提供了很多机会。因为他逐渐为城市带来了繁荣,尽管生活在乡村地区的人生活条件有所改善,但是通过庇西特拉图的一系列举措,城市的发展已经远

---

① 潘格乌斯山上的一个银矿,位于色雷斯,距离港口不远,此山绵延25千米,海拔高度约为1956米。

远超越了乡村地区。

潘格乌斯银矿的收入使得庇西特拉图能够维持自己的地位，而繁荣的雅典贸易也巩固了这一情况（大量的黑陶瓶画见证了这一情况），此外，对再次逃离的阿尔克迈翁家族土地的夺取，按照传统从公民手中获取的税收，都维系了庇西特拉图的地位。这些税收包括大约5%的生产税，主要涉及农作物生产，这一税收主要用来增加针对农民的借款，此外，可能也包括一些商业贸易产生的增值税。

统治者同样通过宗教信仰的不断集中，决心使用宗教手段统一城邦。在厄琉息斯（上文第2节），他重新建立了泰勒斯台里昂神庙（Telesterion），这一地方主要用于信徒聚会，在希腊世界的其他地方是很少见的，神庙的屋顶由二十二根柱子支撑而成。亚里士多德曾经将崇拜雅典娜的泛雅典娜节的建立归功于庇西特拉图，尽管这一节日的雏形早在庇西特拉图统治之前就形成了，但是不可否认的是，在庇西特拉图的统治之下，这一节日成了雅典节日日程中不可或缺的一部分，甚至可以与奥林匹亚引导的四大赛会相提并论。泛雅典娜节每年都会举行，每四年有一次大型盛会，每次盛会在每年七月持续八天左右（至少在公元前5世纪就是这样举行的，或许在庇西特拉图时代就已经如此）。每次节日盛会的时候，雅典娜都会收到新的外袍，并为了纪念雅典娜举行各种运动和音乐比赛。赛会的胜利者会获得装满橄榄油的双耳陶瓶[①]，其中的橄榄油是从雅典娜的圣树上获取的。音乐比赛的获胜者会得到金钱的奖励。

所有的这一切都强化了雅典娜作为保护者的形象，她保护着新的、伟大的雅典，也保护着雅典的新任领导者——庇西特拉图。在前希腊时代，雅典娜更像是一个地方神，保护着迈锡尼时代领主的宫殿，猫头鹰是雅典娜的象征，后来成了雅典铸币上的主要形象，这一动物形象似乎指向了更早期的图腾动物崇拜。雅典娜是雅典娜珀利阿斯，是农业保护神；也是雅典娜帕特

[①] 国内学者一般将Amphora翻译成双耳陶瓶，但是根据器型来看，这类陶瓶并不一定只有双耳。

农，是战争女神，雅典娜的这一形象是后来一切通过否认女性特征强调好战的男性特征，最终在男性主导的世界中获取胜利的原型。奇怪的是，她身上还兼具这审慎务实的智慧与和平的特征。

庇西特拉图设立的，或言之，接纳的并在雅典节日系统中赋予重要地位的第二个比较重要的节日是大狄奥尼索斯节，这个节日是为了纪念狄奥尼索斯，在每年春天举行。这一神祇的信仰发源于色雷斯（附录2），极受欢迎，有着大量的崇拜者，所有的人，包括自由人和奴隶都可以崇拜狄奥尼索斯，这为庇西特拉图寻求更广泛的支持者提供了基础。庇西特拉图采取了一系列措施，将狄奥尼索斯崇拜从阿提卡的厄琉特拉伊村庄（Eleutherae，雅典西北部依附于雅典的城邦）转移到雅典城中，将狄奥尼索斯的圣所建立在雅典卫城的东南坡上，与此同时在此举行隆重的献祭和庆祝活动。但是这一节日与厄琉特拉伊的联系并没有完全被切断，因为这种联系与庇西特拉图支持农民的政治诉求相统一，也能够成功地将城市人口和乡村人口联系在一起。

此外，庇西特拉图还渴望提高城邦的文化水平，并为实现这一目标进行了大量的经济投入，尽管这种投入并不一定会立即获得回报。庇西特拉图这一政策的结果之一是一种新的文学体裁的兴起——古希腊悲剧。因为希腊悲剧已经成了狄奥尼索斯节日的常规节目。

这种戏剧的产生一直是学界讨论的热点。[32]一种解释观点是，希腊世界不同地区的不同娱乐方式最先出现（其中包括科林斯、锡西安和麦加拉），后来经过不断的戏剧化改造，并广泛地借鉴大量的早期诗歌，经过改编和合并，包括合唱歌（尤其是酒神颂歌"*dithyramb*"，参见科林斯，第三章，第2节）、独唱歌、挽歌或者其他抑扬格诗歌。此外，还包括模仿舞蹈，纪念狄奥尼索斯的遭遇和其他主题，以及其他古老的幽默或者狂欢活动，在这种活动中，演员或者歌队会装扮成萨提尔或者伪装成其他形象。

后来，三个剧作家在城市狄奥尼索斯节各创作了四部悲剧（三部悲剧和一部萨提尔剧，注释37），但是就传统而言，一般认为，泰斯庇斯（Thespis）是第一位将悲剧呈现出来的作家，并在约公元前534年，凭此获奖。很难说清楚泰斯庇斯对悲剧的发展有什么具体的贡献，现在归功于他的一些功劳实际上是逐步发展而成的，经历的过程也是十分复杂的。但是正如亚里士多德所言[33]，他的贡献有可能是在歌队表演之前设置了开场白和长段话语（*rhesis*），这些话语不是被吟唱出来的，而是类似演说的吟诵（但一般会用双管笛［*diaulos*］打节拍）。为此引入场的演员、指挥者、导演者，甚至有可能是剧作家本身，被称为 *hypocrites*，意为回答者、解释者或者是阐释者，他在吟诵自己的段落时可以扮演成叙事中的角色，这前所未有。[34] *hypocrites* 还可以与歌队长对话[35]，这一角色源于仪式，他会继续舞蹈并吟唱或传统或新作的歌曲（一般会呈现前一幕的叙事），此外，正如在后来雅典的悲剧大师（埃斯库罗斯、索福克勒斯、欧里庇得斯）的作品中一样，歌队长还可以扮演辅助角色。这类悲剧的第二位奠基者是普律尼科司（Phrynichus），他在公元前511/508年首次获得悲剧比赛的胜利，他的作品因用词优美，且包含了他自己创作的编舞而知名，此外，剧中出现的女性角色也为其作品增色不少——尽管这些角色一般仍由男性出演。

雅典第一部上演的悲剧可能是由来自厄琉特拉伊或者伊卡利亚（Icaria，雅典东北边，靠近马拉松）狄奥尼索斯圣所的演员出演的。在雅典城中，舞蹈和相关的活动一般在市政广场（*agora*）上演。[36] 然而，悲剧从一开始似乎就是在卫城脚下上演的，这里有着庇西特拉图建立的狄奥尼索斯雕像，背面是狄奥尼索斯的神庙。

这里的山坡最初可能有木质建筑，可以容纳或站或坐的观众。他们从山坡上看到的表演是在坡下的平面进行的，这种舞台一般是圆形的（*orchestra*），建立在坚实的地面上，上边搭建着木质平台。舞台后一般有一个木屋或者帐篷（*skene*），既可以方便演员，又可以作为戏剧的背景。

阿提卡喜剧的起源十分复杂，与悲剧一样古老，大约在公元前500年前后，雅典陶瓶画上出现的戴面具的人物形象（这一时间节点在科林斯和锡西安大约是公元前7世纪和前6世纪）或多或少粗略地见证了喜剧的前身。真正成熟的喜剧艺术是在后来逐渐形成的，首先在城市狄奥尼索斯节举行，随后在另一个与狄奥尼索斯相关的勒那节（Lenaea）上演（约公元前487年，勒那节于公元前440年举行）。[37]

庇西特拉图统治下蓬勃发展的另一项艺术是雕塑，尤其是那些雕刻大理石少女（korai）的作品，人们在雅典卫城下发现了大量此类作品，它们在希波战争后被埋在此地。雅典作为此类作品的主要发现地，掩盖了这样一个事实，即此类少女雕塑最早出现在基克拉迪斯群岛（纳克索斯、帕罗斯），庇西特拉图将这些地区与雅典紧密联系在一起，实际上很多雕塑都是从这些岛上运来的。但是，雅典的艺术家也有自己的宝贵贡献，通过短暂却强大的伊奥尼亚影响力（公元前546年波斯入侵之后，大量伊奥尼亚人移居此地），并辅以自己坚实而稳定的阿提卡风格，创造了精美的造型，具有优雅、神秘且奢华的品质。

尽管后来"僭主"一词渐生贬义，但是即使是民主派，也认同庇西特拉图统治的时代是雅典的黄金时代。正如我们所见，他巧妙地避免了现有梭伦法律被破坏，避免了大型社会动荡的发生，施行了有效的经济政策，举办大型节日，这使得他能够建立神庙建筑，同时大胆对外扩张并推行有技巧的外交政策。

这些所有的举措，是雅典"统一政策"的整合，他也真正实现了阿提卡地区和雅典的统一。对那时候的雅典居民而言，生活不再只是为了生存而拼命挣扎；相反，繁荣和增长是普遍现象。尽管僭主与民主相去甚远（庇西特拉图应该为此承担一些责任，比如他对选举权的控制），但是庇西特拉图的统治却反而为民主的发展铺平了道路。因为他限制了优帕特利德家族的贵族权力，他敏锐的指导，为后世一整代人，在社会生活的各个领域，提供了一个城邦如何和平运转的图景。

希皮阿斯（Hippias）和希帕库斯（Hipparchus）是庇西特拉图的继承者，他们在世的时候，统治是温和的。税收减少了，并获得了优帕特利德家族的支持，因为他们任命斐赖家族的小米太亚德和阿尔克迈翁家族的克里斯提尼担任执政官。前者被派去接替他同名舅舅米太亚德，维系雅典在色雷斯切索尼斯的统治（约公元前516年）。此外，希帕库斯鼓励发展艺术，并使得吟诵荷马史诗成为泛雅典娜节的特色。雅典卫城博物馆所藏的一尊经修复的雅典娜雕塑（约公元前525—前520年）是现在已知最早的山墙雕塑提坦巨人之战（Gigantomachy）的一部分，属于雅典娜的旧神庙，近些年神庙也在逐步修葺。尽管雅典在后来的半个世纪中才显露出自己的繁荣和辉煌的成就，但是彼时已经成了一个很好的城邦。

或许也是在约公元前520年（也有可能是十到二十年之后），雅典人创造了属于自己的银币，这种货币生命力持久，流传广泛，雕刻着雅典娜的头像和一只猫头鹰，雅典银币的创制并没有遵循大陆流行的敌邦埃吉那（第5节）的重量标准，而是使用了基于优卑亚货币的改良版"阿提卡—优卑亚"标准，每一德拉克马重约4.25克。

大约在同一时期，一种瓶画中新型的红绘陶技术延续并强化了雅典在这一领域至高无上的地位。陶工们使用了非常精细的凯拉米克斯区的陶土，其中含有铁，可以产生华丽的红色。现在，陶工们发展了一个复杂的三阶段烧陶过程，使他们能够进一步改进原先就已经很优美的黑陶画造型。此外，这些新的画家（如果可以这么称呼的话，因为他们几乎不用其他颜色）颠倒了之前黑陶画的制作过程，他们将原先本该涂黑的人物和其他形象留白，露出陶土本身的红色，将剩下的空处涂成黑色。与此同时，原先勾勒人物形象的切割痕迹也被流畅的笔刷痕迹所取代。这种新的描边方式为创作提供了更大的自由度和灵活性，使得画家可以写实地勾勒肌肉轮廓，描绘更具雄心的姿势，还能刻画出更逼真的细节和服饰特征。

瓶画家安多基德斯（Andocides，意为在陶工安多基德斯制作的陶器上作画之人）首先创作了这种红绘陶画风格，他是黑陶画家埃克塞基亚斯的学生，安多基德斯也曾经跟随老师绘画过许多黑陶画，偶尔也会将两种绘画技术结合在同一陶瓶上。安多基德斯比埃克塞基亚斯更为大胆，他的作品呈现出的优雅似乎体现了希皮阿斯和希帕库斯时代的辉煌。他瓶画上的人物是按照比例绘画的，并呈现了一定的深度。希皮阿斯和希帕库斯的统治时期，雅典还吸引了来自希腊中心地区的很多作家，其中较为著名的是鲁里斯（Iulis）的西蒙尼德斯，来自凯奥斯岛（Ceos），他在希波战争之后声名显赫。[38]

不过，希皮阿斯和希帕库斯的统治最终陷入困境。其中最主要的原因是希波战争时期，大流士一世的入侵造成的经济衰退。庇西特拉图统治的莱阿克鲁斯，以及帮助他推行多番举措的潘盖翁山银矿都被迫失去。这两位兄弟的统治也因此更为严苛，公元前514年，希帕库斯被谋杀。哈莫迪乌斯（Harmodius）和阿里斯托吉吞（Aristogeiton）用生命完成了刺杀事业。安忒诺耳（Antenor）为他们建造了一组雕塑群，他们作为终结僭主统治的"刺杀僭主者"被后世所铭记，但是这一称呼具有误导性，因为他们并没有成功刺杀希皮阿斯。

相反，是阿尔克迈翁家族将僭主统治推翻了（当然这种叙述并不为阿尔克迈翁家族的敌对方所喜）。其中一个成员克里斯提尼（与他的外祖父锡西安僭主克里斯提尼同名）后来在公元前525/524年担任执政官。希皮阿斯曾经将这一家族驱逐，不过，后来克里斯提尼成功煽动了斯巴达国王克里奥门尼一世（Cleomenes），或在得到德尔菲的支持后，一起将雅典的僭主驱逐（公元前510年），而此前庇西特拉图家族曾经与该国王有着密切关系。

第5节 克里斯提尼

此后，克里奥门尼与克里斯提尼分道扬镳了，斯巴达人试图用一位敌对的贵族派系领导者伊萨格拉斯（Isagoras，公元前508年，约前506年）取代他，期望能恢复希皮阿斯的僭主统治（公元前504年），但这些都彻底失败了。

在上述第二次行动中，雅典人在同一天击败了卡尔基斯和波奥提亚这两个斯巴达的同盟，这一双重胜利极大地增强了雅典人的自信。早在约公元前519年，为了争夺普拉提亚地区（Plataea）时，波奥提亚就与雅典交战，虽然没有取胜，最终也没有被击败，但卡尔基斯被雅典击败了，且卡尔基斯贵族的土地被充公，分给了四千名雅典殖民者，而雅典殖民者则依据被分配的土地（*kleroi*）被称为"拥有 *kleroi* 的人"（*klerouchoi*）。这些殖民者引入了一种新的殖民方式，建立拓殖地，即保留他们的雅典公民权（这与其他正常殖民地的殖民者不同，因为他们成了新殖民地的公民），由于地理上远离母城，他们需要创建当地的独立政府机构，但与此同时他们也要服雅典的军役，并在必要的时候作为驻军保护雅典的利益。

在这些动荡激烈的事件发生时抑或结束后，或许是从约公元前506—约前500年之间的一系列阶段中，得到民众支持的克里斯提尼（将平民纳入他的阵营）[39]，被授予或获得了足够的力量，可以阻止自己的阿尔克迈翁家族这一派系垮台，而这一派先前在内部斗争中一直处于劣势。依靠这些力量，他巩固了自己的权威并借此机会引入雅典历史上最著名的改革。

这些改革的设计极其复杂。首先将斯巴达的发展作为先例（第三章，第3节），克里斯提尼用十个新部落（tribe）取代早期阿提卡的四个部落，因为后者由贵族控制且排斥了众多在梭伦和庇西特拉图后代统治下出现的新公民群体，而新设立的部落与过去的并无关联。出于宗教目的，四个古老部落得以存留，但是雅典的未来却是依赖于新创立的十个部落，因为他们构成了公共生活各方面的基础。其中一项就是兵役，因为十个部落都需要向军队提供步兵或骑兵，新部落的这一兵役功能意味着他们的团队凝聚力迅速增强。这项改革也得到了宗教支持，因为除了两位埋葬于萨拉米斯和厄琉息斯的英雄之外，剩下的每个部落以一位埋葬于雅典的神话英雄命名。一些异邦人和奴隶也被允许纳入这十个克里斯提尼新设立的部落中。新部落的建立是为了打破过去的区域性和保守的归顺关系。其中一个原因是，新部落并非当地政府的单位，他们的总部位于城市里。而且最重要的是，为了避免回到过去的地区固化，他启用了过去的三一区制度（*trittyes*）。如前述（上文第1节），出于管理目的，这些三一区可能是胞族（*phratry*）在地域上的同义词和替代物。过去存在十二个三一区，但克里斯提尼将总数增至三十，因此每个部落有三个三一区。但每个部落中的三个三一区均来自阿提卡的不同地区，这就实现了人群的混合，也消除了偏袒本地的情况。

此外为了防止过去"平原—海岸—山地"三分法带来的麻烦再次出现，重新划分的三一区域与过去的三类地区并不重叠。新建立的区域是"城镇"（astu，包括雅典、法勒荣港和比雷埃夫斯港以及周边的平原）、"海岸"（paralia，涵盖过去海岸派的大部分领土并包括额外的海岸）和"腹地"地区（包括过去山地派所有区域和其他相关地区）。

克里斯提尼还将十个部落和三十个三一区分为不同的德莫（demes），总数约一百四十，出于实际目的，他们取代了贵族派系和胞族组织。虽然过去的系统依然出于宗教目的而延续，但德莫目前已经成为社会的根本划分方式。来自三一区的德莫全被纳入十个部落中。由于这些德莫本身是乡村、城郊或小城镇（上文第1节），因此它们的规模大小不一。在首次登记后，从属于哪个德莫是实行世袭制，而不再依赖于居住地，所以某个德莫的成员并不会始终集中在单一地区。

但每个德莫都掌握自己成员名单以及成员财产的信息（包括异邦人［metic］的信息），他们因此可以向城邦提供履行公民义务所需要的信息，也可以控制获得雅典公民权的途径，因为成为雅典公民意味着需要在祖籍德莫上有官方登记。德莫也拥有自己的土地、社会生活和宗教仪轨，以及自己的公民大会（或许极少举行）。这些活动由每年选出的德莫长（demarchos）领导，抵抗并削弱了早期宗派和胞族的相应机构。由于乡村生活的消极本质，富有的和出身贵族家庭的德莫成员（以及雅典附近德莫的成员）往往享有相当重要的权势。然而这一新式地方独立机构不仅为富人，也为每一个雅典公民提供了理解城邦政府运作的机会，而这种机会并不需要依靠当地的保护人或政府的领导者以及他的派系决定。

克里斯提尼通过新设的五百人议事会（后称Boule），将政治活动和权力延伸到一般的公民。据说梭伦创建了四百人议事会以辅助并在很大程度上取代了战神山议事会（上文第3节）。但我们几乎没有关于梭伦这一制度的信息，而克里斯提尼的议事会确实主导了未来。这五百人分别来自十个新部落，均在三十岁以上，每个部落选出五十人。来自每个部落的德莫在新议事会中的人数占比取决于各自的规模；因此议事会成为城市和乡村之间的桥梁，而与此同时也遏制了党派和政治利益团体的复兴，进而有助于创建和发展雅典的民主制。

除了节日和不祥的日子，议事会每天都举行。议事会的事务由内部选出的五十人委员会（*prytaneis*）负责，每一组负责一年的十分之一时间。当前负责的委员会每天都要工作，而委员会的主席（*epistates*）也是委员的领导人。目前并不明确在克里斯提尼时代是否已经存在这一系统的最终形态，但议事会的多项职能肯定从一开始就需要某种议程上的委员会小组分摊职能。议事会具有广泛和多样的审议和管理责任。此外它垄断了所有立法的提案权，并具有重要的司法职能，尤其是调查举报不法行为的权力。议事会成员任期一年，且一段时间后还可以再任一年。

关于这一体系中早期的成员选举方式，目前依然存疑。起初应该是通过选举产生，且工作是无偿的，但至少从约公元前450年（或前462年）起，他们开始由德莫成员抽签决定。包括亚里士多德在内的后来的雅典作家试图将后期民主制特征追溯到更早的时期，这给我们确定实际的情况带来了很多麻烦。[40]但至少在克里斯提尼时代，使用的是抽签选举，且此后不仅法庭成员（如果法庭成员是公民大会的一个委员会而不是公民大会整体成员本身的话），包括法庭的议事会也都是通过抽签委任的。

雅典人认为抽签具有宗教意义上的认可，因为这把决定权留给了神。这一措施在后期被比较极端的人（但据说被苏格拉底谴责）吹捧为激进民主体系的至上原则，他们推崇这一体系是因为它给予每个人平等的机会。[41]在这一层面上，抽签的确是民主的，但从另一层面上它却并不民主，因为它并不利于有能力之人保持自己的地位，正如批评者所指出的：抽签对于能力没有兴趣。

但在雅典民主发展的后续的几个世纪里，民主制度并没有想象般的那样糟糕，主要因为大多数普通公民在当地德莫系统中接受了基础的政治和管理训练，所以抽签的结果不会太离谱。但尤其是在早期，这种方式有一种非常重要的质量保障：首先德莫通过投票（*prokrisis*）获得预备名单，其次再从这些人中抽签，所以事实上用于抽签的候选者是基于能力被选择出来的。无论这一"中间策略"是否由梭伦在雅典首创（亚里士多德在这个问题上似乎自相矛盾，注释40），但它已经是克里斯提尼制度体系的一部分。

公民大会和新设立的议事会目前拥有重要的权力，这在过去是几乎不曾有过的。在克里斯提尼时代和此后的几十年里，这两种体系的相对力量很难评估，但这个问题依然值得研究，因为对此问题的回答决定了我们对早期或萌芽期雅典民主制本质特性的评估（这种民主制是男性公民的民主，女性、异邦人和奴隶是被排除在外）。

公民大会的权力占据上风，因为在每年举行的四十次会议中，公民大会有权修正或否决议事会的提案。此外公民大会也掌握其他一些重要职能，其中包括宣战；议事会每年整体成员的变动也剥夺了他们的集体感，使其无法对抗公民大会的最高权力。此外，参与后者的公民身份日益明确和更激进，且随着参政机会的增加，变得更加重要。当传令官宣告"谁有好的提议献给城邦，且希望当众提出"时，他是在向全体有投票权的公民发出真诚的邀请，邀请他们在广泛和积极参与的听众前发表鼓舞人心的政治演说，此时进行的是直接的民主（而不是像今天一样的代议制民主）。

不过决定哪些事务以何种形式提交给公民大会的却是议事会——且议事会召开频率也高于公民大会（而且后者仅通过举手表决）。议事会也取代了战神山议事会（在此时或稍晚）准备议案（*probouleusis*）的职能；议事会也会确保公民大会的法令顺利颁布，所以"议事会和人民决定"这一程式化的表达是具有真正含义的。

在这一过程里，十将军（*strategoi*）委员会的设立进一步限制了公民大会的权力，十个部落辖区或中队中各选一名，指挥雅典的军事力量。由于十将军委员会职务的特殊性，这些原本应该来自贵族和富裕家族的将军并不是通过抽签选择的，而是由公民大会选举出来的，他们可以无限制地被重新选举。

军事执政官（*polemarch*）照旧领导城邦的军队上战场，常常因为战争而身处险境。但军事执政官和其他的执政官却并不像过去那样重要了。这一改变的一个标志是,如同其他议事会的成员一样,他们也改用抽签的方式获得委任,由德莫奉上的候选人名单(*prokritoi*)里选择(公元前5世纪时这种操作被舍弃,选举方式由连续两次抽签取代)。由于材料信息混乱,很难确定其他执政官是以何种方式任命的。可能是公元前487/486年,但总体看来,这一安排更可能源自克里斯提尼(对执政官候选人的调查以及对他们政绩的审查设立于约公元前462年[参见上文第3节])。

显然将军这一职位的设立比执政官更能限制公民大会日渐不受约束的统治权,因为执政官本身权力式微,并不能施加类似的限制。除此之外还有另一种限制,这一限制来自人民内部同一阶层,是人民对于民主的追求。

因为即使任何人都可以在公民大会上发言,我们也知道,如果有人做了愚蠢的发言,会被立刻呵斥下台。由此可见,在议事会和公民大会上发言都需要足够的专业知识——而唯一有时间去获取这些知识的人就是闲暇的贵族阶层,因此社会的上层人士和他们所形成的并不断持续发展壮大的小团体依然是重要组成部分。但当一个人在公民大会上成为领导人物时,他只能通过个人不懈的努力去说服听众。他并不会因为属于某个派系和阶层就自动收获别人极高的尊重。克里斯提尼的确故意要消除过去的派系纽带和忠诚(*synetheiai*)[42],这些纽带通过贵族群体和会饮(*symposia*)培养起来,会饮是早期希腊城邦的政治、社会和文化生活中心(不过在这点上,克里斯提尼并没有完全成功,因为这些组织抵挡住了所有试图消灭它们的攻击)。

在引入陶片放逐法时,克里斯提尼的本意依旧未变,希望阻止内部派系战争。这种方法是用来流放不再受欢迎的著名政治家。任何一个雅典人希望某个人被流放时,就把此人的名字刻在一个陶片上(*ostrakon*),如果投票的总数超过六千,那么名单中排在第一位的人就要被流放十年。虽然在公元前487年之前没有人被流放过,但据亚里士多德的说法是正确的,这一制度是由克里斯提尼发明的。[43]但亚里士多德认为陶片放逐法是为了防止僭主的复辟,这一观点并不正确;至少这只是一个次要的目的,或者说是被夸大的目的。因为正如后续事件所表明的，这一程序的主要目的是阻止贵族团体内部彼此之间的冲突。因为当时在雅典还有众多庇西特拉图的支持者，加诸其他一些原因，领导者的地位并不稳固，正如克里斯提尼，他自己之前正是一个暴力推翻统治的领导人，他深知自己面临的形势。因此他得出结论，只有短暂地将这样的对立者放逐，才能维系城邦稳定发展。陶片放逐法的一些特征总能让人想起一个非常古老的宗教习俗，即通过驱逐一个替罪羊来消除城邦的污染（*miasma*）。将政客流放能有效地使他失声，因为雅典仍然是一个面对面的口头文化社会，而在一个口头文化的社会中，一旦将一个人流放，那他就失去了沟通的渠道，也就不能再制造任何麻烦了。

克里斯提尼凭借陶片放逐政策向着"让人民有权参与公共事务"更进一步。[44] 在推行这些政策的时候，他并没有预见雅典民主在接下来的几个世纪中散发的巨大威力。但是克里斯提尼仍坚定地朝着民主的这种强大力量靠近，并向人民、向公民大会展示了自己最终将要实现的目标。克里斯提尼建立的民主制度，或者说克里斯提尼统治下的民主制度的显著特征是 *isonomia*，即法律统治下的平等，取代了之前的贵族统治秩序 *eunomia*。诚然，旧有的秩序并没有被完全摧毁，但是新的秩序已经将其覆盖。与其他地方一样，过去由权力机关颁布的命令（*thesmos*）已经被地方团体的法律或习惯（*nomos*）按照自己的意愿增补或取代。克里斯提尼的 *isonomia* 并不是一气呵成的制度，这一制度将政治机构进行了一系列复杂的、智慧的、经验性的安排，随后才成为迄今为止由人类智慧设计出来的最民主的政府形式，并奠定了雅典社会两百年的基本特征。

公元前6世纪的最后十年也见证了雅典红彩陶瓶画的发展巅峰。为了写实，雅典人进行了很多新的尝试。红彩陶瓶画已经不再拘泥于平面装饰，而是打开了一扇三维世界的小小窗口。在这个世界里，神话题材依然流行，但是描画人的场景也越来越多，例如贵族青年的生活和酒神的欢宴。

在几批瓶画家中，有一些先锋者，他们的技艺卓越，用具有革命性的眼光开创了未来雅典瓶画的"古典风格"。其中，欧弗洛尼奥斯（**Euphronius**）、欧泰米德斯（Euthymides）和克里奥夫拉德斯（Cleophrades）等陶瓶画家展示了与同时代雕塑艺术一样的精确度和线条勾勒的精湛度。欧弗洛尼奥斯除了能用精致的线条勾勒饱满的娼妓形象（hetairai）之外，还善于运用光影来展示战争的痛苦。据说他后来逐渐失明，便开始由陶绘转向制陶。欧泰米德斯以简洁流畅的线条画著称，他热衷于描绘扭曲的、雕塑般的人体结构。但是公元前500年左右最伟大的陶画作家是与陶工克里奥夫拉德斯合作的那位，他是一个唯美的个人主义者，以其强劲流畅的轮廓和宏大的纪念性作品而著称。同一时期，受希腊东部纺织品的影响，尼克斯提尼（Nicosthenes）的作坊也开始生产一些白底瓶画。

波斯人的蚕食使得克里斯提尼时代雅典的外部政治世界蒙上了一层阴影。当大流士一世在约公元前513/512年入侵色雷斯并越过多瑙河的时候，可能就有了征服整个希腊大陆的想法。雅典人对于波斯人的态度有分歧。当斯巴达国王克里奥门尼一世试图在雅典扶植自己的势力伊萨格拉斯的时候，雅典人试图寻求大流士的帮助，但是他们很快反悔，并且拒绝了波斯总督萨尔迪斯（Sardis）提出的条件。克里斯提尼领导的阿尔克迈翁家族可能在第一次向波斯求助的过程中起到了积极作用，但是这一行动的失败导致了这一家族地位的衰落。不过在公元前500年左右，克里斯提尼死后，仍然得以葬于雅典公墓。

第 6 节　雅典与埃吉那

诚如上节所言，公元前506年，雅典在同一天击败了卡尔基斯人和波奥提亚人之后，后者并没有完全被摧毁，而雅典也一战成名，成了邻邦埃吉那的有力对手。

这座多山的，且有火山的，甚至有点难以接近的岛屿位于萨罗尼克湾，位于阿提卡和伯罗奔尼撒之间，虽然它的面积只有32平方英里，但从一开始就在地中海的贸易中占有重要地位。公元前1100年左右，多利安人入侵了埃吉那，征服了此处的色萨利定居者（伊利亚山的山坡上有他们的生活遗迹），在公元前950—前900年左右，其他移民也开始进入埃吉那，其中最重要的是埃皮道鲁斯人（参见第三章，第2节），他们长时间统治着这座岛屿。

正如埃皮道鲁斯一样，埃吉那属于卡劳利亚近邻同盟（同盟中心位于帕罗斯岛），这一早期联盟包括萨罗尼克湾和阿尔戈斯湾的主要海上城邦以及波奥提亚的奥尔霍迈诺斯（Orchomenus）。阿尔戈斯的菲冬（第三章，第1节）很有可能统治了该岛一段时间（不过他将此岛作为银矿开采区的传闻是错误的）。然而此后，埃吉那不像其他城邦那样经历王政时代，而是直接进入了稳定的寡头统治，建立了重商主义的政权。在这样的政权下，埃吉那人不仅发展了过境贸易、小商贩贸易等，还在公元前7世纪成为希腊最重要的海上力量。[45]

从公元前595/590年左右，或者在此之后不久，埃吉那开始发行刻有海龟图案的银币，埃吉那是希腊大陆或者靠近大陆的岛屿中最早制币的地方。这种钱币广泛流行了几个世纪，确立了希腊人的两个主要货币标准之一（另一个是优卑亚—阿提卡币制），一个德拉克马大约6克（叙利亚币制结构中1米那包括50谢克尔［Sigloi］）。整个伯罗奔尼撒半岛，以及希腊中部大部分地区和岛屿都采用了这种埃吉那币制标准。埃吉那还发明了整个希腊世界中已知最古老的度量衡体系。

岛上有一个巨大的阿波罗神庙（如今仅剩断壁残垣），在毗邻科隆那角上，有一个稍晚一点建成但十分著名的阿法埃娅（Aphaea，希腊早期女神，参考雅典娜）圣所。这一圣所的石柱和两种风格的山墙雕塑都得以留存（现存慕尼黑和雅典的博物馆中），大约建成于公元前520年和前500年，第二种风格起码比第一种风格晚十几二十年左右。这些山墙雕塑群得益于伯罗奔尼撒风格的夯实以及阿提卡风格的优雅，将特洛伊战争的场景搬上现实，并展示了将来独立建造雕塑的可能性。事实上，埃吉那人已经在青铜雕塑中奠定了自己的首要地位，其中，奥纳塔斯（Onatas）是开拓者，据称，他跟卡隆（Callon）以及格劳西亚斯（Glaucias）都善于雕刻男性成年躯体。

埃吉那和萨摩斯（Samos）之间长期存在竞争，尤其是在埃及的著名贸易中转站诺克拉蒂斯，在萨摩斯崛起之前，埃吉那是这里唯一影响较大的希腊城邦。雅典的崛起不可避免地要打破埃吉那人的商业优势和海上力量。梭伦就已经颁布法律旨在限制埃吉那的贸易[46]，埃吉那人遂开始与斯巴达合作（埃吉那是否真的成为伯罗奔尼撒同盟中的一员存疑），继而又与波奥提亚同盟亲近。在公元前506年，同盟和卡尔基斯人被雅典人击败之后，雅典与埃吉那之间陷入了长久的"无道战争"（Heraldless War）。控制埃吉那的寡头和雅典的民主派之间毫无和解的可能。品达后来曾经称赞埃吉那的优良政体（*eumonia*），由富人统治。希罗多德记载，在公元前5世纪初期，他们曾经屠杀了拥护其他政府形式的七百名平民（*demos*）。[47]

埃吉那统治阶层的敌对态度意味着，在雅典与波斯产生冲突时，雅典人并不期望埃吉那能够帮忙，甚至他们还可能更支持波斯人，希望自己的这位邻居被波斯的力量摧毁。在雅典人决心与波斯为敌，并送去二十艘战舰帮助伊奥尼亚人起义的时候（公元前499—前498年），雅典人依旧没忘记埃吉那的威胁，很快就从小亚细亚撤兵了，因为他们担心后方空虚，担心埃吉那人趁机偷袭。

在公元前496年，希帕库斯（庇西特拉图家族的一员）当选雅典执政官，这证明在雅典反波斯的势力仍然具有很大影响力。另一方面，伊奥尼亚起义的失败和米利都的陷落（公元前494年）使雅典遍布悲伤情绪。在第二年（或更晚），悲剧作家普律尼科司就此主题创作了一部作品，以纪念这一悲剧时刻。

与此同时，波斯人并没有忘记雅典人在伊奥尼亚人起义中的所作所为，并决心报复雅典，希波战争的大幕即将拉开。随着这近在眼前的危机，具有远见卓识的提米斯托克利在公元前493年他执政期间，将比雷埃夫斯港建成了一个防御性的港口。他走这一步的动机无疑是复杂的，波斯的威胁是其一，发展贸易是其二。但是，另一个重要的原因是埃吉那人，雅典人担心他们在与波斯人交战之时，埃吉那人乘虚而入。直到希波战争结束二十多年之后，雅典人占据了埃吉那岛，这种恐惧才彻底消失。[48]

第三章　伯罗奔尼撒

第 1 节　阿尔戈斯

伯罗奔尼撒半岛是希腊南部广阔而多山的半岛，与希腊大陆的其余部分被科林斯地峡分开。希腊人将伯罗奔尼撒的名字解释为佩洛普斯之岛（*Pelopos nesos*），佩洛普斯是神话中的人物，宙斯之子，佩洛普斯家族（阿伽门农即该家族成员）曾是古代迈锡尼或阿尔戈斯的王族。

伯罗奔尼撒半岛主要包括阿尔戈利斯、阿凯亚、伊利斯、阿卡迪亚、拉哥尼亚和美塞尼亚（Messenia）。呈三角形的阿尔戈利斯位于半岛的东北，东北与西南侧为山脉，南侧临海。阿尔戈斯城位于青铜时代的王宫遗址，此处原为迈锡尼和梯林斯的遗址，似乎与荷马史诗《伊利亚特》中的迈锡尼国王阿伽门农隐约对应，这整个地区都被称为阿尔戈斯，该词有平原之意，是阿尔戈利斯的核心。

阿尔戈斯城依阿斯皮斯山（Aspis）和拉里萨山（Larissa）的两座堡垒而建，坐落在整个平原的南部地区。根据最新的考古发掘，该地自史前时期就被开发，到了青铜时代就起着举足轻重的作用。围绕阿德拉斯图斯（Adrastus）国王的故事也体现了这一重要性。根据古希腊神话，阿德拉斯图斯是国王塔劳斯（Talaus）之子，曾被流放至锡西安，后返回阿尔戈斯，最终成为七将攻忒拜的领导者，随后曾两度带领参与第一场战役的英雄之子们（Epigoni）进攻忒拜。两度进攻构成了后来许多冒险故事的主题。阿德拉斯图斯的孙子是狄奥墨得斯（Diomedes），在荷马的《伊利亚特》中，狄俄墨得斯作为迈锡尼的阿伽门农的附庸统治着阿尔戈斯，后来又在特洛伊战争中起了重要作用，并开始向西进发。

迈锡尼和梯林斯衰落之后，据信阿尔戈斯受到了传说中忒麦努斯（Temenus）与其子齐苏斯（Cissus）的统治，这一家族据说是所有英雄中最著名的宙斯与阿尔克墨涅（Alcmene）之子，赫拉克勒斯的后裔，而赫拉克勒斯树立了诸多伟业，是惩奸除恶并值得信赖的守护者。[1]多利安人将他们的回归称作"赫拉克利德的回归"（第一章以及注释7，认为他们追随者赫拉克勒斯之子许罗斯的脚步，因此是赫拉克勒斯的后裔）。这种观点在阿尔戈斯十分流行，这与赫拉克勒斯的出生地在梯林斯附近的传统观点相吻合。

从考古和历史事实来看，阿尔戈斯曾经在公元前1200年左右阿尔戈利斯被大面积破坏的时候受到波及，多利安人的入侵应该是在公元前1075/1050年左右。在这之后，拉里萨堡垒周围的许多村落逐渐合并，并在某个时间点取代了已经消失的迈锡尼，成为阿尔戈利斯最重要的地区。与前任统治者相比，这个集体同样完全控制了平原地区，且有着更良好的供水系统。开始的时候城市面积并不大，在随后的三百年中发展缓慢，到了公元前9世纪，这个集体已经稳扎稳打地开始扩张，到了公元前700年左右，在合并了该地区其他较小村镇之后，一个大一点的城市初具规模。在阿尔戈斯平原地区发现的黑暗时代的墓葬（现在已知的数量要比之前预想的多出不少）大部分位于阿尔戈斯城。

我们对该地早期的城市发展过程仅有模糊的概念，因为当地的历史学家苏格拉底和戴尼阿斯（Deinias）的作品并没有留下（他们可能都是希腊化时代的作家）。不过，无论是从阿尔戈利斯还是整个伯罗奔尼撒地区而言，阿尔戈斯都是多利安人毫无疑问的核心区域。早期定期在此的人是他们的附庸而非奴隶，这些人成了边居民（perioeci），居住在周围的边缘地区（参见第一章，注释61），他们有的时候也被称为奥涅阿特人（Orneates），或许是因为奥涅阿是整个区域中多利安人最先占领的村庄。这些边居民有时也被称

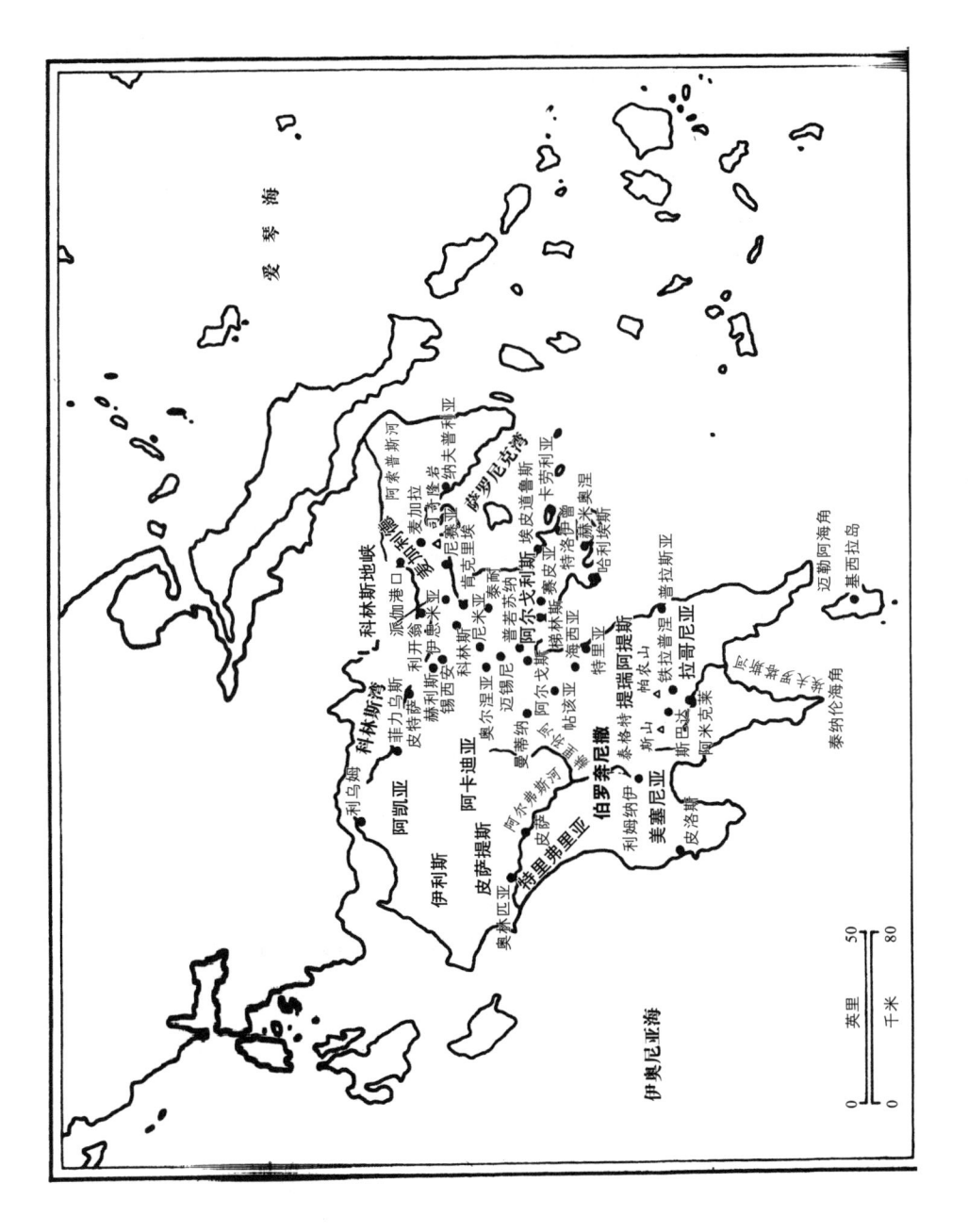

地图3　伯罗奔尼撒半岛以及科林斯地峡

为轻甲兵（*gymnetes* 或 *gymnesioi*）。随后，来自阿尔戈斯的多利安人继续进发，占领了萨罗尼克湾的埃皮道鲁斯。[2]

随着青铜时代迈锡尼地位的衰落，其艺术流派日渐式微，不过，在幸存的小村庄中，朴实的亚迈锡尼陶器得以生产，不过很快就被规整漂亮的几何陶取代，因为阿尔戈斯（早于科林斯和忒拜）积极向雅典学习。随后，在公元前800年左右，阿尔戈斯人发明了具有自己特色的几何陶制造流派，这种独立的风格往往包含质朴的画面和人物场景（有的首见于希腊大陆），其地位仅次于雅典。

早期的阿尔戈斯在金属加工方面首屈一指。在公元前10世纪之前，阿尔戈斯就有了冶银厂，使用灰吹法冶炼金属，希罗多德将器皿边缘伸出的浇铸青铜格里芬头像称作"阿尔戈斯式"[3]，起码表明阿尔戈斯是这种制造业的中心或中心之一。这种青铜器皿一般是宗教器物，阿尔戈斯对其使用有相关规定，一般应进献到阿尔戈斯的赫拉神庙中。

从很久之前开始，这座城市就因临近著名的赫拉神庙享有盛名。普若苏纳村（Prosymna）附近有新石器时代和青铜时代居民留下的圣地，赫拉曾是当地的丰产女神，是大地之母，也是牛目天后，这一称呼是早期动物崇拜的影子。后来她与宙斯结合，组成了青铜时代和印欧神话中典型的"神圣婚姻"（地方神赫拉克勒斯的意思是"赫拉的荣光"）。

阿尔戈斯平原上坐落着最早的赫拉神庙，神庙矗立在山坡一级一级阶梯的最顶端，与此同时，此神庙是希腊最早的列柱式神庙（周围有一圈柱子）。神庙的规模和特征都具有划时代的意义，它拥有陶瓦而不是木材和茅草覆盖的屋顶，尽管最初神庙的柱子仅底座是石头，柱身一般是木头材质，但也算是最早的陈列石柱的神庙，神庙建立的时间约可追溯至公元前8世纪。而以陶瓦覆顶的做法大概可以追溯至公元前7世纪以前（就像科林斯附近的佩拉霍拉[Perachora]发现的一样，参见第2节）。神庙的高度也在这一时期达到顶点，其规模意味着阿尔戈斯此时具备足够的权力和财富支撑这些行动。

这个圣所如此知名,以至于后来赫拉尼库斯(Hellanicus)和修昔底德都用这个神庙的历任女祭司名单作为记录整个希腊历史的年代框架,有理由将这些成就归功于阿尔戈斯最出色的国王和最重要的人物菲冬身上。

据称,早在忒麦努斯孙子生活的时期,阿尔戈斯的君主就成了有名无实的领袖。如果事实如此,那么在菲冬统治时期,这一情况一定发生过逆转。由于他的统治被大量传说和神话包裹,古代作家对于他是忒麦努斯的第六还是第七代传人观点不一,这一观点的差异使得菲冬的生活年代难以确定,一般认为是公元前900年至前700/650年之间的一段时间。现代学者将这种分歧缩小至公元前8世纪初期或者前7世纪初期。这两个猜测中,后者更加符合已知的菲冬在位时期的政绩,若真如此的话,那保桑尼阿斯(Pausanias)的观点将得以修正,菲冬应该是参与了第十八届(公元前668年)奥林匹亚运动会,而非第八届(公元前748年)[4],公元前7世纪是一个更加合理的猜测。[5]

菲冬是一个世袭的统治者,但是通过篡取专制权力,地位超越了原有的规定,或者,正如亚里士多德所言,他是一个"变成僭主的国王"[6]。正是他(除非有其他伊奥尼亚前辈)通过成为僭主,开创了希腊历史,尤其是伯罗奔尼撒半岛北部的这种独裁统治模式。说他统治下的阿尔戈斯是帝国可能有些夸张,但是他的成就的确非凡,大多数人都承认,在他的统治下,阿尔戈斯享有前所未有的地位和繁荣。

他打着恢复忒麦努斯统治的旗号,首先完成了阿尔戈斯平原的统治,并且占领了埃吉那岛(第二章,第6节),即当时周围最重要的贸易中心(正因如此,很多人认为菲冬利用埃吉那银矿发明了货币,但是钱币学家对此表示否定)。如果我们接受前文提到的新的年代序列,那他可能带领阿尔戈斯人在海西亚(Hysiae)战胜了斯巴达(公元前669年),击退了斯巴达人的入侵。这一胜利使得阿尔戈斯人的影响力蔓延至伯罗奔尼撒半岛的西部地区,菲冬从伊利斯人手中夺取了奥林匹亚运动会的控制权,并将之给予了皮萨人(参见后文第6节)。或许就在同时,阿尔戈斯人在塞浦路斯的库里翁(Curium)建立了殖民地。

尽管证据并不充分，但是菲冬的成功很有可能是因为他最先拥有重装步兵，这一战备力量改变了很多城邦的早期历史（第一章）。重装步兵的双把手盾牌被称为阿尔戈斯盾或阿尔戈斯式盾，因为据称阿尔戈斯人发明了这种盾牌。[7] 约公元前725—前700年发现的阿尔戈斯士兵墓葬保存完好，另有一种难以证实的说法，认为阿尔戈斯人近乎垄断式地控制了重装步兵的盔甲，尤其是钟形的胸甲和体甲，以及亚述式的头盔。

重装步兵的甲胄传承极为复杂，但是阿尔戈斯毫无疑问在其发展中占有一席之地。尽管在阿尔戈斯墓葬群发展时期，重装步兵的方阵战术还没有出现，但是阿尔戈斯在其后续的发展中起到了重要作用，一如其在早期创建重装步兵武器一般。菲冬的统治时期在这一发展过程中处于决定性的关键时刻，在他的领导下，阿尔戈斯士兵很可能在海西亚战争时就使用了这一在希腊历史悠久的战争形式。当然，这一战争形式的发展最终导致了菲冬的胜利。菲冬统治下的方阵战术与阿尔戈斯的平原地形完美契合，由中产组成的重装步兵是他得以抗衡阿尔戈斯贵族的重要筹码。鉴于海西亚的胜利，《帕拉丁文选》曾经记载了阿尔戈斯战士的出色表现。[8]

正如我们所见，尽管菲冬并没有在埃吉那铸造第一枚希腊货币，但是他向阿尔戈斯的赫拉神庙供奉的金属棒（*obeliskoi*）很有可能是货物交换的媒介，是早前货币的前身。这种金属的出土与公元前8世纪末期阿尔戈斯铠甲的发现以及赫拉神庙的发掘有关。此外，我们知道公元前7世纪的时候，有人按照单位将此类金属（*drachma*）进献至赫拉神庙。可见，在伯罗奔尼撒半岛，几何时代晚期的财富是用金属作为衡量单位的。

但是，阿尔戈斯的政治力量并没有长久地维系菲冬的统治。科林斯的崛起或许是菲冬统治的一大挑战（据说科林斯的僭主统治受到了菲冬的影响）。菲冬下台后，阿尔戈斯的僭政也没有持续多久。大约在世纪末，阿尔戈斯的僭政被废除，贵族或有军事实力的寡头取而代之。

随后，阿尔戈斯确立了自己在艺术领域的地位，公元前6世纪在德尔菲竖立的两座巨大雕塑就是其表现之一，两座雕塑分别是阿尔戈斯英雄克里奥比斯（Cleobis）和比同（Biton），他们的名字由阿尔戈斯人波吕门德斯（Polymedes）标注。[9] 然而，从政治层面而言，阿尔戈斯的政府成就并不高，事实证明他们无法有效将阿尔戈利斯团结在一起，更不要说整个伯罗奔尼撒半岛。尤其是当锡西安的僭主克里斯提尼（约公元前600—前570年）逐步反对阿尔戈斯的地方霸权时，他抹去了对阿德拉斯图斯的一切崇拜。而阿尔戈斯对此予以回击，开始扩大以阿德拉斯图斯崇拜为主的尼米亚赛会的影响力。

赛会的举办与赫拉克勒斯的第一件伟业相关（击杀尼米亚狮子），最开始由坐落于阿尔戈利斯北部边界的小镇科里奥尼（Cleonae）控制，彼时该地处于阿尔戈斯的统治之下。当地的地方性节日存在较早，最早应该流行阿德拉斯图斯崇拜（或者赫拉克勒斯）。最开始，赛会只具有地方性含义。在公元前573年，提升至泛希腊赛会的级别，最终成为四大泛希腊赛会之一。阿尔戈斯的这些举措是为了回击锡西安的敌对政策。此后，尼米亚赛会隔年举行，以野芹菜枝为冠军加冕。

阿尔戈斯面临的最大问题是他们与斯巴达的交恶，这一对立根深蒂固（尽管有人持有相反的观点），对立可以追溯到公元前8世纪，到了前7世纪，形势更加严峻。据保桑尼阿斯所言，公元前560年之后，阿尔戈斯驱逐港口城市纳夫普利亚（Nauplia）的居民的行为彻底给斯巴达人敲响了警钟[10]，斯巴达人发表声明，决定保护伯罗奔尼撒其他城邦免受侵略，并于约公元前546年入侵阿尔戈利斯。

随后，冠军之战在提瑞阿提斯（Thyreatis）东海岸有争议的领土特里亚（Thyrea）发生了。根据阿尔戈斯赫拉神庙提供的说法，在这场战争中，三百位斯巴达士兵对阵三百名阿尔戈斯士兵（这种简单高效的战争方式并没有被现代战争所采用）。最终两名阿尔戈斯士兵和一名斯巴达士兵得以存活，双方都宣布自己获得了胜利，正因如此，后面的大规模全面战争难以避免。最终，在双方都承担了沉重的损失之后，斯巴达最终取得胜利，阿尔戈斯人在悲痛中剪去自己的长发，因为他们在伯罗奔尼撒至高无上的地位已经被摧毁。

但这种挫败并不是永恒的，至少并不是阿尔戈斯的各个方面都遭遇挫败，因为青铜时代的一位艺术家阿格拉达斯（Ageladas，约公元前520/512年）声名远播；萨卡达斯（Sacadas）是同一个时代中最负盛名的长笛演奏家；并且有种观点认为，纪念阿德拉斯图斯的颂歌是阿提卡悲剧的先驱。后来，由于公元前6世纪最后十年斯巴达干预雅典事务失败，阿尔戈斯的政治影响力也开始恢复。然而在约公元前494年，斯巴达国王克里奥门尼一世率兵在靠近梯林斯的阿尔戈利斯海岸登陆，随后在赛皮亚（Sepeia）之战中，六千名阿尔戈斯士兵被屠杀。

绝望的阿尔戈斯人开始动员他们的边居民和其他非公民成员，但是他们最终的失败比在特里亚遭遇的挫折更为严重，几乎一代人被毁，阿尔戈斯再也恢复不了之前的荣光了。

第2节 科林斯

科林斯位于伯罗奔尼撒半岛东北部地峡附近，掌握着与希腊大陆的交通咽喉。地峡西边是科林斯湾（连通着伊奥尼亚海和亚得里亚海），东临爱琴海海湾的萨罗尼克湾。

古代科林斯的城市中心位于科林斯卫城的山坡上。科林斯卫城位于地峡西部约6英里处，易守难攻，距离海港镇利开翁（Lechaeum）约2英里，距离萨罗尼克湾第二大的港口肯克里埃（Cenchreae）约8英里。

科林斯卫城曾经统治着面积不大但土地肥沃、人口稠密的沿海平原，自新石器时代开始，就有人居住，不过，在青铜时代晚期，海岸边的科拉库（Korakou）使之黯然失色。后者有可能是荷马史诗《伊利亚特》中提到的富饶的科林斯[11]，在希腊神话中，科林斯依赖于迈锡尼国王和不甚出名的城市的埃菲拉（Ephyra），与西西弗斯密切相关，而西西弗斯曾将死亡偷离人间，被惩罚要将一块巨石推上山顶，每每快要登顶便会滚下山去。科林斯本地另一个重要的英雄是柏勒洛丰（天马帕加索斯的骑手），他与小亚细亚的联系反映了与该地区的贸易关系。随着迈锡尼文明的逐渐瓦解，多利安人大约在公元前11世纪进入了该地区并征服了科林斯，传统而言，在阿勒提斯（Aletes）的领导之下，其后代一直占据着科林斯的统治地位。

在公元前8世纪，也许更早，科林斯通过八个邻近村庄的合并实现了城镇化，随后地峡两侧的许多其他定居点也逐渐合并，这些地方的居民十分支持这种合并带来的庇护，以求抵御该地区横行的海盗。该地区的非多利安人被贬至类似农奴的附属地位，得名"戴狗皮帽的人"。

随着几何陶出口的迅速发展，科林斯人在伊奥尼亚（亚得里亚）海上的伊萨卡岛（Ithaca）建立了定居点（约公元前800年），并在科基拉（科孚岛，再往北走的海域变得愈发狭窄）建立了殖民地（据信大约是在公元前733年发生的）。此外，还在西西里东部的叙拉古（今锡拉库扎 [Siracusa]）建立了殖民地。这些地区是在德尔菲神谕的指示下建立的，是科林斯人殖民网络的核心，通过这一网络，他们彼此之间保持着十分密切的联系。[12]

在这两个殖民地建立的时期，或者更早一点，他们还吞并了科林斯地峡的北部（麦加利德的南部），以保护他们的海上交通。在比雷乌姆地区（Piraeum，佩拉霍拉），发现了公元前8世纪的建筑遗迹，这揭示了希腊最古老的建筑历史，科林斯显然在其早期发展中起到了非常重要的作用。这是一个半圆形的结构，侧面的墙由涂过色的碎石组成（包括树枝编条和涂鸦画），屋顶由茅草覆盖，此外，房屋的整体结构还包括山墙和门廊。从早期的题献来看，这一建筑与赫拉阿卡伊亚和赫拉利墨尼亚神庙有关，神庙的庇护区就在100码之外。建筑中发现了一个简单的陶土神庙模型，大约产自公元前725年到前720年之间（由此可见这一神庙与阿尔戈斯赫拉神庙相差不多），现在这一模型得到了修复（其中不乏推测的结构）。

科林斯阿勒提斯王朝第六代国王名为巴基斯（Bacchis），其后裔统称巴基斯家族。在这个家族统治五代之后，巴基斯整个家族由于内部通婚，都声称自己是皇室成员，遂推翻了自约公元前747年开始的君主制，建立了贵族政府。在这种制度下，公民大会的成员人数不得超过两百人，并且限制在自己的家族内部，由任期制为一年的主席和八十人构成的议事会领导（其中包含八人的指导委员会）。斯特拉波认为巴基斯家族先是国王统治，然后转变成贵族统治，认为这个家族富有且辉煌，统治延续了两百余年，在不受干扰的情况下，获取了贸易的果实。[13] 巴基斯家族任命一些来自与自己同一等级的科林斯立法人员，比如菲冬（不是阿尔戈斯那位国王）和菲洛劳斯（Philolaus），来为自己的合法地位和特权辩护（菲洛劳斯对家族人数进行了立法，以保护巴基斯家族）。

古希腊史诗诗人欧墨洛斯（Eumelus），当时伯罗奔尼撒地区最负盛名的吟游诗人（公元前725年或之后），就是巴基斯家族的一员，他曾经书写了一部科林斯历史，他对一些档案和法律材料进行了创新应用，毫无疑问这种创新是为了维系自己家族的利益。他还为美塞尼亚人在提洛岛的阿波罗节庆的歌唱环节创作了一首著名的进行曲。此外，欧墨洛斯表现出了对黑海地区的兴趣，尽管此地已经被米利都人殖民，但是科林斯人仍然对此地感兴趣。

在巴基斯家族的指引下，科林斯人决心充分运用自己的地理优势。考虑到这一点，科林斯人建造了一个舰队，尽最大能力开拓自己的殖民地，正如斯特拉波说的那样，他们积极发展经济活动（大部分由客籍民和异邦人承担），并通过对地峡往来的货船收取过路费聚敛了大量的财富，按照希腊的标准而言，这些财富十分可观。

据希罗多德所言，"科林斯人对手工业者是少有偏见的"（第一章，注释29）。他们制作象牙、青铜甚至是石头的小雕塑，尤其在浇铸雕塑方面，科林斯人十分出色。老普林尼认为[14]，线条画也是由一个名叫科林塞斯（Cleanthes）的科林斯人发明的。当然还有可能是一个名叫菲洛克勒斯（Philocles）的埃及人或一个生活在埃及的希腊人发明的，也有可能是锡西安古城（科林斯西北部11英里）的人最先创作线条画。也有不少人持此后一种观点，认为最先在锡西安发现，而非科林斯。这一观点得到了传统证据的支持，就科林斯人而言，自公元前8世纪开始，从原始科林斯式陶器到科林斯式陶器，他们在生产和出口精美的陶器方面长期起到了决定性的领导作用，到公元前6世纪达到了顶峰，并一直坚持到公元前550年左右。科林斯明净的白色黏土燃烧后呈浅绿色或浅黄色，涂上一层闪亮的颜料，色泽从黑色到明亮的橙色不一，上面绘有图形轮廓（偶尔会使用不常见的雕刻技术），加以曲线和旋涡状的图案装饰。

这些陶瓶画有着东方化的特征，通过与叙利亚海岸（第六章，第4节）的商业交流，传遍了整个希腊，正如考古材料所证实的一样，公元前7世纪的前四分之一世纪的科林斯在这方面独具优势。然而，叙利亚的制陶技术，并没有被这些科林斯的艺术家借鉴，因为他们不觉得它有趣。但是后者从近东和中东地区运输到叙利亚港口的青铜、象牙雕塑以及纺织物（可惜纺织物并不能存留下来）中获取了大量的灵感，并辅以自己的改善加以创作。科林斯人喜欢描绘动物形象，比如山羊、鹿、狗、鸟和狮子（先是叙利亚后是更显眼的亚述风格），以及狮身人面像、狮鹫和怪兽，代表着不被驯服的邪恶力量包围着人类。很长一段时间以来，他们更喜欢描绘这种主题而不是描绘雅典和其他地方流行的人类场景。

经历了公元前7世纪初期和中期迅速发展后，小香水瓶和油瓶（*aryballoi*）成了科林斯陶瓶的代表，其设计精密，整体呈现出小巧细腻的特征。随后进入原始科林斯式陶器发展阶段，这时画家麦克米兰在约公元前640年创作的齐基瓶（*olpe*，油瓶，现藏于罗马伊特鲁里亚博物馆，位于朱利亚别墅）说明了创作宏大场面的可能性，而且该作品前所未有地使用了四种颜料，大胆地展示了生活在各种密切关系网中的人物形象。

在陶土本身的红色基础之上，利用黑色颜料画就的红陶黑绘陶瓶画造型更为简单，也是在同一时期在科林斯被发明的（不过这种艺术形式最后在雅典得以发扬光大）。公元前625—前620年，是科林斯式风格发展的时代[15]，尽管人物的描绘得到了改善，但是这一风格的巨大成功也促进了更为世俗化的艺术风格。

公元前7世纪晚期在塔格利塔利（Tragliatella）发现的一个破碎的伊

特鲁里亚酒罐（*oinochoe*），模仿了科林斯式风格，清楚地描绘了两个恋人的画面，这是希腊艺术中的经典场景。科林斯油瓶上还出现了女性生殖器的画面。这种设计与科林斯长久以来纵情享乐的名声相符合。这种名声很大程度上来自他们对阿芙洛狄忒的崇拜（与叙利亚的阿斯塔特—阿希特拉丝［Astarte-Astoreth］崇拜相似），在塞浦路斯，该女神更名乌拉尼亚（Urania），一如小亚细亚一般，由神庙中的神妓侍奉，这些女神能为大地带来丰产。科林斯的娼妓声名远播。[16]

公元前600年前不久，科林斯的商业地位达到巅峰，其产品遍布西方世界，对埃及的陶器、圣甲虫器物和各种护身符进行再出口，以换取西西里的小麦和伊特鲁里亚的金属。科林斯的商品不仅渗透到了巴尔干半岛的内部，还到达了小亚细亚的希腊城市，尽管一些城邦，如米利都，自己也生产了某些商品以抗衡，但是仍然不能阻止科林斯商品的发展。除此之外，科林斯自己的殖民地科基拉（奉行民主统治，因为在约公元前600年左右的铭文题献中，短短五行六音步诗歌中就提到了人民四次）成了母邦的竞争对手，在叙博塔（Sybota）之战（公元前664年或稍晚）中重创自己的母邦，据修昔底德所言，这是希腊海战的开端。直到约公元前550/540年，科林斯的商业地位被雅典人取代之后，科林斯生产、出口陶器的动力日益削弱。

科林斯最早的阿波罗神庙（后来被取代）约建立在公元前700年左右，在长度和宽度上都超越了已知之前所有的类似神庙规模。地峡附近的波塞冬圣所（Krias Vrysi）的所在地是从麦加拉手上夺来的，这一圣所建立的时间与阿波罗神庙大抵相当。经由绘制过的墙壁碎片上依稀残留着动物形象。这两个神庙的外观转变十分突然和新奇，既有纪念性建筑物的特征，也有多利安人的风格特点，代表了科林斯对希腊艺术文明的重要贡献。[17]

不久之后，这个城市就被独裁者家族所统治，这是历史材料（忽略一些夸张的传说）中已知最早的"僭主"。这一家族的创立者库普塞鲁斯取巴基斯家族而代之，在科林斯建立了自己的统治。库普塞鲁斯原本是自己家族的边缘性成员，因为尽管他的父亲艾提翁（Eetion）没有前多利安人的血统，但是其母亲拉布达（Labda，跛脚）却属于之前的巴基斯家族（该家族有多利安人血统）。库普塞鲁斯曾经担任寡头议事会的主席，这为他日后合理化自己篡夺权力奠定了基础，此外，他还用阿尔戈斯的菲冬的例子为自己辩护，并且似乎得到了菲冬的支持。此外，他向奥林匹亚和德尔菲提供了大量奉献，并因此赢得了良好的声誉，他建立的科林斯宝库是当时最古老、最富有的，并因吕底亚人的慷慨锦上添花（附录1）。

在统治了科林斯30多年之后，从约公元前658/657年到约前628年（现代学者认为这个时间应该推迟30到40年），库普塞鲁斯杀了不少巴基斯家族的成员，并将巴基斯家族的其他成员流放，将他们的土地分给自己的支持者（这一行为与整个希腊世界其他地区的流行说法一致），这些支持者不仅包括贵族阶层，更包括穷人。持有土地人口的增加意味着公民数量的增长，库普塞鲁斯或者其子（也有可能是后来的寡头统治者）将这些人以一种新的、反对贵族统治的方式分配到八个地方性部落中，切断了世代相传的胞族和部落联系。大约在同一时期，城邦的法律不再受之前的巴基斯家族左右，库普塞鲁斯开始编纂法典，修订法律。库普塞鲁斯使用 *dikaiosei* 一词，表示法律"赋予科林斯权力""给予正义"或"制定了一套规则"。

很多人认为库普塞鲁斯嗜血，但是后来的作家都给予了他温和的评价。他免去了自己身边的护卫，但是建立了一支高效的重装步兵军队作为自己的后盾，这种军队组织形式是由阿尔戈斯的菲冬首创的，并且已经经历了战场的磨炼（参见上文第1节，以及注释7）。库普塞鲁斯是否在早期就利用重装步兵以帮助自己获取统治地位是存疑的，但是无论如何，重装步兵都帮助他维系了自己的地位。约公元前640年的齐基瓶上生动地展示了一副重装步兵的战斗场景，考古发掘还发现了早期科林斯式头盔的雏形，这是重装步兵装备的一部分。库普塞鲁斯很有可能接替了阿尔戈斯的菲冬，成为重装步兵方阵最重要的雇用和使用者。重装步兵的主要构成人员主要是从事商业和农业生产的中产阶级，重装步兵是库普塞鲁斯统治的重要支柱。

幸存的巴基斯家族成员在逃离了科林斯的库普塞鲁斯的统治之后，受科基拉人庇护，但是随着科林斯占领了阿姆夫拉基亚湾（Gulf of Ambracia，现在的阿尔塔［Arta］），他们发现自己被包围了。这一行动是由统治者的三个儿子领导的，由独立的科林斯殖民地人民完成的，分别是阿姆夫拉基亚、阿纳克托里翁（Anactorium）、莱夫卡斯岛（Leucas）以及更北边的伊利里亚地区的埃庇达诺斯（Epidamnus，底拉西乌姆［Dyrrhachium］，都拉斯［Durres］）。[18] 这次向西扩张，是科林斯人留下的最重要的政治财富。在经济领域，这次行动使得科林斯的陶器得以大量传到位于希腊南部的意大利和西西里。

库普塞鲁斯的儿子佩里安德统治时期（约公元前628—前586年，大多数人更接受这一较早的定年），出口贸易持续增加，这座城邦到了最繁荣的时刻。他在地峡上建了一条拖拽船只的通道（*diolkos*），以便帮助船只通过地峡，从一片海穿越至另一片海（从而增加了通行的收入），基于肯克里埃和利开翁两个港口，他的舰队也能够同时向两片海域进发。

科林斯人至少发明了希腊战舰的一种，甚至很有可能五十桨战舰、双层桨战舰和三列桨战舰这三种主要形式的战舰都是科林斯人发明的。这些具有创新性的发明一定程度上要归功于希腊人的技术优势，但是这种发明是否是在僭主统治时期实现的仍旧存疑。但是不管怎么说，这一创新肯定在库普塞鲁斯和佩里安德建立自己的统治时发挥了重要作用。来自叙利亚和腓尼基的商人为科林斯人提供了专业知识，使得科林斯式的战舰能够正常使用。他们应该也借鉴了公元前9世纪的希腊造船经验，在早期的陶瓶画中可以看到这一点。

无论如何，由于需要在两边的海域建设海军，科林斯实现了长达几个世纪的海上霸权。在公元前700年之前，五十桨战舰的形象出现在他们的陶瓶画上，在接下来的一个世纪，这种类型的战舰成为主流。这种战舰移动速度很快，船头被尖锐的锥状的青铜撞棰（*embolos*）包裹着。五十桨战舰两边分别有24个船桨，另有两个转向桨。这实际上是一种极具威胁性的战争工具，但是因为船身太长太细，难以操控，因此并不适宜长时间航行。

公元前8世纪的双层桨战舰结合了当时最新的革命性思想。船上的24名划手坐在两排长凳上，一排在另一排之上，12个人沿着船舷坐着，12个人沿着下面的横桁坐着（通过船身的小口划船），这种设计在保障战舰移动速度不变的前提下，减少了船身的长度。图像资料显示，亚述国王塞纳克里布（Sennacherib，公元前705—前681年）的腓尼基船员已经开始驾驶这种船只了，事实证明，这种船只确实比五十桨战舰更加结实、稳固，更适合在海上航行，并且由于船身缩短，敌人能够瞄准的靶子也变小了。[19] 从修昔底德的作品中可以看出[20]，科林斯造船者阿美诺克勒斯（Ameinocles）为萨摩斯人打造的四艘船很有可能就是双层桨战舰。不过，在约公元前704年科林斯仍然被贵族政府统治的时候，或者在五十年后库普塞鲁斯接管科林斯的时候，他是否真的到过科林斯是存疑的。

修昔底德明确指出，三列桨战舰是科林斯人的发明。[21] 不过他也同样认为，这是库普塞鲁斯统治之前的发明，虽然他找到了一些证据，但是这种观点仍面临着很多挑战，因为在大约公元前525年之前，没有任何其他材料提过这种类型的战舰。当然，这两个不同时间点之间的矛盾也是可以消弭的，因为公元前7世纪的发明很有可能在前6世纪才得到广泛使用。三列桨战舰是从双层桨战舰直接发展而来的，两层都有能够容纳27个桨手的空间，加之第三层可以叠置31个桨手，每个长椅上可以坐3个人，每位桨手都负责一根船桨（而不是二三人划一支桨），通过舷外支架（*parexeresia*）进行作业。三列桨战舰配有青铜撞槌，撞槌顶端最终一分为三，每一艘三列桨战舰都配有一个甲板，以便士兵登船，一般包括14个弓箭手和4个长矛兵，另有25个小桨手长以及5名长官。

三列桨战舰牺牲了重量以换取机动性，与先行者相比，三列桨战舰在速度、撞击力和机动性方面都有所提升，故而常用于隐蔽海域的海战。此外，三列桨战舰也能用作一线战舰，或者运输军队和马匹，还可以为其他船只护航、调度。此外，三列桨战舰为海陆两栖作战提供了思路，因为它的船身轻盈，很容易吊起转移到海岸上。

但是，三列桨战舰并没有完全取代其他类型的船只，因为操作和维护三列桨战舰需要专业知识，只有科林斯（以及后来的雅典）这样富有的城邦才能够承担相应的费用。此外，三列桨战舰缺乏足够的空间，只能携带几天的粮草，甚至战舰的主帆都会在战前放置在海岸上。船只每天晚上都会靠岸，以方便船员进食睡眠。此外，且不论船桨装置和船帆，三列桨战舰的船舷很低，极易受到攻击。无论如何，科林斯的造船厂发明的三列桨战舰在接下来的很久都是海战中的决胜因素。

佩里安德毫无疑问受益于此，跻身于古希腊七贤的行列。在他统治时期，艺术具有很高的地位，故而科林斯在那个时代吸引了大量著名的诗人，其中最著名的就是阿里昂（Arion），佩里安德将他从莱斯博斯岛上的米西姆纳（Methymna）招揽至此。阿里昂身边环绕着很多传说。希罗多德认为他是第一个创作、命名并歌唱酒神颂诗的人。[22]

这些诗歌是为了纪念狄奥尼索斯而创作，佩里安德大力发展了这一崇拜，因为狄奥尼索斯有很强的号召力。原本粗糙散乱的古老歌曲，在阿里昂的手上获得了新的艺术形式和文学地位，他将它们转化成有韵律的诗歌和灵活的舞蹈，五十个男孩穿着萨提尔的服装唱唱跳跳地组成歌队，模仿着他们所扮演的角色。一些人认为，雅典的悲剧（第一章，第4节），应该起源于伯罗奔尼撒而非阿提卡，而阿里昂的成就使他被认为是戏剧这一艺术形式的先驱，甚至是创始人之一。公元前6世纪早期的科林斯瓶画上画着戴着面具的舞者（跟狄奥尼索斯崇拜有关），他们扮演着戏剧角色，也是这种观点的预兆。

佩里安德的权力使得科基拉秩序稳定，并沦为科林斯的附庸。与此同时，科林斯的殖民地在同一海岸更高处伊利里亚领土（第八章，第1节以及注释3）阿波罗尼亚（约公元前600年）建立，另一个新的殖民地建立在了波提狄亚，此地位置优越，位于马其顿的爱琴海海岸。科林斯与许多希腊城邦和其他城邦建立了同盟，其中大多数是那些独裁者领导的城邦（例如米利都，当时处于塞拉叙布鲁斯的统治之下），当然也包括雅典这样的城邦。佩里安德是一个易怒的人，自从他当上僭主（独裁者）之后，该词就一直承载了邪恶和嗜血的含义。这是因为科林斯的上层阶级记得，他对他们的压迫比他的父亲更坚决，他还杀了自己的妻子，把自己的儿子流放到科基拉。然而就是因为这种权力，给他招致了大量不满，科基拉的当权者也对此不满，因为根据希罗多德的说法，科基拉人最终处死了佩里安德之子。[23] 佩里安德的另一个儿子也在他之前去世，他的一切由他的外甥普萨美提克（Psammetichus，其得名于佩里安德的埃及同盟，普萨美提克二世）继承，不过三年后，也就是约公元前581年，他就被刺杀了。科林斯的僭主政体遂走向了终点。为了庆祝这一结局，库普塞鲁斯家族死去之人的骸骨被抛到科林斯地界之外，他们的房屋也全被夷为平地。

　　僭主政体瓦解之后，取而代之的一般是一个寡头政府，科林斯也不例外。这种情况在科林斯持续了将近两百年，因为大部分的居民收入来自地产（并通过贸易积累），他们满足于保持传统多利安城邦的保守观念，并偏好等级森严的优良秩序。尽管我们对这一政府的管理特征知之甚少，但是看上去这一政府有着狭义上的宪政基础（由*probouloi*，一个人数不多却有力的官员团体和最多八十人的议事会组成），跟原先的巴基斯贵族统治相比，对公民资格（能参与公民大会）的财产要求更为自由，因为新的政权需要放宽要求以吸引身处中产的重装步兵，他们原本是独裁政府的支持者。大约也在这一时期（约公元前581年），科林斯的一些主要家族创立了地峡赛会，以纪念寡头共和制政府的回归。

　　该赛会是为了纪念波塞冬，就在公元前7世纪的波塞冬圣所旁举行。在约公元前560/540年，同一时期科林斯阿波罗圣所的重建表明了该城邦，或者说整个伯罗奔尼撒东北地区，在多利安建筑发展过程中的领头地位。新修建筑的两端各有6根柱子，两侧各有15根（目前剩下7根），柱廊样式焕然一新，且覆有宗教崇拜图案。这一建筑物最先使用石灰石（*poros*，用红色和黑色的灰泥涂料染色）代替木头成为外部结构的支撑，并用黄色和黑色的陶瓦覆盖屋顶。这些都被认为是科林斯人的发明，另有时间稍早的位于科基拉的阿尔忒弥斯神庙,应该也是科林斯人设计并建造的。这一神庙包含雕刻过的山墙,与人们普遍认为的希腊雕塑起源于科林斯相呼应,此外,科林斯人曾经制作过各种各样的小雕塑也能说明这一点。

尽管科基拉仍存在科林斯式建筑,但是在这一时期,重新恢复的寡头制政府逐渐失去了对科基拉的控制权,后者恢复独立并与科林斯敌对。科林斯的另一个殖民地阿姆夫拉基亚也在科基拉的带领之下脱离了科林斯的掌控,由民主政府领导。不过科林斯人对其他殖民地都很友好,尤其是西部的殖民地,他们派遣了大量的艺术家和手工艺人前往这些地区,甚至远到伊特鲁里亚地区(最知名的是那些在公元前7世纪早期跟随德玛拉图斯[Demaratus]前往塔尔奎尼[Tarquinii]的人,附录3)。

科林斯还曾经发行过银币,因为银币上有柏勒洛丰的飞马帕加索斯的形象,也被称为"飞马币"或"小马币"(*poloi*)。这一钱币大概在约公元前570年发行,跟希腊大陆最早的埃吉那铸币(第二章,第6节)相比约晚了四分之一个世纪。不过科林斯的币制与埃吉那大有不同,每个德拉克马大约只有3克(似乎是根据优卑亚币制改变而成)。科林斯因其地理位置的优越性,使得其"飞马币"与埃吉那和阿提卡—优卑亚钱币一样,在地中海贸易中发挥了重要的作用。从某种意义上说,这种钱币是在约公元前575年发行的说法是自相矛盾的,因为在仅仅约四分之一个世纪甚至更短的时间之后,科林斯的陶器就失去了自己在西部的统治权,让位于雅典的商品,这一现象表明当时科林斯的贸易应该走向末路才是。但是可能由于雅典并没有自己的运输工具来承担自己的商品出口——直到公元前5世纪90年代末期,雅典还不得不向科林斯借二十艘船(以对抗埃吉那)——所以科林斯人可能通过向雅典人提供船只运输需要转运的陶器和其他商品来赚钱。

在外交政策上,科林斯的寡头政府较为小心。他们与伯罗奔尼撒半岛上实力日增的斯巴达组成了联盟(约公元前525年),以对抗阿尔戈斯。但是在公元前506年,部分科林斯将军加入了斯巴达国王克里奥门尼一世领导的远征,当他们发现克里奥门尼一世的目的是帮助希皮阿斯恢复在雅典的统治时，他们感觉到这一行动十分冒险且不受欢迎；不久之后，他们就说服了斯巴达的其他盟友，以阻止他们采取类似的行动。在科林斯寡头领导者看来，他们是在"调停"克里奥门尼和雅典之间的矛盾。这似乎是他们的专长，因为在公元前519年他们就曾经调停了雅典和忒拜之间的矛盾，在公元前491年他们还担任了叙拉古和盖拉之间的仲裁者。

尽管他们在接下来的希波战争中表现良好，但是不可否认，科林斯正在走下坡路。只不过这种下坡路是渐进的，从辉煌的过去——沃尔特·萨维奇·兰多曾说，"你已经看到了科林斯所有的美丽，所有形式的荣耀"——到公元前2世纪西顿的安提帕特（Antipater）写道："啊，科林斯，多利安的科林斯！你的辉煌去了哪里？"[24]

第3节　斯巴达

拉哥尼亚占据着伯罗奔尼撒半岛的东南部，斯巴达（拉栖代梦）是她的都城，其西为美塞尼亚，其北为阿卡迪亚，东南部地区是爱琴海海域。该地区有两座纵向的山脉绵延似屏障，西边的名为泰格特斯山（Taygetus），东边的名为帕农山（Parnon），分别终止于拉哥尼亚湾、泰纳伦（Taenarum，今马塔潘［Matapan］）和迈勒阿海角（Malea，紧挨着基西拉岛［Cythera］）。这两座山脉被一个40英里长的河谷和平原隔开，其中包括埃夫罗塔斯河（Eurotas，希腊五条常年流通的河流之一）及其支流，据此形成了和希腊其他任何地区相比更大，更肥沃，更接近自给自足的土地，这里天然物产丰富，主要农作物是大麦。

公元前2千纪的下半叶，拉哥尼亚是青铜时代中一个繁荣的迈锡尼城邦，荷马史诗中（第五章，第1节）描写到该地的君主是墨涅拉俄斯（Menelaus）。其妻子海伦，宙斯和列达之女，被特洛伊国王普里阿摩斯（Priam）之子帕里斯诱拐，这一事件被视为特洛伊战争的诱因。斯巴达的史前定居点较为稀疏，紧挨着埃夫罗塔斯平原的北端，往南就是阿米克莱

（Amyclae），这里是迈锡尼时代晚期阿波罗的爱人雅辛托斯（Hyacinthus）的圣所；往东南处行两英里就是另一个定居点铁拉普涅（Therapne），紧挨着山林水泽女神及其守护者的圣所。

一般而言，多利安人入侵拉哥尼亚应归因于赫拉克利德（赫拉克勒斯的后裔，参见第一章）尤利斯森斯（Eurysthenes）和普罗克勒斯（Procles）以及阿尔戈斯建立者忒麦努斯的兄弟阿里斯托德摩斯（Aristodemus）的孩子们。新的定居者宣称宙斯直接将斯巴达作为礼物赠予了他们，故而这里崇拜宙斯特洛派乌斯。考古证据显示大约在公元前1200—前1100年，迈锡尼文明开始因战争、瘟疫和饥荒这个三个主要原因逐渐走向凋零。随后，在公元前10世纪左右，伴随着漫长的人口迁移，第二波入侵者或者移民（还有一种理论认为，这些人口并不是外来移民，而是被压迫的原住民，集合起来反抗当时的统治者）定居在四五个村庄周围，这些地方后来变成了斯巴达的卫城，拉哥尼亚其他独立于斯巴达的地区亦是如此，不过那时整体人口仍然较少。

最早的拉哥尼亚几何陶时期（约公元前1000—前950年）遗迹发现于利姆纳伊（Limnae）村的奥尔提亚（Orthia，后被阿尔忒弥斯同化）圣所的最底层，这是新的多利安人统治时期最早的居住证据。然而，阿米克莱的原始几何陶遗迹是在献给阿波罗的圣所处发现的，其独特的风格显示了从青铜时代到后来的延续性（即使神的名称已经发生改变），这种延续性说明该地并未受到多利安人入侵的影响。

然而，目前为止并没有直接证据显示在铁拉普涅这种连续性也存在。但是这里自约公元前725年建立的三处墨涅莱翁圣所似乎表明：旧有的迈锡尼的山林水泽女神以海伦的形式复活了，女神的守护者以其兄弟狄奥斯库洛伊（Dioscuri，喀斯托尔［Castor］和波吕丢刻斯［Polydeuces，波鲁克斯］）以及其丈夫墨涅拉俄斯的形象再度出现。大约在同一时期，由泥土垒成的阿尔忒弥斯奥尔提亚的神坛被石头建造的神庙所取代，周围还筑有围墙，围墙之内发现了很多小雕像和浮雕以及象牙制品（公元前700年前后）。

在这一时期（实际上从公元前9世纪就开始了），这一地区的一些定居点逐渐合并，斯巴达形成了，修昔底德认为"这并不是村镇合并，因为大家还是在原来的村庄居住"，与此同时他指出，这里明显缺少其他希腊城邦常有的建筑特征。[25] 无论如何，斯巴达位于各大交通要道的交会点，不仅从周边平原的农产品中获利，诚如一位知名的铁匠所证实的那样，斯巴达还从丰富的铁矿资源中获利良多，希腊的铁矿并不多见，这一铁矿应该是在古风时期就投入使用了。

尽管城邦的外在样貌并没有大的进步，但是斯巴达的自然优势保证了其社会机构的稳步发展，这可以被看作古希腊大陆上最早成型的古典类型的"城邦"。当然，斯巴达的机构也有其独特之处。斯巴达的早期历史是一个晦涩难解且富有争议的问题，因为后来的作家们都因宣传需要对其政府组织和社会结构毁誉参半。提尔泰奥斯的诗歌保留了相关细节（参见下文）。一份名为"大公约"（Great Rhetra）的文件（后被认为是德尔菲神谕）也对应了这些细节，不过强调的内容有所不同，增补了很多更为保守的"附文"，普鲁塔克也曾经提及这份文件。[26] 不过目前来看并不能将"大公约"作为史料论证这一时期的历史，因为最新的研究表明，这份文件并不是公元前7世纪前中期的材料，而是公元前4世纪的发明。

同样，我们对斯巴达的制度特征也知之甚少。斯巴达应该奉行双王制，两位国王分别属于亚基亚德家族和欧里旁提德家族。这两个支系都声称自己是赫拉克勒斯的后裔。的确，虽然这把我们带回了传说和神话中，但斯巴达君主政体的起源一定非常古老，它很可能在约公元前650年或前600年之前并没有呈现出我们目前所知道的形式。两位世袭国王的权力主要集中在军事上。他们之间相互制约[27]，这是一个维系稳定的因素，但是他们通常又不得不在斯巴达的政治生活中与其他势力妥协。

这些势力包括每年选举出的五个监察官（overseers），他们从三十到六十岁的公民群体中选出，任期为一年，享有广泛的执法权、行政权和司法权。确实，监察官的权力使他们能够有效监管大多数斯巴达公民的日常生活,同时也限制了长老会(gerousia)的权力。后者据说得到了德尔菲的支持,成员包括三十名年纪都在六十岁以上的公民。

他们事先为公民大会(apella)准备议程。全体三十岁以上的斯巴达人(自由民)都是公民大会的成员。斯巴达人也被称作 homoioi,意为同胞、同辈之人,数量为九千人,他们在生活和法律上都享有相同的地位,每个人都有一定的土地(kleros)。这些斯巴达公民或曰同辈之人从古老的战士群体发展而来,共同构成了重装步兵。这支重装步兵的五个队伍(lochoi)是五个斯巴达部落(obai)的军事表现形式,这五个部落取代了原来的三个多利安人部落,许勒斯部落(Hylleis)、丢马内斯部落(Dymaneis)和潘菲罗伊部落(Pamphyloi,仅保留宗教意义)。这一新的斯巴达部队训练精良,斯巴达重装步兵方阵比希腊其他城邦更具战斗力,更令人钦佩和恐惧。这样看来,斯巴达改进了阿尔戈斯的重装步兵模式,是重装步兵发展的真正推动者。[28]

学界已经就斯巴达的长老会和公民大会的相对权力进行了长久的讨论(与雅典的情况相似),可以肯定的是,不同时期权力重心是不同的。长老会成员的权力能够阻止一些轻率的举动,此外,他们能够为公民大会提供议程,也注定能影响一些事情的发展走向。无论如何,公民大会的最终决定是有约束力的,毕竟公民大会的成员是斯巴达公民,他们为斯巴达提供了兵力,使之成为方圆数里内最强有力的城邦。这些机构之间大多数时候有着微妙的平衡,这种平衡也增强了斯巴达的实力。

亚里士多德说,很多人将斯巴达的政体看作君主制、寡头制和民主制结合的"混合政体"。[29]这三种元素中最值得注意的是最后一个的程度。将所有的斯巴达公民描述成平等公民(Equals)并不只是说说而已。当然,他们在财富收入和性格上会有差异,但是在法律和社会地位上是平等的,与希腊其他城邦一样。在这个公民集体中,每一个成员都有超越任何个体和团体权力之上的合法权益(和义务)。[30]因此,从基本平等来看,仅仅就其公民而言,斯巴达有着希腊人中或者说全世界最民主的制度。

同样,与希腊其他城邦一样,斯巴达仅将公民身份授予极少一部分成员。在斯巴达，妇女和奴隶是被公民团体排除在外的。不仅如此，还有一部分人不属于斯巴达公民，他们既不是奴隶也不是公民，而是存在于两者之间。这其中就包括无数的边居民，他们生活在自己原先的城邦中，但是放弃了独立地位。边居民一般从事商业、手工业和航海业，这些是斯巴达公民几乎不涉足的。在特定的时候，边居民也会在重装步兵方阵中服役，不过即使这样他们也没有资格成为斯巴达公民。此外，边居民之下还有黑劳士，他们（其他城邦也有与之类似的群体，第一章，注释61）生活得如农奴一般，他们归斯巴达公民所有，并向斯巴达公民定期支付粮食收成一半的贡金，上缴贡金之后他们可以免去被卖掉的命运。有人认为边居民和黑劳士都起源于前多利安时期，不过这种说法并不完全正确。

尽管无法重建这一复杂体系的演进过程（学界已进行过不少尝试），但是军事冲突显然加速了这一进程。这些冲突与拉哥尼亚的西邻美塞尼亚有关，后者在青铜时代（由皮洛斯领导）结束后被克瑞斯丰忒斯（Cresphontes）领导的多利安人占领，克瑞斯丰忒斯是传说中斯巴达建立者的舅舅，而美塞尼亚被占领之后始终独立于斯巴达。不过在第一次美塞尼亚战争（约公元前740/730—前720/710年）后，斯巴达几乎征服了美塞尼亚，并让被征服的美塞尼亚人和其治下的黑劳士混居一处。

土地面积的大幅度增加使斯巴达的农业得以迅速发展。除此之外，斯巴达的对外贸易和殖民也有一定程度的发展，不过现在留下的证据并不多，其中一个值得注意的例子是公元前706年，斯巴达人在东南意大利的塔拉兹（又名塔兰图姆［Tarentum］，今塔兰托［Taranto］）建立了殖民地。人们说这个殖民地的建立者是塔特尼亚人，他们是斯巴达男人外出打仗时斯巴达妇女和边居民或黑劳士生出的孩子，然而这个故事可能是虚构的（或许是为了解释某些地名），事实上，这些殖民者很可能是当时斯巴达政府的反对者（或许不满于当时对美塞尼亚土地的分配），尽管有劳动能力的男性成员对城邦来说十分重要，但是，斯巴达仍然选择抛弃他们。在约公元前669年，斯巴达人在与海西亚的一支精锐部队的交锋中损失严重，这种人力资源的短缺问题变得更为突出。在阿尔戈斯的煽动下，第二次美塞尼亚战争爆发（约公元前650—前620年？），美塞尼亚的领导人阿里斯托梅诺斯成为斯巴达之劲敌，不过斯巴达成功粉碎了这一反抗，完成了对伯罗奔尼撒半岛西南部的征服。也许就是为了应对这一危机，斯巴达的重装步兵吸纳了边居民，规模和素质都达到了较高水平。

然而，在获得尚武好战的消极名声之前，在约公元前700年到前550年之间，早期的斯巴达不仅大量进口奢侈品，自己在艺术方面的成就也很高。这些成就包括青铜制品、象牙雕刻、红陶小像和陶瓶器具。此外，斯巴达还是希腊合唱诗歌和音乐中心，这类艺术在多利安人的土地上蓬勃发展，公元前7世纪斯巴达有至少两个学园是其代表。

挽歌体诗人提尔泰奥斯就是其中一个学园的领导者，他盛名远播，很多城邦后来都抢着将之视为自己的公民，但事实上他应该就是斯巴达人，他用史诗语言创作战歌，增加了很多多利安元素，以期能够在第二次美塞尼亚战争这样危急的时刻凝聚并鼓舞斯巴达人。根据德尔菲神谕的说法，提尔泰奥斯曾经担任将军，如前文所述，他曾记录了斯巴达的基本政治框架。他的作品后来被收集整理并以当时最流行的口号"*Eunomia*"（法律与秩序、优良政体）为名。这些诗歌取代了《伊利亚特》中的个人英雄主义，称赞了优良秩序下的重装步兵方阵及其公民道德，颂扬了肩并肩的小组作战方式。在列举了一系列诸如贵族血脉、俊朗外表、身强体健、善于辩论等个人优点之外，诗人得出结论，他认为男子气概最有效的保障是面对敌人时展现出的勇气。

与提尔泰奥斯一样，阿尔克曼在合唱诗歌的发展进程中起到了重要作用。他幸存下来的最重要的片段包括"少女歌"（*Partheneion*），歌唱少女的宗教入教仪式，在斯巴达最重要的节日中，由十个人在黎明前向女神歌唱并献舞。作品的氛围是欢快的，诗人松弛的诗歌结构与少女歌者的对话相呼应。阿尔克曼也曾创作爱情诗，诗歌关于"一个目光如水的女孩，眼神比熟睡和死亡更能打动人"，他也得到了爱情诗之父的美名。自然之美也同样吸引着他，因此他对宁静的乡村生活的观察着魔且动人，这在几个世纪以来前所未有。阿尔克曼对年老感到悲伤，因为他不能再跳舞，也没有像翠鸟一样的伴侣，能够携之渡过海浪。

特尔潘德（Terpander）出生于莱斯博斯岛上的安提萨（Antissa），也在公元前7世纪中期的斯巴达工作。目前留下且归于特尔潘德的残篇真实性有待考察，但是他的确创造了一种"固定套路"（nomoi），并将自己和荷马的诗歌放在这一类型的音乐中演奏。这种类型的音乐由吕拉琴演奏，而西塞拉琴和福尔明科斯琴是之前荷马史诗朗诵时常见的伴奏乐器，吕拉琴比后两者更为精细。另一个名为萨勒塔斯的诗人也是一位立法者，他后来从斯巴达移居克里特岛的格尔蒂（Gortyna）。在公元前6世纪，希梅拉的斯特西克鲁斯和麦加拉的泰奥格尼斯都生活在斯巴达。

阿尔忒弥斯奥尔提亚圣所在约公元前570年重建。斯巴达的陶工和画家借鉴科林斯的风格，加以自己的独创性，制造出了高品质的商品陶器，比如公元前600年左右的由黑色和紫色鱼形图案装饰的杯子以及昔兰尼君主阿尔克西拉乌斯二世指挥着装满羊毛的船只的图案，都能显示这一点。萨摩斯的特奥多罗斯（Theodorus）和迈安德河附近的马格尼西亚的巴修克勒斯是希腊雕塑的领军人物，他们都在斯巴达工作，他们制作的青铜雕塑留存至今。（关于维克斯双耳喷口瓶［青铜碗］来自斯巴达的可能性，参见下文，第七章，注释75。）

然而，在取得以上成就的时候，斯巴达的公民教育（agoge）已经初具规模并开始发挥作用，这种公民教育的本质简单却又复杂，公社式的集权社会—军事制度是斯巴达闻名远近的基础。这一体系与萨勒塔斯的同时代者吕库古密切相关，不过古代世界的作家一般将之视为神话人物。作为"立法者"他如英雄般受到了崇拜（很多英雄本身就是神），据说德尔菲神谕所也不知道他本身是人还是神。

斯巴达公民教育制度具体的设立日期备受争议，公元前700/600年左右是一个合理的推测。正如色诺芬和普鲁塔克所描述的那样，这一公民教育具有原始特征,并且与世界上其他地区的战士部落有相似的习俗。值得注意的是,这一制度与希腊世界的其他地区并驾齐驱,比如克里特人,他们有与斯巴达相似的习俗。但并不是所有古代社会都能接受这一制度[31],当然共同的原始起源可能会导致一些相似性。这种残酷的制度可能在多利安人时期就已经在斯巴达存在了。在第二次美塞尼亚战争期间或之后,这一纪律可能更加严明,并在所有斯巴达人中推行。这些危机给社会和政治结构带来了沉重压力,促生了情报机构的产生,其中就包括克里普提(*krypteia*),这一斯巴达最为知名的秘密警察系统。这一秘密警察制度已经成为斯巴达人公民教育的重要组成部分,因为黑劳士是斯巴达公民人口的六倍,具有潜在的威胁。

每一个斯巴达新生儿都在出生之后不久接受检验,长老们会将身有残疾和虚弱的孩子扔下山崖。与其他强调家庭(*oikos*)的希腊城邦不同,这些通过了长老检验的斯巴达小孩会在大约七八岁时被带离父母身边,由一个年长的斯巴达人带领,开始过群体生活(就像牛群或者马群一样,需要驯养)。到了十三岁时,他们又开始过另一种群居生活,在接下来的十四年中(按带有古风特色的纪年划分)他们在城邦的统治和指导下,本性日益冷酷。

这些训练的细节得以保留。没有任何一个城邦会像斯巴达一样将未成年的斯巴达人从家庭生活和亲属关系中剥离出来。他们被收编进小队(*bua*),组成部队(*ila*),每一个小队由一位指挥员(*eiren*)指挥,该指挥员受指挥官(*paidonomos*)领导。等到这些少年到了二十岁,就有资格担任指挥员了,但是这时候他们还没有完整的斯巴达公民权。或许是在这一时期,他们就有资格参加斯巴达知名的共餐会(*pheiditia*, *sussitia*)了,这是整个斯巴达社会和军事组织的基础。每一个共餐会都由十五人组成,一张反对票即可否定或推迟选举。共餐会提供的食物(包括一种羊内脏)是收费的,每一个成员都需要承担相应的费用,若不能够缴纳费用(或因此未能完成训练),则其社会地位会受到影响,甚至丧失一些政治权力。

到了三十岁,他们就可以参加公民大会了,但他们还是过着集体生活。这些沉默寡言(Laconic)、服从命令且有些冷酷的年轻人除了训练、运动和打仗以外几乎没有任何工作。他们与同伴一起生活一起战斗，陷在这种程式化、单轨、凝聚力很强的部队式生活中，唯一目的是城邦的利益和生存，这把他们打造成了希腊最出色的士兵。

不过，这种生活模式不可避免地造成了特殊的同性恋现象。在希腊其他地方，爱者（erastes）和被爱者（eromenos）之间的关系是公认的。但是在斯巴达，爱者的关系更为正式，因为他要为被爱者的表现和行为负责[32]，色诺芬将之称作"最好的教育形式"[33]。不过令人惊讶的是，色诺芬随后补充到，两人之间的任何肉体关系都是非法的。这一说法很明显是从斯巴达传出来的[34]，可能是为了合理化这种看似不寻常的传统，但这种规定在实践中并没有被遵循，斯巴达的同性伴侣也并没有如忒拜那样专一。

尽管同性恋在一段时间内风行，但是斯巴达人大多在二十岁左右就会结婚（较晚于希腊其他地方）。单身汉会遭到嘲笑，甚至不能享受完整的法律权益。斯巴达公民的军营生活意味着斯巴达女性有更多独处的时间，因而她们享受着其他城邦女性难以企及的自由。她们也脱离了珠宝、化妆品、香料和华服的束缚。他们的婚礼也令人吃惊。习俗上，斯巴达新娘会剪去自己的长发，换上男子服饰，随后被抬到坚硬的床板上，独自留在房间。新郎随后进入房间，与新娘发生关系之后恢复到军营生活。[35] 此后，这对夫妻只能悄悄见面，直到第一个孩子问世。

除了这种不寻常的现象——象征着一种全是男性关系的家庭社会——斯巴达妇女的待遇极好，因为在城邦面临无休止的战争时，她们也担任起了抚养斯巴达儿童的重要角色，应该得到像父亲一样的尊重。因此她们像男人一样，可以参加体育训练，是不是裸体参与尚未可知，她们也可以从事音乐活动，但是避免了从事希腊其他城邦流行的家庭杂务、纺织和刺绣等活动。雅典人认为这种自由是羞耻的，并批评了开叉露出大腿的斯巴达妇女的装束（peplos）。

斯巴达妇女还享有充足的财产权、婚姻自由，有权嫁给自己喜欢的人，婚后没有法律能过度限制妻子的权力，丈夫不在时，她们能够代夫行事，可以自由发表言论，甚至可以分享丈夫并拥有其他恋人。（在她们的丈夫老了的时候，她们的恋人可以是年少男子，当她们的丈夫随军出行时，可以与黑劳士成为恋人，这从塔拉兹的建城神话中可窥一二。）由于维持和提高斯巴达人出生率的迫切性，这种媾和并非不可能。

除了这种令人不喜的婚礼仪式，斯巴达纪律严明的体系还是让女性有所收益的，不过这也阻碍了斯巴达的发展。尤其是城邦本身古老和自给自足的习俗使得其在经济和财政方面落后于希腊其他城邦。在货币引入斯巴达之前，铁作为最初的粗略计量单位——就像阿尔戈斯和其他希腊城邦一样——在斯巴达仍有一席之地（一直持续到公元前4世纪）。[36] 铁是在泰格特斯山和帕农山的山嘴开采的，由于会导致腐败，所以白银是禁止开采的，贸易以以物易物的方式进行。最终（并非立即）这种对古风的坚持以及社会和教育系统中裹挟的较为狭隘的态度，不仅导致了金属提纯工艺的下降，还导致了文学和视觉艺术的衰落（不过在公元前500年之后，一流的青铜制品仍在持续创作）。

整个公元前6世纪见证了斯巴达严格的公民教育的发展，也是斯巴达迈进国际关系的时代。以上很多事情的发展都可以归功于奇隆（Chilon），他后来被归于古希腊七贤，奇隆是最知名的监察官，事实上，他做了很多事来塑造或重塑监察官这一职务，以平衡对抗双王制。

在边境战争中，斯巴达整体上是成功的。[37] 但是阿卡迪亚的帖该亚（Tegea）战胜了他们（公元前590/580年），因此在休战期间，他们将注意力转向了政治宣传，他们悄悄地在帖该亚的土地上挖掘，并转移了一副较大的人体骨架，他们声称这是神话中阿伽门农之子俄瑞斯忒斯（Orestes）的骸骨，在那个时代，他是整个伯罗奔尼撒半岛的主人。随后，斯巴达人声称自己不仅领导并支持多利安人，也领导非多利安人（以阿凯亚人俄瑞斯忒斯为代表），就此斯巴达扭转了局势。然而他们没有选择占领对方的领土，而是结成了防御性联盟。这是新政策的实施的标志（德尔菲神谕也对此表示支持），这一政策的目的是解放所有被僭主统治的希腊城邦，尤其是阿尔戈斯，他们已经统治伯罗奔尼撒半岛太久，是一个危险的对手。

事实证明，这种宣传方式是成功的，到该世纪中期，在与吕底亚国王克洛伊索斯（Croesus）建立友好关系之后（附录1），斯巴达建立了强大的军事和城邦联盟。今天我们将这个联盟称为"伯罗奔尼撒联盟"。但是，由于这个联盟由斯巴达公民大会和各个同盟城邦的代表大会领导，所以古代对这一同盟更确切的表述是"拉栖代梦人（斯巴达人）及其同盟"。[38] 斯巴达人在其他城邦推翻僭主统治的行为受到称赞，在斯巴达及其同盟的主导下，很多城邦的僭主制度被推翻，这导致了较为友好的寡头制度的广泛建立。有了这些城邦的衷心拥护，斯巴达在公元前546年已经准备好进攻阿尔戈利斯，在经历了特里亚没有结果的冠军之战后（每方选出三百人，参见本章第1节），重装步兵的决战上演，斯巴达最终取得了胜利。这次胜利确保了他们一代人的疆土，将其边境拓展至基西拉岛，斯巴达也借此成为希腊世界的主导力量，远远超过其人口数量所能保证的范围。

这些激进冒险的政策都是亚基亚德家族的斯巴达国王克里奥门尼一世（约公元前519—前490年）施行的，他为人机敏，奉行强有力的统治和暴力不外交的政策。克里奥门尼声称自己像奇隆一样"是阿凯亚人而非多利安人"，试图据此将斯巴达的统治范围拓展至伯罗奔尼撒半岛和科林斯地峡之外，为了达成这一目标，他将雅典的僭主希皮阿斯驱逐（公元前510年）。但是他随后三次试图在那里建立起一个亲斯巴达的政权，包括与卡尔基斯和波奥提亚的合作（公元前507—前506年），这些尝试都失败了，因为另一个国王德玛拉图斯受到科林斯人的唆使，加以阻挠。接下来，阿尔戈斯在休养生息之后试图报复。不过，斯巴达在梯林斯附近的赛皮亚取得一次完整的胜利之后（约公元前494年），标志着两个城邦之间形成了长久的对抗关系。因此，尽管克里奥门尼一世的统治历经种种沧桑，整体而言，他的诸多伟大事迹都促进了斯巴达的发展。

但是克里奥门尼一世没有子嗣继承自己的伟业，这使他陷于不利的地位，在公元前490/488年，他走向了不幸的结局。最开始，他试图就埃吉那

（第二章，第6节）的亲米底（或曰亲波斯）态度惩罚他们，这也是他第一次感受到波斯的威胁，不过这一尝试也被德玛拉图斯所阻挠。随后，克里奥门尼说服（有人说是贿赂）了德尔菲神谕，宣布德玛拉图斯违法，并将其免职，随后与新国王列奥图奇达斯（Leotychidas）一起逮捕了埃吉那的亲波斯领导人。后来克里奥门尼的阴谋被识破①，为躲避政敌他逃往阿卡迪亚，后又以此为根据地试图反攻自己的母邦。阴谋失败之后，克里奥门尼被召回斯巴达，被自己的家人送进监狱，并于狱中自杀身亡。

尽管这些事发生在本书限定的时间范围之外，但是其实这些后来的事件与克里奥门尼早期的统治息息相关，因为根据希罗多德的说法，大家都认为克里奥门尼有精神疾病。[39] 历史学家对这位国王的叙述显然并不公正（过于依赖其同父异母兄弟的观点，而后者憎恨他，并认为他是入侵者），斯巴达人认为这位国王丧失理智的原因是斯基泰（Scythia）使节教他喝不兑水的酒，这个观点并不一定是真的。但是，接受他精神上的不稳定状态确实有助于解释他统治时期的一些摇摆，他的非凡才华给他带来了比斯巴达历任统治者都强大的权力。

第4节 锡西安

锡西安（Sicyon，希腊文原意是黄瓜）位于科林斯西北约11英里处，立于两座高原脚下的一块三角形高地上，此处是阿索普斯河（Asopus）和赫里孙河（Helisson）的两个峡谷交汇处。其中一个高原是锡西安的卫城所在地。锡西安自青铜时代晚期就有人居住，锡西安在《伊利亚特》中依附于迈锡尼国王阿伽门农。[40] 根据另一个传说，这里是阿德拉斯图斯被驱逐出阿尔戈斯后的避难之处。据说，在返回阿尔戈斯之前，他已在那里与波吕波斯（Polybus）会合，娶了波吕波斯的女儿，并继承了他的王位。[41] 锡西安人保

---

① 设计陷害前任国王德玛拉图斯的阴谋被曝光。

留了对阿德拉斯图斯的崇拜。

据说，在迈锡尼文明衰落之后，多利安人治下的阿尔戈斯的领导人，忒麦努斯之子法尔克斯（Phalces）重建了该城邦，最开始锡西安也依附于阿尔戈斯。除了我们经常说的三个多利安人部落——许勒斯、丢马内斯和潘菲罗伊之外，该地也存在农奴（与斯巴达的黑劳士相似），他们被称为"持棍者"（Korynephoroi）或"羊皮斗篷缝制工"（Kato-nakophoroi）[42]，其中很多人都是早期该地居民的后裔。多利安人统治时期城邦的第一个居住中心尚未发掘，古老的海港已经消失。锡西安拥有广阔而富饶的土地，以水果和蔬菜而闻名。这里最古老的王室曾经一度被寡头政权所取代，在约公元前655年（就像在科林斯那样，较晚的定年似乎是不可接受的），独裁政权复辟，此后僭主统治了一个世纪，这比其他任何已知的独裁政权都要长。这个王朝的创立者奥塔戈拉斯在被任命为将军之后，于边境战争中大胜一场，遂取得城邦控制权。根据亚里士多德的说法，他所实行的政策温和近乎宪政[43]，所行之事几乎与僭主之名相反。在他统治时期，他的兄弟麦荣（Myron）一世在公元前648年举行的奥林匹亚运动会上取得了马车比赛的胜利，并以"麦荣以及锡西安居民"之名献礼。奥塔戈拉斯之子及其继承人是麦荣二世，他被自己的兄弟伊索达姆斯（Isodamus）所杀。

锡西安最著名的独裁者是麦荣二世的外甥，好战但又多才多艺的克里斯提尼（约公元前600—前570年）。第一次神圣战争（约公元前595—前583年）因德尔菲和基拉（Cirrha）之间冲突而爆发，克里斯提尼在基拉的毁灭中发挥了领导作用，故而受到了德尔菲的重视。他在皮提亚和奥林匹亚赛会上都获得了马车比赛的冠军，在公元前576年（？）他邀请来自希腊各地的求婚者争相向他的女儿阿佳丽思特（Agariste）展开追求。这一活动让人联想到荷马传统中的政治礼物交换和宾客之谊，而阿佳丽思特的求婚者之多、地位之高也显示了克里斯提尼的国际声誉之高和人脉之广。他们中一部分人来自希腊西北部和意大利南部，这表明锡西安虽然没有建立自己的殖民地，但是仍然有心获得科林斯西部贸易的一部分份额，且这一目的取得了一些暂时的成功。不过，阿佳丽思特后来嫁给了雅典阿尔克迈翁家族继任的领导人麦加克勒斯（他们的孩子就是雅典著名的政治家克里斯提尼，参见第二章，第5节）。

据说锡西安的克里斯提尼给自己城邦中的三个多利安人部落起了三个有些许冒犯的新名字，或者说是绰号，分别为皮基特斯、阿斯特斯以及斯文尼特斯。[44]不过这个传说真实性存疑。的确，他对温和自由的（多利安人）贵族和有钱人的喜爱和支持并没有延续多久。正如传言说的那样，作为一个像奥塔戈拉斯那样的"守法"统治者，他并不会想得罪占锡西安人口大多数的多利安人。这一传言看起来像后世敌对者的讽刺作品对事实的歪曲。事实上，克里斯提尼可能只是想给这三个传统部落冠以新的名字，改变原来的多利安传统，而非想贬损多利安人。或许也就是在这一时期，埃加勒斯（Aegialeis，海岸之人）部落形成，其中包括一些像黑劳士一样的非多利安人农奴，他们的祖先被最初的移民征服。

克里斯提尼对阿尔戈斯的敌意是这些举措的原因。受到这种敌意的影响，他废除了锡西安内对阿尔戈斯英雄阿德拉斯图斯的崇拜，该英雄曾因寻求庇护进入锡西安，取而代之的是对另一个英雄麦拉尼珀斯（Melanippus）的崇拜，他是忒拜人，是神话中阿德拉斯图斯的一生之敌。

同样出于打压阿尔戈斯的目的，克里斯提尼改变了锡西安原本为狄奥尼索斯崇拜而举行的"悲剧合唱歌"这一主要宗教仪式，这一改变也断绝了阿德拉斯图斯在表演中出现的可能性，他的崇拜业已被废。[45]几个比较权威的文学传统都认为古希腊悲剧起源于伯罗奔尼撒半岛的科林斯（参见上文第2节），与狄奥尼索斯有密切的关系。不过，也有人支持锡西安才是起源地[46]，公元前6世纪该地就流行诵读荷马史诗，当地的陶瓶画也描绘着与戏剧相关的场景，不过这一点在科林斯也存在。后来的作家曾经提到过一位名叫埃皮格涅斯（Epigenes）的锡西安悲剧诗人（据说他曾受指责，因为引入了无关的主题而玷污了狄奥尼索斯崇拜）。[47]事实上，锡西安最大的贡献可能是将合唱歌提升到了艺术高度。

锡西安人还有可能在雕塑艺术上独树一帜，不过我们的主要证据还是文献材料。根据老普林尼和保桑尼阿斯的观点，克里特著名的雕塑家代达罗斯的后代狄派诺斯和斯库里斯曾移居大陆并且在锡西安建立了学校（约公元前580—前577年？），使得锡西安长久以来成了这一艺术的发源地。[48] 他们招收了很多伯罗奔尼撒地区的人做学徒（后来都很有名），他们两个是最先在大理石雕塑上留名的人。他们的作品特征可以在德尔菲的锡西安宝库中找到，那里墙面浮雕上的人物尽管姿态有些僵硬，衣服也没什么褶皱，但是排列结构十分大胆。

当克里斯提尼就驱逐阿德拉斯图斯一事请求德尔菲神谕的时候，他并没有得到积极的回应，因为德尔菲认为阿德拉斯图斯曾经是锡西安的国王，而克里斯提尼本身只是一个掷石者①。如果这真是德尔菲的官方回应，那这说明德尔菲并没有因为这位君主曾经进献的大量礼物而说好话，这要么说明他们厌恶他对整个科林斯湾附近交流的控制，要么他们发现这位独裁者时日无多，例如在埃皮道鲁斯和科林斯，他们的统治就已经被推翻了。锡西安不久之后确实发生了同样的事情，在公元前555年，他们的统治者埃斯基尼斯（Aeschines）因斯巴达的干预而被罢免，所有克里斯提尼家族的成员都被放逐。在德尔菲对僭政的谴责中，新的寡头政府建立起来了。

在政治领域，锡西安不能取得太多成就，因为它离科林斯及其卫城太近，而后者占据压倒性的实力。

然而在艺术领域，情况却截然不同。在公元前530年左右，皮特萨（Pitsa）附近的洞穴中发现了一些木片（木版画），这让人想起了希腊世界流传已久的一个说法，即绘画的出现应该归功于科林斯或者锡西安，线条画也是由这两个城邦之一的人率先创作的。[49] 当然这类艺术真正的"发明"应该更早，但是皮特萨发现的木版画仍然值得关注。木板上描绘的是宗教场景和游行队伍以及女性的交谈。精美绘制且设计和谐，它们描绘的颜色范围比

---

① 掷石者，λευστήρ，原意是投掷石头致人死亡的刽子手。

彩陶上所能看到的范围更广，有红色、棕色、蓝色、黑色、白色。因此，它们对锡西安在艺术发展中消失的一笔投下一道孤立却恰当的光线。或者这些木版画应该算作科林斯人的成就而非锡西安？毕竟虽然这些木版画是在锡西安境内发现的，却是献给科林斯的山林水泽女神的，且木板上有科林斯字母刻写的铭文。

但是，至少在另一个领域，锡西安可以与科林斯抗衡。在青铜制品方面，锡西安的成就在公元前6世纪末卡纳克斯（Canachus）的杰作中达到了顶峰，这一杰作就是小亚细亚西部的迪迪马的阿波罗菲乐苏斯雕塑。

第5节 麦加拉

麦加拉坐落于狭长而又肥沃的"白色平原"（White Plain）中，这里是麦加利德唯一的低地。这一地区是科林斯地峡北部的重要陆地（虽然将之放在这一章描述，但是严格意义上这里并不是伯罗奔尼撒半岛的主要组成部分）。麦加拉西部有一个位于科林斯地峡附近的派伽港口（Pegae），另一个更为方便开阔的港口尼赛亚位于西边爱琴海上的萨罗尼克湾。

麦加拉在青铜时代就已经存在了，是希腊为数不多的拥有希腊名字的城邦，意为"大房子"。根据神话传统，此地属于英雄阿尔卡托斯（Alcathous，受到阿波罗的帮助），后来属于雅典（雅典人是如此声称的）。据说雅典英雄忒修斯就是在连接这两个城邦的格拉尼亚（Geraneia）山关隘的司奇隆（Sciron）地区附近杀死了一个强盗，因此该地区被称为司奇隆岩。

多利安人移民麦加拉，可能是经由阿尔戈斯到达的，分为常见的三个部落，这使得之前的原住民沦为农奴，并定居在三个村庄中（或者一组村庄中），所以麦加拉的地名一直用复数，据说这两帮人相互对抗，但是也保持着相应的规矩礼数。在约公元前750年，就政治组织而言，这些村庄合并成城市。[50] 三个传统的多利安部落在某个时间段被五个相应的部落取代，这可能与该地的地形相关，也可能引入了某些前多利安元素。这些新的部落任命了五位将军（先是区分了将军与国王的权力，后来国王就消失了），并选出了一些官员（*demiourgoi*）。每一个部落都要提供一支武装力量，这些力量造就了麦加拉在早期希腊的领先地位。

得益于靠近地峡这一得天独厚的条件，麦加拉与科林斯一样，为希腊东西方之间的贸易提供了通道。麦加拉人的羊毛产业发达，以生产斗篷闻名。但是最重要的是他们并不满足生活在不到180平方英里的狭小领土里，所以他们也在古希腊的殖民活动中发挥了先锋作用。正因为这一活动，麦加拉才跻身于那个时代最重要的希腊地区之一。

最早的希腊人在西西里岛定居不久，麦加拉人就在该岛东海岸建立了麦加拉修布莱亚（Megara Hyblaea）殖民地。有人指出，在某一个时间点，一般认为是公元前728年，麦加拉曾是科林斯的属地，如果这个时间序列是正确的，那毫无疑问这归功于这一先决条件（该殖民地与科林斯在叙拉古建立殖民地的时间差不多）。麦加拉的人口从未超过四万，如果没有外部帮助，是很难管理这样的殖民事业的。据修昔底德所言[51]，到西西里移民的麦加拉人经历了连续两三次错误的开始，导致几个原址被废弃。最终，当地的西库尔（Sicel）国王修布隆（Hyblon）将海岸之地赠予麦加拉人，所以麦加拉将这个殖民地称为麦加拉修布莱亚。这个地方没有防御能力，只能与当地合作寻求帮助。但是这个地方有水源，有可以充当小港口的海岸，以及4英里宽、9英里长的沿海平原。考古发掘显示，在麦加拉修布莱亚建立之初就有一定的规划，不过这种规划并不像米利都的希波达摩斯（Hippodamus）城市一样呈网格状结构。当地发掘出很多陶器，有一些是当地生产的，还有一些是进口的，这些器物见证了这里曾经的辉煌繁荣。

不过，随后麦加拉人将他们的殖民活动从西部转移到了东北部，这最终导致了更具影响力、更加轰动的效果。这种转移可能源自麦加拉与科林斯关系的恶化。大约在公元前740年，其军队就进入了麦加利德，占领了南部地区，其中包括比雷乌姆（佩拉霍拉）。在阿尔戈斯或埃吉那的支持之下，麦加拉人在奥西普斯（Orsippus，奥林匹克运动会第一位裸体赛跑冠军）的带领下，大约于公元前720年重新获取了部分领土，但是到了大约公元前700年，科林斯又重新建立起了在该地区的统治。对于非常依赖养羊和生产羊毛制品的麦加拉人来说，丧失土地是一个非常严重的打击。更何况此时科林斯威胁要将他们赶出西部市场。

结果就是麦加拉将注意力转向色雷斯的博斯普鲁斯海峡（或许受到米利都的支持），该地渔产丰富，当金枪鱼从黑海向地中海迁移的时候，很容易被捕获，而且该地是黑海地区粮食进入希腊的必经之路。第一个在该地建立起来的殖民地可能是比提尼亚（Bithynia）的迦克墩（卡德柯伊[Kadiköy]），该地位于博斯普鲁斯海峡南岸，建立时间约为公元前685年。几年之后，大概是公元前668年、前659年和前657年另一波麦加拉人在海岸对面的拜占庭定居，当然这波移民还包括其他城邦的公民。在建立拜占庭之前，麦加拉人就已经在更西边的锡里布里亚（Selymbria）建立了殖民地，另一个名为阿斯塔克斯（Astacus）的殖民地可能是由麦加拉在迦克墩的殖民建立的。尽管这些殖民地与母邦的关系并不明确，但是这些殖民地的建立导致了麦加拉的统治者们开始将博斯普鲁斯海峡，以及马尔马拉海东端视为自己的属地，所以他们试图阻止萨摩斯人在佩林索斯（Perinthus）建立殖民地，不过他们并未成功（公元前602年）（关于这些殖民者，参见第八章，第2节）。

同时，在公元前7世纪下半叶（约公元前640—前620年？），麦加拉贵族之间的纷争为僭主塞阿戈奈斯上台提供了条件。据说在为政变做准备的时候，他"杀了富人在河边放牧的牛"，故而赢得了穷人的支持。[52] 但是，他很有可能并不是伟大的人民或者民主的支持者，而是空降的多利安贵族，以上只是他吸引民众支持的一种手段，如果这个故事中有真实的部分，那就是他有选择地杀了政敌的牛群，因为全面屠杀会导致社会危机。

就此，塞阿戈奈斯成了伯罗奔尼撒东北部地区特有的僭主集体的一员。为了赢得人们的爱戴，他建造了喷泉和水渠，并将自己的女儿嫁给了一位名叫库伦的颇具影响力的雅典贵族，他试图在麦加拉人的帮助之下成为雅典僭主。不过这一政变失败了，但是尽管如此，麦加拉人还是利用了雅典的内乱，从埃吉那（后来据说是从雅典人那里）手里夺取了萨拉米斯岛，以弥补他们在科林斯手中失去的资源和贸易。

但是后来，塞阿戈奈斯被寡头驱逐，与旧有贵族赖以生存的方式不同，这些寡头的力量建立在羊毛制品出口上。但随后，寡头的统治又被较贫穷的下层人民推翻。普鲁塔克将这一政体称为"激进民主"是不合适的，不过它的确显示出了激进的趋势。麦加拉这时候新出了一个规定，要求债权人取消所有债务人的债务，再次参考普鲁塔克的说法，我们可以发现这里的危机与梭伦后来在雅典遇到的危机是相对应的，这使得普鲁塔克的说法更具说服性。但是毫无疑问，这种要求是富人阶层难以接受的，这一民主政府的生命是短暂的，寡头很快重新掌权。在古代作家眼中，这一系列的变动是内战（*stasis*）最早的例子，富人和穷人之间的战争（或者说贵族群体与剩余之人的冲突）在希腊历史中扮演着重要角色。[53]

麦加拉的泰奥格尼斯留下了一千四百余行诗歌（他后来成为麦加拉修布莱亚的公民），照亮了这段内乱动荡时期的历史。不过这些诗歌也包括一些后来作家的作品。其中仍有不少是泰奥格尼斯自己创作的，他使用的是更广为人知的伊奥尼亚方言而非其母邦使用的多利安方言。这些诗句由长笛伴奏，在贵族酒宴（*hetaireiai*）上演出。

泰奥格尼斯的诗作优雅，比喻大胆生动，作为一个极端保守者，他坚决支持贵族的血统和教养。他痛斥暂时夺权的下层阶级，他目睹了他们令人恐惧的行事作风，此外，他同样不喜欢新殖民世界所产生的新贵的价值观。考虑到他自己的准则，他阐明了希腊世界中最坏的品质就是傲慢（*hybris*），不应该觊觎他人的财富，这与节制恰恰相反。这种罪恶的品质已经摧毁了很多大城市，在他看来麦加拉很可能是下一个。

泰奥格尼斯喜好男色，在希腊化时代到来之前，他创作了大量的同性恋诗歌，尽管他的诗歌中女性并不讨喜，但是他仍然承认娶到一个好的妻子是最幸运的事情。不过，他感到遗憾的是，当男性为了家畜不辞辛劳地寻找合适的交配对象时，他们自身却习惯了在婚姻中忽视优良血统的好处。

根据亚里士多德所言，无论是麦加拉还是其殖民地麦加拉修布莱亚都声称自己是喜剧的诞生地。麦加拉修布莱亚的依据是"诗人埃庇卡摩斯（Epicharmus）就来自他们的城邦"[54]这说明西西里的麦加拉人认为这位知名的喜剧先锋是出自他们城邦而非叙拉古，这是一种更为合理的假设（第七章，第3节）。至于母邦麦加拉，雅典的喜剧诗人曾经提到过，认为他们的喜剧略有淫秽色彩。他们喜欢描绘普通人的形象，例如厨师及其助手。麦加拉僭主被推翻之后，据说这一体裁的创始人是苏萨利翁（Susarion），他的喜剧表演中带有政治色彩，其中狄奥尼索斯的萨提尔剧占据主要部分。[55] 由此可见，喜剧在雅典出现之前就已经在麦加拉流行。诚然，在后来的阿提卡喜剧中，多利安元素可能并不强烈，但不可否认的是麦加拉的丑角元素曾经产生了一定的影响，有一种观点认为，雅典的喜剧面具（maison）就得名于麦加拉的一位演员之名。[56]

在公元前569/568年，麦加拉的港口尼赛亚被雅典夺取（或许并不是第一次，也不是永远被夺取），几十年后，斯巴达对他们做出了不利的仲裁，麦加拉人对萨拉米斯的长期争夺也最终失败。但是作为补偿，他们通过派遣船只前往色雷斯的博斯普鲁斯海峡，扩大了在东北的力量（受到了他们在该地的殖民点和波奥提亚人的帮助），他们还在位于比提尼亚的黑海南边的赫拉克里亚庞提卡（Heraclea Pontica）建立了殖民地（约公元前560—前558年）。穿越博斯普鲁斯海峡之后，马里安丢诺伊（Mariandyni）部落所在地赫拉克里亚映入眼帘，殖民者将他们征服，役为奴隶，随后凭借肥沃的土地和丰产海洋获益不少。位于黑海边的赫拉克里亚庞提卡政府，倾向于民主政体，很快将其统治向西海岸扩张，并在西部如黑海的欧洲沿岸和陶立克切索尼斯（Tauric Chersonese，克里米亚）等地建立了自己的殖民地。[57]

至于麦加拉本土，此时已经失去了在希腊世界的领导地位，在公元前500年前不久，加入了斯巴达领导的伯罗奔尼撒同盟。

第 6 节 奥林匹亚

奥林匹亚位于皮萨（Pisa，皮萨提斯［Pisatis］），该地在伯罗奔尼撒西北部与伊利斯交接之处。[58] 它位于克罗诺斯山的山脚之下，克罗诺斯为宙斯之父，阿尔弗斯河（Alpheus River）和克拉丢斯河（Cladeus River）在涌入平原之前就在此处交汇，该平原距伊奥尼亚海约7.5英里。考古材料证明，奥林匹亚在约公元前2800—约前1100年之前都有人居住。

随后，多利安人到达这里，奥林匹亚成了世界上最重要的运动会举办的地方。品达曾为胜利者作诗，根据他的颂诗可知，奥林匹亚赛会和节日是由英雄赫拉克勒斯创办的[59]，当然，这个版本的故事是从伊利斯流传下来的。但是，奥林匹亚本地似乎更倾向于将这一节日的创立归功于神话中的佩洛普斯（伯罗奔尼撒便由他得名），在他杀死皮萨国王奥诺玛奥斯（Oenomaus）之后，娶其女儿希波达米亚（Hippodamia）为妻。人们认为山上的坟墓可以追溯至公元前1000年之前，属于佩洛普斯和希波达米亚，而对克罗诺斯和盖亚（大地女神，她的神谕使奥林匹亚最早闻名于世）以及她的女儿忒弥斯（Themis，正义女神）、厄勒提亚（Eileithyia，助产女神）的崇拜可能更早。

多利安人在此地推动了对奥林波斯神宙斯的崇拜（该地得名于这一崇拜），并建立了奥林匹亚宙斯祭坛和阿尔提斯圣林，这一崇拜或许与更为古老的崇拜有些许联系。该遗址出土了一些公元前10世纪的陶土和青铜小雕塑，举着双手的形象像极了迈锡尼神祇。宙斯崇拜是由伊阿米德这一先知家族主持的。

在多利安人的赞助下，最晚在大约公元前900年左右，奥林匹亚举行了最早的地方体育比赛。正式的赛会大约可以追溯至公元前8世纪。据称，最早的赛会是在公元前776年举办的，很多人认为这是可考证的历史而非神话，但其实得到这一确切时间的计算方法并不科学（是由伊利斯的希皮阿斯在公元前5世纪考证的）。早期获奖运动员主要来自伯罗奔尼撒地区，其中美塞尼亚占据多数，但是由于后来奥林匹亚地区海上交通的发展，这一赛会吸引了更多来自西西里和南意大利的竞争者。

阿尔提斯地区发现了很多早期人工制造的祭祀用品，公元前8世纪的青铜三足鼎和受叙利亚北部影响的器物是其中的代表。最初这一地区的建筑很少，就连宙斯的祭坛都只是献祭之后燃烧剩下的灰堆而已。这里最古老的建筑遗存是大约于公元前600年重建的赫拉神庙。这或许是希腊大陆上的第一座纪念性神庙，基底是由泥砖砌成的，屋顶由木头柱子支撑。神庙中供奉着宙斯和赫拉的雕像，赫拉的头在此地出土。

这一神庙是在皮萨人的赞助下建立的，在阿尔戈斯国王的支持下，皮萨人在公元前7世纪获得了赛会的控制权。但是这一认知与很多后来的观点不符，如果这是真的话，那么皮萨人应该在长时间的抗争中最终于约公元前572年失去了该地的控制权（而不是像斯特拉波认为的那样，一开始在公元前776年就失去控制权）[60]，伊利斯取而代之，最终宣布控制整个皮萨提斯地区。

现在，该赛会在泛希腊的基础上得以重新组织。这是他们广受欢迎的表现，可能正是由于伊利斯的政治影响力不大，不会提出其他城邦难以接受的要求，所以提升了其接受度。西西里人、南意大利人和其他希腊人都在奥林匹亚建立宝库（就像在德尔菲一样），以储存他们的供奉品，这显示了奥林匹亚地位的不断提高，这些供奉品包括大量的武器和盔甲，因为数量实在太多，各个地方的神庙已经没有足够的空间储存了。

奥林匹亚赛会是希腊四大赛会之一，另外三个赛会分别是皮提亚赛会（德尔菲）、地峡赛会（靠近科林斯）以及尼米亚赛会（阿尔戈斯的科里奥尼控制）。尽管奥林匹亚赛会并不像其他赛会一样同时举办音乐和诗歌比赛，但是它被认为是四大赛会中最伟大的赛会，比其他赛会早两百年就获得了泛希腊的地位。

奥林匹亚赛会每四年举办一次，一般在八九月进行，这段时间正好是谷物收割和葡萄橄榄收获的农忙间隙。三位从伊利斯而来的传令官会宣布神圣休战，战争期间任何希腊城邦都不能交战。任何没有在节日期间休战的城邦，都会受到重罚，罚款金额取决于参加战斗的部队人数。

这些比赛最终会持续五天。第一天是预备日，专门用来祭祀神明和祈祷。第二天首先是战车比赛，这是代表各邦国王的赛事，也是最受欢迎的场面，其次是赛马以及古代五项（*pentathlon*）赛事。第三天（一般是满月之前）是前往宙斯祭坛的游行。接下来是三场男孩间的比赛。第四天会举行三场男子赛跑比赛，还有摔跤、希腊式搏击（*pankration*）以及拳击比赛。第五天，也就是最后一天，专门用于举行庆祝活动，包括胜利者的致谢和为之举行的宴会。

尽管从希腊各地至此会有很多不便，但是仍然有大约四万乃至五万人会参加奥林匹亚赛会。这些活动一定程度上能缓和希腊各个城邦的分裂局面。但是事实上，尽管这些活动的影响力巨大，却从未真正有效地杜绝这种分裂，因为参加赛会的毕竟是个人（且是自由人），而非城邦。尽管赢得比赛的人最终只能获得一顶奥林匹亚宙斯圣林中橄榄树的枝丫编成的花环，但是比赛的胜利者回到自己的城邦之后常常会获得其他奖励，并终身受到尊敬。

当希腊的这一赛会在现代重焕生机之时，人们希望能以非职业的精神举办，因为这是节日原本的特征。但是，这样描述古代比赛的精神仅仅是一种假设，因为希腊人如此全神贯注且集中参与这样的比赛，必然会滋生专业精神。比赛（*athlon*）的意思不是游戏，而是斗争、忍受和痛苦。

对艺术发展的促进是奥林匹亚运动会的另一项杰出的作用。许多早期最好的金属制品都是为了奉献给奥林匹亚而制造的。此外，这些比赛对后来希腊雕塑的发展起到了很大的促进作用，因为这种雕塑很大程度上是描绘人体的，尤其是男性的身体，因为女性不能正式参与赛会，不过后来为了纪念赫拉，在赛会的正式日程之外，专门为女性设立了赛跑项目。

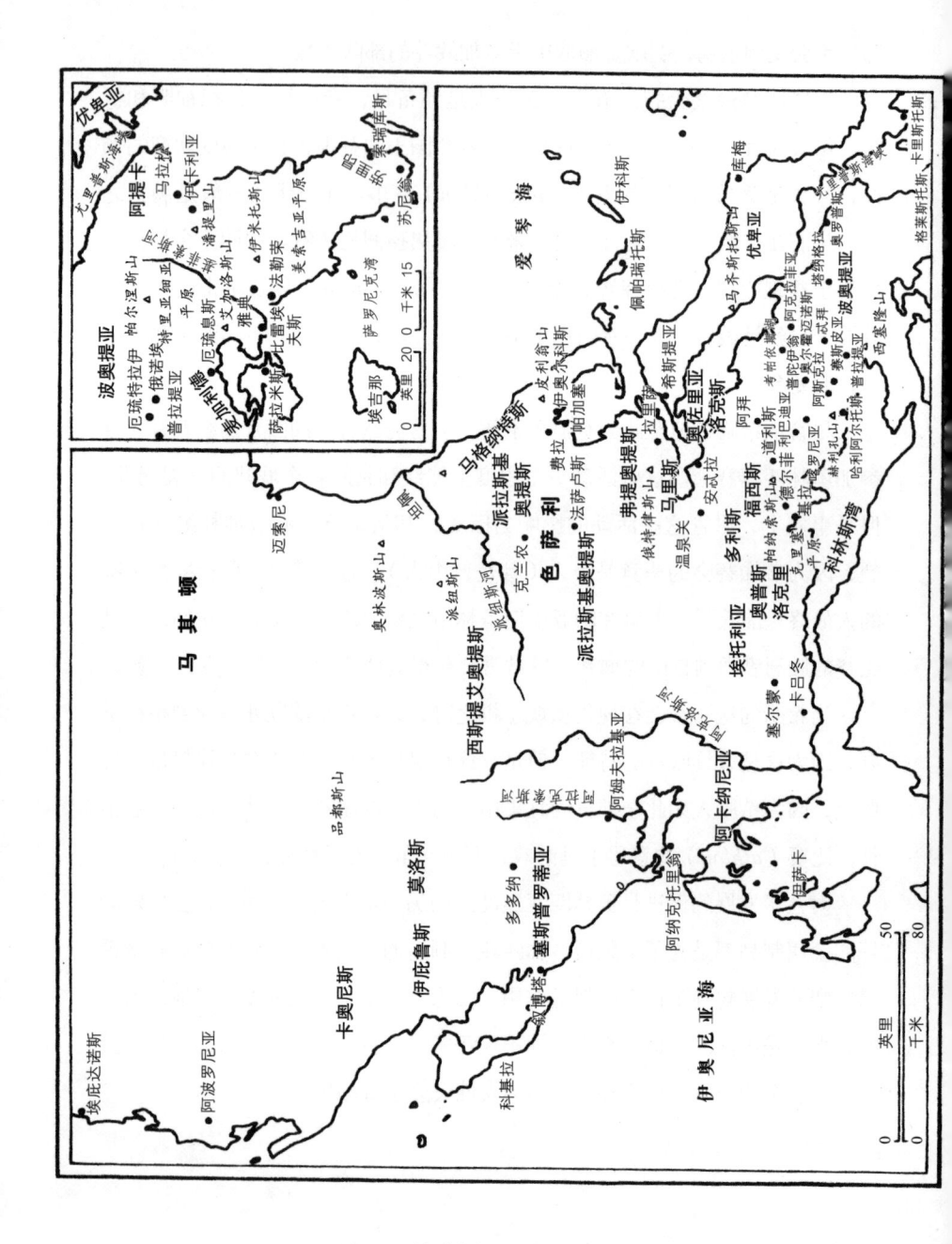

地图4 希腊中部和北部以及阿提卡

第四章　希腊中部和北部

第1节　优卑亚：莱夫坎迪、卡尔基斯、埃雷特里亚

优卑亚（埃维亚［Evvia］）是爱琴海诸岛中面积仅次于克里特岛的岛屿，宽约4至30英里，长约106英里。优卑亚与波奥提亚和阿提卡之间只隔着一片狭窄的优卑亚海，优卑亚海在尤里普斯海峡处最窄，有一处甚至只有100码左右，船只经常在此处航行，以避开优卑亚岛东部的礁石和激流，进入开阔的爱琴海海域。青铜时期优卑亚西部生活着阿班忒斯人（据说是来自福西斯的阿拜［Aba］地区的色雷斯人），《伊利亚特》中的舰船名录曾经提到过此处。生活在优卑亚岛最北部和最南部的是埃洛佩斯人和德罗依佩斯人，他们有着不同的起源。

历史上比较知名的优卑亚城市有卡尔基斯、埃雷特里亚、希斯提亚（Histiaea）、格莱斯托斯（Geraestus）和卡里斯托斯（Carystus）。其中最重要的是卡尔基斯和埃雷特里亚，与西南海岸相距不远。这里是阿班忒斯人领土的一部分，在青铜时代晚期（迈锡尼文明）时受到近邻波奥提亚的影响。后来，伊奥尼亚移民的一支来到此地，另外一些移民去了基克拉迪斯和伊奥尼亚。此后，这两个重要的优卑亚城市在随后希腊的复兴过程中发挥了卓越的作用。

卡尔基斯人掌握着尤里普斯海峡的最狭窄之处，保持着传统的米诺斯文明宗教传统，有人认为在特洛伊战争之后，雅典人克苏斯（Cothus）在

此殖民，不过这有可能是虚构的。埃雷特里亚坐落在东南边，尤里普斯海峡由此处开始变得宽阔起来。根据斯特拉波的说法，这里是青铜时代的中心居住点，曾得名麦拉涅斯（Melaneis）。在特洛伊战争结束之后，据说此地由雅典人埃鲁斯（Aielus）殖民，得名于当地的一个市场。但是同时斯特拉波也提到了另一个更早的名字——阿洛特里亚（Arotria，马齐斯托斯［Macistus］的埃雷特里乌斯［Eretrieus］，位于伯罗奔尼撒的特里弗里亚［Triphylia］与之类似）[1]，这个说法更具说服力。

卡尔基斯和埃雷特里亚之间一直在争夺利兰丁平原的归属，该平原得名于利兰同水域（今卡拉蒙塔利［Kalamontari］），这一定程度上奠定了他们在后来希腊历史中的斗争基调。位于两个城邦之间的利兰同水域的水具有药用价值，与铜铁产量极高的两座矿山相连。就是在此处，现在的莱夫坎迪旁边，有一处引人注目的发现，很可能就是古代的利兰同。不过，根据斯特拉波的说法[2]，莱夫坎迪本身也可能就是"古埃雷特里亚"，或者属于后者。

莱夫坎迪占据着广阔的半岛，有一处不错的锚地，地理位置优越，有利于控制利兰丁平原，该地在大约公元前1150年的迈锡尼时代（青铜时代晚期）就有人居住，且日益繁荣。但是，在我们现有的知识水平之下，在迈锡尼文明衰落之后那段被称为"黑暗时期"的过渡期（约公元前1075年开始）中，当地的繁荣程度几何，我们并不知晓。不过优卑亚（克里特岛和塞浦路斯部分地区亦是如此）本身并没有明显的衰退，"黑暗时期"这一术语似乎无法在此找到立足基础。对在莱夫坎迪居住的人来说，虽然数量不多（具体数目存疑），但是可以肯定的是，他们是最早从近东，尤其是叙利亚北部和腓尼基购买奢侈品的人。

很多地方都发现了相关的奢侈品，尤其是图姆帕（Toumba），坐落在利兰丁平原南部，面朝大海，其火葬坟墓中发现了公元前11世纪中期的彩色项链（蓝色玻璃样式）、玻璃珠子和蓝色砂砾（玻璃成分）、陶瓶、饰板和相同材料制成的埃及式戒指，还有一组青铜制成的轮子，可能来自塞浦路斯。出土物还包括一些雅典原始几何陶瓶（约公元前950—前900年），以及优卑亚本地的原始几何陶风格的陶器，其中一个14英寸高的陶土人马俑展示了早期人物作品的惊人水平。

莱夫坎迪的发掘工作还揭开了一座约公元前10世纪的拱顶建筑遗址的面纱。就我们目前的了解而言，这座建筑的形式和特点绝对是同时代希腊最为成熟的。这座建筑由泥砖砌成，以石头为地基，内部涂抹石灰，周遭有木头建成的柱廊，其面积也让人难以想象，长约149英尺，宽约36英尺。尽管这种形制像是神庙类的纪念建筑，但是从陈列储物罐的土坑来看，这更像是一个普通民居。

这个建筑被两座装饰豪华的坟墓覆盖。其中之一是一位战士的坟墓（可能是一位英雄的神龛），从其威严来判断，他一定属于王室或者有王室血统。他的骨头和骨灰装在一个双耳瓶中，由布条包裹，令人震惊的是其中一部分幸存至今。另一座坟墓中有一位妇女的火化遗骸。她戴着镀金的发卷，戴着大别针，还有一对圆盘制成的内衣。她的头边放着一把祭祀用的刀，有可能意味着她的死是一场人祭。她身边还有三四具马匹的骨架。临近有一处铸造厂，约建于公元前900年，这表明从近东进口的金属并不能满足需求，所以金属铸造工艺在此地得到复制。莱夫坎迪变得更加富有，因为黄金和其他奢侈品不断从东方运输进来，数量不断增加。但是火葬在约公元前865年突然消失了，尽管生活还在继续，但是直到公元前700年，人口规模是不断缩小的。

如果像斯特拉波所言，莱夫坎迪是古埃雷特里亚的一部分，那么此处火葬墓地减少的原因很可能是这里的村庄被合并了，其他村庄也可能面临同样的情况，在取消部分旧有村庄的基础之上，合并建立一个新的埃雷特里亚。但是这一观点涉及一个年代问题。无论如何，重新建立的埃雷特里亚是一个规模可观的城镇，位于原来莱夫坎迪以东6英里，盛产黄金和青铜，陶器制造可以追溯到约公元前875—前825年，城中还有一座阿波罗月桂神庙（Apollo Daphnephoros，约公元前750年）和一个英雄神龛。在同一时期，卡尔基斯也完成了统一和城市化，原来五个独立的村庄合并成了一个以金属制造业闻名的城市。赫西俄德在卡尔基斯人安菲达马斯（Amphidamas）的葬礼上举行的诗歌比赛上获奖，奖品是一个青铜三脚架（参见下文第4节）。

莱夫坎迪、卡尔基斯和埃雷特里亚的关系难以重建，但是它们之间的关系一定非常亲密。可以肯定的是，优卑亚地理位置优越，率先恢复了迈锡尼时代结束后终止的海上贸易。莱夫坎迪与东方人接触的时间可能更早，卡尔基斯是重要的制造中心，它们的领导者跟埃雷特里亚一样——据亚里士多德所言[3]，骑士阶层取代了君主统治——并不轻视这种贸易，不光自己亲自从事，还会雇用人从事此类活动。

叙利亚北部的三个港口——阿尔米纳、波塞迪翁（Posidium）和保图斯（Paltus）在恢复这类贸易的过程中起到了很重要的作用（第六章，第4节）。黄金和白银，以及希腊人用来作为"东方化"艺术典范的各种物品，都是从这些（也可能是从腓尼基城市的贸易点）中心转移到优卑亚其他地方和希腊本土的。然后，其中一些商品又被优卑亚人转移到意大利南部的皮特库塞和库迈（第七章，第1节），这里是他们与伊特鲁里亚人进行贸易的地方（附录3）。此外，即使考虑到其他观点（第一章，注释35），也有充分的理由能够证明，腓尼基字母（附录1）是希腊字母的前身，最早经由叙利亚北部港口出现在卡尔基斯。最早由这种字母书写的铭文出现在优卑亚人在皮特库塞的市场（emporion）。

与此同时，卡尔基斯毫无疑问在其他城邦移民的帮助之下，在赫雷基乌姆（Rhegium）的建立过程中起到了主导作用（约公元前720年），这是希腊人在南意大利最早的殖民地，由于其所在的西西里海峡（墨西拿海峡）地理位置优越，或许让定居者想到了家乡的尤里普斯海峡。此外，据说在约公元前743年，卡尔基斯人就在西西里的纳克索斯岛上建立了第一个希腊殖民地，随后又建立了伦蒂尼（Leontini，由同一个名叫特奥克勒斯［Theocles］的人建立）和卡塔纳两个殖民地，建立这些西西里殖民地最重要的动因是获取土地。

因此，卡尔基斯在西方世界重新恢复发展的过程中起到了重要作用。此外，卡尔基斯与埃雷特里亚合作，在马其顿的海岸三叉海角建立了名为卡尔基蒂斯（Chalcidice）的殖民地（第八章，第2节）。贵族政府统治下的卡尔基斯有很多没有耕地的公民，所以卡尔基斯再次在外来移民的帮助下在斯通涅（Sithone）和埃克特海角（Acte）的部分地区建立了大约三十个定居点，埃雷特里亚殖民者则主要去往帕勒涅（Pallene）和塞尔迈湾。这些殖民地的建立背后有不同的传说，而德尔菲神谕在其中起到了十分重要的作用。殖民者可以在那些粮产丰富的地区建立定居点，也可以深入开发腹地，发展奴隶贸易。

但是，在公元前700年前不久，这些殖民地的两个优卑亚母邦围绕着物产丰饶的利兰丁平原的所有权，陷入了旷日持久的战争，这是希腊有史记载以来最早的战争。

全体希腊城邦都十分关心战争的结果。因为不仅仅这两个城邦的海外利益岌岌可危，卡尔基斯还控制着优卑亚和希腊大陆连接的尤里普斯海峡，埃雷特里亚统治着一些爱琴海岛屿，其中包括安德罗斯（Andros）、凯奥斯和泰诺斯岛（Tenos）。因此，双方都能召集到一些盟友。例如，萨摩斯、色萨利和科林斯（尽管在殖民地建立这方面有些冲突）似乎站在卡尔基斯这边，但是米利都和麦加拉似乎都是埃雷特里亚的盟友。

有一则神谕曾经称赞卡尔基斯在希腊人中的霸权地位，因为在这个重装步兵还未出现的贵族战争时期，他们有高素质的士兵[4]，不过，卡尔基斯号称"青铜之镇"，很有可能他们改进了胸甲，而青铜胸甲在后来重装步兵的战斗中发挥了很重要的作用。他们的骑兵也给人留下了深刻的印象，这为卡尔基斯拥有土地的贵族赢得了"饲马者"（Hippobotae）的称号。同样，在埃雷特里亚，统治阶级被称为"骑士"（Heppeis），据称，该城可以调动六百名骑兵、六十辆战车和三千名步兵。

据我们所知，在这次旷日持久的利兰丁战役中，卡尔基斯曾经在色萨利骑兵的帮助下取得了一次重要的胜利。不过，目前尚不清楚这场胜利是不是决定性的，因为尽管埃雷特里亚在这场战争中失去了自己原有的地位，丢掉了曾经在卡尔基蒂斯建立殖民地的安德罗斯（约公元前655年），卡尔基斯也被其前盟友科林斯所取代，不再是最重要的商业强邦。很有可能这两个优卑亚城市都因为长期的敌对而黯然失色（这明显也导致了莱夫坎迪的毁灭）。尽管利兰丁平原上的争端持续上演，这并没有打乱卡尔基斯向北殖民的计划。埃雷特里亚也建造了令人印象深刻的防御工事，生产了一系列细长颈陶瓶（约公元前700—前650年），并凭借自己锻造金子的工厂积累了很多储藏。

公元前600年的某一时刻，一个名叫图农达斯（Tynnondas）的僭主统治了优卑亚人，或者说统治了一部分优卑亚人，他的名字来源于波奥提亚，这表明在一定时间段内，优卑亚曾被波奥提亚联盟统治。与此同时，安提莱翁（Antileon）和福修斯（Phoxus）等其他僭主则在卡尔基斯建立了自己的统治。关于这些人的统治，我们的主要史料是亚里士多德，他说在这些僭主被推翻之后，取而代之的是寡头和民主统治，但是事实上，原来的骑士阶层很有可能又重新建立了自己的统治，与之前并无二致。同样，埃雷特里亚也经历了僭主迪亚戈拉斯（Diagoras）的统治，他在公元前550年前后，推翻了原有的贵族政府（或许就是这个人，允许雅典人庇西特拉图将该地作为发动政变的跳板）。然而，在约公元前525年（？）通过的一条航运法律，将埃雷特里亚的主要官员称为执政官（archon），这可能是寡头政体对政府首脑的称呼。[5]

早在公元前6世纪下半叶，卡尔基斯就发行了银币。钱币的正面是鹰和奥林匹亚宙斯的徽章，反面是代表城市的车轮标志。优卑亚铜塔兰特很早就是一个计量单位了，新货币推出了新的优卑亚标准，有轻有重，在不同地区有六种变体（包括阿提卡和科林斯标准），这种新的币制与埃吉那币制相抗衡，成为地中海贸易中重要的标准。当埃吉那币制在爱琴海海域盛行时，阿提卡—优卑亚币制则流行于卡尔基蒂斯、昔兰尼加（Cyrenaica）和西部地区。这两种标准都是基于叙利亚计量体系发展而来的，该标准的基础是50谢克尔对1米那。

随着雅典的崛起，其城内亲优卑亚的庇西特拉图派系被驱逐，可以预见的是，优卑亚的主要城市卡尔基斯，开始担心雅典入侵自己的可能性。因此，在公元前507/506年，斯巴达国王克里奥门尼一世组织同盟进攻雅典的时候，卡尔基斯和波奥提亚同盟都加入了斯巴达的阵营，为了纪念这一同盟，他们在硬币上加了代表卡尔基斯的车轮。不过，在同一天，卡尔基斯和波奥提亚同盟都在自己的土地上被雅典人打败。雅典人得到了大量俘虏，向他们要求赎金，与此同时，雅典人还占领了卡尔基斯人的部分土地，推翻了当地的寡头统治，并在此驻军四千人，建立拓殖地（*cleruchs*），这些人仍保留雅典公民权。

后来，卡尔基斯的男人（无论是在家乡还是在殖民地中）都有同性恋的名声，甚至"卡尔基斯化"都成了男同性恋的代名词。阿特纳奥斯（Athenaeus）说他们非常热衷这一活动，而普鲁塔克引用了亚里士多德的一首诗歌，表达了类似的意思。这一说法得到了神话故事的支持，根据其中一个版本，宙斯爱上了来自卡尔基斯的伽倪墨得斯（Ganymede），并将之掠走。[6]

至于埃雷特里亚，当伊奥尼亚人起义反抗波斯统治的时候（公元前499年），米利都人阿里斯塔格拉斯（Aristagoras）同时向雅典和埃雷特里亚寻求帮助，为表感谢，埃雷特里亚提供了五艘三列桨战舰，与雅典人一起支援伊奥尼亚人。之所以只有五艘，可能是由于埃雷特里亚派遣其余舰队发起了第二次塞浦路斯远征，并在那里打败了受雇于波斯的塞浦路斯舰队。对波斯的敌意使埃雷特里亚在后来付出了代价，在大流士一世（公元前490年）的手上，埃雷特里亚的城市被摧毁，人民被放逐。

第2节 德尔菲

德尔菲（皮同）位于希腊中部的福西斯（Phocis）。[7]其遗址十分壮观，坐落在帕纳索斯山的低坡上，夹在两个高耸的悬崖（费德里亚德斯[Phaedriades]）下，俯瞰科林斯湾。科林斯湾位于德尔菲南部约6英里，低于德尔菲约2000英尺。青铜时代后期该地就有人居住（最开始是在拉科里亚［Lycoria］，靠近科里西亚［Corycian］洞穴），希腊人认为该地是世界的中心，因为宙斯在此处释放了两只雄鹰，东西向背道而驰，结果它们最终又汇聚在德尔菲。

该地因阿波罗神而享有盛名，后来随着多利安人的到来，一位来自安纳托利亚地区的神祇，在吸收了北方的元素之后，也被带来此处。但是，还有一些其他的神祇甚至是怪物在过去曾统治该地。创作于公元前7世纪的诗歌，荷马颂诗《致阿波罗》，一半关于德尔菲，一半关于提洛岛，模糊地记录了这个故事。最初，这两个神祇是分开被崇拜的，但是颂诗将他们结合在了一起，讲述神是如何从提洛岛来到帕纳索斯山的德尔菲的，他来到德尔菲之后，杀死了传说中守护卡索蒂斯（Cassotis）泉水的凶残母蛇堤丰（Typhaon或Typhon，与德尔菲的巨蟒皮同一样）。颂诗还提到：

> 任何碰触到巨蛇的人，末日之日会将他卷走，直到远在天边的阿波罗带来死神，向她射出强力之箭。她倒在地上，被剧痛撕裂，躺在地上大口喘着气，扭动着身体。当她在树林里这样那样扭动的时候，发出了一种难以形容的可怕的声音，于是她放弃了她的生命，呼出一口鲜血。[8]

不过这首颂诗还提到了阿波罗来到德尔菲的另一个版本。根据这个版本，这位神祇想吸引信众，于是变成了海豚，出现在海浪之上，经过来自克里特城市克诺索斯（Cnossus）的一艘船，于是他们奇迹般地从皮洛斯转道，以求在基拉（谢诺皮伽迪［Xeropigadi］）登陆。基拉位于克里萨平原附近，而克里萨（Crisa）是迈锡尼时代的城镇，基拉原是其港口，后来成为德尔菲的港口。

随后颂诗又提到：“正如午夜的星星一样，勤劳的阿波罗从船上一跃而下，光亮从他身边闪过，光辉直达天空。”[9]他让船上的船员成了他的仆人，并将他称作海豚阿波罗加以崇拜，他们也这样做了。一般人们都认为这是德尔菲之名的来源，但是也有另一种说法，认为德尔菲之名来自神话中的城邦建立者，波塞冬和梅兰妮（Melaine）的儿子德尔福斯（Delphus）。不过，还有一种完全不同的说法，认为该词起源于克里特的可能性更大一些。

颂诗中，阿波罗既是一位威严的弓箭手，也是一位安静的吕拉琴之神。他十分迷人且令人敬畏，是每一个希腊年轻人向往的对象，他喜好美色（虽然与此同时他还是一位纯净仪式和医疗之神），他在《伊利亚特》中时而冷酷时而仁慈，他是其父宙斯身边最强大的神祇，通过自己的神谕向世人彰显自己的意愿。

无论如何，尽管他是一位随着多利安移民而来的神祇，颂诗中提到的德尔菲神庙的前多利安时代的克里特、米诺斯因素，似乎也是真实的起源。诚然，迄今为止，这种认为其崇拜并没有中断的观点并没有得到地层学的证实，但是，该地的确发现了代表米诺斯文明的物件，阿波罗神庙下也发现了迈锡尼时代定居者的遗迹，雅典娜普罗耐亚的圣所下也发现了两百多个迈锡尼时代的小雕塑，多为女性形象，可以追溯到公元前12世纪，这不禁令人猜测，她是青铜时代后期一位女神的继承者。此外，巨蟒属于盖亚，她是大地女神，事实上，巨蟒的形象一直是女性而非男性，德尔菲的祭司也是女性，这可能是另一古老宗教的遗存。

阿波罗通过皮提亚女祭司发布神谕。她会先喝下卡索蒂斯的泉水，并在从费德里亚德斯悬崖涌出的卡斯塔利亚（Castalia）泉水中净化。接下来，她会坐在阿波罗神庙的一个裂口处，那里有一股蒸汽冒出，女祭司吸入蒸汽，让自己沉醉其中。

这个裂口现在难以找到，根据推测，所谓的深渊裂口只不过是阿波罗神庙地面上的一个洞，露出了自古以来就神圣的土壤。不过，这还是不能解释为什么会有蒸汽从地底升起，有人认为是皮提亚女祭司咀嚼月桂叶，从而摄入了致幻物质。也有人怀疑整个故事都是虚构的。但是我们必须考虑到其他文化中也有相似的巫术、狂喜和恍惚状态。

一般情况下，男性神职人员或者先知会将想祈求神谕的人的问题翻译给皮提亚女祭司，她会回复一系列没有逻辑的混乱话语，随后，神职人员便会将回复翻译成六音步诗句。[10]这些神谕在《伊利亚特》[11]中就已经闻名，在公元前7世纪之前就获得了泛希腊的名声。神谕在希腊的海外殖民活动中起到了重要作用（一般从邻近的科林斯湾向西出发）。也就是说，这些殖民事业的领导人会将自己想要建立殖民地的位置告诉德尔菲神谕所，并祈求批准，这说明德尔菲神谕是移民者的宗教和精神基础。

不过，我们很难通过这些神谕的内容，判断它们到底对殖民运动有多大的影响。这是因为，尽管一些记录神谕内容的幸存文本看上去是真实的，但另一些是伪造的，有的是想要进行殖民或者已经殖民的城邦，为了显示自己已经得到德尔菲神谕的支持而编造出来的，还有一些是德尔菲自己编造的，可能是为了修改或者抹去一些他们想让人遗忘的政策。由于这些原因，以及德尔菲本身的神圣性日益高涨，阿波罗这些神谕成了许多逸事的主题，而这些逸事往往是虚构的。在大多数情况下，这些逸闻的创作都是为了增加神谕本身的神秘和模糊性，此外，也是为了作用在提问者身上，让提问者更相信神谕。无论如何，这些故事的真正重点往往是为了证明神谕的预言是准确的。

事实上，据我们所知，这些神谕的内容本身十分小心，为以后的改变提供了很大空间。此外，神谕发布本身也是建立在可靠和广泛的信息来源上的。尽管如此，有一些神谕确实预言错了。比如，德尔菲神谕所认为吕底亚国王克洛伊索斯（公元前563—前546年）能够战胜波斯国王居鲁士二世，这一预言就是错误的，只不过后来他们通过技巧性的解释和修改才掩饰住了这一错误（另外一处关于希波战争的错误预言参见下文）。正如埃斯库罗斯在其三联悲剧《俄瑞斯忒亚》（*Oresteia*）中提到的那样，神谕的政治敏感性是很强的。

德尔菲神谕所也因非贵族式的说教而闻名，比如神庙上"认识你自己"和"凡事勿过度"的箴言。后来人们相信，早在公元前6世纪，德尔菲就传播法律与秩序、和谐与光明（因为阿波罗是福波斯，太阳神）。"认识你自己"的意思是了解你自己是一个人类，应该追随神祇，知道自己的局限性。在后来的哲学思潮的影响之下（比如赫拉克利特所说的，我找寻自己），这条箴言的含义才有了从检视自己知识不足到检视自己德性的转变。至于"凡事勿过度"这一点，与希腊的节制（*sophrosyne*）观点相符合（希腊人认为这很难做到），这种观点与阿波罗的影响息息相关。这句箴言的意思就是做事不要过度，不能以自我为中心而忽视其他人的权利（*hybris*），甚至到了后来都有不能太成功、太顺利的含义。因为一旦太成功就会招致神的愤怒（*nemesis*），这种思维到了下一代，变成了阿提卡悲剧的重要主题。

德尔菲在公元前8世纪迅速崛起，在全希腊享有盛名。遗址上有两个主要的圣所，一个是卡斯塔利亚泉以东的马拉里亚（Marmaria）地区的雅典娜普罗耐亚神庙，另一个是位于泉水西边的皮提亚阿波罗神庙。公元前7世纪或前8世纪早期的雅典娜普罗耐亚神庙是建立在迈锡尼文明遗址之上的。旁边是一个公元前6世纪的神殿，其中两个神龛用于供奉雅典娜和阿尔忒弥斯女神。从圣路蜿蜒而上，就是阿波罗神庙，根据《致阿波罗》中的记载，这一神庙是波奥提亚的利巴迪亚（Lebadeia）建筑师特洛夫涅斯（Trophonius）和阿伽墨得斯（Agamedes）的作品，他们"用石头作为地基"[12]。他们都是传说中的人物，特洛夫涅斯是神谕中提到的英雄，据说他和他的同伴是宙斯或者阿波罗之子，但是拥有这种故事背景的神庙一般不太可能出现在公元前7世纪之前。这座神庙坐落在当地的砾岩岩石之上。

在很久之前，阿波罗崇拜包括每八年举办的节日，这是皮提亚赛会的前身（参见下文），其中包括一场音乐比赛，其特色是在吕拉琴的伴奏下为神祇唱赞歌。狄奥尼索斯也与阿波罗神一起受到崇拜，当阿波罗离开德尔菲的三个月中，狄奥尼索斯就会取代他的位置。不过早在铁器时代，这一崇拜从色雷斯传入的时候（参见附录2），德尔菲的祭司似乎就修饰并淡化了酒神的情欲特点。

现在，像德尔菲这样重要的宗教中心，是无法摆脱对周围城邦的政治参与的。德尔菲作为殖民运动的顾问，地位日益提高，这或许与卡尔基斯和埃雷特里亚之间的利兰丁战役相关（约公元前700年），因为那些看起来真实的早期德尔菲神谕都与卡尔基斯、科林斯以及其他卡尔基斯的友邦相关，并不站在另一边。

事实上，正是通过这种科林斯式的联系，德尔菲才在公元前7世纪建立起稳固的地位。因为科林斯的僭主库普塞鲁斯和佩里安德都曾向德尔菲的阿波罗神送去了大量的供奉，对德尔菲支持他们向西殖民表示感谢。

德尔菲最先处于福西斯人的控制之下，后来当德尔菲成为近邻同盟的中心时，其政治发展进入了新阶段。这个同盟主要涉及宗教仪式，偶尔也会为政治目的共同行动，最早由希腊北部的十二个部落构成，包括色萨利人（他们在公元前6世纪发挥了卓越的影响力）、福西斯人（后来失去统治地位）以及波奥提亚人。近邻同盟的中心位于安忒拉（Anthela）的德墨忒尔圣所，该地靠近德摩比利（Thermopylae，温泉关）或比利（Pylae，关隘），是色萨利和希腊中部的关口，也是斯巴达三百勇士对抗波斯人的地方（约公元前480年）。近邻同盟急于控制该地，以确保自己盟友能够自由通过。

德尔菲和其港口城市基拉曾经因为向祈求神谕者征过路费的权力发生过争执，德尔菲（声称得到神的指示）将基拉逐出同盟，并宣布摧毁基拉。近邻同盟是这一指令的施行者，他们对此做出了积极回应，同盟的总指挥者色雷斯人欧律洛克斯（Eurylochus）带领同盟大军发动了第一次神圣战争（约公元前595—前583年）。雅典（得到梭伦的支持）和锡西安站在他们这边。近邻同盟获得了压倒性的胜利，基拉大败，其人口被奴役，领土被献给阿波罗。

在此关头，近邻同盟的议事会决定将同盟的中心从安忒拉移到了德尔菲，不仅仅因为德尔菲是圣地，尽管地处偏远，但是德尔菲无疑在各个相关的城邦中占据重要地位。同盟议事会宣布德尔菲是一个独立的城邦，并同时着手重新组织本地的音乐比赛。

这一新的皮提亚赛会是面向全体希腊人的，最早在公元前582/581年举行（也可能是公元前586/585年），之前在战争中获得胜利的欧律克洛斯负责主持赛会，他能担任这一角色，尽管时间不长，也能说明色雷斯人当时的优势地位。此后，赛会每四年举行一次，而不是像之前一样八年举行一次，举办时间大约是在奥林匹亚赛会举行的第三年。跟奥林匹亚赛会一样，皮提亚赛会举行期间，各个城邦之间都应该休战。

赛会中音乐比赛，包括器乐、歌唱和诗歌朗诵，仍占据首要地位，与此同时增加了奥林匹亚赛会中有的田径和骑马等体育赛事。赛跑用的体育场坐落于帕纳索斯山下，克里塞平原（Crisaean Plain）上还建了战车比赛专用的赛场。奖品是取自坦佩山谷（Tempe Valley）的月桂叶制成的花环。

德尔菲赛会的地位在全希腊仅次于奥林匹亚赛会，这进一步增强了阿波罗神谕的名声，使德尔菲有了世界之脐的美誉。阿波罗的神庙里藏有大量的金、银、象牙、青铜和大理石艺术品。希罗多德列举了吕底亚国王克洛伊索斯奉献的礼物清单（附录1），他试图展示自己与之前的巨吉斯和阿吕亚泰斯（Alyattes）一样慷慨（显而易见这样做的好处是，德尔菲发布神谕认为吕底亚能击败波斯）。通往神庙的圣路上还陈列着很多艺术品，以纪念某个希腊城邦（或者是伊特鲁里亚城邦）打败异邦人的胜利。其他的陈列品都是为了庆祝体育赛事或者音乐比赛胜利的奉献。

这些奉献一般都存放在宝库之中，或者宝库本身就是一种奉献，就像在奥林匹亚一样，很多城邦会专门建一个建筑来存放自己的奉献。这些建筑表面一般有浮雕，其中锡西安宝库（约公元前560年）的柱间壁和锡弗诺斯（Siphnos）宝库（公元前525年?）的水平雕带最为知名，他们是希腊雕塑史上的里程碑。雅典人的宝库（公元前500年?）是最早的完全用大理石建成的多利安式建筑（最早的伊奥尼亚建筑是阿尔忒弥斯神庙，参见第五章，第3节）。

然而在公元前548年，阿波罗神庙和周围的一些大型建筑，包括锡西安的宝库，都被一场大火焚烧殆尽。公元前6世纪的最后十年里，新的神庙被重新建立起来。正是在这段时间，阿波罗神庙的面积扩展到现在的规模。神庙周围是不规则的四边形城墙（中间修葺过很多次），每一块石头之间的角度和弧度都紧密贴合，能够预防地震。

这项重建的任务之所以能够完成，是由于希腊世界各地，甚至是埃及等非希腊国家的资金流入德尔菲。阿尔克迈翁家族提供了最慷慨的捐赠，他们被雅典人放逐之后，受到德尔菲的庇护，居住在此。事实上，他们接管了整个重建神庙的任务，并为神庙的外墙装饰了一层帕罗斯大理石。这为他们日后推翻庇西特拉图赢得了德尔菲的支持，神谕现在命令斯巴达人将后者赶出雅典。

然而，根据希罗多德的说法[13]，为了保障这一结果，他们还贿赂了女祭司。不管这一说法本身是真是假，其存在就说明了获取神谕的中间人德尔菲女祭司是可以被贿赂的。所以，据说约在公元前490年，国王克里奥门尼一世就曾贿赂祭司，让她宣布另一位国王德玛拉图斯地位不合法。当这一丑闻爆出的时候（直接导致了克里奥门尼的死亡），德尔菲神谕所行事日益谨慎，在此之前，德尔菲神谕所就因为鼓动克洛伊索斯对抗波斯而名誉扫地。正是这种谨慎小心，促使德尔菲劝谏希腊人不要对抗波斯（德尔菲准确预言了米利都的陷落）。[14]事实证明，这是一个严重的误判。自此之后，神谕的政治影响力再也没有恢复过。但是，德尔菲的宗教影响力仍然很大，准备发动战争的城邦仍然认为祈求德尔菲神谕，向德尔菲贡献十分之一的战利品是明智的行为，这能保证神祇对他们军事行动的支持。

第3节 拉里萨和色萨利人

高耸的品都斯（Pindus）山是狄那里克阿尔卑斯山脉（Dinaric Alps）的延伸，向下延伸至希腊北部地区，将之分成东西两部分。西边是伊庇鲁斯，东边主要由色萨利构成，其北面是巍峨的奥林波斯山（构成与马其顿的边界），南边是俄特律斯山（Mount Othrys）。色萨利由两个广阔的平原构成（最初该地可能是一个或多个湖泊），被派纽斯（Peneus）河及其支流哺育，被群山环绕。由于这片平原广袤无垠，土壤肥沃，色萨利有着全希腊最好的马匹、牲畜和粮食。

公元前2500年之前新石器文化广泛传播，随后一批说希腊语的人占据了此处。这些新来者（以及其他定居在马其顿和伊庇鲁斯地区的人）是第一批到达巴尔干半岛的说希腊语的民族。根据神话传说，希伦（Hellen，后来的希腊人以之命名）[15]正是在色萨利生下了多罗斯（Dorus）、克苏索斯（Xuthus，伊翁之父）和埃罗斯（Aeolus）。希伦被认为是丢卡利翁（Deucalion，希腊的诺亚）的儿子或兄弟，而色萨利一度被称为皮拉埃亚（Pyrrhaea），这得名于丢卡利翁之妻皮拉。

色萨利部分领土逐渐融入青铜时代晚期（迈锡尼文明）的文明中，其中主要包括帕加塞湾（Pagasae）北部的伊奥尔科斯（位于马格尼西亚［Magnesian］半岛）。伊奥尔科斯也是埃宋（Aeson）及其子伊阿宋（Jason）的皇室居住地，伊阿宋的黑海远征（神话中反映了对荣誉的追求）是希腊最古老的英雄故事之一，阿尔戈斯英雄故事的主题（第八章，第3节）。另一个系列的故事是关于阿基琉斯及其追随者穆尔弥多奈斯人的，这个故事与海湾西部的弗提亚（Phthia）密切相关。

在约公元前1140年，说西北希腊语（爱奥尼亚）方言的一波色萨利人，从伊庇鲁斯移民至此，传说中他们的领导者名为色萨鲁斯（Thessalus），该地就此得名。色萨鲁斯是伊阿宋和美狄亚之子，但是另一个故事版本中，他是海蒙（Haemon）之子，宙斯之孙。除了离海湾不远的伊奥尔科斯和费拉（Pherae）之外[16]，《伊利亚特》的阿凯亚舰船名录并没有提到色萨利人及其主要城镇，但是提到了九个小城镇和一些没有固定居住地的部落组织。

然而，在公元前8世纪和前7世纪，色萨利人从高处转移到肥沃的低地，废弃了原有的皇室用地（如果还存在的话），取而代之的是四个历史性的区域，分别是泰萨利奥提斯（Thessaliotis）、派拉斯基奥提斯（Pelasgiotis）、西斯提艾奥提斯（Histiaeotis）、弗提奥提斯（Phthiotis）。每个区域都要求其周边的居民对其效忠，这些人有的如斯巴达的边居民一样，住在每个区域的边缘地区，有的是被征服之后沦落成派奈斯泰人（Penestae），这一等级的人地位如同农奴，跟斯巴达的黑劳士一样，根据亚里士多德的说法，他们也一直试图通过起义来摆脱自己的位置。[17]

派拉斯基奥提斯最主要的城镇拉里萨与弗提奥提斯的法萨卢斯（Pharsalus）一直有所较量，最终前者成了色萨利最重要的核心区域，该城坐落在一座山丘之上，统治着一个面积广阔、物产丰富的平原，派纽斯河环绕周围。

拉里萨自史前就有人居住，神话传说丰富，很多都跟该地同名的山林水泽女神有关，据说她在玩球的时候掉入了派纽斯河中。阿琉阿德家族是当地的贵族[18]，掌管该地，他们通过将家族中的"红发"①阿琉阿斯（Aleuas）追溯至色萨鲁斯，进而认为整个家族是色萨鲁斯的后裔。阿琉阿斯是一位金发牧童，神话中一条母蛇与之坠入爱河。

色萨利的骑兵是希腊最好的，这为寡头统治提供了基础，在优卑亚城邦卡尔基斯和埃雷特里亚之间的利兰丁战争中（约公元前700年），当色萨利的骑兵为卡尔基斯人赢得胜利的时候，他们就已经是希腊的主导力量了。在公元前7世纪的后半段，或者稍晚一些的时候，拉里萨的一位阿琉阿德家族的统治者声称自己是经过选举的色萨利联盟军事领袖（tagos），终身任职，该军事同盟最初只是一个地方性的联盟，后来发展到整个色萨利地区。成员之间构成了一个非常松散的政治同盟，每个成员都会派遣代表参加法萨卢斯附近的雅典娜伊陶尼亚圣所的宗教节日。随着时间的推移，每一个色萨利人的居住区域，都要向联盟提供四十名骑兵和八十名步兵。

色萨利人是以德尔菲阿波罗神庙为核心的近邻同盟的十二成员之一，当德尔菲和基拉发生冲突，第一次神圣战争爆发的时候（参见上文第2节），阿琉阿德家族的欧律洛克斯与锡西安的克里斯提尼结盟，率先在联盟中提议

---

① 因其发颜色较浅，虽号称"红发"，但后来的学者一般认为他是金发。

出动近邻同盟的兵力，将基拉毁灭（公元前591年）。欧律洛克斯随后主持了皮提亚赛会，在阿琉阿德家族的带领之下，色萨利人在接下来的一段时间内的近邻同盟中有着重要的影响力。事实上，科林斯地峡以北的城邦和部落拥有绝对优势的军事力量，当地的僭主制度也进一步增强了这一军事实力。

在第一次神圣战争期间，他们的部队领导着近邻同盟的军事力量，这时候他们部队已经是上文提及的联盟军队的一部分了，有证据证明在公元前6世纪60—40年代，联盟一度非常活跃。不过，现存证据显示最早的联盟会议在公元前511年举行，根据希罗多德的说法，成员"共同决定"，色萨利人应该派遣部队帮助雅典僭主希皮阿斯对抗他的敌人。[19] 同时，当时很多非常有名的诗人也会聚于此。忒奥斯（Teos）的阿那克里翁（Anacreon）大约于公元前514年到达此地，这与法萨卢斯地区的国王埃凯克拉提达斯（Echecratidas）和王后杜赛丽斯（Dyseris）有关。大约在同一时期，凯奥斯的西蒙尼德斯是克兰农（Crannon，派拉斯基奥提斯的第二大城镇）的斯哥帕特王朝（Scopads）的座上宾。西蒙尼德斯向他的雇主表示称赞，但是他也说过他从未欺骗色萨利人，因为他们太愚蠢了。[20]

这些城市在政治上肯定是落后的，因为这些地方王朝统治的城镇，尽管在某些方面相当显赫，但是缺乏成为城邦的基本制度和基础设施。尽管这些地区有一些联邦组织的味道，但是不可能得到深化发展，因为色萨利始终保持着自己的旧有区域结构。这也意味着区域性相互对抗的王朝最终并不能真正和谐统一。诚然，阿琉阿德家族在公元前5世纪完成了制币，这令人印象深刻，品达最早写给自己学生的一首诗（公元前498年）就曾提到，但是他们并没有足够的权力将所有地区联合在一起。尽管他们的骑兵十分优秀，但是在一个步兵作战越来越专业的年代，他们的步兵并不能够与希腊其他城邦的重装步兵相匹敌。

由于这些原因，希腊北部地区的色萨利人的统治并没有走出公元前6世纪。此后，忒拜击败（约公元前540年在赛斯皮亚［Thespiae］附近）色萨利，斯巴达也逐渐削弱其潜在的泛希腊力量，他们自此扮演着平凡的角色，即使在公元前492年他们与波斯结盟也没有挽回自己的地位（法萨卢斯的埃凯克拉提达斯可能并不支持这一点），随后抵御大流士入侵的失败更是如此。此后，在接下来的一个世纪中，色萨利几乎没有发挥什么作用。

第 4 节　忒拜与波奥提亚同盟（赫西俄德）

波奥提亚位于优卑亚西边（隔海峡相望），其东南边与阿提卡接壤，向南一直延伸到科林斯湾，这里是普鲁塔克笔下的"战争之地"[21]，因为这里是连接两块希腊大陆的战略要地。相对肥沃的波奥提亚核心地区有忒拜控制的平原地区及其对手奥尔霍迈诺斯控制的基菲索斯河谷地区，不过后者最终被忒拜毁灭。这些平原盛产粮食和橄榄，还有马匹。《伊利亚特》舰船名录列出了不少于三十一个来自波奥提亚的队伍[22]（《伊利亚特》很有可能就是在这片土地上创作的）。

这个地区史前的重要性被大量神话证实。其中大量的神话都与奥尔霍迈诺斯相关。我们知道他们如何抽干考帕依斯湖（Copais），他们的建筑是由利巴迪亚的特洛夫涅斯和阿伽墨得斯设计的，他们是德尔菲的阿波罗神庙的建筑者（参见上文第2节；以及注释35）。不过，现存的有关奥尔霍迈诺斯的神话体量与忒拜的英雄传奇故事相比是微不足道的。

埃克特那人随后占领忒拜所在的地区，他们的君主名为奥巨吉斯（Ogyges），据说宙斯之子安菲翁（Amphion）或卡德摩斯（Cadmus）最终建立忒拜，后者是忒拜建立者的说法可能来自米诺斯克里特传说，卡德摩斯来自腓尼基的泰尔（据说忒拜德墨忒尔的地母节神庙曾经是他的宫殿），据说卡德摩斯还播种龙牙，借此得到一大批战士。传言，这些"地生人"（*spartoi*）成了忒拜贵族的祖先。忒拜还声称赫拉克勒斯也是忒拜人，以期与阿尔戈斯和梯林斯相抗衡。此外，这个地方还流传着俄狄浦斯家族的英雄传奇事迹，斯巴达人齐纳翁（Cinaethon）创作的《俄狄浦迪亚》（*Oedipodia*，现已失传）就讲述了这样的故事。七将攻忒拜的远征故事

（*Thebais*）以及诸将领之子在阿尔戈斯的阿德拉斯图斯的带领下的后续故事（*Epigoni*）是另一些不知名作家创作的（并非以往人们常说的由荷马创作）。

忒拜位于平原的南端，其卫城卡德梅亚（Cadmeia）坐落在一个细长的高原上，有半英里长，四分之一英里宽，延伸至狄耳刻河（Dirce）的峡谷，俯瞰城镇。在米诺斯和迈锡尼文明的青铜时代，卡德梅亚是一个王室宫殿堡垒，与迈锡尼本身（就目前的发掘情况而言）同样令人印象深刻。其富饶归功于当地的农业，以及其连接希腊中部与科林斯湾和阿提卡的优越的地理位置。

然而，考古证据（与*Epigoni*提到的故事相吻合）表明忒拜的要塞在约公元前1270年被洗劫、焚毁并遗弃。荷马史诗中的舰船名录尽管主要强调了波奥提亚，但是并没有提到忒拜，只提到了许波忒拜（Hypothebae），意思指忒拜下边的地方。据说，正是在这段动荡的时期，也就是特洛伊陷落后的六十年，波奥提亚人从色萨利的阿尔尼（Arne）来到了这片土地。[23] 他们融合成了一种复杂的文化（当然也包括种族），当他们到达这片新的领土并与原住民结合的时候，这种融合更为突出。在这些融合的作用下，波奥提亚的语言在一些层面上与阿卡迪亚方言（前多利安）有些亲密关系，不过其语言还是与色萨利和爱奥尼亚方言相关，亦包含了一些西部希腊语（多利安方言）元素。

波奥提亚人移民之后，忒拜逐渐恢复生机——其拱顶的阿波罗伊思麦纽斯神庙约建于公元前9世纪早期[24]——并成为一个希腊城邦，不过并没有强大到能将其他村镇纳于统治之下。到了公元前8世纪，该地区仍然有十几个或者更多独立的群体，包括奥尔霍迈诺斯、喀罗尼亚（Coronea）、哈利阿尔托斯（Haliartus）、阿克拉菲亚（Acraephia）、普拉提亚、塔纳格拉（Tanagra）、奥罗普斯（Oropus）和赛斯皮亚。

最后一个城镇靠近赫利孔山（Helicon）的东山脚下，是南波奥提亚的中心。其领土还包括科林斯地峡的两个港口，克鲁萨（Creusa）和斯伐伊（Siphae）港口，以及赫利孔山上的缪斯河谷和阿斯克拉（Ascra）村庄，靠近今天的帕纳伊亚（Panaghia），位于阿斯克拉皮尔格斯（Pyrgos）附近的赫利孔山坡上。根据传统的说法，该地是由奥埃库斯（Oeochus，波塞冬和阿斯克拉之子）以及阿劳埃乌斯（Aloeus）的孩子们奥图斯（Otus）和埃菲阿尔特斯（Ephialtes，他在奥萨山［Ossa］上又建了一座皮利翁山［Pelion］，并在赫利孔山上最先向宙斯女神献祭）建立的，这块小小的地方在名声上胜过其他所有波奥提亚人，因为诗人赫西俄德自称出生于此。

赫西俄德大约是在公元前700年之前完成了他的诗作《工作与时日》和《神谱》。[25]人们经常讨论它们成书年代与荷马史诗《伊利亚特》和《奥德赛》相比孰早孰晚。一般而言，人们认为荷马史诗的成书年代更早一些，因为其描述的社会形态比赫西俄德的作品要早。然而这种认知标准并不合理，因为除了赫西俄德的波奥提亚和荷马的伊奥尼亚社会本身存在的巨大差异之外，《伊利亚特》和《奥德赛》所指涉的社会制度所反映的社会形态很可能在诗歌创作的时候就已经消失很久了，无论如何，其中提到的很多情况都不是真实的，而是虚构的（第五章，第1节）。因此，荷马史诗和赫西俄德的作品哪个在先是难以确定的。

赫西俄德说，他的父亲是爱奥尼亚的库梅（小亚细亚西北部）的商人，由于贫穷移民至阿斯克拉，他的儿子赫西俄德在此出生并在这贫瘠的土地山务农。赫西俄德将其居住的地区描述成"村子里的一个洞……冬天气候恶劣，夏天无聊，没有一个季节是好的"[26]。他的父亲去世之后，他和兄弟帕尔赛（Perses）之间就遗产的分配问题（在其他地区可能会造成移民和殖民）展开了长久的争执。赫西俄德还说自己在卡尔基斯（优卑亚）参加了一场诗歌比赛，在安菲达马斯的葬礼上，他凭借一首赞美诗赢得了奖品。[27]关于他的死，有几种不同的说法，一说他在奥佐里亚洛克里（Ozolian Locris）的俄诺埃（Oenoe）被杀死。[28]他的坟墓在奥尔霍迈诺斯。[29]

他的诗歌展示了他作为第二种非荷马诗歌传统奠基人和主导者的角色，这一传统并不起源于伊奥尼亚，而是起源于希腊大陆。然而，由于诗歌使用的语言与体裁密切相关，而非诗人的出生地，所以他的六音步长短短格诗律使用了一种混合方言，整体上使用了很多荷马使用过的俗语，同时还包含了一些波奥提亚的语言习惯。生活在希腊文字刚刚出现的时期，当口述传统仍然具有影响力的时候，赫西俄德（像荷马一样）可能是自己书写诗歌的，更有可能的是赫西俄德口述，有人负责抄写，这样时间上就有了先后之分。尽管赫西俄德的诗歌风格稍显粗糙，但有时也会显得庄严有力，其中一些生动的描写也能展示出诗人独特的个性，他被誉为西方文学第一人：第一个用自己的语言向我们讲述自己的人。

《工作与时日》的开篇，诗人呼唤缪斯女神赞美宙斯，然后继续向他的弟弟帕尔赛提出和解的请求，并提出竞争是好的，但是冲突是邪恶的。这是宙斯或者其他众神的意愿，人类谋生必然是艰难的。第一个女人潘多拉的好奇心导致了男人的堕落。潘多拉是普罗米修斯的女儿，普罗米修斯曾经将火作为礼物赠予人类，为了惩罚得到这一份礼物的人类，宙斯派来了潘多拉，她伪装成一个女神，外表诱人，内心却隐藏着邪恶。"赫尔墨斯在她的心里放了谎言、甜言蜜语和淫荡的本性……给那些吃面包的人带来了灾难。"[30] 她打开了那个盛有一切罪恶的盒子，这是淫欲的象征，不过这一隐喻在之后发生了改变，据我们所知，只有希望被留在了盖子下面。

赫西俄德改写了古代关于女性的谩骂、迷信和一些民间故事，这些故事的主题可能源自埃及。这些故事强调了女性造成的社会和个人的痛苦，认为女性是狡猾的矛盾制造者，带来痛苦与不适，但是不可缺少。通过对这一主题的强调，赫西俄德在建立和延续反女权情绪方面发挥了重要作用，这种情绪在希腊人的心理和历史上一直存在。妻子在性和经济层面（因为一个奴隶也可以同样有效地完成基本的任务）都依附于男性，并不断消耗他的财产，与此同时对男人毫无贡献。女性对人类生存场景的再现反映了人类的复杂本质，而诸神正是用谎言、善恶并存的方式统治人类的。就像《旧约》的《约伯记》一样，潘多拉的故事实际上涉及了邪恶的经典问题，试图解释为什么在一个所谓的仁慈的宙斯统治的世界中，我们要遭受这么多苦难。只不过这里给出的解释与众不同：一切都归咎于女性。

这首诗接着列举了人类的五个时代：黄金时代、白银时代、青铜时代、英雄时代（很有可能是希腊与东方碰撞的年代）和黑铁时代，而最后的黑铁时代是悲惨的，并且情况会不断恶化。强大的变成了正确的——当夜莺被抓住的时候，鹰对它说："你在悲叹什么？一个比你强大得多的动物此刻正紧紧抓着你。"[31]但是，尽管这种残酷的教条十分流行，人还是应该尽量表现得正派，因为正义终将带来繁荣，而邪恶终将带来毁灭。宙斯凝视一切，不仅通过他自己的眼睛，还有那些他派出的代表。其中一个代表就是正义女神（狄刻），每当正义本身受到侵犯的时候，她都会记录并且呈报宙斯。即使鸟类和动物之间会相互残害并吃掉彼此，人类却有着基本的准则，因为宙斯将正义独独赋予人类。

接下来，《工作与时日》一书开始记录那一年农民生活的细节。诗人记录了其所处的阶段，并记录家庭事务、结婚的年龄、金钱以及其他礼仪问题的基本规则。在讲述这些规则的时候，诗歌体现出与近东智慧文本和农事书等体裁的相似之处。然而这些特征在此前的希腊文学中并不存在。尽管赫西俄德有时会利用神话来表示周围不可测的神力，但是他更加倾向于在神话之外寻找自己的主题，这也是一种创新。他还号召自己的听众不要沉迷于荷马式的荣耀，而是应该接受冷静、清醒和节制带来的劳作的真理。因为在赫西俄德所处的世界中，生活是残酷暴力的，充满了人类精神堕落的味道。他谴责自己所处的时代，在这个过渡时期，在走着下坡路的专制领导者的统治之下，"贿赂横行，审判也并不公正"[32]，那些后来历史悠久的城邦尚未兴起。赫西俄德以一种矛盾的观点来观察这一过程，他是一个独立的、拥有奴隶的农场主，一个保守主义者，他痛恨事情的发展，他想以个人主义者的态度，暴力反抗公共权力的不公平。

撤去对女性攻击的部分，《神谱》实际上展示了另一个完全不同的创作方式。跟荷马以及那个时代的诗人一样，赫西俄德在诗作的开篇呼唤缪斯女神。这样的段落代表了一种启发性的温暖，这种温暖有时会进入诗人的内心，充满他的内心。但是赫西俄德的呼唤是用一种特殊的、发自内心的措辞表达的。其中还包含了我们的认知中最早的文学宣言。赫西俄德宣称，诗歌除了艺术、虚构的材料外，还包含事实，而他的职责就是以真实的方式传达这些事实。[33] 他的这些尝试为自己赢得了训谕诗创作的先行者地位，在古代，训谕诗属于史诗的分支，不过与史诗不同的是，训谕诗并不处理战争相关的主题。

为了传达并提升真实，《神谱》转而回归了神话的叙事模式，着手解释神圣的事物以及宇宙和世界的组织方式。这首诗是很早期的尝试，试图将大量的神话素材融合在一起，将其组合成一幅画面，尽管这幅画面还未发展成为科学，但凭借其涵盖面广大的目标，它已经步入介于古代神话的混乱和未来的理性之间的阶段。这是一位先驱诗人，试着承担起祭司的角色，用一种新奇的视角讲述神话。希腊人的智识水平已经发展到了一个新的阶段，希腊宇宙哲学的开端也就不远了（第五章，第2节）。

不过为了这一创作目的而搜集起来的种种神话故事、民间传说和谱系大多都十分古老。尤其是整个创世故事，讲述了一个至高无上的神（克罗诺斯）是如何被另一个至高无上的神（宙斯）所取代的，这个故事与胡里安人的《库玛比史诗》(*Epic of Kumarbi*) 和《乌里库米之歌》(*Song of Ullikummi*) 关系密切，这些诗作流行于赫梯传统得以保留延续的叙利亚北部城邦，与此同时《神谱》中还可以看到《埃努玛埃利什》(*Enuma Elish*) 的影子（附录1）。然而我们并不清楚这些诗作是如何以直接或间接的方式影响到赫西俄德的。

赫西俄德的注意力主要集中在宙斯通过武力为自己赢得的至高无上的地位上，还有宙斯得以消灭一个接一个的反叛者的强大力量上（弥尔顿的《失乐园》吸收了大量《神谱》的细节）。这是塑造出奥林波斯众神的重要一步，在这个神系中，最重要的规则是由宙斯建立的，因此，尽管有些难以避免的残酷和阻碍，正义（*dike*）最终将获胜。与史诗传统的对抗过程中，正义逐渐取代荣誉成为集体的核心价值。

这两者都是模糊的政治概念，但是赫西俄德更加强调正义，这反映出公民意识进入新阶段的曙光，而不久之后，这一曙光将在很多城邦的立法者的工作中开花结果。

早期波奥提亚人的第二项主要成就集中在政治领域，他们在联盟制度的发展中发挥了杰出的作用，这一作用过了很久才被敌对城邦的作家承认，尤其是雅典。

在波奥提亚，有很多因素阻碍了联盟制度的发展，因为在波奥提亚大地上，希腊式的分裂倾向日益加剧，因为城邦与近邻之间长久的竞争关系带来了不稳定因素。

另一方面，与这种情况不同的是，为了对抗色萨利和雅典，波奥提亚内部的城邦之间其实需要合作，该地区的农业资源分配也是合理的。因此，在合适的时机下，这些城邦的代表定期在喀罗尼亚的雅典娜伊陶尼亚圣所举行的泛波奥提亚宗教节上会面。诚然，我们能找到的关于这一活动最早的证据并不早于公元前300年，但是这个仪式本身应该可以追溯到几个世纪之前。

这是很有可能的，因为早在约公元前550年，政治同盟的演变就可以通过联盟货币体现。[34] 因为从那时起，许多波奥提亚的钱币都呈现出一种相似的类型，包含该地著名的盾牌状特征，呈圆形或者椭圆形，两边都有半圆形的开口。最早的钱币上印有塔纳格拉和哈利阿尔托斯的首字母缩写，另一枚同时代的钱币来自忒拜，没有任何字母。同一世纪的末期，第二类铸币开始流行，添加了忒拜和波奥提亚其他城邦的字母缩写。奥尔霍迈诺斯因自己丰富的过去感到自豪[35]，其钱币有独立的设计，说明该城邦并不属于联盟（该城邦还曾庆祝自己战胜了联盟成员喀罗尼亚）。[36] 奥尔霍迈诺斯不加入联盟是可以理解的，因为从忒拜任何地区的地名并没有在早期的联盟中被提及，可以看出，这是一个并不平等的联盟，正因这种"无名"，忒拜试图建立自己的霸权。

忒拜由一小部分贵族统治，其统治方式极为专制（虽然从科林斯来到此处的早期立法者菲洛劳斯一定为法律统治奠定了一定基础）。[37] 我们并不清楚在什么时候，以及多大程度上由出身划分等级被财富所取代，不过到了一定时候，财富确实变得很重要，特别是猪的养殖和贩卖，该地曾经一度以之闻名。

忒拜的寡头统治与雅典的庇西特拉图家族（包括他们上一辈）关系密切[38]，这种情况延续至约公元前519年，直到西塞隆山和阿索普斯河之间的，靠近波奥提亚和阿提卡边境的普拉提亚爆发冲突。忒拜强制普拉提亚加入波奥提亚同盟，后者向斯巴达人求助，但是斯巴达建议普拉提亚的领导者向雅典求助。随后雅典政府同意了普拉提亚的求援，忒拜和雅典之间的战争一触即发（这是斯巴达人乐意看到的）。在这场冲突中，雅典人是胜利者，给普拉提亚人提供了庇护之地，波奥提亚人付出代价。这一事件使忒拜人对雅典产生了敌意，他们在公元前507—前506年加入了斯巴达和卡尔基斯的同盟，一起对抗雅典，但仍然以失败告终。

我们在读赫西俄德的过程中并不会认识到波奥提亚人的社会生活中同性恋一度占据主导，这在整个希腊地区都是少见的，事实上，农村地区的许多情况都与赫西俄德的记载有所出入。在色诺芬和柏拉图的作品中我们可以看出，不仅在波奥提亚，男性与自己的男性伴侣之间的肉体关系是光荣的，在其他地区也是值得称赞的事情：柏拉图在《会饮篇》开篇中称伊利斯的情况也一样，任何"言语不清的地方"都是如此。[39]

至于言语不清，实际上赫西俄德生活的这片土地的文化并不像其敌邦雅典形容的那般落后和野蛮。而且，除了赫西俄德之外，公元前6世纪晚期创作的荷马颂诗《致赫尔墨斯》或许也出自波奥提亚。神话中忒拜的建城者安菲翁甚至能用缪斯女神送他的吕拉琴感动石头，这反映了当地悠久的音乐传统。波奥提亚人用考帕依斯湖中的芦苇制作了奥洛斯管（*auloi*，跟单簧管和双簧管类似），就此出现了一批著名的奥洛斯演奏者，和教授该技能的老师和创新者。波奥提亚的建筑也并不是寂寂无闻。位于忒拜以北12英里处的普陀伊翁（Ptoion）有一座阿波罗普陀奥斯的神庙，因其古风时代的少男（*kouroi*）少女（*korai*）雕塑闻名，该地的青铜作品也颇具价值。

地图5　爱琴海东部和中部

第五章　爱琴海东部和中部

第1节　伊奥尼亚：希俄斯（荷马）、萨摩斯

公元前2千纪末期，小亚细亚西海岸和临近的岛屿被来自希腊的移民占领：伊奥尼亚人占据了中部，北部是爱奥尼亚人，南部是多利安人。

希罗多德认为伊奥尼亚拥有全世界最好的气候[1]，该地还包括毗邻海岸的大岛屿和三条河流——赫尔姆斯河（Hermus，今盖迪兹河［Gediz］）、考斯特河（Cayster，今小门德雷斯河［Küçük Menderes River］）、迈安德河（Maeander River，今大门德雷斯河［Büyük Menderes River］）下游的肥沃河谷。伊奥尼亚的定居者来自希腊大陆，他们应该是在公元前1100年前在多利安人和其他入侵者到来时逃离了希腊大陆。

传说中克苏索斯（一说阿波罗）和克鲁萨之子伊翁领导了一次殖民运动，途中在雅典定居了一段时间，那里的四个伊奥尼亚部落以伊翁的四个儿子命名（第二章，注释4），这可能是后来的亲雅典者对这个复杂而又漫长活动的夸大。[2]诚然，雅典在定居伊奥尼亚的过程中起到了主导作用，但是这个设定应该放在更大的背景之下，毕竟伊奥尼亚人只是希腊人的一个分支，早期定居在不同的希腊土地上。我们最早是在小亚细亚的伊奥尼亚地区发现了他们的方言形式，源于在当地创作的荷马史诗。

在公元前8世纪晚期，十二个伊奥尼亚城邦，包括希俄斯和萨摩斯两个岛屿，大陆上从南到北依次是米利都、美乌斯（Myus）、普里埃

内（Priene）、以弗所、科洛丰、勒比多斯（Lebedus）、忒奥斯、厄里特赖（Erythrae）、克拉佐美奈（Clazomenae）、福西亚。这十二个城邦共同构成了一个泛伊奥尼亚宗教同盟，其圣所波塞冬赫利克纽斯位于麦卡莱山（Mycale），取代了原来美利亚（Melia）的神庙（位于库兹尔卡姆利［Güzel Çamli］的卡勒山丘［Kale Tepe］上）。虽然伊奥尼亚人很少能够采取一致的行动，但是由于本土居民的极力反抗，最终放弃了美利亚定居点。在一定程度上，统治伊奥尼亚城邦的国王逐渐被贵族共和制取代。后来，这些政权先后落入了吕底亚和波斯的统治之下，他们更倾向于在该地建立独裁的地方政府统治。

小亚细亚海岸的两个大岛屿，希俄斯和萨摩斯，在早期希腊人的历史中都发挥了重要的作用，如果没有他们，历史的发展情况将大不相同。

希俄斯南北长约30英里，东西宽约8到15英里，距离伊奥尼亚大陆的主要海角约5英里。该地最早的定居者可能是吕底亚人和卡里亚人（Carians，参见附录1以及本节注释17）。但是，在大约公元前1000年，希俄斯接纳了来自阿提卡地区的伊奥尼亚移民（与之伴随而来的是优卑亚的阿班忒斯人）。这些移民将他们的主要中心建立在该岛东海岸的一个富饶美丽的平原上，这里现在仍然属于希俄斯。

古风时代居民遗址已经被发掘，另一个位于南部海岸附近的定居点恩波利翁（Emporio，位于迈锡尼遗址之上）也有迹可循，该遗址包括一堵墙和一座大型贵族房屋，该房屋由木柱支撑，石头为底，约建立在公元前8—前7世纪。当地的方言是伊奥尼亚希腊语，并混合了爱奥尼亚方言。早期的希俄斯由国王统治，其中一位是希波克鲁斯（Hippoclus），他在一场婚礼中的酒后骚乱中被杀，这直接导致了与大陆上的伊奥尼亚城邦厄里特赖的战争。之后希俄斯的君主统治被贵族政府取代。

爱琴海东部的许多地区都声称自己是荷马史诗《伊利亚特》和《奥德赛》的作者荷马的出生地，诗歌的内部证据，尤其是一些生动的比喻表明，该海岸地区就是这些诗歌的创作地区（这两部作品是同一位诗人的作品，这一点有时会被否认，下文将进一步确认）。

尽管我们的现在能接触到的史料相互矛盾且分散，尤其是《荷马的生活》(Lives of Homer)一书，该书创作的首要目标是合宜性而非真实性，但是关于荷马的出生地最令人信服的说法基本围绕希俄斯和士麦那，很有可能他出生于士麦那，但是在希俄斯生活并进行创作。根据埃福罗斯（Ephorus）的说法，他在希俄斯的时候生活在北部的波利索斯（Bolissus，今佛利索斯[Volissos]）[3]，这里后来成了荷马协会的所在地，据说由其后代组织，专门背诵荷马的诗歌。公元前7世纪，诗人西蒙尼德斯（参见下文萨摩斯部分）将《伊利亚特》的一部分归于"希俄斯之人"[4]，同一时期，荷马颂诗《致阿波罗》（虽为荷马颂诗，但是作者却并非荷马）中德尔菲的皮提亚女祭司说道，荷马是一个"居住在多岩石的希俄斯"的盲人。[5] 对盲人来说，歌唱似乎是最好的职业——《奥德赛》中阿尔喀诺俄斯（Alcinous）麾下的吟游诗人德墨多库斯（Demodocus）就是盲人，阿波罗也剥夺了他的先知们的视力——当然这种情况也可能只是隐喻，因为荷马竭力强调吟游诗人的地位，他们似乎更加关注自己，将自己的视线聚拢在事物的内在，而忽视了其他外在。[6]

诗歌似乎在公元前750/700年创作完成，整个过程大概持续了两百年，也就是说，诗歌的创作早于伊奥尼亚人到达希俄斯的时间，比诗人想要描述的社会晚了半个世纪。这些诗歌的创作时间是早于还是晚于赫西俄德的《工作与时日》和《神谱》（第四章，第4节）仍无法确定。较早的匿名诗人或者不知名的诗人的短诗被荷马加以整合修改，构成了《伊利亚特》和《奥德赛》的一部分，在他之前，这些短诗很有可能就被整合成了中长篇幅的诗歌，为两部完整史诗的合流指明了方向，所以史诗最终呈现出的时间范围十分广泛，从所谓的特洛伊战争开始之日一直延续到史诗最终的成文之时。但是总的来说，将这些较短的作品合并成两首伟大壮阔、结构复杂的史诗，似乎更应该被视为荷马的特定成就。

在随后的几个世纪中，演唱史诗的吟游诗人都是目不识丁之人，但是他们演唱的那些业已遗失的歌曲，却通过口头表演的方式从一代人传给了另一代人。毫无疑问，这些诗歌中有很多程式化的话语和表述，能够帮助记忆，有助于歌手即兴演唱。这种由修饰性的词语、词组和意群（如玫瑰色的曙光、酒红色的大海）还有一整套的主题和动作序列组成的程式化的表达在《伊利亚特》和《奥德赛》中有很多。28 000行的诗歌中包括了约25 000处程式化的表达。

迄今为止，在各种考古技术的帮助下，无穷的努力使荷马诗歌中所描述的对象、制度、习俗和仪式得以复原，还原出的结果十分复杂，最终得出的最重要的结论是，荷马并不想重现任何当时具体存在或曾经存在过的社会的特征和价值。诗歌包括一些明显的典故，虽然有些凌乱，但是仍能看出反映了早已失去的迈锡尼文明的生活方式，其中最著名的就是《伊利亚特》中的舰船名录[7]，不过更多的内容（尽管并不系统）记录的是诗人自己生活的时代，即公元前8世纪的情形。另一方面，诗歌中还有许多其他元素，既不是源自诗人对迈锡尼时代的回忆，也不关乎诗人自己时代所存在的现象，而是源自两个时代序列之间的半个世纪中发生的故事。还有一些情节并没有反映任何时间节点，难以定位。

荷马的伟大成就是由一次幸运促成的，因为他的一生似乎与书写重新被引入希腊世界的时间重合（第一章，注释35）。在这种情况下，诗人顺应天意，通过使用新的书写技术，将自己的诗歌写成文字，最终影响了大多数人目不识丁的社会情况（也可能是诗人亲口朗诵，由掌握书写能力的人写下）。这次机会使诗人创作了连贯的、有纪念意义的诗歌结构，这完全超出了他的前辈能达到的水平。

不过这仍然是口头传统的延续，诗人创作诗歌的目的（起码有的段落是这样）也是为了在吕拉琴（西塞拉琴、福尔明科斯琴）的伴奏下背诵或吟唱。这些表演可能是在贵族的盛宴或大型节日上举行的，例如在麦卡莱山上举行的泛伊奥尼亚会议上。在这种情况下，两首史诗之一可能会在大约十五次会议上演唱，每次会议时长两小时，也就是说会延续三到四天。

这些听众有幸直接听到清晰美妙的诗歌，其中包含一些最令人兴奋和感动的段落，同时还包括一些精妙的幽默内容。这些长短短格的诗律（第一章，注释38）蕴含丰富的语言传统，能描绘出各种情感和场合。从古典语文学的角度讲，这些诗歌是各类方言的混合体，其中伊奥尼亚方言占据主要地位，爱奥尼亚方言和阿卡迪亚—塞浦路斯方言也囊括其中。

经过几个世纪的争论，《伊利亚特》和《奥德赛》是否是同一位诗人荷马所作仍有争议（不过这种观点仅少数人持有）。《奥德赛》所反映的生活方式与《伊利亚特》中描绘的生活方式截然不同，且明显较晚。但是这些现有的争议并没有对这两部作品同属一位作者的传统观点造成太大冲击（其区别与将《暴风雨》和《李尔王》的作者分开不大）。很有可能《伊利亚特》是荷马少时的作品，而《奥德赛》是其晚年作品。但这一推论并不是必然，因为荷马讲述的的确是两个不同年代发生的事情（二者都远离他生活的时代，且大都是他想象的产物），尽管语言、思想和结构有一致性，但这并不一定意味着两首诗歌是诗人一生的不同阶段所作。

无论如何，悲剧故事《伊利亚特》和冒险故事《奥德赛》在许多微妙之处相互补充，而两者之间的差异，既不必用作者不同来解释，也不必用上文提到的同一作者不同年龄段的创作加以解释，其实这种差异可以解释为诗人继承了多重传统的不同侧面。

《伊利亚特》讲述的事情发生在诗人家乡以北，在小亚细亚大陆的伊利昂（特洛伊）附近，俯瞰着赫勒斯滂海峡（达达尼尔海峡）。史诗描述了迈锡尼国王阿伽门农指挥的阿凯亚联合大军（荷马说他们是希腊大陆的前多利安人）围困特洛伊及其后续的故事。在与他的兄弟斯巴达国王墨涅拉俄斯联手的情况下，他还号召其他阿凯亚城邦的领导人一起加入了这次针对特洛伊国王普里阿摩斯的军事远征，因为普里阿摩斯的儿子之一帕里斯掳走了墨涅拉俄斯的妻子——美丽的海伦。

希腊联军带着他们的舰队在特洛伊城外驻扎了九年。尽管在阿伽门农最强大也最难驾驭的盟友，色萨利穆尔弥多奈斯人的王子阿基琉斯的领导之下，他们占领并掠夺了附近的很多城邦，却一直没有攻下特洛伊。这些城邦中的一件战利品引起了阿基琉斯与总指挥官的争端。争端涉及克律塞斯（Chryseis），一位被阿凯亚人俘虏的女子。该女子是阿伽门农的战利品，阿伽门农不得不满足其父克律西斯（Chryses）将其赎回的请求，以平息阿波罗的怒火，因为克律西斯是克律赛（Chryse）、奇拉（Cilia）以及忒涅多斯岛（Tenedos）上的阿波罗祭司。阿伽门农转而想夺取布里塞伊斯（Briseis），后者是阿基琉斯的战利品，阿基琉斯愤而退出了这场战争，并带走了追随他的穆尔弥多奈斯人。阿基琉斯的愤怒就是史诗的第一个单词，正如荷马所说，这一愤怒将其他所有阿凯亚人笼罩在灾难之中。

墨涅拉俄斯和帕里斯试图通过一场决斗达成休战，但是这并未达成，战争得以继续。然而，在失去了阿基琉斯的帮助之后，阿凯亚人发现自己陷入困境，即使阿伽门农以丰厚的补偿作为条件，阿基琉斯仍然拒绝帮忙。普里阿摩斯的儿子赫克托尔摧毁了阿凯亚人在自己的生活区和船只周围建立的堡垒。在这种情况下，阿基琉斯有所松动，他允许自己亲爱的朋友帕特洛克罗斯（与其他作家不同，荷马并没有暗示他们有同性恋关系）[8]领导穆尔弥多奈斯人营救他们濒临危机的同袍。帕特洛克罗斯成功了，但是他冲得太前，在城墙下死于赫克托尔之手。于是，在愤怒和悲伤的驱使之下，阿基琉斯本人终于再次参与战斗，将四处逃散的特洛伊人赶回自己城市，杀死了赫克托尔并野蛮地对待他的尸体，就此阿基琉斯的愤怒就超越了人类的界限。在宙斯的指引下，悲痛至极的普里阿摩斯在晚上造访阿基琉斯的营帐，乞求带走自己儿子的尸体。阿基琉斯答应了他的要求，达成了休战，史诗以赫克托尔的葬礼结束。

发掘证明，青铜时代晚期的特洛伊（Troy VIIA），这座规模不大却有着十分重要的地理位置的城市在公元前1250/1200年左右被摧毁。摧毁它的很可能是希腊大陆的迈锡尼文明，一些说希腊语的人，但是这并未得到证实。但是不久之后，迈锡尼文明（连同其文字）就崩溃了，直到五百年后，《伊利亚特》和《奥德赛》才逐渐成文，成为我们现在看到的样子。

尽管如此，这漫长的年代差异并没有阻挡荷马无与伦比的表达天赋。通过生动活泼而又不拘一格的理解力,他将每一个人物都描绘成了一个独特的个体。最吸引人的是阿基琉斯,他极致地拥有了荷马式英雄的所有优点和缺点,并且完全具化了获取荣誉必需的英雄特质。荷马笔下重构的英雄并不是完全符合历史的,当时,在人们对遥远过去发生的事情的兴趣刺激下,他将自己对过去的想象作为灵感来源。在出身、财富和所有物质支持下,荷马笔下的英雄终其一生投入到无休止的武力竞争之中,通过战胜同辈之人,尤其是在战争中获胜,以获得赞颂和衡量一切的物质财富,这是他们的主要职业(当然演说也占据重要的地位)。

然而,《伊利亚特》有时似乎是在讨论,而不是定义这些英雄行为的原则。这种对战斗的欲望和热情,在其发展至鼎盛时期时,似乎能把英雄们推上离众神不远的顶点,但其实却被悲情所掩盖:因为他们仍然无法逃脱等待着他们的凡人注定的命运。

这种命运与(甚至偶尔凌驾于神灵之上)那些神本身是一致的,正如希罗多德所指出的那样,这些神的名字、圣所和形象都是由荷马和赫西俄德赋予的。[9] 神灵并不遵守道德,且不顾教化,当他们在特洛伊战争中分裂支持双方时,他们卑鄙地争吵,并通过零星的、令人恐惧的、不可预测的干预来实施攻击。这就是《伊利亚特》中弥漫着一种人类努力的脆弱性的原因之一。神永远不会死,但死亡最终会袭击大地上的人和英雄,成为对价值的最终考验,是最后的、最具挑战性的考验和成就。阿基琉斯知道自己活不了多久了,在诗的结尾,他遇到了老普里阿摩斯,他的儿子赫克托尔被他杀死了,战争的喧闹最后只剩痛苦和同情。

赫克托尔虽然在军事上犯过错误,这点不如阿基琉斯,但他一直是一位高尚的英雄(也是希腊人最敬佩的敌人),他身上混合了战争和哀歌的元素。阿伽门农和墨涅拉俄斯有各自的缺陷。《伊利亚特》中有真实的女人,安德洛玛刻(Andromache)和她命中注定的丈夫赫克托尔的最后一次会面令人心酸。至于海伦(她从月亮女神变成了最具诱惑力的人类),一切都是她的责任,因为正是她引发了战争。

《奥德赛》讲述的是奥德修斯从特洛伊战争结束后回到伊萨卡岛的故事。他奇幻地流浪了十年，但荷马的叙述只涉及这段时间的最后六周。史诗的开端，他来到了女神卡吕普索（Calypso）的岛屿，尽管他渴望回到伊萨卡岛，但是女神强迫他作为情人在此居住了八年。同时，他的儿子忒勒马科斯（Telemachus）在伊萨卡长大，他的家中尽是不请自来的宾客，向其妻子佩内洛普（Penelope）求婚。由于主人奥德修斯不在，他们在他家吃吃喝喝，并敦促佩内洛普再婚，要求她必须在他们之中选择一人。

奥德修斯所有的麻烦都来自波塞冬的敌意，因为他在旅途中蒙蔽了神的儿子圆目巨人波吕斐摩斯（Polyphemus）。然而，当波塞冬不在的时候，其他的神和女神都被奥德修斯坚定的守护神雅典娜说服了，他们认为应该同情并帮助他。她指引忒勒马科斯前往皮洛斯（涅斯托耳［Nestor］的王国）和斯巴达（墨涅拉俄斯和海伦已经回到这里），以求得其父亲下落。同时，宙斯命令卡吕普索释放奥德修斯。奥德修斯造了一个木筏后出发，但波塞冬制造了一场风暴，他的木筏毁了。最终，在一些可怕的经历之后，他被抛到了斯科利亚岛（Scheria）的海岸边，这里住着善良的法埃奇亚人（Phaeacia）。在海边，他遇到了瑙西卡（Nausicaa）公主，她将他带到了法埃奇亚人的国王阿尔喀诺俄斯的宫殿里。

在为奥德修斯举办的宴会上，这位英雄讲述了自己离开特洛伊之后的旅程和冒险。他讲述了食莲者、圆目巨人、风神埃罗斯、食人族拉斯忒吕戈涅斯（Laestrygonians）、喀耳刻女妖、死者的亡灵（在大地的尽头，或者是米诺斯国王所在的冥界）、塞壬女妖、女妖斯库拉（Scylla）、旋涡妖怪卡律布狄斯（Charybdis）的故事。奥德修斯也描述了他的手下是如何吃掉太阳神赫利俄斯（Helios）的牛，并随之付出了代价，一场暴风雨将他们毁灭，他是唯一的幸存者，随后前往卡吕普索的岛屿，在斯科利亚上岸。

此后不久，尽管神怒不断，法埃奇亚人还是安排他前往伊萨卡岛，在那里，这位英雄装扮成乞丐，他发现了在他不在的时候，佩内洛普的追求者是如何表现的。在雅典娜的指引下，忒勒马科斯从斯巴达返回岛上，因此奥德修斯与自己的儿子团聚，并联手消灭这些不受欢迎的客人。在奥德修斯的宫殿中，只有他的狗（在他归来后死亡）和他的奶妈尤丽克莱亚（Eurycleia）认出了他。求婚者们强迫佩内洛普必须在他们之中选择一人成婚，据说佩内洛普发起了一场射箭比赛，并声称这能帮她快速做出决定，但是最终除了奥德修斯之外，没有人能拉动这张弓箭。奥德修斯本人拿起弓箭，射杀了这些求婚者。随后，佩内洛普认出了失散多年的丈夫，奥德修斯再次统治了这座岛屿。

虽然《奥德赛》的故事整体附加在传统的特洛伊战争之上，以证明其史诗形式，但是《奥德赛》本身建立在一个标准的民间故事模式上：一个人离家很长时间，以至于所有人都认为他已经死去，他最终却奇迹般地回到家乡，与自己忠诚的妻子团聚。几十个其他奇妙的古代故事被转化并结合到了这首最令人兴奋的诗歌中，这些故事一般都有东方化故事的特征（附录1）。

《奥德赛》与《伊利亚特》类似，他称赞肉体的胆量，也不乏嗜血的野蛮快感。但是，其中也发生了一些变化（如果《奥德赛》是两者中较晚的版本），从充满末日激情的狂热英雄主义到耐力、自制力和耐心等更为安静的美德，对战友和荣誉的热爱让位于对家庭和妻子的热爱。以喀耳刻女妖为代表的反抗男性社会的女性角色则被排斥。在这幅摇摆于王权和贵族政权之间的图画中，贵族政权有时或经常继承君主制，我们的注意力集中在贵族地主的社会和家庭生活上，他们以自己的地产为生。这种社会强调的是良好的教养、谦让和好客——宾主之谊，伴随着复杂的礼物交换网络。更卑微的人，如乞丐和乞讨者，也不会被忽视，他们与《伊利亚特》中形象模糊的士兵相比更具特色，在某种程度上，他们都受到关注道德的宙斯的庇护。

但在诗人进入《奥德赛》的后半部分之前，以下这些主题占了主导地位，比如英雄被抛弃在不同的海洋上，被抛弃在陌生的土地上，早在公元前2世纪，埃拉托色尼（Eratosthenes）就指出[10]，这些地点是难以辨认的。然而，虽然无法辨认，也注定无法辨认，但这些地方的描述依旧精彩，因为这在一般意义上反映了移民时代的大胆探索，这为希腊殖民者的丰功伟业铺垫了道路。

　　这个典型的流浪者，令人敬畏的、不可征服的、强大的奥德修斯，比荷马笔下的其他英雄更加聪明，更为足智多谋，与其说这是狡猾，不如说是能够分析任何情况并据此做出理性的决定，他是一个完整的人的永恒榜样，与生活中的所有危险做斗争，并一次次地消除了这些危险，从而发现了很多东西，并找到了他自己。尽管奥德修斯拥有坚强的独立精神，但希腊思想（和宗教）中有一种新的解读，那就是女神雅典娜给予他的那种专属的、保护性的陪伴、赞美和幽默。

　　魔幻的喀耳刻被生动地描绘出来，多情的卡吕普索也是如此，在希腊人看来，这一对儿在一段时间内对奥德修斯的性统治令人震惊，因为这与现实世界的自然过程截然相反。但是完全成熟的人格被赋予人类女性，而不是女妖，比如瑙西卡，再比如更为复杂、聪明、坚贞的佩内洛普。诚然，女性仍然是男性的奴隶，依赖于她们丈夫的能力。然而，她们在社会体系中扮演着重要的角色，因为她们能够将强大的家族联系在一起，带来丰厚的礼物。

　　此外，她们在一边观察并感受，拥有自己的思想和性格，她们解读男性行为的意义和后果。荷马不像古代的任何男性作家那样是一个歧视女性的人，他给了他的女性角色一些自由。阿伽门农和奥德修斯离开之后，他们的妻子留下掌管着他们的王国。随后阿伽门农的妻子克吕泰涅斯特拉（Clytemnestra）的不忠成为埃斯库罗斯《俄瑞斯忒亚》的主题，这对男性主导的社会体系构成了重大威胁。

　　一旦创作成型，《伊利亚特》和《奥德赛》就成了吟游诗人集团的财富，他们是那个时代最为熟练的伊奥尼亚技艺的践行者。就像我们之前看到的那样，这些人就是"荷马之子"（Homeridae）——也就是吟游诗人（rhapsodes），是专业吟诵者的原型和模型，得名于手中的指挥棒（rhabdos），他们将之握在手中，而不使用吕拉琴。可能在起源上，荷马歌者有着自己的圈子，"荷马之子"声称是他的后代，居住在希俄斯岛上。但是这些吟游诗人也会四处旅行（他们是最早养成这种习惯的希腊人之一）[11]，因此《伊利亚特》和《奥德赛》才流传甚广。

事实上，在随后的整个历史时期中——可能在庇西特拉图统治时期有所修改，并在公元前3世纪正式分成了十二卷——正是这两首诗为希腊人提供了最大的文明影响力，并形成其文字基础，塑造了艺术、道德、社会、教育和政治态度。在很长一段时间里，早期的历史记录似乎毫无必要，因为《伊利亚特》和《奥德赛》满足了所有的要求。他们也得到了普遍的尊敬和崇敬，作为一般实用智慧的来源，为英雄也为人类的高贵和尊严辩护，为积极的（通常是好战的）充满男子气概的行为提供了激励，是无数引用和评注作品的宝藏：这是古希腊人的共同财产，阻止了希腊狭隘本土主义造成的分崩离析。

希俄斯在公元前600年左右发行了琥珀金币（浅金色），后来发行了更纯的银币，采用狮身人面像，图像有一个特别卷曲的翅膀，作为它的公民象征，这是希俄斯谨慎、智慧的交易和自身利益的恰当象征。

据说在公元前6世纪早期，就是在希俄斯，有一位名叫格劳库斯（Glaucus）的金属工人，发现了如何将铁板和铁棒焊接在一起，而不是用更原始的方法钉住或铆接。此外，该岛也是繁荣的雕塑学习中心，尤其以女性雕塑（korai）而闻名，这些精美的雕塑可以追溯到公元前6世纪下半叶。希俄斯有时候会被认为是这类艺术的发源地。这里的雕塑家尤其善于塑造伊奥尼亚式的白色亚麻束腰外衣（chiton），这种外衣是女性雕像的重要组成部分。一些希俄斯大理石雕塑家为雅典人服务，因为那时雅典的统治者庇西特拉图家族与该岛有着密切的关系。

在这些艺术家中，在雅典卫城铭文[12]中留名的是著名的阿尔克尔姆斯（Archermus），据老普林尼称，其祖父麦拉斯（Melas）将雕塑发展成了家族职业（在锡西安流派成立之前），历经四代，都使用产自帕罗斯的大理石作为材料。据说阿尔克尔姆斯是第一个创作有翼的胜利女神尼刻的人[13]，所有关于这个主题的雕刻都暂归于阿尔克尔姆斯之手。整个公元前6世纪，希俄斯还生产了一系列陶瓶，这些陶瓶曾经被错误地归于埃及的诺克拉蒂斯，因为那里发现了许多类似的陶瓶，但事实上，这些陶瓶都是希俄斯人制造的，这证实了希俄斯人在这个遥远的市场上的重要作用。大约在公元前580—前570年之间，希俄斯人的"高脚杯风格"以优雅的留白装饰著称，后来的造型变得夺目，描绘着自然的多彩装饰。

岛上盛产谷物、无花果和乳香胶，葡萄酒的出口更为知名，这里的葡萄酒被认为是希腊最好的，葡萄酒出口也是其在色雷斯海岸的殖民地玛罗涅亚（Maronea）的特色（约公元前650年之前）。希俄斯从殖民地腹地的色雷斯人取得了大量奴隶，其他奴隶则从小亚细亚地区、伊利里亚、斯基泰和黑海地区进口。由于其核心地理位置，希俄斯（在提洛斯之前）成了奴隶贸易的主要接受地。据说希俄斯的公民是在色萨利和斯巴达人之后最先使用蛮族奴隶的人，并且是第一个不通过战争而是通过购买获得奴隶的人（据说因此招致了神的惩罚）。这一奴隶贩卖行业在公元前6世纪稳步发展，并推动了经济的发展，成为希俄斯人的主要职业，在接下来的世纪中希俄斯的奴隶数量仍然惊人。[14]

这些为数众多的奴隶的存在与公民权利的自觉有关，这与政府联系密切。[15]因此，希俄斯人十分关注政体的发展，从约公元前575—前550年的铭文中可以清楚地看出，铭文记录了与司法有关的法律法规。[16]之前的贵族政府由三百人的议事会组成（由十五人委员会主导），现在已然被推翻，取而代之的是反复提及人民的"法律"（或法令）的制度。这个制度具有民主元素，包括有投票权的公民大会，与之前在雅典进行的梭伦改革时期的民主政体可以相提并论。希俄斯的公民似乎有权向议事会直接提出诉求，该机构与迄今为止仍具效力的古代部落议事会并存。这个新的机构由来自每个公民部落的五十名成员构成，每个月召开一次会议来处理重要事务，包括审理上诉的案件。至于行政长官，也就是传统的城邦官员，仍然被称为"国王"（basileis），该长官由另一官职（damarchoi）制衡。此外，由于该城邦十分关注公民福利，所以这里的青少年教育系统极为发达，据说在约公元前494年，一次房屋塌陷的事故中，119名儿童被掩埋。

居鲁士二世在公元前546年消灭吕底亚之后，将之纳入版图，随后希俄斯加入米利都人（二者之间有着长久亲密关系）这一边，在伊奥尼亚人起义中提供了总数353艘舰船中的100艘，并参与拉德战争（公元前495年）。这支舰队有一半毁于这场战争，尽管有些人逃回了希俄斯，但是大多数人在以弗所被杀害，他们的岛屿最终被波斯人占领并摧毁。

萨摩斯是一个长27英里、宽14英里的多山岛屿，距离伊奥尼亚南端的麦卡莱海角不到2英里。

根据斯特拉波的传统观点，这里最早的居住者与小亚细亚西南部的卡里亚人相关。[17] 新石器时代和青铜时代，卡里亚人占据此地之后，伊奥尼亚希腊人试图躲避多利安人的入侵并逃离希腊大陆，一部分人从阿尔戈利斯的埃皮道鲁斯抵达该地。在普罗克勒斯（Procles）的带领下，他们在公元前1000年之前到达了这里，普罗克勒斯后来被追溯成他们的国王。该地居民由四个伊奥尼亚人部落组成（第二章，注释4），外加两个卡里亚人部落（注释17），这意味着，希腊移民到达之后不久就与当地人达成了协议。新来的移民主要的定居点（现在的毕达哥里亚［Pithagoria］）位于岛屿南部一个圆形的"平底锅"一样的港口边上，后来成为伊奥尼亚十二个主要城市之一，那里的居民有着自己独特的方言。

当贵族地主（*geomoroi*）取代君主专制政权时，萨摩斯岛得益于其富饶的土地，日益兴盛，这可以从该岛的一些称谓和形容该岛的词汇中看出来。不过，更为重要的是，它是爱琴海海域中唯一一个可以四季通航的港口。这一优势使萨摩斯人能够拦截其长期竞争对手米利都的货船，并为他们自己提供了到达小亚细亚的陆上商业通道的机会，在那里他们获得了一长片沿海领土的控制权。据说是在公元前704年（也可能是约公元前654年），科林斯的阿美诺克勒斯为了维护他们的利益建立了舰队（第三章，第2节）。到了公元前7世纪，他们在第二次美塞尼亚战争期间帮助斯巴达，和其他希腊城邦相比，他们更愿意从拉哥尼亚进口陶器（尤其是公元前600年之后），并成为近东奢侈品交换的中转站。

在公元前640/638年左右，在萨摩斯岛的克莱奥斯（Colaeus）的指挥下，一艘商船前往埃及（萨摩斯人进口货物的地区之一，尤其是青铜），并最终到达了利比亚的普拉提亚岛（Platea）。但是，他们的船在那里受到了风暴的影响，被吹得偏离航道，穿越过赫拉克勒斯海峡（今直布罗陀海峡），最终到达了塔尔特索斯（Tartessus），这里是西班牙沿岸的一个非希腊国家，位于贝蒂斯河（River Baetis，今瓜达尔基维尔河[Guadalquivir]）河口附近。塔尔特索斯是该地区丰富银矿的主要出口地，并与同一地区的铜矿以及不列颠西南部（康沃尔[Cornwall]的卡西特里德[Cassiterides]，参见下文注释51）和西班牙西北部的锡矿交换建立了联系。[18] 早在至少公元前8世纪，希腊的陶器就已经出现在贝蒂斯河口附近。公元前648年，就在克莱奥斯到达前不久，奥林匹亚就已经出现了来自贝蒂斯的青铜献祭品。[19] 但是根据希罗多德的说法，克莱奥斯的拜访毫无疑问加强了这种联系。克莱奥斯带着一批极为贵重的货物回到了家乡，在萨摩斯人的赫拉神庙[20]中供奉了一件青铜鼎（参见下文；它们也在奥林匹亚的献祭品中占有一席之地）。克莱奥斯的成功令其他希腊商人和冒险者垂涎三尺，他旅途中带有偶然性的成功加速了向西方的开拓进程。

萨摩斯人不仅仅满足于商人的努力，他们还渴望建立自己的殖民地（并保持对殖民地的控制权），这种想法甚至早于后来大范围的伊奥尼亚殖民。因此在公元前7世纪的某个时期，他们派遣民众前往阿莫尔戈斯的米诺雅（Minoa），这里是基克拉迪斯群岛的中心，紧邻纳克索斯和帕罗斯。

这批殖民者的领袖是西蒙尼德斯（不过也有人认为他属于较晚的时代），他善于创作抑扬格和挽歌体诗歌，他的诗歌传统袭承自其好友萨摩斯人克瑞俄菲洛斯（Creophylus，据说是荷马的好友兼学生，还有人说他是荷马的女婿）。[21] 西蒙尼德斯为我们留下了118行的关于女性的抑扬格诗歌（Iambus on Women），这是已知现存最早的抑扬格讽刺作品。西蒙尼德斯本着挑剔和讽刺的精神，使用了一定的文学技巧，比赫西俄德（第四章，第4节）更决绝地反对、抨击女性，这也是后来希腊文学的特征。西蒙尼德斯将女性比作不同种类的动物（鼬鼠、猪、马等等），这种粗俗且没有风度的性别攻击很容易让人联想到农民在山间地头上说的类似的粗鄙之语。西蒙尼德斯其他抑扬格和挽歌残篇都是关于人类对希望的普遍而又徒劳的幻想。据说他还写过《萨摩斯人的考古学》（*Archaeology of the Samians*），这是两卷关于萨摩斯人历史的挽歌诗集。

其他殖民者从该岛前往佩林索斯（约公元前602年），然后前往色雷斯的比桑特（Bisanthe）和色雷斯海岸附近的萨摩色雷斯岛（公元前6世纪晚期），西里西亚（Cilicia，附录，注释2）的希伦德里斯（Celenderis）和纳吉多斯（Negidos），意大利西南部（坎帕尼亚）的迪凯亚尔西亚（Dicaearchia，今波佐利［Puteoli］）。大约在公元前525年，来自萨摩斯的雇佣军也在奥阿西斯（Oasis，大奥阿西斯，现在的阿尔巴瓦提［Al Bawaiti］，位于埃及西部的沙漠）定居，萨摩斯商人还与其他希腊人一起在埃及的沿岸建立了诺克拉蒂斯，并在他们的敌邦米利都的阿波罗神庙旁边建立了圣所。

萨摩斯在诺克拉蒂斯的圣所是为赫拉建立的，这位女神在萨摩斯本土的神庙建立在萨摩斯城以西4英里处，紧邻艾姆布拉苏斯河河口（Imbrasus，之前是帕尔特纽斯［Parthenius］），在整个希腊世界都享有盛名。

在这片长长的海滩尽头的沼泽遗址上——毫无疑问，神庙的这一位置是由一些已经被遗忘的古老传统决定的——有着八处连续的史前宗教文化地层（最早的约为公元前2500年）。这些地层中最重要的就是祭坛，在铁器时代存在一个大约可以追溯到公元前10世纪的石坛，不过这一过早的时间点受到了很多学者的质疑，在接下来的两三百年，紧随其后出现了不少于七个祭坛。在这个延续的过程中，大约在公元前700年之后不久，艾姆布拉苏斯河的一条支流淹没了这里，之后这里就建立起了最早的赫拉神庙，长约100萨摩斯尺[①]，宽约20萨摩斯尺。这一划时代的建筑尺寸要求内部木质柱子设计的

---

① 在公元前6世纪，1萨摩斯尺约为26.25厘米。

152 革新，以支持其一定幅度倾斜的木屋顶，而且特别的是，建筑被一个细长的柱廊包围，柱廊的柱子位于长方形的石头基座上，是后来独立柱廊（stoai）的前身。

然而，在约公元前660年，当这个神庙被第二次更为严重的洪水摧毁时，一个更大的赫拉神庙出现了，据我们所知，这个神庙是最早在正面展示双列柱的神庙。在这一时期，许多埃及和其他东方的青铜器被奉献到神庙，而萨摩斯的青铜工匠似乎也已经活跃在这一领域。纪念性的青铜鼎在这些奉献中扮演了突出的角色，尤其值得注意的是：一些格里芬形象的手柄采用了空心铸造技术，这是在与埃及接触时学到的。大约在公元前625/600年，萨摩斯还出产了一组著名的宙斯和赫拉木制雕塑（现已解体）。那时当地另一项重要的艺术是用象牙制作的精美小雕像，这种材料可能来自叙利亚。一个跪着的年轻人的象牙雕塑尤其出名。

萨摩斯还制作了具有开创性的大尺寸大理石雕塑，其中最著名的是在公元575/570年左右，切拉梅耶斯（Cheramyes）献给赫拉的女性雕像。这座高于寻常的雕塑，呈圆柱形，受到美索不达米亚风格的影响。同时，这类雕塑也直接受到萨摩斯的小型象牙雕塑风格的影响。就像岛上同时期的其他雕像一样，它成功地开始挖掘更大维度的潜在力量和精细之处，例如紧身长袍的垂感，以及与下半身的关系。这种关注点是希腊东部的特征，在这里人们更关注表面的图案，而大陆希腊人更关注雕塑的结构问题。此外，制造切拉梅耶斯式女性雕像的大理石雕塑家，与在公元前6世纪前半叶制造墓地和圣所中放置的男性雕像的雕塑家一样，他们都不同于同一时期爱琴海中部的纳克索斯的雕塑家（下文第5节），因为他们摒弃了纳克索斯雕塑家更青睐的棱角分明的风格。然而，稍晚一点在雅典出现的女性雕塑则展示了这两个风格的融合，结合了纳克索斯雕塑的面部轮廓和萨摩斯雕塑家的服饰特征。

公元前660年的萨摩斯赫拉神庙极大地刺激了这类建筑艺术的发展，但是这座神庙本身的生命是短暂的。仅仅一个世纪之后，这座神庙就被另一座长290英尺、宽150英尺的神庙取代了，这座新的神庙由一条圣路连接，圣路的周围排列着纪念性的雕塑。据我们所知，这座极其华丽的神庙是最早使用伊奥尼亚旋涡状柱式的建筑，是类似建筑中为数不多幸存下来的，一般认为这座神庙出自建筑家罗伊科斯（Rhoecus）和特奥多罗斯之手，据说后者是前者之子（据说后者曾经为波利克拉特斯制作了一个图章戒指［参见下文］，即大约在公元前540年，这与之前提出的时间序列相冲突）。[22] 新的神庙由石灰石（poros）建成，周围不再仅仅只有一层柱廊，而是由双层柱廊环绕。遗址中发现的残破的屋顶瓦片能够证明，这座建筑起码有一部分是被覆盖住的，并不是完全露天的，屋内支撑原有屋顶瓦片的柱子多如森林，因而这座神庙也被称为"迷宫"。

罗伊科斯和特奥多罗斯还被认为是将镂空铸造雕刻技术推广到大尺寸雕像的人，这使得金属工匠能够制造出和大理石雕塑一样的真人大小的雕像，这彻底改变了雕塑艺术。因为毕竟在雕塑艺术中，金属雕塑比大理石雕塑更具声誉，因为金属雕塑的胳膊和手势可以不受材料本身限制。正是在公元前6世纪（约公元前570—前540年）在罗伊科斯和特奥多罗斯的指导下，青年男性雕塑（kouroi）和女性雕塑（korai）的出现，成就了萨摩斯雕塑流派最杰出的作品。人们认为狄奥多罗斯·西库路斯（Diodorus Siculus）中的一段文字表明，特奥多罗斯从埃及人那里学到了人类比例的标准，不过这种解读一直受到质疑。[23] 萨摩斯岛上继续制造着精美的大理石雕像、象牙小雕像和浮雕，我们对这些还有一些了解，因为它们并没有像青铜器制品一样完全消失。

正是在这个时期，一个名叫阿斯奥斯（Asius）的萨摩斯诗人生动地描绘了赫拉神庙的一次集会，当时富有的有产阶层的年轻人身着华服，见证了这座岛在这些神圣的日子中展示出的繁荣。[24]

经历过独裁者德墨特勒斯（Demoteles）统治的时期后，大约在公元前600年（或稍晚一点），岛上的贵族统治，短暂地恢复了主导地位，在那时，财富可以与出生竞争，决定人的社会地位。然而，在公元前540年，这个政权被波利克拉特斯推翻，他可能继承了前任发动的独裁政变，发动者可能是他父亲。无论如何，波利克拉特斯在他两个兄弟的帮助下获得了权力。然而，他很快杀死了兄弟中的一个（潘塔格诺图斯 [Pantagnotus]）并放逐了另一个（叙洛松 [Syloson]），随即获得了只属于自己的独裁政权。此后，他成为一位异常强大的君主，颇受赞誉。

波利克拉特斯从另一位纳克索斯的独裁者吕格达米斯（Lygdamis）那里借来雇佣兵，并招募了一支一千人的萨摩斯弓箭手部队。他还调动了一支舰队，包括一百艘五列桨战舰和四十艘三列桨战舰（一种科林斯式的战舰，正如我们所见，他促进了这种战舰的发展，并且很有可能是第一个大规模使用这类战舰的人）。据对他持批评态度的人所言，他曾经利用这支舰队对当时受波斯统治的米利都发动了空前的海盗式袭击，米利都像米提列涅一样，在波利克拉特斯手中遭受重创。正如希罗多德所言，他是第一个知道海上力量重要性的希腊人[25]，因此他将萨摩斯变成了那个时代希腊最具影响力的海上军事城邦。他意识到，如果使用得当，他的舰队甚至能使萨摩斯与主要的近东陆地强国对抗。因此，通过这种方式，他在一段时间内维持了波斯和埃及两大邻国之间的平衡。

因此，埃及的阿玛西斯（就像他对邻居希腊城邦昔兰尼一样）很乐意与他结盟。但是，不久之后法老就放弃了与他的盟友关系，在埃及下一任君主普萨美提克三世继任（公元前525年）后不久，波利克拉特斯就派遣了一支部队（由他不喜欢的地方持不同政见者组成）帮助波斯国王冈比西斯征服埃及。不过，在此之后，这些人回头攻击波利克拉特斯，尽管受到科林斯人和斯巴达人派遣的部队的支持，这次袭击还是以失败告终。据说，波利克拉特斯曾使用镀金的铅制成的假币来贿赂斯巴达人，让他们退出这次袭击。不管这个细节是真的还是假的，这场冲突似乎都终结了萨摩斯与斯巴达之间的贸易联系。

然而，波利克拉特斯也在寻找其他方向。在约公元前525年，他吞并了锡弗诺斯，接管了那里丰富的银矿，同时占据了提洛岛旁边的里尼亚岛（Rheneia），并将这座岛献给了提洛阿波罗，这是他控制提洛节计划的一部分，据此他可以宣称对伊奥尼亚希腊人的控制权。

波利克拉特斯还注意到，萨摩斯本土的经济基础是农业，通过进口米利都的绵羊和其他动物提高了本地的家畜量。他的宫殿具有防御性质，建立在卫城上（史前的阿斯图帕莱亚［Astypalaea］所在地），俯瞰整个城市。尽管在卫城山坡的主要通道处出土了波利克拉特斯祖父（？）阿亚克斯（Aiaces）的坐像，但是宫殿本身已经不复存在。同一时期的一座城墙围住了城市和港口，其中长440码、宽38码的防波堤仍是现代码头的基础配置。

在科学和技术进步的实际应用方面，萨摩斯人是出类拔萃的，而在这方面，希腊人其实一直表现平平。例如，萨摩斯人能够通过一条1140码长的隧道将水从泉水输送到港口。虽然这个古代工程和勘测的杰作可能是在更早的时候开始的，但最终是由麦加拉的优帕里诺斯（Eupalinus）设计和完成的，他为波利克拉特斯工作，一个世纪后，波利克拉特斯在这个领域的创举仍然被誉为希腊最伟大的发明。此外，当罗伊科斯和特奥多罗斯建造的赫拉神庙在大约公元前530年（或前520年？）毁于火灾的时候，似乎正是波利克拉特斯（或许再次招募罗伊科斯帮忙）试图重建一个更为宏伟壮观的神庙，不过这一建筑的设计太过宏伟，以至于历经数个世纪都没有修好。这一新的赫拉神庙的设计据说比以弗所的阿尔忒弥斯神庙规模还要大，长约为357码，宽约为57英尺。神庙建在一个高台上，外部的柱廊一共有两层，共计二十四根，内部被更多的柱子划分为三个过道。这只是波利克拉特斯给萨摩斯带来的诸多装饰中的一件，还有其他很多伟业都是建立在掠夺其他城邦的基础之上的。他还根据吕底亚和萨尔迪斯的样式建造了一座妓院。

当萨摩斯所有哲学家中最有名望（也最古怪）的毕达哥拉斯在约公元前531年离开萨摩斯的时候，波利克拉特斯的文化野心受到了重创，或许毕达哥拉斯是为了躲避独裁统治，从而想居住在意大利南部的克罗顿（第七章，第2节）。不过，波利克拉特斯反而也能从其他地方吸引来一些诗人，比如伊奥尼亚忒奥斯的阿那克里翁和南意大利赫雷基乌姆的伊比库斯（Ibycus）。阿那克里翁从色雷斯的阿布德拉（Abdera）被召唤而来，该地是由忒奥斯殖民者建立的，阿那克里翁是殖民者之一，他后来成了波利克拉特斯之子的音乐老师。他是一种新的抒情诗人，并不定居于一处，而是致力于旅行（参见序言，注释4），同时，他也代表了一个时代的结束，是最后一位重要的独唱作曲家和表演者。

阿那克里翁留下了三组诗歌：抒情诗、挽歌和抑扬格诗作，如今只剩一些残篇。在这些诗歌中，他以轻快明亮和略微超然的文风，加上刺激性的意象和扭曲的视角，描绘出了各种各样的主题，在需要的时候，也有一定高度和升华，最终描绘出了一个优雅、苦乐参半而又弥漫爱欲的两性世界。的确，阿那克里翁在这些主题上的才华为他赢得了"爱情""美酒"与"歌唱"诗人的独特声誉。因此，在他去世后的三百多年里，他的诗歌一直被其他人模仿。他的作品也影响了后来雅典悲剧的格律形式和主题。

伊比库斯的作品主要是合唱歌曲，他的风格延续了希梅拉的斯特西克鲁斯（第七章，第4节）创建的英雄叙事传统。他放弃了成为自己母邦赫雷基乌姆的僭主的机会，移居到萨摩斯。在他才华横溢的作品中，有一首诗歌赞颂了一个名为波利克拉特斯的年轻人，他有可能是萨摩斯统治者波利克拉特斯的同名之子。这一作品是早期颂诗（*encomium*，这是一种赞美诗，一般是写给征服者的）的实例，这被解读为伊比库斯对自己早期叙事作品的一种隐喻性的告别，随后他转向萨摩斯人喜欢的风格，开始创作情欲题材的作品，他的作品比阿那克里翁的更温文尔雅，但也更直接、更华丽、更热情，除了这一主题，他还创作了许多其他主题的作品，包括鸟和花以及衰老的来临。

波利克拉特斯认为，萨尔迪斯的波斯总督欧罗依提斯（Oroetes）能够帮助他建立一个海上帝国，当欧罗依提斯告知他自己正在秘密谋反，试图推翻自己的国王冈比西斯的时候（约公元前522年），或许这只是谎称，但是波利克拉特斯还是被引诱到了总督的朝廷之上。但是他一到达那里，就被俘虏了，随后被谋杀并肢解，他的尸体被放在十字架上展示。这预示着不赞成或停止赞成波斯权威的希腊人的下场。

后来，萨摩斯经历了短暂的马安德鲁斯（Maeandrius）王朝统治时期，他曾经担任过波利克拉特斯的财政官和副手。马安德鲁斯是第一个宣称"平等"（isonomia）的统治者，这一口号在后来成了被广泛使用的民主口号。此外，他还建立了对解放者宙斯埃琉特里乌斯的崇拜，以纪念波利克拉特斯的下台。按照同样开明的态度，他邀请萨摩斯人来审核他作为前任财务官所制定的账目。然而，那些不明智地接受了这个建议的公民很快就被马安德鲁斯的兄弟逮捕并处死。波斯总督得知这些事情之后有所警觉，在公元前517年，扶植来流放的波利克拉特斯的兄弟叙洛松，取代了马安德鲁斯的位置，随后，马安德鲁斯离开了萨摩斯岛，撤退到斯巴达，留下他的雇佣军继续抵御波斯人。结果造成大量萨摩斯人被屠杀，叙洛松也成了萨摩斯人指责的对象。

在波斯人的命令下，这个岛上重新安置了许多被解放的奴隶。一位萨摩斯工程师曼德洛克莱斯（Mandrocles）为帮助波斯国王大流士一世（约公元前513年）进攻萨摩斯而在博斯普鲁斯海峡上建造了一座浮桥，然而，在大约十四年之后，萨摩斯加入了伊奥尼亚起义，反抗波斯，但是在拉德战役（公元前495年）中，大多数船只四散逃走，不再参与起义。

第2节 伊奥尼亚：米利都

米利都是伊奥尼亚地区最南端的城市，靠近卡里亚（注释17）。这个被希罗多德称为"伊奥尼亚的瑰宝"[26]的地方，在古代坐落在富饶的迈安德河河口地区，但是现在距海大约有5英里。根据传说，这个地方是由特洛伊远征的英雄，克里特米拉图斯（Milatus，今马利亚［Mallia］）的萨尔佩冬（Sarpedon）建立的（也可能来自小亚细亚南部的吕西亚［Lycia]）。这一认知传统从相继出土的青铜时代居住的地层中得到了一些支持，这里的发展似乎在迈锡尼时代的最后阶段达到了顶峰，随后在约公元前1200年，这里的城墙被摧毁。

米利都是荷马史诗中提到的唯一一个伊奥尼亚城邦，其居民当时是卡里亚人。[27]根据后来希腊作家的说法，在特洛伊陷落之后六代左右，这座城市被雅典国王科德鲁斯之子涅莱乌斯（Neleus）占领。考古证据证明，这些伊奥尼亚人大约在公元前1050年之前打到了米利都。殖民者们保留了四个常见的伊奥尼亚部落，同时又增加了两个部落，这两个部落可能包括卡里亚人，这些融合作为传统保留了下来，伊奥尼亚殖民者从本地的卡里亚人中迎娶新娘也是佐证。然而，在他们涅莱乌斯王朝的国王的领导下，殖民者对追溯自己的英雄起源产生了浓厚的兴趣，他们声称自己是荷马史诗中诸神和英雄的后裔。因而，毫无疑问，他们十分中意阿尔克提诺斯（Arctinus），他是米利都早期的史诗诗人之一，怀旧地创作了特洛伊之劫以及其他主题的诗歌。后来，涅莱乌斯王朝被推翻，取而代之的是一个贵族军事政权。

一般认为，米利都是伊奥尼亚人最早建立的定居点。原始的希腊人城镇从卡拉巴克丘（Kalabaktepe）一直向北延伸至四个自然港口之一的狮子港，其核心是雅典娜神庙，神庙旁边有一个大约公元前8世纪的低矮椭圆形祭坛（这是目前已知小亚细亚地区最古老的），现在已经被发掘。米利都人还将目光投向内陆地区，将他们的领土向迈安德河河谷延伸了二三十英里，一直延伸到丘陵地带的起点。在这些毗邻的低地地区，统治贵族通过生产纯种的米利都绵羊来积累财富，来自弗里吉亚（Phrygia）和吕底亚的奴隶忙碌着为绵羊剪下羊毛，这里提供了希腊世界最好的羊毛，并出口到世界各地，特别是意大利南部的锡巴里斯。

然而，米利都的疆域受到其边界山脉的限制，时常受到辛梅里亚人的侵扰，并且因吕底亚的崛起备受威胁（附录1），这一切都成了城邦内部社会纷争的根源，因为土地集中在少数地主手中，这激怒了地位逐渐提升的商人阶层，因为他们手中没有任何土地。这个问题导致了米利都历史上一个非常著名的现象，即该城市在遥远的地区建立了很多希腊殖民地。

乐于冒险的水手和商人，不仅有米利都人（因为额外的人口和资本是必需的），聚集在临近普罗庞提斯（马尔马拉海）的地区和黑海地区，因为他们试图获得俄罗斯南部源源不断的粮食供应并捕获每年向地中海迁徙的金枪鱼。对这些有野心的人来说，赫勒斯滂（达达尼尔海峡）和色雷斯博斯普鲁斯海峡是两个重要的通道。从航海的角度来看，这些活动是非常危险的。但是米利都的水手们很快发现，沿海岸可以借助有益的西南风和洋流中的旋涡，即使是在夏季，当北风盛行时，船只可以借助夜风渡过两个海峡；当到了该返航的时候，北风又能将他们安全地送回家。

米利都人在赫勒斯滂海峡、普罗庞提斯海峡和黑海周围建立了很多殖民地，总数可能有三十到一百个之多，如果把米利都的附属城邦建立的殖民地也算在内的话，估计确实可以达到一百多个。[28] 也就是说，其实在相当长的一个时间段内，黑海及其邻近地区实际上成了米利都人的领地。例如，在黑海的中心地区，比如奥比亚，可能就是来自米利都的一些金匠，给斯基泰人打造了一系列豪华的金饰（附录2）。

此外，尽管与萨摩斯之间有长期的竞争，米利都人依然在希腊人渗透埃及的过程中发挥了重要的作用，在埃及普萨美提克一世（Psarntik，约公元前664—前610年）统治时期，米利都曾经派遣三十艘船只，在埃及建立了米利都人的定居点（约公元前650年，尼罗河河口的波比尼提克［Bolbinitic］附近的某个地点，尚不确定），沿着尼罗河逐渐向上游转移，并帮助镇压了伊纳罗斯（Inarus）起义，还在埃及的希腊贸易中心诺克拉蒂斯（第七章，第4节）的建立过程中发挥了主导作用，他们在那里建立了阿波罗神庙。

在这些发展过程中，起到主导作用的可能还是米利都那些没有土地的公民，他们渴望移民，然而，城邦本身占统治地位的土地所有者并不打算游离于这些活动之外。他们组建了一个名为"终身船员"（Aeinautai）的组织[29]，他们设法从该城邦的海外商业冒险活动中为自己谋取最大利润。在这一过程中，他们也设法获得了稳定、严肃、诚实的商业名声，不过，这些领导人和不享有特权的人之间仍存在着普遍的内讧，甚至经常爆发暴力冲突。

米利都还控制了阿波罗在迪迪马，或曰布兰奇代（Branchidae）的神庙，这座神庙坐落在城市南部的10英里处。这座神庙受到布兰奇代祭司家族的控制（最开始是政治的，但是后来仅限宗教事务）。布兰奇代祭司家族的成员号称自己是布兰克斯（Branchus）的后裔，后者是一个卡里亚年轻人，深受阿波罗喜爱。根据记载，在史前时期，这座神谕所就坐落在一位本地女神的圣泉旁边。后来的阿波罗神庙享誉希腊世界，其中发掘出了属于公元前7世纪的陶器。

这个神圣的地方是塞拉叙布鲁斯的重要财富之一，他在公元前660年左右在米利都建立了专制政权，将独裁者这一职业发展到极致。他与科林斯的独裁者佩里安德建立了友谊（据说他曾经建议佩里安德"应该把最高的麦穗砍掉"，根据另一个版本，他是从佩里安德那里得到这一建议的）。[30]

塞拉叙布鲁斯的另一个盟友是埃及国王尼可二世（Necho II.），他曾经为迪迪马献礼。然而，在很长一段时间里，米利都的独裁者不得不与另一个东部国家，也就是吕底亚人对抗，以保卫自己的家园。吕底亚王国的建立者巨吉斯就曾入侵米利都，但矛盾的是，巨吉斯也曾经帮助米利都人积累财富，推翻了其对手科洛丰，那时最强大的伊奥尼亚势力。[31] 后来的吕底亚国王阿尔蒂斯（Ardys）和萨迪亚泰斯（Sadyattes）都表现出了对米利都的侵略意图。萨迪亚泰斯之后的一任国王阿吕亚泰斯继续与米利都为敌，塞拉叙布鲁斯不得不连续十二年经历庄稼减产的危机。不过好在米利都人足够强大和富有，他们最终生存下来，并且与吕底亚统治者达成了和平协议，开启了一段平静的关系。

此时，米利都可以令人信服地宣称自己是一个杰出的城邦，一个强国。米利都还可能将货币引进了希腊大陆，因为一些琥珀金币（浅金色）上有头朝后的狮子形象，这可能是希腊发明的最早的钱币，可以追溯到塞拉叙布鲁斯的时代，而吕底亚系列的钱币在其首都萨尔迪斯发行，仅仅比前者稍早一点（附录1）。米利都的重量标准似乎建立在之前优卑亚铜币塔兰特标准的基础上，这可能是伊奥尼亚人和爱奥尼亚人在殖民的过程中带来的。在米利都货币体系中，1塔兰特等于3 600新的银币谢克尔。

不过，长久的社会纷争还是让塞拉叙布鲁斯垮台了，于是这座城市因旧时内乱的重演而动荡了两代人之久。除了由索阿斯（Thoas）和达玛赛诺尔（Damasenor）领导的两次独裁政府复辟之外，整个城邦基本上由两个相互对立的极端派系统治，一个是终生船员派系或有产派（Ploutis），另一个是无产者或劳工（Cheiromachia）。在帕罗斯人的仲裁之下，城邦的各个派系最终达成共识，建立一个温和的寡头政体，但是这依旧无法避免吕底亚国王克洛伊索斯（公元前560—前546年）对米利都的吞并。然而，即使这样，米利都仍然在宗主国的统治下保留着自己的特权地位，米利都向迪迪马献祭，并帮助重新修葺神庙。这种友好的关系表明，米利都很会化解吕底亚对自己的侵扰。然而，据说在其公民泰勒斯的建议之下，米利都始终拒绝与吕底亚建立正式的同盟关系。

这位米利都公民被认为是第一个前苏格拉底哲学家。传统上，他也被誉为物理科学的奠基人。因此，他成了古希腊七贤之一。但是除了大量的逸事材料之外，他没有留下任何的文字，人们对他的所作所为和言论知之甚少。从血缘角度来看，他被认为是腓尼基人，这一说法可能只意味着他的祖先来自波奥提亚的忒拜，据说在青铜时代，这里曾经由腓尼基人的卡德摩斯王朝统治（据称早期来到伊奥尼亚的定居者也包括卡德摩斯的子民）。但是，泰勒斯的父亲名为埃克塞姆耶斯（Examyes），这是一个卡里亚名字。毫无疑问，这个家庭的血缘关系是混杂的。据称他属于希腊贵族泰利德家族。

据说，泰勒斯凭着对橄榄树大丰收的预测，成功垄断了米利都的橄榄油压榨，从而累积了一大笔财富。据说他在政治领域也展现出了非凡的智慧，他敦促伊奥尼亚城邦联合起来，成立一个联邦，将忒奥斯定为首都并组建一个核心议事会。但是这一建议没有被采纳，因此，伊奥尼亚城邦未能充分合作，最终也无法维护自己的独立。

即使泰勒斯曾经游历埃及的说法可能是编造的，但也并不是完全没有可能发生的，毕竟尼罗河肥沃的土地滋养了太多不同的科学研究，而正如前文所说，米利都人在埃及诺克拉蒂斯市场的建立中本就起到了重要作用。许多故事都试图表明泰勒斯对埃及的兴趣。但是就此推测他是第一个将几何学的原理从埃及带入希腊的人是不合理的,这仅仅是建立在他是希腊已知最早的几何学者之上的推测,断言他促进了几何学的发展是一种时代错误的观点,因为他更关心的实际上是基础测量(据说他曾经根据金字塔的阴影测量出了其高度)。

泰勒斯对天文学知识的应用赢得了同时代年纪较小的色诺芬尼的赞赏,他预言了日食(公元前585年)的说法可能并不是真的,即使他真的曾有过正确的预言,那可能也仅仅是一次幸运,或者是建立在巴比伦人在萨尔迪斯的记录的基础上的。他对天文学的兴趣,就像他对几何学的专注一样,是出于功利的需要,尤其希望能为航海提供帮助。据说他还发现了季节长短的变化。

至于泰勒斯宇宙论(宇宙起源的理论),似乎有理由接受亚里士多德提出的观点,即他相信世界从水进化而来,并注定要回到水[32],因此,水是所有物质对象所包含的物质,因为他已经注意到水无处不在,能浸入万物。[33]尽管这一观点有些许随意性,而且其受到了并不科学的近东信仰影响,即地球漂浮在海洋之上(例如,巴比伦尼亚的学说,这一观点也可能真的起源于埃及)。泰勒斯坚持物理世界中单一统一原则的简单性——尽管所有现实的表现都与此相反——背离了曾被赫西俄德等人(第四章,第4节)精心设计的复杂的早期希腊宇宙论,在古希腊思想中开创了一个崭新且成果丰富的新纪元。

一般化概念是语言发展中出现的最后一些概念,但泰勒斯能够想象它们,提出有关它们的问题,并为他提出的问题寻求理性的答案。也就是说,尽管他有特殊的实际功利动机,但他能够通过结合眼睛和大脑的功能,通过抽象推理来追求知识本身。此外,他断言,水的基本物质是永恒和神圣的,所以"所有的事物都充满了神性"[34],这话并不像它听起来那么神秘和不科学,实际上,他通过隐晦地表明自然与非自然之间并无任何差异,从而开辟了一个新的可以合理推理设想的领域。按照这种思路,如果再深入一点,一个非神话的、非个人的、对宇宙的理性解释开始有了可能性。它本质上的统一性，使人们第一次可以断言，事物的总和就是一个宇宙，一个有序的系统，受一定规律支配，而这种规律是可以被发现的。

阿那克西曼德于公元前610年出生在米利都，公元前546年之后不久就去世了。因此，他可能是泰勒斯的同时代人，尽管传统（也许是正确的）将泰勒斯视为他的老师。阿那克西曼德显然参与了米利都人在黑海建立阿波罗尼亚（Apollonia）的过程，这反映了典型的伊奥尼亚人参与政治的特点。他自己也有作为先贤的自觉，经常穿着华丽的衣服来表明这一事实。

像泰勒斯一样，阿那克西曼德试图确定宇宙中所有事物的本质。他得到了跟泰勒斯不一样的答案，用了一个完全不同的术语 *archea*，不仅意味着事物的本质，还意味着起源，对它最好的形容是阿派朗（*apeiron*），即无边界和不确定（而非无限）之意。这是古代近东思索的深不可测之处（就像形成古波斯神阿胡拉·玛兹达［Ahuramazda］居所的无始之光）。尽管这些术语很多是东方的回声，但是通过这些说法，阿那克西曼德将泰勒斯的逻辑解释向前推动了一步。他的无限是纯粹推理的产物，与单纯观察相反，因为它显然是不可观察的。他认为阿派朗围绕并控制着宇宙，并且相信它先于所有形式存在，因为它是永恒不变的——或者借用泰勒斯的术语，将之称为神，神圣的事物。阿那克西曼德这种表达概念的方式，以及他的反神学倾向，导致后来许多希腊人认为他是无神论者。

显然，阿那克西曼德拒绝了泰勒斯的万物的本质是水（或任何其他可识别的物质）的观点。然而，他同意，地球最初是从水里而来的。这一假设使他能够总结所有观察到的事物，并进行一种理论化的生物学假设，他使用了一种前所未有的进化论的解释方式，认为高级生物是由低级生物进化而来的，也就是说人是由一开始生活在水里的鱼进化而来的，他们褪去了鳞片，以适应土地这种新的生活媒介。

阿纳克西曼德继续主张，构成宇宙的无数物质，是由对立的、互相冲突的对立面成对构成的，如干和湿，热和冷。这种无边界的物质造成的两极分立，在阿那克西曼德看来是"相互补充的"[35]。这一论断将时间设想为一个裁判，评估宇宙不同面相的两极对立。因此，这是一种观念的转变，从认为宇宙是古老的、无序的，转而认为宇宙是由系统的规律支配的。从有神到无神，这是与神学分离的宇宙观。

阿那克西曼德提出了这样一种观念，他认为太阳和月亮由火组成，外层包裹着一层蒸汽，从地球下经过，绕着圆圈旋转。他认为，太阳是蒸汽的开口，大小与地球相当——这是另一个和同时代相比更为超前的结论，因为在接下来的一个世纪中，很多人仍然认为太阳比地球小得多。据说阿那克西曼德还制造了一个由轮子组成的模型，轮子可以以不同的速度运动，能够反映恒星的运动路线。然而，他是否真的制造了这样一个模型尚不能确定，更有可能的情况是，他发明了一种日晷或指时针来测量这种运动。他也是第一个试图绘制世界地图的人。他的地图采用了一种图解的形式，将地球表面描绘成一个盘，立在宇宙中心的柱子上，自由地悬浮在空间中。

相较于泰勒斯认为地球是平的，悬浮于水面的观点而言，这是一种进步。有人认为，阿那克西曼德应该被视为最早的哲学家，而不是泰勒斯。此外，他的《论自然》（公元前550年或更早，现在只有残篇遗存）是最早的哲学散文。这一作品标志着他从伊奥尼亚和赫西俄德史诗的非科学传统中解放出来。通过致力于新的分析和分类方法，阿那克西曼德的著作注定是一项开拓性的努力，充满了科学探索和洞察元素，在当时，这种观点是非常大胆且具有挑战性的。

根据一种后来无法证实的说法，阿那克西美尼是阿那克西曼德的学生。不管怎样，阿那克西美尼都是一个更年轻的人，他出生于公元前600年后不久，在公元前528/525年去世。他也用散文写了一篇哲学著作，目前我们只能看到一小部分残篇。

乍一看，他认知的天文学体系比他的前辈更保守，因为他恢复了古巴比伦的古老观点，即太阳和月亮在夜晚围绕着圆盘状的地球旋转，而天空压在上边。他也放弃了阿那克西曼德无边界的概念，转而支持泰勒斯的观点，认为万物是由可以定义的实体组成的。但是他放弃了泰勒斯关于水的假设，认为万物是由气（aer）组成的。为了定义这种整个宇宙在呼吸的看不到的气，他选择最大程度上保留阿那克西曼德的术语无边界（Boundless）和不明确（Indefinite）。

不同于那些认为阿那克西美尼的观点是一种倒退的观点，有人指出，如果阿那克西美尼说的是"离解的氢气"，而不仅仅是"空气"，那他就与现在的观点相去不远了。当我们注意到阿那克西美尼发现可以通过实验来理解物质，比如在温度和湿度发生变化时，物质本身会自我转换时，他的优势和独创性就体现出来了。理解了这一点，他遂宣称所有的变化都取决于"凝聚和离散"[36]。前者产生风、云、水、土、石，后者产生火。这个假设给宇宙的神话概念带来了新的重大打击，因为这基于一种可以观测到的变化方式，为理解万事万物与基本物质之间的关系提供了一种更为理性和贴近物理的解释，从而证明了宇宙和世界自然的变化可以不依靠超自然的东西来解释，不过这种基本物质仍然是无边界、不可测量的，"气"也可以称为"神"或"真神"，这一观念震惊了西塞罗，却吸引了圣奥古斯丁。

根据后来希腊作家的说法——他们应该是值得信赖的——阿那克西美尼甚至设想了人类的灵魂或精神（除了一次对泰勒斯的时代错乱的引用外，这个概念是第一次被提出）也是由这种气构成的。古人对呼出的空气的认知促成了这种观点。然而，在阿那克西美尼认为气是万物基础的观点下，他的灵魂论在宇宙的宏观世界和个人的微观世界之间建立了重要的联系。事实上，在他自己的思考过程中，微观世界甚至可能先于宏观世界出现，因为他似乎在得出气是宇宙的基本物质这一结论之前，就将人类的灵魂等同于气。

这是与《奥义书》中发现的教义相对应的，这些教义是古老的印度散文和诗歌论著，探讨了神圣原则的本质和救赎的含义。因为《奥义书》教义提出了一种类似的观点，普遍的风或呼吸，是世界的生命灵魂，同时也是每个人的自我。阿那克西美尼直接或间接地知道了印度人的这种观念，这并不稀奇，因为《奥义书》的思想在许多方面与说印欧语的波斯人的观念相一致，而波斯人对阿那克西美尼的先驱者阿那克西曼德的影响前文已经有所提及。

大约在同一时期，一位米利都诗人，福西尼德（Phocylides），延续并进一步发展了因赫西俄德而知名的教谕诗，通过强调人类真正的美德是灵魂和精神上的美德，他再一次激发了人们对灵魂和精神的兴趣，这是通往柏拉图和其他无数希腊哲学家道德哲学的里程碑。

因此，在米利都人的著作中，人本身作为一种有思想、有感情的个体，第一次在历史上占据了舞台的中心。但这仅仅是高涨的智慧、广泛的猜测和热情洋溢的批评所推动的一系列科学领域中的一部分。诚然，尽管泰勒斯、阿那克西曼德和阿那克西美尼是这些科学的奠基人，但是真正的新纪元还没开始。因为他们表现出的更多的是好奇，而非真正的科学，尽管有些个人的观察，但是这种观察往往没有充足的证据，从而导致了一些武断甚至天真的结论。然而，他们新的思维方式，决心追求世界的本源并探索构成万物的基本物质，所表现出的进步，却是决定性的。的确，他们对神和神性的不断引用表明，神学的表达方式还不能被完全抛弃。但是，这些术语的个性化特征正在逐渐被抛弃，更多的情况下，这些术语被用来隐喻和影射，表示一些永恒、无限、无处不在的东西。这些米利都人坚持运用理性的理解、稳定的规律和人类的标准来研究物质存在的普遍本质。通过文学的流传，这些米利都人的努力造就了希腊人最伟大的成就和名声，这毫不夸张。

这次巨大成就的背后是因为米利都与东方文明的超前接触。这些接触所激发的商业繁荣和自信，给了米利都人时间和空闲来提出和公开讨论一些大胆的概念，从使他们的城邦取得如此巨大成功的相似法则和制度中，推断出宇宙中相似的规律和秩序。

到了公元前6世纪末期或不久之后，另一个米利都人赫卡泰乌斯为这种普遍的思维方式开辟了新的方向。他出生在公元前525年之前，但是去世时间并不可考。他比阿那克西美尼约年轻了一两代，从现存的残篇来看，他使用了伊奥尼亚方言书写散文，文笔优雅而又充满力量。

赫卡泰乌斯现存的两部著作中的一部是《历史》（*historiai*，探究），又称《谱系》或《英雄学》（主要研究英雄）。这部著作对神话和传说研究给予了一种新的、批判式的关注，之前的泰勒斯、阿那克西曼德和阿那克西美尼也一直致力于摆脱这种神话和传说给物理世界的宇宙的研究带来的束缚。赫卡泰乌斯努力追溯米利都各个家族的起源（包括自己的家族），这些家族都声称自己的祖先是神或英雄，一直追溯至神话时代。在这个过程中，他一直秉持着好奇进行探究，这种探究既包含着对传统的默认也包含着理性的批判。前者表现在他试图将神话合理化为一种伪历史——不是直接否认神话本身，而是将它们当成理解时序的基础——这种认知的出现并不会让人感到惊讶，因为在希腊，史学编纂尚未出现，还没有其他解释的可能性。不过，赫卡泰乌斯还是有坚定的决心，要把自己从神话学家对过去的书写中的铁腕中解放出来，这从他的前言中可以看出来，他说："我所写下的在我看来都是真实的。希腊人讲的很多故事，在我看来是极其荒谬的。"[37]

尽管这种方法注定失败，但这种勇敢的尝试显然是史无前例的，或者说几乎史无前例。所以赫卡泰乌斯成了最早的 *logographoi* 之一，也就是讲故事者，善于利用谱系讲述一些地方和区域的习俗，通过讲述一些背景材料来连接上下文。这指向了编年纪事，也指向了由后来的希罗多德（赫卡泰乌斯的批判者）所成就的，更符合现在广泛意义和术语定义下的历史学。[38] 可以预见的是，这样的最初的历史学家最先应该是伊奥尼亚人，因为历史本身就是荷马的伊奥尼亚式史诗的产物。

此外，赫卡泰乌斯不仅仅是历史学的先驱，还是地理学的先驱。在《谱系》这本书之前，他就已经在《大地环游记》中被提过，《大地环游记》一书是现存赫卡泰乌斯的另一部著作（但无论是在古代还是现代，这个观点都存疑），大概有三百残篇存留至今。这本著作包括旅行路线和笔记，首先考察了欧洲的土地和人民，然后是亚洲（包括非洲部分地区），这部分是在沿着地中海和黑海的旅行中记录下来的，描述了包括斯基泰和印度在内的情况。他进一步延续了阿那克西曼德对远方的渴望，调整并改进了前人的地图（尽管他还是辅以图表将世界分成几个部分），并在实地旅行考察后，对当地的地方机构、习俗、动物和植物加以描述，其目的并不是为了方便航海，只是为了补充相关信息。尽管后来的权威作家发现赫卡泰乌斯十分轻信,但他仍旧是第一个尝试记录希腊地形学和各个城邦传统的作家,这也开辟了系统分析人类社会的研究。

在波斯国王居鲁士二世(公元前546年)推翻克洛伊索斯之后,米利都人被波斯人控制,其总督哈尔帕哥斯(Harpagus)十分善待这座城邦,并支持当地重新建立地方独裁政权。在公元前517年,波斯打击了米利都的老对手萨摩斯之后,这座城市变得更加繁荣了。他们的领袖或者说僭主是希斯提亚埃乌斯(Histiaeus,像其他伊奥尼亚独裁者一样),在斯基泰战役(约公元前513—前512年)中积极帮助波斯人,他陈兵穆尔奇诺斯(Myrcinus)要塞,该地位于色雷斯斯西部的海岸边上,靠近斯特鲁马河(Strymon),并控制了腹地的银矿。

但是大流士怀疑希斯提亚埃乌斯的忠诚,随后将他召到苏萨。他被软禁在那里,并策划了伊奥尼亚起义。他的女婿阿里斯塔格拉斯是他的同谋,后者继承了他在米利都的王位,却最终陷入困境。米利都人与锡巴里斯人之间的羊毛贸易在公元前510年被摧毁是造成这种情况的原因之一。阿里斯塔格拉斯还支持了一场前往纳克索斯的远征,最终却失败了,这也导致他失去了波斯的支持。在这个关头,为了与波斯保持距离,他放弃了米利都的独裁统治,建立了一个或多或少带有民主色彩的政府(isonomia)。这一举措的目的是得到民众的支持,通过这一姿态,他试图在整个希腊大陆,为他和希斯提亚埃乌斯计划的反抗争取帮助,但是反响并不热烈。斯巴达拒绝援助他们,雅典却派出了二十艘战舰,希罗多德说:"这是希腊人和异邦人灾难的开端。"[39] 此外,埃雷特里亚也派遣了五艘战舰。

到达小亚细亚海岸之后,这支联合部队上岸,并向内陆移动,对波斯的萨尔迪斯发动突然袭击。后来尽管雅典人撤退了,起义却蔓延开来。希罗多德认为,整个起义都应归咎于两位米利都领袖的自私野心,这种看法并不是全部的事实。起义的主要原因应该是伊奥尼亚的经济衰退、对当地独裁者的不满以及波斯强行征兵的压迫。无论如何,伊奥尼亚人的这次行动显示出希腊人并没有实现团结，遭受了一系列挫折，阿里斯塔格拉斯在与穆尔奇诺斯附近的色雷斯人搏斗的过程中被杀。腓尼基、塞浦路斯和埃及集中力量对抗米利都，在离米利都海岸较远的拉德之战（公元前495年）中，在米利都的世敌萨摩斯人提供的船只的帮助下，取得了巨大的胜利。第二年，米利都被波斯人征服，这座城市被洗劫一空，伤亡惨重，大量公民被放逐，迪迪马神庙被焚毁，夷为平地。

这一希腊中心被摧毁，是一件划时代的大事，标志着伊奥尼亚政权的永久衰亡。在雅典，悲剧剧作家普律尼科司创作了一部名为《米利都的陷落》的痛苦题材的悲剧，被雅典人加以罚款。但是在不久的将来，雅典人和埃雷特里亚在战争中对大流士的冒犯招致了更严重的后果。希波战争近在眼前。

第 3 节　伊奥尼亚：以弗所、士麦那、福西亚

以弗所位于考斯特河南部狭窄的河口附近，掌控着广阔的科洛丰平原（注释30），有着伊奥尼亚地区最丰富的果林。由于没有潮水冲刷河口，沉积的淤泥使得海岸线向西延伸得更远，这个过程早在公元前2千纪就开始了。

在青铜时代晚期，以弗所曾是一个希腊史前卡里亚小国的都城（注释17），其统治状态在自治和受到赫梯人统治之间徘徊（附录1）。根据希腊传统，该城的创建者是亚马逊人（第八章，第3节），但是其居民也声称自己是雅典国王科德鲁斯的儿子安德洛克罗斯（Androclus）领导的伊奥尼亚殖民者，据说他驱逐了原来的卡里亚和利利格人居民。最早的以弗所国王可能对其他伊奥尼亚城邦有宗主权，这种关系就像是荷马史诗中描述的迈锡尼国王阿伽门农和其他希腊君主的关系相似。以弗所的居民最开始分为四个传统伊奥尼亚部落（第二章，第4节），但是后来又增加了其他两个部落，包括一些非伊奥尼亚移民，其祖先跟着最早的殖民者来到这里。

伊奥尼亚人建立的定居点（包括阿波罗神庙）位于知名的阿尔忒弥斯神庙以西1 200码处的皮翁山（Pion）山坡上。这个地点原来是安纳托利亚母

神和克里特狩猎女神神庙的所在地（原来坐落在海上，直到海水退去）。

这一古老的神祇在希腊保留在阿尔忒弥斯崇拜中，最早该女神主要关注荒芜的土地和野生动物。所以她在以弗所的神像上有动物图案。这一奇特、有些僵硬的仿古神像，身上有二十四个蛋状的突起——后来有人认为这是乳房，但是可能并不正确——这一形象与后来的飘逸的女猎手形象大相径庭，以弗所的这一形象还保留了东方特征。以弗所一直致力于将希腊（伊奥尼亚）特征与近东传统结合在一起。

考古发掘发现了遗址上较早的希腊建筑。第一个是一处祭坛，大约建造于公元前700年或稍晚的时期，这一点是从不远处发现的黄金和象牙制品判断出来的（现在收藏在土耳其伊斯坦布尔博物馆）。

最先统治以弗所的君主在某个时期让位于贵族统治，这在其他地方也时常发生。这一贵族统治由一个或多个源自巴西利德王室后裔的部落领导，靠着征收过境税致富（naulon）。这座城市第一枚琥珀金币（浅金色）就产生于这个政权，其中有一些钱币上带有该城市的蜜蜂标志，大概可以追溯到公元前7世纪（有争议，参见第一章，注释50）。

以弗所人曾经击败了内陆的一个希腊城镇马格尼西亚，马格尼西亚位于吕底亚的斯比勒斯（Sipylus）旁边。[40] 然而，大约在公元前675—前650年，起源于俄罗斯南部的非希腊人辛梅里亚人推翻了弗里吉亚最后一任国王后来到这里，摧毁了以弗所最早的阿尔忒弥斯神庙。正是为了对抗这种威胁，这个城市的诗人卡利努斯开创了挽歌诗律（或许借鉴了弗里吉亚人的成果）并采用了斯巴达提尔泰奥斯式的战争劝谕方式，鼓励他的同胞积极反抗。他的作品中有一段篇幅很长的残篇遗存至今，号召在宴会上躺着的人们拿起武器保护他们的国家，并宣称勇敢的战士应该与英雄相提并论。

在约公元前600年，巴西利德家族的统治被一个家族内部成员毕达哥拉斯推翻，他自己建立起了一个独裁政权。这一时期的象牙雕像显示出早期以弗所传统，展示了原始的东部希腊风格，其风格仍然受到亚洲特色的影响。显然毕达哥拉斯重建了阿尔忒弥斯神庙，周围环绕着一圈围墙。不过，由于他掠夺了富人的财富以获取平民的支持，所以后来被指控侵犯了神圣和世俗的法律。德尔菲并没有站在他这边，最终他被推翻了。

在约公元前560—前550年之间，另一座阿尔忒弥斯神庙开始建设（整个工程持续了数十年之久），这座建筑被认为是有史以来第一座主体结构完全由大理石构成的建筑，不过其屋顶和屋梁是由雪松木构成的（其他可以抗衡的建筑参见叙拉古，第七章，第3节；以及科基拉，第八章，第1节）。新的阿尔忒弥斯神庙超越了萨摩斯的赫拉神庙，成为希腊最大的建筑，被誉为世界七大奇迹之一。这座神庙是由克里特克诺索斯的科尔斯丰（Chersiphron）及其子麦塔格涅斯（Metagenes）设计与建造。不过据说萨摩斯的特奥多罗斯也被邀请至此，就圣所附近的港口提供建议，因为这里有很多沼泽（但是根据地方的宗教传统这里不能被遗弃），这与萨摩斯的赫拉神庙遇到的问题十分相似。

阿尔忒弥斯女神的神像伫立在神庙中央的华盖之下。这座大型建筑十分狭长，很有可能并没有屋顶，中间有大量的柱子支撑，不过这些柱子的功能存在争议，这些柱林让人联想到埃及和其他近东的神庙。神庙外部似乎被两排细长且带有花纹的伊奥尼亚式柱廊包围，正面有三排，后边是入口的门廊（pronaos），包括另外两排平行的石柱，一共四根，通向神庙的正殿部分。正殿前方有一块巨大并刻有浮雕的，用伊奥尼亚大写字母书写的大理石过梁，跨度极大。

柱廊正面最低处的石墩是由吕底亚国王克洛伊索斯赠送的，吕底亚在一段时间内与以弗所保持着友好的关系（以弗所在希腊政治事务中扮演的角色相对较小）。这个城市的外交政策的重新定位与内部政治环境的改变息息相关，即这一时期独裁政府被推翻。最主要的变化是全新的政治组织取代了原来旧的部落制度。在这之后，之前的六个部落解散（四个传统的伊奥尼亚人部落和另外两个其他希腊人部落），取而代之的是五个主要部落。其中一个名为"以弗所人"的部落包括了之前六个部落的成员，在这之后，一个部落仅包含六个"千人"（chiliastyes）。五个新的部落由其他不同血统的希腊人和其他小亚细亚本地人共同构成。

其中应该也包括吕底亚人。因为以弗所新的独裁者名为麦拉斯（Melas），娶了吕底亚国王阿吕亚泰斯的女儿，同样，克洛伊索斯也与以弗所统治者的女儿成婚。阿尔忒弥斯神庙中有吕底亚女祭司，克洛伊索斯对神庙的慷慨也让人想起，神庙曾经给了克洛伊索斯大量金钱（或者起码表达了相关的意愿）。不过，他给麦拉斯的儿子和继任者品达罗斯（Pindarus）带来了巨大压力，品达罗斯迫于克洛伊索斯的压力，不想让以弗所完全臣服于吕底亚，只得答应后者让出王位，从朝堂退隐。

吕底亚王国被波斯人摧毁之后，大流士一世（公元前521—前486年）建了一条圣路，从其都城苏萨一直延伸到以弗所旁边的爱琴海海岸，这不仅拓展了希腊人对地理的认知，还让以弗所商人有机会转卖东方商品，尤其是奴隶，以便运送到希腊世界的其他地方。

在这段时期还有另外两个以弗所统治者留名，一位是雅典那格拉斯（Athenagoras），另一位是科马斯（Comas），他们都是大流士一世扶植的傀儡政府。这个傀儡政府就是放逐诗人希波纳克斯（Hipponax）的元凶，这位诗人就是跛脚抑扬音步的创始人，这样称呼是因为，他的诗歌在五个抑扬格音步（短长）之后不以抑扬格结尾，而是以扬扬格结束（长长）。这种简明直接的韵律特别适合用来讽刺和模仿，从现存的残篇来看，易怒的希波纳克斯用了大量的篇幅来描述他在另一个伊奥尼亚城市克拉佐美奈的生活，抱怨自己在流放地贫穷的生活。这些抱怨似乎是真实的体验，而非传统的文学创作。希波纳克斯还因为一个女人抨击过希俄斯雕塑家布帕罗斯（Bupalus），而非像后来的故事中讲的那样，是因为布帕罗斯曾经创作了一座讽刺他的雕塑。

同样，在大流士的宗主地位下，杰出的以弗所哲学家赫拉克利特完成了自己的伟大著作。据说，他认识波斯国王，但是拒绝在其宫廷中服务。一篇整合了赫拉克利特思想的著作被置于阿尔忒弥斯神庙之中，不过这篇著作不是赫拉克利特本人写下的（因为他从未写下他的思想），而是由他的学生整理而成的。这部著作后来被习惯性地称为《论自然》。

赫拉克利特可能出生在公元前550年之后不久，活跃于该世纪末。他的父亲布拉松（Blason）是之前的贵族家族成员（当时仍然保持着宗教权力，主要担任阿尔忒弥斯神庙的神职人员），但是赫拉克利特将自己的贵族特权让给了自己的兄弟。他生性爱挑剔，孤独，与其他男人保持着距离，蔑视他们，觉得他们是沉睡者，就像吃饱了的牛一样，说他们不喜欢任何有特殊才能的人。与他的哲学家同行们一样，他也感到格格不入，他不喜欢分享自己的观点，"只是在探索自我"[41]。

不过，他跟之前的伊奥尼亚人，来自米利都的阿那克西曼德一样（参见上文第2节），将宇宙的转化设想成一系列对立面（"战争是万物之父"）之间的变化和交换，冲突和张力（"就像是弓和琴弦"）。因此后来他说出了"一切皆流"（*panta rhei*）也就是万物都在变化这句话："人不能两次踏进同一条河流。"[42] 其他哲学家坚决反对这种观点，其中最知名的就是比他年轻一些的哲学家，伊利亚的巴门尼德，他认为现实是不变的（第七章，注释59）。

然而，赫拉克利特也承认存在着一个压倒一切的统一体，在这个统一体中，表面上矛盾的对立面在一个统一的、有规则的、有凝聚力的、平衡的系统中，以和谐的方式和合理的秩序相互联系。他把这种有支配性的统一体描述为"逻各斯"（*Logos*），通过这个词，他指明了宇宙的先验原则，认为它带来了存在，并支配着每一个自然事件。逻各斯也可以被称为神，是唯一真正的智者，他既不愿意又愿意接受宙斯的称号。[43] 米利都的思想家都同样地以这种象征意义来谈论神的力量，但赫拉克利特更乐于将它们与客观的、普遍的过程等同起来。

逻各斯的这一原则，统一了所有的对立面，以永恒的火的形式存在，充斥天空，成为海和地，海和地最终恢复为火，所以统一这一过程始终存在。在这一点上，赫拉克利特超越了自己的米利都前辈泰勒斯和阿那克西美尼，后两者曾经分别将水和气当作万物的本质，因为赫拉克利特看到了火不仅仅是万物的起源，也不仅仅是宇宙的能量和所有张力的化解方式，"变化的尺度"，还是逻各斯本身的代名词。

赫拉克利特也赋予这种原始力量以理性，把最好的智慧归于那些最接近神圣之火的人，因为他曾经下过一个稍有奇怪的论断，认为最有智慧的人的灵魂是干燥的。像他的前人阿那克西美尼和他的后辈柏拉图一样，赫拉克利特十分关注人类的灵魂，并像阿那克西美尼一样关注人类灵魂和世界灵魂的关系，他的这种兴趣受到波斯人影响，并间接受到印度《奥义书》的影响。因此，他宣称，所有的人类法则都是由一个神圣法则滋养的，也就是说，宇宙是由具有统一性的逻各斯来统治的。他进一步的结论是具有推动社会进步的意义的："人民必须为法律而战，就像为城邦而战一样。"[44]

但是赫拉克利特给男性和女性带来的最重要的挑战是，他们必须理解这个普遍的秩序，必须发现他们自己，作为个人，如何能与自己和谐相处。他提及，我们每一个人的灵魂都是我们自我智识原则的体现，不应该通过学习任何东西（或者不是一开始就学习）来达到上述目的，而应该通过从思维的惰性中唤醒自己来实现。他多少有些严厉地指出，像赫西俄德、毕达哥拉斯、赫卡泰乌斯和色诺芬尼这样的杰出之人，甚至也会有这种惰性，导致不能完全认清真理，这些人学到了很多东西，但是没有真正完全理解这些东西。[45]

赫拉克利特认为，通过找寻自我，他能够为他人提供找寻自我的线索。但是他的线索并不容易理解，也很难解读。他现存的格言出其不意、专断，如谜语般难解，有时还充满悖论，有大量的隐喻和深意，这完全说明了他为什么获得了"晦涩难懂"（*skoteinos*）这样的称号，也说明了为什么后来的哲学家普遍对他有所误解。所有这些有争议的模糊之处都不能掩盖一个基本的事实，赫拉克利特是所有哲学家中最具独创性的一个，而且时至今日仍能引起人们的兴趣，这种兴趣不仅仅是源自对古老和历史的探索。

以弗所并不急于加入伊奥尼亚起义对抗波斯人，但当起义军在以弗所附近的克雷苏斯（Coressus）登陆时，一些以弗所人表示他们愿意为起义军指明通往内陆的路,以便他们可以攻击萨尔迪斯(公元前498年)。

然而,在这次袭击发生后不久,起义军又退回了海岸,波斯追兵在以弗所附近将他们击溃,在灾难性的拉德海战之后(公元前495年),幸存的希俄斯船员被以弗所人屠杀,表面上,以弗所人以为他们是强盗,但实际上是为了向取得胜利的波斯人献媚,毕竟他们一直都没那么讨厌波斯人。

士麦那位于其同名海湾的尽头处,赫尔姆斯河注入这里。原来的士麦那旧镇坐落在海湾东北部充满岩石的半岛上(Haci Mutso)。这一定居点在新石器时期就存在了,但是根据相互矛盾的希腊传说,这里的定居者包括非希腊的利利格人(注释17)、亚马逊人(第八章,第3节),以及弗里吉亚的坦达洛斯(Tantalus)国王(附录1)。

在公元前1050/950年(根据已经出土的陶器证据定年),该遗址被希腊移民占领:最开始是爱奥尼亚人(大部分来自莱斯博斯岛,下文第4节),他们居住在椭圆形的茅草屋中,随后,大概不晚于公元前10世纪,伊奥尼亚人(科洛丰的流放者穿过半岛来到南部,参见注释31)移居到士麦那旧镇,并占据了大面积领土。后来人们认为,这些伊奥尼亚移民驱逐了之前住在这里的居民,但这可能是一种时代错乱的观点,忽视了希腊人和其他人一起生活的事实。

考古发掘证明,公元前850年,士麦那旧镇周围有一堵坚固的泥砖制成的防御性城墙,这一时期出乎意料的早,这说明早在这一时期,某种类型的集体生活和组织就已经存在了。在公元前8世纪,卫城下(Kadifekale)约有四百到五百处民居(这是我们已知希腊最早的市内住宅),大概能容纳两千名居民,还有一千人住在城墙外的郊区。

当地的传统根深蒂固,他们认为荷马是士麦那人,斯特拉波提到了荷马利翁。许多地方都对这一说法提出了质疑,尤其是希俄斯(上文第1节)。不过,尽管荷马住在希俄斯,他有可能是在士麦那出生的。[46]

另一个名为弥涅墨斯(注释31)的诗人也居住在这里(不过阿斯图帕莱亚岛也声称他属于自己),据说他是被流放的科洛丰人的后裔,他们将士麦那建成了一座伊奥尼亚城市而不是爱奥尼亚城市。据说弥涅墨斯在公元前632—前629年十分活跃，但是更有可能的是他活跃于下一个世纪初期，因为据说他和雅典的梭伦（他在公元前594/593年或前592/591年担任执政官）有政治往来。弥涅墨斯是一位专业的长笛演奏者，他书写哀歌，其作品汇集在两卷书中，现存的残篇包含细腻丰满的形象，展示了充分的想象力。其中一卷以长笛女演奏者南诺（Nanno，这是一个非希腊名字）命名，这卷哀歌的长度，说明弥涅墨斯可能是叙事挽歌的早期实践者。但是弥涅墨斯的作品中也含有大量的神话和传说，且主要涉及科洛丰和士麦那，就他的伊奥尼亚祖先定居这里的过程而言，他是主要的见证者。

然而，尽管诗人十分欣赏军事力量，但是其著作更偏向沉溺于快乐，他详细描述了灿烂的青春中无忧无虑的快乐，并与老年的行动不便做了对比。这一主题促使他对我们短暂的生命进行了悲观的思考，包括祈祷在六十岁时没有痛苦地离开，这一观点招致了梭伦对他的谴责。

在公元前7世纪，在其短暂地被吕底亚国王巨吉斯（约公元前685—前657年）统治之后[47]，士麦那旧镇根据新的规划重建。平行的街道，两旁是按规律建造的房屋，为这一时期的城市布局提供了一个独特的范例，整个城市布局呈现一种规整的格子状设计，与公元前5世纪米利都的希波达摩斯相关，这说明规则有序的设计规划已经取代了原来不规则的城市格局。约公元前610年的雅典娜神庙遗址已经被发掘，其中包括一些极具实验性的艺术装饰的尝试。希腊大地上留存下来的最早的石柱是由柔软的白色多孔石灰岩组成的。士麦那（或福西亚）拥有已知最早的钟形和蜗壳形都城，都城中发掘出了一些琥珀金钱币，上边有张着口的狮子标志，还有来源于史前希腊移民象征着众神之母的库柏勒（Cybele）形象。

士麦那从小亚细亚内部的农产品贸易中获利良多。然而在公元前6世纪初期，在国王阿吕亚泰斯的指挥下，这里再一次被吕底亚人占领，他在这里建了一圈土堆，攻克了士麦那的防御工事。约公元前545年，波斯人再度入侵，占领吕底亚王国之后，摧毁了这里的雅典娜神庙和士麦那旧镇的其他部分。斯特拉波说，士麦那的幸存者随即撤退到村庄中[48]，只有一小部分留在被侵略的地区，逐步修复被破坏的地方。

福西亚得名于 *phoke*，也就是海豹（与毗邻岛屿形状一致），是小亚细亚西海岸的另一座港口城市。福西亚毗邻的海湾位于海岬的最西端，海岬的两侧是两个港口，诺斯坦斯慕斯（Naustathmus）和兰普斯特（Lampster），分别位于城市的两端。一条名叫斯玛德斯（Smardus）的小溪流入海湾，但是还有另一条更大的赫尔姆斯河流经福西亚，这是通向内陆的主要通道。这是伊奥尼亚地区最北端的城市，事实上，最开始的时候，这里跟士麦那一样，属于爱奥尼亚人而不是伊奥尼亚人，因为是爱奥尼亚城市库梅将土地割让给前来福西亚的最早一批伊奥尼亚移民的，福西亚后来才加入伊奥尼亚人同盟。后来一批定居在这里的福西亚人来自帕纳索斯山，是在两位雅典人菲洛格涅斯（Philogenes）和达蒙（Damon）的带领下来到这里的。

然而，在这种情况下，这里的土地并不能满足殖民者的需求。因此，他们受到海角末端地形的启发，利用了海港带来的优势，凭借着出色的航海技术在希腊人中脱颖而出。凭借着赫尔姆斯河主河道入海口，福西亚为内陆商业活动活跃的吕底亚王国提供了出口机会。此外，为了向另一个方向拓展贸易，这里的水手在兰普萨库斯（Lampsacus）建立了一个殖民地，该殖民地位于赫勒斯滂（达达尼尔海峡）的北入口，该地理位置具有战略性意义。首先，他们讨好米西亚人（Mysia）的国王，帮助他对抗他的敌人，最后却占领了他的城镇（约公元前654年）。[49]此外，在米利都人的帮助下，福西亚人还在远在黑海南岸的阿米索斯（Amisus，今萨姆松［Samsun］）建立了殖民地（传统上认为时间大约是公元前564年）。

此外，他们还参与了埃及诺克拉蒂斯的贸易活动，福西亚是十二个共同崇拜阿波罗神庙的希腊城市之一，该神庙又称希腊神庙，约建于法老阿玛西斯时代（约公元前569—前525年）。同一时期，福西亚人在自己的城邦中建立了一座雅典娜神庙，神庙由白色多孔的石头组成。他们还发行了大量流传广泛的琥珀金钱币（同时也发行了一些面值较小的银币），钱币上有城市的海豹标志,反面还有一系列其他艺术创作的微型图案。福西亚的染色工艺也十分出色。

不过,他们最出色的成就还是在遥远的西方。根据希罗多德的说法,"他们是希腊人中最早进行长途旅行的"[50],福西亚人开辟了最远且最冒险的航线。他们是第一波跟随萨摩斯人接触西班牙西南部的贝蒂斯河(今瓜达尔基维尔)附近塔尔特索斯王国的人(约公元前640年,参见上文第1节),不过他们并不是乘着商船,而是乘着五十桨战舰去的(牺牲了一部分载货量,提高了船的航行速度和作战能力)。福西亚人与塔尔特索斯在位极久的国王阿尔干托尼欧斯(Arganthonius)建立了友好的关系,福西亚的冒险者因而也有机会从西班牙腹地获得大量的青铜、锡和白银。

老普林尼也记载了一位叫米达克里托斯(Midacritus)的福西亚人。普林尼说:"米达克里托斯(Midacritus)是第一位从锡岛(卡西特里斯〔Cassiteris〕)进口'白铅'〔也就是锡〕的人。"[51]他说的锡岛实际上是康沃尔(斯坦纳里〔Stannary〕),而不是西西里岛。锡对古代世界十分重要,因为它是青铜的主要成分。它存在于许多近东国家和希腊本土,但是数量不足以支撑整体需求,仍需从更西边进口。普林尼的话可能仅仅意味着米达克里托斯航行到了塔尔特索斯,获得了塔尔特索斯人从康沃尔那里得到的锡。不过更有可能的是他本人通过塔尔特索斯前往不列颠,获得了锡。假设米达克里托斯的远航是在约公元前6世纪或者更早,那这一时机对他们来说是非常合适的,因为这一时期,他们潜在的对手腓尼基人正在全神贯注地抵御波斯人的入侵(附录1)。

福西亚人还在地中海沿岸的高卢建了历史悠久的城市马萨利亚(今马赛),整体位于罗讷河(Rhône)三角洲的东岸(公元前600年)。据说他们是按照神谕的要求,带着以弗所的阿尔忒弥斯女祭司建立新的殖民地。此后不久,福西亚和马萨利亚在他们之间,也就是西班牙的东北岸建了一个定居点。新的定居点名为恩普利亚(Emporiae,今安普里亚斯〔Ampurias〕),意为贸易港或市场,这也体现了新定居点的本质。

从爱琴海到马萨利亚再到恩普利亚，其航线围绕意大利西海岸延伸，在公元前565年，福西亚人在科西嘉岛（Corsica）东海岸的阿拉里亚（Alalia，阿莱里亚［Aleria］）建立了殖民地，这里靠近伊特鲁里亚的银矿（附录3）。不久之后，在公元前546年福西亚受到波斯人的袭击和破坏，城内的雅典娜神庙被破坏，在克瑞翁提德斯（Creontides）的领导下，大批流离失所的福西亚人向西起航，并在阿拉里亚与自己的同胞们会合。也就是说，在面对波斯人入侵的情况下，福西亚是希腊唯一一个采取全民迁移、离开本土政策的城邦。不过，城内有一位十分知名的雕塑家特勒芬尼（Telephanes）并没有离开，他留在了这里，继续为大流士一世和薛西斯一世服务。

由于这两拨移民的到来，阿拉里亚地区人口急速增长，为了给增长的人口提供出路，阿拉里亚人采取了一系列措施，这些措施引起了凯勒（Caere）国王的敌意，凯勒是当时伊特鲁里亚地区最强大的海上势力。同样对其持有敌意的是迦太基人，因为这些希腊移民威胁了迦太基人在科西嘉岛（以及撒丁岛）的利益。这种敌意导致了约公元前540—前535年的"阿拉里亚之战"（但事实上这一战争并没有发生在阿拉里亚海域）。福西亚人对抗的是两倍于他们的战舰，尽管在名义上他们取得了战争的胜利，但是损失惨重，幸存者认为他们不得不离开科西嘉（尽管现在看来，这些希腊人并没有完全撤离）。从阿拉里亚起航的福西亚人最先在赫雷基乌姆（今雷焦卡拉布里亚［Reggio di Calabria]）避难，随后转移到意大利西南部的伊利亚或许埃勒（Hyele），这一新的殖民地很快就繁荣起来，凭借巴门尼德（第七章，注释59），这里实现了福西亚本土难以达成的哲学成就。

一些福西亚难民最终回到了他们位于小亚细亚的故乡，并重建了雅典娜神庙。福西亚也加入了伊奥尼亚起义（公元前499—前494年），虽然他们只能提供三艘战舰，但是由于他们的航海技术享誉盛名，在拉德之战（公元前495年）发生之前，福西亚人狄奥尼索斯是所有伊奥尼亚战舰的总指挥。他训练水手和步兵进行撞击演习，但在烈日下训练一周后，他们开始不愿意服从进一步命令。这时波斯人发动了进攻，并取得了决定性的胜利。至于狄奥尼索斯，他最先俘获了三艘敌舰，但很快就败走溃逃进了腓尼基水域。在那里，他又击沉了几艘商船，但没过多久，他就完全离开了东地中海水域，前往西西里岛。

第 4 节 爱奥尼亚：米提列涅

莱斯博斯是小亚细亚西部的爱琴海沿岸最大的岛屿，在阿德拉米迪翁（Adramyttium，埃德雷米特［Edremid］）海湾的西南部。该岛北部由火山岩组成，有很多温泉。其东海岸的塞尔米（Thermi）有一个青铜时代的定居点，这里与小亚细亚大陆的特洛伊息息相关。皮拉（Pyrrha）和库提尔（Kourtir，在南边的皮拉尤里普斯湾）以及米西姆纳旧镇（位于北边）有很多迈锡尼移民者的踪迹。荷马多次提到该岛，这说明这里应该有一座中心城市，但是现在还没有确定。

据说有一段时间，莱斯博斯岛上有色雷斯人。岛上的阿波罗神庙中有一把吕拉琴，据说属于神话中的色雷斯歌手俄耳甫斯（Orpheus）。不过从公元前1130年左右开始，这里的人口就主要由从波奥提亚和色萨利来的希腊（爱奥尼亚）移民组成了。他们从莱斯博斯岛开始蔓延到小亚细亚及其岛屿的西北部（约公元前1130—前1000年），一直从赫勒斯滂（达达尼尔海峡）的入口延伸到赫尔姆斯河河口地区，不过这一过程十分缓慢，因为本地的迈锡尼居民对此有所抵触。[52] 结果就是这个地区发展成了爱奥尼亚。为了克服本地迈锡尼居民的抵触情绪，这些人开始与他们进行通婚，建立了很多内陆城市，其中南部的十一座城市共同组成了一个宗教联盟。同盟的中心设在格律聂翁（Gryneum）的阿波罗神庙，领导他们的是希腊殖民者中最重要的库梅人。[53]

这些定居在莱斯博斯的爱奥尼亚人声称他们的祖先可以追溯到一个神话人物风神埃罗斯之孙那里，他也是给莱斯博斯命名的人。肥沃的土壤和事宜的气候促进了莱斯博斯五座城市的发展，分别是米提列涅（位于东南边）、米西姆纳（定居在此的还包括来自厄里特赖、福西斯和斯基罗斯［Scyros］的人）、厄勒苏斯（Eresus，位于西南边，以盛产小麦闻名）、安提萨（西北部）以及原先的迈锡尼城市皮拉。这些城镇保留着小规模的世袭贵族家庭，这种旧式的辉煌与迈锡尼时代相呼应。

迄今为止，尽管米提列涅并没有完全统治过其他城邦，但是这里仍然是莱斯博斯岛上最强大的城邦。最初，这座小镇坐落在一个小岛上（这座小岛通过泥沙的淤积和沉积，成为莱斯博斯岛的一部分），后来扩展到莱斯博斯岛的主体部分。新的地点有两个很好的港口，可以避免北风侵袭，也有利于米提列涅充分发挥自己近海航线上的优势。此外，米提列涅也参与了希腊城邦在埃及建立诺克拉蒂斯贸易港口的活动。

米提列涅的统治者是蓬提利德家族，他们声称自己是俄瑞斯忒斯（阿伽门农之子）的儿子蓬提罗斯（Penthilus）的后代，据说他们是为了躲避多利安人对伯罗奔尼撒征服的难民，逃难到此建立了该城（这种说法似乎并不值得推敲，因为，正如我们所看到的，莱斯博斯岛的殖民者似乎来自更远的北方）。似乎这里最初只有蓬提利德国王，后来整个家族建立了贵族政权。不晚于公元前650年，这一政权被推翻，随之而来的是一段充满暴力和阴谋的岁月，不过在这期间，之前占据统治地位的家族成员仍然活跃。

一位名叫麦兰克罗斯（Melanchrus）的独裁统治者被一群显赫家族的成员杀害，这一切可能是庇塔库斯领导的，而庇塔库斯明显是色雷斯名字。在这之后，庇塔库斯带领自己的同胞与雅典展开了旷日持久的抗争，以争夺赫勒斯滂附近的战略要地西基昂的归属权，在杀掉雅典的指挥者弗吕侬之后，他名声大噪。与此同时，米提列涅内部出现了三个派系，一个是传统的贵族联盟，一个是持异见的克里纳克提德（Cleanactidae）贵族家族，还有一个是米尔斯罗斯（Myrsilus，这显然是一个亚洲名字）领导的派系，这个派系拥有更加广泛的基础。

但是米尔斯罗斯去世了，随后，大约在公元前590年，庇塔库斯（是前者的支持者，称赞他装备精良，拥有闪闪发光的盔甲）被选为 *aesymnetes*

（裁判、仲裁人），任期十年，他也因此获得了无上的权力，后人将之称为"民选僭主"（elective tytanny）。在驱逐了第一个贵族派系之后，他克制地对待自己其他的对手，以温和的态度和富有改革精神的方式编写并修改法律，这让人想起了同时代的梭伦（或许是他有意为之），因此他也在希腊七贤中拥有一席之地。在他的十年任期结束之后，他便辞职了，享受了十年体面的退休生活，留下了一个繁荣、自由而又和平的米提列涅。

不过，他曾无情地流放了诗人阿尔卡埃乌斯，后者大约在公元前620年出生于米提列涅的一个古老的家族。此前不久，莱斯博斯的另一位歌者，安提萨的特尔潘德（后来去了斯巴达），将七弦吕拉琴从吕底亚引入了希腊。[54] 他的一些同胞还使用了多达二十根弦的乐器，这种乐器既能演奏高音，也能演奏低音。在以莱斯博斯为首的爱奥尼亚地区，独唱歌曲，也就是狭义上表达主观和个人感受的抒情诗，开始形成。

阿尔卡埃乌斯就是这种艺术的出色实践者。当他还是个孩子的时候，他的兄弟们就在推翻麦兰克罗斯的过程中出了力。后来，在西基昂的战斗中，他站在庇塔库斯一边。但是他和他的朋友为了逃避米尔斯罗斯的敌意撤到了皮拉，后来他曾说米尔斯罗斯的死可以让大家"开怀畅饮"[55]。

不过后来发生的事情没有顺应阿尔卡埃乌斯的心意，庇塔库斯接替了米尔斯罗斯的位置，阿尔卡埃乌斯曾经是他的战友，他辱骂这位新的"仲裁者"，说他粗俗、自负、傲慢、嫉妒、八字脚、大肚子、酗酒，说他是新的强奸犯和杀人犯，宣称选出这种人做仲裁者的城邦必定是没有骨气且注定失败的。毋庸置疑，阿尔卡埃乌斯是被庇塔库斯放逐的那波人之一。他逃到埃及，中间可能还去了色雷斯、波奥提亚和吕底亚。根据后来的说法，庇塔库斯在去世之前赦免了这位诗人，这种说法的真实性未可知，但可以肯定的是，在他去世之前，阿尔卡埃乌斯确实回到了故乡，具体日期不可考。

阿尔卡埃乌斯是一个充满仇恨的外向者，他是喧闹的、渴望权力的贵族化身。我们不应该将他记录下来的内容当成历史事实来看，例如，他说，有一次他从战场上逃跑，把盾牌扔在地上[56]，这其实是一种诗歌的程式化表达，呼应帕罗斯的阿基尔罗库斯（参见下节）。不过，无论如何，阿尔卡埃乌斯始终是公元前6世纪莱斯博斯岛上发生的事件的最重要的见证人。他经常参加酒会，很多诗作也是为了在贵族俱乐部（hetaireiai）宴饮的时候背诵的，宴饮是贵族生活的重要活动（在米提列涅，他们会享受优质的葡萄酒）。他还写了关于特洛伊战争的诗歌，也为狄奥尼索斯和缪斯女神等众多神祇写了颂诗，此外，贺拉斯告诉我们，他还为一位名为吕库斯（Lycus）的美少年写了赞美诗[57]，据说这是关于男同性恋最早的文学表达。然而这并不是阿尔卡埃乌斯敏锐美感的唯一体现，这种美感与丰富的经验密切相关。他可以通过多种多样的诗歌韵律传递简单的情绪，其中包括以之命名的阿尔卡克四行诗节。

　　斯卡曼德罗尼莫斯（Scamandronymus）和克莱伊斯（Cleis）的女儿萨福是阿尔卡埃乌斯的同辈人，跟他一样，也出生于莱斯博斯岛，厄勒苏斯是她的家乡。在童年时期前往西西里之后（她的家人在家乡因为政治问题被流放），她回到了莱斯博斯岛上，并住在米提列涅安家。她三个兄弟之一的拉里库斯（Larichus）负责在议事会晚餐聚会上斟酒，另一个兄弟卡拉修斯是一位商人（这一职业的从业者大多是莱斯博斯的贵族），他工作的主要内容是将葡萄酒运送至埃及的诺克拉蒂斯，他在那里与本地的一位名叫多里夏（Doricha）的女性拥有一段奢靡的爱情故事。萨福嫁给了安德罗斯的一位名为科尔克拉斯（Cercolas）的富人。他们的女儿名叫克莱伊斯，与她的祖母同名，萨福十分喜爱且羡慕这个女儿的美貌（据说因为萨福自己身材矮小，脸色蜡黄），她教女儿打理头发，并一起讨论她想拥有一顶色彩艳丽的吕底亚帽子的愿望。萨福在莱夫卡斯岛海角跳海自杀的故事可能只是一个讹传。

　　她最喜欢创作的是伴以吕拉琴的、不同韵律的爱情诗（包括以她命名的四行诗节）。这些诗歌，或者说这些诗歌中留存下来的部分，没有一点羞耻或内疚，带着一丝超然、讽刺的自我批评，她拥有一种独特的天赋，善于传达炽热的情感；她的作品传达着一种非常直接的亲密感。然而这些情绪和态度本身与表面上看起来的样子并不完全相符。

诗歌中大量的程式化的术语和表达说明,萨福并不是在记录自己的生活。这类抒情诗(与阿尔卡埃乌斯那些一样)并不一定是自传式的,诗人只是创造出了一个情景,在这种情境下,更方便地表达自己的感受或观点。正是本着这种精神,萨福创作了著名的二十八行《阿芙洛狄忒颂诗》,这也是萨福唯一幸存下来的完整作品。当她如此热情地向女神呼唤,以纾解无法满足的渴望所带来的痛苦时,我们无从判断她的话是否反映了一种真实的个人经历。但是不管是不是这样,她恰当的用词和清晰的比喻都充满了对大自然的敏锐感知和欣赏,并散发出一种异域魔幻的情调。

她选择用一种隐晦的方式来表达她那狭小而又充满激情的世界中的爱与失。她引导、教育和对话的对象似乎是一群未婚的女性(对另外一组具有类似名字的团体含有敌意)。[58] 从某种意义上说,这个团体似乎是一个宗教团体(*thiasos*),但很明显,其成员的大部分时间都花在了其他职业上,尤其是诗歌的创作和朗诵,以及对爱情的沉思上。这些女性享受着一种社会自由,这种自由有意地将她们与男性的生活和态度区分开来,强调亲密关系和个人主义,而不是统治、征服和战争,就像阿尔卡埃乌斯告诉我们的那样,就连比美都不可以。[59] 这种自由抹去了对女性加以限制的枷锁,这种枷锁在雅典是存在的,在希腊其他地方也是存在的。

"女同性恋"(Lesbian)这一现代概念,就是源于萨福对自己的女性同伴充满爱意的称呼。的确,她的言语间流露出对同性的强烈情感,而且这种感情似乎也蔓延到了肉体关系上(不过这种观点在现代遭到了强烈的反对,很多人否认萨福与其他女性有肉体关系),这种肉体关系在男性之间也普遍存在。她自己的诗歌中似乎也表达出这种观点,不过并不明确。[60] 但是萨福也不排斥异性恋,因为她结婚了,她还创作了一些婚歌(*epithalamia*),由歌队表演。她对后来的希腊诗人产生了巨大的影响。后来的希腊诗人在描述莱斯博斯岛上的女性和其他女性或男性的关系时,往往充满情欲色彩。

庇塔库斯维持了一段和平时期之后,米提列涅人的和平现状被雅典人庇西特拉图打破了,他最终将米提列涅人从西基昂驱逐,随后,他们又被萨摩斯的波利克拉特斯击败,后者在与米提列涅交战的时候俘虏了一支远征军,随后萨摩斯利用这些俘虏在自己的城墙外挖筑壕沟。

一个名叫科埃斯［Coes］的米提列涅人曾协助波斯国王大流士一世进行斯基泰远征（约公元前513—前512年），随后作为奖励,此人被任命为米提列涅统治者。但是他的臣民对他的政策并不满意,在伊奥尼亚起义开始之际,也就是公元前500/499年,用石头将他砸死了。

爱奥尼亚占据了小亚细亚爱琴海沿岸北部的三分之一区域,中部是伊奥尼亚,最南部（包括卡里亚海岸和岛屿）由多利安人占据。他们其他的殖民地并没有那么重要,暂不全面展开,下文仅做简短描述。

这些地方组成了一个由六个团体组成的联盟,分别是克尼多斯、哈利卡纳索斯（Halicarnassus）、罗德岛上的三个城市以及科斯岛（Cos）。克尼多斯位于大陆,公元前10世纪初期,斯巴达人在此殖民,他们最先定居于狭长的克尼多斯的切尼索斯海岸（雷沙迪耶半岛［Reşadiye Peninsula］）,后来在同一半岛的西端定居。克尼多斯出口葡萄酒、洋葱、药油和芦苇笔,并在亚得里亚海岸的黑色科基拉（今科尔丘拉［Korčula］）和西西里北部的利帕拉岛（Lipara,属于爱奥尼亚）殖民。哈利卡纳索斯位于克拉美克湾（Ceramic）北岸,在约公元前900年由阿尔戈利斯的特洛伊曾（Troezen）殖民者建立,不过很快就被踢出了多利安同盟,到了公元前5世纪,这里属于伊奥尼亚而不是多利安。

海上的罗德岛,面积约为50×20英里,在这个时期岛上并没有形成一个完整统一的城邦,而是分成三个独立的小城邦,伊利索斯、卡米罗斯和林多斯（Lindus）,直到公元前408年才合并成统一的罗德斯。在经历了漫长的青铜时代（迈锡尼时代）背景之后（这让人想起了特洛伊战争之前不久,忒勒波勒莫斯［Tlepolemus］建城的故事）,约公元前900年,跨越爱琴海而来的多利安人建立了这些城镇。林多斯代表这三个地方,于约公元前688年在西西里的盖拉建立了殖民地（与克里特人一起）,同时也在吕西亚（小亚细亚南部）的法赛里斯（Phaselis）殖民。在公元前6世纪,林多斯受到古希腊七贤之一的克里奥布鲁斯（Cleobulus）统治，在他的统治下，罗德岛在南北和东西贸易路线上均取得了中心地位并加以保持，此外，还与埃及的阿玛西斯建立了友好的关系。公元前7世纪和前6世纪十分有名的东希腊陶瓶就出自罗德岛上的另一个名为卡米罗斯的城市。后来，这座岛屿先后受到了昔兰尼的巴图斯三世和波斯人的统治。

科斯岛上的多利安殖民者可能来自埃皮道鲁斯，他们到来后占据了原本色萨利人的定居点。

第5节 基克拉迪斯：纳克索斯、帕罗斯、提洛岛

基克拉迪群岛是爱琴海中部的一个大群岛，位于希腊大陆和小亚细亚之间。整个群岛得名于 *kuklos*（圆形），因为它们呈环形围绕着提洛岛。在青铜时代早期和中期（公元前3千纪年至前2千纪），这些岛屿拥有独特的文明，从公元前17世纪开始，一些岛屿接收了来自克里特岛的移民。从公元前1400年开始，他们就属于迈锡尼文化圈了，迈锡尼文明陷落之后，来自希腊大陆的殖民者占领了这里（约公元前1000年），这些人说的是伊奥尼亚方言（不过南部的一些岛屿，例如火山岛锡拉岛和以黑曜石和黑玻璃闻名的米洛斯岛，其殖民者主要是来自拉哥尼亚的多利安人）。

基克拉迪斯群岛中最肥沃的是纳克索斯岛。在史前时代，纳克索斯岛上拥有大量人口，这里是小型基克拉迪斯雕像的生产中心，这些雕像由当地灰色或白色的大理石雕刻，并由金刚砂打磨而完成。制作雕塑的大理石就来自纳克索斯岛本地，又称"纳克索斯石"。这里最早的居民来自卡里亚和色雷斯，然后克里特人也到了这里。

纳克索斯是迈锡尼时代的重要中心，当时这里是向东海上运输的中转站，是许多希腊神话的起源地。这里是数个与色雷斯一同争夺酒神狄奥尼索斯出生地的地方之一（附录2），这从该岛另一个名字狄奥尼西亚，以及该岛盛产葡萄酒中可以看出来。根据传统的说法，狄奥尼索斯在纳克索斯找到

了忒修斯丢下的阿里阿德涅（Ariadne），并娶她做新娘。另一个故事讲述了双生巨人奥图斯和埃菲阿尔特斯，他们将奥萨山堆到了奥林波斯山上，还将皮利翁山堆到奥萨山上，后来他们死在了纳克索斯，这里有纪念他们的宗教仪式。

随后由雅典人阿克提莫斯（Archetimus）和泰乌克罗斯（Teuclus）带领的伊奥尼亚殖民者来到这里。新纳克索斯人还有基克拉迪斯群岛其他岛屿上的人，跟优卑亚城市卡尔基斯一起在西西里建立了最早的殖民地，以他们的名字"纳克索斯"命名（约公元前734年）。这些殖民者还建立了伦蒂尼和卡塔纳。纳克索斯本土公民也参与了爱琴海中部地区的殖民，他们跟萨摩斯人和米利都人一起，在基克拉迪斯的另一个岛屿，阿莫尔戈斯岛上定居。在卡尔基斯和埃雷特里亚之间的利兰丁战争（约公元前700年）期间，纳克索斯再次与卡尔基斯站在了一起，因为埃雷特里亚曾经夺取了安德罗斯岛、凯奥斯岛和泰诺斯岛，挑战了纳克索斯的区域霸权。

在前希腊时期，纳克索斯在雕塑发展的过程中发挥了重要作用。在约公元前650年，纳克索斯人开始使用本地的大理石雕刻大型雕塑，邻近的帕罗斯岛是其竞争对手（提洛岛、克里特和科林斯人都在不同时期占据优势），但是希腊大理石雕刻的第一个重要流派就是纳克索斯。

其中最古老的一件作品是由一位名为尼坎德（Nicandre）的纳克索斯女性（约公元前650年）献给提洛岛上的阿忒弥斯女神的一座女性雕塑，那时提洛岛属于纳克索斯人。这个人物假发般的头发，以一个克里特雕塑家的名字命名为"代达罗斯式"（第六章，第1节），这种风格具有东方的外观，但其严谨的线条是新颖的希腊式的。公元前7世纪提洛岛上的狮子像是由纳克索斯大理石制成的——很有可能是其竞争对手的贵族家族供奉的——公元前6世纪早期德尔菲的狮身人面像也是使用纳克索斯大理石雕刻的。纳克索斯生产的男性和女性雕塑，即*kouroi*和*korai*，运往了雅典，推动了雅典大理石雕塑的发展。大约公元前560—前550年雅典的一个男性雕塑，具有纳克索斯风格，但是其衣服的制作又体现了萨摩斯的技术。

纳克索斯不仅出口雕塑成品，也为其他地方培养了很多艺术家，这里还出口大理石原石。这一行业迅速发展，当他们本地供大于求的时候，就会出口给希腊大陆的其他城市。从公元前7世纪中期开始，基克拉迪斯群岛还率先开始生产雕刻的印章，与其说是受到东方的启发，不如说是受到那时候发现的青铜时代的作品和复制品的影响，纳克索斯人再次提供了希腊最重要的工作坊（不过现存的发现证明另一个岛屿，米洛斯岛，也有此类作坊）。纳克索斯在希腊早期建筑的发展过程中也起到了重要作用，参与创建了伊奥尼亚都城。据信，当地一位名叫拜泽斯（Byzes）的建筑师最先发明了大理石瓦片。[61]

这个岛屿先是由贵族统治，后来又由寡头统治，直到因他们日益增长的财富引起了争议——这些人被称为"肥胖者"——在雅典僭主庇西特拉图（约公元前545年）的帮助下，他们中一名任职将军的成员成了僭主，他就是吕格达米斯。吕格达米斯的竞争对手被一一逐出城邦。但是到了约公元前525/524年（或前517/514年？）他本人也被放逐，在斯巴达军队的协助下，寡头政权复辟。波利克拉特斯在萨摩斯建立的独裁政权在一段时间内使得纳克索斯变得黯淡失色，但是在约公元前522年，波利克拉特斯被推翻之后，萨摩斯内部社会动荡，使得纳克索斯在公元前6世纪的最后几十年中，有机会增强自己的实力并实现了新的繁荣（包括大量奴隶）。他们能够从自己的岛上和其他岛屿上集结八千名重装步兵和一支舰队，凭借这些，纳克索斯成了一股不可小觑的力量。

结果，纳克索斯被波斯人和米利都人盯上了，在一场地方政变之后，纳克索斯的政权被一个具有民主倾向的政权统治（约公元前500年），在波斯的支持下，米利都的统治者阿里斯塔格拉斯对纳克索斯贵族流亡者的诉求做出了积极的回应。米利都人、波斯人和纳克索斯流亡贵族组成了一支远征军，发动偷袭，但是并没有攻下纳克索斯，经历了四个月的包围之后，他们最终放弃了继续攻打纳克索斯的念头。正是这一失败，使得阿里斯塔格拉斯在波斯人中名誉扫地，最后他发动了伊奥尼亚起义。积极参与起义的纳克索斯最终在公元前490年，被波斯人摧毁。

帕罗斯位于伊奥尼亚西边，是基克拉迪斯群岛中第二大的岛屿，仅次于其传统的敌人纳克索斯岛，纳克索斯位于其东边4千米处。跟纳克索斯一样，这里也有很多大理石（白色，采自马尔佩萨山［Marpessa］），因此在公元前3千纪年和公元前2千纪年成了群岛中的一个雕塑中心。尽管帕罗斯的港口只能容纳小型船只艰难进入，但神话还是记载了克里特国王米诺斯及其儿子对此处的殖民活动，据称他们受到了赫拉克勒斯的驱使。阿卡迪亚人和来自雅典的克律提奥斯（Clytius）与麦拉斯领导的伊奥尼亚人的殖民活动也被记载下来了。卡尔基斯和优卑亚的埃雷特里亚之间发生的利兰丁战争（约公元前700年，第四章，第1节）中也有帕罗斯人的身影，由于他们的敌人纳克索斯人站在了卡尔基斯那边，所以帕罗斯在这场战争中选择支持埃雷特里亚。

公元前640年或者更早，帕罗斯与伊奥尼亚的厄里特赖一起在小亚细亚西北部建立了帕里昂（Parium）。但是帕罗斯在爱琴海北部贸易中扮演中心角色的主要证据是约公元前650年帕罗斯建立殖民地的活动，在德尔菲神谕的指引下，帕罗斯在萨索斯岛（第八章，第2节）建立殖民地，这有利于他们开采邻近的色雷斯大陆上潘盖翁山中的金银矿。整整一代人的时间里，帕罗斯和萨索斯之间的关系都很亲密。

诗人阿基尔罗库斯是帕罗斯人，他是忒勒斯科勒司（Telesicles）的私生子，萨索斯殖民地的建立者，他的母亲可能是该岛的一名奴隶。阿基尔罗库斯深深地卷入了当地的政治斗争中，参加了萨索斯岛殖民的后一阶段。他曾经做过海员和雇佣兵，他之所以从事这些职业，是由于一个名叫吕坎贝斯（Lycambes）的帕罗斯人拒绝将女儿纽布勒（Neobule）嫁给他，这一行为也招致了这位受挫的求爱者在诗歌中猛烈的抨击。阿基尔罗库斯在萨索斯拥有土地（"一片不可爱、不理想也不被爱的土地"），最后他在帕罗斯殖民者和纳克索斯人反复发生的战斗中去世。

作为一名诗人,阿基尔罗库斯在抑扬格的基础上发展了一种讽刺诗(短音节后接长音节,据说是在厄琉息斯发展起来的,参见第二章,注释12),这使他获得了毒舌的外号。最近出土的纸草中包含他的"科隆"抒情诗的35行,用非常精确的细节描述了性诱惑,传递了恰到好处的画面感。这首诗使用了扬抑格(长短格)诗律。不过阿基尔罗库斯也非常善于使用其他格律,这标志着早已无迹可寻的早期诗歌的多样历史,这些诗歌与著名的史诗共存。他的作品还包括挽歌警句、奥林匹亚赛会的颂诗以及酒神的赞歌,即献给狄奥尼索斯的合唱歌(根据亚里士多德的观点,这类作品的灵感来自葡萄酒),最后一种可能是希腊悲剧的前兆(第二章,第4节;第三章,第2节)。他的诗歌中还有很多其他的主题,比如自己的诗歌天赋、肩上的各种筹码、战争的威胁等等,甚至还包括一次日食。

阿基尔罗库斯可能在宴饮上唱了一些自己的诗歌,这类宴饮是富有的贵族俱乐部(*hetaireiai*)晚餐后的娱乐活动。他可能是已知最早的通过书写来保留自己作品的著名诗人(荷马和赫西俄德不太可能这样做)。他似乎是最早向我们讲述自己感受的希腊作家:他的诗歌注重个人感受,非荷马,反英雄主义。他记录了自己的经历,当他逃离战场的时候,他丢弃了自己的盾牌。没错,阿尔卡埃乌斯后来说自己也做了同样的事情,这再次提醒我们,当一个诗人声称记录了自己生活中发生的事件时,这些内容并不一定是历史事实,可能只是反映了一些创造性的、非自传性质的且流传较广的主题元素。

无论如何,阿基尔罗库斯选择为自己的观众扮演的角色允许他沉迷于一系列坦率的自我剖析中——喧闹、爱出风头、粗鲁,在兴奋和忧郁,严肃和敏感,爱情的苦与甜,沉浸享乐和意外就在眼前的宿命论中不断摇摆。这种指摘是严厉的,但是其中也夹杂着对神的崇敬,也夹杂了一些恐惧。

尽管阿基尔罗库斯的主要文学作品都沿用了早期的诗歌体裁,这些体裁是可以推测和发现的,但是他本人仍被誉为最伟大的诗歌创新者和诗人之一[62],这得到了广泛的证明,跟荷马与赫西俄德一样,在他去世之后,他的诗歌仍然继续流传并被公开吟诵。希腊人并没有将阿基尔罗库斯当成抒情诗人，这是正确的，因为按照严格的分类规则，他写作时使用的格律并不属于这一类。但是，从更加广泛的层面来说，他的确属于抒情诗人，也是第一个可以被冠以此描述的诗人。此外，他使这类诗歌在一出现就达到了前无古人的高度：清晰、尖锐、微妙、戏剧性，最重要的是多变。因为他自己就是一个多才多艺的人，"是战神的仆从，完全领悟了缪斯的礼物"[63]。公元前6世纪有人为他建了一座英雄祠（*heroon*），在三百年后得到修葺。一条跟这一崇拜相关的传记铭文保留至今。[64]

帕罗斯还拥有阿斯克勒庇俄斯（Asclepius）神庙、阿波罗神庙、阿尔忒弥斯神庙、宙斯库恩索斯神庙和雅典娜库恩希亚神庙（这两位神祇在邻近的提洛岛同样受到崇拜）的遗迹。东边还有另一个关于雅典娜的圣所，除此之外，城东的山上也有一些神殿。然而，德墨忒尔的地母节神庙至今仍无迹可寻。

公元前7世纪，帕罗斯制造了属于自己的陶瓶（之前被称为锡弗诺斯和美利亚瓶），并开采和出口大量大理石供希腊其他国家的雕塑家使用。帕罗斯的大理石特别受欢迎，因为虽然这里的大理石比其他地区的大理石粗糙，但它具有延展性，并拥有乳白色或淡烟色半透明表面，表面还有闪闪发光的晶体。在约公元前650—前600年之间，帕罗斯与自己的竞争对手纳克索斯一起完成了从石灰石到大理石的过渡，这标志着大规模雕塑的产生。这里的男性雕塑（*kouroi*）和女性雕塑（*korai*）都十分出色，尤其是一位名为阿里斯通（Ariston，约公元前540年）的雕刻家制作的一个男性雕塑尤为突出，在安静的悲怆和更为丰富的表达之间变化，这共同证明了一个独立的帕罗斯流派是存在的。

帕罗斯的法律和政体专家获得了仲裁员的美誉。在公元前655年，尽管他们曾经在利兰丁战争中站在了卡尔基斯人的对立面，但是在卡尔基斯和安德罗斯人之间发生冲突的时候，他们仍然邀请帕罗斯人来做仲裁。在公元前

6世纪下半叶，帕罗斯仲裁者被召唤至米利都，来调节其内部派系之间的矛盾。不久之后，这座城市似乎成了纳克索斯独裁者吕格达米斯的附庸。但是，在公元前490年，纳克索斯被波斯人摧毁之后，帕罗斯继承了纳克索斯在基克拉迪斯群岛中的统治地位，他们曾经采取了预防措施，派遣一艘三列桨战舰协助入侵者。

提洛岛长约3英里，宽约1至1.5英里，位于纳克索斯岛和帕罗斯岛以北，是一个贫瘠的岛屿，岛上遍布花岗岩和黄沙，极为缺水，但是这里却被视为基克拉迪斯群岛的中心和发源地。岛上的最高点是圣山辛图斯（Cynthus），高约350英尺。山上（跟下边的平原一样）的石屋遗迹说明这里在公元前3千纪之前就是希腊人的居住和宗教中心。根据修昔底德的说法，这些定居者是卡里亚人[65]，但是根据传统的说法，他们又被克里特的米诺斯国王赶出来了。提洛岛上发现的迈锡尼时期的陶器比其他地方都多，迈锡尼时期的建筑就坐落在后期的神庙建筑后边。在青铜时代晚期，岛上主要信奉的神明是阿尔忒弥斯（上文第3节）。

在公元前2千纪结束之前，伊奥尼亚殖民者从希腊大陆来到这里，占据了辛图斯山上的石窟，在《奥德赛》涉及的时代中，这里已经作为阿波罗和阿尔忒弥斯的出生地而闻名（他们被称为"双胞胎"，但事实上，两个神祇明显有不同的起源）。许多神话都记录了这两件事，其中一个传说讲述了这座岛屿是如何漂过爱琴海，直到被宙斯停泊在现在的地点，以便流浪的提坦女神列托能生下两位神。

这个故事是由《致阿波罗》记录下来的，这是一部早期的文学作品，被分成了两部分，显然是由不同的作者创作的，分别与提洛岛（第1—178行）和德尔菲（第179—546行；参见上文第四章，第2节）相关。其中，提洛岛的那部分是由一位希俄斯的盲者创作的，一般在古代都认为此人就是荷马。但事实上，这首颂诗的作者并不是《伊利亚特》和《奥德赛》的作者，这一作品成书时间晚于荷马史诗，大约出现在公元前7世纪中叶。然而，也有人认为这首诗的作者是希俄斯的库纳伊索斯（Cynaethus），他在公元前500年就开始创作了（据说他是第一个在叙拉古背诵荷马作品的人）。[66]

这首颂诗是为了说明这样一个贫瘠的小岛是如何成为一个重要的宗教中心的。希腊有很多不同版本的故事，都涉及阿波罗的诞生。但是根据颂诗而言，列托在经历了九天九夜的阵痛之后，倚着辛图斯山生下了阿波罗神（据说她当时手中还抓着一棵神圣的棕榈树）。据说，没有其他任何一个岛屿胆敢接纳如此骇人神明的降生，即使提洛岛当时也十分害怕，直到列托保证阿波罗会在这里建立神庙，事情才得以解决。在公元前7世纪，列托就已经与阿波罗和阿尔忒弥斯一同出现在了青铜雕塑上（克里特的德雷鲁斯的作品）。颂诗中还讲述了提洛岛是如何成为一个伟大的节日庆祝中心的，包括雅典在内的伊奥尼亚城邦，每年都会派遣代表团来这里庆祝阿波罗的生日。

颂诗的作者说道：

啊！福波斯！你的心，最喜欢的就是提洛岛，那里穿着长袍的伊奥尼亚人与他们的孩子和尊敬的妻子聚集在一起，当他们举行赛会的时候，会用拳击、跳舞和唱歌来纪念你。任何人看到聚集在一起的伊奥尼亚人都会说他们是不死的、不老的民族，因为他会看到他们是多么优雅，他会满心欢喜地看着男人们，和衣着美丽的女人，他们的船只和他们的财富。

此外，这里还有一个伟大的奇迹，其荣耀永不磨灭，提洛岛的女子，是远射的阿波罗的仆人。在为阿波罗、列托和阿尔忒弥斯分别歌唱之后，他们开始为年长的男女歌唱，部落之人为此沉迷，他们知道如何模仿所有民族的语言，和他们轻快的音乐。

与多利安人的奥林匹亚节不同，全世界的伊奥尼亚人都会带着他们的女人来到提洛岛的这个节日上。

在辛图斯山的山腰处有一个小的方形建筑，这里可能是非常早的一个神殿（不过这一观点存在争议）[67]，不过这里最重要的圣所（hieron）位于山下，在海边的平坦地上。在这里，最古老的崇拜以阿尔忒弥斯神庙为中心（正如我们所见，这是青铜时代最重要的神祇），在约公元前700年重建这座神庙的时候，埋藏了一些包括黄金、象牙和青铜制品在内的宝藏，这些宝藏可以追溯到迈锡尼文明时期甚至几何时代，堆叠在一个狭长的迈锡尼建筑上，这可能具有一些宗教含义。

附近是阿波罗的圣所。不过我们并不能确定在公元前1千纪的早期，哪栋建筑是他的宗教崇拜中心（如果有的话），因为这个神圣的区域中，三座神庙里最早的一座的石灰石材料似乎与毗邻的列托神殿的现存遗迹是同时代的。然而，随着时间的推移，阿波罗的圣所变得比希腊世界其他所有圣所都辉煌，其目的是加强伊奥尼亚人在所有希腊人中间的地位。提洛岛是伊奥尼亚人的近邻同盟或者说宗教同盟的中心。有一句代表希腊思想的警句后来被刻在神庙的石碑上："最高尚的是最公正，最好的是健康，但是最令人愉快的是赢得我们想要的东西。"

卡里马库斯（Callimachus，约公元前310/305—前240年）在《阿波罗颂诗》中，想象了阿波罗的显灵，想象他到访了自己的神庙，他永远美丽，永远年轻，无论他走到哪里，他那无须修剪的头发上都挂着晶莹的露珠。在神庙的西边，他那建造于公元前7世纪的著名雕塑的底座仍然留在原地，他的躯干和大腿就在附近，强盗们被迫丢弃了这些。约制造于同一时期的九头狮子现在只剩下四头，守卫着从神庙通往圣湖的通道，古代作家记载，这是岛上一个著名的风景，但是现在这座湖已经干涸了。靠近圣所的港口装备了希腊世界目前已知最早的人工港口工程，包括一个建造于公元前8世纪的防波堤，从岸边向外延伸了约300英尺。

虽然提洛岛本身也是大理石雕塑的重要先驱流派之一（而且其青铜器作品也不错）[68]，但是泰克塔埃乌斯（Tectaeus）和安格里翁（Angelion）雕刻的阿波罗神像却是由纳克索斯人供奉的，而且狮子雕塑的石料也是取自纳克索斯岛，似乎是因为在公元前7世纪和前6世纪上半叶，纳克索斯已经取得了提洛岛的控制权，纳克索斯的吕格达米斯从自己的臣民中搜刮了资金，来建设这座神圣的小岛。不过，后来提洛人在雅典的庇西特拉图的影响下，遵从一则神谕，净化了圣所（将埋在其中的尸体拖出）[69]，这表示庇西特拉图替代了纳克索斯，想证明自己控制了伊奥尼亚同盟和基克拉迪斯群岛。

随后，萨摩斯的波利克拉特斯也将他的影响力蔓延到了提洛岛，他建立了一个新的节日，并且将邻近的里尼亚岛献给了提洛岛的阿波罗。但是在庇西特拉图和波利克拉特斯陷落之后，提洛岛再次被纳克索斯人控制。

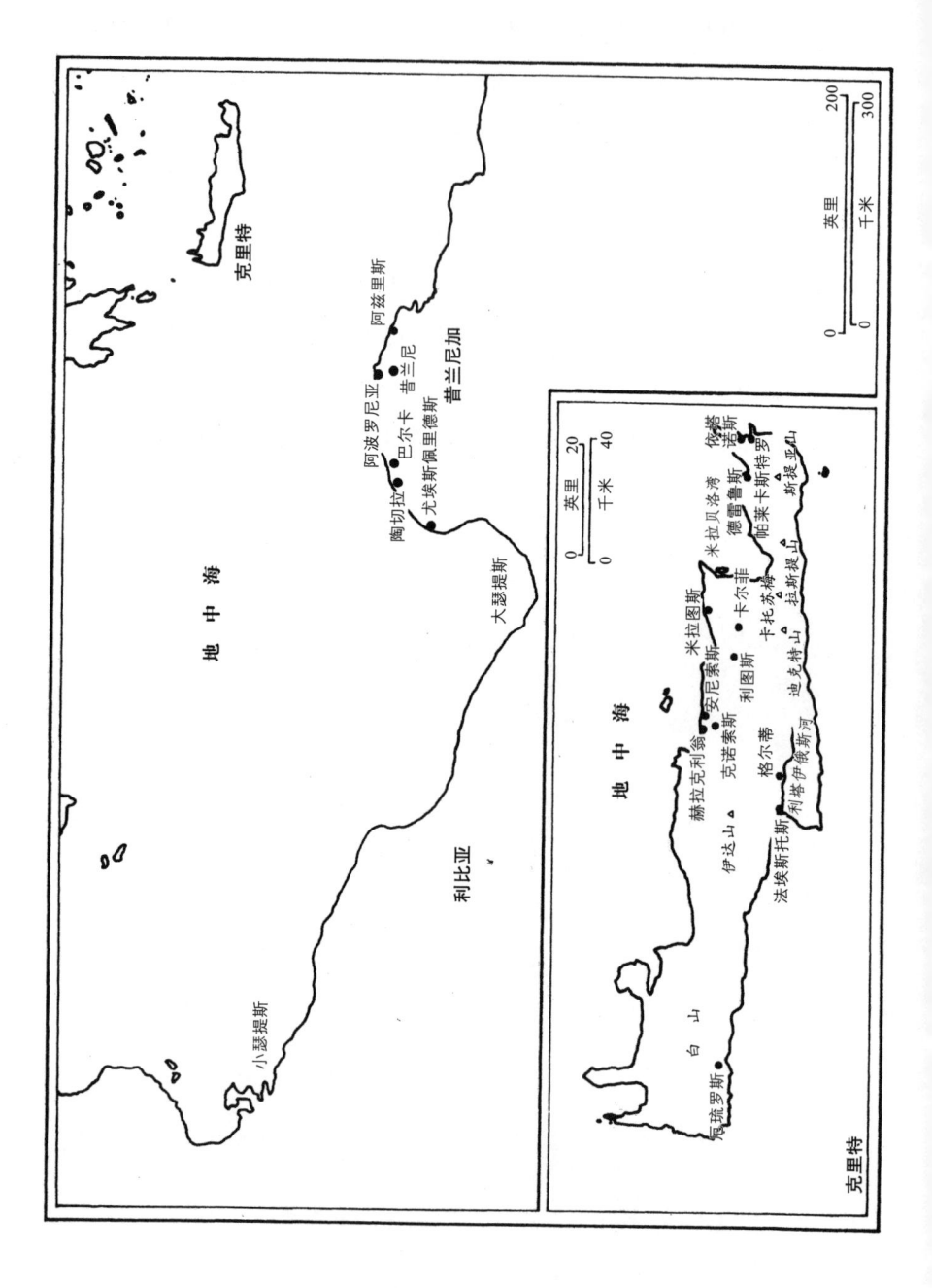

地图6　昔兰尼加和克里特

第六章　南部和东部

第1节　克里特：克诺索斯、格尔蒂、德雷鲁斯

克里特位于希腊大陆的东南部，小亚细亚的西南部，是一个面积很大的岛屿。长约152英里，宽度从7.5到35英里不等。克里特岛上几乎不生产谷物，却盛产葡萄酒、橄榄油和木材。虽然与世隔绝，多风，缺乏良好的港口，但这里为东西方联系的建立起到了主导作用。

在米诺斯文明（青铜时代）的辉煌过后，希腊人之间仍流传着一种说法，克里特的国王米诺斯最先拥有海上霸权，他是宙斯和欧罗巴的儿子，根据《奥德赛》的说法，米诺斯从其父亲那里得到了统治权，在亡者中依旧享有统治地位。波塞冬（或者根据另一个说法，是阿芙洛狄忒）让米诺斯的王后，赫利俄斯的女儿帕西淮（Pasiphae）爱上了一头本来应该献祭给波塞冬的公牛。在传说中的工匠代达罗斯的帮助下，她伪装成了一头牛，与这头公牛发生关系，并生下了半人半牛的怪物米诺陶洛斯。代达罗斯建造了一个迷宫，迷宫非常隐蔽，米诺斯每年都会把雅典送来的少男少女作为贡品送去，跟米诺陶洛斯关在一起，然而，这个怪物最终被雅典英雄忒修斯杀死了。忒修斯在米诺斯的女儿阿里阿德涅留下的线头的帮助下才找到了走出迷宫的路，他们两个一起逃离了小岛，但是忒修斯却将她抛弃在纳克索斯岛上，直到酒神狄奥尼索斯拯救了她。

在希腊铁器时代刚到来的时候，多里安入侵者或殖民者到来后，不像

大多数其他爱琴海地区,克里特岛仍然繁荣,享受着迈锡尼时代的黄昏,许多早期青铜时代的传统得以幸存。[1]根据《伊利亚特》的说法,这座岛上有九十座城市。《奥德赛》中提到了一百个城市,还提到除了多利安人的其他四个民族,以及一种非常复杂的混合方言(虽然可能与实际不符)[2],这种混合语言在后来的希腊作家看来足够相似,可以用来共同书写克里特的事务和习俗。

根据一个能反映当时人口流动的故事的说法,克里特人创造了德尔菲的阿波罗崇拜(第四章,第2节)。在公元前9世纪和前8世纪,该岛可能是所有爱琴海岛屿中最富有的。这种富有不仅是因为克里特岛保留了很多过去的财富,还因为他们有一个很可怕的名声——海盗。奥德修斯在讲述一个关于自己身世的故事时,含蓄地提到了他们生活的这一方面,他说自己是一个曾经当过海盗的克里特人。[3]

克里特岛上还有稳定的农业系统。他们的贵族阶级统治着大多数人口,包括掠夺或者购买来的动产奴隶,以及像黑劳士一样的农奴(*klerotai*, *mnoitai*, *oikeis*;参见第一章,注释62),他们享有有限的权利,拥有自己的房子和劳作工具,只要他们付了租金之后就可以随意支配自己的收成,但是他们绝不可以使用武器(后来他们还不可以进体育馆)。

其他对克里特岛制度感兴趣的希腊人注意到,这个农奴阶层很容易让人想到斯巴达的一些做法。岛上生活的很多其他特征也是如此。例如,他们的民事官员(*kosmoi*)和斯巴达的监察官相似(只不过他们没有与王权共存,而是取代了王权)。这里的公共组织和教育制度也与斯巴达有相似之处。

除了意识到这些相似之处之外,斯巴达人和克里特人还不厌其烦地声称,他们两个民族还有一处相似,他们每个人都更重视性格而不是身体的美丽。另一方面,柏拉图分享了一个普遍的(可能是错误的)观点,他认为同性恋是多利安人的发明,更准确地说,是克里特和斯巴达共同拥有这种根深蒂固的、制度化的行为。[4]柏拉图的《蒂迈欧篇》认为,鸡奸是由克里特人发明的,埃福罗斯进一步记述了克里特仪式化的同性强奸行为,克里特的历史学者埃克门尼斯（Echemenes）书写的神话故事中，不是宙斯掳走了美丽的青年伽倪墨得斯，而是克里特的米诺斯。亚里士多德也强调了克里特人的同性恋行为，认为这种情况是为了避免人口过剩。[5]这些人都是后来的权威作者（除了埃克门尼斯），并不是早期事件的见证人。但是他们的观点都暗示了斯巴达的同性恋习俗模仿了克里特。

二者之间的其他制度也有相似之处。人们认为，斯巴达生活的许多方面，尤其是斯巴达三个部落的组织和立法者吕库古，都受到了克里特岛的影响，甚至直接以克里特为榜样。但实际上，这些各种各样的相似之处（值得补充的是，伴随着相似之处，还有很多不同之处）不一定是一方向另一方学习的结果，更有可能的是克里特和斯巴达的统治阶级都是多利安移民的后裔。诚然，在有着相似背景的两个"亲属"之间，这种相互影响可能是双向的。例如，斯巴达人从克里特那里学到了阿波罗颂诗（paians），克里特的利图斯（Lyttus）是斯巴达的殖民地。

克诺索斯城位于岛屿北部，凯瑞托河的西岸。在其辉煌的青铜时代结束之后，大约公元前1350年之前，贫困和一系列大规模的破坏导致这里被废弃，后来这座城市由多利安移民在被毁坏的米诺斯宫殿旁边重建。这个复兴的定居点重新确立并保持了自己作为该岛重要中心的地位（这里在荷马史诗中也占有一席之地）。[6]这里控制着安尼索斯的港口（Amnisus，也就是现在的卡特罗斯[Karteros]，据说是传说中的米诺斯的港口）和赫拉克利翁（Heraclion，现在的伊拉克利翁，现代克里特的首都），伪西姆努斯（Pseudo-Scymnus）说克诺索斯曾经在爱琴海的佩帕瑞托斯和伊科斯岛（Icus）建立殖民地。[7]

克诺索斯是与东方沟通的天然通道，也是第一个受到东方化艺术风格影响的希腊领土。因为在公元前9世纪晚期，就有一批来自叙利亚北部或腓尼基的金属制作工人来到了克里特岛，他们早早地唤醒了岛上的视觉艺术。他们引进了先进的造粒、掐丝和镶嵌技术，还擅长加工青铜和切割坚硬的石头。此外，克诺索斯最近还发现了公元前9世纪的陶瓶（尤其是贝尔环形瓶），陶瓶上有徒手绘出的线形图案和最早的人物场景。这里还发现了一些没有记号的金、银和琥珀金块，这是钱币的前身，这些东西似乎是公元前800年之前生产的。在接下来的一个世纪中，克里特的珠宝制造流派也保持了领先地位（不过科林斯和雅典也可以与之媲美），这里生产的另一项重要的产品是盔甲，包括一种头盔（mitra）和胸甲。

克里特岛的大部分面积是由山脉构成的。这些山脉分成四组，西部是白山，中部是普西罗力提山（Psiloriti），东部是拉斯提山（Lasithi）和斯提亚山（Sitia）。普西罗力提山的最高点是伊达峰（Ida），位于克诺索斯的西南边，该岛的主要城市就聚集在该山周围。

根据古希腊神话故事，宙斯就是在这座山的一个山洞中生下了瑞亚（Rhea），墨利休斯（Melisseus）之女宁芙女神伊达帮助她的妹妹阿德拉斯忒亚（Adrasteia，伊达奥伊达克堤利［Dactyls］是她的侍奉者，意为手指，因为这些精灵通常五个或者十个一组）用阿玛尔忒亚（Amaltheia）的羊乳哺育这个圣婴[8]，半人半神的库瑞忒斯（Curetes，起源于米诺斯）围绕着婴儿的摇篮跳舞，同时挥舞自己的武器，用这种声音隐藏婴儿的哭声，以避免婴儿被发现。[9]传说中，宙斯的坟墓也在克里特的吕克托斯山（Louktas）上，位于伊达山和克诺索斯之间的阿卡尼斯（Arkhanes）。不过，克里特的岛民有骗子的名声，就是因为他们声称克里特岛是宙斯出生和埋葬的地方[10]，这一点其他希腊人并不承认。从历史的层面来说，关于印欧神话中的天空之神宙斯与克里特岛联系的各种版本故事的流传，说明了他与克里特岛早期诸神的部分融合。克里特诸神其中一个是一位年轻的男性，是具有生育和重生能力的大地女神的配偶。在公元前6世纪，传奇的预言家埃庇米尼得斯（Epimenides，很像一个巫师，参见附录2）曾经将这种思想带到了雅典。

还有一个可能与印欧神宙斯融合的克里特神是一位生活在山洞里的神祇。伊达山上的两个洞穴中发现了青铜时代的遗迹和与他的崇拜有关的早期祭品。在较晚的时期也出现了相关的遗迹，不过也不晚于公元前700年。这些东西包括巨大的、圆锥形的、高度装饰的青铜盾牌，盾牌上展示着动物头像和各种动物以及怪物的浮雕。这些盾牌是从叙利亚北部和腓尼基进口的，也可能是来自以上这些地区的移民在克里特本土制造的，制作完成后会献祭到圣地。此外，这里还发现了铃鼓（*tympana*），其目的也是为了献祭到圣地中。这些物品混合了叙利亚（以及更远的东方）和克里特当地的元素，可能是第二批移民艺术家流派的作品，与之前来到克诺索斯的艺术家是分开的，不过这种观点并没有充足的证据支撑。这些华丽的青铜制品很有可能促进了同一材料制成的青铜鼎的发展制作，带有或多或少的东方特色，但是实际上却起源于不同的中心，大多数献至奥林匹亚、德尔菲和其他希腊的圣所，也会出口至伊特鲁里亚和拉丁姆（Latium），或在那里仿制（附录3）。然而，这种影响的程度（如果有的话）仍然无法做出明确的判断，克里特岛在多大程度上是希腊东方化的中介还不能确定。

然而，在这些和其他早期克里特艺术作品中，北叙利亚或腓尼基人的影响显而易见，这是值得注意的另一个原因。约公元前500年的克里特铭文（以及忒奥斯和米提列涅，还有希罗多德中的一段）将希腊字母描述为 *phoinikeia*。[11] 这承认了克里特人所采用的字母的北闪族起源（附录1），叙利亚人和腓尼基人可能把这种文字带到了克里特岛，随之而来的可能还有他们装饰的金属制品，他们也是创造这种字母的人，或者是教克里特人如何使用和改编这些字母的人。有些人有更为大胆的猜测，认为希腊字母本身就起源于克里特，这种字母（与相关的锡拉岛和米洛斯岛的字母一样，参见第一章，注释35）与腓尼基字母有一定的共性。然而这种起源的说法应该是错误的，因为优卑亚这个与叙利亚北部港口关系更为密切的地区（参见下文第4节）是起源的说法应该更加令人信服，希腊字母看起来应该是通过一个单一的渠道传来的。无论如何，克里特岛上的城市基本上都一样（包括塞浦路斯的城市），即使不是最早接受这种叙利亚—腓尼基影响的地方，也是最早的之一。

格尔蒂（Gortyna）是克诺索斯永恒的对手，坐落于克诺索斯的西南边，横跨利塔伊俄斯两岸（Lethaeus，今伊埃罗布达摩斯河［Ieropotamos］或米特罗波利塔诺斯河），地处肥沃的迈萨拉（Mesara）平原北部的战略要地，继承了青铜时代（米诺斯时代）法埃斯托斯（Phaestus）的位置，成为这个地区的中心。史诗证据表明，格尔蒂和克诺索斯一样，在青铜时代，或者至少在铁器时代早期，就已经是一个有城墙保护的定居点了。希腊的传统观点认为，格尔蒂的建立者是克里特的米诺斯国王或者拉哥尼亚的殖民者，格尔蒂的阿米克莱俄斯教很容易让人想起拉哥尼亚的城镇阿米克莱。另一个版本的故事表明殖民者来自阿卡迪亚的帖该亚，在后来的一段时间内，格尔蒂斯（Gortys）的名称仍然活跃在这一地区。

格尔蒂有一座相当大的神庙，里边有巨大的石刻浮雕，中央有一个石板砌成的祭祀坑，其中至少有三个内部隔间，之前该神庙被归为十分古老的建筑，但是现在看来更有可能是公元前7世纪建造的。这个时间段可能是克里特雕刻家代达罗斯生活和工作的时代，他是希腊传统中最早的建筑师。代达罗斯是否真的存在一直被怀疑，因为他的名字与神话中迷宫的建造者联系在一起，不过建筑师代达罗斯是存在的这一观点是可以接受的。他似乎生活在公元前7世纪。没有人记录他的出生地，但是保桑尼阿斯曾经引用过一个说法，说他的妻子来自格尔蒂[12]，所以不管他自己是不是格尔蒂人，他始终与格尔蒂有着密切的联系。

以木制、陶土、青铜、象牙和石头雕像和浮雕为代表的独特和历史性的风格阶段曾以代达罗斯的名字命名。随后，类似特征的更大的图像出现了，尤其是住在提洛岛的纳克索斯人尼坎德（约公元前650年）向阿尔忒弥斯女神供奉的一座名为"奥塞尔女士"的超真人大小的大理石雕像。据说，代达罗斯学会了如何将有感情的眼神，有张力的腿和胳膊造型赋予他手下的雕塑。[13]代达罗斯式发型的典型特征是一头方方正正的卷发，三角形的脸逐渐变细，直到下巴的最尖处。这种发型是北叙利亚式的，但是希腊雕刻家施加了自己的标准，跟东方化的瓶画相似。在许多地区的中心（大部分但不完全是多利安人的中心），包括克里特岛的许多城镇和圣所，都发现了代达罗斯式的陶器。克里特岛是这类风格陶器的源头，也是之前那种同类的陶器小雕塑的发源地。

如果是这样的话,那么这些克里特作品就是几乎所有早期希腊艺术的先驱。事实上,狄派诺斯和斯库里斯就出生在这座岛上,根据老普林尼的说法,他们是最早的大理石雕刻家[14],后来移居到锡西安,有些人甚至说他们是代达罗斯的儿子。[15] 在克诺索斯和格尔蒂之间的普林尼阿斯(Prinias)神庙的门口,发现了一尊公元前7世纪晚期的迷人的女性雕塑。[16]

在同一时期,克里特岛还有著名的萨勒塔斯,他是很多知名的歌曲和赞美诗作家。据说他出生于格尔蒂(根据其他记载,也可能是同一座岛上的厄琉罗斯[Elyrus]或克诺索斯),后来移居至斯巴达。萨勒塔斯创作的贵族合唱歌告诫自己的同胞要遵纪守法,他自己也曾作为一名立法者而闻名。事实上,根据亚里士多德提供的一条材料,他曾经教给了其他的实践者同样的技能,比如斯巴达的吕库古和西洛克里的扎莱乌库斯。[17]

然而在法律这一领域,格尔蒂卓越的声誉却另有原因,那就是名为格尔蒂法典的巨大纪念碑。[18] 这十二根柱子高9英尺,刻有一万七千个字母,整体上雕刻时间最晚可以追溯到公元前480年到前450年,但是,其内容实际上应该与之前的某个世代相关,因为这些融合了原始和进步态度的法令,应该雕刻于200年之前。事实上,它们是早期以及古典希腊立法的最重要的来源。

整个法典由一系列法条构成,体现了一种不太系统的法典编纂和修订活动。这部法典将所有人分为自由人(由男子组成,城邦会从这些人中选取官员)和 *klerotai*(农奴,黑劳士),有时候后者也被轻蔑地描述成 *apetairoi*(没有伙伴的人)。这里的债务人受到了严厉的对待,但是比其他地方稍微宽松(比如债务人并不会沦为奴隶)。此外,这些法律还涉及家庭事务,包括财产权,这里女性的地位要比雅典女性高。因此,在格尔蒂,如果妻子离婚,只要离婚这件事是由丈夫的过错造成的,她就可以保留结婚时的财产,还可以获得一半的农产品,以及她为家庭制造的纺织品和服装的一半。如果丈夫否认自己有责任,法官将决定他的辩解是否合理。此外,法典中还有关于 *epikleroi* 的立法,也就是那些没有兄弟的女性,在法典中,这些女性被称

为 *patroiouchoi*。在这个方面，格尔蒂的女性再次得到了比雅典人更为自由的待遇，因为如果没有任何原告向这个女性索赔，则她可以跟部落中的一个人结婚，但是如果她所处的部落中没有人愿意跟她结婚，则她有权选择自己的丈夫。农奴和奴隶的婚姻安排也得到了较高的待遇，因为格尔蒂法典破天荒地认同他们与不同社会地位的人结婚。

德雷鲁斯位于克里特岛东北部，卡迪斯顿山（Kadiston，拉提斯山的北端）的一个山脊上，米拉贝洛湾（Mirabello）西部。这里虽然很小，却有两处要塞，从公元前8世纪到前6世纪，这里一直是该岛最重要的城邦之一。

这里的遗址为铁器时代最早的神庙提供了证据，这座神庙的建造时间约开始于公元前725—前700年。遗址之所以能够保存下来，应该归功于建筑的材料，在那个遥远的年代，神庙并不是由木头建成，而是由石头建成的。这个长方形的小神龛可能是献给阿波罗德尔菲尼欧斯的，他和雅典娜波利欧克斯是这里的主要神祇。

考古人员在这里发现了三个由锤击过的青铜板制成的雕像（最初设计为木制表面），它们似乎代表了阿波罗、阿尔忒弥斯和列托，这可能是希腊土地上已知最早的宗教崇拜图像。此外，在德雷鲁斯的两座要塞中间的山谷中，躺着迄今为止希腊世界中已知最早的市民集会场所（*agora*）的遗迹。该遗迹被一个广阔的阶梯型区域包围（受到米诺斯宫殿剧院式的结构的影响），显然是一处宗教或政治集会场所，这为后来的希腊城邦中的剧院和议事会建筑提供了范例。这一遗址跟神庙属于同一时代，因为他们建在同一条线上，并由两条上坡的小路连接。

一组公元前7世纪晚期德雷鲁斯的铭文中包含了最古老的希腊法律规定，这也是希腊字母用来为城邦公共事务服务的最古老的例子。与此同时，这也第一次明确提出了城邦是一个严格的政治实体。城邦的寡头统治者（*kosmoi*）不能非法延长任期，目的是为了防止有人建立独裁统治，同一个人三年内不得两次成为寡头统治者的一员。[19]

德雷鲁斯的法律，加上格尔蒂法典这一更为传统的成文法，似乎证实了这样一个传统,即克里特岛可能是希腊世界第一个以书面形式编纂法律的地方。根据神话故事,该岛的确有很多典型的法律人物,先是有米诺斯,他是亡者的法官,后来还产生了先驱立法者萨勒塔斯。克里特的法律被认为是优秀的,并在其他希腊中心得到了广泛的研究。和艺术领域一样,这方面也受到了北叙利亚和腓尼基城市的影响,这些城市的先进法典是值得借鉴的模板。

克里特岛的东部主要是迪克特山脉(Dicte),这里与伊达山一样,都宣称自己是宙斯的出生地。有人将迪克特山当成是拉提斯山(克诺索斯的东南部)或莫迪山(Modi,可能性更大),莫迪山是该岛最东端的斯提亚山的一部分,俯瞰着迪克泰安宙斯圣所(帕莱卡斯特罗[Paleokastro])的米诺斯遗迹),该圣所可以追溯到公元前7世纪到前6世纪,后来人们在这里发现了一首迪克泰安宙斯颂诗。[20] 关于这里是宙斯出生地的传统说法,后来的阿波罗多洛斯(Apollodorus)做了补充,认为他出生在一个山洞中(浦西克洛[Psychro]的圣所),不过这个细节可能是与另一个故事混淆的结果,另一个故事涉及了一个位于伊达山的洞穴。

尽管在铁器时代早期,克里特岛经历了青铜时代的繁荣和后来的辉煌,但是后来,克里特仍然脱离了希腊历史的主流,除了输出过大量的海盗和殖民者之外,对主流的发展也没有什么影响[21],他们还输出了大量的雇佣兵(擅长投掷和射箭),这些人渴望离开这座岛屿,获得更好的经济前景。

第2节　塞浦路斯:萨拉米斯、帕福斯

塞浦路斯位于西里西亚以南50英里处(小亚细亚东南部),是东地中海海域最大的岛屿,最宽处为60英里,长约140英里,大约三分之一向东北延伸,形成了狄纳勒图姆(Dinaretum,今卡尔帕斯[Karpas])海角。梅萨奥利亚(Mesaoria)平原位于群山之间,树木茂密,为船只建造(不过当地没什么天然港口)和冶炼当地铜矿提供了足够的木材。这里的铜矿比爱琴海

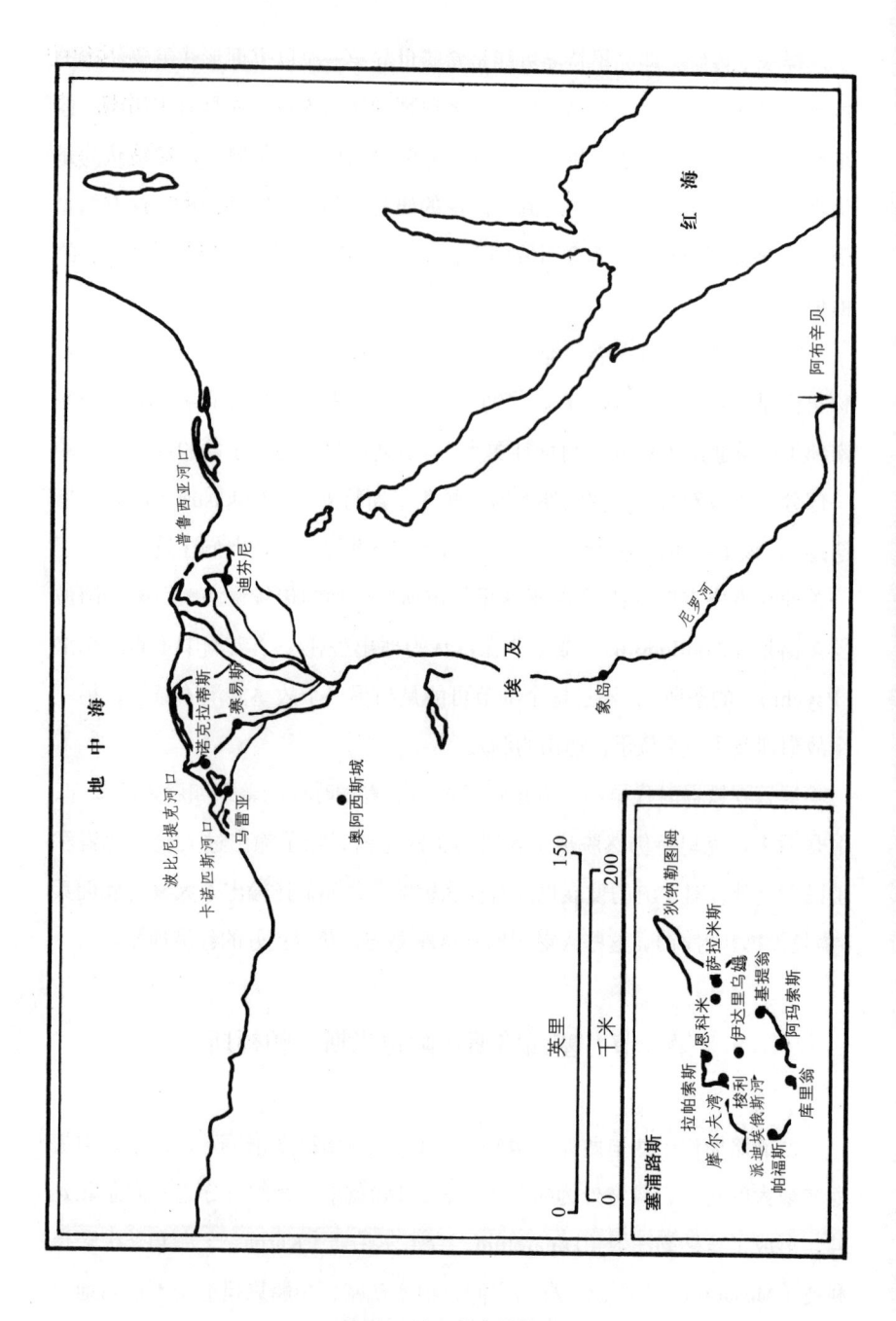

地图7 埃及和塞浦路斯

其他地区更为丰富，所以后来罗马人将质量最好的金属命名为 aes Cyprium，显然借鉴了该岛的名字。

在青铜时代后期，塞浦路斯作为黎凡特和西部地区之间的重要中转地，建立了大量的迈锡尼定居点。塞浦路斯和克里特岛一样，与过去的迈锡尼世界有着千丝万缕的联系。这里保留了阿凯亚人（迈锡尼人）的血统。除了这些人，这里还有其他一些从皮洛斯和希腊大陆其他地区来到这里的难民，与未被多利安人摧毁的雅典和优卑亚（莱夫坎迪）仍多少保持联系。具有阿凯亚人血统的成员仍然说着他们古老的希腊方言，这一方言与阿卡迪亚有着千丝万缕的联系，所以被称为阿卡迪亚—塞浦路斯方言。[22] 为了书写这种语言，当地沿用了青铜时代晚期的字母体系（可能并不太合适），这一古典塞浦路斯字母表共有56或57个字母，这些字母似乎是从迈锡尼线性文字B的200个字母中随意选择的，这进一步证明了该地与过去的联系。与希腊大陆不同，塞浦路斯没有经历过长时间没有文字的阶段。塞浦路斯岛上的城邦中最出色的就是萨拉米斯和帕福斯（Paphos）。他们的城邦仍然由国王统治，没有像希腊世界其他地方一样，让位于贵族统治。

然而，从公元前1000年开始，塞浦路斯就成了叙利亚日益渗透的目标，在公元前800年之前，腓尼基移民就在这里建立了殖民地。这与腓尼基人（迦太基人）和希腊人占领西西里几乎是同时发生的。腓尼基人在塞浦路斯建立的最大的殖民地是基提翁王国（Citium），这里靠近东南部的拉纳卡（Larnaca），此处的迈锡尼人和其他逃难者都臣服于他们的统治。早在公元前9世纪，他们统治的地区就出现了第一块腓尼基铭文，据说，叙利亚—腓尼基字母就是通过塞浦路斯传给了希腊人，他们后来也对这些字母有所调整。这一说法是关于该问题众多假设（第一章，注释35）中的一种，也被一段铭文（以及希罗多德的一段文字）佐证，铭文中称希腊字母是 phoinikeia。发现这些铭文的中心之一是克里特岛，说明这里可能是交流和转移的中心，但是总的来说，优卑亚更像是两个文明交流的中转站，因为优卑亚是连接叙利亚北部海岸市场的关键点（下文第4节）。

约公元前709年之后，亚述人开始统治塞浦路斯（阿萨尔哈东[Esarhaddon]在公元前681年入侵埃及时，塞浦路斯人在军中服役）。在这个政权的统治之下，公元前7世纪，岛上的工艺和繁荣程度空前兴旺。在这一时期，岛上的艺术持续受到了近东的影响，然而这并没有令其失去自身的特色，没有丢掉其迈锡尼传统。在这一点上，塞浦路斯跟克里特有点相似，在希腊艺术领域的发展中起到了先驱者的作用。根据一种说法，爱奥尼亚柱式起源于塞浦路斯，不过与之对立的另一个说法认为腓尼基才是这一柱式的起源地。希腊宝石雕刻的源头也可以追溯到塞浦路斯，因为塞浦路斯人掌握了腓尼基人的雕刻技术。

亚述灭亡之后（公元前612年），塞浦路斯立即宣布恢复独立，但是很快，在公元前560年，这里又成了埃及的附庸。在这段短暂的埃及享有宗主权的时期，该岛的文化发展达到了高潮。古老的传统得以延续，尤其是宗教领域，塞浦路斯文明在与近东和爱琴海中心的积极海外交流中蓬勃发展。然而，在约公元前545年，随着埃及力量的削弱，塞浦路斯人被迫屈从于波斯人。尽管在这段时间里，岛上的一些定居点被放弃了，但是他们的船只和士兵参与了一系列针对卡里亚、巴比伦尼亚和埃及的战役。

从约公元前520年开始，塞浦路斯各个城邦的国王开始发行货币。基提翁和另一个说闪米特语、位于北部的拉帕索斯城（Lapethus），都将腓尼基语刻在这些钱币上，而其他六个城邦开始使用当地的文字，分别是：萨拉米斯（东北部）、帕福斯（西部）、阿玛索斯（Amathus，南部）、伊达里乌姆（Idalium，中部）以及马里乌姆（Marium，西北部）。不过，这些钱币上很快就开始出现希腊字母了。尽管波斯人没怎么影响塞浦路斯文化，但是伊奥尼亚影响力在该岛变得日益活跃，该岛上形成了一个塞浦路斯—希腊雕塑流派，并引进（有时候也模仿）了东希腊和阿提卡陶瓶，以及希腊陶土雕塑。在公元前500年之前，塞浦路斯岛上的各个中心在亲希腊还是亲波斯之间出现了尖锐的分歧。在伊奥尼亚人起义反抗波斯之际，岛上的腓尼基城邦依旧对波斯保持忠诚，但是其他支持希腊的城邦试图奋起反抗，但是被压制了

（公元前499—前497年），在涉及具体城邦情况的时候，下文将进一步分析。

在迈锡尼时代，塞浦路斯东海岸的恩科米（Enkomi，离现在的法马古斯塔［Famagusta］5英里）有一个城镇，通过一个可航行的河道连接着派迪埃俄斯河（Pediaeus，今派迪亚斯河）的河口处。但是在大约公元前1075年，恩科米被附近的萨拉米斯取代。这里的卫城坐落在高原上，俯瞰着河口旁边宽阔的沙湾，这是一个天然的港口。

根据古希腊神话的说法，这座城市的创建者是忒拉蒙（Telamon）之子透克洛斯（Teucer），他之前是阿提卡海岸附近的萨拉米斯的国王（第二章，注释15）。据信这里的第一批定居者是迈锡尼文明崩溃之后，逃出希腊家园的人，他们在新的家园与当地人进行通婚。考古发现证实了这些现象与青铜时代的历史之间的联系，这种联系普遍存在于塞浦路斯的很多地区。

从约公元前750年一直到公元前7世纪，当地国王和亚述的诸侯王的墓葬中都有大量陪葬，这让人想起了荷马史诗中描绘的一系列复杂葬礼。事实上，在某种程度上，他们可以将这种相似性归结于《伊利亚特》在希腊社会中的流传。此外，这里还有一部名为《塞浦路斯》（Cypria）的史诗，创作于公元前8世纪，共有十一卷，其作者可能是荷马，或是塞浦路斯人斯塔西努斯（Stasinus，可能性更大），也有可能是塞浦路斯萨拉米斯的赫格西亚斯（Hegesias），该作品讲述了特洛伊战争前夕的故事。

萨拉米斯的一位统治者名叫埃尔通（Euelthon，公元前560—前525年），他先后承认埃及和波斯的宗主地位，但是其实一直胸怀自己的政治野心。在他统治的时期内，萨拉米斯成了塞浦路斯最重要的城邦，就连昔兰尼的斐勒提梅（Pheretime）女王都承认，她曾经向埃尔通请求过军事援助（约公元前530年）。事实上，他声称自己是整个塞浦路斯岛屿的国王。这一点可以从萨拉米斯的钱币上看出来，他似乎是最早铸币的塞浦路斯国王，时间大约为公元前6世纪20年代早期。尽管这些钱币采用了波斯标准（表面上还刻着埃及的 *ankh*，生命之符，样式为十字架上加一个环状架构），但是它们却表明了整个塞浦路斯是一个整体，用该岛的希腊文名称的前两个字母KU来指代该岛屿。更重要的是，埃尔通渴望与其他地方的希腊人保持联系，为了达到这一目的，他还在德尔菲供奉了一个香炉。

不过他也深知，他的政治力量取决于其宗主国波斯的支持与否，他的曾孙格尔果斯（Gorgus）继承了他的观点，所以在伊奥尼亚人起义的时候，他并没有参与。不过格尔果斯后来被自己的弟弟奥讷西琉斯（Onesilus）推翻，后者与之观点相左，在参与起义的那部分塞浦路斯人中担任领导角色。当埃雷特里亚人打败了站在波斯人那边的塞浦路斯船队之后，奥讷西琉斯领导的反波斯阵营逐渐活跃。不过，在后来的一场发生于萨拉米斯城外的战役中（公元前498年），奥讷西琉斯被波斯人打败并杀死，随后波斯人重新统治了这里。

帕福斯旧镇位于塞浦路斯西海岸，这里有一座古代丰产女神的圣所，其宗教仪式和符号包括神圣卖淫和圣鸽，这可以追溯到美索不达米亚（苏美尔人）女神伊南娜（Inanna）和闪米特人的女神阿斯塔特或伊斯塔（Ishtar，附录1），但是希腊人认为这一宗教是对阿芙洛狄忒的崇拜，也就是众所周知的塞浦路斯女神。迈锡尼人就是在帕福斯第一次见到了这位性爱女神，并将之与自己的女神（*wanassa*）联系起来。也是在这里，阿芙洛狄忒之名为希腊人所知晓。她在帕福斯的圣所是全希腊最著名的。根据当地的传说，阿芙洛狄忒在海上的泡沫中出生之后就是在这里上岸的，不过关于这一问题还有其他一些与之对立的主张，也有人说是她是在拉哥尼亚南岸的基西拉岛上岸的。

关于帕福斯城邦和城内神庙的建立者，传统的说法互相冲突。其中一个版本认为创立者是阿卡迪亚的帖该亚国王阿伽彭诺（Agapenor）。另一个版本认为辛尼拉斯（Cinyras）是帕福斯乃至整个岛屿的国王，根据《伊利亚特》的说法，他在特洛伊战争中送了一块胸甲给阿伽门农。他的后代辛尼拉斯家族建立了一个由祭司-国王统治的王朝，其统治延续了几百年。

考古发掘发现帕福斯在迈锡尼时代（青铜时代晚期）就已经存在了（约公元前1200年），附近的一个村庄（斯卡勒斯［Skales］）中发现了铁器时代早期的坟墓。在公元前673/672年亚述统治者阿萨尔哈东颁布的一块铭文中，提到了这里的君主伊特安德鲁斯（Eteandrus）。[23] 在3 000英尺高的山上出土了部分早期的防御工事，有攻城和反攻城的建筑痕迹，其中包括一些紧急从就近圣所中取来的建筑材料，这可能与亲希腊的塞浦路斯城邦在伊奥尼亚起义过程中发生的激烈冲突相关，这些活动最终导致了帕福斯在公元前498年被波斯攻陷（公元前4世纪末期，帕福斯旧镇被一座相距10英里左右的新城取代）。

另一个在伊奥尼亚起义中受损严重的塞浦路斯中心是梭利（Soli）。该城（今坎柏的波塔莫斯［Potamos tou Kambou］）位于坎柏思河的摩尔夫湾，拥有一座卫城，俯瞰靠近港口的城镇。一个传说曾提及，该地的建城者是雅典国王忒修斯之子阿卡玛斯（Acamas）和法勒洛斯（Phalerus），后者是雅典的法勒荣港的建立者。另一个说法认为梭利的建城时间比较晚，认为建城与雅典的政治家梭伦（约公元前594年）有关。据称，梭伦在埃佩亚（Aepeia，沃尤尼［Vouni］）国王菲洛塞浦路斯（Philocyprus）的邀请下拜访塞浦路斯，随后建议该国王将其居住地迁移至海岸附近更适宜的地方，国王听取了他的建议，建立新城，并起名梭利以感谢梭伦。

不过，这些故事应该都是亲雅典主义的作者创作的，因为梭利十分古老，该城的起源与雅典无甚关系，根据考古材料来看，早在青铜时代晚期，梭利就已经存在了。公元前673/673年亚述的伊萨尔哈东颁布的一块铭文就提到了这里，那时候称之为西鲁（Sillu）。后来，这里被波斯人统治，还参与了伊奥尼亚起义，最终失败。在起义中，这里比其他任何城邦坚持得都要久，但是在经历了五个月的围城之后，最终投降。梭利的国王，菲洛塞浦路斯之子，阿里斯托塞浦路斯（Aristocyprus）也去世了（公元前497年）。

在叛乱中，位于西南海岸的库里翁的情况则有所不同。根据希罗多德和斯特拉博的说法，这个古老的城镇曾经是一个富裕的迈锡尼生活中心，阿尔戈斯人在此殖民，[24] 后来先后被亚述人和波斯人征服。库里翁人在其统治者斯塔桑诺（Stasanor）的领导下加入了伊奥尼亚起义，但是他们在决定性的拉德战争（公元前495年）中叛变，造成了萨拉米斯的奥讷西琉斯的死亡，也最终导致了起义的失败。

第3节 昔兰尼

昔兰尼加（也称昔兰尼）位于北非，是一个巨大的圆形海角，从西边的大瑟提斯湾（Syrtis Major，苏尔特湾［Sirte］，锡德拉湾［Sidra］）一直延伸至埃及东部边界。然而，由于沙漠将其与埃及隔绝，希腊更容易到达昔兰尼加，其内部干旱地带居住着利比亚部落（柏柏尔人），北部沿海地带的三个地区在不同时期都能丰收，被一群希腊殖民占领。

其中最早的便是昔兰尼。希罗多德详细地描述了昔兰尼建城的历史，这一版本尽管有些传说元素，但基本上得到了铭文材料的支撑，包含其母邦的建城铭文。[25]这位历史学家讲述了在公元前7世纪30年代早期，一小群希腊人经历饥荒之后，在德尔菲神谕的指示下，离开自己位于基克拉迪斯群岛的家乡锡拉岛（今圣托里尼）的故事，他们的家乡那时由第一批多利安定居者的后裔统治。[26]这群移民一部分由抽签选出（这是使用抽签选人的早期记录，同时强调对逃跑者的惩罚），另一部分是自愿离开的，他们启程前往昔兰尼加海岸，这是一片从未被征服过的海岸。

这些人在萨摩斯商人的帮助下，在一个克里特岛依塔诺斯（Itanus）名为科洛比乌斯（Corobius）的经销紫色染料（murex）渔夫的指引下，来到了邦巴湾（Bomba，靠近昔兰尼加海岸）的普拉提亚岛。第二年，另一批锡拉岛移民在亚里士多德勒斯的领导下来到了这里。然而这些殖民者的处境并不好，两年之后他们向德尔菲提交了一份诉状，说他们是奉命去利比亚建立殖民地的，但是普拉提亚岛几乎算不上是利比亚的一部分。根据德尔菲的劝告，他们迁移到大陆，在阿兹里斯（Aziris，今埃尔查里克干谷［Wadi el Chalig］）地区，靠近达尔尼斯［Darnis］，也就是今天的德尔纳［Derna］）定居，据称他们又在那里待了六年。

但是到了公元前632年（如果优西比乌［Eusebius］的时间准确的话），他们的邻国利比亚愿意为他们提供一个更好的地方，引导他们来到西边60英里处的昔兰尼，他们担保这些人可以在这里找到"天空的一个洞"，能享受大量的雨水。这些殖民者最终在此定居，其领导人亚里士多德勒斯成为国王，改称巴图斯一世。这似乎是利比亚王族称号，与法老王作为下埃及国王的头衔有关，亚里士多德勒斯采用这一称号表明，尽管当时没有公民权，但利比亚人应该参与了该定居点的建设。

这个新的殖民地距海6英里，坐落在一个高18 000英尺的石灰岩高地上（Al Jabal al Akhdar，绿山），前有种植园，后有肥沃的谷物田，自给自足，富余产品还可出口。定居点集中在一处突出的山脉上，这里也是后来的卫城，西部和西南部受到一条弯曲的深深的山谷保护，东北部则有一条较浅的山谷。山谷的南坡上涌出了"阿波罗之泉"，阿波罗的新娘就是自然女神昔兰尼（据说她的名字源自 kura，在利比亚意为常春花），该殖民地遂以女神之名命名。

泉水前面有一个狭窄的平台，下面延伸着另一个更宽阔的平台，里面有城邦的主要神庙和祭坛，这些都是献给阿波罗的，可追溯到公元前6世纪，但历经多次重建。附近还有一处属于阿尔忒弥斯的神庙和祭坛，其中发现的物品可以追溯至城邦建立之时，不过这座神庙也经历了种种修葺。在这两个主要的圣所周围还分布着一些不是很重要的小神庙。稍远处就是神圣的亚里士多德勒斯，巴图斯一世的墓地，他作为最早的希腊殖民地建立者，死后显然被奉为英雄。

这座城邦很快就扩张边界，沿着高地的主要部分向下面的另一座山上拓展，将版图扩展至山谷处。此处有一根多利安式石柱，标志着宙斯神庙的所在地，现在被重新竖立。这座神庙始建于殖民初期，但也历经了频繁修建，因为在公元前515年波斯人将之摧毁（后在公元115年又被犹太人破坏，最终被基督教徒彻底摧毁）。在同一个地区（贝尔加迪尔干谷［Wadi Bel-Gadir］对岸）往上走五个台面，还发现了公元前7世纪的德墨忒尔和珀耳塞福涅的圣所。

该城外围是一个公共墓地,其中包括很多陵墓和各种形状的石棺。这些坟墓沿着通向昔兰尼港口的道路两边排列,最早的墓是公元前6世纪的。考古学家在北部12英里处的阿波罗尼亚(拜占庭时期的都城)有大量的发现,不过港口的大部分建筑现在都埋在水下。

阿波罗尼亚建立于约公元前6世纪,大约在同一时期,昔兰尼人派遣殖民者前往尤埃斯佩里德斯(Euhesperides,班加西[Benghazi])建立殖民地,该地位于一个俯瞰环礁湖北岸的海角上。在此之前,他们就已经想开辟这条殖民之路,将殖民者沿着这条路线送至了陶切拉(Taucheira,托克克拉[Tocra]),这里出土了东希腊和克里特陶器。这都是亚里士多德勒斯(巴图斯一世)和他的继任者阿尔克西拉乌斯一世(Arcesilaus)的功业。后者稳定了昔兰尼的君主制,这与色萨利和马其顿的君主制不同,是一个由养马的贵族地主阶层扶持的政权,有时该阶层也会带来困境。下一任国王巴图斯二世尤戴蒙(Eudaemon,约公元前583—前560年)强化了殖民政策。

在德尔菲神谕的支持下,更多的殖民者加入了这一行列,大批希腊岛民(包括克里特和罗德岛[林多斯])来到这里,其他殖民者来自伯罗奔尼撒半岛(约公元前573年)。

不过,这种扩张疏远了当地的利比亚人,此前二者关系一直十分友好。利比亚人最初帮助他们建立了殖民地,甚至融入了他们建立的希腊王朝之中(因此我们才会看到巴图斯这一利比亚称号),虽然利比亚人还保持着游牧习俗,但是他们与昔兰尼人通婚,习惯相互影响,利比亚之名也经常在昔兰尼出现。

新的殖民者的到来破坏了这种友好的关系,因为他们占领了很多原本属于利比亚人的领土。两族之间爆发了战争。公元前588年登上埃及法老宝座的阿普里伊(Apries,霍夫拉[Hophra])选择帮助利比亚人。但是由于他不知道他麾下的希腊雇佣军与希腊同胞作战时是否还会忠诚于自己,所以不能派遣希腊雇佣军(他最强大的军队)前往战场,但是他派遣的埃及军队实力不足，在伊拉萨（Irasa）被击败（约公元前570年）。

结果利比亚人不得不屈从于昔兰尼。尽管当地的诗人尤伽蒙（Eugammon）曾经在他的《忒勒戈诺斯》（*Telegonia*）中高度赞誉这个王朝，并宣称其成员是奥德修斯的后裔，但是阿尔克西拉乌斯二世统治（约公元前560年）残酷，这给了城邦内部反对派以可乘之机。阿尔克西拉乌斯二世与自己的兄弟们分歧严重，后来他们就离开了昔兰尼，在75英里以西的地方建立了一个新的名为巴尔卡（Barca，迈尔季[Al Marj]）的城市，这里位于距离陶切拉16英里的内陆地区，但是能够使用两个由海角和近海岛屿庇护的港口。在这一事业中，利比亚人为他们提供了帮助，巴尔卡的持异见者也鼓励利比亚人重新发动反对阿尔克西拉乌斯二世的战争。在阿尔克西拉乌斯二世试图重新征服这些人的时候，他被引诱到沙漠深处，遭受了惨败，失去了七千名昔兰尼重装步兵。根据希罗多德的说法，在他死后，他的兄弟哈利阿尔库斯（Haliarchus）继承了他的王位，但是这位新王很快就被阿尔克西拉乌斯二世的遗孀尤丽克索（Eryxo）夺走了生命，她帮助自己的儿子，瘸腿巴图斯三世，登上了王位。[27]

在这个充满麻烦的时代到来时，昔兰尼就已经发展起来了，这里从丰富的谷物、油、马和羊毛中获得了客观的收入（一幅拉哥尼亚陶瓶画描绘了阿尔克西拉乌斯二世亲自称重并检查库存的形象）。

另一种为昔兰尼带来丰厚收入的是一种野生植物药材，名为罗盘草，尽管整个植物，包括它的叶子、种子、果实和萌芽，都被仔细地描绘在昔兰尼的钱币（约公元前560/530年铸造的）上，但一直无法鉴别到底是什么。有人推测这可能是雷草（*laserpitium*，*latifolium*，与印度的一种香料 *assa foetida* 有关）。罗盘草是昔兰尼的特产，因为这种植物具有抗移植性，只能成活在昔兰尼地区，整个地中海世界都很珍视这种植物。罗盘草的叶子可以吃，根茎可以腌制，常被用作泻药，还可以被用来防腐。此外，人们认为罗盘草可以治愈一切疾病，从被蛇咬到发冷，都可以因之缓解。得益于罗盘草的优点，在公元前6世纪，昔兰尼就建立了希腊世界已知最早的医学学校。

在阿尔克西拉乌斯二世统治时期，昔兰尼的中央集权被大大削弱，因为他不仅面临着王室内部的纠纷，还遭遇了严重的军事危机。所以他的继任者巴图斯三世请来了一位专家，阿卡迪亚曼蒂纳（Mantinea）的德墨纳克斯（Demonax），请求他帮忙修改城邦的制度和法律体系，争端终于得以结束。德墨纳克斯并没有建议昔兰尼取消君主制，而是减少了统治者的特权，并将之限定在一定的祭司家族和有产家族中。此外，他将人口分为三个部落，第一个部落由锡拉岛殖民者和边居民（*perioeci*，参见第一章，注释61）构成，第二个部落是伯罗奔尼撒人（主要是斯巴达人），第三个部落主要由克里特人和其他同样来自岛屿的殖民者组成。

这些措施是为了使不同类别的当地居民享有平等地位，从而消除原始移民后裔的特权地位，但是把边居民列入第一个提到的部落是值得注意的。[28] 因为他们可能是利比亚人的后裔，利比亚人参与了这一殖民地的最初建设阶段。通过德墨纳克斯的努力，这些人取得了跟希腊人平等的权益。顺便说一句，他们的加入也给第一个部落带来了一定威望。

但是巴图斯三世的儿子阿尔克西拉乌斯三世却不满意德墨纳克斯的改革，他试图通过强硬的手段扭转这一措施。但是他的尝试失败了，在母亲斐勒提梅的陪同下，他逃亡海外。她试图请求塞浦路斯萨拉米斯的国王埃尔通的帮助，但是没有成功，阿尔克西拉乌斯三世却通过游说和承诺赠送土地，动员到了一批萨摩斯士兵，最后他利用这些士兵重新征服了昔兰尼。然而，他对手下败将的野蛮对待行为使他树敌众多，他不得不第二次离开昔兰尼，他的母亲作为摄政王留在昔兰尼，她享有那个时期其他地方大多数希腊妇女所没有的权力，她亲自主持议事会。阿尔克西拉乌斯三世则退回到巴尔卡，他在那里受到保护，并娶了国王阿拉兹尔（Alazeir，利比亚名字）的女儿为妻。不过，当初被阿尔克西拉乌斯二世流放到巴尔卡的昔兰尼人煽动其他巴尔卡人造反，最终阿尔克西拉乌斯三世被暗杀。

在这个关头，寡妇斐勒提梅前往埃及避难，她的父亲在同一场刺杀中身亡，向那里的波斯总督阿里安德斯（Aryandes）寻求帮助。她的亡夫在波斯国王冈比西斯（公元前525年）征服埃及之后，正式效忠波斯，现在这位总督有了一个绝好的借口来干预巴图斯王朝的政治，这也为波斯扩展自己在利比亚的影响力提供了契机。因此，这位总督派遣了一支强大的军队，在阿玛西斯（不是那位法老）的指挥下，前往巴尔卡，经历了长期围城之后，在城内叛徒的帮助下，他们最终攻下了巴尔卡（约公元前515年）。斐勒提梅接管了这里，并将原来的反叛者处死。巴尔卡经历了这些社会动荡之后（根据希罗多德的说法，这里并没有被完全摧毁）[29]，元气大伤，很多公民被驱逐至中亚的巴克特里亚（Bactria）。昔兰尼也受到了重创。

然而，波斯人才是这里的实际控制人，波斯掌握着所有的适宜居住和可耕地，他们任命之前被刺杀的昔兰尼国王阿尔克西拉乌斯三世的儿子巴图斯四世为王，管理整个国家，包括四个希腊城市：昔兰尼、巴尔卡、陶切拉和尤埃斯佩里德斯。巴图斯四世梦想在波斯人的支持下，为自己打造一个庞大的陆地帝国，这种野心当时在希腊人中是很罕见的。然而，在德尔菲神谕的鼓励下，斯巴达国王阿那克西曼德里达斯（Anaximandridas）的儿子，克里奥门尼一世同父异母的兄弟，多琉斯（Dorieus）试图向昔兰尼加西部扩张（约公元前514—前512年），他想在辛尼普斯河（Cinyps）上建立殖民地，但遭到迦太基人的阻挠，迦太基人早已控制了远处的土地。无论如何，巴图斯王朝直到约公元前440年才被共和政府取代，到那时这个王朝已经延续了整整八代人。

第4节 叙利亚和埃及的港口市场

我们有一些证据能够证明希腊和腓尼基之间有直接联系[30]，在叙利亚北部海岸，除了腓尼基之外，至少有三个港口城镇在他们的早期历史中扮演着重要的角色，充当着近东各种货物进入希腊大陆的通道。这些货物中包括艺术品，这些物品激发了希腊艺术的东方化阶段，随之而来的还有字母。

阿尔米纳的一个不具名的港口城镇是这些重要的港口城镇之一，在公元前8世纪甚至之后都主导着与希腊人之间的贸易,该港口在奥隆忒斯河口(Orontes,今阿西河[Nahr el-Asi])附近,位于土耳其哈塔伊省境内。附近山上的一处遗址(Sabouni,撒布尼)发现了青铜时代晚期(迈锡尼时期)的生活和商业活动迹象,但是这里最重要的定居点和商业贸易点的建立始于公元前9世纪的最后二十五年。[31] 该港口城市坐落于阿拉姆王国乌尼奇(Unqi,帕丁[Pattin])境内,以库努鲁拉(Kunulua)或卡勒(Caleh)为中心(今塔伊纳特丘[Tell Tayinat]?),与另一个阿拉姆王国古扎那(Guzana,今哈拉夫丘)相邻。希腊商人并不信任与这些北叙利亚公国(附录1)的友谊,这些公国的大多数领导者之间剑拔弩张,这对希腊商人来说是一个优势,因为他们不会相互联合起来侵犯希腊商人。

腓尼基人、塞浦路斯人和其他小亚细亚的人可能都参与了与阿尔米纳之间的贸易活动,领导这一活动的似乎是希腊城邦优卑亚的卡尔基斯和埃雷特里亚,还有埃雷特里亚在基克拉迪斯群岛的附庸,还有小部分来自罗德岛和其他希腊东部的群体。这些商人在阿尔米纳获得了纺织物、象牙、金属(尤其是黄金)和奴隶,在公元前8世纪,他们开始将这些获得的商品运送到希腊的中心地区,这些地区用葡萄酒和橄榄油交换。

购买这些商品的还有希腊西部的城市。因为从阿尔米纳到其他优卑亚贸易点远至意大利南部都有一条贸易通道,尤其是皮特库塞(今伊斯基亚)和邻近坎帕尼亚大陆的库迈。他们从这些中转港口同伊特鲁里亚人取得联系,在互利的情况下,用伊特鲁里亚人的铜、铁和锡交换从叙利亚和希腊市场运来的黄金和其他商品。

希腊人根据北叙利亚和腓尼基字母改编的希腊字母(所以希罗多德和其他铭文将之称为*phoinikeia*,参见注释11)也可能经由优卑亚的卡尔基斯和埃雷特里亚,从阿尔米纳或其他北叙利亚港口转移到了这里。[32] 虽然希腊其他地区也有不同的主张(第一章,注释35),的确,当时可能真的出现了其他的交流通道,但无论是从历史还是铭文材料来看,优卑亚似乎都是第一批使用字母书写的希腊人。据我们现有的材料来看,皮特库塞的卡尔基斯港口市场是最早出现希腊字母篆刻的铭文之地。

虽然阿尔米纳也发现了大量的希腊和非希腊的陶器，但是并没有发现早期的铭文证据，当然这可能只是巧合。同样在阿尔米纳也没有发现任何希腊式的坟墓或建筑。也就是说，没有证据表明这个地方曾经是希腊的殖民地或定居点。不过城市和部落（*ethne*）并不是早期希腊的唯一社会结构。还有一种港口市场（*emporia*），虽然规模与前两者差不多，但是缺乏一些基本的机构。跟皮特库塞和库迈以及其他希腊的分支一样，阿尔米纳就是这样的一个港口城市，逐渐希腊化（这个地方肯定也有许多近东人居住）。

在约公元前700—前675年，在小亚细亚东南部的西里西亚人（附录，注释2）反抗亚述统治期间，阿尔米纳似乎遭到了破坏。然而，这个城镇后来被重建，与之前相比，希腊人的比例更大，这可能是因为腓尼基人为了逃避亚述的压力而逃往西方。在这一阶段，这里不仅出现了来自科林斯的陶器（可能是由埃吉那人和科林斯人带来的），也有来自希腊东部各个城市的陶器，这充分说明了希腊元素的增加。公元前600年之前，可能是由于巴比伦尼亚宗主权的建立，这里经历了进一步的修葺和重建。然而，在公元前6世纪上半叶，阿尔米纳经历了长期的考古中断。对此有两种可能的解释，可能是巴比伦人征服了这片土地之后，并没有像刚才所说的那样重建该城，相反却产生了破坏作用，另一种可能是奥隆忒斯河发生了变化，而我们对这里的认知不足。

无论如何，在波斯取代巴比伦成为霸主之后，一个新的城镇诞生了（约公元前520年），越来越多的商品进入这里，尤其是来自雅典的商品。考古学家在遗址中发现了单层的仓库，商店和工作坊，这些建筑以石头作为地基，用泥砖建成，中有庭院。

奥隆忒斯河南边，卡修斯山（Mount Casius，穆萨山［Musa Dag］）另一边13英里处坐落着另一个希腊贸易中心，波塞迪翁（拉斯厄尔巴西特［Rasel-Bassit］）。最近的发现表明，这里与希腊之间的贸易历史并不比阿尔米纳短多少。希腊人经常以海神波塞冬的名字给海角命名，叙利亚海岸上的这个定居点就在这样一个海角旁边,现在被称为巴西特角。该地提供了一条穿越山地的内陆贸易线,通向奥隆忒斯河谷。

在青铜时代晚期(迈锡尼时期)波塞迪翁就有人定居,跟阿尔米纳一样,这里是优卑亚和其他希腊商人的市场(*emporion*),是他们与希腊本土和西部定居点贸易交换的中转站。今天我们几乎看不到波塞迪翁的痕迹,但是在19世纪的早期,这里还有一些肉眼可见的遗迹。

另一个相似的贸易中心是保图斯(苏卡斯丘 [Tell Sukas]),位于波塞迪翁以南32英里处,建立在一处迈锡尼遗迹上,从约公元前850年开始,这里出现了一个铁器时代的居住点,大量来自优卑亚和基克拉迪斯的陶器证明了这一点。这里还有一个早期的神庙,可能是希腊人的也可能不是。但是可以确定的是保图斯是一个对希腊人十分重要的贸易点,因为这里避开了对希腊人不是一直友好的乌尼奇,这里提供了另一条与哈马(Hama)沟通的渠道,哈马是铁器制造中心,是叙利亚内部哈马斯王国(Hamath)的都城。这一沟通渠道一直延续到约公元前720年哈马斯被亚述人摧毁。

保图斯也遭受了严重的破坏(约公元前675年)。但是这里经历了重建,该世纪最后几年,来自希腊东部的进口商品越来越多(与当时已经黯然失色的阿尔米纳形成鲜明对比)。然而,在约公元前588年,保图斯再次被破坏。到了约公元前552年,巴比伦尼亚人造成了更大规模的破坏。

这里发现了一座希腊风格的神庙,一位希腊妇女在织布机上刻下了自己的名字,不过这并不能够证明保图斯是一个希腊城邦,也不能说明这里是希腊的殖民地。与阿尔米纳和波塞迪翁一样,保图斯是一个贸易中心(*emporion*,港口城市)。

对希腊人来说,早期的埃及(附录1)交通不如叙利亚方便。但是在公元前660年,身着铠甲的伊奥尼亚士兵和其他非希腊的卡里亚人一起来到尼罗河三角洲,其中一部分是吕底亚国王巨吉斯的雇佣兵,一部分是海盗。他们到达埃及之后,在埃及塞易斯王朝法老普萨美提克一世(约公元前663—前609年)麾下效力,他们不仅在埃及要塞马雷亚(Marea,推测其坐落在西边)、迪芬尼(迪芬尼丘,东部的要塞)、象岛(Elephantine,位于南部,他们在阿布辛贝[Abu Simbel]的雕塑上留下了涂鸦,约公元前591年)驻扎[33],还在尼罗河东部支流(普鲁西亚河[Pelusiac])的两岸安营扎寨(斯特拉拓派达[Stratopeda]),最近的考古发掘已经证实了这些地方的存在(至少在晚期是存在的)。

普萨美提克一世还将来自米利都的人安置在尼罗河的波比尼提克河口处的"米利都要塞",位于尼罗河三角洲西部(约公元前650年),在他们击败伊纳罗斯反叛之后,普萨美提克一世允许他们在诺克拉蒂斯(皮姆罗[Piemro],今天的康姆吉耶夫[Kom Gieif])建立港口城市,考古学家在那里发现了公元前7世纪的希腊物品。

阿普里伊(霍夫拉,公元前589—前570年)雇用了三万名伊奥尼亚和卡里亚人对抗阿玛西斯(又称雅赫摩斯),但没有成功,最终阿玛西斯取得了胜利,继承了他的位置,成为法老(公元前570—前526年)。他是一个著名的爱希腊的统治者,娶了一个来自昔兰尼的希腊女孩为妻,并在一段时间内成了萨摩斯僭主波利克拉特斯的盟友,还向林多斯、昔兰尼、萨摩斯、斯巴达和德尔菲等许多希腊城市赠送礼物。

阿玛西斯不仅从希腊和其他雇佣兵中招募了自己的卫队,还将诺克拉蒂斯变成了与西方建立联系的主要贸易港(除非阿普里伊快他一步)。诺克拉蒂斯不再是任何特定希腊城邦的殖民地,而是变成了与刚才提过的叙利亚港口城市一样的港口市场(*emporion*)。叙利亚港口城市内部的组织情况难以还原,但我们知道许多希腊城邦参与了诺克拉蒂斯的建设。就像希罗多德记载的那样,诺克拉蒂斯的赫拉神庙是由九个希腊城邦共同建立的,其中包括四个伊奥尼亚城邦(希俄斯、克拉佐美奈、忒奥斯和福西亚)、四个多利安城邦(罗德斯、哈利卡纳索斯、克尼多斯和法赛里斯,后三个城邦后来联合在一起统一行动)以及一个爱奥尼亚城邦(米提列涅)。[34]

素来不合的两个城邦,米利都和萨摩斯,以及埃吉那(唯一一个非希腊东部城邦)都有属于自己的圣所,分别供奉阿波罗、赫拉和宙斯。据记载,这里还有迪奥斯库洛伊和阿芙洛狄忒的圣所，可能是由共同建设诺克拉蒂斯的其他人建设的。这是希腊城邦之间成功合作的特殊例子，事实证明，这一合作是持久的。诺克拉蒂斯是在希腊贸易大扩张的时候建立的，因为这里发现了来自不同地区的陶器。诺克拉蒂斯还给希腊向其他地区殖民的活动以及城邦间的合作提供了范例，因为受到母邦支持的殖民活动往往会跟其他城邦的殖民者合作。

根据希罗多德的说法，诺克拉蒂斯是唯一经过法老允许的，希腊商人可以上岸居住的港口。不过，从尼罗河三角洲东北部地区的考古发现来看，这里至少有十二个类似的遗址，可见希罗多德的说法过于简化了。尽管阿玛西斯很喜欢希腊人，但是不让希腊人过度蔓延是好事，埃及人希望诺克拉蒂斯完全掌握在法老的手中，成为一个单纯的贸易之都。这里还是埃及都城赛易斯（Sais）的港口，赛易斯城距离这里只有10英里远。

在诺克拉蒂斯，埃及的粮食是希腊人和本地人交易的最重要的商品（巴克基利得斯［Bacchylides］曾经提到过）。[35] 希腊商人将埃及的粮食进口到自己的家乡，除此之外还有一些彩色陶器、雪花石膏以及其他手工制品比如亚麻（可以用来制衣和航海）还有纸草（用以制作书写材料和船只上的绳索）。作为交换，他们从希腊带来了银（法老需要用它支付雇佣军的薪水），希腊的木材、谷物、橄榄油（比埃及的蓖麻油好用）和酒（比埃及的酒更加美味）。萨福的兄弟卡拉修斯就利用了米提列涅在诺克拉蒂斯的市场，将莱斯博斯岛的葡萄酒带到埃及，在这个过程中，他得到了一个情妇，根据希罗多德的说法，这位情妇是一个十分诱人的妓女，整个诺克拉蒂斯因她闻名。[36] 据说梭伦也曾在阿玛西斯在任的时候访问过这里[37]，这加强了埃及在希腊人中享有的古老智慧之名。他在一首诗中提到了尼罗河的卡诺匹斯河口，这里是通向诺克拉蒂斯港口城市的必经之路。

不过，有的希腊商人来到这里之后会选择留下，成为永久居民。不过，埃及人花了很长时间（根据流行的观点，可能经历了几个世纪）才允许诺克拉蒂斯拥有完备的城市机构。在波斯人摧毁并接管埃及的时候（公元前525

年），这里依旧繁荣，不过城市的整体规模很小。这座城市是一首名为《诺克拉蒂斯的建立》(*The Foundation of Naucratis*，作者是罗德岛的阿波罗尼奥斯［Apollonius］) 的诗歌的主要描写对象，与此同时当地的作者波利卡姆斯（Polycharmus）创作的《论阿芙洛狄忒》(*On Aphrodite*) 也讲述了诺克拉蒂斯本地的历史。诺克拉蒂斯本土还有卡隆（Charon）和菲利斯托斯（Philistus）等历史学者。不过这座城镇最出名的地方（埃及的其他希腊定居者也一样享有这些成就）就是让其他地方的希腊人了解了（或者说重新了解，因为自青铜时期他们之间的联系就被切断了）埃及的雕塑和建筑艺术，希腊人很快就消化并改进了这些艺术。希腊的男性雕塑（*kouroi*）很有可能就是受到了埃及真人大小的雕塑的启发，此外，萨摩斯的特奥多罗斯据说也借鉴了埃及的技术[38]，很明显，正是埃及的建筑促进了第一座希腊纪念性神庙的诞生。

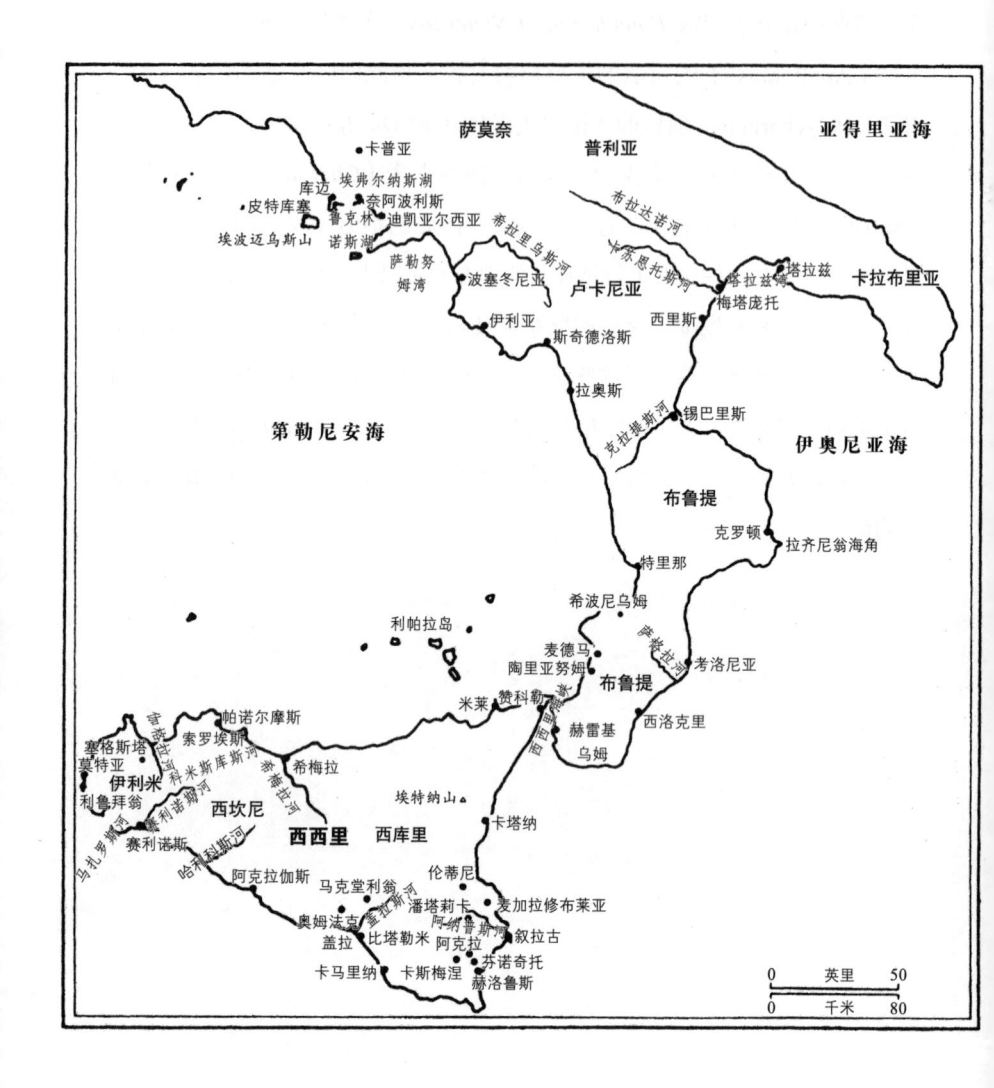

地图8　南意大利和西西里

第七章　西部地区

第1节　坎帕尼亚：皮特库塞和库迈

希腊人很早就开始向意大利南部和西西里岛扩张，这是他们最远的一次冒险。很快他们就在坎帕尼亚、塔拉兹湾（今塔兰托）、西西里海峡（今墨西拿海峡）以及西西里东部建立了殖民地。

南意大利的这些殖民地得名"大希腊"，很有可能是因为这里的面积很大，所以才令人印象深刻。这里夏季炎热干燥，冬季温和（尤其是在沿海地区），其特有的陆地、海洋和植被结构，为希腊人提供了一个熟悉且宜居的生活环境，他们可以将自己原来的生活方式和农作物带到这里，基本不需要做什么改变。

他们的注意力首先落在了西海岸的坎帕尼亚，这里位于拉丁姆（今拉齐奥）。这里的火山土壤十分肥沃，希腊人也注意到了这一点，不过促使希腊人在此殖民的主要动力还是商业目的。

首先是皮特库塞（伊纳里莫［Inarime］、埃纳里亚［Aenaria］，今天的伊斯基亚［Ischia］），这里距离坎帕尼亚约7英里，距离库迈海湾和科拉特（Crater，现在的那不勒斯海湾）北端不远。位于该岛西北边的赫拉克利翁（今天的拉科阿梅诺［Lacco Ameno］）上边的维科海角（Monte Vico）的峭壁地区出土了一些陶器，这些陶器可能来自希腊，可以追溯到青铜时代晚期（迈锡尼时期，约公元前1400年），这个海角海拔很高，毗邻一片可以耕种的土地，两侧是隐蔽的海港。

随后，至少在公元前775/770年（当地的坟墓中出土物可以证明），这里建立起了一个希腊的贸易中心（emporion），这个中心还没有发展成城市。[1] 在这里建造贸易中心的主要是卡尔基斯人和埃雷特里亚人（后者可能以政治流亡者为主），这两个优卑亚城市在当时希腊人的扩张运动中起到了带头作用。与这些商人一同前来的还有一群来自库梅的人，这里的库梅可能并不是小亚细亚西部那个爱奥尼亚城市，更有可能是优卑亚的一个小城市（可能位于现在的帕里奥克斯特里[Paleokkstri]），后来的爱奥尼亚城市库梅和后来的库迈都得名于该地。皮特库塞地区发现的一只约公元前750年的杯子证实了这里与优卑亚的联系，杯子上有一段希腊字母书写的铭文，这是我们已知最古老的文字诗句，一共三行，其中提到了《伊利亚特》中的涅斯托耳之杯。当地另一地区发现的一个罐子表明当地有沉船，这说明了优卑亚人对航海的兴趣。最初他们在皮特库塞建立贸易中心的目的是与伊特鲁里亚建立海上商业联系，伊特鲁里亚远离第勒尼安海海岸，位于台伯河另一边，这里的金属，尤其是铁和铜，都是希腊人迫切需要的东西。[2] 坎帕尼亚本地重要的伊特鲁里亚定居点加强了这种联系，尤其是卡普亚（Capua），这个地方可能充当了从伊特鲁里亚本土运输金属至皮特库塞的中转点。皮特库塞地层的最深处发现了一块铁（赤铁矿），这块金属来自伊特鲁里亚专门生产金属的伊尔瓦岛（Ilva，今厄尔巴岛[Elba]），此外，皮特库塞遗址本身还发现了矿渣、铁块（挤压成条状的铁块）和风箱的吹口等早期炼铁的痕迹。

金属的运输一般有三个阶段，从开采点到冶炼点，再从冶炼点到铁匠的工作作坊，再从作坊转移到最终的持有者。在皮特库塞，第二阶段就不存在了，因为冶炼铸造点和铁匠的作坊是连在一起的。西西里岛西部的莫特亚（Motya）也是如此。皮特库塞以及其他地区的优卑亚商人与腓尼基人（迦太基人）是竞争关系，甚至有时这种竞争关系能延伸至迦太基本土。[3]

伊特鲁里亚城邦统治者向皮特库塞商人提供铁和铜的最重要的原因，是他们可以从对方手里获得黄金，这在公元前8世纪的一个富人墓葬中得到了证明。优卑亚商人从他们在叙利亚北部的贸易中心阿尔米纳、波塞迪翁和保图斯获得了黄金（第六章，第4节），或许还通过腓尼基港口获得了黄金，但是伊特鲁里亚墓葬中发现的黄金首饰和珠宝到底是在哪里加工的并无定论，可能是在叙利亚或皮特库塞，也可能是在伊特鲁里亚本地，通过移居本地的工匠或本地的工匠打造的。无论如何，腓尼基人在埃及人的影响下设计的圣甲虫宝石，出现在了皮特库塞，这种甲虫状的宝石和印章的出土，证明了皮特库塞与东方有密切的联系。

此外，由皮特库塞的陶土制成的双耳瓶上还发现了阿拉姆语铭文。在一个当地制造的罐子上也出现了卡尔基斯字母。这也证实了希腊人通过阿尔米纳和叙利亚北部的一些优卑亚贸易中心从腓尼基那里学习字母书写的猜测。根据这一可能的假设，在叙利亚贸易中心的优卑亚人不仅仅将字母带回了自己的家乡，还将之带到了更远处的皮特库塞，再进一步传播到了意大利南部和西西里岛上的其他希腊殖民地。

此外，皮特库塞的希腊葬礼也值得注意。死者受到的对待因年龄而异，成人被火化，而儿童只被掩埋。这些被掩埋的儿童的棺材上被压上了巨石，以防止他们的灵魂再度回来，这种情况是有可能发生的，因为他们没有经历葬礼，这意味着他们的来世被剥夺了。奴隶与他们主人家的成员葬在一起。

大约在公元前500年，皮特库塞被蒙塔格涅火山（Montagnone）的爆发摧毁，其中心山脉埃波迈乌斯山（Epomaeus，埃波梅奥山［Epomeo］）的第二个火山口在古代是一座活火山，不过现在已经变成死火山。

不过，在那场灾难之前，皮特库塞就已经失去了重要性，因为优卑亚人在大陆对面的库迈（库梅）建立了另一个港口市场，该市场后来变成了一座城市。

库迈位于库迈湾（今那不勒斯湾）的北端。其高耸的卫城俯瞰着一个提供泊船的海滩和受保护的港口，这一港口位于鲁克林诺斯湖（Lucrinus，今富罗萨湖［Fusaro］）的出口处（现在已经不复存在）。从公元前1000年后不久，这个卫城被当地的居民（奥皮卡人）占领了。大约在约公元前750

年，希腊商人从皮特库塞（伊斯基亚）迁徙而来，并在库迈建立了一个商业据点，通过外交手段或武力稳住了当时的奥皮卡人。新的定居者大多是卡尔基斯人，在麦伽斯提尼（Megasthenes）的领导下来到这里，但是他的同伴希波克里德斯（Hippocleides）却来自优卑亚的库梅，坎帕尼亚小镇库梅也得名于此，爱奥尼亚的库梅小镇亦是如此得名。殖民者还包括格雷奥伊人（Graioi，来自波奥提亚的塔纳格拉附近），希腊语的 *Graecus* 一词就是由他们发明的。

在约公元前730/725年，库迈这一贸易点成了希腊殖民地，并获得了独立地位。相邻平原的土壤具有足够的生产力，库迈人有足够的粮食供自己消费和出口（从公元前7世纪早期开始，用当地的仿科林斯陶瓶包装并运输），他们还将葡萄和橄榄的种植引入了意大利。

希腊字母也是通过他们从皮特库塞传进了希腊大陆（如上文所述），最先到达了伊特鲁里亚人那里（附录3），他们最先按照自己的需求调整了这些字母。库迈在希腊人和伊特鲁里亚城市日益密切的交往中起到了十分重要的作用，这种交往是建立在伊特鲁里亚的铁和铜与优卑亚人带到坎帕尼亚的黄金的商业交换上的。

库迈人还通过附近的半咸水湖，埃弗尔纳斯湖（Avernus）和鲁克林诺斯湖中的鱼类和贝类获利，这些湖泊位于海湾北端的海角内部。埃弗尔纳斯火山口的名称来源于 *aornos*，意思是"无鸟之地"，因为人们认为湖水的恶臭气体会杀死任何飞过这里的鸟类，当地的说法认为这里是奥德修斯和埃涅阿斯进入冥府的地方。但是鲁克林诺斯湖（该地也被称为阿克鲁西亚[Acherusia]，是通往冥府的阿刻戎河[Acheron]的入口）也有一样的传说，该地与大海之间有一个狭窄的岬角，据说在这里被运河分割之前，赫拉克勒斯曾在这里驱赶革律翁（Geryon）的牛群。

库迈很快就变成了一个重要的政治力量，野心勃勃，想要控制西西里海峡，控制希腊和近东的通道。据修昔底德所言，库迈海盗是第一批定居在狭长的赞科勒（今意大利墨西拿）的人[4]，很快，卡尔基斯和优卑亚的其他城邦都派遣了殖民者到此。这一活动从很早就开始了,因为赞科勒发现的陶器碎片可以追溯到约公元前730—前720年。后来,库迈人在离家更近的地方建立了迪凯亚尔西亚(公元前621年,今波佐利［Pozzuoli］)和奈阿波利斯(Neapolis,约公元前600年,今那不勒斯),这两个地方后来成为该地的大都城。

库迈当地的西比拉(女先知)也很有名,是希腊十大女预言家之一,她们效仿了特洛阿德的玛尔帕索斯(Marpessus,伊奥尼亚的厄里特赖认为她属于自己)。库迈最初的圣女以及她的后继者名为阿玛尔忒亚。维吉尔在《埃涅阿斯纪》中提到[5],西比拉作为阿波罗的代言人发布神谕(阿波罗已经取代了赫拉,成为这里最主要的神祇)。根据传说,她曾经与罗马的伊特鲁里亚国王塔奎尼乌斯·布里斯库斯(Tarquinius Priscus,约公元前616—前579年)进行谈判。卫城深处拱形的房间、走廊和蓄水池存留至今。

当库迈的独裁者柔弱的阿里斯托德摩斯发现之前曾经给库迈带来大量利益的伊特鲁里亚城市向他发动战争的时候,库迈正式走进历史舞台,阿里斯托德摩斯也成了这里第一个有名的历史人物。与他作战的伊特鲁里亚士兵也可能是一些强盗团伙。但是无论如何,一支伊特鲁里亚军队,可能在库迈的邻居卡普亚的雇用或者支持下,至少从伊特鲁里亚北部的克鲁西乌姆出发,甚至有可能从亚得里亚海的斯宾纳(Spina)出发,远征至坎帕尼亚。远征途中还有其他部队加入,比如拉丁姆的阿尔德亚(Ardea)。他们与阿里斯托德摩斯的军队发生了冲突,后者取得了胜利,但是阿里斯托德摩斯是否彻底驱逐入侵者并无记录。随后,在公元前506年至前504年之间的某个时间点,他得到了某些与阿尔德亚不和的拉丁人的帮助,进一步击败了这些伊特鲁里亚入侵者。通过这两场胜利,阿里斯托德摩斯救库迈于危亡,避免了库迈沦陷于伊特鲁里亚人之手[6],不过后来萨莫奈人部落将二者都击败了。

第2节 锡巴里斯、克罗顿(毕达哥拉斯)、西洛克里

意大利最南端的海角是希腊殖民的另一个重要区域。这里又被称为布勒

提奥（Brettioi，布鲁提［Bruttii］），在奥斯坎语中，该词的意思是"奴隶"或"逃亡者"，因为他们曾经是卢卡尼亚（Lucania）的臣民，后又反叛。这一地区今天得名"卡拉布里亚"（Calabria），这一名称让人心生困惑，因为在古代卡拉布里亚指的是意大利的脚后跟。

赫雷基乌姆（雷焦卡拉布里亚）是在约公元前730—前720年由卡尔基斯人建立的，该地位于半岛南部的战略要地[7]，几年后，阿凯亚人在意大利的"脚背"上建立了锡巴里斯，该地位于塔拉兹湾（塔兰托），是伊奥尼亚海的一处凹陷。锡巴里斯最初名为卢皮亚（Lupia），根据推测，约建立于约公元前720年（比塔拉兹早几年[8]，塔拉兹后来才逐渐成名），其考古记录可以追溯到建城之时。根据斯特拉波的一段不是很明确的材料可以推测出[9]，在赫利斯（Helice）的伊思（Is）的领导下，来自伯罗奔尼撒北部的较落后的（可能是迈锡尼人的后裔）阿凯亚人来到这里定居[10]，这些人的家乡缺乏足够的土地，不能进行商品交换，因此他们率先在意大利南端开拓殖民地，其中就包括锡巴里斯。根据亚里士多德的说法，这里还有其他殖民者，来自阿尔戈利斯的特洛伊曾。[11]

新的定居点占地广阔，地势低洼，位于锡巴里斯河（科溪勒河［Coscile］）和克拉提斯河（Crathis，克拉蒂河［Crati］）之间绵延4英里的海岸边缘。这个海岸有大量贝类（*murex*）可供渔民捕捞，殖民者也可以通过这里进入内陆。殖民者的顺利通行是因为与当地的塞尔达奥（Serdaioi）部落达成了协议，而塞尔达奥部落也因此避免了被殖民者消灭的危机。在他们的帮助下（通过内部通婚），锡巴里斯将其领土扩展到临近的冲积平原，从而维护了对四个族群和不少于二十五个城镇的统治。[12]他们使用的钱币上有公牛的图案（约公元前550年），公牛代表了河神克拉提斯，但是同时也代表着锡巴里斯依靠牲畜获利，其中包括提供宝贵羊毛的绵羊。不久之后，他们就因财富和奢华闻名。[13]

锡巴里斯还在位于其北部海湾的梅塔庞托建立了一个新的阿凯亚殖民地。[14]在德尔菲神谕的鼓励下，他们绕过意大利南端将殖民者送至西部，送至第勒尼安海岸边的拉奥斯（Laus，今拉奥［Lao］）和斯奇德洛斯（Scidrus）。

此外，锡巴里斯还建立了另一个定居点，该地位于同一西海岸更远处的波塞冬尼亚（帕埃斯图姆［Paestum］）旧址，在卢卡尼亚北端（现在坎帕尼亚的东南部），通过山谷可到达此处。出土于波塞冬尼亚的陶器表明，这个定居点建立的时间是约公元前625—前660年。该遗址还保留了三个保存完整的圣所，是希腊世界最令人印象深刻的多利安建筑群之一。最早的名为"巴西利卡"的建筑（约公元前550年）很可能是宙斯和赫拉的神庙。神庙北面矗立着另一座建立于约公元前500年的克瑞斯神庙，但是很有可能该神庙是献给赫拉和雅典娜的。[15] 圣路旁边矗立着一座地下神庙（hypogeum），大约建立于同一时期，该神庙是献给赫拉的。该地西北8英里处，希拉里乌斯河（Silarus）河口处有另一座献给赫拉的神庙，约建成于约公元前575—前550年，完整的砂岩墙壁保留至今，神庙中的宝库也被发现。虽然从钱币的角度来看，波塞冬尼亚的殖民地在政治上并不受制于锡巴里斯，但是该殖民地的存在依然为锡巴里斯的商人与伊特鲁里亚人城邦之间的贸易提供了方便，这一商业贸易网一直沿着第勒尼安海岸向北发展，与皮特库塞和库迈在锡巴里斯之前就建立的坎帕尼亚市场进行竞争，早在锡巴里斯出现之前，这一市场就已经形成。

此外，尽管锡巴里斯人唯一的港口是一个近岸锚地，但是他们利用伊奥尼亚海的优越地理位置，积极向东西部拓展商业联系。在这个过程中，他们与米利都建立了密切的联系，米利都的纺织品满足了本地的需求，富余者由锡巴里斯人（收取大量过路费）转移给伊特鲁里亚人，伊特鲁里亚人再通过拉奥斯北上，将这些商品转移至自己的家乡。

在公元前6世纪早期，锡巴里斯可能比其他任何城邦都要大，都要富有。在6英里长的围墙内，锡巴里斯共拥有十万人口，其道路阴凉、干净并得到了良好的维护。市区内禁止鸡鸣啼叫和商贩吵闹。贩卖紫色染料的渔民和商人可以免缴赋税。厨师们发明了新的菜肴后也会获得奖励。锡巴里斯人热衷于蒸汽浴，像伊特鲁里亚人一样，他们喜欢与妻子一同斜倚着进餐，这也令希腊其他地方感到震惊并招致谴责。他们生活得十分娇贵，批评他们的人说，即使是玫瑰花瓣都能在他们的敏感的身体上划出水泡，看到人在工作都会让他们觉得苦恼。

更严重的是这里经常发生内乱，因为当初为了政治目的，锡巴里斯鼓励当地人口通婚，这无疑加剧了希腊人的政治动乱。

尽管如此，斯特拉波还是声称，在早期，锡巴里斯就已经十分强大，他们能提供三十万人赴战场，其中包括五千名骑兵。[16] 不过，即使加上盟邦提供的士兵，这个数字都显得很夸张，但是锡巴里斯的确需要强大的军事力量，因为他们与南边的邻居克罗顿关系一直不好，互有敌意。这种情况也说明，很多关于锡巴里斯享乐主义嘲弄可能都是克罗顿的政治宣传。

在公元前6世纪的一段时间内，这两个城邦的确合作融洽，在公元前530年，他们合作摧毁了西里斯（Siris）。西里斯是一个科洛丰人在公元前7世纪早期建立的殖民地，位于锡巴里斯和梅塔庞托（后者似乎也参与了这次行动）之间。在这之后不久，锡巴里斯内部就发生了声名狼藉的派系斗争，一个名叫特莱斯（Telys），本属民主派的成员在这里建立了独裁统治，这给了克罗顿可乘之机，他们打着保护的幌子，接纳了逃离锡巴里斯独裁统治的有产阶级。在斯巴达王子多琉斯的帮助下（当时已经到了昔兰尼，参见第六章，第3节），克罗顿进攻了锡巴里斯，并将锡巴里斯彻底摧毁（公元前510年）。

他们改变了克拉提斯河的河道，泛滥的洪水淹没了这座城市，遗址经历了二十多年的寻找才得以找到。在抽水泵、钻孔和磁力计的帮助下，公元前6世纪的建筑地基重见天日，一起出土的还有同一时期的瓦片、罐子和陶窑。古代的锡巴里斯一定还有尚未出土的令人难忘的艺术品。锡巴里斯的锚地附近有一片铺了石板的地区，现在距海约有两英里远，似乎是一个造船厂。

锡巴里斯的毁灭是一个城邦对另一个希腊城邦命运的改写，锡巴里斯的贸易对象米利都人对此感到哀伤。[17] 锡巴里斯毁灭之后，城邦中的幸存者逃往之前建立的殖民地避难，其中为他们带来繁荣的波塞冬尼亚是他们最重要的避难地。直到半个多世纪过去之后，这些难民中的一些人或者他们的孩子才回到了原来的家乡，经历了许多变迁之后，他们在那里建立了新的殖民地图利（Thurii，公元前443年）。

克罗顿（克罗托内 [Crotone]）位于锡巴里斯以南，也是最终毁灭锡巴里斯的城邦，地处埃萨罗斯河（Aesarus，今埃萨罗河 [Esaro]）河口的两端，靠近海角，两边有隐蔽的港口。这里最初居住着梅萨皮亚人（Messapia），但是据推测，在公元前710年左右，阿凯亚希腊人在鲁佩亚人（Rhypae，库那里 [Kunari]）迈西卢斯（Myscellus）的带领下在此定居，这些希腊人是不久之前在北边的锡巴里斯定居之人的同胞。

考古发掘揭示了这一殖民地建立的时间很早。考古学家发现了一条公元前7世纪的街道，也确定了城堡的位置和城墙的路线，与此同时，他们还发现了港口的痕迹，港口由一条运河巩固。发掘工作还揭示了克罗顿最重要的赫拉拉基尼亚圣所的平面图，该圣所位于东南方7英里处的拉齐尼翁海角（Lacinium，今科隆那角）。该圣所在公元前600年之前就已经存在了，不过现存的遗迹仅能追溯至一百五十年之后。

克罗顿迅速发展，其经济繁荣或许得益于银矿，因为这里发现了一些含银的矿渣堆。随后克罗顿将自己的疆域拓展到平原以南，并以一己之力建立了一些殖民地，其中最早的是其边境附近的考洛尼亚（Caulonia，约公元前675/600年），随后是在第勒尼安海边的特里那（Terina），位于意大利的"脚背"处。

克罗顿最著名的公民是毕达哥拉斯。他的父亲是萨摩斯的曼尼萨科斯（Mnesarchus），可能是由于与当时萨摩斯的僭主波利克拉特斯之间的关系交恶，他离开了萨摩斯（约公元前531年），随后来到了意大利南部，并在克罗顿定居。他似乎从来没有把他的观点写成文字，因此招致了各种误解，褒贬皆有，多有夸张。在没有书面文本的情况下，很难区分哪些是他本人的观点，那些是他学派成员的观点。[18] 从人们对他的格言以及那些神秘说法的引用，辅之以后世波菲利（Porphyry）的《传记》（lives）和杨布里科斯（Iamblichus）的观点来看，毕达哥拉斯的观点是一种混合物，糅合了宗教思想、迷信行为、宗教领袖、探究（historie）、数学和音乐，这种混合物令人沉醉。

先从更学术的角度来看，毕达哥拉斯似乎相信，只有使用数学、数字才能更好地解释宇宙（他还发明了cosmos[宇宙、秩序]这个术语）。也就是说，对毕达哥拉斯而言，宇宙的本质是可以用数字来解释的[19]，正如后来阿里斯托克赛诺斯（Aristoxenus）和欧德摩斯（Eudemus）所证实的那样，他开辟了系统研究的先河。[20]虽然有人对此做出了不同的解读，但是这种富有挑战性的洞察还是被誉为"创建了数学科学"，但是这个说法似乎忽视了早期其他民族的贡献（尤其是巴比伦人，他很有可能也是受到了巴比伦人的影响）。但是他显然以一种划时代的方式推进了这一研究，把数学提升到了一个更普遍的地位，使自然本身成为一个可测量、可计算的量的问题。

他发现数字比率决定了音阶的主要音程，从而得出了这些结论。但在这里，毕达哥拉斯引入了一个有代表性的夸张的概念，他将四分法（前四个自然数）与和谐的塞壬之歌联系起来，这一观点后来被柏拉图定义为宇宙音乐（关于毕达哥拉斯的大多数信息，基本上都要归功于柏拉图）。[21]

这种略显荒诞奇异的描述，对于毕达哥拉斯的学说来说，并非不合适，因为他的科学或者说科学研究本身就不可避免地掺杂了很多想象的成分，尽管他使用了很多奇怪的逻辑将之串联，但是这种掺杂了想象的混合思想并不能被称之为现在意义的科学。他也因此获得了神秘主义者的名声，并声称拥有特殊的精神力量。他的教学中引起震惊和争议的一个原因是，他的想法中有很多神秘主义的元素（充满了道德的诠释），此外还结合了一些非理性、原始的禁忌。现在毕达哥拉斯面向大众时的形象一般是一袭白袍白裤，头戴金冠，十分夸张。这应该是后期不同时代的信徒一点点加诸毕达哥拉斯身上的，但是也有一些其他特征明显可以追溯到毕达哥拉斯本人的观点。

此外，关于对立面的观点，米利都的阿那克西曼德和以弗所的赫拉克利特都有丰富的论述,但是毕达哥拉斯认为他们反对女性,认为他们的想法就像赫西俄德或西蒙尼德斯一样疯狂。他曾说过,男性是"有限"的,男人在右,是光明且善良的,而女性则是"无限"的(当她们失去控制的时候,就有带来危险的潜力),女人在左,是黑暗且邪恶的。或者至少,亚里士多德认为他这样说过。[22] 然而,也许毕达哥拉斯在这一问题上所做的阐释,实际上要复杂一些,因为我们也被告知,他有一大批妇女追随者,她们是被平等地接纳为自己的学生的,这显然和之前的说法有些矛盾。

毕达哥拉斯关于人类灵魂的教诲的价值是不容置疑的,继阿那克西美尼和赫拉克利特隐晦地提及之后,他是希腊第一批明确地认为灵魂具有伦理重要性的哲学家之一,这预示着哲学研究从宇宙到人的转变,在随后的几个世纪里,苏格拉底和柏拉图进一步推动了这种转变。毕达哥拉斯认为灵魂既是人类的和谐原则,又是与生命宇宙这种宏观世界相对应的微观世界,因为他认为两者都与数学尺度的数值比有关——这种联系对柏拉图很有吸引力。

但毕达哥拉斯也认为,灵魂是一种堕落的、被污染的神性,被囚禁在身体里,就像囚禁在坟墓里一样,注定要在人、动物或植物体内进行轮回(*metempsychosis*),灵魂可以通过一些净化仪式再度释放,这些观点我们可以从他同时代的批评者色诺芬尼那里找到依据。[23] 这些说法总体而言可能并非受到埃及的影响(希罗多德的观点,参见附录1,注释27),而是像米利都的一些思想家一样,受到了印度《奥义书》的启发,这种来自印度的观点可能经由波斯来到了希腊。

这种伴随着苦行禁欲的净化仪式,与阿波罗崇拜相关,毕达哥拉斯是阿波罗的信徒,因此,与他一样献身于崇拜的克罗顿人实际上将他与阿波罗许珀耳玻瑞亚(北边的 [the northerner])相提并论,因为阿波罗的能力包括净化。这种与北方的联系必须与毕达哥拉斯自身的观念(由亚里士多德证实)联系在一起理解,他认为不灭的灵魂可以暂时脱离身体,而这种"分身"的理论来自当时盛行于斯基泰和色雷斯的俄耳甫斯教教义(附录2)。[24] 这种思想以某种方式从这些边缘地区传到了遥远的西方,毕达哥拉斯可能是第一个对这些思想进行阐释的人,至少是最早将之广泛传播的人,据说他自己的诗歌也以俄耳甫斯的名号流传。[25]

他认为,这种救赎性的净化,将使灵魂不仅能实现与自身的和谐,而且能实现与外界的和谐,而且与永恒不变的真理和善的模式相一致,这与宇宙的协调和秩序相一致。毕达哥拉斯坚持认为,个人可以通过纯粹的思想获得这种个人和谐,他认为这是人类能够进行的最高活动。也就是说,通过致力于智力训练和学习研究,男人和女人都可以达到他们的目标。当他自称"爱智慧的人"(*philosophos*)时,人们一致认为他就是贤者的原型,认为他能够阐释人的存在和死亡背后的真正含义。柏拉图说他教给人们的是一种完整的"生活方式",这是对的。因为毕达哥拉斯对生活的设计无异于一种全新的宗教。

在克罗顿,一个以社会和宗教联系为纽带的禁欲主义团体践行了这种做法(包括共同崇拜缪斯女神)。该团体很快在城中获得了广泛的政治影响,三百名年轻的信徒"像兄弟一样相互宣誓,与其他公民分开生活",密谋推翻政府,并取得了胜利。[26] 显然,事态的发展是在毕达哥拉斯本人的个人指导和影响下发生的,毕达哥拉斯后来扮演了一个立法者的角色。然而,在他年老的时候,一个名叫库伦的克罗顿贵族,因为被拒绝入会(据说是因为他性格暴躁),遂领导了一场敌对运动,迫使这位贤者退到梅塔庞托,最终他也在此地去世。尽管失去了他,毕达哥拉斯主义还是继续蓬勃发展。

这一系列事件的时间顺序不确定,但在毕达哥拉斯时代前后,克罗顿都在不断崛起,一直上升到意大利南部的强国地位。当克罗顿把毕达哥拉斯神秘信徒团体的网络扩展到其他一些城邦时,克罗顿的崛起变得更加令人印象深刻,克罗顿也因此占据了这些城邦的统治地位。根据波利比乌斯(Polybius)的说法,这些像共济会一样的团体,按照俱乐部的方式进行组织(club-houses)[27],这显然是寡头政治最早的例子,无论是在实践还是理论层面,寡头政治的基础都是选举,而不是基于家族和传统的效忠,可惜的是,我们并不知道富有的候选人在多大程度上更受青睐。

然而，克罗顿的成功并非没有中断过。大概在公元前540年（这个日期并不确定），萨格拉河（Sagra，又称萨格里亚诺河［Sagriano］或托尔波罗河［Turbolo］）上发生了一次并不光彩的军事挫败，一万名来自西洛克里和赫雷基乌姆的士兵击败了十三万人组成的克罗顿大军。然而事实证明这一挫折只是短暂的。因为在约公元前530年，正如我们所看到的那样，根据传统的说法，在毕达哥拉斯来到克罗顿后不久，他重振了克罗顿人民的士气。克罗顿与其北边的对手锡巴里斯合作，连同梅塔庞托，一起摧毁了西里斯。然后在约公元前510年，在斯巴达多琉斯的协助下（早先在昔兰尼相遇），克罗顿人响应锡巴里斯流亡贵族的呼吁，向锡巴里斯本土发起了进攻，最终赢得胜利，从而一度成为意大利南部的主导力量。

据说这次的胜利得益于著名克罗顿之子米罗（Milo）的能力。他是毕达哥拉斯的信徒之一[28]，其泛希腊的态度促进了希腊城邦间的竞争，他是有史以来最著名的希腊运动员，在奥林匹亚运动会上，他代表克林顿赢得了很多胜利。这位伟岸的半传奇式的人物吹嘘说，从来没有人让他屈服过。他在公元前540年在奥林匹亚赛会上赢得了男子摔跤比赛，随后连续五届奥林匹亚赛会上都取得胜利，并分别在皮提亚、尼米亚和地峡赛会上获得了六次、九次和十次类似的胜利。

直到很久之后，对以米罗为代表的运动精神的崇拜才慢慢失去吸引力。西塞罗描绘了这位老摔跤手为自己失去的力量而哭泣的画面，说他的高贵不是来自他自己，而是来自他强大的躯干和手臂。公元2世纪，医生盖伦认为，米罗每天举起家里的牛锻炼并最终在一天之内把整头牛吃掉的故事（这种行为或许是遵循了毕达哥拉斯的饮食计划），和这位运动员一样愚蠢。[29]

米罗的女儿嫁给了德墨赛迪斯（Democedes），他是克罗顿医学流派的一位医生（在毕达哥拉斯的影响下，它成了此类流派中最早的一派，参见第一章，注释56）。德墨赛迪斯离开了家乡，先后在埃吉那、雅典、萨摩斯和大流士一世的宫廷中从医。然后他又回到了自己的家乡，不过后来由于政治原因，他再次逃离家乡。

他的人生经历对我们来说是模糊的,当时克罗顿另一位著名医生阿尔克迈翁(Alcmaeon)的经历亦是如此。阿尔克迈翁可能生活在公元前6世纪晚期,或者公元前500年之后的某个时间段。他写了一本关于自然科学的书(现已遗失),他在书中似乎站在"理性"方法的立场上,反对神庙医生信奉的魔法治疗和梦境治疗。然而,尽管他对魔法深恶痛绝,但他和德墨赛迪斯一样,都接触了毕达哥拉斯的思想。因此,他把灵魂的不朽比作天体的无尽盘旋。他把人体的状况归结为毕达哥拉斯式的对立面的相互作用,他或许是第一个把这一思想应用于医学问题的人,进而得出了这样的推论,健康取决于和谐,是建立在对立面保持平衡平等的优良秩序(isonomia)的基础上的,而疾病恰恰相反。他将疾病描述为一种monorchia,是邪恶暴政(僭政)的同义词。阿尔克迈翁还坚持认为,人体内包含连接感觉器官与大脑的通道或管道(追随他的是柏拉图而非亚里士多德,他认为这种通道是感知的中枢器官)。此外,他的这种论断不仅仅是建立在希腊早期科学思想家更为青睐的理论化基础之上的,尽管他承认推论的有效性和重要性,但是他也并没有仅仅依靠推论得出结论,他依赖外科手术的实践。他最先以大胆的方式解剖动物,从而促进了胚胎学的发展,他还在人的眼睛上做了手术,进而发现了视神经。

对于毕达哥拉斯学派而言,克罗顿是一座圣城,这里通过哲学和宗教的方式,培养人们健全的思想,通过其医学专家和在赛会中赢得胜利,促使人们获得健康的身体。然而,在政治层面上,当地的毕达哥拉斯学派成员建立的政府最终屈服于一个更倾向于民主的政权。据说这个政权的领导者是忒阿格斯(Theages),而他自己之前却是毕达哥拉斯学派团体中的一员。但他的生卒年代(甚至他的存在)是有争议的。他发动的政变可能与德墨赛迪斯的第二次出走有关。不过可以明确的是,一旦毕达哥拉斯学派团体对克罗顿的控制有所松动,血腥的阶级冲突就会在该城持续存在,其程度在希腊所有城邦中都是罕见的。

西洛克里位于伊奥尼亚海上靠近意大利脚趾南端的地方。根据优西比乌的说法，这里是在公元前679年或前673年，由希腊殖民者建立的，这一观点被当地发现的原始几何陶证实。这些殖民者由优安忒斯（Euanthes）带领，来自希腊大陆中部微不足道的，落后且分裂的洛克里地区。他们大多是奥普斯人（东洛克里人），还有一些是奥佐里亚洛克里人（西洛克里人，可能得到了科林斯人的支持）。此外，还有一支由拉哥尼亚奴隶组成的队伍，据说在第一次美塞尼亚战争期间，当家里的男主人在战场厮杀的时候，他们引诱了斯巴达的贵族妇女，但是这个故事有时会被当成反斯巴达的政治宣传，未必可信。

殖民者在一个地方待了三四年之后（可能是泽弗里海角［Zephyrian Promontory，今巴拉扎诺海角（Cape Brazzano）］，不过这个名字很有可能是根据殖民者第二次定居地的名称演绎出来的）[①]，发现并不满意，于是他们迁移到了一个新的聚居中心，位于原址以北12千米处靠近海岸的地方（格拉斯马里纳［Gerace Marina］，今洛克里）。这里原先居住着奥依诺特里亚人，从考古证据来看，他们曾经与优卑亚的商人接触过，尽管殖民者刚来的时候与他们达成了协议，但是这些人最终却被殖民者背信弃义地驱逐了，这一事实被后来演绎的故事美化了。

新中心最早的希腊人聚居地尚不能确定，但很可能位于丘陵地带，后来他们还在那里建了一座卫城。该聚居地没有令人满意的天然港口，但是由于西洛克里本身的价值，殖民者还是在船只可停泊处附近建立了一个城镇，毕竟这里是南意大利通向西西里岛的最后一个大陆港口。马拉萨（Marasa）境内有一座可以追溯到公元前7世纪的神庙（公元前5世纪重建），从神庙中的供奉物和铭文题献来看，这座神庙属于珀耳塞福涅，该神庙位于马涅拉山（Mannella）上，从公元前6世纪开始地位日益提高。

西洛克里最著名的人物是扎莱乌库斯，他是希腊西部最早的立法者。他的名字和故事充满了传说味道，但是优西比乌说他出生于约公元前663年，

[①] 后来殖民者定居Locri Epizephyrii（西洛克里），而Zephyrian promontory（泽弗里海角）的名字中也有西风、西部之意。

将其活跃时间置于殖民地建立的初期，似乎并没有理由拒绝这一说法。但是，将他的法典称作整个希腊第一部成文法典，似乎忽略了之前提到的德雷鲁斯以及其他克里特岛上城邦（第六章，第1节）的成就，这些城邦因与腓尼基商人的交流，而熟知此类法典。事实上，扎莱乌库斯很有可能是克里特人萨勒塔斯的学生，不过，埃福罗斯将洛克里的法律类型不仅归于克里特，还错误地归于雅典和斯巴达（据说传说中的吕库古也是萨勒塔斯的学生）。[30]

就我们目前所能看到的内容来说，扎莱乌库斯的法律反映了洛克里贵族的需求，建立在一百个家族的统治基础之上，将权力分配给一千名主要人物。他的法律规定以严厉著称，其中包括报复的原则（*lex talionis*），每一种罪行都有特定的惩罚。据说，他还阻止过后续的法律变革。

然而矛盾的是，扎莱乌库斯还因调节各个社会阶层的矛盾而知名。事实上，他将法律成文化意味着人们现在至少可以看到他们的地位。值得注意的是，什么原因导致希腊西部殖民地率先修订法律。这些城邦可能不得不颁布法律，以平息政治纷争，这些纷争可能来自当地的种族和其他摩擦，也可能来自母邦的不公正待遇，正是这些不公正促使殖民者移居海外，并且这些不公正经常在殖民地的新家园重演。此外，在新建立的城邦或殖民地立法是比较容易的，因为这里没有故步自封的传统。还有一个原因是，新的殖民地急需各类法令保障殖民者的数量，这也是扎莱乌库斯禁止买卖土地的原因。

出于同样的原因，类似的法律编纂的数量也在南部意大利和西西里及希腊的其他地方激增，扎莱乌库斯之后最早的立法者是卡隆达斯，他来自卡尔基斯的殖民地卡塔纳（公元前6世纪）[31]，安德罗达马斯（Androdamas）在卡尔基斯的另一个殖民地，也就是洛克里的邻邦赫雷基乌姆，做了跟他类似的事情。

西洛克里利用自己在半岛上的狭长脚趾处的位置优势，在对面的第勒尼安海海岸边建立了殖民地。这些殖民地包括希波尼乌姆（Hipponium，约公元前650年，今维博瓦伦蒂亚）、麦德马（Medma）或麦斯马（Mesma，现在的罗萨尔诺［Rosarno］，这里最早的考古发现可以追溯至约公元前625—

前600年）、陶里亚努姆（Taurianum，靠近陶里亚诺山，约公元前600—前550年）以及马陶鲁斯（Mataurus）或麦陶鲁斯（Metaurus，约公元前550年洛克里人建立的殖民地，继承了之前赞科勒的基础）。

从洛克里到这些殖民地的货物陆路运输给洛克里带来了不菲的收入，这也得益于其狭长却肥沃的沿海平原的农业发展。在一个并不能确定的日期，大约是公元前540年，洛克里人在萨格拉河上击败了比他们强大的克林顿人，这场胜利据说得到了迪奥斯库里、喀斯托尔和波吕丢刻斯奇迹般的帮助。

第3节 西西里岛东部：叙拉古

西西里岛，隔着狭窄的西西里海峡（墨西拿海峡）与意大利的大陆相望，是地中海最大的岛屿，横跨160多英里，从北到南近100英里（在其东部地区）。这里最初被称为特里纳奇亚岛（Thrinacia，得名于 *thrinax*，一种三叉戟），后来被称为特里纳克里亚（Trinacria），暗示其形状是三角形。古代作家区分了占领该岛的三个主要的前希腊民族，位于西北部的伊利米人（来自特洛伊）、西南边的西坎尼人（所以《奥德赛》里称西西里为西坎尼亚[Sicania]）以及东部的西库里人（斯库里[Siculi]，西西里岛就得名于此）。[32]

在青铜时代晚期（公元前2千纪后期），迈锡尼商人来到了西西里岛和邻近的利帕拉岛（利帕里岛[Lipari]，也称爱奥尼亚，得名于风神埃罗斯）。随后，从公元前8世纪开始，该岛的沿海特定地区被腓尼基人和希腊人占领。然而，我们现有的文学传统全是琐碎的残篇，预计在未来几个世纪里，我们始终会处于这种令人不满意的状态。修昔底德认为腓尼基人来得更早，他说，在希腊人到来之前，腓尼基人为了贸易的目的，广泛地定居在西西里岛的岬角和近海岛屿上。但是，希腊人大量到来，他们尤其喜欢海岛东部，因为那里最像爱琴海的海岸，提供了很多农业用地，希腊人迫使腓尼基人回撤（时间不一定很早）到西部的三个城市。这三座城市分别是莫特亚（莫子亚[Mozia]）、索罗埃斯（Soloeis，索伦屯[Soluntum]、索伦托

[Solunto]）和帕诺尔摩斯（Panormus，帕勒莫[Palermo]），所有这些地方后来都与腓尼基在北非建立的迦太基殖民地联系在了一起，不过我们并不清楚个中组织机构的安排。[33] 关于这些定居点和岛上其他腓尼基人定居点的起源，考古证据迄今还不能证实修昔底德的观点，不能证明他们早于希腊人到达这里。我们并不知道究竟是希腊人，还是腓尼基航海者，首先恢复了迈锡尼人在西西里海峡航行的做法。但希腊人在建立第一个殖民地之前，似乎已经从事了大量的航海活动。起初，这两个殖民民族之间的关系也许还没那么针锋相对。诚然，在公元前6世纪的时候，二者关系并不友好，但这不意味着他们之前的关系也不友好。

这些希腊殖民者从他们的母邦和希腊东部购买奢侈品，也购买大理石，因为当地的岩石太软，无法提供一流的建筑石材。或许他们用这些货物交换岛上盛产的小麦，此外还有还有一些蔬菜、水果、木材、橄榄油和葡萄酒，不过这些附加的交换产品数量并不多，因为希腊自己有足够的产量。至少在公元前5世纪，西西里岛的葡萄酒出口到了迦太基，但是我们并不知道西西里岛与迦太基以及其他的腓尼基贸易中心之间的交流起于何时。

根据传统的说法，西西里岛上最早的希腊殖民是东海岸埃特纳（Etna）火山的纳克索斯人（今贾尔迪尼纳克索斯[Giardini Naxos]）[34]，大约在公元前734年，优卑亚的卡尔基斯和基克拉迪斯的纳克索斯殖民者在此定居。叙拉古（今锡拉库扎）位于同一海岸的更南边，地处一个迈锡尼贸易点的遗址之上，据说是在公元前733年建立的。新定居点的殖民者是科林斯人（更确切地说，是科林斯附近的泰耐村[Tenea]的农民），由在母邦犯罪后逃跑的阿尔奇亚斯（Archias）领导。根据记录，在同一年，其他科林斯人取代了埃雷特里亚人和伊利里亚人，在科基拉（科孚岛）建立了殖民地，这里是西西里和希腊本土之间的一个中间点。

这两次殖民是科林斯崛起过程中决定性的一步。在叙拉古建城之后的一个世纪之内，其进口的所有陶器都来自科林斯，后来才被雅典的陶器取代，而叙拉古又是通往西西里其他地区的中转站。这些货物能够获得海峡的通行权，应归功于科林斯人。不过，作为殖民地，叙拉古跟科基拉一样，都不喜欢科林斯过度控制自己，但是与科基拉不同的是，叙拉古跟母邦一直保持着友好的关系。

科林斯人最早在叙拉古建立的殖民地位于奥尔蒂贾岛（Ortygia）海岸，这里自旧石器时代以来就有人居住。奥尔蒂贾正对西西里海岸，有两个绝佳的天然港口，其中一个十分宽敞，这个大海港是整个岛屿东岸最好的。奥尔蒂贾还有一个水量充足的淡水泉，人称阿瑞图萨（等同于阿尔忒弥斯奥尔蒂贾），得名于一位山林水泽女神。根据希腊神话，她从希腊逃到这里，以躲避阿尔弗斯河河神的追求。但是，她在西西里岛避难的打算最终落空了，因为河神流过伊奥尼亚海，她没有办法逃离他的注意。

在奥尔蒂贾，第一代科林斯殖民者建造的长方形房屋的遗址已经被发掘，就在他们所取代的西库里人的村庄之上。这些最早的希腊人居住的地方十分狭小，而且只有一个可居住房间，这说明叙拉古当时还没有建立其自己的辉煌财富。然而，在公元前8世纪结束之前，正如最近的考古发掘证明的那样，这个居住中心已经开始向大陆扩张。除了市政广场（agora）之外，叙拉古的基本分区已经逐渐形成，即阿克拉蒂纳（Achradina，商业和政治中心）、奈阿波利斯、泰科（Tyche，位于东北部和西北部，都是住宅区）以及近城高原埃皮波来（Epipolae）。阿克拉蒂纳西南两英里处是奥林匹亚殿，这座神庙建于公元前6世纪中期，这里供奉着奥林匹亚宙斯。它就坐落在阿纳普斯河对岸，平原上的河口沼泽地之外，盛产谷物。这给城邦的贵族统治阶级带来了财富，他们被称为 *gamoroi*，意为"划分土地的人"，他们共同组成了一个六百人的公民大会。[35]

这个统治阶级还获得了对周围更广泛领土的控制权，驱逐了一些西西里本地居民（所以 西西里岛的主要遗址潘塔莉卡［Pantalica］和芬诺奇托［Finocchito］在殖民地建立之时就被遗弃了），还将其他人降为黑劳士式的奴隶（*Kyllyrioi*）或佃农。[36] 此外，叙拉古建立了属于自己的殖民地，在该岛的东海岸建立了赫洛鲁斯（Helorus，今埃洛罗［Eloro］，约公元前700年），在一个陡峭的具有防御性质的山丘上建立了阿克拉（Acrae，帕拉佐洛阿克雷德［Palazzo Acreide］，约公元前663年），还在一个更高的位置建立了卡斯梅涅（Casmenae，约公元前643年）。

最后的两个殖民地点都在阿纳普斯河河谷高处的山地上，这种选择明显是出于战略军事考量。因为他们周围遍布西库里人，西库里人只是集中在这个岛屿角落的一块自留地上，而且总体上，他们与科林斯人的关系还不如与卡尔基斯人友好（参见下文第4节）。卡斯梅涅西边是叙拉古人的沿海聚居地，人称卡马里纳（Camarina，约公元前598年），这里的人与西库里人保持了更为友好的关系。在约公元前550年的一场政变之后，卡马里纳宣布独立，不再受叙拉古人统治。不过叙拉古成功地保持了对其他殖民地的直接控制，可能因为这些殖民地离他们本土更近。因此，叙拉古领土面积相当大，并且有效地控制了几乎整个西西里岛东南部地区。

在这个时候，叙拉古的重要性日益增强，在奥尔蒂贾建立了一座阿波罗神庙（约公元前575年），这座神庙可能比此前希腊世界所有的同类建筑都要大，神庙最早采用了多利安式石柱顶盘（除非另一个科林斯殖民地科基拉的阿尔忒弥斯神庙比之更久远，参见第八章，第1节）。[37] 在公元前6世纪末，很多人说叙拉古成了锡巴里斯之后希腊世界最伟大的城市。也是在这一时期，叙拉古的统治者开始发行钱币，叙拉古的钱币华丽且生命力持久，采用的是优卑亚—阿提卡币制，而非科林斯币制。在此之前，他们是无须铸币的，因为此前他们一直依赖科林斯的货币，但是现在他们需要大量的钱币招募雇佣军，以维系自己的统治。铸币使用的银子无疑来自城邦内部税收和贩卖西库里奴隶。

然而在公元前5世纪的前十年的一小段时间内，叙拉古的风头被盖拉的独裁者希波克拉底（参见下文第5节）掩盖。盖拉位于卡马里纳的西边。希波克拉底于约公元前498年在自己城内夺取权力，六年后在赫洛鲁斯河畔大败叙拉古人。在科基拉和科林斯的干预下，他没能完全占领叙拉古。但是在这个时期，叙拉古可能经历了一次民主革命，城内的贵族统治阶级逐渐被污名化，最终被放逐。如果事实的确如此，那这就是叙拉古今后数个世纪无数内乱的先兆，尽管叙拉古富有且成功，但是平民统治者永远无法达到他们所向往的最高地位。

造成城内持续动荡的原因之一就是他们的定居模式。通过对这片土地的考察可以发现，最早的人称"划分土地者"（gamoroi）的一批殖民者和他们的后代定居在富饶的平原地区，但是后来的殖民者和其他地位较低的人只能住在周围的丘陵地带，他们满腹牢骚。叙拉古出现了一个多种族社会的所有问题，跟克罗顿和库迈一样，叙拉古不仅遭受着派别纷争的困扰，而且还被真正的阶级冲突束缚，因此，这里的成就是在几乎不断的、残酷的内部斗争的背景下出现的。

喜剧诗人兼剧作家埃庇卡摩斯就居住在叙拉古，他本身可能就是叙拉古人（尽管包括科斯岛在内的很多城市都自称是他的出生地）。他活跃于公元前6世纪后期，因为亚里士多德说他比雅典的基奥尼德斯（Chionides）和马格奈斯（Magnes）早活了很长一段时间[38]，而后两者分别在公元前486年和前472年获奖。他一直活到希尔罗一世（Hiero）统治时期（公元前478—前467/466年），很多逸事都与他有关。虽然他的作品只剩残篇，但正如柏拉图强调的那样[39]，他依旧是一位杰出的作家，柏拉图还在自己的作品中模仿了埃庇卡摩斯诙谐得体的戏剧问答技巧。

他用西西里多利安方言书写的三十七部作品流传下来，证明他的作品极为多样。这些剧目很有可能是在当地的阿尔忒弥斯节和德墨忒尔节上演的，有种解释认为，希腊人喜欢将严肃和欢愉杂糅在一起，所以在他的剧作中大部分都有对神话和传说故事的戏谑模仿，这看起来并不冲突。他最喜欢的一个人物是奥德修斯，他将其描绘成一个遇难的水手（Nauagos），也是一个逃兵（Automolos），试图逃避攻打特洛伊的危险。其笔下另一个著名的英雄是赫拉克勒斯，被描绘成一个酷爱交媾的人和一个阴沉吵闹的食客。埃庇卡摩斯还写过一些严肃主题的作品，比如凶残的美狄亚，还有《逻各斯与其妻子》（Logos and Logina），根据最近出土的残篇来看，这个故事处理的是另一个神话主题。

《普罗米修斯与皮拉》包含了一段皮拉与大洪水的幸存者丢卡利翁之间关于方舟的对话。通过对这段对话的研究,可以推测出,埃庇卡摩斯的舞台上有三个演员(与埃斯库罗斯[公元前456年]后来在雅典上演的戏剧一样)。[40] 此外,舞台上应该还有合唱队,很多西西里剧作家的作品标题也暗示了这一点,这类标题与阿提卡伟大悲剧作家所使用的标题有相似之处,他很有可能模仿了这些剧作家,或者说模仿了现已消失的早期阿提卡悲剧作家使用的主题。[41] 而他作品中对某些刻板形象的刻画,比如吹牛者、谄媚者和乡巴佬(*Agroikos*),给后来公元前5世纪的雅典喜剧作家阿里斯托芬提供了灵感,起码亚里士多德是这样认为的[42],虽然这一观点很难证实,但是也不能忽视。

至于埃庇卡摩斯受谁影响,这是一个复杂的问题,因为他是用了不同的风格和音调(以及诗律)。他肯定吸纳了很多史诗的主题,对赫拉克勒斯的粗俗描写可能受到了多利安西西里的滑稽剧和哑剧的影响。埃庇卡摩斯本人表示,他继承了赛利诺斯(Selinus)的阿里斯托克赛诺斯的传统,后者是麦加拉滑稽剧的继承者。他还喜欢写道德警句(后来被整理成册,不过其中不乏伪造的作品),这些作品表现出他对哲学问题的兴趣。他同意赫拉克利特关于永恒的世界秩序的假设,普鲁塔克说他后来成为了一名毕达哥拉斯主义者[43],不过这可能并不是真的。

第 4 节 西西里岛北部:赞科勒和希梅拉

优卑亚城市卡尔基斯在坎帕尼亚的皮特库塞(约公元前775/770年)和库迈(约公元前750年)建立港口市场(*emporia*)的过程中起到了领导作用,后者在二十年后还建了一个新的殖民地。卡尔基斯还在殖民西西里的过程中起到了不容小觑的作用。东海岸的卡尔基蒂斯纳克索斯据说是希腊人在该岛上建立的第一个殖民地(公元前734年),甚至比叙拉古还要早。

由此可见，在同样的时间段内，卡尔基斯人率先在西西里岛与意大利之间具有战略优势的海峡沿岸殖民，就不足为奇了。赞科勒（后来的麦萨纳[Messana]，现在的墨西拿）就是在那里建立的，从考古证据上看，时间大约是公元前730年到前720年之间，那里原先有一个青铜时代，甚至更早的遗址。不过，后来出于爱国的理由，其建立时间被推得更早，甚至归功于神话中的山林水泽女神佩洛瑞阿斯（Pelorias）。由此，殖民地狭长平原一侧的山丘被称为佩洛瑞阿斯山。在平原的另一边是一个长长的弯曲的沙嘴或沙洲，也得名于她。正是由于这个天然的弯曲的沙洲，该地得名赞科勒，该词源自zanklon，在被驱逐的西库里人的语言中为镰刀之意。

根据修昔底德的说法[44]，这些殖民者是从库迈来的希腊海盗（是卡尔基斯或其他优卑亚人的后裔），跟他们一起来的还有同一个优卑亚城市的其他人。他们的领袖是库迈的佩里厄瑞斯（Perieres）和卡尔基斯的科拉泰美尼斯（Crataemenes）。原始殖民地的一部分，可追溯到"镰刀"状的沙洲与大陆的结合点，表明早期居住区面积很大。在佩罗阿瑞斯沙嘴的顶端，有一座公元前8世纪或前7世纪的神庙遗迹。

我们不知道这座神庙供奉的是谁，但该城的钱币（在公元前6世纪末之前还没有出现）显示，这里的主要神灵是潘和波塞冬。这些钱币也是为了纪念当地的英雄和传奇统治者，埃罗斯之子费拉蒙（Pheraemon）。钱币上还描画了全副武装的阿德拉诺斯（Adranus），他的神庙位于埃特纳山的西坡上（在西库里人的定居点阿德拉罗斯旁边，今阿德拉诺，围栏圈起来的区域内养了一千多只导盲犬）。建城女神佩罗阿瑞斯也在钱币上出现了。以她命名的区域内有三个火山湖，这给赞科勒带来了繁荣，因为这里能提供丰富的鱼类资源，岸边也时常有猎物可寻。这对赞科勒来说是幸运的，因为这个城市本身的领土很小。不过，赞科勒的权力和财富的主要来源是海峡的战略位置，在那里赞科勒的统治者可以控制通过的船只，并收取通行费。

赞科勒还在西西里岛北岸建了仅有的两个希腊城市。首先，赞科勒向西派遣殖民者到肥沃的米莱（Mylae，今米拉佐[Milazzo]，约公元前717/716

年），以弥补自身耕地的不足。然后另一批殖民者被派往更西边的地方，在希梅拉建立殖民地（今伊梅拉[Imera]，约公元前648年）。这里也拥有一片富饶的土地，随后通过希梅拉河的河谷与岛上的内陆地区以及更西边的伊利尼亚人和腓尼基人建立了商业联系。希梅拉是西西里岛北部最偏远的希腊前哨，正如赛利诺斯在南部的位置一样（下文第5节）。

修昔底德写道，这个地方是由来自赞科勒的卡尔基斯人与米莱提达人联合殖民的，后者是被叙拉古放逐的部族。这个群体说多利安和卡尔基斯混合方言，遵循卡尔基斯的法律和习俗。[45]另一方面，斯特拉波认为，希梅拉的建立者是来自米莱的赞科勒人。[46]也许米来提达人部落就是以米莱人命名的，因为他们在离开叙拉古后曾在那里停留，之后才移居到希梅拉。

最近的发掘显示，这个城市由一个位于山丘边缘、俯瞰希梅拉河口的可防御的上城和一个位于河口与港口旁的下城组成。传统上将西西里海峡对面的赫雷基乌姆的建立归于赞科勒，这可能是错误的。但是离第勒尼安海岸不远的一个更小的希腊殖民地安马陶鲁斯或麦陶鲁斯（约公元前650年？），正如索利努斯（Solinus）指出的那样[47]，很有可能是赞科勒建立的殖民地。不过也有证据表明（正如第2节提到的那样），西洛克里人也在一个世纪之后参与了这里的建城。

马陶鲁斯和赞科勒之间的联系也得到了传统说法的证实，马陶鲁斯是诗人斯特西克鲁斯的出生地，除却他漂流不定的日子（他曾前往斯巴达，流亡阿卡迪亚）以外，他成了赞科勒另一个殖民地希梅拉的居民。[48]他大概出生于公元前7世纪的最后二十五年，死于公元前6世纪中期。他为人周知的名字是斯特西克鲁斯，意为"合唱指挥"（choirmaster），但他的本名是提西亚斯（Tisias）。

虽然他的作品如今只留下了一些残篇，但在古代，他在整个希腊世界享有盛名，被认为是抒情诗形成时期的知名人物之一。此外，是他把西方希腊人放在了文化地图上，这样他们就不仅仅是遥远的、未开化的前哨殖民者，可以自称是真正的参与者，是希腊文化传统的共同领导者。他对整个希腊神话的叙述和解读被尊为典范权威,古代评论家对他也有很多评价。哈利卡纳索斯的狄奥尼修斯（Dionysius）称赞他的情节和人物塑造十分高尚,昆提利安（Quintilian）也钦佩他赋予英雄人物的尊严和道德高度,称他为史诗诗人的继承者,斯特西克鲁斯不断改进史诗中的神话和传说故事,使英雄叙事能适应抒情诗律的音乐魅力。[49]事实上,他大部分的主题取自《伊利亚特》和《奥德赛》的后续故事,这一系列作品统称史诗诗系。斯特西克鲁斯本人也对诗系做出了贡献,他创作了《特洛伊之劫》（Iliu Persis）,其中包括埃佩乌斯（Epeus）制作木马的故事。他也是《归来》（Nostoi）的作者之一,该作品讲述了特洛伊战争中希腊英雄归来的故事。

在他的《海伦》（Hellen）中,斯特西克鲁斯沿用了通常的版本,表明女主人公愿意被帕里斯引诱,并描述了她随后前往特洛伊的情况。但是在后来著名的《巴利诺德》（Palinode）一书中,他又推翻了这一说法,宣称自己受到海伦本人的告知,宣布这是不真实的,她根本就没有去特洛伊,说她去了特洛伊是荷马的错（在第二部《巴利诺德》中,他又将这一错误归于赫西俄德）。斯特西克鲁斯的这种完全相反的观点,可能反映了男性的某些认知,即这样一场伟大的战争不可能是为了一个女人而打的,但也可能是想更充分地利用一个已经让他扬名立万的主题。还有一种可能是,他不希望再继续得罪那些把海伦当作女神来崇拜的人。这些人中就有斯巴达公民,斯特西克鲁斯就曾经在《俄瑞斯忒亚》中恭维他们,将阿伽门农的死亡地点定在这里。这可能是第一部将这一事件与强烈的道德寓意结合在一起的作品,这是后来埃斯库罗斯所强调的。这部作品可能是为春天的节日合唱写的,不过也有人认为他的作品并不是为合唱歌队写的,认为他的诗歌是由自己朗读的。

在他的《欧罗巴》（Europa）中,斯特西克鲁斯转向了波奥提亚的忒拜诗系,描述了那座城市的建城神话,并讲述了安菲阿拉俄斯（Amphiaraus）不忠的妻子厄里斐勒（Eriphyle）被他们的儿子阿尔克迈翁杀死的神话。诗人似乎以前所未有的饱满技巧探讨了爱情的悲剧性后果。而且,正如我们所看到的,斯特西克鲁斯可以说是史诗的延续者,他还赋予了英雄、叙事主题以新的活力和创造力，为后世的雅典悲剧家引路。

斯特西克鲁斯的《派利阿斯的葬礼》讲述了阿尔戈斯英雄的故事，表现了他对黑海的认识，阿尔戈斯英雄传奇航行的场景，以及对当前海上事业的了解。当然，当地的事务也出现在他的作品中，据说他讲述了一匹马被雄鹿赶出牧场的故事，马向人求救，但最终却无法摆脱这个人，据说这是劝谏同时代的希梅拉人不要向法拉里斯求救，不要要求他协助对付他们的非希腊邻居。斯特西克鲁斯曾经试图阻止法拉里斯成为阿克拉伽斯的僭主（约公元前570—前554/549年，注释64）。

诗人还透露，他听说过西班牙西南部塔尔特索斯的银矿。《革律翁之歌》（*Geryoneis*）是他写给赫拉克勒斯的诸多诗歌中的一首，其中的一段话就提到了这个银矿。这首诗歌也是对赫拉克勒斯来到西西里岛西北部的故事（赫拉克勒斯的十项伟业之一，为了拿到革律翁的武器）最早、最全面的描述。斯特西克鲁斯对这一主题的兴趣，可能代表了希腊殖民者想从迦太基人和腓尼基人手中夺取该地区的雄心，这只是第一步，这个愿望后来导致了诸多类似的战争（注释63）。

先贤色诺芬尼是一个充满诗意的哲学家或神学家，也是一个特殊的评论者，他对本书依地理的谋篇布局提供了反例，因为他曾经在各个地方游历，在各个国家之间穿行，他走过了辽阔的世界，经历了太多（参见第一章，注释4）。第欧根尼·拉尔修曾说："正如色诺芬尼本人所言，我的思想已经在希腊大陆上辗转了六七十年，如果我从出生起就知道如何真实地谈论这些事情，那还要再加二十五年。"[50]

第欧根尼还补充说，色诺芬尼在第六十届奥林匹亚赛会期间（公元前540—前537年）正值壮年，或许他是从约公元前570年活到了约前475年。他出生于伊奥尼亚的科洛丰，后被驱逐出母邦（可能是在约公元前546—前545年被波斯人占领的时候），此后，在西西里的赞科勒和卡塔纳度过了自己的时光。[51]也就是说，虽然他整体上过着飘忽不定的生活，但是他在西西里的这些地区度过了大量或大部分时间，因此，西西里的历史学家蒂迈欧对他给予了关注[52]，色诺芬尼成为在西部地区促进伊奥尼亚知识启蒙的诗人。

他的一首挽歌讲述了宴饮的规则[53]，这说明他在贵族家庭和兄弟会（*hetaireiai*）受到了友好的接待，并在这些聚会上朗诵了他的诗歌。他的品位似乎很简单，却很讲究，喜欢适度地放纵社交娱乐。然而，他谴责贵族、尚武行为，但这在当时是公认的标准，其他诗人与他相反，给予了摔跤手、战车手和拳击手十分夸张的赞许。在色诺芬尼看来，一个城邦若能好好利用知识分子，比如自己，则能获得更大的好处。

他现存的诗句片段大多采用六音步挽歌格律，但偶尔也会出现抑扬歌。这些诗歌中有一部分被归为 *silloi*，这是一种讽刺体裁，三个世纪之后，来自阿尔戈利斯的菲力乌斯（Phlius）的提蒙（Timon），将这种体裁发扬光大，他认为自己的文学传统得益于色诺芬尼。

作为一名神学家，色诺芬尼最主要的成就就是无情地拆毁了（尽管他有伊奥尼亚背景）荷马史诗和赫西俄德诗歌中呈现的众神形象。首先，他宣称，这种将神灵描绘成不道德和犯罪的行为肯定是错误的。其次，他们以人的形式出现同样是不可接受的。他认为，他们只是伪装成拟人化的形式出现，因为是人类在描述他们。在这方面，他还提出了一个相对论的观点，即不同的民族赋予他们的神灵以自己的民族特征，色雷斯人认为他们的神灵是红头发和蓝眼睛，而埃塞俄比亚人（今埃塞俄比亚）则认为他们的神鼻子粗大，皮肤是黑的。他还说，如果牛、马和狮子有手，能够创作出神的形象，那么它们就会按照自己的形象，以牛、马和狮子的模样来塑造神。[54]

色诺芬尼不否认神力的存在。但他对它的理解完全不同，赋予了它一种不为人知的精神烙印，神力是一种永恒的意识，不会运动（从而预见了亚里士多德的不动之动），但是它以自己的思想撼动万物。[55] 也就是说，它以精神和理智的力量来统治世界。他引入了一个神圣智慧的概念，这一智慧能够渗透并调节一切世界上存在和发生的事情。色诺芬尼认为这种神性无论在外形还是思想上，都不能与凡人相似。[56] 诚然，他自己也写到了"神"，用的还是多神教的术语。[57] 但这可能不过是一种传统的诗歌手法，或者是对流行术语的一种让步。色诺芬尼本身还是以一神教的方式思考的,这可能是受到了波斯的影响,在他离开去西部世界之前,这种思想就已经传到了伊奥尼亚。

尽管如此,他对神力的定义标志着希腊思想史的一个进步,他所在的西西里城邦更是如此。不过色诺芬尼的这种做法太过超前独立,不符合任何已知的范畴,因此,他的观点不可避免地引起了误解,促使后来的柏拉图以及亚里士多德将他视为伊利亚哲学学派的创始人。[58] 因为色诺芬尼说的无处不在的不动的神性很像伊利亚的巴门尼德说的静止不动的概念。[59] 然而事实上,两人提及的概念是完全不同的。有人说他为这一概念写了一首诗,最后还在伊利亚去世,而色诺芬尼与伊利亚之间的这一联系似乎是虚构的,很可能是有人认为他们的理念本身是相似的,所以虚构了这样的故事。

也许,正如我们所看到的,受波斯一神论传统的影响,色诺芬尼也没有忘记早期伊奥尼亚思想家,比如泰勒斯、阿那克西曼德和米利都的阿那克西美尼,没有忘记他们对自然现象的兴趣。[60] 在这个领域内,虽然他接受了一些很幼稚的观念,比如认为地球是无限长、无限宽、无限深的,但他还是表现出了不同寻常的科学观察天赋,这一点与许多喜欢理论论证的希腊思想家是不同的(不过米利都人有时也超越了这种思考方式)。因此,岩石中的贝壳和海洋生物化石的发现启发了他,使他立即摆脱了对世界起源的神话解释,而推断出陆地曾经被海洋覆盖。这一结论使他进一步相信,洪水和干旱在地球上最初是相互交替变换的。

但是色诺芬尼最令人印象深刻的贡献也许是他认为人类知识是有局限性的:

> 没有人知道,也不会有人知道关于神和我所讲的一切真相。因为即使有人碰巧说出了完全的真相,然而自己也不知道。一切事情都是见仁见智……让我说的话被解释为真理……神没有从一开始就把所有的事情都透露给人,但通过调查,一段时间后,人在会发现更好的东西。[61]

这也许并不完全等同于后来在这段话中看到的完全彻底的怀疑态度。相反，色诺芬尼似乎想做的是，通过彻底对比神性与有局限性的人，再次强调神性的全能性（如他所理解的那样）。

此外，在提出这一点的过程中，他还强调了一个人亲眼所见或亲手制造的东西与仅仅可以成为推理对象的东西之间的区别。他认为，尽管一个人的知识不可免地具有局限性，但是烦琐的一手调查还是能够带来很多有益的结果，还能赋予人一种特殊的洞察力，前提是这个人应该知道如何着进行这一调查。他认为自己就是这样的人。

至于粗糙的、未经证实的理论，比如他的伊奥尼亚移民同胞毕达哥拉斯宣扬的轮回学说，他会通过讲述可笑的逸事来取笑他们（尽管事实上他自己也有一些奇怪的信仰）。[62] 他认为俄耳甫斯教的祭司（附录2）是骗子。

第5节　西西里岛南部：盖拉和赛利诺斯

这条海岸上最重要的希腊城市，从东到西分别是卡马里纳、盖拉、阿克拉伽斯和赛利诺斯。卡马里纳已经在叙拉古的部分提到了，因为这里是叙拉古的殖民地。卡马里纳的西边，神圣的盖拉河对岸就是盖拉，这是西西里岛南端最早的殖民地。

盖拉坐落在一个狭长陡峭的沙质高地上，在青铜时代就已经被西西里人占据，根据传统记载，其城市的历史可以追溯到约公元前690/688年（虽然这里发现了公元前8世纪晚期的陶器，但是不足以将城市历史往前推）。来自罗德岛和克里特的殖民者，分别在安提菲莫斯（Antiphemus）和恩提莫斯（Entimus）的领导下，遵从德尔菲神谕的指示在此定居，该神谕内容保存至今。这里的内陆平原拥有肥沃的可耕地，并为一流的骑兵马匹提供了牧草，在与西坎尼山民为争夺内陆平原的统治权而进行的长期战争之后，盖拉人进一步向内陆推进，并将内陆的很多本地原住民纳入自己的统治之下，其中包括马克堂利翁（Mactorium）和奥姆法克（Omphace）。此外，他们沿着海岸线向西扩张了约40英里，与其他罗德岛人一起建立了一个名为阿克拉伽斯（今阿格里真托［Agrigento］，约公元前580年）的殖民地，这里的僭主名为法拉里斯（约公元前570—前554/549年），他通过自身的力量，获得了大量的财富和权力。[63]

在盖拉，大约在同一时期，其卫城上建立了一座献给雅典娜的神庙，其中多以彩色赤土陶装饰，盖拉因此闻名。在盖拉河河口附近的比塔勒米（Bitalemi）还有一座献给地母神德墨忒尔的神庙，那里最近出土了不少物品。

盖拉的贵族政府崇尚运动。潘塔勒斯（Pantares）是盖拉的知名公民，他曾经在公元前512年或前508年举行的奥林匹亚赛会上赢得了四驾马车比赛，西西里的知名人士和王子们长期参加这一耗钱耗力的比赛，据我们所知，他是第一位赢得该比赛的人。利用这次胜利带来的名声，潘塔勒斯的儿子克里安德（Cleander）夺取了该城的控制权。之前，在不确定的某一天，盖拉内部就已经出现过麻烦，当时党派纷争导致一些公民到邻近山地的马克堂利翁寻求庇护。后来克里安德完全废除了贵族统治，自立为独裁者（公元前505年），他一直担任这一职务，直到七年后被谋杀。

他的弟弟希波克拉底继承了他的王位，在他在位的七年里，他凭借无情的统治，使盖拉瞬间成为岛上最大的势力。考古发掘结果表明，希波克拉底（也许是追随他哥哥的脚步）在盖拉上方的山丘北缘修建了防御工事，为这一成功奠定了基础。他还强化了盖拉的军队，尤其注意骑兵的培养，因为盖拉平原地区为出色的骑兵提供了条件。在盖拉的大本营得到保障之后，他对岛上的纳克索斯、赞科勒、伦蒂尼等卡尔基斯的殖民地发起了进攻，夺取战利品，并在当地扶植专制傀儡政府。[64]

扶植这些傀儡政府造成了一定程度的混乱，对这些混乱予以安定之后，希波克拉底接下来争取了最大的成功，那就是叙拉古。这并不是一件容易的事情，因为他并没有舰队，盖拉本地除了有一个浅滩之外没有任何港口，遑论码头或船坞。不过这也是他发动进攻的主要原因之一，他不仅急于获得叙拉古的大量财富，还急于获得叙拉古的优良港口。因此，他带着强大的军队从陆路进攻叙拉古，当叙拉古人试图阻止他时，却在赫洛鲁斯河沿岸遭遇惨败（参见上文，第2节）。

随后，希波克拉底来到了叙拉古城外的宙斯神庙，在科林斯人和科基拉人的斡旋之下，他没有入侵并洗劫这座城市，而是达成了一个停战协议。根据这一协议，希波克拉底从叙拉古手中接管了该地西库里居民的控制权。不过希波克拉底犯了一个错误，他粗暴地对待他们，并试图迫使他们接受希腊化。西库里人拒不服从，二者展开了持久的战斗，希波克拉底在修布莱亚（Hyblaea）的一次战斗中（约公元前491/490年）殒身，而他的骑兵指挥官戈隆（Gelon）剥夺了已故统治者儿子的权利，自己成为他们的监护人，并最终夺取了统治权，成为著名的德诺门尼德王朝（Deinomenids）的开辟者。

盖拉的西边，越过阿克拉伽斯，坐落着赛利诺斯（今塞利农特[Selinunte]）。该城位于西西里岛的南端，中心是一个伸入两条河流之间的海岬，西边是赛利诺斯河（莫迪奥涅[Modione]），东边是伽利齐河（Galici）。这两条河流的河口，虽然被沼泽地包围，但也提供了一个很小却有价值的港口，两条河的河谷一路延伸到肥沃的内陆平原。赛利诺斯是在约公元前650年（狄奥多罗斯、优西比乌），或约公元前628年（修昔底德）由位于叙拉古北边的麦加拉修布莱亚殖民者建立的。他们在帕米洛斯（Pamillus或Pammillus）的带领下，带着殖民的目的，从希腊的麦加拉来到这里，麦加拉是修布莱亚的母邦。

赛利诺斯是该岛最西边的希腊城市，与当地伊利米人的居住地接壤（伊利米人跟其他西西里的原住民一样，极力抵制希腊化），并紧邻当地腓尼基人的殖民地，腓尼基人与迦太基隔着地中海中部的狭窄颈部保持着密切的联系。赛利诺斯极力与这两个群体保持友好的关系，但是在约公元前580年，他们煽动腓尼基地区的克尼多斯人和罗德人移居利鲁拜翁（Lilybaeum，今马尔萨拉[Marsala]），但是这一行动失败了，与此同时，他们还对伊利米人的塞格斯塔镇（Segesta）采取了敌对行动。[65]

无论如何，赛利诺斯人最终控制了西至马扎罗斯河（Mazarus，今马扎罗河）的区域，并将他们的领土向东延伸到哈利科斯河（Halycus，今普拉塔尼河［Platani］）地区，这里是他们与阿克拉伽斯人的边界。他们还在哈利科斯河较远的岸边，建了一个名叫米诺斯的小镇充当前哨（这个名字很容易让人想起青铜时代晚期的城镇米诺安（Minoa），也许这个城镇只是神话的虚构）。这个前哨的建立是为了遏制阿克拉伽斯人的扩张，斯巴达殖民者尤里勒翁（Euryleon）在约公元前500年占领了这里，并给这里起了另一个名字，赫拉克里亚，打消了赛利诺斯人的这一念头。

尽管发生了这些小插曲，但是赛利诺斯仍旧变得极为繁荣，由此可见，他们与腓尼基人的良好关系是非常宝贵的，因为赛利诺斯的财富主要来自向迦太基出口葡萄酒和橄榄油。[66]在叙拉古的建议下，赛利诺斯耗巨资建造了希腊世界数一数二的建筑和雕塑群，斯文伯恩称之为"欧洲最非凡的遗址"。卫城上有一个比较原始的圣所（现在被称为"迈佳隆"），随后，在公元前6世纪，这里又多了两个神庙，其中一个可能是献给阿波罗的，另一个可能是献给雅典娜的，不过这些建筑的归属都只是推测。约公元前550—前530年，阿波罗的神庙出现了壁画，描绘着阿波罗、阿尔忒弥斯和列托，他们站在一辆四马二轮战车上，还有赫拉克勒斯与他的敌人科尔科派斯（Cercopes），以及被宙斯扮成公牛带走的欧罗巴。这些壁画和其他赛利诺斯人的雕塑一起被转移到了帕勒莫博物馆中，这些建筑和雕塑都是独一无二的，因为似乎没有其他西西里岛上的城市发展出了属于自己的雕塑流派。这座神庙在公元1925—1926年得以重建。

另一组神圣的建筑矗立在城市和卫城东边的另一座小山上，位于伽利齐河的对岸。其中一座神庙可能是献给狄奥尼索斯的，建于公元前6世纪中叶，神庙上面装饰着代表神和巨人之间决斗的柱间壁浮雕。附近有一座巨大的建筑，似乎是献给奥林匹亚宙斯的。它是整个希腊世界最大的神庙之一，巨大到它的中殿始终未能造出屋顶。这座神庙的建造工程在公元前6世纪晚期就已经开始了，但是当公元前409年迦太基人摧毁了这座城市时，神庙仍然没有完工，后来不知在什么时候被地震摧毁了，留下了巨大的残骸。

赛利诺斯的城市规划跟许多新的殖民地一样，都采用了直角格子状的规划，这种规划以公元前5世纪米利都的建筑家希波达摩斯命名。赛利诺斯的居住区位于马努扎山（Manuzza）上的卫城后边，卫城受到整个西西里岛希腊城市中最强大的防御工事的保护，这些防御工事最初是在约公元前500年左右设计的，但之后经常被重新规划和加固。

在西边的伽伽拉（Gaggara），赛利诺斯河对岸，矗立着生育女神德墨忒尔玛罗福罗斯的圣所，她是"持苹果者"。这一圣所可以追溯到殖民地的初期，最初是一个露天祭坛，在公元前7世纪末被一座高墙环绕的神庙所取代。但是在约公元前580年之后，神庙经过了精心的重新设计，经过频繁修葺，最终呈现出一个精致的建筑群。该地区的其他希腊人和非希腊人经常光顾这里，圣所周围发现了大量的早期科林斯陶器，以及超过一万二千个代表女性祭祀者或女神的赤陶雕像（通常是用同一模具制作的）。与神庙主殿相邻的地方供奉着三面赫卡特（Hecate，冥界女神，掌管冥府的三岔路口）和宙斯米利奇乌斯（信徒的保护者），这两个神祇都在殖民者的母邦，希腊城市麦加拉得到崇拜。赛利诺斯河的两岸都有大型墓地，里边有大量公元前7世纪以及后来的陶器。

第6节　马萨利亚

马萨利亚（马西利亚，今马赛）是山北高卢靠近地中海南岸的一个港口城市，位于高卢湾（今利翁湾）。早在公元前7世纪，希腊人就可能在该地区进行了一些殖民前的贸易活动，这些人也许是来自罗德岛的城市。不过，这一点一直受到怀疑，因为这一时期这里发现的希腊人并不多。然而，与此同时，伊特鲁里亚陶器和葡萄酒（或油）进口量明显增大，显然是由伊特鲁里亚城邦提供的船只运送至此的（附录3）。

希腊在马萨利亚的殖民地是由来自伊奥尼亚的福西亚人在约公元前600年建立的。另一种传统将建立时间定在约公元前545年，但考古证据更支持较早的年代。也许后来的日期与第二批殖民者到来的时间相吻合,当福西亚被波斯人攻击时,他们作为难民来到这里。根据贾斯汀(Justin)创作的可能是从《蒂迈欧篇》里演绎出来的一个浪漫故事来看,这块殖民地是从塞戈布里热人的利古里亚(Liguria)部落的那诺斯(Nannus)国王那里获得的[67],国王的女儿巨菩提斯(Gyptis)嫁给了希腊殖民者的首领福西斯[68],两个群体的内部通婚随之而来。

殖民者们在一个很小的范围内建立了自己的新家园,这个新家园的范围只有一英里半,靠近位于大海的三座低山丘组成的岩石上。马赛主教堂和圣让堡附近有早期的建筑遗址,那里的地层连续出土了罗德岛、伊奥尼亚、科林斯和阿提卡的陶器。这个地方被一片沼泽保护着,两侧是河流。后面是一个小平原,正如斯特拉波观察到的[69],土壤不太适合谷物盛产,更加适合葡萄和橄榄,这两种作物是他们早期从希腊地区引进的(或由从希腊人学会了种植的伊特鲁里亚人带来的),随后从马萨利亚传播到高卢其他地区。

斯特拉波补充道,殖民者选择这里并不是因为其农业优势,而是因为这里为航海事业的发展提供了基础设施。人们理所当然地将新殖民地的建立归功于福西亚人的商业野心。因为这个殖民地俯瞰着一个深深凹陷的小海湾,里边有宽阔、保护良好的拉希顿港口(Lacydon,马赛老港[Vieux Port]),在罗达诺斯河(Rhodanus,今罗讷河)河口附近,但是超出了其淤积范围。得益于这座港口,马萨利亚能够控制通往西方的海上航线。

在公元前6世纪,马萨利亚在朗格多克(Languedoc)的阿伽特提刻(Agathe Tyche,意为"好运",今天的阿格德[Agde])建立了殖民地,该地靠近阿拉米斯河(River Aramis,今埃罗河[Hérault]),在通往西班牙边境的半路上。[70]恩普利亚(今安普里亚斯)位于加泰罗尼亚西北部布拉瓦海岸的罗塞斯湾(Rosas)尽头(位于西班牙境内),该地最早的考古证据可以追溯到约公元前600—前575年。在这个时间段,来自福西亚的希腊人占领了帕莱雅波利斯(Palaeopolis或Palaia Polis),也就是旧城(今恩普列斯的圣马尔蒂[San Martin d'Ampurias],现在与大陆接壤),他们在这里建立了一个港口市场，并建立了一所以弗所阿尔忒弥斯神庙，这座神庙也成了福西亚人在高卢的殖民地马萨利亚的主要神祇。公元前6世纪后期，一批新的马萨利亚人来到了这个港口市场，定居在海峡对面的一个大陆海角上，将克罗迪亚诺斯河（Clodianus，今穆加河［Muga］）用作港口。由于可以很方便地到达西班牙的港口大道，这座港口城市很快就凭借着自己的力量获得了独立城市的地位。另一方面，关于早期的福西亚—马萨利亚殖民者在西班牙地中海沿岸建立港口市场的假设是错误的，他们认为阿维阿努斯（Avienus）的《海岸》（*Ora Maritima*）一书依据了公元前6世纪的周航记。马萨利亚以东的殖民地亦是如此，这些与意大利接壤的殖民地位于法国里维耶拉（Riviera，蔚蓝海岸），也是后来才建立的。

尽管没有这些中转地区，早期的马萨利亚人还是坚持与福西亚人以及希腊本土中心地区的联系。以弗所的阿尔忒弥斯和德尔菲的阿波罗是他们信奉的主要神祇，确保了与这些城市的宗教联系，马萨利亚在德尔菲保持着自己的宝库。此外，他们还参与了科西嘉的阿拉里亚的福西亚殖民地的建立，而在以它为名的战役（公元前542/535年）之后，马萨利亚人逐渐撤离，这削弱了他们对该岛的控制。

这一挫败是由伊特鲁里亚的凯勒（附录3）和迦太基（注释33）带来的。[71] 马萨利亚在前些年已经动用舰队对抗迦太基人，尽管有明显的竞争因素，但他们仍保持着与伊特鲁里亚城邦的贸易联系。这一点从安提波利斯（Antipolis，后来成为马萨利亚人的殖民地，参见注释70，今昂蒂布［Antibes］）发现的约公元前570—前560年的伊特鲁里亚沉船以及圣布莱斯（Saint-Blaise，今罗讷河口）发现的大量伊特鲁里亚仿制的科林斯器物上可以看出来。但是随着公元前6世纪的到来，马萨利亚的希腊陶器比例增加了（相对于伊特鲁里亚地区的陶器），其中很多来自希俄斯和希腊东部地区，也有一些来自雅典，从这一地区进口的陶器比例在约公元前525年左右达到了巅峰。马萨利亚本土也开始大量生产陶器。

不过这并不意味着马萨利亚人对伊特鲁里亚失去了兴趣。此外，他们很可能与早期的罗马人有联系。众所周知，马萨利亚后来与罗马人的关系很好，罗马人可以将自己的还愿祭品放置在德尔菲的马萨利亚人宝库里，他们二者的关系可以追溯到公元前6世纪罗马的伊特鲁里亚君主在位时期。诚然，这种说法往往比现实要早，但是，马萨利亚对意大利的浓厚兴趣使这种早期的联系变得有些可信。

罗马人后来对马萨利亚整体的稳定性表示钦佩。这种政体最初是建立在贵族制度的基础之上的。然而，不久之后，有人试图削弱大家族的影响力，他们坚持认为，如果一个人在议事会任职，那他的儿子就不可以在议事会任职，如果一个家庭中哥哥是议事会成员，那么他的弟弟就应该被排除在外。这些具体的规定可能已经失效，但它们所代表的趋势却获得了权力，并且像其他地方一样，贵族政权逐渐发展为以财富为基础的寡头制度。根据斯特拉波的说法[72]，这个政府由一个六百人的议事会领导，其成员必须满足三代公民的血统，或者，必须拥有子女，不过亚里士多德的一段话表明，这个名单不时地被修改。[73]这个六百人的议事会，在其内部成员中选出了一个十五人的指导委员会（timou-choi），这个委员会由三位主席领导。马萨利亚这里有一个很特殊的制度，那就是被判处死刑的成员会被城邦公费养一年，随后被当作替罪羊（pharmakos），或者为了城邦的净化而被献祭。

当福西亚人米达克里托斯穿越赫拉克勒斯之柱（直布罗陀海峡）寻找锡的时候，大约也是在马萨利亚建城的时候，他成为其他希腊探险活动的先驱，这一活动是从马萨利亚本地开始的。虽然证据比较模糊，但是大约在公元前6世纪中叶，马萨利亚的游苏梅涅斯（Euthymenes）同样穿越了海峡，然后沿着非洲海岸向南移动，他声称在那里看到了一条河，河水被离岸风带来的海水打回。当他在水中看到鳄鱼的时候，将这条河当作了尼罗河，这验证了前文说的公元前6世纪的假设，因为当时尼罗河在希腊的地理认知中占有很大的比重。不过，游苏梅涅斯看到的显然不是尼罗河，因为尼罗河在非洲大陆的另一端，他看到的应该是塞内加尔河（Senegal）。与腓尼基人更广泛地开辟非洲海岸相比，希腊人的这次探险航行是罕见的。无论如何，这次航行都证明了马萨利亚人航海事业的宽阔前景。

马萨利亚还与高卢内陆的凯尔特人建立了独特的商业联系。罗讷河三角洲并不利于通航，但是马萨利亚到北部的河谷的陆路交通却很方便。通过这种方式，马萨利亚的盐和希腊的奢侈品，比如酒杯和混酒钵被送到了遥远的定居点，后来的哈尔施塔特文明时期的墓葬中也发现了这些东西[74]，它们给高卢上层的饮酒习惯带来了变革，并成为身份象征。

最壮观的出土物发现位于维镇（Vix）的墓地，地处俯瞰塞纳河的拉索斯山（Lassois）上。其中有一件非常大的青铜混酒钵（crater），约制造于公元前6世纪中期。[75] 这些物品无疑是为了获得当地统治者的青睐而赠送的礼物。此外，在维镇还发现了很多其他的器物，包括来自马萨利亚的酒杯和水杯。不过贾斯汀提到的高卢希腊化不能对应这个时代。[76] 此外，维镇的墓葬中也发现了来自伊特鲁里亚的器物。

关于希腊人到底从这里得到了什么，人们有很多猜测。粮食和琥珀可能是交易的主要商品，贩卖奴隶也是有可能的。产自康沃尔卡西特里德的锡（第五章，注释51）也可能穿越了英吉利海峡，经过高卢的陆路和河流运输（途经索姆河［Somme］、瓦兹河［Oise］和塞纳河），再经过马萨利亚人之手，转移到希腊人手中。

然而，根据考古学的证据，凯尔特统治者与地中海的这些接触似乎到了约公元前500年的时候就突然终止了。可能是因为这段时间马萨利亚陷入了暂时的经济危机，由于福西亚人撤离了科西嘉岛，他们的影响力也逐渐削弱。与此同时，腓尼基人在这场商贸争夺战中优势日益明显，因为自从马萨利亚封锁了他们从陆路前往英国的锡矿通道之后，他们自己开辟了一条穿越直布罗陀海峡的全海路通道。

第八章　北部地区

第1节　亚得里亚海：科基拉、阿特里亚和斯宾纳

在古代"亚得里亚海"和"伊奥尼亚海"或多或少是可以互换的，用以表示意大利和巴尔干半岛之间的水域。这一水域形成了一个平均宽度为110英里的狭长缺口。后来这个海湾的北部被称为亚得里亚海，南部被称为伊奥尼亚海，两片海域的分界线是奥特朗托海峡（Otranto），不过这个分界点以北的亚得里亚海沿岸还是被称为伊奥尼亚海湾。希腊人在这片海域沿线建立第一个殖民地的目的，是想给皮特库塞和库迈的市场与殖民地提供中间的休憩点，这里主要的殖民者是卡尔基斯和埃雷特里亚的优卑亚人和西西里的叙拉古人。

这里最早的殖民地是科基拉（科孚），这是伊奥尼亚群岛最北端的岛屿，位于希腊西北海岸外的伊奥尼亚海上，与大陆（现在的阿尔巴尼亚）隔着一条狭窄的水域。丰沛的雨水为该岛屿提供了比其他岛屿更茂盛的植被。修昔底德记录了这样一个说法，科基拉就是荷马史诗中提到的斯科利亚岛，是费阿奇亚人的家乡[1]，不过事实上，这可能不是诗人的设想，因为他没有想将斯科利亚岛与其他现实中的地理位置联系起来。

最初居住在科基拉的人可能与居住在隔海相望的大陆上的伊庇鲁斯人有关[2]，还有意大利南部的普利亚人。然而，到了公元前8世纪早期，优卑亚的埃雷特里亚在岛上东岸突出的一个半岛上建立了一个商业据点。这个市场最

初名为德雷帕涅（Drepane，意为镰刀，因为据说德墨忒尔曾经在这个岛屿上教授提坦巨人如何收割谷物），这里有两个港口，一个位于海上，另一个位于深水潟湖中。此外这些移民还在该岛对面的大路上建了一个定居点，这样就能真正控制海峡，控制通往意大利和西西里岛的交通。

然而，在约公元前733年（也有人认为是在后来的约公元前706年），科林斯殖民者也在科尔西克拉提斯（Chersicrates）的带领下来到了科基拉，并驱逐了这里的埃雷特里亚人。新来的人在港口建立了一个殖民地，名为帕莱波利斯（Palaepolis，就在现在城市的北边），由一个卫城保护（阿纳勒普西斯 [Analepsis]）。新的殖民者声称科基拉（Kerkyra）这个名字本身就是科林斯的衍生词，认为该词就是戈尔贡的翻版，是蛇发女妖，象征着邪恶，被科林斯的英雄柏勒洛丰击败。事实上，这个名字可能并非源自希腊，而是来自居住在巴尔干半岛西北地区腹地的伊利里亚人。[3]

由于一直以来，科林斯人非常坚定地希望其所有的殖民地都处于依附地位，有人就认为，科基拉应该也属于这种状态。但是事实上，这一点并不能确定，起初这两个地区确实保持着密切的联系。然而，好景不长，在希腊城邦之间第一次有记录的海上交战中，科基拉在叙博塔岛重创母邦舰队，这个殖民地岛屿迅速卷入了与其母邦的激烈战斗之中。很多人认为这场战斗是在约公元前664年发生的，但实际的日期可能稍晚。

当库普塞鲁斯担任科林斯僭主的时候，这两个城市一起在伊利里亚海岸建立了埃庇达诺斯（底拉西乌姆，今都拉斯），科基拉人是这次殖民活动的主要参与者，不过也包括很多科林斯人，建城者也来自科林斯（约公元前627年，原先的部落首领 [phylarchoi] 被一个议事会取代）。科基拉还参与了库普塞鲁斯在阿姆夫拉基亚（阿尔塔）、阿纳克托里翁和莱夫卡斯岛的殖民。伊利里亚的阿波罗尼亚出土的第一枚钱币，也表明这里最初是由不同人联合建立的。这些钱币可追溯到约公元前600年，而正是在这一时期，虽然科基拉得到了克尼多斯的援助（克尼多斯本身就在科基拉殖民，他们称之为黑色科基拉，因为岛上有茂密的黑松树森林），库普塞鲁斯的儿子和继任者佩里安德（约公元前625—前585年）统治（或重新统治？）了科基拉，并派了他的儿子管理科基拉。[4]

然而，后来该岛重新获得了独立。这一结果发生的时间不确定，但是，约公元前580年（或稍后？）建成的阿尔忒弥斯神庙的建筑师和雕塑家似乎仍然是科林斯人。这座神庙被称为希腊人中第一座用石头建成的神庙（虽然大约在同一时代，另一个科林斯殖民地叙拉古的阿波罗神庙的柱顶也使用了这种材料）。科基拉的这一神庙有目前已知最早的石灰石山墙，上边装饰着这座城市的象征，蛇发女妖戈尔贡，旁边还有黑豹。此外，由于这个山墙和后面的屋顶需要比木头更坚固的支撑，所以神庙的柱子也是用石头做的。

我们从希罗多德那里了解到，在接下来的一个世纪里，科基拉可以装备六十艘三列桨战舰。根据修昔底德的说法，在公元前6世纪后期，这是第一个可以装备这么多三列桨战舰的希腊城邦（西西里以外）。[5] 希罗多德指出，这个事实与波斯战争有关。在波斯战争中，科基拉人相信波斯会取胜，所以在萨拉米斯海战中并没有帮助希腊人。

在亚得里亚海的对岸，没有令人满意的港口，当地人又比较凶险，所以希腊城邦没有试图在对岸实施类似的扩张计划。与意大利半岛南部和西南部海岸对比鲜明，这一海岸根本没有什么纯希腊人的殖民地。虽然没有殖民地，但是这里并不乏希腊人的渗透，到本书所讨论的时期结束时，亚得里亚海的北岸见证了两个群体的发展，阿特里亚（Atria）和斯宾纳，希腊人和伊特鲁里亚人在此共同生活并进行贸易交换，利用海路、陆路和厄里达诺斯河（Eridanus，帕都斯河［Padus］，波河［Po］）与其他地方的同胞以及中欧和北欧的非希腊人建立了广泛的商业联系。

阿特里亚（现在的阿德里亚［Adria］）是波河三角洲以北的一个港口市场（*emporion*），位于波河和阿特西斯河（Atesis，今阿迪杰河［Adige］）之间。这里与亚得里亚海之名呼应，重要性不言而喻，二者相距仅几英里。这里的建城神话讲述了另一个不同的故事，故事中伊特鲁里亚人或希腊英雄狄奥墨得斯占据了主要位置，故事发生在特洛伊战争后，他在意大利周围建立了一系列定居点。居住在亚得里亚海北端的伊利里亚人和维涅第人很有可能是阿特里亚最早的定居者。[6]

此后,希腊人和伊特鲁里亚人共同拥有这片土地,用木桩建了一座城镇,他们还与维涅第人保持着联系(另参见下文斯宾纳)。在其定居者或商人中,希腊人和伊特鲁里亚人哪一种占主导地位,并无确凿的记录。但是,在该遗址上出土的希腊陶瓶,尤其是来自科林斯和希腊东部的商品,可以追溯到公元前6世纪60年代,相对而言,伊特鲁里亚的铭文和涂鸦之作出现的时间相对较晚,因此阿特里亚这一港口的使用者可能主要是希腊人,借此,他们可以更方便地与意大利和欧洲其他地区建立联系,除希腊人之外,伊特鲁里亚人也占有一席之地。我们无法确定这些伊特鲁里亚人来自哪些伊特鲁里亚的城市。但铭文证据表明,这部分希腊人主要来自埃吉那岛(第二章,第6节)。

斯宾纳与阿特里亚之间隔着一条运河,位于南边,在今天的科马基奥(Comacchio)以西4英里处。波河三角洲的一条支流流入一个潟湖,形成了一个港口。跟阿特里亚一样,斯宾纳的村庄最初是木桩建筑。后来,到了公元前6世纪,这些小村庄合并起来,形成了斯宾纳城镇和港口。斯宾纳建在一条又长又宽的运河周围,通过航空摄影探测到,斯宾纳还拓宽了连接大海和潟湖的航道。斯宾纳内部的运河沟渠以及桥梁盘踞错杂(是今天威尼斯小镇的先驱,二者相距不远),占地七百多亩。该镇由系统规划的近似长方形的房屋组成,由木桩、泥土和树枝建造而成,这个居住区的两侧是装饰华丽的墓地,沿着当时的海岸线建城。

斯宾纳的名字可能源于印欧语,是意大利翁布里亚人的方言,他们主要居住在意大利中部。但是这个地方后来被希腊人和伊特鲁里亚人占据了,当地的一个建城神话证明了这一点,这个神话的复杂性不亚于阿特里亚的建城神话。希腊的建城神话再次将建立这个定居点的功劳归于狄奥墨得斯(另一个版本的故事模糊地提到了皮拉斯基,这些人来自伊庇鲁斯的多多纳,在前往翁布里亚的途中经由亚得里亚海侵入意大利)。

斯宾纳的建立比阿特里亚晚了一两代人，约建立于公元前525/520年。从表面来看，希腊人似乎也是建立斯宾纳的主要建立者，因为从公元前6世纪开始，到公元前575—前550年之间，当地的三千多个墓中出土了大量的阿提卡陶器。出土的伊奥尼亚铭文提到了对阿波罗、狄奥尼索斯和赫尔墨斯的崇拜，铭文中还有阿提卡字母。根据普林尼的说法，斯宾纳在德尔菲有自己的宝库（其中存放着出海时从各地掠夺来的财物）。[7]另一个跟斯宾纳一样负有盛名的意大利核心地区是凯勒，占据主导地位的不是希腊人而是伊特鲁里亚人（附录3）。尽管斯宾纳有希腊陶器，不过刻在界碑上的铭文、城市规划以及从伊特鲁里亚进口的青铜器证明，这里更可能是一个伊特鲁里亚人占据主导的地区，同时希腊人也在这里占有一席之地，拥有一个贸易区，这跟阿特里亚的情况相反，但是跟其他伊特鲁里亚城市类似（包括凯勒）。虽然这两个港口市场都是希腊人和伊特鲁里亚人合作的成果，但是整体而言，阿特里亚是希腊人在上亚得里亚海建立的主要港口，而斯宾纳是伊特鲁里亚人的。

斯宾纳的伊特鲁里亚商人主要为意大利北部的伊特鲁里亚人城市费尔西纳（Felsina，博诺尼亚［Bononia］，今博洛尼亚）提供海外补给。斯宾纳在政治上并不依附于费尔西纳或其他任何伊特鲁里亚人的中心，而是一个独立的政治实体，就像坎帕尼亚、叙利亚和埃及的希腊港口城市一样。

或许与阿特里亚一样，斯宾纳还与维涅第人合作，为维涅第人提供了一条运输马匹和波罗的海琥珀的通道，以谋求出口（在德国的出土物中发现），然后转移给希腊人和伊特鲁里亚人城邦。维涅第人与这两个港口市场的合作还有另一项主要任务，这在亚得里亚海周围的其他希腊中心是非常受欢迎的，那就是管理这片海域，警戒周围的对手，他们将这些对手称为海盗，不过后者也将阿特里亚和斯宾纳的舰队称为海盗。[8]

希腊人和伊特鲁里亚人在阿特里亚和斯宾纳实现了这种地方性的合作，而此时在坎帕尼亚，他们的同胞之间的竞争已经发展为公开的战争，其中库迈和卡普亚是主要的对手。事实上，阿特里亚和斯宾纳的伊特鲁里亚人最终也被卷入了这些冲突之中，因为哈利卡纳索斯的狄奥尼修斯提到[9]，在公元前525—前524年，居住在伊奥尼亚湾的第勒尼安人（伊特鲁里亚人）领导了一支混合部队，对库迈展开了远征，此处的第勒尼安指的就是亚得里亚海北部。

这些人很可能是作为冒险者或者雇佣兵从阿特里亚和斯宾纳赶来的，在这种情况下，两地的合作在当时可能已经崩溃，起码暂时崩溃了。另一方面，狄奥尼修斯记录的时间序列也受到了质疑，因为他进一步断言，这些人被高卢人赶出了他们的家园，然而高卢人在公元前400年之前似乎还没有渗入意大利地区（尽管李维的说法有所不同）。[10]在公元前4世纪，阿特里亚和斯宾纳，像意大利北部其他地区一样，受到了高卢人的统治。

第2节 爱琴海北部和黑海的通道

在希腊本土以北，在狭义的大陆本土上，坐落着马其顿王国，其核心是肥沃的马其顿平原，阿利阿克蒙河（Haliacmon）、吕底亚斯河（Lydias）和阿修斯河（Axius）三条大陆河流经其中，位于塞尔迈湾（萨罗尼加湾）上部。这里四周是双马蹄形的山脉，居住着伊利里亚人、色雷斯人和希腊人混合的野蛮部落和部族，由他们各自的首长和领主领导。马其顿南面的屏障是奥林波斯山，这是希腊唯一一座海拔超过一万英尺的山峰。

根据希罗多德的说法，这里青铜时代的文化已被大量涌入的弗里吉亚人所继承和取代（约公元前1150年，附录1）。[11]但后来，这些人在第二波入侵者的压力下，离开了以他们的名字命名的小亚细亚地区，这些入侵者可能是多利安人。正是这些多利安人的后裔，与其他各个民族混杂在一起，说着一种接近于希腊语的方言（或许是早期爱奥尼亚方言的雏形），他们后来成了马其顿的上层阶级。荷马史诗并没有提到这些人。但是，赫西俄德记录了一个希腊神话，将他们的起源追溯到宙斯和蒂亚（Thyia）之子马克顿（Macedon）身上。蒂亚是大洪水的幸存者丢卡利翁的女儿。[12]

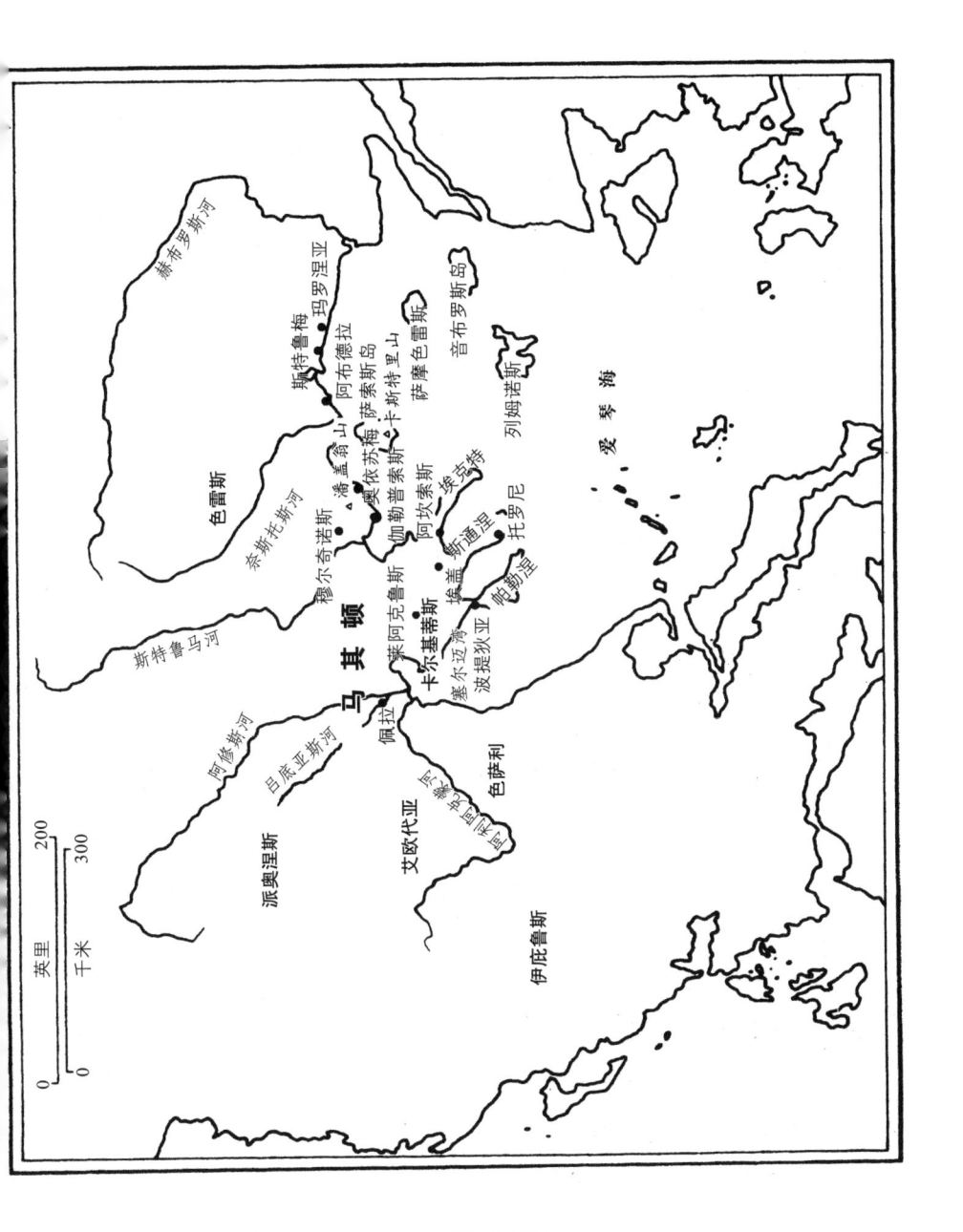

地图9 爱琴海北部地区

虽然他们后来的后裔有相互冲突的传统，但马其顿的君主声称他们的起源是赫拉克勒斯，认为他们的王朝名称来自阿尔戈斯，名为阿吉德王朝，并自诩为纯正的希腊血统。面对其他希腊人的疑惑反应，他们十分自信，比这些产生疑惑的人更自觉地认为自己是纯正的希腊人。例如，宫廷宗教明显是希腊式的，包括对宙斯赫泰里德斯的崇拜（管理国王和贵族之间的关系）以及赫拉克勒斯库纳吉达斯的崇拜（狩猎的守护神，这是贵族热衷的一项活动）。

最初的马其顿只是一个蕞尔小邦，盘桓在阿利阿克蒙河谷中部和上部的丘陵地带，据说他们的都城位于勒巴亚（Lebaea），不过这个地方还未被找到。国王佩迪卡斯一世（Perdiccas）是阿吉德王朝第一个可识别出的君主，在约公元前640年，他向东推进，占领了塞尔迈湾以西的艾欧代亚（Eordaea），征服了马其顿平原（厄玛西亚［Emathian］）及其部分海岸地区，并将都城迁至埃盖（Aegae，帕拉提特萨［Palatitsa］，维尔吉纳［Vergina］）。不过这里并没有成为希腊意义上的城邦（polis），因为马其顿和某些其他政治单位一样，仍然是一个民族，没有城市中心（参见第一章，注释2）。其后的国王以自己的名义代表马其顿，通过一支纪律严明的步兵部队执行自己的意志，并从畜牧中获取利润，进一步扩大了自己的领地。在约公元前512年，由于大流士的巴尔干半岛远征和对色雷斯的吞并，阿明塔斯一世（Amyntas）领导的马其顿沦为了波斯的附庸。

在公元前7世纪的君主佩迪卡斯一世渗透到沿海地区之前，这里就已经成了希腊城邦殖民的目标。因为他们当时的目的是获得土地，而这里恰好是离希腊航海者最近的非希腊地区（虽然已经部分希腊化）。此外，早期的希腊殖民者从出口马其顿的动物产品和木材中获得收入，当时马其顿自身还没有足够好的组织来承担或垄断这些过程。这里，和其他地方一样，率先被优卑亚人拿下。据说在公元前700年，被科林斯殖民者赶出科基拉的埃雷特里亚人来到这里，在塞尔迈湾西海岸建立了迈索尼（Methone）。

不过相较于埃雷特里亚，来自卡尔基斯的优卑亚同胞更加活跃，卡尔基蒂斯之名可以证明这一点。这里位于塞尔迈湾的东部半岛，向南延伸出三个海角，分别是帕勒涅海角（卡山德拉海角［Cassandra］）、锡索尼亚海角（Sithonia，朗格斯海角［Longos］）以及埃克特海角（埃索斯海角［Athos］）。卡尔基蒂斯对航海者而言有很大的吸引力，因为它有长长的凹陷海岸线，靠近潘盖翁山的金矿和银矿，这里接收了大量卡尔基斯殖民者，其中最重要的地方是托罗尼（Torone），该地位于中部海角（锡索尼亚）的南端。托罗尼位于布满岩石的海角坡上，这里有一个很有利用价值的港口（波尔图库弗［Porto Koufo］）。火葬和（数量较少）土葬表明，自公元前1000年早期就有人居住。公元前700年之后，卡尔基斯人开始在此定居，后来得到了赫雷基乌姆的立法者安德罗达马斯的支持，他制定的关于谋杀和女继承人（*epikleroi*，没有兄弟的妇女）的法律备受赞誉。[13] 在约公元前655年，受到优卑亚影响的安德罗斯，在卡尔基斯及其分支的帮助下，殖民阿坎索斯（Acanthus），该地坐落于通往埃克特的地峡，卡尔基蒂斯东部海角，这周边还有另外三个安德罗斯人的殖民地。

　　大约公元前600年，科林斯在卡尔基蒂斯第三个，也就是最西边的帕勒涅海角地峡处建立了波提狄亚，这在一个原本由优卑亚人和他们的附属岛民一起统治的地区中是个例外。这个战略要地的殖民地是由科林斯独裁者佩里安德建立的，他的儿子是这次活动的主导者，以求控制马其顿通往伊利里亚和亚得里亚海的跨巴尔干航线的终点。而且这个殖民地控制的航线是双向的，他们能够从潘盖翁山获得金属，并与东北地区进行交易。大约在公元前500年，当波提狄亚开始发行钱币的时候，他们将波塞冬的形象描绘在钱币上，这个城市也得名于波塞冬。他手持三叉戟，骑着一匹色雷斯骏马。通过与卡尔基斯殖民地和迈索尼的交往，马其顿人的生活方式越来越希腊化。

　　萨索斯位于卡尔基蒂斯以东，距离奈斯托斯河（Nestus）河口5英里，是爱琴海北部最重要的希腊殖民地。该岛直径16英里，是一个多山的岛屿，但山谷十分肥沃，水资源充沛。在希腊人到来之前，这里名为奥多尼斯（Odonis），被色雷斯的辛提斯人部落占领。他们的居住地（跟新石器时代的人一样）可以追溯到卡斯特里山（Kastri，中世纪的时候都城位于海岛南部，靠近塞奥洛戈斯[Theologos]），以及希腊人建立的位于北部海岸的城市下面。这里的殖民者来自帕罗斯岛，其领导者是忒勒斯科勒司（约公元前650年?），这次殖民活动得到了德尔菲神谕的支持，这一神谕留存至今。帕罗斯的诗人阿基尔罗库斯可能是萨索斯的最早定居者之一。

他们很快就取得了对整个岛屿的控制权，正如出土陶器所揭示的那样，在二三十年内，他们或他们的儿子也在对面的大陆上（色雷斯的派莱亚[Peraea]）建立了很多城镇，例如奈阿波利斯（卡瓦拉[Kavalla]）、奥依苏梅（Oesyme）和伽勒普索斯（Galepsus）。这些活动显然是与当地的部落一起合作完成的，其目的是控制附近潘盖翁山上的金银矿藏，色雷斯的萨特斯部落以前允许腓尼基人开采。萨索斯有金矿的传统受到质疑，但其拥有银矿、铁矿和铜矿的事实已得到证明。在大陆海岸更东部，有另一座岛屿，萨摩色雷斯，这座岛屿被萨摩斯人殖民者占据，这里的人崇拜弗里吉亚的双生卡比利（Cabiri，冥府之神，后来人们相信他们可以保护航海者），并因此闻名。萨索斯人与玛罗涅亚（由希俄斯在公元前650年之前建立）一起统治他们的殖民地斯特鲁梅（Stryme）。[14]

萨索斯是希腊与色雷斯之间的堡垒，岛上的城镇建于卡斯特里山上，后来被遗弃或摧毁。萨索斯城内的市场中有一座墓，据说由"本迪丝（Bendis）之子"建成，这证明当时萨索斯人口包括色雷斯元素。公元前6世纪见证了这座岛屿的繁荣，当时该岛出口木材用以造船，同时还出口一种特殊的葡萄酒。大陆的银矿变得有利可图，而萨摩色雷斯是通往大陆的重要通道。从约公元前500年开始，萨索斯岛利用银矿在本地发行了钱币，钱币上描绘着性欲旺盛的萨提尔，酒神狄奥尼索斯的随从，正扛着一位山林水泽女神离开。

萨索斯最重要的神庙共有五间房，供奉着赫拉克勒斯，赫拉克勒斯可能是希腊人继承了腓尼基人梅尔卡特（Melkart）的传统。这座神庙位于下城区，那里还有其他各种外国神祇的圣所（这反映了岛上居民的复杂种族），还有狄奥尼索斯、波塞冬和阿尔忒弥斯的神庙，在他们的祭坛附近出土了约公元前500年的陶器。住宅区也在考古发掘中逐渐被发现。

萨索斯人还拥有一支优秀的舰队，但是在公元前491年，这支舰队被迫移交给波斯侵略者（在他们前往马拉松战场的路上）。城里的围绕港口建成的防御工事也被摧毁了，在该世纪结束之前，他们又遭遇了两次不幸。

在色雷斯的土地上（附录2）矗立着希腊城市阿布德拉，位于奈斯托斯河东北11英里处[15]，几乎与萨索斯相对。尽管在传说中，这个希腊殖民地的建立要追溯到赫拉克勒斯，但第一次尝试在这里建立殖民地的应该是约公元前654年，来自伊奥尼亚克拉佐美奈的特伊西亚斯（Timesias或Tynisias），不过这次行动受到了色雷斯人的反对，最终失败了。公元前545年，另一个伊奥尼亚城市忒奥斯因受不了波斯人的统治，辗转到来并在此定居。其中就包括诗人阿那克里翁。这些阿布德拉人尽量保持自己的领土不受到色雷斯人的侵犯，但他们还是要与当地人进行贸易交换。事实上，在这些希腊中心，与色雷斯人的合作是主流现象。由于这种接触，色雷斯宗教中的重要内容，特别是与狄奥尼索斯和俄耳甫斯崇拜有关的内容，逐渐传入希腊宗教中。

在这一传播过程中，东边稍远的希腊城市也起到了类似的作用。其中一个就是埃诺斯（Aenus），莱斯博斯人和爱奥尼亚的库梅人共同建立了这个殖民地。[16]另一个就是卡尔迪亚（Cardia），米利都和克拉佐美奈一起在此殖民，位于布莱尔地峡（Bulair），连接大陆和色雷斯切索尼斯（加里波利半岛），向南延伸至赫勒斯滂（达达尼尔海峡），这里是通往具有巨大商业价值的黑海的三条海上通道之一，另外两条分别是普罗庞提斯（马尔马拉海）以及色雷斯的博斯普鲁斯海峡。

赫勒斯滂得名于赫勒，赫勒（Helle）是阿塔玛斯（Athamas）和涅斐勒（Nephele）的女儿，当她的继母伊诺（Ino）准备将她献祭给诸神的时候，她跟自己的兄弟弗里克索斯（Phrixus）骑着一只会飞的公羊出逃，却不幸掉进了海峡。这条海峡曲折难行，长40英里，平均宽度只有1英里左右，里面有许多岩石，水流湍急，从黑海以每小时4或5英里的速度涌入，一年里有

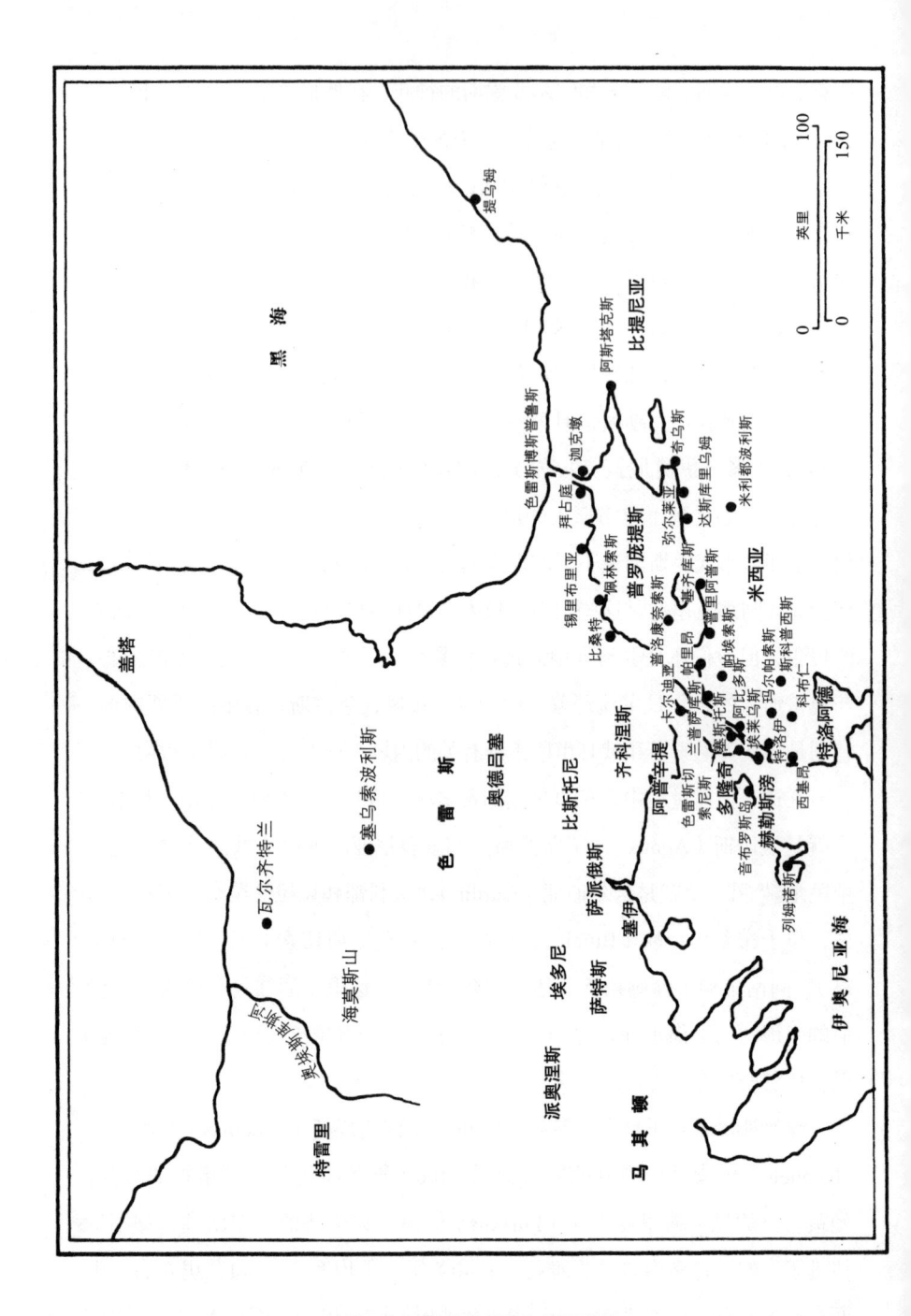

地图10　黑海的通道和色雷斯地区

9个月的时间，东北风不间断地吹拂，增加了通航难度。

结果，希腊的船只冒着狂风在爱琴海上挣扎之后，发现连进入海峡都十分困难，遑论穿越海峡。所以他们更喜欢在进入海峡之前就将货物卸载在小亚细亚的港口处，重新通过陆路运输到更远的地方。

赫勒斯滂的南岸，小亚细亚这边的海岸提供了更友好的近岸浅水，这跟欧洲北部风险较大的海岸比起来，更具吸引力。这也是控制着小亚细亚海岸的特洛伊在青铜时代地位日益提升的原因之一。历史上，希腊人在南部海岸建立了一些殖民地，例如分别由米利都人、福西亚人和雅典人建立的阿比多斯（Abydus，约公元前680—前652年）、兰普萨库斯（约公元前654年）和西基昂（约公元前600/590年）。[17] 不过，在通航环境更恶劣的北岸也有一些希腊人的殖民地，伊奥尼亚城市忒奥斯在色雷斯切索尼斯南端的埃莱乌斯（Elaeus）建立了殖民地（约公元前600年），莱斯博斯人在塞斯托斯（Sestus）殖民。

雅典人也将自己的殖民兴趣从海峡的南部发展至北部，他们在德尔菲神谕的支持下，于公元前555年，占领了整个切索尼斯地区，这次活动由老米太亚德指挥，他是雅典斐赖家族的成员，在庇西特拉图的支持下掌控着雅典（准备在雅典发动第二场政变，第一章，第4节）。老米太亚德也获得了当地色雷斯人（多隆奇人）的支持，因为他帮助他们击败了同是色雷斯人的宿敌阿普辛提人。[18] 接下来老米太亚德继续巩固连接切索尼斯和大陆的布莱尔地峡，并接管了西基昂的雅典殖民地（约公元前546年）。

大约公元前516年，老米太亚德的之子小米太亚德在雅典担任执政官，被庇西特拉图的儿子和继任者希皮阿斯派去维护雅典在半岛的影响力。[19] 这位小米太亚德在这里发行了钱币，同时，他认为很有必要依赖波斯，或者说这仅仅是一种外交手段，他在公元前513—前512年参与了波斯的斯基泰远征（附录1）。但他后来声称自己曾建议毁掉大流士架在赫勒斯滂的浮桥，以阻断波斯人的归路（这一计划因该地区其他希腊城市僭主的反对而受挫）。不过这一说法被证实是假的，因为在此之后波斯国王仍然保留了他的权力，按理说，在提出如此不忠的建议后，波斯国王不可能仍对其委以重任。

这位小米太亚德继续统治着色雷斯切索尼斯，还娶了色雷斯（萨派俄斯人）国王欧罗洛斯（Olorus）的女儿赫格思普勒（Hegesipyle）为妻[20]，这也是为什么当小米太亚德因为跟波斯人一起入侵斯基泰而获罪，经历了短暂的流亡之后，色雷斯人又将他迎回了（公元前496年）。随后，他冒险反抗波斯国王大流士，将列姆诺斯（Lemnos）从他的统治下解放出来，并参与了伊奥尼亚起义。在起义失败之后（公元前494年），他回到了雅典，他因在切索尼斯实行僭主统治而受到审判。后来他成了促成马拉松战役胜利的关键人物（公元前490年）。

赫勒斯滂海峡通往一片更加宽阔的水域，普罗庞提斯（Propontis），意为"在本都（Pontus）之前"，取这个名字是因为这里是另一片更大海域本都优辛诺斯海（Euxinus）的前厅。普罗庞提斯，也就是现在的马尔马拉海长175英里，最宽处40英里。这里的的战略位置引起了希腊各海上殖民城邦之间的激烈竞争，这一点从他们在对面海岸建立的主要定居点清单中就可以看出。[21]

就像在赫勒斯滂一样，马尔马拉海的南岸更受欢迎，这附近最重要的中心就位于这里，即米利都人的殖民地基齐库斯（又称巴尔基斯［Balkiz］或贝尔基斯［Belkis］）。基齐库斯还拥有多山、宽阔的阿尔克托尼索斯（Arctonnesus，熊岛，位于埃塞普斯河［Aesepus］河口附近）的一部分，建造了两条由积沙支撑的平行堤坝后，该岛被改造成了一个半岛。在希腊神话故事中，这里的国王曾经款待了阿尔戈斯英雄，但他们还是将他杀了。但是当我们谈论历史事实时可以发现，优西比乌告诉我们的这里最早的建城日期（约公元前756年）是没有办法验证的（虽然在那个时候，可能确实存在一个临时的殖民地，有可能后来被弗里吉亚的辛梅里亚人消灭了［约公元前695年］）。不过他提到的第二个日期是公元前679年，这个日期是没有人反对的，因为米利都人最早建立的殖民地就包括基齐库斯。

这个地方有两条主要的陆路交通线，但其的选址并不是出于这个原因，殖民者更看重这里较强的防御性，有通往两个侧翼港口的通道，而且这两个港口通过运河相互连接。这些港口使基齐库斯成为两海之间往来船只的停靠港。因此，有一些故事将这个地方与居住在黑海之外的遥远的斯基泰人联系起来（附录2）。其中有一位名叫阿那沙西斯（Anacharsis）的斯基泰人，据说曾经教导过其同胞基齐库斯的仪式（不过斯基泰人为此将他处死）。另一个有一半传奇色彩的人物名为阿里斯提亚斯（Aristeas），他是一位来自普洛康奈索斯（Proconnesus，基齐库斯的一座岛屿）的希腊人，据说他死后，那个城市出现了一个超自然现象，而他生前曾写过与斯基泰人相关的故事和风俗。

基齐库斯的政府以效率著称，他们依靠捕捞金枪鱼获得了丰厚的利润（丰富的金枪鱼资源也为许多希腊殖民地的建立提供了一个理由），而金枪鱼也作为基齐库斯的城市标志，出现在其琥珀金币（浅金色）上。这种钱币可能是在公元前600年之前发行的，并且在公元前6世纪成为希腊东部世界最重要的货币。

然而，在此期间，基齐库斯没能保持其政治独立，先是被吕底亚人控制，然后被波斯人控制，据希罗多德说，波斯人入侵欧洲大陆时（约公元前513—前512年），基齐库斯的僭主阿里斯塔格拉斯（Aristagoras）拒绝背叛大流士一世。[22] 在随后的伊奥尼亚起义中（公元前499—前494年），他们最初萌生了加入起义军的念头，但是这种念头很快被逐渐逼近的波斯人的腓尼基舰队浇灭，这促使基齐库斯与居住在达斯库里乌姆（Dascylium）的波斯总督欧巴雷斯（Oebares）达成了协议。

赫勒斯滂海峡的终点连接着普罗庞提斯的西岸，与东边第二个海峡即博斯普鲁斯海峡平行。博斯普鲁斯海峡的水流，像赫勒斯滂海峡的水流一样，十分危险，在风的冲击下，从一个海岸到另一个海岸，中间可能要拐七次弯。然而，他们不得不面对这种危险，因为海峡为欧洲和亚洲提供了最短的通道，还因为它们通向黑海。另一个吸引人的地方是这里有大量的洄游鱼类，它们季节性地往返于这个海域。海豚在众多神话中被认为是人类的朋友，它们的形象出现在海峡上两个最重要的城市发行的钱币上，这两个城市分别是小亚细亚海岸的迦克墩（今卡德柯伊），以及靠近海峡南端的拜占庭（君士坦丁堡，伊斯坦布尔），该地位于欧洲海岸，与迦克墩遥相对应。迦克墩发行的钱币上有海豚的形象，海豚上方有一束麦穗，但是拜占庭钱币上的麦穗被一头牛取代，指代的是流浪的伊俄（Io）。伊俄是伊纳科斯（Inachus）的女儿，是阿尔戈斯赫拉神庙的女祭司，宙斯将她变成了母牛，以期躲避赫拉的嫉妒之火，正是因为伊俄曾经穿越了博斯普鲁斯海峡，所以该地又名"母牛的渡口"。

在迦克墩发现了史前遗址，这里最初可能是色雷斯人的定居点，但是后来麦加拉人在此地殖民，一般认为这一殖民活动发生于公元前685年。据希罗多德所言，大流士一世的将军迈加比佐斯（Megabyzus）曾说这里的建城者是瞎子，因为他们错过了对面的拜占庭这一绝佳位置，拜占庭在迦克墩建城十七年之后才有人定居。[23] 不过，第一批来自麦加拉的航海者可能并没有足够的能力在海峡的欧洲一侧定居，因为这里的色雷斯人比海峡南岸的部落人数更多，也更具威胁。再加上虽然迦克墩的港口容易受到洋流的影响，但是这里有肥沃的土地，适合种植粮食，当地发行的钱币上有一束麦穗，也能证明这一情况。此外，他们还可以从邻近的卡尔基提斯岛（Chalcitis，今雷贝里岛［Heybeliada］）上的铜矿以及半宝石开采中获取收益。据说迦克墩的名字源于 *chalkos*，意思是铜，所以迦克墩有时也会被拼写为 Chalcedon（但是这座城市最初名字的真正来源尚不明晰）。

这里的立法者法勒阿斯（Phaleas，公元前5世纪）制定并落实了一个规定，即应该维持一个规模有限的公民群体，并保证其成员内部之间财产平等，以避免内乱。然而，迦克墩参与了伊奥尼亚起义，这导致波斯后来将其摧毁（公元前494年）。迦克墩的幸存者在黑海沿岸的梅森布里亚（Mesembria，今内塞伯尔［Nessebur］）避难，大约十几年前麦加拉、迦克墩和拜占庭一起在这里殖民。

拜占庭的建城日期有很多说法，分别是公元前668、前659年以及前657

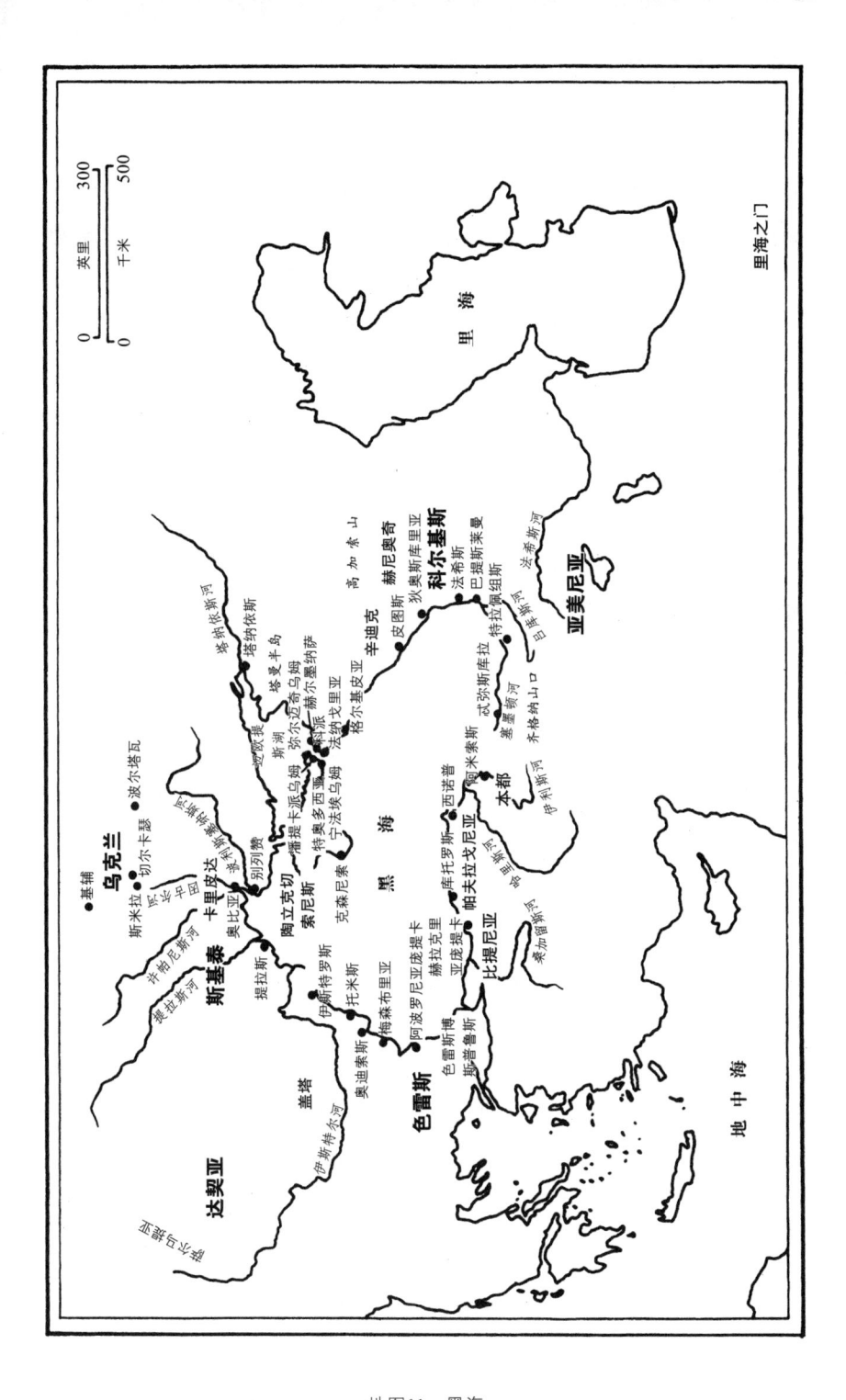

地图11 黑海

年。拜占庭的建城者也来自麦加拉，希腊中部和伯罗奔尼撒半岛其他地方的殖民者也可能参加了这次活动。他们征服了当地的色雷斯人，将其降为农奴（类似黑劳士），并将他们称为*Prounikoi*（负债者）。

中世纪的编年史家把麦加拉人在拜占庭的居住地比作迎风招展的三角帆，它占据了博斯普鲁斯海峡西端的一个岬角，南面俯瞰普罗庞提斯，北边是狭长的天然海港克里索克拉斯（Chrysokeras，又称黄金角）。黄金角是一个没有河流流入的防波堤，因此没有淤泥，被山丘遮挡，不受北风影响。在之前的几个世纪里，黄金角已经成为一个可供船只停靠的渡口，对于准备或刚刚完成穿越博斯普鲁斯海峡危险水域的船只来说，这里是一个天赐的停靠点。给航行带来困难的大风同时也给黄金角带来了大量的鱼类，其"黄金"二字可能就得名于此。

拜占庭的独裁者阿里斯通，在大流士一世入侵希腊返程中（约公元前513—前512年）曾经加入了基齐库斯的阿里斯塔格拉斯，对波斯采取敌对行动。但是，在伊奥尼亚起义期间，在波斯的腓尼基舰队到达他们的殖民地梅森布里亚的时候，很多拜占庭人连同跟他们一起建立殖民地的迦克墩人都逃跑了。

不过，拜占庭本土是安全的，这里易守难攻，很多人认为拜占庭的城墙是希腊世界最为坚固的。此外，正如波利比乌斯后来所言，"拜占庭牢牢地控制着黑海口"，"没有商人能在未经拜占庭同意的情况下驶入或驶出黑海。而且由于黑海周遭有其他民族生活所需要的资源，所以拜占庭人对所有这些物资享有完全的控制权"。[24]波里比乌斯在公元前2世纪写下了这些内容。此后，在千年中或稍早的日子里，拜占庭的许多其他优势也渐渐浮出水面。作为连接欧洲和亚洲的桥梁，这座城市以君士坦丁堡之名，成为西方世界的中心。

第3节 黑海：西诺普、伊斯特罗斯、奥比亚

希腊人称黑海为"尤克辛海"（Euxine），这个词的意思是"对旅行者

友好"，有人认为这个名字应该是对早期的称呼 *Axeinos*（对旅行者不友好）的委婉说法。还有一种观点认为这个词是一个非希腊语单词的变体，意思是"黑色"或"北方"。在神话中，这片海因阿尔戈斯英雄的故事而知名，希腊化时代的诗人，罗德岛的阿波罗尼奥斯讲述了这个故事。故事中影射的海上探险活动（或许是为了寻找铜）可以追溯到公元前2千纪。

到了公元前800年，伊奥尼亚人和其他东部希腊人对海洋沿岸地区的部落和习俗有了一定的了解，荷马史诗显示出希腊人对其南部海岸的了解并不不精确。但直到公元前7世纪，关于这里的了解才真正有了第一手资料。在那个时候，米利都人似乎将黑海变成了他们的私人湖泊（第五章，第2节）。

他们第一次应该是冒险从南岸进入这片海域的，他们发现从这里更容易进入这片海域，因为洋流是沿着海岸向东流动的。他们由此开始在小亚细亚北部的海洋地带殖民，这片海域背后是本都腹地，本都是多语言的非希腊人聚居的地方，他们由祭司领导，居住在大型自治的神庙社区里，由宗教奴隶服务。本都坐落于哈里斯河（今克泽尔河）和伊利斯河（今耶希勒马克河）较低的河谷以及沿海平原处，水源充足，土地肥沃，气候温和。这地方盛产粮食、各种水果和坚果，还拥有肥沃的牧场。其内陆最近的山脉也为造船提供了大量的木材，山坡上有丰富的铁矿，由卡律贝斯人开采，据说他们是世界上最早的金属工人。[25]

米利都人来到了这个海岸的中心点，也就是西诺普（Sinope，今锡诺普）。该地位于半岛或者说海角上，最早居住在这里的是本都本地的帕夫拉戈尼亚人，与之居住在一起的或许还有弗里吉亚人（附录1）。然而，古代作家在一个重要的问题上存在分歧，即米利都人是在约公元前756年还是约前631年到达西诺普的，是不是就此开始了黑海沿岸地区的殖民化？这两个日期是优西比乌提供的，目前的证据很复杂，很有可能某些希腊人，全部或部分可能来自米利都，在公元前756年在这里建立了港口市场（像在坎帕尼亚和叙利亚一样的港口市场）。这些人在哈布隆达斯（Habrondas）的带领下来到这里。这个港口市场（*emporion*）如果真的存在的话，可能最终又被辛梅里亚人摧毁了（附录1）。后来，在约公元前631年，一些米利都人，在被放逐的科埃斯和克里提涅斯（Cretines）的带领下，在这里建立了殖民地。

不像除阿米索斯之外的其他本都城市，西诺普本地水源充足，可以种植橄榄。之外，西诺普还可以从内陆获得农业资源和木材，以及内地的银矿和铁矿。与小亚细亚内陆的这种密切关系可以得到在当地发现的弗里吉亚陶瓶证实。此外，这里还因*miltos*闻名，又名西诺普土，这是一种棕红色赭石或者是铁的红色氧化物，用来涂在船身上。这种红色的*miltos*是从卡帕多西亚（Cappadocia）运来的，不过我们并不清楚这种运输是从什么时候开始的。

但是，无论如何，这里的陆上交通都不容易，而西诺普的优势在于这里有两个深水港。凭借着这两个方圆几英里内最好的港口，西诺普人从事有利可图的金枪鱼捕捞活动。此外，他们的殖民地坐落在黑海对面最窄处的北面，这样他们就可以控制整个水域的航行。

为了向这个方向和其他方向出口，西诺普生产了大量的双耳瓶，这些双耳瓶最近（像当地的铭文一样）得到了详细的研究。当地坟墓中发现的陶器大多来自希腊东部城市，但也有一些公元前6世纪早期的科林斯陶器。在文学领域，西诺普也非常珍视与希腊文化的联系，因为至少荷马研究在西诺普历史上的某些时期很盛行。[26]

特拉佩组斯（Trapezus，特拉比松［Trebizond］，特拉布宗［Trabzon］）位于同一海岸的更东边，坐落在帕里亚德斯山（Paryadres）脚下的海岸山脊上。这里的建立可以追溯至约公元前756年，跟他的母邦西诺普一样，这种说法来自优西比乌的记述。所以这个地方在公元前8世纪可能是一个港口市场，后来发展成一座城市。不过在公元前4世纪初期，其公民仍然要向其母邦西诺普进贡。[27]特拉佩组斯位于一个高原上（*trapeza*，意为桌子），位于西诺普和海岸最北端的中间，这里原来居住的是非希腊的墨苏诺科人，身上有文身，以煮过的栗子为食，并售卖畸形胖男孩。

被排除在新殖民地之外的墨苏诺科人是个并不友好的邻居，而特拉佩组斯贫瘠的港口是其发展的另一个阻碍。好在这座城市位置自带防御性，两边是悬崖峭壁，俯瞰沟壑。此外，其地理位置也有利于他们与产铁的卡律贝斯人进行交易。此处还有一条越过齐格纳（Zigana）山口通往亚美尼亚和美索不达米亚的路上通道，而特拉佩组斯就位于这条通道的北端。

米利都人和福西亚人在约公元前564年共同建立了阿米索斯（今卡拉萨姆松［Kara Samsun］），这里跟西诺普一样，是一个罕见的橄榄种植区。这片区域从该城以东延续到特拉佩组斯以西，位于伊利斯河和吕库斯河的三角洲之间，这个殖民地本身跟特拉佩组斯一样，位于通往内陆的贸易通道上（内陆10英里处的阿克阿兰［Ak Alan］发现的弗里吉亚陶瓶能证明这一点）。阿米索斯跟特拉佩组斯一样，能够从卡律贝斯人那里进口铁器，并出口给希腊世界。二者还有一点相似之处，阿米索斯也位于一个易守难攻的位置，整个地区位于一个半岛上，两面临海，一条峡谷将之与大陆几乎隔开，实际上算是一个岛屿。

约公元前560—前558年，在同一个海岸，这三座城市西边，麦加拉人在格涅西罗科斯（Gnesilochus）的领导下建立了一个新的殖民地，或许其中还有波奥提亚人和米利都人的协助。这个新殖民地就是赫拉克里亚庞提卡（今埃雷利［Ereğli］），该地得名于赫拉克勒斯，据信他就是从邻近的阿克鲁西亚海角（今巴巴角［Baba Burnu］）上的一个洞穴进入冥府的。该地的形状像一个剧院，据说最多可以容纳一万人。殖民者将之前的非希腊居民马里安丢诺伊部落的成员降为农奴，不过他们同意不得将任何人当作奴隶卖到城外。

亚里士多德向我们讲述了该殖民地早期的制度发展状况。[28]这里最初的统治者是贵族（*gnorimoi*），不过他们很快就被流放，当地建立了一个民主政府。不过被流放的贵族成员后来又回来了，推翻了民主政府，组建了一个六百人的公民大会，建立了寡头政体。

凭借丰富的农业领土和有利可图的渔业，赫拉克里亚很快就控制了远至库托罗斯（Cytorus，奇德洛斯［Kidros］）的海岸，也就是《伊利亚特》中的一个小镇。[29]

一般认为，早在公元前657年，米利都人也航行到了黑海西海岸，并在伊斯特罗斯（Istrus，希斯特利亚［Histria］）建立了殖民地，该地是现在罗马尼亚的多布罗吉亚（Dobrogea，多布罗加［Dobruja］），就在多瑙河（得名于伊斯特罗斯，伊斯特尔［Ister］）三角洲的南部，距离河流入海的大河湾不到50英里。新的殖民地坐落在半岛末端一个低矮的山丘上，在一个海湾内，后来成为西诺普的潟湖，现在是一个内陆湖。殖民者继承了盖塔人的定居点（附录2），正如亚里士多德说的那样，这些人由一个寡头政体统治，不过他们的统治后来被一群富人推翻。[30]

起初，伊斯特罗斯只是一个很小的定居点，这里的人居住在只有一个房间的石屋中，在这里定居旨在稳定古代锚地附近的沼泽，以便从多瑙河三角洲的渔业捕捞中求得生计。很快，这个殖民地的雄心日益增长。因为通过在潟湖旁边的挖掘，在向下延伸到现在地表下13英尺的深度处，发现了各种宗教建筑群，其中包括一座早期的阿芙洛狄忒神庙。此外，伊斯特罗斯还与希腊东部地区的中心开始进行贸易活动（大约在公元前650年，士麦那一名叫作伊斯托克勒斯［Istrocles］的陶工为这种贸易活动提供了证据）。米利都人还在从色雷斯博斯普鲁斯海峡出发的海上路线上建立了更多的殖民地，这有助于商业活动的发展。其中一个就是阿波罗尼亚庞提卡，传统上认为这个殖民地是约公元前610年建立的，这里是一个中转站，被敌对的色雷斯要塞包围（由于内部寡头统治腐败，很容易发生内乱）。[31] 奥迪索斯（Odessus）大约是在同一时期建立的，后来，大约在公元前500年之前，他们又建立了托米斯（Tomis，康斯坦察［Constanta］），半个多世纪后，奥维德就被流放至此，导致他对该地十分厌恶。伊斯特罗斯人也建立了一系列港口市场（emporion），其中最著名的是伊斯特罗斯港口，离奥比亚不远（参见下文），位于黑海海岸稍远的地方。

与此同时，伊斯特罗斯与其非希腊邻居保持着友好的关系。郊区的泥砖房可能是本地盖塔人的居住区，这说明新来的殖民者与之前的盖塔人共同居住，并与内地一些种植谷物的部落达成了一些协议。西南11英里处的塔里菲尔德人居住区的考古发掘证实了这一观点，塔里菲尔德（Tariverde）是公元前6世纪早期比较繁荣的市场。希腊人与内地居民达成的贸易协议如下，沿海地区向欧洲内陆地区出口葡萄酒、油（装在当地制造的陶罐中）、家具以及武器，内陆地区向沿海地区出口奴隶、农作物以及兽皮。此外，他们还在靠近多瑙河的河流拐弯处（靠近布勒伊拉［Braila］）建立了一个储存处或者港口市场，这有利于获得对岸山区的金银矿藏。

然而这些活动并不持久，因为在公元前500年前不久，伊斯特罗斯就被斯基泰人入侵者洗劫一空（附录2）。不过，这里后来还是恢复了，并在接下来的一个世纪中扩展了自身的贸易联系。在古代晚期结束之前，这里又遭遇了三次毁灭式的破坏。伊斯特罗斯建立后仅十年，一群有进取精神的米利都人，加上一些来自希腊世界其他地区的人，继续向更北边移动，以便在黑海的更远处建立奥比亚（奥维亚［Olvia］，靠近帕鲁提诺［Parutino］）这一殖民地。

该殖民地是在德尔菲的阿波罗神谕的支持下建立的，位于许帕尼斯河（Hypanis，布格河［Bug］）的西岸，靠近占地面积很大的河口海湾入口（*liman*），在波利斯塞纳斯（Borysthenes）以西23英里处，波利斯塞纳斯是后来的达纳普里斯河（Danapris），即现在的第聂伯河。该殖民地最初以波利斯塞纳斯命名，后来改名奥比亚，意为 *olbos*，幸福。这里之前虽然没有任何人定居，但整体而言，其位置很好，可以主导这些内陆河流的交通，两条巨大的内陆水路，形成了俄罗斯南部的主要特色。

奥比亚包括一个下城，以许帕尼斯河口（*liman*）为界，还包括一个海拔120英尺的上城。由于海平面上升，下城现在部分被淹没，但是下城的四个区域最近被挖掘出来，这表明居住在这里的人口不久就从原来的六千人增长到大约一万人。上城区的公共建筑似乎可以追溯到公元前550—前500年。宙斯和阿波罗德尔菲尼欧斯圣所就矗立在市政广场旁边，北部是富有的商人的房屋和储物仓，其规模之大，在整个希腊世界都很罕见，此外大约有四十间经济地位较低的人居住的茅舍也已被发现，与那些大型建筑形成鲜明对比。另一个早期的居住区位于城市西端，俯瞰哈尔峡谷（Zayach'ya Balka），这里还存留有工作坊的遗址。此处的墓葬形式也很多样。

该殖民地通过鼓励荷马研究以强调其希腊性。西诺普也有类似的现象，不过伊奥尼亚才是研究这种现象的发源地，奥比亚的特别设计忠实地反映了或者说沿用了其母邦米利都的特色，它赋予其公民平等的权利，也不用缴税。[32] 奥比亚还模仿了米利都一年内的月份顺序，并为米利都的金匠提供了临时，也可能是永久的住处。

奥比亚人生产的华丽的黄金制品主要是为生活在内陆的斯基泰人准备的，奥比亚与他们保持着密切的关系。希罗多德讲述的许多逸事也反映了这一点（他曾到过这个地方，知道许帕尼斯河的流向，曾在上游航行了许多天）。[33] 在奥比亚，异族通婚是常事，至少有一个名为卡里皮达人的斯基泰部落在奥比亚人的影响下，在此地定居。

奥比亚虽然有城墙，但是并不易防守，所以这些接触促使人们合理地推测，最初奥比亚的存在和发展都应该归功于斯基泰，因为斯基泰为其提供了保护。希罗多德的斯基泰人的亲希腊描述（附录2，注释50）支持了这一推测，但是认为斯基泰人是奥比亚统治阶级的组成部分这一假设，始终无法得到证实。考古学证据也能体现这种密切的联系。例如，约公元前490年的古特马里参（Gute Maritzyn）战士墓就体现了一种文化融合，大量的希腊艺术品被埋葬在一个斯基泰人设计的坟墓里。此外，墓中还发现了377枚青铜箭镞，都是斯基泰人传入希腊的嵌套式箭镞。

文献资料虽然描述了后期的黑海贸易，但对公元前500年以前的商业往来却没有任何记录。不过考古证据能够对这些贸易活动反映一二。关于陆路交通，奥比亚通往森林草原的主要贸易路线显然一直向北，穿过因古尔河河谷（因古尔河与许帕尼斯河一样，流入同一个河口湾），一直到斯米拉（Smela）和切尔卡瑟（Cherkassy）。然而，奥比亚也在许帕尼斯河上游进行贸易，其贸易至少拓展了200英里，因为纳米瑞夫（Nemirov）这么远的地方都出土了公元前7世纪的希腊东部陶瓶。

至于海运路线，贾戈里克（Jagorlik）和别列赞（Berezan）发现的源自爱琴海的石头（参见下文）显然是船只的压舱物，表明较轻的外运货物（葡萄酒、油）需要这种额外的重量，但随后回程货物较重（谷物），这使压舱物得以留下。在公元前6世纪，米利都在奥比亚和伊斯特罗斯之间的提拉斯河（Tyras，德涅斯特河［Dniester］）的河口湾（liman）地区，建立了殖民地提拉斯（比尔哥罗德-第聂斯特罗夫斯基［Belgorod Dniestrovsky］），进一步促进了希腊人之间的这种联系。如上文所述，提拉斯本身也在靠近奥比亚的伊斯特罗斯港口建立了自己的港口市场（emporion）。

奥比亚成为众多希腊黑海殖民点或港口市场的统治者，并直接控制着一块纵深30英里，横跨40英里的大片领土。这块土地上有许多居民，最近的调查表明，他们居住在至少七十个群体中，通过一个复杂的内部交流系统连接在一起。大多数希腊历史书都忽略了这一巨大的希腊化地区（可能是因为俄罗斯的考古成果不易阅读），造成了严重的不平衡。

事实证明，将这座城市命名为"幸福"是有充分的物质理由的。希罗多德曾经赞美波利斯塞纳斯河下游的优质牧场和丰富多样的物产。[34] 大量鱼类涌入斯基泰河口，包括巨型鲟鱼以及地中海的金枪鱼和鲭鱼。此外，这里还有充足的盐，可以将各种鱼类以干制、熏制和腌制的方式保存起来。

但粮食是奥比亚和其他黑海殖民地存在的主要动因，也是他们维系与斯基泰腹地关系的重要基础。古代作家告诉我们，他们从乌克兰和摩尔达维亚平原（Moldavian Plain）取之不尽用之不竭的肥沃的"黑土"地区获得了大量的粮食。希罗卡亚巴尔卡（Shirokaya Balka）发现的出土物可以证明奥比亚在这一交通路线中起到的作用，在该城以南1英里处，发现了十二个大型储藏坑，除此之外还有一个炉子，可能用于烘干谷物。

然而，粮食并不是内陆地区的唯一产品。后来波利比乌斯还提到了牛、蜂蜜和蜡。[35] 除此之外还有毛皮、内陆森林的木材、从特兰西瓦尼亚（Transylvania）通过河流带来的金属，以及相当数量的奴隶，这些奴隶经由奥比亚和其他黑海港口出口到其他希腊土地，大部分由米利都船只运送。作为交换，停靠在黑海港口的希腊船只不仅为希腊殖民者带来了葡萄酒和橄榄油，因为这些殖民者希望有像其他地方的同胞一样的吃喝，还为北欧、中欧和中亚的广大地区的非希腊人口带来了葡萄酒和橄榄油。可以推断，早在公元前6世纪，这种双向的流动就已经开始了。

奥比亚控制下最重要的地区是别列赞，其希腊名字不详。该地最初可能是一个半岛，但现在是一个岛屿，控制着波利斯塞纳斯河（在其河口附近与因古尔河汇流）和许帕尼斯河的出口，这两条河在这里汇合，形成了黑海最大的河口或河口湾（liman）。别列赞先于奥比亚建立的说法已经很难得到支持。后者可能是先建立的，而前者则是在不久之后建立的。

别列赞的房屋一般是单间并配有茅草屋顶，大多是长方形的，但有时是圆形的，尺寸为6×9英尺或9×12英尺。这些房屋建在地面以下，以防止冬季寒冷，并配有壁炉。此外，还可以看到用于储藏或归置垃圾的坑。别列赞岛现在所处的位置（包括其东海岸的着陆点）已经出土了许多不同时期的发现，包括一小组公元前6世纪的琥珀金币（浅金色）。

在一堵墙的缝隙中，发现了一封约公元前500年的私人信件，是用铅写的，卷成卷轴。[36] 这封早期希腊商业信函说明了职业商人这一阶层的确存在。这封用伊奥尼亚方言写成的信件晦涩难懂、含蓄蕴藉，但根据一种推测，这封信的作者阿基罗多洛斯（Achillodorus）当时正代表阿那克萨戈拉（Anaxagores）进行商业旅行，这时第三方玛塔苏斯（Matasys）抢走了他的货物，并试图将他沦为奴隶。这个马塔西斯可能是想对阿那克萨戈拉的财产行使私人报复，因为按照惯例，如果在一个城市中某人在劳动方面受到了不公正待遇，那么他可以在另一个城市行使这一权力。马塔西斯声称阿那克萨戈拉剥夺了他的财产，并声称阿基罗多洛斯作为阿那克萨戈拉的奴隶，理应被扣押以补偿这一错误。而阿基罗多洛斯敦促他的儿子普罗塔哥拉斯（Protagoras）向阿那克萨戈拉报告所发生的事情，并借此机会解释说，他是一个自由人，不是奴隶，因此，不应该被扣押。

大流士一世在约公元前513—前512年发动的斯基泰远征（附录1和附录

2）一定会让这些商人感到焦虑，事实也确实如此，奥比亚和别列赞的商人普遍产生了这种感觉。首先，他们与矿藏之国特兰西瓦尼亚联系的唯一途径被切断了，特兰西瓦尼亚是他们非常重要的商业销售点。这意味着黑海很可能沦为波斯人的内湖。

奥比亚东南部是陶立克切索尼斯半岛（克里米亚），那里多山的内陆和彪悍的居民让希腊海员望而却步。然而，半岛的东端，辛梅里亚博斯普鲁斯（刻赤海角［Kerch promontory］）却对殖民者，尤其是米利都的殖民者有着强大的吸引力，因为这个海峡通向迈欧提斯湖（Maeotis，亚速海），尽管那里时常有暴风雨，但是鱼类资源丰富。

此外，该湖向北延伸到塔纳依斯河（Tanais，顿河［Don River］），米利都人（目前的证据看来有可能是米利都人）在该河河口建立了最偏远的殖民地（约公元前625—前600年，或稍早），该殖民地以这条河流命名，这条河流提供了一条通往内陆斯基泰地区的通道。斯特拉波曾经描述过一个十分重要的名为塔纳依斯的希腊贸易城市，那是一个欧亚游牧民族共有的港口城市[37]，可以确定位于今天的尼德维戈夫卡（Nedvigovka），但早期的同名殖民地似乎不在这一地点。取而代之，早期的殖民地点可能是塔甘罗格（Taganrog），这里的水下考古发现了公元前7世纪的希腊陶器，或者是在塔纳伊斯河三角洲主要南支旁边的伊里扎威托夫斯卡亚（Elizavetovskaya，也有人认为这里是古代的阿罗佩其亚［Alopecia］）。

在迈欧提斯湖的南端，许多希腊殖民地绕着辛梅里亚博斯普鲁斯海峡两岸聚集。这些殖民地中最重要的是西海岸的潘提卡派乌姆（Panticapaeum，刻赤），该殖民地由米利都人在约公元前600年建立。这里的前身是一个早期的斯基泰人定居点（潘提卡帕［Panti Kapa］），该定居点的居民曾与到访的希腊商人进行贸易。在离城区2英里处的特米尔戈拉（Temir Gora），发现了一个斯基泰贵族的墓葬，里面有一个约公元前640—前620年制造的希腊酒罐。[38] 显然，潘提卡派乌姆与各个民族之间保持着密切的联系，其重要性归功于有利的地理位置，具有防御性质的卫城（米特里达山［Mithridates］

也为其提供了保护。此外，这里的居民还有效利用了靠近陶立克切索尼斯的肥沃良田。

该城的统治者（archontes）属于米利都的阿尔凯亚纳克斯家族（Archaeanactids）。在本书所涉及的日期终止后一二十年的时间里，他们巩固了自己的势力，并开创了富有生命力的辛梅里亚博斯普鲁斯王国，该王国对一些土著居民实行控制，并表现出不同程度的希腊化。当时，其他的希腊殖民地，也已经在潘提卡派乌姆周围建立起来。[39]

潘提卡派乌姆还广泛渗透到辛梅里亚的博斯普鲁斯海峡（塔曼半岛，终点是塔曼湾）东部的库班海岸，该城还对高加索腹地的金属产生了浓厚的兴趣。就像潘提卡派乌姆一样，海峡的东侧最早的殖民地也是米利都人建立的，该殖民地就是赫尔墨纳萨（Hermonassa，塔曼斯刻 [Tamansk]）。赫尔墨纳萨位于海峡的南边入口处，这有利于他们探索自己的商业和战略价值。赫尔墨纳萨还可以利用安提奇特斯河河口（Anticites，位于库班）[40]，那时候，安提奇特斯河的主要河道就在城市的南面流入黑海（而不是像今天这样流入亚速海）。赫尔墨纳萨最近发掘出土了一系列建筑、街道和墓葬，其历史可以追溯到公元前6世纪初，该城似乎就是在那时建立的。同区域的其他殖民地的建城时间大约可以追溯至同一时期。[41] 河谷确保了希腊人与内地部落的联系，其中包括被驱逐的辛梅里亚人留下的一小块建有防御工事的飞地（附录，注释2），不过其中有些人喜欢俘虏伊奥尼亚水手，并将他们献祭给伟大的塔比缇（Tabiti）女神。

位于狭窄海峡东侧的主要希腊殖民地是法纳戈里亚（Phanagoria），在稍北边（靠近森那亚 [Sennaya]）的一个岛屿上，毗邻迈欧提斯湖、克洛康达米提斯湾（Corocondamitis）和安提奇特斯河的一条分支。与其他黑海周围的殖民地不同，该殖民地不是由米利都人建立的，而是由另一个伊奥尼亚城市忒奥斯建立的。他们的居住地延伸到两个平台上，其中一个成了卫城，另一个是较低的城镇。后者的大部分现在已经被淹没到海下3到30英尺的深度，这个过程被称为"法纳戈里亚海退"。上层平台上现已发掘出四座早期住宅的遗址，其中一座住宅可能建立于殖民地生活的最初期。郊区的一个墓地表明，在那个时期，伊奥尼亚陶器占主导地位，后被阿提卡和萨索斯作坊的产品取代。从公元前6世纪，当地人就开始仿造各类希腊器皿。城市的西南部和西部，有令人印象深刻的墓室。墓室里包括奢华的葬礼祭品，包括黄金和青铜制成的镀金马鞍和马具。

因此，在一个世纪的时间里，整个黑海的西海岸和北海岸都布满了希腊城镇，这些城镇既是贸易点又是农业定居点。此外，在黑海的东岸，高加索山下的凹陷处，还分布着其他几个公元前6世纪的米利都城镇，但是目前并不能确定这些定居点属于城邦（*poleis*）还是没有公民等级的港口市场（*emporia*）。

位于这些地方最北端的是皮图斯（Pityus，皮尊达［Pitzunda］，皮池维塔［Bichvint］），位于赫尼奥奇（Heniochi）部落的领土上，希腊殖民者或商人可能在某种程度上依赖他们（该地属于现在的阿布哈兹［Abkhazia］自治共和国和格鲁吉亚苏维埃社会主义共和国）。接着是狄奥斯库里亚（Dioscurias，苏呼米［Sukhumi］，阿布哈兹的首都），位于贝斯莱特卡河（Besletka）河口附近，取代或融入了一个可追溯到公元前2千纪的居民点。尽管地处偏远，但这里从希腊进口产品的数量越来越多，与此同时还出口当地的盐和高加索木材、亚麻和大麻。据说，在狄奥斯库里亚的集市上，可以听到七十种语言，还有另一种说法，说这里可以听到三百种语言，不过斯特拉波对这个更高的数字提出了质疑。[42]

位于更南边的第三个米利都港口城市是法希斯（Phasis），位于其同名河口附近（今天格鲁吉亚的里奥尼河［Rioni］）。泥沙淤积让原本的殖民地变得难以辨认，但是一个可能的地点是河流上游11英里处的西马格雷（Simagre），那里出土了公元前6世纪建在土堆上的建筑。在到达其低地的沼泽之前，法希斯河的上游河谷也像狄奥斯库里亚一样，为运输高加索产品提供了通道，除此之外，该地还能够运输来自卡律贝斯的铁器（注释25）。这片肥沃的土地形成了科尔基斯王国（Colchis）的核心，该国继承了毁灭于约公元前720年的科尔哈（Colha）或奎尔哈（Qulha）的旧址。一般认为科尔基斯王国存在于公元前6世纪[43]，但是也有一种观点认为科尔基斯直到公元前300年才形成了一个有组织的政治实体。

不过该地区在希腊神话中的突出地位可以追溯到很早以前，也许是在公元前2千纪，或者至少是在米利都海上探险活动的最初几年。科尔基斯的土地被认为是一个神奇的富饶之地，阿尔戈斯英雄航行到这里是为了从埃厄忒斯（Aeetes）手中夺取金羊毛，以及他的王国埃亚（Aea），该地又得名旭日之地。一般认为指的就是科尔基斯，不过也有认为埃亚在塔曼半岛。

阿尔戈斯英雄的领导者是伊阿宋，他受到色萨利伊奥尔克斯的篡位者派利阿斯（Pelias）欺骗，出发去夺取金羊毛，因为派利阿斯告诉他只有在拿回金羊毛之后，伊阿宋才能夺回王位。阿尔戈斯英雄们穿越了色雷斯博斯普鲁斯海峡随后进入黑海，通过了撞击岩石（在他们穿越撞击岩石之前，阿尔戈斯英雄释放了白鸽探路），之后他们受到了马里安丢诺伊人的款待。后来在西诺普短暂停留之后，他们来到了埃亚或科尔基斯，在那里他们进入了法希斯河口，王城就在旁边。在国王的女儿美狄亚的帮助之下，伊阿宋完成了国王埃厄忒斯设置的任务，他用两头喷火的公牛耕田，然后播种龙牙或蛇牙（被卡德摩斯所杀），最后还要打败龙牙长出来的巨人战士。最终还是在美狄亚的帮助下，伊阿宋带着金羊毛逃走了。关于他返回希腊的旅程中发生的故事，有许多不同版本的变体，事实上，从各个方面来讲，这个故事都像一个伟大的传奇故事和童话故事的结合体。但这个结合体也以神话的形式，反映了早期希腊人在黑海沿岸的旅行和探险。

在海岸更远的地区，还有一个与希腊神话密切相关的故事，那就是亚马逊的故事。她们居住在小亚细亚北部塞墨顿河（Thermodon）旁的忒弥斯库拉（Themiscyra），该地位于阿米索斯河和伊利斯河[44]以东（斯特拉波说她们是从该地区被驱逐出来的[45]，这种说法可能是因为当地没有发现她们生活的痕迹）。另一种说法认为，他们住在东北很远处的塔纳依斯河河口[46]，甚至是更远处的里海南部的里海之门处。[47]

亚马逊人总是被归置于已知世界的边界。这是因为她们本身就代表了自然秩序的颠覆（用以解释一些众所周知的民间故事，比如希罗多德就将之用于埃及的习俗）。[48] 因为亚马逊人是女人，但也是战士，是男人的对手，荷马两次称她们为 antianeirai。[49] 亚马逊人代表了一种反常的状态，因为战斗是男人的事情。没有人比希腊人更强烈地感受到了这一点，他们认为，除了少数例外，妇女的地位与男子的地位完全不同，而且永远低于男子。

亚马逊人，她们不仅和男人一样，和男人平等，她们还和男人作战。公元前8世纪的米利都人阿尔克提诺斯在《安提奥皮斯》（Aethiopis，或称亚马逊）中讲述了亚马逊人的女王彭忒西勒亚（Penthesilea）在特洛伊战争中是如何帮助特洛伊的故事[50]，但其实在《伊利亚特》中，她早前是特洛伊人的敌人。[51] 在特洛伊战争中，她与阿基琉斯对决。阿基琉斯将之击倒然后杀死，在这些作品中亚马逊人在与男性（不仅是阿基琉斯，还有赫拉克勒斯、忒修斯和柏勒洛丰）作战时总是被打败。因为她们对男性地位的不正常的冲击必须加以抵制。此外，在艺术领域中希腊人经常把对半人马的战斗与对亚马逊人的战斗并列在一起，这一定程度上也能说明他们的态度，他们暗示这两个民族是一样的，虽然一个是好色的男性，另一个是贞洁的女性，但他们同样反对正确和高雅的既定秩序。这些对亚马逊人形象的刻画发生在公元前7世纪之后，有时她们穿着短外衣，有时她们穿着斯基泰人或东方人的裤子。

但是，神话中赋予这些强大女性的非凡的、骇人的行为，在希腊人的想象中占据了很大的地位，以至于她们出现在各种地方和角色中。她们有时被用来为两性对立和大男子主义辩护，有时还成了小亚细亚西部重要城市的建城者，比如库迈和以弗所（阿尔忒弥斯并不总是神庙中的固定形象，有时还有一个亚马逊人般的女性人物形象）。希罗多德的做法确实不同寻常，他追求性别的平等，在他笔下，亚马逊女人族与居住在塔纳依斯河以北的，跟斯基泰人密切相关的萨尔马提亚人（Sarmatae）通婚。[52] 他创造了一个虚拟的社会，以相互满意的方式安排了性别之间的关系，并规定了他们各自的适当职能，不允许一方或另一方完全占主导地位。

第九章　后　续

　　这本书描述的五百年是从迈锡尼的宫殿倒塌，文明全线崩溃开始的。全书试图描绘一个又一个地区从崩溃中逐渐复苏的图景。包括政治、经济、社会、诗学、哲学、科学、艺术在内的不同领域，不同城邦以及地区的发展是多样的、深刻且极具创造性的。

　　他们为辉煌的未来奠定了基础。在政治领域，"古典"时期的过去和未来之间的分界很明显。因为在我们描述的时段最后一件事情发生之后，希波战争接踵而至。这场战争形成了一个转折点，其标志是马拉松战役（公元前490年），温泉关战役、阿尔特弥西翁战役（Artemisium）和萨拉米斯海战（公元前480年）以及普拉提亚的麦卡莱之战（公元前479年）。希腊人赢得了胜利，他们不仅赢得了城邦的独立，而且获得了永远的骄傲。

　　但这是一场难分高下的比赛。在整个研究中，我们看到了以共同的种族、语言和宗教为代表的泛希腊精神持续对比和对立，以及一个城邦与另一个城邦分裂关系体现出的离心力。现在，面对波斯对所有人的威胁，团结战胜了不团结。并非希腊本土的每个城邦都抵制波斯人，有些城邦觉得自己有义务或倾向于站在波斯人一边，而另一些城邦则保持中立，但那些参与战争的城邦立场十分坚定，并且最终取得了胜利。他们的领袖（尽管有摩擦和争吵）是雅典和斯巴达。不过，在这两个城邦中，到底谁是胜利的主要贡献者，在未来的许多年里，都仍有争议。

　　希波战争结束后，人们普遍认为，希腊人之间并不稳定的合作，使胜利成为可能,那这种合作应该以某种方式稳定并保存下来。但实际上,只有承认雅典或斯巴达为主导力量,才能维持这种状态。然而,大家很快发现,斯巴达人没有能力或不愿意承担这个角色,抑或两者兼而有之。于是雅典组成了"提洛同盟",在伯利克里的领导下,成为一个帝国。但这个过程,不可避免地招致了科林斯和忒拜支持的斯巴达的伯罗奔尼撒联盟的嫉妒。

结果(是谁的错误一直被无休止地讨论)是伯罗奔尼撒战争的爆发(公元前431—前421年,前416—前404年),修昔底德令这场战争永垂不朽。最终的输家是雅典人,主要是因为他们无缘无故地干预了小亚细亚反抗波斯人的起义运动。在稍早之前,他们还对遥远的西西里岛上的叙拉古发动了一次远征,结果以失败告终。随后他们处决了一队为他们在阿吉纽塞(Arginusae)赢得胜利的将军,因为在战后的一场风暴中很多人丧生大海,尸骨无存。

叙拉古的成功提醒着我们,虽然在希腊本土,雅典和斯巴达有着前所未有的至高无上的地位,但希腊世界的其他城市仍然享受着繁荣的发展,这些发展很容易被希波战争和伯罗奔尼撒战争的戏剧化事件所掩盖。在萨拉米斯海战的时候,叙拉古和盖拉击退了迦太基人,此后叙拉古就一直保持着强国地位。在公元前5世纪,叙拉古的故事非常偶然地走进了我们的视野,毫无预料地撞进了修昔底德描绘出的雅典本土的图景中。在遥远的西部,马萨利亚也保持着重要的地位,黑海北岸的希腊人的生活仍然具有很大的意义,不过他们不再像之前那样仍是独立的城邦,例如辛梅里亚博斯普鲁斯的阿尔凯亚纳克斯王朝,他们提供的粮食是雅典得以继续生存的命脉。

公元前5世纪,即希波战争和伯罗奔尼撒战争的时代,集中了很多独特的思想和艺术人才,本书之前所描述的所有早期就已经存在的趋势或多或少地同时结出了果实,结成了复杂而又短暂的,处于同时代的"古典"现象,从来没有其他时代能与之匹敌。

虽然,早期的成就传播到了希腊世界的广大地区,而且这种传播还在一定程度上继续进行,但"古典"的传播却在很大程度上仅仅集中在雅典。这不仅仅是因为我们的史料偏重雅典,这种偏重的确会掩盖其他城邦的政治历史，但最重要的原因是，希腊世界的文化生活确确实实以雅典为中心。思想家和作家来到雅典并在那里工作，这种盛况前所未有。这里有流行的哲学家或"诡辩家"，以及历史学家希罗多德，他的继任者修昔底德也是雅典人。雅典也是许多其他文学体裁的故乡，如悲剧、喜剧和苏格拉底所承载的那种内向的、辩证的哲学，就我们所能重建的他的思想而言，他的思想达到了迄今为止难以想象的程度。至于视觉艺术方面，跟前一个时代一样，这个时代的壁画大多已经失传，但是雅典的很多红彩陶瓶画存留至今，从中我们可以看到，他们不断探索艺术和自然的新领域。与此同时，雅典的帕特农神庙（约公元前447年）以及菲迪亚斯（Pheidias）创作的雕塑和浮雕也展示了雅典在建筑和雕塑方面的领先地位。

一个持续的问题变得不可避免地出现了：为什么在公元前5世纪，雅典会出现这种独特的人才集中现象？如果回答说，这是因为雅典人到现在已经把从克里斯提尼那里继承下来的制度（第二章，第5节）发展成了成熟的民主制度，那这不能算是一个充分合理的答案。因为正如我们之前所看到的那样，在民主制度根本不存在的时候，希腊人就已经做出了很多了不起的事情。修昔底德似乎都没有意识到，答案应该是帝国给雅典人带来了足够的钱，这些钱可以用来负担闲暇，使人们能够发挥他们非凡的天赋进行思考和写作，这些钱还能用以支付建筑师和雕塑家的更高质量的杰作。

由克里斯提尼发起的、被许多其他希腊族群模仿或改进的民主制度是否应该被视为一种成功，一直面临争议且被广泛讨论。在功劳方面，这种制度使公民能够前所未有地亲自参与城邦的运作。从消极的一面来看，这种大规模的参与，加上看上去很平等的抽签，也导致了许多严重的错误。

而事实上，使雅典人在伯罗奔尼撒战争中失利的错误在公元前4世纪仍在继续，他们试图复兴雅典帝国，但具有讽刺意味的是，当时他们在世的最伟大的思想家柏拉图是一个非常不赞成民主的人（尽管叙拉古的独裁政权也没有接受他）。然而，受到指责的不仅仅是雅典这个民主政府。斯巴达政府也是如此，虽然理论上斯巴达受到一个平等的团体掌控，但从任何意义上来说，斯巴达的制度都不是一个行之有效的民主城邦。在同一时间，斯巴达活在波斯的阴影之下，也没有成功建立希腊城邦的指挥权，这留给了忒拜去尝试，但这一尝试十分短暂，最终也失败了。

马其顿的腓力二世（公元前361—前336年）最终结束了所有这些努力。不过到现阶段为止，他的独裁统治和稍显落后的王国（第八章，第1节）还没有取得多大的成就。尽管雅典天才的演说家德摩斯梯尼（Demosthenes）试图建立一个反对他的联盟，但是腓力后来对自己的王国进行了全面改革，使它远远超过了整个希腊大陆的总和，并在喀罗尼亚战争之后（公元前338年）把希腊城邦的自治独立地位变为泡影。然后，他的儿子亚历山大三世大帝（公元前336—前323年），以史上最杰出的军事壮举之一，横扫波斯帝国，带来了希腊世界的扩张，可与三四百年之前的殖民时代相媲美。

经过一段混乱时期（继业者战争，或称继业者时代），继承亚历山大大帝成就的"希腊化"时代很大程度上是一个王国的世界，他自己的马其顿王国（后来被安提柯王朝重组）、埃及的托勒密王朝（其首都是亚历山大里亚，由亚历山大大帝建立）以及近东和中东地区庞大的塞琉古王国（由叙利亚的安条克新城以及底格里斯河畔的塞琉西亚统治）。此外，其他地区也有一些王国，或是幸存下来，或是被重新建立，特别是斯巴达（那里出现了一系列改革和一些革命性的国王）、叙拉古（仍受政治动荡的折磨）、辛梅里亚博斯普鲁斯王国（统治这里的是一个新的斯帕尔多库斯王朝），还有横跨小亚细亚的大片地区（既有的哈利卡纳索斯，以及新的本都、比提尼亚、卡帕多西亚、帕加马［Pergamum］）以及东至印度的地区（巴克特里亚、希腊-印度王国以及非希腊的帕提亚）。

然而在希腊化时代，也仍然有非君主统治下的城邦繁荣发展：雅典、罗德岛（公元前5世纪时三国合并）和意大利南部的塔拉兹。此外，在早期我们就在波奥提亚看到了组建联邦式同盟的尝试（第四章，第4节），这种尝试被阿凯亚同盟和埃托利亚同盟发扬光大，他们占据了一些城镇化和城邦发展较薄弱的地区。

米南德（Menander）的新喜剧（公元前293/289年）在雅典繁荣起来。与此同时，在色雷斯斯塔基拉（Stagirus）的亚里士多德（公元前322年）以及其继任者，来自塞浦路斯基提翁的芝诺和来自萨摩斯的伊壁鸠鲁的努力下，这座城市依旧是希腊世界的哲学中心，后两者分别创建了斯多亚学派和伊壁鸠鲁学派。但事实证明，亚历山大里亚在诗歌领域是一个对手，这里吸引了分别来自昔兰尼、罗德岛和叙拉古的卡里马库斯、阿波罗尼奥斯和忒奥克里托斯（Theocritus）。科学和医学也以亚历山大里亚为中心，不过那个时代最杰出科学家阿基米德（Archimedes）是叙拉古人。希腊化雕塑是一个新的奇观，将新的奇特思想与古典传统相结合，在许多中心都可以看到，其中帕加马和罗德岛的雕塑作品尤为引人注目。

但是希腊王国开始与力量日益增长的罗马共和国（吞并了希腊影响的伊特鲁里亚城邦，参见附录3）发生冲突。这种冲突的增长，可能是因为他们自己的短视，也可能是一些罗马人有预谋的侵略，抑或因为这两者的致命结合。希腊人并没有像几个世纪前一样，没有像那些城邦联合起来对付波斯人那样成功地联合起来对付罗马，希腊王国一个接一个地倒下了，直到公元前30年屋大维（奥古斯都）吞并了埃及艳后克里奥帕特拉七世统治的埃及，这才为这个漫长的过程画上了一个平淡而又浪漫的句号。一个希腊-印度王国似乎多存活了几年，但我们对这个王国的最后阶段知之甚少。

这个王国的征服者并不是罗马人。但是剩下的希腊世界已经构成了罗马帝国的一半以上，在罗马统治之下，这些希腊城邦的政治地位已经微不足道。当君士坦丁一世大帝（公元306—337年）将拜占庭（第八章，第1节）改造成新的君士坦丁堡时，希腊开始反扑，君士坦丁堡首先短暂地成为罗马帝国的首都，然后在一千年内成为东罗马帝国和拜占庭的继承者。随着时间的推移，希腊语取代拉丁语成为拜占庭的官方语言。

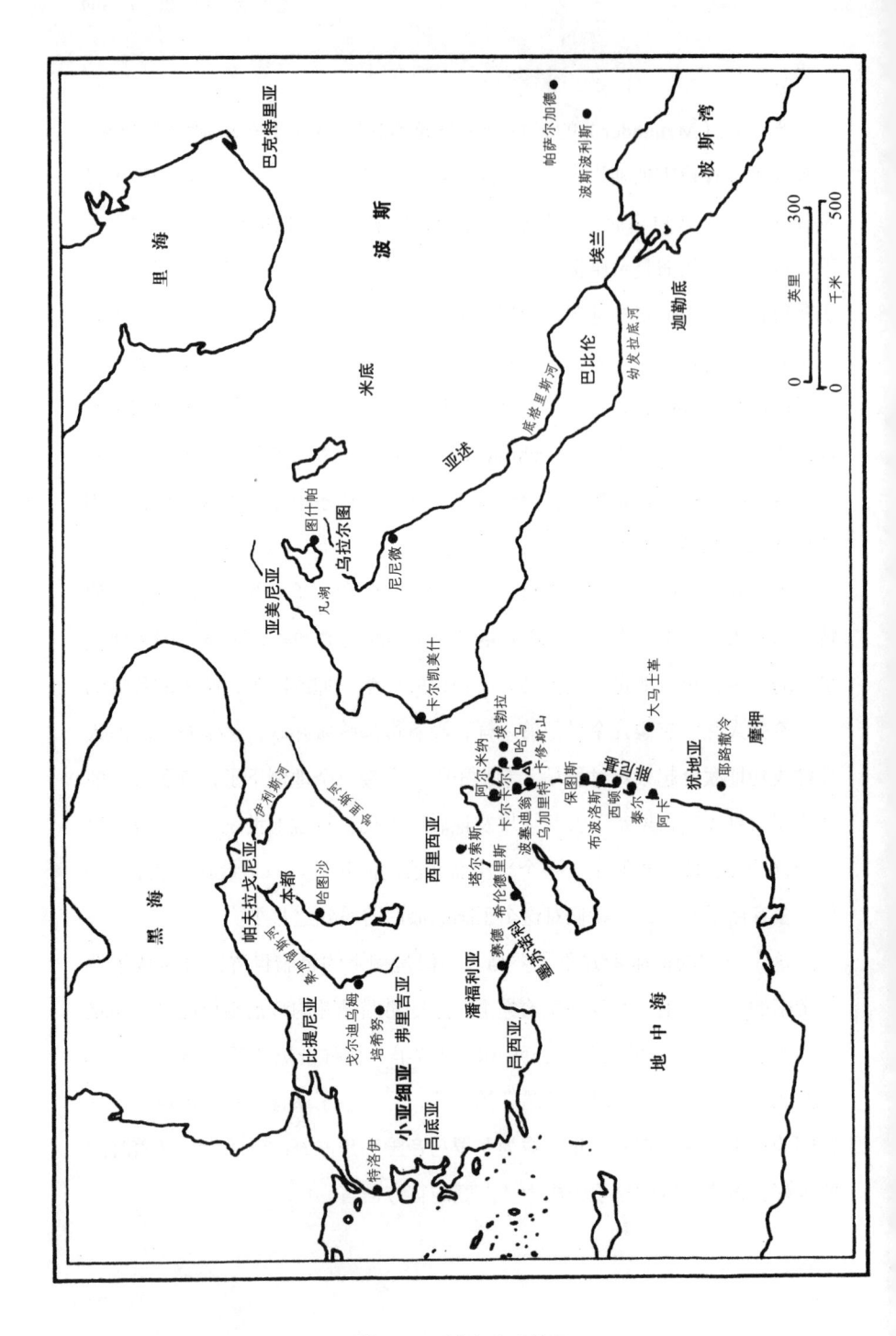

地图12　近东与中东地区

附　录　希腊人与其他人的关系

附录1　影响希腊人的地区：近东与中东

弗里吉亚占据了小亚细亚中部高原和内陆西部的大部分地区。在公元前13世纪和前12世纪的大规模动荡不安的移民中，这个国家被说印欧语却不是希腊人弗里吉斯人占领了，他们是一群养马的贵族。根据传统的说法，这些人来自色雷斯，在那里他们被称为布里吉斯人。可能是因为沿海迈锡尼人给马其顿南部带来了太大压力，所以他们选择迁至小亚细亚。

他们到达那里之后，战胜了赫梯人（注释19）并建立了一个王国，这个王国与希腊传说中的米达斯（Midas）和戈耳狄俄斯（Gordius）的故事有关。他们的首都位于桑加留斯河谷（Sangarius，萨卡里亚），以戈尔迪乌姆（Gordium）命名，荷马称这里是弗里吉亚最先进的地方。[1]弗里吉亚人的建筑、雕塑、金属制品和木制品（至少有八个）的遗迹尚存，据说他们还是动物寓言的发明者。

历史上另一位国王是米达斯，约公元前738—约前696年在位。在亚述文献中，他以穆什基人米塔（Mita）的形象出现，加入了反对萨尔贡二世的联盟（公元前715年），并在公元前700年后不久占领了小亚细亚东南部的西里西亚（希拉库［Khilakku］），这一行动或许得到了伊奥尼亚希腊人的帮助[2]，不过他们又被赶回了家乡，成了亚述的附庸。据说他在约公元前676年自杀，当时弗里吉亚王国被辛梅里亚移民推翻（其西部边界的几个希腊城市也惨遭蹂躏），这些移民者来自高加索以外，希腊人称他们的国王为吕格达米斯，亚述人称之为图格达姆（Dugdamme）。[3]

虽然弗里吉亚人阻止了以米利都为代表的伊奥尼亚城邦继续向内陆东部地区扩张，但是在文化上，他们迅速接受了希腊字母（也有可能因为这两种字母本身就有相同的来源）。在戈尔迪乌姆发现的青铜腰带、胸针以及彩绘陶器都有希腊特征，米达斯国王不仅是第一个向德尔菲献祭的非希腊君主（其献祭的礼物放在科林斯的宝库中），还娶了爱奥尼亚的库迈国王阿伽门农的女儿。希腊人也从弗里吉亚获得了纺织品和奴隶。

但最重要的是，他们在宗教领域受到了弗里吉亚的影响。古代作家认为狄奥尼索斯（附录2）来自色雷斯或弗里吉亚，而正如我们所见，弗里吉亚的发展归功于一个色雷斯部落。弗里吉亚人里也有一个名为狄奥尼索斯的植物神。公元前8世纪或前7世纪，小亚细亚众神之母的圣所就位于弗里吉亚边境的培希努（Pessinus），这位女神后来进入希腊，得名库柏勒（弗里吉亚语是库比拉 [Kubila] 或阿格狄斯提斯 [Agdistis]）。爱琴海北部的萨摩色雷斯岛（萨摩斯人的殖民地，第八章，第2节）上的神祇卡比利最开始是冥府之神（生育神），似乎也源自弗里吉亚。

这片土地上的音乐家也影响了希腊人，希腊人认为他们发明了钹、长笛、三角琴、排箫以及弗里吉亚"调式"（第一章，注释40），据说柏拉图认为这是一种足够冷静和充满男子气概的音乐，而亚里士多德并不接受这种音乐调式。[4]

吕底亚是小亚细亚西部的一个内陆区域，以赫尔姆斯河和考斯特河河谷低地为中心。根据一些具有传奇色彩的故事，这个王国很早之前由一个王室家族统治，这些家族虽然不是希腊人种，但是他们声称自己是希腊神话中阿提斯（Atys，其家族被错误地认为曾在伊特鲁里亚殖民，附录3）和赫拉克勒斯（可能被认为是吕底亚的驯狮神桑顿 [Sandon]）的后裔。

所谓的赫拉克利德王朝的最后一位君主坎道列斯（Candaules）被巨吉斯（约公元前685—前657年）杀死了，后者开辟了梅尔莫纳达王朝（Mermnads，也称鹰朝），其首都位于萨尔迪斯，位于赫尔姆斯河畔一个水源充足的平原边缘。巨吉斯娶了前任的遗孀，阿基尔罗库斯在形容他时第一次使用了僭主一词（*tyrannos*），不确定这本身是否是一个吕底亚语单词（第一章，注释48）。

虽然巨吉斯像之前的弗里吉亚国王米达斯一样，向德尔菲进献了六个金碗（放置在科林斯的宝库中）以寻求希腊人的青睐，但他还是动用了骑兵进攻当时最强的伊奥尼亚势力科洛丰（第五章，注释31）。米利都人也是在他的同意下，才在赫勒斯滂附近建了阿比多斯这个殖民地。但是后来，巨吉斯与米利都发生了冲突，尽管取得了军事上的胜利，但是并没有将米利都推翻，最后还是选择与之联盟。尽管如此，伊奥尼亚人还是觉得不胜其扰，因为他阻碍了他们的陆上扩张，迫使伊奥尼亚人渴望离开，在其他地区建立殖民地。巨吉斯向亚述人（亚述人的君主亚述巴尼拔[Ashurbanipal]称他为臣属）请求援助，希望亚述人帮他抵御辛梅里亚人的侵袭（注释3），但是埃及的普萨美提克一世却支持他的敌人，这导致他失去了优势，最终被辛梅里亚人杀死。

但是他的玄孙，阿尔蒂斯（约公元前652—前625年）之子萨迪亚泰斯（公元前625—前615年）的儿子阿吕亚泰斯（公元前617—前560年）将辛梅里亚人尽数驱逐。他将统治范围向东扩展到哈里斯河，建立了吕底亚帝国，不过他与米底国王基亚克萨雷斯（Cyaxares）一直有冲突，他还将帝国向西扩展，占领了士麦那，将女儿嫁给了以弗所的独裁者麦拉斯。克拉佐美奈和米利都给他带来了挫败，但是阿吕亚泰斯像之前的巨吉斯一样安抚了米利都人，并帮助他们在迪迪马重建神庙。他还像巨吉斯一样向德尔菲进献礼物，其中包括金器和希俄斯的格劳库斯制作的铁架子。科林斯的僭主佩里安德送了三百名科基拉贵族青年给他，这些青年成了宫廷里的太监。

阿吕亚泰斯的儿子是克洛伊索斯（约公元前560—前546年），此人富有传奇色彩，他再次对德尔菲慷慨解囊[5]，在他的统治下，吕底亚与希腊人的联系变得更加密切和复杂。这一点尤其适用于以弗所，克洛伊索斯帮助他们重建了阿尔忒弥斯神庙（并向其祭司借钱），事实上，以弗所实际成了他的附属国，随着时间的推移，他也获得了几乎所有其他希腊沿海城市的控制权，他们对吕底亚入侵的担忧得到了充分证实，这些人也是第一批臣服于非希腊统治者的希腊人。

很多希腊圣贤都以雅典的梭伦为榜样，拜访了克洛伊索斯的宫廷，建筑师、借贷人员、商人和政治难民也纷至沓来。萨尔迪斯成了近东世界的金融之都。但波斯帝国的崛起却造成了克洛伊索斯的垮台。在公元前546年，尽管他曾向希腊和埃及求援，但最终萨尔迪斯还是被波斯国王居鲁士二世征服了。吕底亚王国毁于一旦，萨尔迪斯成了波斯总督的都城，这里曾在伊奥尼亚起义期间（公元前498年）受到短暂的破坏。

吕底亚人向弗里吉亚学习，并进一步发展了其宗教仪式（尤其是纪念众神之母库柏勒的宗教仪式，他们还将这种崇拜引进到了希腊）。他们同样继承了弗里吉亚的纺织业，并生产了花纹艳丽的织物、紫色地毯和漂亮的帽子。珠宝和出色的烹饪是他们的又一特色。所有这一切使他们在希腊人中间赢得了奢侈衰弱的名声。然而，希罗多德观察到，他们的习俗基本上与希腊没有什么不同——除了他们的女孩从事卖淫。[6]他说吕底亚人是最早的零售商（*kapeloi*），这意味着希腊人第一次在萨尔迪斯看到了固定的商店。

希罗多德还补充到（证实了早期色诺芬尼的话），吕底亚人是第一个铸造和使用金银币的人[7]，这一说法经过长期的现代研究已经得到证实，只是最初被发现的金属不是纯金或银，而是帕克托勒斯河（Pactolus）和赫尔姆斯河冲下来的琥珀金币（浅金色）。钱币上的浮雕是钱币制造的重要组成部分，而吕底亚钱币最初的图案是狮子的前半身，狮子的嘴巴大张，可以肯定的是这种图案比希腊人（伊奥尼亚）钱币上的其他动物形象都早。

吕底亚人发明了这种方法，即发行这些带有权威标记的，重量一定的金属块，代替了以前用于类似目的各种金属块、金属条和金属屑。根据在以弗所阿尔忒弥斯神庙和其他地方发现的证据，这一创新方法被归于约公元前625—前610年，正是萨迪亚泰斯或阿吕亚泰斯的统治时期。对于普通的日常商业或希罗多德提到的零售贸易来说,这种钱币的面额似乎太高了。因为这些钱币最主要的功能就是支付,但最常见的吕底亚货币单位价值十二只羊,这相当于一年或半年的薪水,所以这些钱币最初可能是用于支付雇佣兵的薪水的。[8]

然而,钱币制度以其耐用性和便携性的优点,很快就适应了各种商业活动,并传播到沿海地区和岛屿上的希腊城市,并从那里传到大陆(第一章),形成了吕底亚对希腊文明最重要的贡献。

在音乐方面,像他们之前的弗里吉亚人一样,吕底亚人也教会了希腊人很多东西。例如,七弦吕拉琴据说是由来自莱斯博斯岛上的安提萨的特尔潘德从吕底亚带来的,希腊的挽歌很可能也受到了吕底亚的影响(此外,也许还受到了弗里吉亚的影响)。[9]正如我们所看到的,柏拉图赞同弗里吉亚的音乐调式,谴责吕底亚风格,认为他们柔弱无力(像伊奥尼亚人),过于忧伤。[10]萨尔迪斯可能在传播巴比伦宇宙起源和天文学方面也起到了作用,这一点将在本附录的后面提到(注释15)。

底格里斯河和幼发拉底河之间和周围的美索不达米亚(伊拉克)的千年早期历史对希腊的思想和艺术产生了一定的影响。但这种影响在很大程度上是间接的,因为巴比伦(巴格达和波斯湾之间的南部平原)和亚述(摩苏尔周围的地区)帝国在一段时间内成功地控制了叙利亚北部和腓尼基地区,这些地区是希腊人经历东方化过程的主要来源(参见下文)。总的来说,巴比伦及其首都巴比伦,在公元前539年被波斯人征服之前,一直是这个两河流域之国的文化中心。至于政治方面,政治权力虽然来回转移,却往往掌握在亚述人手中,因为他们的军事和行政能力更加突出。

对于叙利亚北部的小邦和腓尼基来说,幸运的是,强大的追求扩张的提格拉特帕拉沙尔一世(Tiglath-Pileser I., 约公元前1116—前1076年)死后,亚述的势力就衰落了,而巴比伦尼亚,也在这一时期变得疲弱。但是亚述的帝国主义扩张由亚述尔纳西尔帕二世(Ashurnasirpal II., 公元前884—前859年)复兴,他迫使这些叙利亚统治者进贡,他的儿子和继承人沙尔马那塞尔（Shalmaneser，公元前859—前824年）在卡尔卡尔之战（Karkar，公元前853年）等一系列战斗中击溃了他们的新联盟（以色列也加入了）。在随后经历了一段短暂的衰落期之后，篡位者提格拉特帕拉沙尔三世（公元前745—前727年）建立了一个新的亚述帝国。乌拉尔图（Urartu）领导的[11]，新的叙利亚北部统治者组成的联盟，再次被击败，由此，希腊人在叙利亚北部的贸易港门口迎来了一个强国。

萨尔贡二世（公元前722—前705年），以个人权威的形式统治着巴比伦和亚述，打了无数场战争，在此期间，大部分已经大大缩小的叙利亚北部小邦彻底灭亡，希腊的塞浦路斯也承认亚述的霸权。在西里西亚叛乱中，萨尔贡二世不得不与希腊（伊奥尼亚）雇佣军作战，当西里西亚人第二次起义的时候，塞纳克里布也面临相同的境遇（注释2）。在他的统治下，埃兰人（伊朗西南部）的起义导致了巴比伦的毁灭（公元前689年）。阿萨尔哈东（公元前681—前669年），受到了辛梅里亚人的严重威胁（注释3），为了乞求帮助，他将自己的女儿嫁给了斯基泰国王巴塔图阿（Bartatua，普罗托苏亚斯［Protothyas］）。

埃及落入亚述人手中（公元前671年），但是在亚述巴尼拔（公元前669—前630年）统治期间，埃及在普萨美提克一世的统治下再次独立。接着，在公元前612年，迦勒底（Chaldea）的那波帕拉萨尔（Nabopolassar）与米底人合作占领并摧毁了尼尼微，成为亚述的继承人，并建立了一个新巴比伦帝国。他的儿子尼布甲尼撒二世（Nebuchadrezzar II.）在这一胜利中发挥了巨大作用，他几乎征服了整个赫梯，也就是叙利亚地区，在其统治（公元前605—前562年）初期，他继续平定这些地区。[12]

这一过程可能给像阿尔米纳这样的希腊港口市场带来了暂时的复兴，也可能完全相反，巴比伦的影响也可能起到了破坏性的作用。无论如何，到了那波尼德（Nabonidus）统治时期（公元前556—前539年），新巴比伦屈服于波斯国王居鲁士二世。居鲁士接着吞并了巴比伦和叙利亚，把它们合并成一个行省，尽管镇压了无数起义，但是征服者并没有终结当地的传统和文化。

在这个多事之秋的前几个世纪，大量的亚述艺术主题和题材通过间接的传播，经由叙利亚北部和腓尼基（参见下文），渗透到了希腊人的艺术中。克里特岛的板饰就源自亚述，斯巴达和希俄斯的有孔铅饼也让人想到了亚述的吊坠。科林斯瓶画上的狮子最初看上去像叙利亚式的，但是后来采用了亚述的外观[13]，而荷马史诗《伊利亚特》则赋予赫拉以亚述式的三花苞形耳环[14]，在阿尔戈斯的一个战士墓中发现的约公元前725—前700年的重盔也反映了类似的起源。切拉梅耶斯（约公元前575—前570年）献给萨摩斯的赫拉雕像是希腊最早的大型圆柱形雕塑，似乎也可以追溯到美索不达米亚的雕塑类型。

巴比伦的文学和思想也影响了希腊人。最能清晰展现这些效果的是赫西俄德。他的诗歌《工作与时日》不仅反映了美索不达米亚的智慧文学，而且《神谱》显示了与巴比伦创世史诗《埃努玛埃利什》（起源于阿卡德人，以美索不达米亚城市阿卡德命名）的明显相似之处，后者事实上构成了这首诗歌的史料来源（仅次于胡里安−赫梯的《库玛比史诗》，注释19）。尽管《埃努玛埃利什》刻录在公元前7世纪的泥板上，它得以保留让人想起亚述巴尼拔对巴比伦文学的精心抄写和收集，但是其历史可以追溯到约公元前3000年的苏美尔故事，反映了美索不达米亚平原不可预知的、危险的天气和河流状况。赫西俄德是如何知道《埃努玛埃利什》的，至今仍不确定，也许北叙利亚和腓尼基又承担了中转站的作用。

希腊宗教和神话的其他主题也有类似的美索不达米亚起源。在塞浦路斯帕福斯崇拜的阿芙洛狄忒女神与苏美尔人的伊南娜很接近，伊南娜后来成为阿卡德人的伊什塔尔，再后来成为黎凡特人的阿希特拉丝−阿斯塔特。荷马的众神会议也反映了美索不达米亚的概念。荷马史诗中也有许多与《吉尔伽美什》史诗相呼应的地方。和吉尔伽美什一样，阿基琉斯也是神的血统，但注定要死，他哀悼帕特洛克罗斯，就像吉尔伽美什为恩奇杜（Enkidu）哀悼一样。奥德修斯在探访死者时也效仿吉尔伽美什，卡吕普索让人想起西杜里

（Siduri），吉尔伽美什也来到了西杜里的居所。而奥德修斯与喀耳刻的相遇，则与吉尔伽美什所吟诵的伊什塔尔的情人相呼应，她将这些情人蜕变为动物。荷马史诗中的另一个概念，即海洋是环绕世界的河流，可能是巴比伦或埃及的。德墨忒尔和珀耳塞福涅的故事（第二章，第2节）反映了许多美索不达米亚和其他近东地区关于生育神消失的故事。科林斯库普塞鲁斯出生的奇幻事迹，让人想起了公元前3千纪阿卡德的建立者萨尔贡。此外，大洪水中逃出生天的丢卡利翁让人想到了《旧约》中诺亚的故事，让人想起美索不达米亚的传统和环境。

米利都的宇宙哲学家泰勒斯，被誉为第一位前苏格拉底哲学家，从巴比伦的记录中获得了许多天文学知识。根据希罗多德的说法，"希腊人从巴比伦人那里学到了天体和日晷（一种方形或任何垂直的杆子，其影子表示太阳的方向或高度），以及一天可以分为十二部分"[15]。萨尔迪斯的史学家很可能掌握了这些信息。

然而，正如前面的总结所表明的，近东文化向希腊人传播的最重要的地方是叙利亚北部的港口，包括腓尼基。[16]腓尼基人的起源是迦南人[17]，他们逃避了阿拉姆人的统治[18]，不过后者（随后是非利士人和以色列人）占据了其余四分之三的迦南土地（Canaan）。腓尼基的海上城邦在西顿及其殖民地泰尔（后来超越母邦）的领导下，从千年之交开始填补迈锡尼崩溃留下的空白，重建地中海的贸易，并尽可能长时间地保持自己的政治自由。

他们利用当地的*murex*海贝壳（现在几乎绝迹）来制作紫色染料。海贝壳死了，腐烂发臭，分泌出淡黄色的液体，提供从玫瑰色到深紫色的色调。此外，腓尼基人使用黎巴嫩山脉的木材作为燃料，在西里西亚加工并出口银（注释2），从塞浦路斯，可能还有努比亚（Nubia）和其他近东和中东地区出口黄金，迈锡尼人之前已经间接地掌握了这些土地的通道。塞浦路斯有腓尼基人的定居点，特别是在基提翁（迦尔德·哈达斯特 [Qart Hadasht]，第六章，第2节）和伊达里乌姆。其他的定居点在北非（首先是迦太基，一般认为是公元前814年）、西西里岛西部（莫特亚、帕诺尔摩斯，第七章，第

3—5节）和撒丁岛（诺拉［Nora］、塔罗斯［Tharros］）。

同时，在叙利亚海岸，腓尼基城邦北边一点的地方，希腊人建立了属于自己的港口城市阿尔米纳、波塞迪翁和保图斯（第六章，第4节）。这些港口市场受益于奥隆忒斯河（阿西河［Nahr el Asi］）和勒翁忒斯河（Leontes，利塔尼河［Litani］）的内陆航线，它们与非希腊王国乌尼奇（也称帕丁，管辖着肥沃的阿米克平原［Amik Plain］，以库努鲁拉或卡勒为中心，后者可能位于塔伊纳特丘）以及古扎那（哈拉夫丘）和哈马斯接壤。这是叙利亚北部众多王国中的三个，这些王国希望捍卫自己并不稳定的独立性，随时准备抵御侵略性的大国，因为有很多大国觊觎地中海沿岸的战略位置，这些小国时刻紧张着，因为该地多民族混居，自己的边境可能随时面临危险。

这些小小的叙利亚北部王国由不同的种族、文化和宗教混合而成。阿拉姆人的影响力很强（注释18），但是"新赫梯人"在北边的影响力也很大，他们是公元前2千纪年赫梯文明的继承者[19]，同时也是另一个公元前2千纪的胡里安文明的继承者。[20] 因此，荷马《奥德赛》中的一些事件，如到冥界的访问，类似于《吉尔伽美什史诗》中的故事（这些故事起源于巴比伦，但是用赫梯和胡里安语言保存），以及射杀求婚者的故事（这就与赫梯的国王古尔潘扎［Gurpanzah］的经历类似）可能就是从叙利亚北部地区传到了希腊。

最重要的是，赫西俄德《神谱》中的创世神话似乎也是如此，其主要来源是《库玛比史诗》和《乌里库米之歌》（起源于胡里安，但是保存在赫梯哈图沙［Hattusas］的档案中，位于今土耳其的波阿兹卡雷［Boğazkale］，波阿兹克雷［Boğazköy］），赫西俄德从一个神取代另一个神的故事模型中获得了灵感（阿努—库玛比—风暴之神；克诺索斯—宙斯）。[21] 此外，根据赫西俄德的说法，宙斯的敌人之一就是怪物堤丰，这个怪物跟卡修斯山（阿克拉［Akra］）有关，诗人可能是经由叙利亚北部海岸的港口市场得知了这一故事。因为这些港口市场与希腊有着密切的联系，尤其是优卑亚，赫西俄德曾经到过优卑亚，而且优卑亚与赫西俄德的家乡波奥提亚关系也很密切。当然，赫西俄德也有可能是从小亚细亚的库迈听说了这些故事，那里是他父亲的故乡，保留了小亚细亚赫梯人的传统。

叙利亚、阿尔米纳、波塞迪翁和保图斯的希腊港口市场，还有一些我们知之甚少的位于泰尔和腓尼基的贸易点，将大量的其他文化传入希腊，从而影响了希腊文化。希腊文化吸收了这些影响，产生了革命性的效果，在公元前8世纪和前7世纪推动了他们的文明进程。这一文明进程开始得很早，当时通过叙利亚出口的彩釉陶器（具有埃及色彩的蓝色或绿色玻璃）以及近东的金器在公元前1000年左右就已经来到了优卑亚。

希腊很多地区都有阿尔戈斯式的青铜鼎，并被用作祭品献给德尔菲和奥林匹亚。就目前的材料来看，这种器皿也是来自叙利亚北部而非乌拉尔图（注释11）。希腊的代达罗斯式雕像有着如假发般的发行，这也很容易让人联想到叙利亚风格（希腊人在此基础上有所改进和调整），希腊人还从这里学会了如何用一体式模具制作这种雕像。

腓尼基人影响的最显著的例子是由科林斯领导的整个"东方化"艺术运动。原始科林斯和科林斯陶瓶大量借鉴了北叙利亚与腓尼基的浮雕、雕塑和纺织品中的动物、怪物与植物图案（他们也做了一些调整）。这些地区对早期希腊艺术还有许多其他的影响。[22] 此外，科林斯和其他造船工匠也在很大程度上得益于腓尼基人的影响。

要在整个黎凡特地区内说清楚每一种影响的确切区域或城市来源是不可能的，因为整个地区的艺术是阿拉姆人、新赫梯人、美索不达米亚人、亚述人、乌拉图尔人和埃及人（以及后来的波斯人）元素的混合体，一个叙利亚或腓尼基地区到另一个地区之间的差别可能就会让我们难以理解。而且黎凡特地区的人总在不断向西迁移，因为他们想逃避大国的压力，在迁移过程中他们持续地将影响力施加到本就复杂的希腊东方化图景中。

所以我们只能偶尔得出明确的结论，例如，在这场艺术活动中发挥重要作用的象牙工艺品（萨摩斯、罗德岛、克里特和雅典人都对此有所接受和调整）的生产以叙利亚的哈马斯为中心，这里主要生产阿希特拉丝-阿斯塔特的神像雕塑，他们很容易获得叙利亚大象的象牙（迈锡尼人从同一海岸的乌加里特［Ugarit］获取象牙）。至于同样从这些海岸运来的黄金，最终来到了伊特鲁里亚，在当地的墓葬中留下了大量装饰（第七章，第1节以及附录3），黄金从近东和中东各地被转移到叙利亚北部和腓尼基，当时富裕的国家一直努力想获取这种贵重金属。

虽然希腊人经常贬损腓尼基人为海盗，但是腓尼基人的城邦结构跟希腊人相似，或许对希腊人而言，腓尼基的吸引力大于破坏力。克里特岛上有来自腓尼基的手工业者（第六章，第1节），这可以解释为什么岛上的城市会有最早的希腊法典，因为在闪族人中这种法典早就存在了。

文字使这些法律的编纂成为可能，字母的发明是黎凡特地区对希腊人最大的影响，也是其带给世界的财富。这一影响发生在约公元前750年，希腊人的线性文字B（迈锡尼语，第一章，注释2）消失约五百年后。腓尼基人转变并简化了早期音节文字（如阿卡德语有285个符号，线性文字B有88个符号，塞浦路斯文有56个符号），腓尼基人简化之后，变成了只有22个字母的标准化字母文字（在公元前10世纪的腓尼基的布波洛斯［Byblus］国王阿西拉姆［Ahiram］的石棺上就有这种字母）。约瑟夫斯［Josephus］就此断言，腓尼基人应该比他们之前的任何人都能更广泛地参与到写作之中[23]，不过我们并不清楚写作在多大程度上局限于他们的抄写员人群中。

希腊人将字母数量减少到22个，然而，他们努力加入了一些自己的新字母，最重要的是，改变了4个字母（并加入了1个字母）以表示独立的元音，而腓尼基的字母表是为了闪族语言设计的，本身就已经免掉了这一点。值得重申的是，这种传播的确切性和渠道至今不能确定。有一种观点认为，希腊最初接受的是北叙利亚（早期迦南）文字而非腓尼基文字，腓尼基人的影响来得晚一些，不过希腊人自己也称这些字母为*phoinikeia*，腓尼基人的基本渊源似乎无可厚非。

至于最先借用字母表的希腊人，这一决定性的行为似乎发生在整个希腊中心，因为他们所采用的字母表，尽管存在地区差异，但处处都有基本的、成熟的统一性（如包含4个或更多的元音），这似乎排除了一个多重扩散的过程。希腊人认为，传说中的腓尼基人，也就是忒拜的建城者卡德摩斯将字母引入了希腊[24]，但这种说法可能仅仅是基于该城市在早期铁器时代保存了迈锡尼石板，而这些石板现在已经不为人所理解（忒拜同样发现了美索不达米亚的圆柱形印章）。似乎有必要找到另一个地区，在这个地区希腊人和叙利亚北部人在一起生活得足够紧密，足以让这些语言文字的调整生根，并完善。

按照这样的思路来看，希腊人对腓尼基字母的接受得到了不同希腊中心的支持（第一章，注释35）。然而，总的来说，从铭文和历史的角度来看，最先接受这些字母的可能是优卑亚人，他们率先在阿尔米纳、波塞迪翁和保图斯建立了港口市场。根据这种假设，那应该也是优卑亚人率先对这些字母进行了调整，并将之带回了自己家乡的主要商业城市（第四章，第1节）。

由此看来，从那里开始，这种媒介在通信、文化、商业以及几乎生活的每一个方面的优势都被迅速发掘并加以利用，字母表的使用很快就传遍了所有的希腊土地，极大地促进了它们的发展。此外，为了适应不同语言的需要，类似的字母体系被弗里吉亚人（除非，正如我们上面所看到的，这两种文字之间的相似性是由于共同的起源而不是来自希腊人的传播）以及伊特鲁里亚人和罗马人所采用。如今西方世界主流所使用的是罗马的版本，而在斯拉夫人的土地上这种字母进一步发展，变成了西里尔字母。在现代希腊人那里，他们使用的字母仍然是他们的祖先在两千五百多年前从腓尼基人那里借来的模样。

随后，当吕底亚的钱币制度通过伊奥尼亚的希腊诸国传播到希腊本土，同时希腊人也采用了那里的重量标准，埃吉那和优卑亚—阿提卡币制就是建立在叙利亚标准之上的，叙利亚币制结构中1米那包括50谢克尔。

当广泛的动乱席卷了赫梯人和迈锡尼人的世界时，利比亚部落联盟和来自北方的海上入侵者也威胁着埃及。这些威胁被击退（约公元前1218年，公元前1182年），但埃及没有完全恢复，其统一受到影响。在约公元前1080年，即第二十王朝末期，埃及四分五裂，在随后的四个世纪中，利比亚人

(或利比亚人的后裔)、努比亚人和亚述人相继接管了这里的部分统治权。亚述大军在约公元前734年和约前720年到达埃及[25]，其国王阿萨尔哈东和亚述巴尼拔分别洗劫了孟菲斯（Memphis，约公元前671年）和上埃及的底比斯（约公元前663/661年），并在此设置地方总督。

在亚述巴尼拔的手下，统领这些总督的人是尼可二世，他是赛易斯和孟菲斯的实际统治者。他随后独立（公元前610—前575年），被认为是埃及第二十六王朝或赛易斯王朝的建立者，这一王朝共有六位统治者。公元前600年，他在叙利亚战争中取得胜利之后，将盔甲奉献给了迪迪马的阿波罗神庙，感谢了希腊雇佣兵的帮助。他在战争中使用的三列桨战舰也可能是希腊人为他打造的。他的儿子普萨美提克一世驱逐了最后的亚述卫戍部队，并宣布自己为全埃及的法老。塞易斯王朝被誉为埃及文艺复兴时期，但该王朝继续依赖希腊雇佣军和商人。科林斯的独裁者佩里安德以他的埃及盟友普萨美提克二世的名字命名他的侄子和继任者。

与埃及的接触中，诺克拉蒂斯扮演了一个中间人的角色（第六章，第4节），在几个方面对希腊人的艺术产生了决定性的影响。这里教会了希腊人大规模的、纪念性的石头建筑，以萨摩斯的赫拉神庙和以弗所的阿尔忒弥斯神庙为例，密集的圆柱让人想起埃及的建筑。棕榈树的柱头和莲蕾与花朵交替的图案，也同样源自埃及。埃及还向希腊人展示了如何设计建筑群，如提洛岛的狮子大道周围的建筑群。

此外，埃及还向希腊旅行者展示了其壁画，这些壁画影响了他们的艺术家在墙上和陶瓶上的创作。埃及的青铜器传到克里特人和萨摩斯人那里，教会了他们如何铸造空心的青铜格里芬。从狄奥多罗斯·西库路斯的记载来看，萨摩斯的特奥多罗斯似乎也是从埃及那里学会了人体比例的标准认知。[26]希腊青年男女的全身造像（*kouroi*和*korai*）似乎也是从埃及那里学来的，这类雕塑似乎是在纳克索斯岛和帕罗斯岛等可以开采大理石的岛屿上率先出现的。不过这一点也有争议，但至少埃及艺术的信息让希腊人了解了大型雕塑的概念。

也有人认为，色雷斯和希腊的狄奥尼索斯神话是以埃及神奥西里斯（Osiris）的神话为基础的。荷马史诗中关于海洋环绕世界的古老观点如果不是源自巴比伦的话，那就可能起源于埃及。赫西俄德的《神谱》可能借鉴了埃及王室即位的赞美诗，其中创世神迹随着每一位新君主的到来而不断重复，而他对妇女的侮辱性描述可能也间接来自古埃及的民间传说。有故事表明米利都的泰勒斯访问了埃及，并将几何学从埃及带到了希腊的土地上，不过这一点值得怀疑。但他认为地球浮在水面上的观点可能是源自埃及的。[27]

阿普里伊（霍夫拉，公元前588—前569年）曾发动了一场灾难性的远征，帮助利比亚人对抗希腊人在昔兰尼的殖民地，这激起了埃及士兵的愤怒，因为据说他给了希腊雇佣兵特权待遇，最终阿普里伊死于他自己的人民之手。[28] 无论如何，阿玛西斯二世（公元前569—前526年）坚持招募更多希腊雇佣兵，并与这些城市的独裁者结盟。不过，波斯的崛起使他充满了警惕。他的儿子普萨美提克二世也确实被波斯国王冈比西斯二世推翻，埃及和昔兰尼加沦为了波斯的附庸（公元前525年）。冈比西斯及其继承者成为埃及法老，大流士一世（公元前522—前486年）访问了这里，并推进其宗教发展，他们在埃及的统治比希罗多德说的更加温和[29]，允许希腊人和卡里亚人保持自己的民族特色，但是加强了赋税，并且动员埃及人和当地的塞浦路斯人、腓尼基人成为水手。

在公元前1千纪年的早期，米底人、波斯人和其他伊朗群体，说着印欧语，逐渐进入伊朗高原的西半部，成为该地区的主导力量。在米底人基亚克萨雷斯（约公元前625—前585年）的统治时期，斯基泰入侵者被赶回俄罗斯南部，其族人居功至伟。在进军亚述帝国的时候，他与巴比伦的那波帕拉萨尔结成联盟，他们的联合军洗劫了尼尼微（公元前612年）。公元前580年代，基亚克萨雷斯一直在与吕底亚的阿吕亚泰斯交战。

然而，在公元前550年，他的儿子阿斯提阿格斯（Astyages）被居鲁士二世大帝（公元前559—前530年）俘虏，米底人在整个地区的统治权全部移交给了波斯，这奠定了近东地区有史以来最强大的帝国的基础。他在公元前

546年征服了吕底亚，这意味着萨尔迪斯成为波斯人从苏萨到地中海路上的一个主要中转站。这条古老的路线现在具有了新的战略意义，因为萨尔迪斯的波斯总督哈尔帕哥斯将这里作为征服小亚细亚西海岸内外希腊城邦的桥头堡（与之关系密切的米利都不在其征服目标内）。因此，福西亚和忒奥斯的大部分人口，以及伊奥尼亚地区的很多艺术家和作家都逃往西部。塞浦路斯和叙利亚—腓尼基等城邦都沦为波斯的臣民。巴比伦在公元前539年落入波斯人手中，冈比西斯二世在公元前525年征服了埃及。一位名叫欧罗依提斯的波斯总督诱杀了萨摩斯僭主波利克拉特斯（约公元前522年），但是大流士一世处死了这位波斯总督，因为他行事太过独立。

在这一时期，波斯首次在小亚细亚发行了著名的"大流克"金币，在这种钱币的刺激下，希腊人和波斯之间有了更多的联系。例如，在叙利亚，位于阿尔米纳的希腊港口市场被允许恢复，并从雅典获得大量进口货物。但是波斯人对昔兰尼（约公元前515年）的干涉导致其宙斯神庙被毁。此外，大流士在约公元前513—前512年入侵色雷斯和斯基泰，最终他吞并了色雷斯，虽未能征服斯基泰，却将波斯帝国拓展至欧洲，并靠近希腊本土，极具威胁（附录2）。

随后伊奥尼亚城市不断反抗波斯，并组织了大规模起义（公元前499年），不过起义在拉德（公元前495年）附近被击败。波斯总督玛多纽斯（Mardonius）在被击败的大陆城邦中建立了令人放心的民主政体，而非僭主政体。然而，被波斯人摧毁的米利都的命运令整个希腊世界感到震惊，这是有充分理由的，因为大流士为雅典的独裁者希皮阿斯提供了庇护，将雅典和埃雷特里亚给伊奥尼亚叛军提供船只和人员支持，作为入侵希腊的理由，对希腊本土的大规模入侵随之而来（公元前490年、前480年）。

波斯帝国时期的首府有：帕萨尔加德（Pasargadae），居鲁士二世开始使用，他雇用了大量的吕底亚和希腊工匠（公元前559—前550年）；波斯波利斯，大流士一世春季使用的首都，在其建造过程中，希腊的建筑师和雕刻家起到的作用存有争议；苏萨，冬季的首都和行政中心，大流士在那里雇用了很多不同民族的能工巧匠,其中也包括希腊人,有一块石碑对此现象有所记载。虽然这些建筑的布局整体而言仍然是亚述和巴比伦式的,还有一些埃及的影响,但是建筑中也可以发现许多希腊元素。有一位名叫特勒芬尼的雕塑家就曾为大流士一世和薛西斯一世工作,他来自福西斯(也可能是福西亚或西基昂)。

更为重要的一点是,波斯的一神教和琐罗亚斯德教逐渐反向影响了希腊人的思想。例如,在锡罗斯(Syros)的斐瑞居德斯(Pherecydes,约公元前550年)创作的神学诗歌就已经注意到了这一点。据说毕达哥拉斯曾在巴比伦拜访过琐罗亚斯德,当然这只是一个传说,但是他的轮回学说似乎与印度《奥义书》中描述的类似信仰相呼应,这些思想很可能通过波斯人和琐罗亚斯德教信徒作为中介,传递给了希腊人。毕达哥拉斯对这些影响的接受可以追溯到他早期在萨摩斯的岁月中。

赫拉克利特关于灵魂在死后向上升入空中的画面,表明了类似的印度或波斯人的起源,以阿那克西曼德和阿那克西美尼为代表的米利都思想家亦是如此[30],他们同样提到了让人联想到《奥义书》和琐罗亚斯德教思想的观点。不过,这种经由波斯传播的宗教思想直到公元前5世纪才广泛为希腊人所知。

附录2 相互影响:色雷斯人和斯基泰人

色雷斯人说印欧语。然而,虽然有人编造了一些故事,声称他们的神话中的国王特雷乌斯(Tereus,有时也被描述为福西斯的道利斯[Daulis]的统治者)娶了雅典国王潘迪翁(Pandion)的女儿普罗克妮(Procne),但事实上他们并不是希腊人。他们没有自己的文字或文学作品,所以我们只能通过希腊作家来了解他们。这些描述是零碎的、暗含贬义的,而且相关的记录只限于希腊人感兴趣的事情。但是通过考古挖掘,这些内容在有限的范围内得到了补充。

色雷斯目前已知有五十多个部落。其中《伊利亚特》在列举帮助特洛伊人的部队时，提到了三个色雷斯部落[31]，分别是赫勒斯滂旁边的色雷斯人，赫布罗斯河（Hebrus，马里查河［Maritsa］）和奈斯托斯河（梅斯塔河［Mesta］）河口之间的齐科涅斯人以及伊利里亚原住部落，派奥涅斯人，他们中的部分与色雷斯人融合，生活在后来被称为马其顿的土地上，在斯特鲁马河和阿修斯河（瓦尔达尔河［Vardar］）中游活动。荷马还提到了一个生活在色雷斯切索尼斯（加里波利半岛）的塞斯托斯周围的民族。

色雷斯北部（保加利亚北部）瓦尔齐特兰（Valchitran）的发现证实了这里在青铜时代后期得到了重大发展。该地东南部，从公元前12世纪到前6世纪的巨石坟墓和墓穴也揭示了这里存在物质上较先进的文明。此外，色雷斯人比希腊人更早地出现在爱琴海北部、中部、西部和东部的一些重要的岛屿上，比如萨索斯、萨摩色雷斯、音布罗斯（Imbros）、列姆诺斯、优卑亚、莱斯博斯和希俄斯。[32]

公元前6世纪迎来了一个新的、繁荣的时代，色雷斯部落加强了他们的组织基础，艺术开始明显复兴。西南的几个部落（位于后来的马其顿）发行了自己的钱币，包括埃多尼人。埃多尼人的国王被称为格塔斯（Getas），这是一个他们的皇室称号，也是他们的部落名称，活跃于黑海西海岸希腊殖民地腹地，是色雷斯最北部的一个民族。古代作家经常混淆格拉斯人和与之相关的达契亚人，但当希罗多德从伊奥尼亚地理学家那里补充自己的探究时，他含蓄地承认了他们的色雷斯特征，并将色雷斯人居住的边界向北扩大到伊斯特罗斯河（多瑙河）。[33]他提到的十二个部落中包括色雷斯切索尼斯的多隆奇人。这些人在约公元前560/555年与北边的邻居阿普辛提人发生争执，并请求雅典的老米太亚德帮助，后者开始占据这个半岛。

希罗多德注意到了色雷斯的无数定居者，以及他们的巨大潜力。他写道：

> 色雷斯的人口比世界上除了印度以外的任何国家都要多。如果色雷斯人能够统一在一个统治者之下，成为一个整体，那他们将

是世界上最强大的国家,没有人能够对付他们。无论如何,这是我自己的看法。但事实上,这样的统一是不可能的,没有办法实现,所以事实上他们很弱。[34]

希罗多德可能夸大了色雷斯人的人口数量(例如,修昔底德说他们的骑兵数量少于斯基泰人)。不过,他的话包含了许多相关的东西,不仅是历史学家自己所在的公元前5世纪,还涉及更早的时期。色雷斯国王们的收入很多,其中包括从讨好他们的希腊各邦得到的礼物。他们统治着一个战士民族,军队规模庞大,令人印象深刻。但他们彼此之间并没有有效地结盟,也不会共同作战,各个王国联合行动的情况至今未能出现。的确,色雷斯人有着共同的种族、宗教和文化,在一些地方享有显赫的财富,例如都万利(Douvanli,普罗夫迪夫 [Plovdiv])附近的五十个墓葬就是一个例子,这种发展在公元前6世纪和前5世纪达到顶峰。但在政治上,他们还没有超越各自为政的部落阶段,在更偏远的地区,甚至还没有实现部落团结,他们还生活在独立的、没什么组织的村庄里。[35]

然而,尽管这些内陆居民性格凶猛,希腊人还是在色雷斯海岸建立了殖民地。在爱琴海北部旁、色雷斯切索尼斯附近、普罗庞提斯(马尔马拉海)北岸以及黑海西岸(第八章,第2节)都有希腊人的殖民地。除了不可避免的冲突之外,这些希腊人和色雷斯部落之间基本上维系了合作共处关系。这意味着,在一定时期,色雷斯人大量涌入希腊城邦,尤其是弓箭手和奴隶。[36]

这种关系带来的最主要影响是色雷斯宗教思想在希腊土地上广泛传播。色雷斯人的神灵包括"众神之母",色雷斯的国王们都声称自己是她的后裔;本迪丝,狩猎和生育女神,与希腊的阿尔忒弥斯相似;战争之神,等同于阿瑞斯;尤其受到格塔斯人尊重的死神扎尔莫克西斯(Zalmoxis),据说克罗顿的毕达哥拉斯学派的思想就与他相关;伟大的众神卡比利,他们也是冥界的神祇,其圣所位于萨摩色雷斯(第八章,第2节);还有受到广泛崇拜的骑士神,狄奥斯库洛伊(喀斯托尔和波吕丢刻斯的合体),有时也被称为主神，除了这些之外，还有一些其他神祇。

有一个色雷斯神对希腊人来说非常重要，这就是狄奥尼索斯。在他的故乡色雷斯，他代表着植物和丰产，他的仪式是无拘无束的狂欢的，包括撕裂和吃猎物的生肉。他的名字与天空之神（ Dio[s]）相关，不仅仅受到色雷斯人的崇拜，在弗里吉亚人中也受到崇拜。他们应该是从色雷斯迁移到那里的（附录1）。

色雷斯人可能在公元前1千纪初把对狄奥尼索斯的崇拜带到了希腊，尽管在更早的时候，希腊人对狄奥尼索斯的崇拜就有所了解了，因为这个神祇的名字在青铜时代晚期，也就是迈锡尼时代，就出现在皮洛斯的线性文字B泥板上了。荷马也听说了狄奥尼索斯的狂野仪式[37]，以及国王吕库古因攻击他而变疯的故事。《伊利亚特》将这一事件定位于传说中的尼萨山（Nysa）上，不同的作者把这里定位于不同的国家，但是吕库古被认为是色雷斯人（埃多尼人）。

虽然青铜时代的希腊人已经知道了狄奥尼索斯，但他们后来的同胞仍热衷于强调他是陌生的。这部分是因为他对女性的狂热和令人震惊的不负责任，他的迈那得斯（又称巴克坎特斯，酒神的女性追随者）就是这种不负责任的表现，她们从所有正常的习俗中解放出来，对希腊的宗教和生活来说，这是完全不同的情况，是两回事。欧里庇得斯的悲剧《酒神的伴侣》中讲述了一个很著名的神话，忒拜的国王彭透斯拒绝了狄奥尼索斯，所以受到了惩罚，四肢被这些狂热的女信徒撕碎。这一神话揭示了这位神祇的狂热，令人震惊的仪式抓住了希腊人的想象力。

在历史上，一群女性组织持续在帕纳索斯山上维系这种"纵欲"仪式，但是那时德尔菲神谕已经淡化了早期仪式中难以控制的狂喜情绪，允许狄奥尼索斯与阿波罗建立更体面的伙伴关系。公元前6世纪初期，狄奥尼索斯第一次在希腊艺术中出现，此后他以各种各样的形象频繁出现，尤其是在陶瓶画上，还描绘了与他狂欢的迈纳德形象。雅典的勒那节以及安塞特亚节都是庆祝狄奥尼索斯的节日。伊阿科斯（Iacchus）有时被认为是狄奥尼索斯之子，他在厄琉息斯受到崇拜（第二章，注释12）。围绕在狄奥尼索斯身边的塞勒尼（Sileni）和萨提尔是生育丰产的守护者，在合唱舞蹈中，人们把自己伪装成动物，把自己同化为这位神祇，并接受他的一些力量。在狄奥尼索斯的游行过程中会携带阳具，这象征着生育。葡萄酒经常与狄奥尼索斯崇拜结合在一起，但是其实在狄奥尼索斯崇拜早期，葡萄酒并没有发挥什么作用。

狄奥尼索斯崇拜的诸多元素中有多少可以追溯到色雷斯起源很难确定。但是这些崇拜仪式中的大多数元素，至少早期较原始的元素可以追溯至色雷斯，很可能通过色雷斯海岸地区的希腊殖民地传入希腊本土。

色雷斯人对希腊宗教的第二个影响可能是对歌者俄耳甫斯的崇拜，据信俄耳甫斯是色雷斯河神俄阿格罗斯（Oeagrus，也有可能是阿波罗）和一位缪斯的儿子，这位缪斯就是教他唱歌的人。俄耳甫斯的故事有很多版本，据说他跟彭透斯一样，被色雷斯的酒神伴侣迈纳德撕碎，很多阿提卡陶瓶画上都描绘了这一场景。

尽管相互矛盾，但是俄耳甫斯起源自色雷斯南部的说法有很深的传统，他的出生地可能在赫勒斯滂，还有一种更为常见的版本，说他的出生地在齐科涅斯人的土地上，以他的名义建立的秘仪仅对战士开放，与狄奥尼索斯崇拜相关[38]，据说他还是狄奥尼索斯秘仪的创建者。[39]还有人认为他起源于色雷斯更西边的地区，即阿修斯河（瓦尔达尔河）和斯特鲁马河之间的地区。据说俄耳甫斯还在色雷斯制作药片，这个国家以医者闻名。最重要的是，人们认为他能用歌声迷倒树木、野兽甚至石头。

但对希腊人来说，这种崇拜最重要的是或暗示或明示的永生承诺。因为可能正是这一点促使后来的希腊土地发展了类似的思想，例如，启发了毕达哥拉斯的教义，他诉诸俄耳甫斯的权威，据说（可能并不准确）还以俄耳甫斯的名义传播了自己的诗歌。

这种不朽的学说可以与俄耳甫斯联系在一起，因为他不仅是冥界之神，而且能够将灵魂从他的身体中分离出来。这种巫术式的分身观念源自斯基泰南部（参见下文），在色雷斯扎了根。在色雷斯，这种观念不仅与俄耳甫斯相关，还与另一个冥界之神扎尔莫克西斯有千丝万缕的联系。希罗多德曾经讲过一个传说，说扎尔莫克西斯是毕达哥拉斯的奴隶。[40]最重要的是，希腊人的永生观念是以俄耳甫斯的名字命名的。这种思维的一个产物是一系列关于他坠入冥界的叙述，这些叙述被纳入了一个著名的神话，讲述了他没能把妻子欧律狄刻（Eurydice）带回人间的故事。

然而，评估俄耳甫斯在早期色雷斯人和希腊人的宗教信仰的任务，却因为一场俄耳甫斯教的宗教运动而变得复杂起来，这场运动传播得非常广泛，以至于在意大利南部、克里特岛和色萨利等相距甚远的地方都发现了刻有其教义的金板。俄耳甫斯教对宗教思想的主要贡献是讲述了人类的起源，它像《旧约》中的《约伯记》一样，试图解释邪恶的问题。这些著作认为，邪恶之所以存在，是因为可恶的提坦巨人吃了年幼的狄奥尼索斯，然后被宙斯烧死了，燃烧冒出的烟雾孕育了人类，所以人类本质上是邪恶的，但被一小部分神圣的灵魂物质所调和。[41]我们无法确定这一特殊的教义到底是起源自色雷斯，还是在俄尔甫斯教在整个希腊世界的传播过程中发展起来的。

俄耳甫斯的诗歌亦是如此，这些诗歌中有一部分是雅典的奥奈西克里图斯（Onomacritus）收集的，其中有一些是伪诗。奥奈西克里图斯是庇西特拉图统治时期的一位文人。[42]这些诗重复说，人类是有罪的，被提坦巨人的邪恶所污染，必须通过净化来洗刷自己的罪恶，以确保来世的解脱。公元前5世纪的陶瓶画画家波利格诺托斯（Polygnotus）描绘了很多与俄耳甫斯相关的场景，他身边既围绕着快乐的死者，也有痛苦的死者，这些痛苦的人就是那些生前没有得到救赎的人。

所有这些都代表了一种强大的俄耳甫斯反主流文化，这是一种次理性的个人运动，与希腊公民中流行宗教的观念不同，提供了一种缓解心理紧张的方法，而缺少情感的奥林匹亚宗教无法提供类似的缓解方法。

公元前513—前512年，波斯的大流士一世从东部希腊人中集结了一支舰队，通过色雷斯入侵欧洲大陆，色雷斯小国的无序世界被推翻了。在萨摩斯建筑师曼德洛克莱斯的帮助下，他们建造了一座浮桥，穿越了色雷斯博斯普鲁斯海峡，许多色雷斯部落归顺于他，色雷斯成了波斯的行省，这里可以方便地接触到潘盖翁山的金银矿，还能对山那边的马其顿施加影响。

正如我们将看到的那样，他对北方的斯基泰的征服并没有同样获得成功，但至少新的色雷斯行省能够与多瑙河以北的一些部落单位建立联系。色雷斯行省的建立对希腊人来说是一个危险的转折点，因为大流士手中的这个欧洲桥头堡为他提供了一条通往希腊的陆路，希波战争越来越近。

公元前492/491年，当这里的统治变得岌岌可危的时候，玛多纽斯重组了行省（也许是被三年前发生的一次斯基泰人的突袭所动摇）。他征服了最后一批希腊人的领地（承诺一旦波斯战争结束，这些领地就注定要获得自由），并将权力下放给选定的友好的色雷斯部落，尤其是奥德吕塞部落，他们在同一世纪的晚些时候达到了权力的顶峰（注释35）。

斯基泰是希腊人对整个庞大的东欧领土的模糊称呼，它延伸到喀尔巴阡山（Carpathian）和塔纳依斯河（顿河）之间。这里居住着各种不同的各种民族和群体，最初是来自中亚的游牧民族，他们在公元前2千纪开始向西渗透。他们之间的亲缘关系一直在被推测，但大部分人口可能说的是印欧语，基本上是伊朗语，尽管也可能有乌格罗—阿尔泰语系（乌拉尔—阿尔泰语系）元素的侵入。然而，我们不得不满足于笼统地使用"斯基提亚"和"斯基泰"这两个词，这不仅反映了希罗多德和其他人在地理认知上的模糊性，还反映了这里的统治阶级（规模较小，由严格意义上被认为是斯基泰人的人组成）和被统治者（人数众多，具有多样化的其他群体和民族）之间的关系是模糊的。

当斯基泰人及其眷属从中亚到达东欧和高加索地区时，他们与辛梅里亚人发生了冲突（注释2），结果许多斯基泰人向南越过高加索进入西北波斯及其边境地区。在那里，他们先是突袭亚述帝国（附录1），但后来又与亚述帝国的统治者结盟，其中一位亚述国王阿萨尔哈东（约公元前681—前669年）还将自己的女儿嫁给了一位斯基泰国王普罗托苏亚斯（巴塔图阿）。不久，这些斯基泰移民控制了他们移居的中亚地区。然而，二十八年后，在亚述统治崩溃期间和之后，他们被米底人的国王基亚克萨雷斯驱逐（附录1），再次逐渐向北折返，越过高加索，重新占领了原苏联南部地区。

还有一些与他们有关的民族向西迁移到普鲁士和匈牙利，并迁入罗马尼亚和保加利亚，那里的多布罗吉亚（多布罗加）也称小斯基泰。其他人向东跋涉到阿尔泰山（巴泽雷克［Pazaryk］发现了一系列公元前5世纪的东西）。但斯基泰人的核心是黑海乌克兰北部海岸的腹地，从第聂伯河下游到塔纳依斯河（顿河），此外还有库班海岸和陶立克切索尼斯（克里米亚）的部分地区。

根据希罗多德的说法，在两条大河之间的内陆地区，是王室斯基泰人（Royal Scyths）的王国，他们是"斯基泰人中最好和最多的"[43]。他们的王国分成四个地区（或者三个以军事目的为基础的地区），每个区都有一个总督，统治着一个庞大而松散的联邦。

他们的许多臣民都是农民，但也有一些人，就像王室斯基泰领袖自己一样，保持着传统的游牧习俗，"他们不靠耕种土地，而是靠他们的牛群生活，马车是他们唯一的房子"，不过对波利斯塞纳斯附近的贸易点卡梅恩斯科耶（Kamienskoye）的考古挖掘，限制了希罗多德关于他们不设防的断言。[44]但有一点希罗多德是正确的，他强调斯基泰人的优势在于他们的流动性，这使他们能够控制自己的大片土地。[45]虽然他们生性喜欢游牧，但是他们通过有效的组织和纪律实现了对属地的控制，拥有许多马匹进一步加强了这种控制，他们是最早的骑兵之一。他们的墓葬中埋葬的马匹数量达到数百匹，此外还有专业的弓箭手。约公元前570年（弗朗索瓦陶瓶）和约前540年（埃克塞基亚斯）的雅典陶瓶画上有他们的身影，在接下来的一个世纪里，他们还受到雅典人的雇用，成为雇佣兵或警察。

希罗多德在描述他们独特的生活方式时（考古学出乎意料地证实了这一点）指出，在许多方面，他们的做法与希腊人完全不同。[46]阿提卡陶瓶画家也描绘了他们非希腊人的胡须和长发，长发从前额向后掠，眼睛深陷，鼻子突出，眉骨厚重。[47]

同样非希腊化的还有斯基泰人的"动物"艺术风格，这种艺术风格的起源要归功于亚述、伊朗和大草原，许多方便携带转移的物品上都发现了这些形象（游牧人群的财产），这些物品从公元前7世纪最后几年开始出现在俄罗斯南部的墓葬中，也出现在斯基泰人影响所及的广大地区。他们描绘的动物有牡鹿（*saca*，可能是伊朗人对斯基泰人的称呼）、马、野山羊、野猪、狼、西伯利亚雪豹、鹰和鱼，可能都具有宗教意义，可能与有灵性的动物崇拜或祖先崇拜有关。祖先崇拜在斯基泰很突出，由伟大的塔希提（Tahiti）女神主持，塔希提女神是兽类和火的守护者。此外，这些具有灵性的动物图案也充当了马上战士的部落和氏族的徽章。[48]

斯基泰艺术作品中最好的作品展现了一种穿透力强、节奏明快的平衡，在这种平衡中，多重的扭曲变形转变成优美的曲线图案。这是一种先进的集体文化，在没有文学作品流传的情况下，我们可以依靠斯基泰人的艺术（辅以希罗多德等异邦人的著作）来了解他们的情况。伊朗和中亚的艺术主题在斯基泰人艺术中是可以察觉的，而且确实占主导地位，但与本研究有关的是斯基泰艺术中的希腊艺术倾向，这种倾向是次要的，但重要性日益增长。

在最初，在斯基泰艺术和东方化的希腊陶瓶画家喜欢的动物风格之间就有明显的相似之处。但在这个早期阶段，这种相似性是巧合的，并不是一个民族借鉴另一个民族的结果，而是两个风格都受到了东方古老传统的影响。然而，从公元前7世纪晚期开始，希腊艺术家有意为斯基泰上流群体制作器物，大部分作品是在黑海沿岸的殖民地进行创作的。在公元前6世纪和前5世纪，这一进程加快了。起初，一些伊奥尼亚艺术家，特别是金属工匠，从吕底亚和波斯迁出，来到这个偏远的海岸，然后他们和他们的孩子开始为内陆的首领工作，这时他们开始调整自己的创作主题，例如以希腊的方式描述游牧生活的场景，当然这种场景必须是部落首长感兴趣的。

分享斯基泰人的财富是吸引这些希腊艺术家到来的动力，希罗多德和其他人正确地强调了这一点。斯基泰的粮食，还有许多其他产品，例如鱼、盐、动物皮、毛皮、木材、奴隶、牛、马等的重要性对希腊人而言日益增长（第八章，第3节）。这种贸易给斯基泰首领带来了大量的财富，他们能够从中获得大量的黄金，这些黄金大概来自乌拉尔山东北和阿尔泰山的矿区。但我们并不知晓他们是如何支付黄金的，或许他们只是囤积黄金。他们拥有大量的黄金，这是可以证实的，因为他们墓葬中发现的马具、盔甲、盾牌及其很多其他装备上，都有大量的黄金装饰。奥尔比亚和其他黑海殖民地的希腊艺术家很多都来自米利都，他们用浮雕装饰这些物品，在这里，他们提供了希腊人有史以来最好的黄金制品，而在他们的母邦，黄金是稀缺的（第一章，注释50）。

这些希腊—斯基泰的金器大多属于公元前5世纪及以后的时期，但并非全部都是如此，因为某些物品的年代要更早些。例如，最奢华的库班墓葬可追溯到约公元前600年或前550年，属于最早一批沉迷于奢华的斯基泰名流。克拉斯诺达尔（Krasnodar）境内的克勒尔梅斯（Kelermes）出土的一面镀银镜子具有多元文化特征，因为它的浮雕结合了远东（西伯利亚或中国）的形状和近东的斯基泰与希腊图案，镜子上描绘的塔比缇女神（Tabiti）很像小亚细亚的库柏勒，与格里芬搏斗的是斯基泰人，但是长着翅膀的阿尔忒弥斯有着希腊（伊奥尼亚）外观，也不仅仅是阿尔忒弥斯，很多伊奥尼亚的形象都应用在这些人物身上。

在同一个地区的另一个墓葬位于科斯特罗马（Kostromskaya），年代稍晚，出土了一尊卧鹿的金色雕像。它躺在一个铁制的盾牌上，最初一定是被固定在上面的，它露出了一个斜面，显示出一个木制或骨制模型。牡鹿是希腊人按照斯基泰动物风格尝试制作的，它的身体上布满了小浮雕动物，再次呈现出希腊的外观。一种古典的希腊—斯基泰艺术正在出现。在辛梅里亚博斯普鲁斯海峡（刻赤海峡）两岸以及基辅附近的其他公元前7世纪到前6世纪的墓葬中，甚至远至普鲁士遗址中，都能发现类似的混合体。[49]

希罗多德记录了自己时代的斯基泰国王斯库勒斯（Scyles），他完全是非希腊人的样子。[50] 在早期，除了对希腊艺术工艺的喜爱外，二者直接的文化（或婚姻）交流似乎很少。阿那沙西斯（另一个斯基泰君主萨奥留斯［Saulius］的弟弟）是个意外，据说他在约公元前592/589年作为梭伦的客人访问了雅典，被誉为"斯基泰人雄辩"的典范。[51]据说，他对希腊人并不十分关心，但即使如此，据称他与希腊人的接触还是导致了他在回国后被处死，因为他试图将在基齐库斯学到的希腊仪式引入伟大女神塔比缇的崇拜之中。阿那沙西斯成了一个传奇人物，列为七贤之一，也是"高贵的野蛮人"的典范。

斯基泰人对希腊人的另一个贡献，无疑是通过希腊人的黑海殖民地传播的，是萨满（shamanism）一词所涵盖的一系列信仰和情感。虽然这个词本身源自通古斯语[52]，并不为希腊人所知，但他们很早就开始接触这些思想。这种学说的基本特征是相信某些人的灵魂能够离开他们的身体，以便到遥远的地方去旅行，实际上是到灵魂的领域去旅行，从这种分离的能力（分身），萨满（既是歌者、先知也是治疗者）获得了神奇的治疗功能，以及护送死者灵魂到另一个世界的力量，上文已经提到了这种分离能力，以及通过色雷斯传入希腊的情况。

这种思想流传甚广，西伯利亚有这种思想最完整的表达，但这些也深深植根于斯基泰，希腊人就是从那里了解到了这种思想。结果就是希腊*iatromanteis*（萨满式先知、治疗师和宗教导师）的出现，其中一些人与这片北方土地有着特殊的联系。其中一个半传奇的人物是阿巴里斯（Abaris），据说他生活在约公元前550—约前525年，骑着一支神箭从北方来到这里。据说，阿巴里斯能够驱除瘟疫，预言地震，写宗教诗，吸引别人崇拜他的北方之神（希腊人译为阿波罗许珀耳玻瑞亚［Hyperborean，北边的］），他能有效地使自己与身体分离，以至于他可以完全不吃人的食物。

另一个跟他一样充满传奇色彩的人是阿里斯提亚斯，同样被归于公元前6世纪中期，他也能够将自己的灵魂和肉体分离，他的家在普罗庞提斯的普洛康奈索斯，他似乎在那里去世，但是同时又在基齐库斯出现，在数年之后还在梅塔庞托出现。他也和斯基泰人有联系，因为据说他写了一首关于传说中的独眼北族人（阿里马斯皮人）的诗歌，包含了大量关于里海北部和东部野蛮部落的信息，这些信息是在旅行者（也可能是他自己）的故事和民间传说的基础上混合而成的。被记载下来的还有其他类似的心灵旅行的例子。也有人认为毕达哥拉斯对轮回和分身的信仰，以及他对北族阿波罗的认同（第七章，第2节），可能来自与这些传奇人物有关的、同样遥远的地区，因为有人称他为色雷斯人扎尔莫克西斯的主人，还有人说他与斯基泰人阿巴里斯是师生关系，不过我们没法确定这些事情的最早日期。

奥尔比亚郊外的古特马里参墓为希腊—斯基泰人的接触提供了更多物质方面的证据（两种文化在其中密不可分地交融在一起，第八章，第3节），作为商品的雅典陶瓶画上[53]，描绘着斯基泰人奴隶充当弓箭手和警察的图景。斯基泰人还扮演了希腊黑海殖民地保护者的政治角色。这里还有一些混合部落，比如奥尔比亚后边的卡里皮达人，他们习惯定居，从事农耕，发展粮食贸易，希罗多德称他们为"希腊—斯基泰人"或"斯基泰—希腊人"。戈隆尼人以布迪尼（Boudini，波尔塔瓦 [Poltava] 北部的森林草原地区）的别利斯克耶（Belskoye）为中心，最初是来自港口市场的希腊人，他们的语言是斯基泰语和希腊语混杂而成的。[54] 后来，这种两方混血的人被称为 *Mixellenes*，半希腊人。[55] 但并非所有的融合都是甜蜜轻松的，正如我们之前看到的那样，很多斯基泰人，尤其是塔曼半岛的斯基泰人，他们喜欢俘虏伊奥尼亚水手，并将他们处死，献祭给塔比缇。

约公元前513—前512年，波斯国王大流士一世大举入侵斯基泰领土。诚如我们所见，他的第一个目标成功实现了，他率先征服色雷斯，这一举动使希腊和希波战争之间的距离明显缩短了。但是，为什么他成功之后还继续前进，越过多瑙河与斯基泰人对峙，同时命令卡帕多西亚（小亚细亚）的总督带着一支舰队越过黑海攻击他们，这一举动引起了人们的猜测。他很有可能看中了特兰西瓦尼亚的矿山，认为在多瑙河河口拥有一个可以运输金属的通路是很方便的；他也有可能对俄罗斯南部的粮食感兴趣，他一定想到过切断希腊人粮食供应的可能性；或许，他也认为斯基泰人和他们的游牧邻居们对波斯帝国的北部、黑海和里海边境构成了威胁,关于这一点他麾下的地理学家可能了解得并不充分,混淆了塔纳依斯河(顿河)和伊阿克萨尔提斯河(Jaxartes,锡尔河[Syr-Darya])。毫无疑问,大流士也被波斯扩张的一般心理势头所影响,这也是他统治的特点。

无论如何,他从多瑙河前进,深入乌克兰,然而,没有能够迫使斯基泰三军指挥官之一的伊殿图索斯(Idianthyrsus)与他交战。大流士面对的是焦土策略,他不得不撤退。因此,虽然他对色雷斯的入侵产生了积极的结果,但随后向斯基泰的推进却不成功,正如对色雷斯的占领使希波战争逼近了一步一样,在斯基泰的失败也使战争推迟了几年。

此外,据说斯基泰人(虽然这一点没有得到普遍的相信)还计划进行大规模的报复性打击,他们向斯巴达提议,希望联合入侵大流士的领土,斯基泰人要从高加索地区渡过法希斯河入侵米底,而斯巴达人则应在以弗所登陆,入侵波斯在小亚细亚的领地。但斯巴达退缩了(据说其国王克里奥门尼一世在谈判中学会了斯基泰人喝酒不掺水的习惯,这使他发疯),斯基泰人只洗劫了希腊黑海港口伊斯特罗斯(公元前500年不久),突袭了色雷斯切索尼斯(约公元前495年),他们不得不满足于此。

附录3 受希腊人影响的地区:伊特鲁里亚城邦

伊特鲁里亚人(蒂勒尼人、蒂尔森人)居住的伊特鲁里亚地区包括现代意大利西部的托斯卡纳以及拉齐奥的北部地区,一直延伸到台伯河。学者通过比较和推理,已经破译了相当数量的伊特鲁里亚语单词,但该语言的语法结构仍然无法确定。跟意大利及其岛屿的某些方言一样[56],伊特鲁里亚语本身似乎并不属于印欧语,不过伊特鲁里亚语的字母是根据希腊语改编的,这种字母可能是经由坎帕尼亚港口的皮特库塞传来的优卑亚卡尔基斯字母(第七章,第1节)。

除了考古发掘和文物提供的大量证据之外,我们对伊特鲁里亚人的信息掌握得并不多，因为他们没有留下属于自己的文献（迄今为止只发现了一万三千片铭文，大多数简短而正式）。[57]因此我们对他们的了解建立在希腊和拉丁文学传统之上，这些文学传统支离破碎，信息主要建立在罗马人和伊特鲁里亚人的接触过程中，并且在很大程度上有敌意。皇帝克劳迪乌斯（公元41—54年）用希腊文写了很多关于伊特鲁里亚人的作品，但并没有流传下来。

希罗多德认为伊特鲁里亚人起源于吕底亚[58]，这逐渐演变成一个传统观点，但是这种观点跟很多希腊世界边缘民族的起源观点一样，是建立在错误的词源学基础之上的。尽管早期进出或定居在意大利境内的民族或者群体都已经消失了，但是伊特鲁里亚人无疑可以被视为意大利人。这里的考古证据揭示了，在受到希腊文化冲击之前，这里有一个漫长而多样的史前史阶段。从公元前8世纪开始，伊特鲁里亚人就向希腊人学习如何酿酒、种植橄榄并压榨橄榄油，位于皮特库塞和库迈的定居者和商人开始用黄金和其他贵重物品（从叙利亚的卡尔基斯人的市场，例如阿尔米纳、波塞迪翁和保图斯）换取这里的铁器，伊特鲁里亚人拥有的铁器数量是地中海其他地区无法比拟的。

伊特鲁里亚人奢华的葬礼体现出了他们凭借这些资源获得的财富，他们当时的居住中心变成了城邦，每个城邦都享有独立的力量，不过古代作家笔下的"伊特鲁里亚联盟"主要限于宗教和集会层面，说他们几乎没什么凝聚力或联合活动。

卡尔基斯在其他城邦中的的影响力，包括对希腊东部地区的影响力让位于科林斯，科林斯人以及后来的伊奥尼亚人梦幻般的东方化艺术融合了希腊和本地的风格，这在公元前6世纪的成熟的伊特鲁里亚艺术中十分明显。不过伊特鲁里亚人的品位标新立异，他们对希腊古典时期辉煌的艺术成就并不感兴趣。

塔尔奎尼（伊特鲁里亚的塔尔克纳尔［Tarchnal］，今天的塔尔奎尼亚［Tarquinia］），位于伊特鲁里亚（现在的拉齐奥）西南部，第勒尼安海5英里的丘陵上。根据传说，伊特鲁里亚是由提尔森诺斯（Tyrsenus）的兄弟塔

地图13 伊特鲁里亚城邦

肯（Tarchon）建立的（据说塔格斯 [Tages] 是从大地长出来的，向当地人传授宗教）。这里是伊特鲁里亚最早统一的核心地区。在公元前900年前后，该地的村庄已经开始繁荣起来，当地的居民已经开始开采托尔法山（Mt. Tolfa）上的金属。在坎帕尼亚对铁器需求的刺激下，在公元前8世纪，这些村落凝聚成了新的城市塔尔奎尼。因此，公元前700年后不久就开始出现用土堆覆盖的大型墓葬。

有位公元前7世纪的墓葬主人名叫胡提勒希波克拉特斯（Rutile Hipukrates），他的名是伊特鲁里亚语，姓是希腊语，可能分别来自他的父亲和母亲。另一位塔尔奎尼人名为拉尔斯普勒纳斯（Lars Pulenas），他说自己的曾祖父名为克雷克斯（Creices），是一位希腊人。[59] 当地一种公元前7世纪的陶器与科林斯的风格相呼应，库迈的艺术家显然也知道这种风格，所以这些器物也被称为库迈—伊特鲁里亚式。

在同一时期，一位名叫德玛拉图斯的希腊人从科林斯移民到塔尔奎尼（第三章，第2节），陪同他一起的还有三位陶工（*fictores*）和他的家人们，包括他的两个儿子，其中一位接受希腊语教育，另一位接受伊特鲁里亚语教育。后者后来移居罗马，成了一位国王，名为塔奎尼乌斯·布里斯库斯（约公元前616—前579年）。

这时塔尔奎尼的希腊化已经发展到了一个更高的阶段，从公元前6世纪中叶开始，城市旁边的许多坟墓都有一系列独特的壁画装饰。希腊没有任何东西可以与之相提并论，能与之相较的只有两百年后马其顿地区的埃盖（维尔吉纳），但它们反映了希腊对伊特鲁里亚艺术的各种连续影响，在这种影响中意大利本土的特征也得以保留（在宗教领域，这种融合也得以保留，伊特鲁里亚地方传统处于优先地位）。公牛墓（Tomb of the Bulls，约公元前550—前540年）是这一系列影响的开端，该墓葬显示了本土图案和科林斯式、其他希腊式和近东式的风格的奇妙结合。奥尔戈斯墓（The Tomb of the Augurs，约公元前530年）体现了伊奥尼亚风格，巴隆墓（Tomb of the Baron，约公元前500年）则体现了阿提卡陶瓶画的影响（这时候正处于黑绘陶向红绘陶的转化阶段），除此之外还结合了丰富多彩的伊奥尼亚风格和意大利传统。

尽管消灭了一些附属城镇，塔尔奎尼还是控制了周围内陆地区的很多及居住中心。塔尔奎尼还拥有三个海港，并拥有一支舰队，是伊特鲁里亚海上力量的核心，一系列与斯普林那（Spurinna）家族相关的铭文也表明了这一点。[60] 从约公元前600—前580年开始，其中一个港口格拉维斯基（Graviscae）就包含了一个被希腊商人占据的区域，他们建立了献给阿芙洛狄忒的神庙（伊特鲁里亚的杜兰[Turan]），在大约四十年之后，他们还增加了献给赫拉（乌尼[Uni]）和德墨忒尔的神庙，分别包含意大利人的祭品和祭礼灯。

在塔奎尼亚的格拉维斯基港口发现了一块铭文，写于约公元前570年，使用的是埃吉那岛上的字母（第二章，第6节），内容是"我属于埃吉那的阿波罗，索斯特拉图斯（Sostratus）制造了我"。索斯特拉图斯是希罗多德提到的一位著名的商人的名字，不过我们并不能确定与铭文中提到的是否为同一人。[61]

凯勒（伊特鲁里亚语为Cisra或Chaisr[i]e），也就是现在的切尔韦泰里（Cerveteri），延伸到距第勒尼安海3.5英里处的山坡上，城镇化时间仅比其东南部邻国塔尔奎尼稍晚一点，塔尔奎尼的经济和政治优势很快受到挑战，显然是因为他们控制了托尔法山的金属。凯勒的大型土墓（公元前600年开始），有时会被设计成仿家庭内部的样式，内部装饰着从皮特库塞或库迈进口的珠宝，这些珠宝是由从叙利亚带来的黄金制成的。此外，伊特鲁里亚的字母也可能是从库迈的字母改编而来的，最早出现在凯勒。从科林斯进口的陶器仅次于武尔奇（Vulci，参见下文）。希腊移民（最著名的是公元前7世纪晚期的优卑亚人阿里斯托诺索斯[Aristonothus]和科林斯艺术家）以及他们的伊特鲁里亚学生开始在凯勒绘制精美的陶器。从约公元前650年开始，凯勒也成了最精美的伊特鲁里亚式陶器的制造中心，这种黑色的陶器（bucchero）陶壁较薄。[62]

除了托尔法山，凯勒人还吞并了一个内陆地区，那里发现了精美的石墓。他们还取代了塔尔奎尼海上强国的地位，并与迦太基联手，阻止希腊殖民者从福西亚和马萨利亚还有阿拉里亚（科西嘉的阿莱里亚）侵入。在约公元前540/535年，双方爆发阿拉里亚战争，尽管福西亚人取得了胜利，但是实力却被严重削弱，无法维系他们在阿拉里亚的殖民地。[63]

凯勒的海岸线上有五个甚至更多的港口。其中之一就是布匿，这个名字是后来的罗马人起的，大概是因为它包含了迦太基商人的定居点。凯勒的另一个港口是皮尔基（Pyrgi，圣塞韦拉［Santa Severa］），那里有一座赫拉神庙。据记载，一位萨摩斯人就用赫拉之名而不是用乌尼崇拜这位女神，后者是赫拉在伊特鲁里亚地区的代名词，而赫拉本身是萨摩斯的守护神。由于波斯人的威胁，很多伊奥尼亚艺术家涌向凯勒及其港口。该城有一个伊奥尼亚作坊，除了熟悉本土陶器之外，还善于制造科林斯式陶器，两位才华横溢的艺术家彩绘了一系列水罐（hydriae），风格活泼幽默，非常关注人物形象（约公元前525—前505年）。

最重要的是，通过利用希腊人带来的影响，凯勒发展了自己独特的红陶雕塑流派，在当时只有维伊能与之媲美。罗马的国立伊特鲁斯坎博物馆中有一件展品，一堆夫妻斜躺在石棺上，这件作品通过精湛的技术，体现了伊特鲁里亚本土特征和伊奥尼亚浮雕理念的融合。当时当地的雕塑家也制作了精美的浮雕，特别是约公元前525—前485年间皮尔基神庙一个雕带，那里有一幅浮雕，描绘着诸神和巨人之间的战斗，让人想起了阿提卡陶瓶画的风格。

然而凯勒的政府并不是完全面向希腊人的，因为在皮尔基的进一步发掘中出土了三片金箔，上边有迦太基和伊特鲁里亚语的双语铭文（约公元前500年），记录了凯勒统治者塞费里·韦礼安纳斯（Thefarie Velianas）对迦太基女神阿斯塔特的献祭。[64]与维伊之间的对立关系促使凯勒投入了罗马的怀抱（参见下文），这种友好的关系帮助他们在拉丁姆和坎帕尼亚建立了强大的势力范围。[65]

武尔奇（伊特鲁里亚的维尔查）位于凯勒的西北部，坐落在一个由陡峭的悬崖保护的山丘上，位于阿尔门塔河（Armenta River，菲奥拉河［Fiora

River］）及其两条支流形成的环形上，距海6英里。这里繁荣的村庄在约公元前700年左右联合起来，形成了一个城镇。阿尔门塔河河谷提供了一条通往阿米亚塔山（Amiata）的路，方便获取山上的金属，这位武尔奇提供了大量财富。

这些资源的规模可以通过希腊陶瓶的长期大量涌入窥知一二，其中包括大量的原始科林斯和科林斯式陶器，仅有凯勒可与之媲美。当地还有大量的仿制品，公元前6世纪晚期，这里见证了一个原始凯勒陶器流派的建立（被误称为"本都"［Pontic］），常绘有希腊神话中的场景，主要制作者是被波斯人驱逐的伊奥尼亚难民。武尔奇还制造浮雕，这种活动在伊特鲁里亚地区相当罕见，因为本地没有适合的石头资源。此外，他们还利用阿米亚塔山上的矿藏发展了青铜加工工业，其产品出口到亚得里亚海的斯宾纳，数量超越了伊特鲁里亚地区其他所有城邦（第八章，第1节）。事实证明，武尔奇人内陆的繁荣是短暂的，但是他们拥有一个位于雷加（Regae，雷吉斯韦拉［Regisvilla］）的港口，离阿尔门塔不远。据推测，他们还控制着受到良好保护的奥尔贝泰洛（Orbetello）贸易港口，位于古代的卡卢索（Calusium）地区。

武尔奇城外的库库梅里亚（Cucumelia，约公元前560—前550年）是伊特鲁里亚最大的土墩墓，直径超过200英尺，侧面说明了这座城市的繁荣。罗马的托隆尼亚博物馆中的弗朗索瓦墓（约公元前300年）的壁画得以让人一窥这座城市的整个英雄传统。这幅壁画上描绘的是一位塔尔奎尼人被武尔奇武士杀死的场景，这幅画甚至暗示或许在公元前6世纪末期，该城市的士兵或者冒险者可能短暂地控制了罗马。此外，武尔奇似乎是埃涅阿斯崇拜的中心，埃涅阿斯崇拜直接或间接地传给了罗马人（因此他成了维吉尔英雄史诗中的英雄）。来自武尔奇的人似乎也在伊特鲁里亚人向坎帕尼亚的扩张中发挥了突出的作用，罗马可能是这种扩张的中转站。在公元前5世纪，当伊特鲁里亚在坎帕尼亚的影响力被萨莫奈人摧毁时，武尔奇人并没有让这种挫折压制自己的扩张事业，而是将这种扩张事业转移到了意大利北部。斯宾纳晚期发现的许多青铜制品和珠宝都来自武尔奇，他们也有可能是模仿了武尔奇人的技术。

维伊（Veii，维欧［Veio］）位于伊特鲁里亚（现在的拉齐奥）的东南部，坐落在一个宽阔的高原上，由两个山脊和一个南部的岩层（卫城）组成，由上方陡峭的悬崖和克雷梅拉河（Cremera，瓦尔克塔［Valchetta］）及其支流保护。流入台伯河的克雷梅拉河在古代仍然可以航行。早在公元前1千纪，该地就有几个村庄，在公元前8世纪下半叶形成了一个城镇和城邦。维伊位于伊特鲁里亚南部入口位置，其地理位置因为七个主要的城门及其向外辐射的经过精心设计的道路显得更为突出，促使坎帕尼亚的中心地区的希腊商人，比如比特库塞和库迈的商人，将该地作为与伊特鲁里亚北部地区的城市交流的中转站，希腊商人渴望得到这些北部城市的金属。[66]维伊本身并不生产金属，但从金属的转运中获利。农业生产也带来了客观的收入，从当地的许多人工水渠（*cuniculi*）中可以看出他们熟练的灌溉技术。台伯河口的盐床（在伊特鲁里亚其他地区罕见）也为之带来了大量收入。

在这些资源的支持下，维伊在公元前6世纪成了意大利地区最重要的非希腊中心之一。除了墓地之外[67]，其居住区（包括最朴素的房屋）的遗迹也以极大的规模出现在我们的眼前。在这些建筑中还能辨别出五座神庙，其中最令人印象深刻的是供奉着弥涅耳瓦（Menrva，雅典娜）的占地三间的神庙，位于城外的波图纳奇奥圣所（Portonaccio，约公元前520—前500年）。在其屋顶的中央屋脊上有大型赤陶雕像，包括现藏于罗马国立伊特鲁斯坎博物馆博物馆的维伊阿波罗雕像。这一杰作是基于伊奥尼亚—阿提卡艺术模型创作的。[68]然而，就像所有最优秀的伊特鲁里亚雕像一样，这一作品注入了自己的元素，与希腊化风格不同，本身具有一种近乎残酷的戏剧性，伊特鲁里亚式的力量和运动感，以及一种有张力的粗糙感，这是雕刻家的个人贡献。这一作品很有可能是著名的维伊雕塑家乌尔卡（Vulca），或者跟他同一流派成员的作品。

乌尔卡也可能在罗马活动过。在罗马人的统治时期，他们与维伊保持着良好的关系，这两座城市仅有12英里。但是在罗马的伊特鲁里亚君主政体（约公元前510/507年）垮台之后，对盐田和商业市场的角逐，很快导致了严重的摩擦。维伊在台伯河畔靠近罗马城郊的位置建了一个前哨菲德纳（Fidenae）之后，二者之间的摩擦加剧了。

我们现在来看看伊特鲁里亚更北边的地区。维图洛尼亚（Vetulonia，伊特鲁里亚的维特卢纳［Vetluna］或瓦特卢埃亚［Vatluea］）位于武尔奇西北45英里处，伫立在海拔1 130英尺的小山上，三面被陡峭的悬崖保护着，俯瞰布鲁纳河及其支流。虽然现在已经被抽干，但是在古代，普利琉斯湖是一个可以通航的咸水湖，布鲁纳河和翁布罗河（Umbro，翁布罗内河［Ombrone］）排入其中，该湖靠近维图洛尼亚。两座独立的村庄曾坐落在该地，因靠近肥沃的土地，且靠近马塞塔诺（Massetano）的铜铁矿区，从而获得大量财富，随着资源的增长，这两座村庄在公元前7世纪合并成一座城镇。当希腊市场和坎帕尼亚殖民地的进口商品抵达时，维图洛尼亚已经发展出了自己的圆形坟墓形式，这些圆形坟墓被一圈圈石头围成，随后被土墩覆盖。该居住中心的遗迹已被发现，包括公元前6世纪的雕带或山墙上的小雕像。和武尔奇一样，维图洛尼亚也有自己的石雕作品。这里更杰出的艺术是黄金制品，这种金饰上有一种特殊的颗粒，可能部分进口自皮特库塞和库迈，也可能有部分是在当地制造的。

维图洛尼亚城邦不仅拥有大陆上的属地（例如马西利亚纳［Marsiliana］和吉亚奇奥堡垒［Ghiaccio Forte］，然而这两个属地的生命并没有超过公元前6世纪），而且还享有活跃的海上活动，特别是很早以前就通过普利琉斯湖的一系列港口与撒丁岛建立了联系。然而，在公元前500年之前，这里在罗塞莱的影响下黯然失色。

罗塞莱（Rusellae，翁布里亚语Resala，位于现在的罗塞勒［Roselle］）坐落在一个高原上，在古代可以俯瞰普利琉斯湖，距离对岸的维图洛尼亚有9英里远，并掌握着肥沃的翁布罗纳河谷，该河流入潟湖。在公元前600年，山坡上的村庄合并后迁移到一个新的地点。这个新的居住区受到一堵石墙保护，这是伊特鲁里亚最早的城墙之一。但是不久之后，石墙被更令人印象深刻的防御工事所补充和取代。原居住区的遗迹也被发现，其规模在伊特鲁里亚地区是不寻常的。

罗塞莱最初的城市化不是由武尔奇引领的（尽管一直有这样的说法），而是由距湖另一边9英里外的维图洛尼亚发起的。然而在公元前6世纪后期，这座城市被罗塞莱超越，很有可能部分被摧毁。在这之前，罗塞莱人无疑已经开发了马塞塔诺矿区，维图洛尼亚的衰落可能还将坎皮格里塞（Campigliese）地区的金属也置于他们的控制之下。[69] 罗塞莱至少在普利琉斯湖上拥有一个港口，靠近或位于罗塞勒浴场（Terme di Roselle）此外可能还有包括忒拉蒙在内的其他港口，以及更远的属地。

波普罗尼亚（Populonia，伊特鲁里亚的福伦［Fulun］或波普伦纳［Pupluna］）是维图洛尼亚北部的一个沿海城镇，位于一个可防守的卫城－岬角上，当时这里名为半岛，实际上是一个岛屿。早期的两个村庄在公元前700年前合并，共用一个宽敞的海湾（Porto Baratti）作为港口。

这里在公元前800年甚至更早的时候，就已经出现了借鉴撒丁岛模式的各种形式的室墓。在大约公元前600年之后，出现了被土丘覆盖的大型坟墓。这些墓葬中的陪葬品越来越丰富，他们是从皮特库塞和库迈的希腊商人那里获得的，以换取临近的坎皮格里塞地区和伊尔瓦岛（埃泰利亚［Aethalia］，厄尔巴岛，也可能是伊特鲁里亚的维塔鲁［Vetalu］或埃塔勒［Aitale]）地区丰富的金属资源，这些金属至少从约公元前750年开始在波普罗尼亚地区冶炼。这些商人表现出的兴趣很快使波普罗尼亚人成为该地区最大的希腊工艺品进口商。然而，伊特鲁里亚神福伦斯（Fuluns，狄奥尼索斯）名字，似乎来自腓尼基的布波洛斯，显然波普罗尼亚与该城有直接或间接的联系。

在很长的一段时间里，这个地方并没有形成城邦，并不像塞尔维乌斯·图利乌斯（Servius Tullius）说的一样，依附于沃拉特莱（Volaterrae）[70]，而是依附于毗邻的维图洛尼亚，二者文化上也有相似之处。不过，波普罗尼亚似乎是伊特鲁里亚地区最早发行钱币的中心之一，不过不早于公元前

500年。

沃拉特莱（伊特鲁里亚语Velathri，今沃尔泰拉）是一个更靠北的内陆城市，坐落在一座陡峭的小山上，这座山位于艾拉河（Era River），也就是阿尔诺斯河（Arnus River，阿诺河［Arno River］）南部的支流，和凯奇纳河（Caecina，伊特鲁里亚的切克纳［Ceicna］，今切奇纳［Ceicina］）之间。凯奇纳河谷有丰富的金属资源。毫无疑问，这种财富的来源鼓励了一群村庄在公元前600年之前的某个时候合并成一个城镇，而这些村庄之前已经以制造小青铜器而闻名。一场大规模的滑坡摧毁了该镇早期生活的大部分证据。是墓碑上的浮雕（约公元前500年？）展示了一个战士首领阿夫勒泰（Avle Tite）的形象，他穿着近东风格的精致服装，手持长矛、弓和短剑。

沃拉特莱还拥有一个位于凯奇纳河河口附近的港口。与大多数伊特鲁里亚城市相比，沃拉特莱更倾向于向内陆发展，沿着艾拉河和阿尔诺斯河及其支流艾尔莎河（Elsa）河谷向内推进（一直到法埃索莱［Faesulae］，伊特鲁里亚的维祖尔［Fiesole］，今天的菲耶索莱［Fiesole］），穿过另一河岸，向北一直延伸到厄里达诺斯河（帕都斯河，波河）和费尔西纳（博诺尼亚，今博洛尼亚）。费尔西纳的马蹄形墓碑上刻有凯科纳（凯奇纳）氏族的名字，该氏族起源自沃拉特莱，因为其得名于沃拉特莱河，以附近的黏土矿坑和盐床闻名。

克鲁西乌姆（伊特鲁里亚的克莱夫辛［Clevsin］，今天的丘西［Chiusi］）位于伊特鲁里亚内陆东北部，毗邻克拉尼斯河（Clanis，又称基亚那河，现在已经消失了），这里的山谷被清理过，还有完善的排水系统以供灌溉。在约公元前700年，这些山上的村庄与附近其他居住着意大利翁布里亚人的村庄合并成一个城镇。克鲁西乌姆并不依赖金属，而是通过本地农业的发展达到繁荣，由于地理位置的原因，克鲁西乌姆相对远离了希腊人的影响，但是在一个世纪之内，这里还是成了该地区最富有和强大的城邦。

克鲁西乌姆的陶工发展了一种特殊的艺术形式，其中包括大型赤陶火葬瓮，盖子上刻有引人注目的人头图案。一个早期的女性半身像与受叙利亚影响的希腊造型相似。公元前6世纪后期，克鲁西乌姆还制作了独特的葬礼浮雕，样式大致混合了伊奥尼亚和阿提卡风格。此外，这里还发展了属于自己的黑陶流派，这种黑陶壁比较厚，与凯勒的薄壁陶器形成鲜明对比。

在拉尔斯波尔塞纳（Lars Porsenna）的统治下，克鲁西乌姆人在公元前6世纪后期达到了他们活动和权力的顶峰，瓦罗认为这位领导者的坟墓令人惊讶，不过这一建筑至今未被发现。[71] 拉尔斯波尔塞纳（真名不详，这两个称号似乎都是封号）被称作克鲁西乌姆和沃尔西尼（Volsinii）的国王，这一称号强调了他对沃尔图姆纳圣所（Voltumna，在沃尔西尼附近）的控制，该圣所是伊特鲁里亚联盟的宗教中心。

沃尔西尼（现在的奥尔维耶托［Orvieto］）、阿雷提翁（Arretium，阿雷佐［Arezzo］）、科尔托纳（Arezzo，伊特鲁里亚的库尔屯［Arezzo］）以及佩鲁西亚（Perusia，佩鲁贾［Perugia］）这些地区似乎都是由克鲁西乌姆的殖民者建立的，不过他们成为农业繁荣的独立城邦之后，为自己的起源创作了不同的传说，这些传说大都令人印象深刻但也相互矛盾，他们都将自己血统追溯至希腊的英雄。[72] 其中一些殖民地可能是拉尔斯波尔塞纳建立的，他一定是第一批在伊特鲁里亚地区使用希腊式重装武器和盔甲的领导者，公元前6世纪的考古证据证明了它们的存在。

可能也是在拉尔斯波尔塞纳的倡议下，克鲁西乌姆实现了无与伦比的双重扩张，向北越过亚平宁半岛，向南进入坎帕尼亚和拉丁姆地区。

从很早开始，某些伊特鲁里亚城邦（并不能确定具体是哪些），或者是为城邦服务的某些个人或团体，或者是脱离城邦控制的团体，将自己的商业和艺术，在一定程度上，还有他们的政治统治权扩张到了意大利的肥沃且富饶的地区。在北部地区，伊特鲁里亚的中心一直是费尔西纳（罗马的博诺尼亚，今天的博洛尼亚），在公元前10世纪末，这里就已经存在一些村庄。这里因为靠近铁器供应地区而日渐繁荣，在阿尔卑斯山以外的青铜加工区甚至远至斯洛文尼亚的地区的接触中获得了大量财富。

公元前700年之前，伊特鲁里亚对费尔西纳的影响就已经很明显了，随着各个村落合并成一个城镇，费尔西纳大概成了一个独立的城邦，成了该地区的主要影响力，控制了雷诺斯河（Renus River，雷诺河［Reno River］），其属地卡萨莱基奥（Casalecchio）控制着河谷通向平原的开阔地区。在这条通往伊特鲁里亚的路线上，在公元前6世纪末，米萨（Misa，马尔扎博托［Marzabotto］）地区又建立了一个港口城市，监督着经过亚平宁地区的贸易。其他有伊特鲁里亚人参与的城镇包括曼图阿（Mantua，曼托瓦［Mantova］），维吉尔的《埃涅阿斯纪》中有一段精彩的关于该地混合人口的分析。[73] 所有这些团体都与阿特里亚和斯宾纳这两个亚得里亚海海边的市镇有过贸易交往，而这两个市镇是伊特鲁里亚人和希腊人的合作成果（第八章，第1节）。

伊特鲁里亚地区的贸易和权力也扩展到了南部台伯河以外的领土。在富饶的坎帕尼亚，伊特鲁里亚扩张的重点是卡普亚（这里的伊特鲁里亚语名字经过拉丁化之后变成沃尔图诺［Volturnum］，今天的圣玛丽亚－卡普阿韦泰雷［Santa Maria Capua Vetere］），该地位于沃勒图尔努斯河（Volturnus）交汇点的战略要地。卡普亚出土的铭文上出现了伊特鲁里亚人的名字，这表明了沃尔西尼在这里推动了商业或殖民举措，但是毋庸置疑的是卡普亚是一个独立的城邦。最近的发掘还证实了另一个坎帕尼亚中心卡莱斯（Cales，卡尔维［Calvi］）的重要性，在那里，第一个已知的伊特鲁里亚统治者的年代约为公元前640—前620年。再往东南，还有一个名为萨勒努姆（Salernum，萨勒诺［Salerno］）的伊特鲁里亚人的活动区域，包括在萨勒诺的弗拉特（Fratte）和皮森提亚（Picentia，蓬泰卡尼亚诺［Pontecagnano］）的中心。萨勒诺以东的另一个古代城镇似乎得名于武尔奇的旅行者或殖民者，罗马人似乎也知道这里。[74] 哈利卡纳索斯的狄奥尼修斯曾经记录"靠近伊奥尼亚海湾（阿特里亚或斯宾纳）"的伊特鲁里亚人曾经在公元前525/524年入侵坎帕尼亚。[75]

为了保持与坎帕尼亚的陆路和海上联系，伊特鲁里亚人需要控制拉丁姆地区的部分领土。事实上，在某些时候和一些地区，伊特鲁里亚和拉丁姆统治阶级的文化，几乎是没有区别的。唯一的区别是，在伊特鲁里亚人的统治之下，拉丁人大部分继续说印欧语。

这种情况在罗马也存在，在公元前7世纪末期和整个公元前6世纪，罗马处于伊特鲁里亚的统治之下，并在相当程度上被伊特鲁里亚化。国王塔奎尼乌斯·布里斯库斯（传统上认为公元前616—前579年）似乎来自塔尔奎尼，他的父亲德玛拉图斯作为政治难民从科林斯移居到那里。[76] 布里斯库斯显然将罗马作为一个独立的城邦来统治。据说他的儿子或孙子塔奎尼乌斯·苏培布斯被驱逐是罗马共和国（约公元前510/507年）成立的前兆，不过不能排除武尔奇和克鲁西乌姆曾经短暂统治过这里。

然而，在这一时期，希腊以及伊特鲁里亚陶器和其他艺术的影响持续扩散到罗马，毫无疑问，伊特鲁里亚是中间人，但拉丁姆（拉丁）和腓尼基人也起到了中转的作用，二者甚至还有直接贸易。河边的圣奥墨博诺（S. Omobono）圣所可以追溯到约公元前600—前575年，约公元前500年重建，这里还发现了公元前8世纪的优卑亚、皮特库塞、科林斯和基克拉迪斯的陶器。[77] 这里的赤土神庙是献给福尔图娜（Fortuna）和母神马图塔（Mater Matuta）的，属于东希腊风格，希腊艺术家、商人和工匠可能居住在城市的河港周围。此外，阿文提诺山（Aventine Hill）上的戴安娜神庙可以俯瞰码头，据说是由塞尔维乌斯·图利乌斯国王（约公元前578—前535年）建造的，显然受到了马萨利亚的影响，里面有一尊不知道什么时候建成的雕像，其形象类似于马萨利亚人所崇敬的以弗所的阿尔忒弥斯的形象。胜利者海格力斯（Hercules）在阿文提诺山北端的古代祭坛（阿拉马克西玛 [Ara Maxima]）受到崇拜，海格力斯是希腊神赫拉克勒斯的意大利翻版，他是商贸之神，可能通过拉丁人的提布尔（Tibur，蒂沃利 [Tivoli]）而为人所知。

有充分的理由相信，在罗马的伊特鲁里亚君主制垮台后，在公元前5世纪的第一个10年中出现的更多的宗教崇拜都直接或间接地从希腊人那里借来，伊特鲁里亚不再是这种影响的中转地。据说克瑞斯、利伯（Liber）和利伯拉（Libera，约公元前493年）的圣所是由希腊雕塑家达摩丰（Damophon）和高尔伽索斯（Gorgasus）装饰的[78]，这三名神祇代表着希腊的三名神祇德墨忒尔、伊阿科斯和科莱（Kore），而不是伊特鲁里亚人的三位神祇。进一步传入罗马的希腊神祇还包括墨丘利（Mercury，赫尔墨斯，像赫拉克勒斯一样的商业之神，在粮食短缺时引入）、萨图恩（Saturn，像希腊的克罗诺斯一样，崇拜仪式期间不能戴头套）。对喀斯托尔和波鲁克斯（波吕丢刻斯）的崇拜，据说是为了感谢勒吉鲁斯湖战役（约公元前496年）中战胜拉丁人而引入的（约公元前484年？），拉维尼乌姆（Lavinium）的一块拉丁铭文对此有所记载，希腊人称之为 quroi（kouroi-Dios kouroi，宙斯的儿子）。[79]

其他的拉丁人的城市也可以发现类似的与希腊人之间的联系。然而，就像在罗马一样，伊特鲁里亚也在同一时期对这些中心地区发挥了强大的影响力。大量的遗址显示了这种联系，包括阿尔巴隆伽（Alba Longa）、阿尔德亚和波利托利乌姆（Politorium）。尤其是普莱讷斯特（Praeneste，帕莱斯特里纳［Palestrina］），在公元前700年之前这里的财富迅速增长之后，下一个世纪的墓葬中的文物与伊特鲁里亚地区的墓葬没有太大区别。

在那里和拉丁姆的其他地方，凯勒人似乎在促进商业和文化交流，甚至在殖民活动中发挥了重要作用，据说他们的国王梅津迪乌斯（Mezentius）让该地居民沦为附庸。[80] 不过如果克鲁西乌姆的国王拉尔斯波尔塞纳占领了罗马，那也有可能会统治拉丁姆的其他城镇。

伊特鲁里亚城邦作为独立的城邦，在公元前6世纪末已经开始走向衰落。约公元前525/524年库迈的阿里斯托德摩斯成功抵御了伊特鲁里亚人对坎帕尼亚的入侵。拉尔斯波尔塞纳的儿子阿伦斯（Arruns）在阿里奇亚（Aricia，阿里恰［Ariccia］）被拉丁人和坎帕尼亚的希腊人联合杀死（约公元前505年）。公元前5世纪和前4世纪伊特鲁里亚各种权力核心相继崩溃。[81]

时间表[*]

一、希腊

希腊中部和北部（第二章、第四章）

公元前

12—9 世纪早期	莱夫坎迪（劳伦图姆）繁荣期
1050	火葬日益普遍
1050/1025—700	雅典原始几何陶和几何陶处于领先地位
900（？）	阿提卡大部分地区的统一
8 世纪	卡尔基斯在西部殖民，并建立阿尔米纳（后来在卡尔基蒂斯建立殖民地）；腓尼基字母传入希腊
8 世纪晚期	赫西俄德
8 世纪晚期或 7 世纪	德尔菲获得泛希腊名声
700	卡尔基斯和优卑亚之间的利兰丁战役
683/682	
682/681（？）	雅典名年执政官
7 世纪中期	阿波罗颂诗（德尔菲、提洛岛）
675	雅典控制厄琉息斯
632	雅典库伦政变
7 世纪晚期	雅典黑彩陶瓶画处于领先地位
7 世纪晚期（？）	拉里萨的阿琉阿德成为色萨利联盟的军事领袖
7 世纪末	弗吕侬为雅典拿下西基昂
595/590	埃吉那海龟钱币

---

[*] 很多时间都只是大致的判断。

595—583	第一次神圣战争（德尔菲）
586/585 或 582/581	德尔菲的皮提亚赛会
6 世纪	雅典的梭伦、庇西特拉图和克里斯提尼
555	老米太亚德在切索尼斯
540/530	萨拉米斯臣服于雅典
540	波奥提亚人（忒拜人）打败色萨利
534	第一部雅典悲剧：泰斯庇斯
530	雅典红绘陶瓶处于领先地位
520	第一枚雅典猫头鹰币
519	雅典和波奥提亚争夺普拉提亚
516	小米太亚德在切索尼斯
506	雅典人击败波奥提亚人和卡尔基斯人；随后针对埃吉那的无道战争爆发
499—498	雅典和埃雷特里亚帮助伊奥尼亚起义
493	提米斯托克利担任雅典执政官

伯罗奔尼撒（第三章）

公元前

1075/1050	多利安人入侵，移民活动达到高潮
9—8 世纪	阿尔戈斯成为伯罗奔尼撒半岛最早的权力中心
776	奥林匹亚赛会
747	科林斯王制终结
740/730—720/710	第一次美塞尼亚战争
733	科林斯人殖民科基拉和叙拉古
8 世纪	科林斯的双层桨战舰
725/700	阿尔戈斯重装步兵
8 世纪晚期到 550	科林斯的原始科林斯式陶器处于领先地位
7 世纪（？）	科林斯的三列桨战舰
685—657	麦加拉人殖民迦克墩和拜占庭
669	阿尔戈斯人在海西亚战胜斯巴达人
664	叙博塔之战，阿尔戈斯人战胜斯巴达
658—581	科林斯的库普塞鲁斯独裁（僭主）统治
655—555	麦加拉奥尔格塔斯家族的独裁统治

650—620	第二次美塞尼亚战争
7世纪（？）	斯巴达政治社会制度（agoge）
590/580	帖该亚人战胜斯巴达
581	地峡赛会
573	尼米亚赛会获得泛希腊地位
572	伊利斯从皮萨接受奥林匹亚赛会的控制权
570	科林斯的小马币
560—550	拉哥尼亚（斯巴达）的陶瓶画达到顶峰
556/555	奇隆在斯巴达担任监察官
6世纪中期	斯巴达统治伯罗奔尼撒联盟
546	斯巴达和阿尔戈斯在特里亚的冠军之战
519—490/488	斯巴达国王克里奥门尼一世
494	斯巴达在赛皮亚击败阿尔戈斯人

爱琴海东部和中部（第五章）

公元前

1150—1000	殖民者在基克拉迪斯伊奥尼亚和爱奥尼亚地区定居
10世纪	士麦那开始有人定居（公元前850年建有城墙）
900	多利安人在罗德岛建立了三个城市（还包括小亚细亚的五城 [Pentapolis]）
750/700	荷马
734	纳克索斯人在西西里建立最早的希腊殖民地，亦名纳克索斯
700	提洛岛建立阿尔忒弥斯神庙
675/650	辛梅里亚人洗劫以弗所的阿尔忒弥斯神庙
660	萨摩斯的赫拉神庙重建
7世纪—550	纳克索斯人控制提洛岛
7—6世纪	纳克索斯和帕洛斯发展出大型雕像
7世纪中期	阿波罗颂诗（提洛岛、德尔菲）
7世纪中期	帕罗斯人殖民萨索斯
7世纪中期	帕洛斯的阿基尔罗库斯
7世纪	阿莫尔戈斯岛的西蒙尼德斯（来自萨摩斯）
640/638	萨摩斯的克莱奥斯在塔尔特索斯

600（？）和 560—550	以弗所的阿尔忒弥斯神庙重建
600	塞拉叙布鲁斯担任米利都统治者
6 世纪早期	科洛丰的弥涅墨斯
590	庇塔库斯被选为米提列涅的仲裁者；阿尔卡埃乌斯和萨福
6 世纪	米利都的泰勒斯、阿那克西曼德和阿那克西美尼；以弗所的赫拉克利特
565	福西亚人殖民阿拉里亚（科西嘉）
540/535	阿拉里亚之战：福西亚人对抗迦太基人和凯勒人
540—522	波吕克拉特斯担任萨摩斯统治者
500	米利都的赫卡泰乌斯
499—494	伊奥尼亚起义：公元前495年拉德之战，前494年米利都陷落，前490年纳克索斯被摧毁

南部和东部（第六章）[①]

公元前

1000—800	叙利亚—腓尼基殖民者定居塞浦路斯
850/800	希腊在阿尔米纳、波塞迪翁和保图斯
9 世纪末期	叙利亚北部和腓尼基的金属制造者来到克里特
8 世纪	《伊利亚特》和《奥德赛》指出克里特岛上有90—100座城镇，克诺索斯和格尔蒂是领导者
725—700	克里特的德雷鲁斯的神庙
709—612	亚述人统治塞浦路斯
700—675	阿尔米纳被摧毁
7 世纪	克里特雕塑家代达罗斯和诗人立法者萨勒塔斯
660	伊奥尼亚士兵在尼罗河三角洲：定居诺克拉蒂斯和其他地区
632	锡拉岛人在亚里士多德勒斯巴图斯一世的领导下殖民昔兰尼
7 世纪晚期	克里特岛德雷鲁斯法律
600	昔兰尼人殖民阿波罗尼亚和尤埃斯佩里德斯

---

① 东部的王国和帝国，参见第二个时间表。

6 世纪早期	阿尔米纳重建
588，552	保图斯被毁
583，552	巴图斯二世尤戴蒙扩张昔兰尼，在伊拉萨战胜阿普里伊
570/526	诺克拉蒂斯变成最主要的港口
560 开始	残忍的阿尔克西拉乌斯二世被利比亚人杀死
560 年代早期，545	塞浦路斯先后受到埃及和波斯人的统治
535/530	昔兰尼的阿尔克西拉乌斯三世，公元前 520/515 年被杀，妻子斐勒提梅从埃及回来，收复巴卡
520	阿尔米纳的新城受到波斯统治
520	塞浦路斯和国王开始发行钱币
514—512	多琉斯西征昔兰尼失败
499—497	塞浦路斯支持伊奥尼亚起义
480/450	格尔蒂法典（克里特）体现了早期法律的特征

西部地区（第七章）[①]
公元前

775—770	优卑亚人在皮特库塞和库迈（公元前 750 年）建立贸易点
8 世纪	希腊人和腓尼基人在西西里
750/725	库迈人和优卑亚人在赞科勒殖民
734/733	卡尔基斯殖民西西里纳克索斯，科林斯人殖民叙拉古
730/710	卡尔基斯人占领赫雷基乌姆，阿凯亚人殖民锡巴里斯，后殖民克罗顿
706	斯巴达殖民塔拉兹
690/688	罗德岛人和克里特人殖民盖拉
679 或 673	洛克里人殖民西洛克里
663	西洛克里的立法者扎莱乌库斯
648	赞科勒人殖民希梅拉
628	麦加拉的修布莱亚人殖民赛利诺斯
625/600	锡巴里斯人殖民波塞冬尼亚
600	福西亚人殖民马萨利亚

[①] 关于伊特鲁里亚城市，参见附录3。

600	库迈人殖民奈阿波利斯
600/575	马萨利亚人殖民恩波利翁
6 世纪早期	斯特西克鲁斯在希梅拉
575	叙拉古的阿波罗神庙
570—554/549	法拉里斯为阿克拉伽斯僭主
565	福西亚人殖民科西嘉岛的阿拉里亚
6 世纪中期	维镇（拉索斯山，塞纳河边）青铜混酒钵
545	色诺芬尼从科洛丰移民赞科勒和卡塔纳
540（？）	洛克里人和赫雷基乌姆人在萨格拉河击败克罗顿人
540/535	阿拉里亚战争
531	毕达哥拉斯从萨摩斯移居到克罗顿
525/524	伊特鲁里亚人和其他人向库迈发起远征
515	巴门尼德在伊利亚出生
510	克罗顿人击败锡巴里斯
6 世纪晚期	叙拉古的埃庇卡摩斯最早的作品
6 世纪晚期	赛利诺斯开始建造奥林匹亚宙斯神庙
6 世纪晚期	克罗顿的医生阿尔克迈翁
498—491/490	盖拉的统治者希波克拉底于公元前492年在赫洛鲁斯河击败叙拉古

北部地区（第八章）
公元前

756	米利都人在西诺普建立贸易点
733	科林斯殖民科基拉
7 世纪早期	卡尔基斯人（与其他人）在托罗尼和阿坎索斯殖民（公元前655年）
685，657	麦加拉人殖民迦克墩和拜占庭
680/652	米利都人在阿比多斯、基齐库斯（公元前679年）和伊斯特罗斯（前657年）殖民
664	科基拉人在叙博塔战胜科林斯人
654	福西亚人殖民兰普萨库斯
650 之前	希俄斯殖民玛罗涅亚
650	帕罗斯人殖民萨索斯
647	米利都人殖民奥尔比亚（别列赞）

640	马其顿的佩迪卡斯一世从勒巴亚迁至埃盖
631	米利都人殖民西诺普
625	科林斯人和科基拉人殖民埃庇达诺斯
625/600	米利都人殖民塔纳依斯（？）和潘提卡派乌姆
7世纪末期	雅典的弗吕侬占领西基昂
6世纪早期	米利都人殖民赫尔墨纳萨
580	科基拉建立阿尔忒弥斯神庙
560/558	麦加拉人、波奥提亚人和米利都人（？）殖民黑海边的赫拉克里亚
6世纪60年代，525/520	希腊—伊特鲁里亚在阿特里亚和斯宾纳定居（意大利东北部）
555	雅典的老米太亚德占领色雷斯切索尼斯
545	忒奥斯人在法纳戈里亚重新建立殖民地，并殖民阿布德拉
6世纪	米利都人在皮图斯、狄奥斯库里亚和法希斯等地建立殖民地和贸易港
520	雅典的小米太亚德占领色雷斯切索尼斯
513—512	波斯的大流士一世远征色雷斯—斯基泰
512	马其顿的阿明塔斯一世成为波斯附庸
494	波斯人摧毁迦克墩

二、希腊人与东方邻居

希腊概况

公元前

2000—1900	希腊遭到北方人入侵（始自青铜时代中期的希腊中期文明）
1600之后	希腊受到克里特（米诺斯）文明影响日甚
1400—1200	迈锡尼文明发展至顶峰
1250	传说中特洛伊被希腊人攻陷
13世纪晚期至12世纪早期	迈锡尼及其他文明的陷落
1100—1050	亚迈锡尼文明陶器
11世纪	早期铁器时代
1075—1000	多利安人入侵及移民潮

1050—900	伊奥尼亚人迁移,爱奥尼亚人和多利安人到达小亚细亚西部及其岛屿
1025—900	原始几何陶,公元前 900—前 700 年,几何陶
900—750	城邦的诞生。贵族政府取代君主制
776	传言中第一次奥林匹亚赛会(泛希腊)举办
750—700	第一篇得以保留的史诗
8 世纪—7 世纪	殖民时代
8 世纪—7 世纪	东方化艺术
8 世纪	双层桨战舰
750—650	冶金术的初次发展
750	借用字母
8 世纪晚期	重装步兵改革
700	卡尔基斯与埃雷特里亚爆发利兰丁战争
700—675	第一座多利安神庙
7 世纪早期	第一篇得以保存的抒情诗
7 世纪早期	代达罗斯式雕塑
700 之后	萨摩斯人重建赫拉神庙(以弗所的阿尔忒弥斯神庙约为公元前 660 年)
7 世纪或 6 世纪	三列桨战舰
675—500	独裁者(僭主)时代,通常被寡头取代
7 世纪	第一位立法者
650 之前不久	第一座大型雕塑
7 世纪晚期	第一枚希腊钱币
7 世纪以降	黑彩陶瓶画
6 世纪早期/中期	第一位前苏格拉底哲学家
6 世纪中期	伯罗奔尼撒同盟
自 546	波斯征服伊奥尼亚(公元前 499—前 494 年伊奥尼亚起义)
自 530	红彩陶瓶画

巴比伦和亚述
公元前

1365—1250	第一个亚述帝国
1116—1076	亚述的提格拉特帕拉沙尔一世
911—745	亚述复兴(亚述尔纳西尔帕二世,公元前 884—前 859

	年；沙尔马那塞尔三世，公元前 859—前 824 年）
745—612	亚述第二帝国（提格拉特帕拉沙尔三世，公元前 745—前 727 年；萨尔贡二世，公元前 722—前 705 年，击败乌拉尔图，前 714 年；塞纳克里布，公元前 705—前 681 年，巴比伦的陷落，前 689 年；阿萨尔哈东，公元前 681—前 669 年，征服埃及，公元前 671 年；亚述巴尼拔，公元前 669—前 630 年）
626—539	新巴比伦帝国（那波帕拉萨尔，公元前 626—前 605 年；尼尼微的陷落，前 612 年；尼布甲尼撒二世，前 605—前 562 年；那波尼德，前 556—前 539 年）
539	波斯征服巴比伦尼亚

叙利亚与腓尼基
公元前

13 世纪和 12 世纪	海上民族入侵，非利士人和希伯来人
11 世纪—8 世纪	阿拉米人占领了叙利亚北部大部分地区
1000	腓尼基城邦的兴起（泰尔在公元前 750 年超越母邦西顿）。腓尼基人放弃音节文字，采用字母文字。叙利亚北部的城邦融合了阿拉米人，新赫梯人和胡里安人的传统
814	传统认为腓尼基人在迦太基建立殖民地的日期，他们还在塞浦路斯、西班牙南部、西西里西部和撒丁岛建立殖民地
9—8 世纪	乌拉尔图与叙利亚各公国接壤，并统治它们。希腊人在阿尔米纳、波塞迪翁和保图斯建立殖民地 850—前 612 年叙利亚征服
605—539	新巴比伦帝国
539—332	波斯征服

小亚细亚的非希腊地
公元前

1450—1200	赫梯帝国（公元前 1350 年胡里安人战败）
1250	希腊人占领特洛伊
1200	弗里吉亚人摧毁赫梯帝国

850—676	历史悠久的弗里吉亚王国（米达斯，公元前738—前696年）
705—637/626	辛梅里亚人占据小亚细亚
687以后	吕底亚王国（巨吉斯，公元前685—前657年，阿尔蒂斯，前652—前625年）
625—610	吕底亚人发行钱币（在迪亚泰斯，公元前625—前615年或者亚泰斯，前617—前560年，统治之下）
560—546	吕底亚克洛伊索斯统治时期
546	波斯人征服吕底亚

埃及
公元前

730—715	第二十四王朝（都城位于赛易斯），法老特弗纳赫特和波克里斯（波克霍利斯，公元前720—前715年）
730—656	第二十五王朝，纳帕塔王朝、埃塞俄比亚或库什特王朝
664—525	第二十六王朝，赛易斯时代。尼可一世、普萨美提克一世、尼可二世、普萨美提克二世、阿普里伊（霍夫拉）、阿玛西斯二世、普萨美提克三世。雇用希腊和其他地区的雇佣兵。建立诺克拉蒂斯。
525—404	第二十七王朝，波斯征服埃及之后，冈比西斯统治

波斯
公元前

650—550	米底王国（基亚克萨雷斯，公元前625—前585年）。米底和波斯攻陷尼尼微（公元前612年）
550—330	波斯帝国
560/559—530	塞浦路斯二世。征服米底、吕底亚（公元前546年）、伊奥尼亚和巴比伦（前539年）
530—522	冈比西斯二世，征服埃及（公元前525年）
521—486	大流士一世进攻昔兰尼（公元前515年）色雷斯—斯基泰远征（前513—前512年），伊奥尼亚起义（前499—前494年）

注　释

序　言

1　Gellius, *Attic Nights*, XIX, 815.
2　Herodotus, VIII, 144.
3　现代约定俗成的划分方式是认为整个希腊世界由希腊本土和不毗邻的异域希腊人定居点构成的。但是（1）有一定数量的被认为属于希腊世界的地区，比如希腊本土的一些地区，仍然有前希腊人和非希腊人居住；（2）不毗邻异域定居点包含了一些极为重要的希腊中心（即使陆路不毗邻，海路也足够接近）。在这一类别中，黑海北岸的一些城邦已经因苏联人的发掘而日渐为人所知。它们的意义，正如所谓大希腊（意大利半岛南部）和西西里，与任何有关希腊天才只能在爱琴海冲刷的土地上发现的说法相矛盾。
4　一些作家的来源不明导致了分类问题，最著名的是荷马，尽管有各种质疑，他的写作应该集中在希俄斯岛上，他应该属于那里。使用地理为分类的人仍面临着第二个问题，那就是那些不断迁居的作家和艺术家。这个问题到了后来的古典时期日益普遍，导致研究者必须用其他的方式组织材料。而在早期希腊，这个问题仅严重影响了大约六位重要作家，并且我已经将他们绑定在其影响最大的区域（例如，萨摩斯的毕达哥拉斯置于克罗顿之下，忒奥斯的阿那克里翁和赫雷基乌姆的伊比库斯置于萨摩斯之下，吕底亚的阿尔克曼置于赞科勒之下）。至于雕塑家，他们可能会带着大理石块或者粗略的雕塑往来于定做雕塑的地区，但是，在这一时期，他们的雕塑风格仍然带有其所在地的风格。

第一章　早期希腊人

1　这些讲印欧语的人操着原始希腊语从其最初在里海和下波利斯塞纳斯（第聂伯河）

2. 线性文字B使用88个符号来表示迈锡尼语（后来发展成为古希腊语）所需要的辅音和元音组合，其中包括帮助表达词意的象形符号。

3. 迈锡尼文明的瓦解意味着放弃了公共葬礼和大型墓葬，转而使用简单的个人坟墓（尸体盛放在石棺、土坑甚至罐子中），逐渐用火葬代替土葬。

4. 后来的希腊人对黑暗时期的记忆寥寥（对跟他们不同的迈锡尼文明知之甚少），取而代之，他们想象出了一个完整的以迈锡尼和皮洛斯为代表的的英雄时代，将之视为自己的祖先。

5. 例如，最近的一个争论认为，由于线性文字B文本可以按照俗语做出上下层阶级之分，所以多利安人早期很有可能是迈锡尼人的农奴，进而试图论证多利安人入侵从未发生过。

6. 据说他们从纳夫帕克托斯（Naupactus）经科林斯地峡到达阿凯亚（伯罗奔尼撒半岛北部）的利乌姆（Rhium），之后分成不同的移民族群，最知名的定居在阿尔戈利得半岛（阿戈斯）和拉哥尼亚（斯巴达）。

7. 三个比较知名的多利安人部落是许勒斯部落（得名于赫拉克勒斯之子许罗斯），丢马内斯（西北部落名）和潘菲罗伊（几个部落混合统称）。

8. 以往希腊方言分为伊奥尼亚方言、多利安方言和爱奥尼亚方言，但是目前需要修正。在希腊民族区别的框架下划分方言的方法具有误导性，因为方言之间的差别是公元前1200年之后才能被识别，这是因为不同群体被山海隔断产生的，这并不能够表现出早就存在的民族之间的区别（到了公元前5—前6世纪，政治、社会、宗教和语言上的差异共同作用下的种族意识，进一步区分了多利安人和伊奥尼亚人）。

9. 所有有关希腊艺术的书籍中，都会提到陶器艺术。这是因为：(1) 不像寥寥仅存的雕塑（现有的大多雕塑都是后期作品），陶器的发掘数量巨大；(2) 希腊陶器比今天的陶器重要得多，兼具现在瓷器、玻璃、木材、皮革和编织品的作用；(3) 吸引了大量艺术家，除了受希腊影响的埃特鲁里亚地区（参见附录3），没有人在创作壁画。由于希腊并不是一个喜好奢靡的地方，除了色雷斯和斯基泰（参见附录2）的非希腊人生活地区，这些艺术家没什么在金银器上创作的机会。这些画家不同于那些受制约的雕塑家，他们对创作主题的选择反映了希腊社会各个阶层之间的共同性。

10. Thucydides, III, 3. Aristotle, *Politics*, I, 7, 1252b, 强调了村庄在这一进程中的重要性。

11 马其顿人、福西斯人、拉哥尼亚人、埃托利亚人、阿卡纳尼亚人、阿凯亚人和阿卡迪亚人都是如此。

12 希腊世界估计有一千五百个城邦,其中六百多是已知的。有的城邦面积很小,小到长15英里、宽8英里的凯奥斯岛可以装得下四个,其中三个还有自己的钱币。另一个叫阿莫尔戈斯的小岛上有三个这种城邦。不过人口超过一万的城邦不过几十个。

13 我们无法确定迈锡尼文明是否有前述那种类型的城邦,也无法确定叙利亚人和腓尼基人是否将公民权扩张到全体自由民上。欧洲中部的某些城寨(例如多瑙河上游的霍依内堡[Heuneburg])可能已经有了城邦的基本特征。

14 家庭最初是一夫一妻制度的核心家庭,但是希腊作家更倾向于将其与更大的经济单位联系起来。氏族原本只限于贵族,氏族中的人一般可以追溯至共同的祖先,某些非亲属也可以被接纳进氏族中。部落(或许是从贵族战士群体发展而来的)一般包括氏族及其相关的成员。关于这部分内容可以参考雅典部分(第二章,第1节)。

15 住在阿提卡乡村的人跟雅典居民一样,都是雅典人。公民权跟土地所有权息息相关。但是在考虑乡村群体的时候,有一点应该时刻铭记在心,那就是城邦的边界是直到公元前7世纪才确定下来的。每片农田不同的区域和行政区划都盼望它增长,期望能够自给自足,尽管这种期望一般很难实现。希腊有适量的土地能够进行生产,能产小麦和大麦(用于制作面包和粥等主食),辅以咸鱼、奶酪、蜂蜜、无花果和葡萄酒。葡萄园在公元前6世纪广泛存在,甚至可以追溯到公元前7世纪,橄榄的生产亦是如此,橄榄油可以用于照明、清洁、化妆还能用于宗教仪式和烹饪。然而,真正的耕地面积不到总面积的五分之一,尽管每年有三百天的日照,但是气候较为极端,冬冷夏热,且风力较大。其他地区的希腊城邦可能承受着更为极端的气候条件。

16 Herodotus, VII, 102, 1.

17 据亚里士多德所言(*Politics*, I, 1, 8, 1252b),人是生活在城邦的动物(*politikon zoon*),也就是说人的本质是应该生活在城邦之中,"城邦是为了生存而出现的,继续存在,是为了更好地生活"。

18 Aristotle, *Politics*, III, 9, 7, 1285b(他认为希腊文明是延续迈锡尼文明而来,参见注释4)。有些荷马史诗中描述的场景大概与公元前8世纪的实际相符合,既有地方的独立君主巴西琉斯(*basileus*),偶尔也会有集体统治的情况:在斯科利亚岛,神话中费阿奇亚人的居住地,除了阿尔克诺尔斯王(Homer, *Odyssey*, VII, 41)之外还有其他王。这些王或许不会受到议会或议事会的长老制约，但是绝不能忽视习俗和传统对他们的约束力。

19 例如米利都的尼莱德人，以及其他生活在小亚细亚西部的人。自约公元前1100年之前就存在的王权开始逐渐衰落，除了几个核心地区，君主制在公元前10世纪到前8世纪之间迅速衰落。

20 Aristode, *Politics*, IV, 3, 2, 1289b（骑兵实力雄厚的城邦）。

21 Homer, *Iliad*, II, 53.

22 Pseudo-Plato, *Epinomis*, 987d.

23 科林斯的商品后来像雅典一样，因其较高的技术水平和较高的艺术水准受到希腊其他城邦的青睐。

24 小亚细亚的工匠在赫梯帝国（附录，注释19）的最后一个世纪掌握冶铁技术之后，希腊人可能在与塞浦路斯的交流过程中，于公元前12—前11世纪也掌握了铁器制造（青铜短缺可能是主要诱因，因为只要有可能，这项生产就不会停止）。希腊人使用的最早的铁来自东方（例如卡律贝斯人，参见第八章，第3节）。希腊方面的记载主要来自阿提卡、拉哥尼亚、优卑亚和基克拉迪斯群岛。一旦人类掌握冶铁技术就会发现铁在成本上比青铜便宜，数量上也多于青铜。不过铁更加沉重，边缘不够锋利，直到铁能被化为钢，这一情况才有所改善（公元前5世纪之前）。

25 有人声称在公元前8世纪人口增长了两倍、三倍甚至七倍，也有人对最高的估计表示怀疑。

26 参见 Amphis, fragment 17：" 土地是人类生命之父，只有土地知道如何掩盖贫穷。"

27 Plato, *Phaedo*, 109b.

28 Sophocles, *Antigone*, 334-337.

29 Aristotle, *Politics*, I, 3, 23, 1258b; Plutarch, *Solon*, 2; Herodotus, II, 167; 参见 Thucydides, I, 2, 2; and (for Socrates) Xenophon, *Oeconomicus*, IV, 3。

30 Plato, *Laws*, 626a. 在约公元前220年，克里特岛德雷鲁斯人曾经被要求宣誓，"他们会拼尽全力攻打利图斯人"，后者是他们的邻居。W. Dittenberger, *Sylloge Inscriptionum Graecarum*, 3rd edn., 527。

31 Homer, *Iliad*, XI, 784f.; 参见第五章，第1节。

32 在公元前8世纪晚期阿提卡的陶瓶画上描绘着一位身着胸甲的骑兵，身后还跟着第二匹马，到了公元前7世纪和前6世纪的瓶画（主要出土在科林斯和阿提卡），主要描绘重装步兵跟随从对战，或者随从在旁等候的画面。一般认为，早期的贵族是骑着马去打仗，但在打仗时却会下马。一些人认为，有史可考的城邦间第一次战争的主力就是骑兵，即约公元前700年卡尔基斯和埃雷特里亚之间的利兰丁战争。（荷马不再理解青铜时代战车的军事用途，他把战车当作运输工具。）

33 重装装备出现在约公元前750年左右，近战出现在约公元前700年，完整的装备大概出现在约公元前700—前675年之间（有学者认为或许更晚）。荷马史诗《伊利亚特》的部分章节描述了训练有素的步兵作战（IV, 422-443; XIII, 130ff.; XVI, 212ff.）。第一次有史可考的完备的重装步兵作战（*phalanx*）发生在伯罗奔尼撒，即阿尔戈斯在公元前669年击败斯巴达。经过方阵训练的雇佣军最早于约公元前664年在埃及出现，但是也有些人认为这种阵法最早在约公元前545年，斯巴达人和阿尔戈斯人之间的特里亚冠军之战才出现。斯巴达人成为这种阵法的主导者。奥林匹亚的青铜器奉献也因为重装步兵装备对青铜金属需求的增加日益减少，在公元前7世纪进入尾声。在约公元前630年，一种新型的合成的胸甲投入使用。（那个时期也有希腊士兵［尤其是克里特，参见第六章，第1节］，他们会使用弓、投石和投掷标枪。）从表面上看，方阵作战模式似乎并不适用于希腊地形，因为这种阵型只在平地奏效。但是这种阵法对准的就是敌人仅有的平原地带，即农田，没有城邦能够承受一两年之久的持续性农业生产破坏，为了维持自己的农业生产，他们不得不出来与敌人对战。

34 Aristotle, *Politics*, III, 5, 3, 1279b.

35 克里特、塞浦路斯、米洛斯岛、锡拉岛、斯巴达、基西拉岛、忒拜和德尔菲都有可能是这一传播涉及的地点。以希腊字母书写的最早的铭文出现在约公元前742—前725年之间，是一段刻写在陶瓶上的六音步诗句，也就是迪派隆铭文（或许有一个更早的时期，腓尼基字母被全盘接受，没有经过改变，或者经历了一个我们难以知晓的调整阶段）。希腊人给每个字母分配的不是它熟悉的闪米特音，而是一个他们自己熟悉的音，通过发音对字母进行排序（α、β……的顺序）。来自闪族声门塞音和呼吸音被用来表示元音，一些新的辅音也被添加进来。古风时期的希腊铭文通常按照 *boustrophedon*，即牛耕式转行书写法（Pausanias, V, 17, 6），像牛群耕种一般，一行从左到右，下一行从右到左（在锡拉岛上，最古老的铭文是从右到左的，其他地区与之相反或兼具两种方式）。乌加里特语（青铜时代末期拉斯姗拉［Ras Shamra］地区流行的闪米特语西北语支）一般从左至右书写，腓尼基语（与希伯来语一样）方向与之相反。对于其他闪米特语的书写方式，参见附录，注释17。

36 公元前8世纪后期陶瓶上的字母显示出文化的普及。以往希腊的教育主要关注外在身体的修炼，而非内在的智识（古希腊的青少年训练者［*paidotribes*］一般教授体育运动技能），相较于识文断字，音乐技能更受欢迎，但是字母的扩散造就了文法教师（grammatistes），他们一般教授青少年读写能力。

37 希腊的一些理论家认为城邦起源于对正义的渴望（dike），因为那时候个人是不受法律约束的。

38 "音步"的概念与希腊诗歌关系密切的舞蹈有关系。一个音步由长音节和短音节共同构成，包含着一定的节奏（这与我们今天所知的诗歌不同，今天的音节是由重读不重读决定的，而非长短）。古希腊人的重音与音调相关，但是音调跟重读之间的关系是模糊的，一个单词的重音节的音调应该比非重音的音节高。一般而言，音调跟音乐密切相关（参见注释40）。古希腊的六音步抑扬格和扬扬格变化意味着音节变化多达十二到十七个，这导致希腊的史诗比其他文明的英雄史诗更长更复杂。

39 独唱颂歌以及合唱歌，后者包括挽歌、颂歌（阿波罗颂歌，据说是古希腊女同性恋诗人阿里昂与酒神颂诗一起带到科林斯的）、婚礼歌、少女歌和拟歌（hyporchema）。

40 我们对希腊抒情诗现存部分的理解因我们对伴奏、音乐和舞蹈的复杂节奏技巧的无知而减少（在希腊时代已经不完全为人所知；虽然乐器的形式和功能更清晰，但只有少数音乐符号幸存下来）。古希腊的音乐规模种类很多（按照一定规则可以分为弗里吉亚、吕底亚、莱斯博斯、多林斯和伊奥尼亚的风格），这些不同的类型在间幕时间和音调范围方面各不相同。希腊人赋予每种模式以独特的情感和道德联系。没有和声，希腊的音乐听上去到底是什么样子的我们只能依靠猜测，应当承认我们对此知之甚少。

41 一般而言，诗歌由吕拉琴伴奏。我们主要用这个词来表示简短的、个人化的、强烈感受的诗歌。普鲁塔克（*Consolation to Apollonius* [*Moralia*, II] 34, 120c, *Whether the Athenians*, etc. [*Moralia*, IV] 5, 348b）使用 melic 一词，指代独唱和合唱歌而非挽歌或抑扬格诗歌。

42 占卜主要通过金属的争鸣声、树叶的沙沙声、鸟鸣流水以及镜中反射。关于德尔菲的预言程序以及声望，参见第四章，第2节。对希腊神灵的崇拜伴随着对神谕和先知的询问，一个占卜者曾随荷马笔下的希腊军队去特洛伊，不过城邦经常把这种祈求神谕的机会留给个人（比如殖民地的建立者和商人）。有许多关于神谕的晦涩难懂的文学逸事——神秘、不透明、理解的滞后性，反映了人类与神的接触的模糊和困惑。不过，在很多情况下，他们被问到的问题都很实际，答案也差不多。人们仍然普遍相信神谕。

43　Plato, *Laws*, II, 653d.

44　这两种器皿有延续性：(1) 三足器，有三根金属脚（通常由几何图形装饰，偶尔也会有人物、浮雕），两个大的环形把手，以人形为身，马身为冠；(2) 高耸的锥形金字塔底座上的器皿，有人头鸟（海妖）握着的圆环把手，中间突出着长颈的格里芬（先锤造后铸造）。栩栩如生的、灵活的、立体的海妖的脸，和盘旋优雅的格里芬头，指向了未来时代的希腊雕塑。在四十九个这类器皿中，三十七个是在近东制造的，其余的是在希腊改造而成。

45　尽管荷马和赫西俄德有所忽视，但是无数的地方英雄神庙（heroa）对单个崇拜者的意义大于奥林波斯神祇。赫拉克勒斯（参见阿尔戈斯，第三章，第1节）是一个举世闻名的英雄，但更是一个地方神（一些殖民地的建立者也被赋予了相似的地位）。那些受到地方崇敬的死去的英雄和神话中的人物并非全部来自荷马史诗《伊利亚特》和《奥德赛》。不过这些作品为我们提供了英雄的定义，尽管这些宗教崇拜一般起源自早期黑暗时期，甚至更早，他们仍然在公元前8世纪得到了一定发展，因为（1）在这一时期两部史诗广为流传并广为人知；(2) 在约公元前725年，由于诗歌和一般英雄诗系的刺激，迈锡尼时代的墓葬被重新打开，并得到崇拜。

46　生育崇拜（*chthonian*）和奥林波斯神祇崇拜的区别，参见 Plato, *Laws*, IV, 717a（狄奥尼索斯和德墨忒尔同时归属于这两个系统）。荷马实际上忽略了前者（正如忽略地方性崇拜一样，参见上一个注释），因为他的史诗并不是为地方性的群体所作，而是为了更大范围的贵族群体所作。不朽有两种方式：(1) 重生，或者在一连串的生命周期中轮回（比如毕达哥拉斯的观点，参见第七章，第2节）；(2) 来世的快乐。神秘主义的词根是 *muein*，意为保持沉默：借此阻止敌人学到自己族群的生育秘密。随着时间的流逝，对外部仪式的净化逐渐扩展到内部。愧疚、罪恶和受难的形象只在厄琉息斯和俄耳甫斯的教义中存在（第二章，第2节，以及附录2）。

47　祭司（*hiereus*）一般只是在公共宗教中任职的门外汉（早期是通过投票从贵族家庭中选出的，因为贵族那时候被认为有天赐的政治权力）。这与青铜时代的做法不同，因为线性文字B中记载了专业的男女祭司。《伊利亚特》在讨论特洛伊战争的时候提到了祭司，但是这个祭司并不属于希腊方。

48　Archilochus, fragment 19.

49　Aristotle, *Politics*, V, 8, 4, 1310b.

50　以弗所的阿忒弥斯神庙发现了一个刻有"我是法涅斯（Phanes）"的银块，一般认为这是一个以弗所人（当然也有人将之归为卡里亚的哈利卡纳苏斯），证明了早期的保证人应该是个体。钱币是通过工具不断将金属坯料锻造打磨成大小合适重量适当的小块制成的。所谓工具就是荷马时期工匠的铁砧、锤子和做工精良的钳子（*Odyssey*, III, 434f.）。为了把坯料变成一枚钱币，需要一个由坚硬的青铜或铁制成的模子，手工雕刻成正面的凹版（负版），固定在铁砧上，坯料放在上面。另一个模子最初是一个简单的冲孔机，后来需要在两面都刻上相反的字体（参见注释55），然后把模子放在空模子上，用锤子敲打，就制成了成品钱币。尽管为了设计出漂亮而合适的图案，人们花费了大量的精力，但最终的圆角往往不够精准。早期吕底亚和希腊的钱币都很厚，形状像豆子。这些都是由琥珀金矿材料打造的（参见附录1），纯金矿在早期希腊十分少见（吕底亚的克洛伊索斯已经发行货币）。

51　Aristotle, *Politics*, V, 1303a, 27.

52　Thucydides, III, 84.

53　在古代近东，这些后来被称为伊奥尼亚柱式的柱头仅出现在家具上，从未完全运用到建筑之中。在希腊大陆，比伊奥尼亚柱头更早的还有一种爱奥尼亚柱式，或许二者存在时间有一定程度上的重合，而爱奥尼亚柱式可能经由塞浦路斯受到腓尼基人的影响，最初主要应用在独立纪念碑上，整个柱身与柱头饱满的旋涡结构直接相连。伊奥尼亚式柱头摒弃了这种贯穿性的直接连接，而是在柱头上另加旋涡结构，并将之做平（原本爱奥尼亚式的旋涡结构是饱满的，向周围延展），做平之后它们便能够承载建筑物的重量。

54　或许是在基克拉迪斯群岛的纳克索斯（抑或是塞浦路斯或者罗德岛）旧的米诺斯—迈锡尼文明的密封印章得以重新面世，当然这受到了埃及和腓尼基的影响，形状受到了迈锡尼动物形石头的启发。米洛斯岛上发现了大量公元前7世纪和前6世纪早期的"岛屿"密封宝石印章（island gems）。公元前6世纪中后期，萨摩斯在这方面较为突出，不过在这一时期，密封印章的使用在希腊大陆已经普及了。这种密封印章形似甲虫，并配以彩色石英石染料，就像雕塑一样，这类艺术注重的是人物的结构，从程式化到自然主义是一个渐进的发展过程。公元前5世纪，在一众艺术家中，埃皮麦涅斯（Epimenes）和西蒙（Semon）最为出名。

55　在公元前6世纪的中后期，南意大利的城邦率先在这种扁平的金属上铸造了一些内容，反面的亦是如此，正反面内容相互对齐。参见注释50。

56　在公元前6世纪，医学也得到了一定程度的发展，克里特、罗德岛、昔兰尼、科斯岛以及克尼多斯都建立了相关学校。对早期医生而言（参见第七章，第2节），正义（注释37）的概念十分重要，他们认为正义法律的建立是自然发展的过程。

57　Aristotle, *Politics*, VIII, 2, 4, 1337b.

58　Aristotle, *Rhetoric*, 1367a, 22.

59　Homer, *Odyssey*, XI, 489ff.

60　古典时期之间希腊的奴隶数量很难衡量。公元前5世纪雅典的奴隶数量大概在两万到四十万之间，六万到八万是比较合理的数字。一般认为奴隶数量达到了雅典人口的四分之一甚至一半。大多数奴隶是异邦人，购买价格相对便宜。据说公元前5世纪的雅典政治家尼西阿斯家里蓄奴一千。同时代的另一个人拥有十六个奴隶，其中包括五名色雷斯人、两名卡里亚人、两名伊利里亚人、两名叙利亚人，另有科尔基斯人、吕底亚人和卡帕多西亚人若干。在那个时候，奴隶有时还能拥有自己的奴隶，甚至有的受过教育：斐勒克拉忒斯（Pherecrates，约公元前430年？）的一部戏剧名为 *Douldidaskalos*（《奴隶教师》；*Athenaeus, Deipnosophistae*, VI, 262b）。柏拉图曾经抱怨奴隶们的待遇太好。不过这些证据不能用来反推较早时期的情况。人们通常认为奴隶与技术发展的停滞相关，但是这一观点极具争议。

61　阿尔戈斯、克里特、伊利斯以及色萨利都有边居民。

62　阿尔戈斯、克里特、色萨利、埃皮道鲁斯、锡西安、科林斯、黑海边的赫拉克里亚、拜占庭和叙拉古都有斯巴达式的黑劳士。

63　Plato, *Symposium*, 178e—179a.

64　Xenophon, *Symposium*, 8, 32.

65　Herodotus, V, 97. 希罗多德的论述，参见第五章，第2节（注释39）。

第二章　雅　典

1　Plato, *Critias*, IIIb.

2　Mimnermus, fragment 12 Diehl.

3　Herodotus, VI, 137. 引用自赫卡泰乌斯。

4　普鲁塔克认为伊奥尼亚人的部落分别为：阿基科瑞斯（Aigikoreis）、霍普莱特（Hopletes）、盖勒翁特（Geleontes）和阿尔嘉戴斯（Argadeis）。普鲁塔克（Solon, 23）质疑了希罗多德（V, 66, 2）的观点，并不认为这些地区得名于伊翁。

5　Solon, fragment 4.

6　公元前770年之后，土葬变得日益流行，到公元前750年左右，已经完全取代火葬（不过世纪末，火葬又重新开始盛行）。

7　Homer, *Iliad*, II, 362; 参见IX, 63, 讨论了一个不属于任何胞族的人。

8　Aristotle, *Constitution of Athens*, 3, 2. 他提到了另一种观点，认为这是在墨冬统治结束后发生的事情。

9   Aristotle, *Constitution of Athens*, 3, 1.
10 R. Meiggs and D. Lewis, *Selection of Greek Historical Inscriptions to the End of the Fifth Century B.C.*, no. 86. 关于德拉古立法，参见Aristotle, *Constitution of Athens*, 1ff.。
11 Plutarch, *Solon*, 13.
12 游行队伍会从雅典带回很多圣物，也会将一个小神伊阿科斯的形象带回，大多数人认为他是德墨忒尔的儿子（或伴侣），或者是珀耳塞福涅的儿子，也有人认为他是狄奥尼索斯的儿子（这是因为伊阿科斯的名字与酒神狄奥尼索斯的另一称号"巴库斯"相似，参见附录2）。有一种理论认为抑扬格诗律的发展与秘仪有关。
13 很多古典作品都有所暗指，参见Isocrates, *Panegyricus*, 28; Cicero, *Laws*, II, 14, 36。
14 Pindar, fragment 137 Bergk (102 Boeckh).
15 萨拉米斯是一个36平方英里的小岛，由岩石组成，面对着宽阔的潟湖状的厄琉息斯海岸，该海岸的两侧都是细长的海峡，与萨罗尼克湾相连。该地有新时期时代和青铜时代（迈锡尼）的遗址。古希腊神话中的佩琉斯的父亲忒拉蒙就定居在萨拉米斯，他的儿子埃阿斯（Ajax）和透克洛斯在此出生，后者在塞浦路斯建立了一个城邦，名为萨拉米斯。
16 Solon, fragment 1. 有另一种观点认为，这是梭伦晚期创作的诗歌。在公元前527年之前或在约前509年，萨拉米斯最终被雅典吞并，但是仍不属于阿提卡的一部分。萨拉米斯应该是被雅典的一位地方长官管理（Aristotle, *Constitution of Athens*, 54, 8）。
17 Diodorus Siculus, IX, 20, 1ff.
18 Solon, fragment 36.
19 Androtion, in Plutarch, *Solon*, 15.
20 Solon, fragments 5, 34.
21 例如，阿芙洛狄忒节（Arrhephoria）、斯基拉节（Skira）、地母节、勒那节、阿多尼亚节（Adonia）。
22 Solon, fragment 25.
23 Plutarch, *Solon*, 25.
24 Ibid., 18.
25 梭伦似乎建立了两类行动：（1）*dike*，由受害者本人提出；（2）*graphe*，任何公民都可以提出的诉讼。尽管抽签制度在《伊利亚特》中就有了（*Iliad*, VII, 171ff.），并且在公元前7世纪的锡拉岛移民运动中也使用过（第六章，第3节），但是梭伦设立的法庭似乎还没有使用抽签制度（Aristotle, *Politics*, II, 1274a3，议事会、执政官以及其他官员，参见注释40）。梭伦时期的法庭收到的上诉太过频繁，这导致地方官员不敢再做出过分不公的判决。相反，陪审法庭制度（dicasteria）逐渐确立，并取代了公民大会的部分职能。这一过程到底是从什么时候开始的并不确定（可以确定的是约公元前462/461年，这个过程就已经完成了，在公元前5世纪后期，陪审团通常有数百人之多，最多可达六千人）。陪审法庭制度最初被认为是梭伦时期法庭的分支（后者也是最大的雅典法庭的名称）。

26　Plutarch, *Solon*, 18.
27　Solon, fragment 2.
28　Plutarch, *Solon*, 19.
29　Solon, fragment 5.
30　Ibid., fragments 32, 33.
31　阿马西斯是埃及名字，这也显示了他与埃及之间的关系。
32　比如为什么这种戏剧被称为山羊歌（tragoidia）？是因为穿着山羊皮的萨提尔舞者么？还是因为戏剧本身是山羊献祭之歌？
33　Themistius, *Orations*, XXVI, 316d.
34　Diogenes Laertius, III, 56.
35　泰斯庇斯（或与之同一时代的一个人）将五十人的歌队分成四组，每组十二人，剩下的两个人可能会成为这样的演员。
36　在雅典的市政广场上有超过一百个建筑被识别出来，另有大约十八万件物品被发掘。
37　萨提尔戏剧的开创，得益于菲力乌斯（位于阿尔戈利斯）的普拉提纳斯，他在大约公元前499/496年参与了雅典的悲剧比赛。除了十八部悲剧，他还创作了三十二部萨提尔剧，将这种小众的戏剧形式变得大众化。从约公元前520年开始，传说中半人半兽的萨提尔经常出现在雅典的陶瓶画上，他们长着马的尾巴和耳朵（后来被认为跟山羊有关），由于他们跟酒神狄奥尼索斯的父亲西勒诺斯千丝万缕的联系，也逐渐与酒神崇拜和节日产生了关系。亚里士多德的假设（*Poetics*, 4）是萨提尔剧是古希腊悲剧的前身，这是可以接受的，因为萨提尔悲剧的前身有可能是整个体裁的前驱。
38　西蒙尼德斯（约公元前556—前468）创作了众多形式的诗歌，但是他的警句和墓志铭使他闻名，尤其是他为那些死在马拉松的人创作的墓志铭（公元前490年）。当他回到雅典，随后僭主希帕库斯被杀（公元前514年），他又离开了雅典来到色萨利，在这里，他得到了两位赞助人的支持，一位是克兰农的斯哥帕特，另一位是拉里萨的阿琉阿德。

39 Herodotus, V, 69; Pollux, *Onomasticon*, VIII, 10, 认为是在公元前507/506年开始的。

40 梭伦是"人民的第一个拥护者", Aristotle, *Constitution of Athens*, 28, 1; 关于抽签，参见47, 1以及8, 1. 关于后梭伦时期法庭中的抽签，参见上文注释25。抽签是一个古老的形式，这一方式被用来任命执政官和其他官员可能也是后梭伦时期的事情了，不过这些结论近年来有很多争议，参见Aristotle, *Politics*, II, 1273b40–1274a 2与Aristotle, *Constitution of Athens*, 8, 1（这二者之间存在冲突，许多学者都试着协调这些矛盾）。在公元前4世纪德摩斯梯尼将梭伦视为激进民主之父，而同一时期的伊索克拉底确认为梭伦是温和民主的奠基人。

41 关于苏格拉底，参见Xenophon, *Memoirs*, I, 2, 9, III, 9, 10. Aristotle, *Politics*, IV, 12, 12f., 1300a–b, 权衡了抽签和选举的民主元素。

42 Ibid., VI, 2, 11, 1319b, 但克里斯提尼并没有通过两个最大的家族来挑战梭伦造就的对权力的垄断事实。

43 Aristotle, *Constitution of Athens*, 22, 1.

44 Ibid., 20, 1.

45 埃吉那岛曾经接纳公元前8世纪的麦加拉殖民（尽管后来麦加拉从埃吉那手中夺去了萨拉米斯，参见第三章，第5节）。埃吉那是埃及诺克拉蒂斯最重要的希腊城邦，并且可能是意大利东北部阿特里亚的建立者（第六章，第4节；第八章，第1节）。埃吉那公民索斯特拉图斯拥有很多船只，是知名的商人和贵族，他的名字曾经出现在埃特鲁里亚的塔尔奎尼港口格拉维斯基（附录3，注释59）。尽管有些疑问，但是埃吉那一直被认为是公元前7世纪前阿提卡风格的来源地。

46 埃吉那是雅典黑彩陶瓶画和红彩陶瓶画的主要销售地。

47 Pindar, *fragment* I Bergk (4 Boeckh); Herodotus, IV, 91.

48 到了公元前490年，埃吉那仍然中立。两年之后，他们打赢了雅典海军，与此同时，为了保护城邦和贸易，他们修建了新的港口。但是他们在公元前480年和前479年与薛西斯一世作战表现良好。直到公元前459年，雅典最终占领埃吉那，终结了埃吉那的霸权。

第三章 伯罗奔尼撒

1 据称赫拉克勒斯（神话人物）可能与阿尔戈斯国王尤里休斯（Eurystheus）相关。他的崇拜可能是在公元前8世纪从近东引入的，当他的形象频繁在希腊艺术中出现时经过了精心的设计。在公元前6世纪，四分之一的瓶画装饰着他的形象。

2 埃皮道鲁斯占据着小半岛上的一处岩石山丘，位于萨罗尼克湾的凹地。曾经参与特洛伊战争，Homer, *Iliad*, II, 561。据推测，最初由非希腊人的卡里亚人占据，最后是伊奥尼亚希腊人，之后该地被从阿尔戈斯来的多利安人占领，此地的伊奥尼亚人逃离该地并在萨摩斯建立殖民地。埃皮道鲁斯人曾经向阿尔戈斯支付宗教税，但是从公元前8世纪开始，加入（可能是受到阿尔戈斯的菲冬影响）宗教同盟（近邻同盟），这一同盟基于卡劳利亚的波塞冬崇拜（其他参与同盟的城邦包括赫米奥涅 [Hermione]、埃吉那、雅典、普拉斯亚 [Prasia]、纳夫普利亚、奥尔霍迈诺斯，Strabo, VIII, 6, 14, 374）。埃皮道鲁斯后来被科林斯的佩里安德吞并。埃皮道鲁斯的阿斯克勒庇俄斯圣所位于距城市6英里的地方，每四年举行一次泛希腊赛会和赛马，这里被认为是阿斯克勒庇俄斯崇拜的发源地。这一崇拜取代了其父阿波罗（当地人称为马洛斯或马来阿塔斯）在库诺提翁山（Kynortion）上的圣所，考古证据表明这一崇拜起源于迈锡尼，并在公元前7世纪经历了复兴。

3 Herodotus, IV, 152.

4 Aristotle, fragment 481 Rose; 参见 *Ephorus*, F. Jacoby, *Fragmente der griechischen Historiker*, 11A, 70F 115，176，以及 Heracleides of Pontus, in Orion, *Etymologicum*。

5 Pausanias, VI, 22, 2.

6 Aristotle, *Politics*, V, 8, 4, 1310b.

7 Pausanias, VIII, 50, 1; Dionysius of Halicarnassus, IV, 16, 2.

8 *Palatine Anthology*, XIV, 73.

9 阿尔戈斯的克里奥比斯和比同是一对兄弟，因为牛车并不能按时到达，他们便亲自拉着车载着身为赫拉祭司的母亲前往阿尔戈斯的赫拉神庙。她向女神祈求赐予她的儿子们人类所能得到的最大的祝福以求回报，作为回应，赫拉安排他们在神庙里睡觉时安静地死去。根据希罗多德所言（1, 31），在跟吕底亚国王克洛伊索斯交谈时，梭伦将他们描述成所有人中最幸福的。

10 Pausanias, IV, 24, 4; 35, 2。斯巴达人将美塞尼亚的摩梭涅（Mothone）给了纳夫普利亚人（保桑尼阿斯认为他们起源于埃及）。纳夫普利亚曾在某一时期是卡劳利亚近邻同盟的重要成员之一（上文注释3）。

11 Homer, *Iliad*, II, 570.

12 以下科林斯志殖民地的清单来自 *Cambridge Ancient History*, III, 3, 2nd edn., pp. 160f.。（日期来自文献材料，A=最早的考古资料）：阿姆夫拉基亚（约公元前655—前625年）、阿纳克托里翁（与科基拉相似：A：约公元前625—前600年）、

341 伊利里亚的阿波罗尼亚（约公元前600年）、科基拉（公元前733年或前706年）、列夫卡斯（约公元前655—前625年）、波提狄亚（约公元前625—前585年）、叙拉古（公元前733年）。

13　Strabo, VIII, 6, 20, 378.
14　Pliny the elder, *Natural History*, XXXV, 15f.
15　早期约公元前625—前620年，中期公元前590—前575年，晚期公元前575—前560/540年。真正的科林斯黑彩陶瓶画大约出现在公元前7世纪前半叶。
16　参见Gellius, *Attic Nights*, 1, 8, 3-6；公元前5世纪的莱斯（Lais）收费极高（一万德拉克马）。
17　埃托利亚过去的宗教中心塞尔蒙（Thermum）的一处神庙也有科林斯人建筑的身影，可见科林斯艺术在此地具有主导地位。该神庙建在一个早期的迈佳隆（*megaron*，神庙的建筑或大厅，门廊有列柱式设计，周围是木质石柱）建筑上，根据建筑的红陶墙体可以将这一圣所定位到公元前630—前620年，这种材质与科林斯陶瓶是一致的。墙体上的大面积画作在希腊艺术中首次出现，这种规模的画作给了画面构造极大的自由度。这些墙体和屋檐见证了新多利安风格。埃托利亚的另一个城镇卡吕冬（Calydon）也发现了相关的遗址，这个城镇在神话故事中非常出名，赫拉克勒斯和河神阿克洛斯（Achelous）相争的地方，也是梅列阿格（Meleagar）杀死卡吕冬野猪的地方。
18　埃庇达诺斯的主要定居者是科基拉流亡者，但是也有一部分科林斯人（建立者）和其他多利安人（Thucydides, I, 24）。
19　或是由于伊奥尼亚人的传统，西基昂的历史学家达马斯特斯（Damastes）将双层桨战舰的发明归功于厄里特赖（F. Jacoby, *Fragmente der griechischen Historiker*, 5F 6）。
20　Thucydides, I, 13, 3。如果阿美诺克勒斯到达萨摩斯发生在约公元前704年，那么这些船可能是为了卡尔基斯和埃雷特里亚在优卑亚的利兰丁战争准备的，在这场战争中萨摩斯和科林斯是卡尔基斯的支持者。
21　Ibid., 2.
22　Herodotus, I, 23。《苏达辞书》质疑将口头诗歌的发明归功于阿里昂的说法。关于阿里昂，还有一种传说认为他发明了*paean*（一种纪念阿波罗的诗歌体裁）。还有一种说法来自梭伦，认为阿里昂是悲剧的创造者（Johannes Diaconus, *Commentary on Hermogenes*）。
23　Herodotus, III, 50, 52f.
24　*Palatine Anthology*, IX, 151.

25　Thucydides, I, 10.

26　Tyrtaeus, fragment 4 West; Plutarch, *Lycurgus*, 6, 7. "大公约"的目的或许是为了确立公民大会相对于议事会和国王的权力。普鲁塔克的吕库古为斯巴达的平等提供了一幅彩色的理想画面。

27　Aristotle, *Politics*, II, 6, 20, 1271a（关于整个军事基础，参见22, 1271b）。关于斯巴达的双王制起源的说法不一。或许是因为早期的领土划分引起的（比如斯巴达和阿米克莱）。

28　早在约公元前750年征服阿米克莱的提莫马科斯（Timomachus）就有了青铜胸甲，参见Aristotle, fragment 532 Rose。

29　Aristotle, *Politics*, II, 3, 10, 1265b.

30　Herodotus, VII, 104, 4.

31　参见Strabo, X, 4, 17, 481ff.；另一个相反观点，参见Aristotle, *Politics*, II, 7, 1, 1271b；Herodotus, I, 6的内容说明斯巴达人自己声称他们的这一体系承自克里特。

32　Plutarch, *Lycurgus*, 18, 4.

33　Xenophon, *Constitution of the Laconians*, 2, 13.

34　Theopompus, fragment 225；参见Plutarch, *Table Talk* (*Moralia*, VIII), 35。

35　Plutarch, *Lycurgus*, 15, 3–5.

36　Plutarch, *Lysander*, 17; *Lycurgus*, 9.

37　阿卡迪亚是伯罗奔尼撒的山区中心地区，居住着主要从事牧业和畜牧业的人（部分为游牧民族）。该地区最繁荣的地区是其东部平原和阿尔弗斯河谷。该地的城市和宗教中心是帖该亚，有自己的神话起源故事，《荷马史诗·伊利亚特》的名录也提到了此地。山谷流域的村庄合并成一个城市的日期尚不确定。帖该亚位于从科林斯湾到斯巴达的路线上，斯巴达渴望控制该城市，以维护其进入地峡的通道。斯巴达人也垂涎帖该亚的耕地。（阿卡迪亚的第二大城市，曼蒂纳，是在约公元前500年由五个独立的村庄组成的。）

38　双边协议在某个时间段被多边协议所取代，或许在一定程度上是立在斯巴达及其边居民已经达成的协议基础上形成的。

39　Herodotus, VI, 84.

40　Homer, *Iliad*, XXIII, 299.

41　根据另一个传统，波吕波斯是科林斯的君主，他在阿尔戈斯、泰耐（在阿尔戈利斯）以及波奥提亚都颇具声名。

42　Pollux, *Onomasticon*, III, 83.

43　Aristotle, *Politics*, V, 9, 21, 1315b.

44　Herodotus, V, 68.

45　Ibid., 67.

46　Themistius, *Orations*, XXVIIIa, 337.

47　Suidas, s.v. *Arion and Ouden proton Dionyson*; 锡西安人的"持阳具者"（phallus-bearers）很有可能是喜剧的先行者。

48　Pliny the elder, *Natural History*, XXXVI, 9; 参见 Pausanius, II, 22。

49　Pliny the elder, *Natural History*, XXXV, 15.

50　Plutarch, *Greek Enquiries* (*Moralia*, IV), 17, 295b.

51　Thucydides, VI, 4, 1.

52　Aristotle, *Politics*, V, 4, 5, 1305a.

53　Plutarch, *Greek Enquiries* (*Moralia*, IV), 18d, 295。Aristotle, *Politics*, IV, 12,10, 1300a, and V, 4, 3, 1304b 中描述的冲突发生在什么时候有待考证。

54　Aristotle, *Poetics*, 3, 1448a; 参见 Ecphantides, fragment 2。

55　Parian Marble (Marmor Parium) (F. Jacoby, *Fragmente der griechischen Historiker*, 239), 39.

56　Athenaeus, *Deipnosophistae*, XIV, 659a–c.

57　库托罗斯（小亚细亚北部）、卡拉提斯（Callatis，黑海西岸）、克切索尼斯（陶立克切索尼斯）。

58　伊利斯的核心地区是伊利斯谷（Hollow Elis），该地位于派纽斯河河谷。根据传统观点，伊利斯是由埃托利亚来的多利安人建立的。控制该地的寡头统治并没有在希腊政治中发挥重要作用（伊利斯直到公元前471年才建立），但是在阿姆弗拉基亚湾的布克提翁（Buchetium，约公元前700年）和伊庇鲁斯（公元前660年）建立了殖民地。

59　Pindar, *Olympians*, 2.3; 3.11; 6.68; 10.25.

60　Strabo, VIII, 3, 30, 354.

第四章　希腊中部和北部

1　Strabo, X, 1, 10, 447f.

2　Ibid., IX, 2, 6, 403.

3　Aristotle, *Politics*, IV, 3, 2, 1289b. 根据 Strabo, X, 1, 10, 447 的说法，卡尔基斯公民必

须拥有一定财产。
4 *Palatine Anthology*, XIV, 73.
5 F. Cairns, *Zeitschrift fur Papyrologie and Epigraphik*, LIV, 1984, pp. 1458ff. 奥普斯（Opus，洛克里）最重要的官员被称为 *archos*，参见 H. Roehl, *Inscriptiones Graecae Antiquissimae*, 132。
6 Plutarch, *Treatise on Love* (*Moralia* IX), 761 (Aristotle, fragment 98); Athenaeus, *Deipnosophistae*, XIII, 601c.
7 福西斯，位于波奥提亚和色萨利之间，包括基菲索斯河河谷（不是阿提卡的那条同名河流）和南部的克里塞平原。根据 Homer, *Iliad*, 11, 517 中的记载可知，福西斯人曾经参与了特洛伊战争。他们应该是爱奥尼亚人，但是其方言却与多利安人密切相关。该地最初控制的广大领土因为波奥提亚人和色萨利人的入侵而日益缩小。福西斯主要是牧区，其城镇没有发展成城邦。福西斯因德尔菲而显得重要，因为他们从一开始就控制了德尔菲。
8 *Homeric Hymns*, III, 356–362.
9 Ibid., 440–402.
10 根据一个理论，德尔菲在希腊字母的发展中扮演了重要的角色（这可能与涉及斯巴达"大公约"的德尔菲神谕有关，参见第三章，第3节以及注释26）。
11 Homer, *Iliad*, IX, 404f.
12 *Homeric Hymns*, III, 296.
13 Herodotus, V, 63.
14 Ibid., VI, 77.
15 希腊人最初是住在赫拉斯地区的人，是弗提奥提斯的一个小部落（位于色萨利南部，*Iliad*, II, 683f.）。该部落向南移民，但是我们不知道这个名字是什么时候开始统称全体希腊人的（很有可能是在公元前8世纪）。修昔底德（I, 3）曾经提到在荷马时代，"希腊人还没有一个统一的名字"。荷马经常用到泛希腊一词，但是使用来形容色萨利部落的。参见 *Iliad*, II, 530; Hesiod, *Works and Days*, 528。
16 Homer, *Iliad*, II, 711f. 费拉在神话中十分有名，是阿德门图斯（阿尔克斯提斯 [Alcestis] 的丈夫）王朝的所在地，伊奥尔科斯是伊阿宋的家乡，他是阿尔戈斯英雄的领导者。
17 Aristotle, *Politics*, II, 6, 2f., 1269a–b.
18 Ibid., V, 5, 5, 1305b, 但是，主要官员（*politophylakes*）是由人民选出来的。
19 Herodotus, V, 63. 希皮阿斯之父庇西特拉图曾雇用色萨利骑兵（第二章，第4节）。

20. Plutarch, *How a Young Man Should Read the Poets* (*Moralia*, 1), 15d. 德摩斯梯尼说色萨利人并不值得信赖，阿特纳奥斯形容他们懒惰奢靡。
21. Plutarch, *Sayings of Kings and Emperors* (*Moralia*, III), 193e.
22. Homer, *Iliad*, II, 494–510.
23. Thucydides, I, 12（特洛伊战争之前首次有人定居）。
24. 但是Herodotus, V, 59提到神庙中有刻着Cadmean（迈锡尼语？）字样的三脚架（参见注释22）。
25. 根据Pausanias, IX, 31, 4提到的传统，这两部作品是不是同一作者是存疑的。
26. Hesiod, *Works and Days,* 639f.
27. Ibid., 654f.
28. Thucydides, III, 96. 赫西俄德在阿斯克拉被当作英雄供奉，直到这个地方被赛斯皮亚征服，阿斯克拉的遗民将他的遗体移到了奥尔霍迈诺斯（参见下一个注释）。
29. Pausanias, IX, 38, 3.
30. Hesiod, *Works and Days,* 77–82; 参见 Theogony, 590–612。
31. Hesiod, *Works and Days,* 207.
32. Ibid., 220f.
33. Hesiod, Theogony, 27–28.
34. 公元前479年出现了波奥塔克，Herodotus, IX, 15。
35. Homer, *Iliad*, IX, 381提到了奥尔霍迈诺斯的财富，其青铜时代的辉煌仍然闪耀。Strabo, VIII, 6, 14, 374出乎意料地提到了该城是阿尔戈利斯的卡劳利亚（波罗斯）近邻同盟的成员之一（第三章，注释2）。其加入同盟的时间可以追溯至公元前8世纪，其目的是为了抵御忒拜。可能是由最早的在奥尔霍迈诺斯定居的雅典人推动的（因为雅典曾是该同盟的一员）。
36. L. H. Jeffery, *The Local Scripts of Archaic Greece,* p. 93, no. 11. 另外的三个城镇是麦卡莱索斯（Mycalessus）、法莱依（Pharae）、阿克拉菲亚（之前曾有独立的钱币）。
37. Aristotle, *Politics*, II, 9, 6, 1274a.
38. 希帕库斯曾经在阿克拉菲亚附近的普陀伊翁向阿波罗普陀奥斯献祭（上文注释36）。神庙中的少男雕塑十分精美，这些雕塑大约雕刻于同一时期，可能同样是庇西特拉图家族的献祭物。
39. Xenophon, *Constitution of the Laconians*, 2, 12f.; *Symposium*, 8, 32f.; Plato, *Symposium*, 182a–b.

第五章 爱琴海东部和中部

1. Herodotus, 1, 142.
2. 还有另一个叙事传统,那就是雅典国王科德鲁斯之子涅莱乌斯和安德洛克罗斯为之奠定基础(参见米利都、以弗所)。
3. Pseudo-Herodotus, *Life of Homer*, 23f.; 参见 Suidas, s.v. *Homerus* (b)。据说荷马在伊俄斯岛(Ios)上去世。 344
4. Semonides, fragment 29.
5. *Homeric Hymns*, III, 172.
6. Homer, *Iliad*, VIII, 64 (Demodocus); 他的失明可能导致其他人认为荷马也是盲人。吟游诗人斐弥俄斯(Phemius,跟传令官墨冬一样)受到忒勒马科斯的庇护才能继续活下去。
7. Homer, *Iliad*, II, 493–760.
8. 埃斯库罗斯的穆尔弥多奈斯人曾有记载(参见 Plato, *Symposium*, 180a)。
9. Herodotus, II, 53.
10. Strabo, I, 12, 15.
11. Homer, *Odyssey*, XVII, 385.
12. *Deltion Archeologikon*, 1889, p. 119.
13. Scholiast to Aristophanes, *Birds*, 574.
14. Thucydides, VIII, 40, 2.
15. Ibid., 24, 4. 希俄斯早在约公元前494年就有了一座学校(Herodotus, VI, 27);在公元前496年阿斯图帕莱亚岛也拥有一座(Pausanias, VI, 9, 6)。
16. C. W. Fornara, *Archaic Times to the End of the Peloponnesian War*, 2nd edn. (1978), p. 19, no. 19.
17. 卡里亚人的语言并不是印欧语,主要生活在山顶村庄,受当地王朝统治,依傍圣所,其主要生活中心是米拉萨(Mylasa,这里有一座宙斯卡里奥斯神庙)。卡利亚人有时与利利格人有着明显的区别,但是有时又会混淆,他们声称自己是土著,但是根据一般的希腊人的说法,他们最初是来自海岛的。他们有着海盗的恶名,有时候也充当雇佣兵,尤其是在埃及。在被吕底亚的克洛伊索斯和波斯人征服之后,他们加入了反抗波斯的伊奥尼亚起义(公元前499/494年),在最终失败之前,他们也曾成功伏击敌人。
18. 布列塔尼(Brittany)的锡似乎已经在历史发展进程中被消耗殆尽。不过希腊城邦不仅只能从西方（参见注释51）获得锡，还能在自己的家乡和近东获得锡，尽管数量并不确定。

19　关于西班牙南部的铜，参见Pliny the elder, *Natural History*, XXXIV, 4。

20　Herodotus, IV, 152。福西亚的米达克里托斯可能比克莱奥斯还要早（参见第3节以及注释51）。

21　他对荷马典故的使用（注释4）是现存希腊著作中第一次提及文学来源。

22　有人认为罗伊科斯也许也是早期神庙的建筑者。

23　Diodorus Siculus, 1, 98, 7—9。

24　Asius in Athenaeus, *Deipnosophistae*, XII, 525e—f (from Duris).

25　Herodotus, III, 122。

26　Ibid., V, 28。

27　Homer, *Iliad*, II, 868。

28　米利都主要的殖民地包括以下部分。赫勒斯滂和色雷斯切索尼斯：阿比多斯（约公元前680—前652年）、卡尔迪亚（克拉佐美奈）、利姆纳伊、斯科普西斯（Scepsis）。普罗庞提斯：奇乌斯（Cius, 公元前756年, 公元前659年, 参见第八章, 第2节）、米利都波利斯（Miletopolis）、帕埃索斯（Paesus）、帕里昂（公元前709年, 与帕罗斯和厄里特赖一起）、普里阿普斯（Priapus）、普洛康奈索斯。黑海（参见第八章, 第3节）：阿波罗尼亚庞提卡（Apollonia Pontica, 约公元前610年）、奥迪索斯（A: 约公元前600—前575年）、托米斯（A: 约公元前500—前475年）、科派（Cepi, A: 约公元前575—前550年: arch）、赫尔墨纳萨（A: 约公元前600—前575年: arch）、弥尔迈奇乌姆（Myrmecium, 或从潘提卡派乌姆来的移民, A: 约公元前600—前575年）、宁法埃乌姆（Nympheaum, A: 约公元前600年）、奥比亚（约公元前647年）、潘提卡派乌姆（A: 约公元前600年）、辛迪克斯莱曼（Sindikos Limen, 约公元前600年）、塔纳依斯（A: 约公元前625—前600年）、特奥多西亚（Theodosia, A: 约公元前575—前500年）、提拉斯（A: 约公元前600—前500年）、阿米索斯（约公元前564年, 与福西亚人一起）、西诺普（公元前716年之前, 公元前631年）、提乌姆（Tieum, 法布斯）。这一份清单的出处与第三章, 注释12相同，再次声明，A=最早的考古资料。公元前8世纪的日期有时候会被忽视，或者算为前殖民时期的贸易计划。

29　这样命名是因为他们会在航行的床上开会。（Plutarch, *Greek Enquiries* [*Moralia*, IV], 32, 298c.）

30　Aristotle, *Politics*, III, 8, 3, 1284a与Herodotus, V, 92中的观点不同。米利都制作陶器

的目的是与科林斯相抗衡。

31　科洛丰位于米利都北部一个肥沃平原的尽头,距离大海8英里,位于士麦那和以弗所之间。根据诗人兼歌者弥涅墨斯(他出生于科洛丰,但是他的家人后来定居在士麦那)的说法(第3节),这里的创建者来自美塞尼亚的皮洛斯(fragment 10 Bergk)。科洛丰人控制了附近克拉洛斯的阿波罗神庙,并在比提尼亚的弥尔莱亚(Myrlea,后来的阿帕梅亚),以及南意大利的西里斯殖民(约公元前700年或者稍晚)。到了公元前7世纪,科洛丰的波利涅斯托斯(Polymnestus)成为了古代最著名的长笛演奏家之一,并引进了一种新的朴素的演奏风格。一般认为,科洛丰先发明了纺锤。城市由富人统治,因为他们占了多数(Aristotle, *Politics*, IV, 3, 8, 1298b),这里的居民以奢靡的生活方式闻名。虽然他们也有强大的海军,尤其是骑兵部队,但是这些并没有使他们免于被吕底亚人和波斯人征服。

32　Aristotle, *On the Sky*, II, 3, 294a28; *Metaphysics*, II, 3, 983b6.

33　也有人质疑泰勒斯是否真的关心得出这个结论。

34　Aristotle, *On the Soul*, A5, 411a, 7.

35　Simplicius, *On Aristotle's Physics*, 24, 17.

36　Theophrastus, *in Simplicius*, ibid., 149, 32; Hippolytus, *Refutation of All Heresies*, I, 7, 1. 泰勒斯和阿那克西曼德应该对这种观点有一些贡献。另一个影响这种观点的还有斯基泰人,不过这种观点存疑,参见附录,注释53。

37　Hecataeus, *Histories*, fragment 1.

38　Herodotus, II, 21f.; IV, 36.

39　Ibid., V, 97.

40　马格尼西亚在斯比勒斯山附近,这里是由东色萨利的马格纳特斯(Magnetes)建立的,位于赫尔姆斯河谷的重要十字路口。

41　Heraclitus, fragment 101.

42　Ibid., fragment 12 (Plato, *Cratylus*, 402a).

43　Ibid., fragment 32.

44　Ibid., fragments 118 (dry souls), 44.

45　Ibid., fragment 40.

46　据说荷马出生时的名字是麦勒斯格诺斯(Melesignus),得名于麦拉斯河。

47　士麦那很早就被辛梅里亚人摧毁了(参见附录,注释3)。

48　Strabo, XIV, I, 37, 646. 在公元前4世纪时,这个城市在另一个地方重建,名为"新士麦那",位于原址南边5英里处。

49 福西亚可能与当时控制海峡的卡尔基斯人达成了协议。

50 Herodotus, I, 163.

51 Pliny the elder, *Natural History*, VII, 197. 米达克里托斯的意思是支持米达斯的人，这意味着他与弗里吉亚有些关系。

52 传统上根据斯特拉波（XIII, 1, 3, 582）的观点，爱奥尼亚殖民者（最初在阿伽门农之子俄瑞斯忒斯）早于伊奥尼亚殖民者四代人的说法是不能接受的。米西亚位于小亚细亚西北边，其具体边界说法不一。非希腊的米西亚人作为特洛伊的盟友出现在《伊利亚特》中（据说他们那里富有金、银、铅和其他农业资源，遂为城邦积累了大量的财富），斯特拉波（XII, 3, 541）认为他们起源于色雷斯，说的是弗里吉亚语和吕底亚语的混合方言。在公元前6世纪，米西亚先后受到吕底亚和波斯的统治。

53 据说库梅是由一个名叫库梅的亚马逊人建立的，该地占据了卡伊库斯河（Caicus）和赫尔姆斯河两河口之间的双峰山上。其中一位国王名叫阿伽门农，这让人想起了《伊利亚特》他迎娶了弗里吉亚国王米达斯之女。当诗人赫西俄德的父亲在公元前8世纪的时候移居到波奥提亚之前，就居住在库梅。据说库梅人在特洛阿德的科布仁（Cebren），潘福利亚（Pamphylia）的赛德（Side，小亚细亚南部）建立了殖民地，此外他们还参与了其他三十几个定居点的建立。他们曾经免收港口税，以期刺激贸易活动，所以其他希腊人认为他们十分愚蠢。他们处于波斯的统治之下，所以在大流士一世（公元前513—前512年）进军希腊的时候，他们也贡献了一些船只。

54 他使用的乐器名为 *barbitos*，吕拉琴的一种，弦较长，因此跟 *cithara* 和 *lyra* 比起来，音调较低，音调较深

55 Alcaeus, fragment 332 Lobel-Page.

56 Ibid., fragment 428 Lobel-Page.

57 Horace, *Odes*, 1, 32, 5, 11f.

58 Sappho, fragments 2, 55, 94, 150 Lobel-Page. 安德洛美达（Andromeda）是另一团体的领导者，萨福并不喜欢她（fragnent 131），戈尔戈（Gorgo）亦是如此。

59 Alcaeus, fragment 130, 132 Lobel-Page. Homer, *Iliad*, IX, 129f. 莱斯博斯的女性是特别有价值的一类战利品。

60 Sappho, fragments 16, 49, 94, 96 Lobel-Page.

61 纳克索斯可能在宝石制作方面也具有领先的地位。参见第一章，注释54。

62 Cicero, *Orator*, 4; Quintilian, *Training of an Orator*, X, 1, 60, etc. 属于贵族传统的作家

比如赫拉克利特、品达、克瑞提阿斯（Critias）都予以否认。

63 Archilochus, fragment 1.
64 M. Treu, *Archilochus* (1959). 另一个基克拉迪斯作家是锡罗斯的斐瑞居德斯（约公元前550年），他创作了一篇神话宇宙论，其中有原始物理学的影子，此外，他还关注伦理学。阿莫尔戈斯的西蒙尼德斯就来自萨摩斯（第1节）。
65 Thucydides, I, 8.
66 Scholiast to Pindar, *Nemean Odes*, II, 1.
67 阿尼乌斯（Anius）、厄勒提亚、赫卡特和布里佐（Brizo）都是早期的遗产。
68 Pliny the elder, *Natural History*, XXXIV, 3, 9.
69 Herodotus, I, 64, 2. 里尼亚也是挖掘出这些尸体的最终目的。

第六章　南部和东部

1 大约在约公元前1100—前900年间，少数迈锡尼难民似乎一直统治着当地的克里特人。卡托苏梅（Kato Syme）作为一个宗教崇拜中心，从米诺斯文明到罗马时期从未间断。
2 Homer, *Iliad*, II, 649; *Odyssey*, XIX, 174. 阿凯亚人、土生土长的克里特人、库多尼亚人（Cydonia）、多利安人、皮拉斯基人。
3 Homer, *Odyssey*, XIV, 229, 232.
4 Plato, *Laws*, VIII, 836b.
5 Timaeus, fragment 104; Ephorus, fragment 1; Echemenes, Cretica, fragment 1 (C. Müller, *Fragmenta Historicorum Graecorum*, IV, 103); Aristotle, *Politics*, II, 7, 5, 1272a.
6 克诺索斯是伊多墨纽斯（Idomeneus）的都城，他是米诺斯的孙子。
7 Pseudo-Scymnus, 580ff. 斯特拉波说克诺索斯在意大利东南部的布林西迪（Brundusium）殖民（VI, 3, 6, 282），这种说法是错误的。
8 达克堤利也可能属于小亚细亚西北边的伊达山。
9 起源于米诺斯的库瑞忒斯是克里特杂技舞蹈的发明者，很多人经常将他们与克瑞邦特斯（Corybantes）混淆。
10 奥德修斯在对自己过去撒谎的时候，伪装成了克里特人（参见注释3）。Plutarch, *Lysander*, 20; Aemilius Paullus, 23。
11 L. H. Jeffrey and A. Morpurgo Davies, *Kadmos*, IX, 1970, pp. 118ff.; Herodotus, III, 67, 1; V, 74, 1.

12　Pausanias, II, 15, 1.

13　Diodorus Siculus, IV, 30ff.; 参见 Suidas, s.v. *Daidalou poiemata*。

14　Pliny the elder, XXXVI, 9.

15　Pausanias, II, 15, 1.

16　这座面积不大的神庙（意在纪念古老的形式）建立在一个祭祀坑上，神庙的部分是由修整过的石头建城的。其建立时间比德雷鲁斯的神庙晚了一个世纪。

17　Aristotle, *Politics*, 11, 9, 5, 1274a（"Thales"）。

18　*Inscriptiones Creticae*, IV , 72; translations in C. W. Fornara, *Archaic Times to the End of the Peloponnesian War*, 2nd edn., 1983, pp. 86ff., no. 88.

19　R. Meiggs and D. M. Lewis, *A Selection of Greek Historical Inscriptions to the End of the Fifth Century BC*, pp. 2f., no. 2, C. W. Fornara, op. cit. p. 11, no. 11.

20　M. L. West, *Journal of Hellenic Studies*, LXXXV , 1965, pp. 149f.（出自公元前3世纪的一部著作。）"迪克泰安"一词早就在克诺索斯的迈锡尼石板上出现过。

21　克里特人和罗德岛人在约公元前690/688年，一起在西西里建立了盖拉。

22　埃泰尔塞浦路斯语同样被记录下来，但是仍未破解（参考早期的塞浦路斯-米诺斯语）。

23　翻译参见 *Cambridge Ancient History*, III, 3, 2nd edn., 1982, pp. 57, 59。

24　Herodotus, V, 113; Strabo, XIV, 6, 3, 683.

25　R. Meiggs and D. M. Lewis, op. cit., pp. 5ff., no. 5; C. W. Fornara, op. cit., pp. 18ff., no. 18. 其中包括了殖民者与锡拉岛居民之间的一项协议。

26　Herodotus, IV, 151ff.

27　Ibid., 160.

28　这些边居民很可能是来自锡拉岛内部的边居民，也可能是利比亚境内殖民者的后代。

29　Herodotus, IV, 201ff.

30　例如泰尔的发掘，以及卡尔德地区发现的原始几何陶碎片。

31　在优卑亚莱夫坎迪发现的器物表明，叙利亚北部有一个优卑亚市场，该市场甚至早于阿尔米纳。

32　关于 *phoinikeia*，参见上文注释11。卡德摩斯将文字从腓尼基带到希腊的传说（Herodotus, V, 58）说明了希腊人对这种文字的借用（不过事件的记录发生了时代错序，希罗多德将之归于神话的过去）。

33　R. Meiggs and D. M. Lewis, op. cit., p. 8, no. 7.

34 Herodotus, II, 178. 遗址中发现了大量陶瓶（约公元前600年），据称是来自希俄斯的诺克拉蒂斯陶瓶。遗址中还有一些来自罗德岛的陶瓶，还发现了一处塞浦路斯贸易工厂。

35 Bacchylides, fragment 20b Snell, lines 14—16。

36 Herodotus, II, 135.

37 Ibid., 177.

38 关于特奥多罗斯，参见第五章，注释23。塞浦路斯雕刻家西孔（Sicon）曾经在诺克拉蒂斯工作过，一位诺克拉蒂斯的商人还曾购买了一座来自塞浦路斯的雕塑。Polycharmus, *On Aphrodite*; F. Jacoby, *Fragmente der griechischen Historiker*, 640 F。所谓的发明了素描的"埃及人"菲洛克勒斯（Pliny the elder, XXXV, 16）可能也是一位来自诺克拉蒂斯的希腊人。

第七章　西部地区

1 东边2.5英里处的卡斯蒂里欧尼（Castiglione）也有一个铁器时代的村庄。

2 希腊人可能不能直接进入埃特鲁里亚人的矿井中。

3 优卑亚和皮特库塞的地名反复在腓尼基出现。

4 Thucydides, VI, 4, 5.

5 Virgil, *Aeneid*, VI, 9–13.

6 公元前474年，埃特鲁里亚人的又一次进攻被库迈附近的叙拉古人击退。

7 赫雷基乌姆（雷焦卡拉布里亚）位于两个山脊之间斜坡的高地上，俯瞰阿普西亚斯河河口附近的港口。除了卡尔基斯人（受到安提姆涅斯托斯［Antimnestus］指挥，根据史学家安条克斯［Antiochus］的说法［F. Jacoby, *Fragmente der griechischen Historiker*, 555f 9］，他是赞科勒人［今墨西拿］指派来的）之外，美塞尼亚人参与了其建立过程，这些美塞尼亚人是第一次美塞尼亚战争的逃难者（约公元前743—前720年）。安德罗万达玛斯是赫雷基乌姆的立法者。公元前6世纪，这里是抒情诗人伊比库斯的出生地，据说伊比库斯因不愿意成为当地的僭主，遂搬至了萨摩斯。大约在约公元前540年，福西亚人送来了更多的殖民者，随后福西亚人将这里作为自己殖民伊利亚的跳板。赫雷基乌姆的陶工可能是约公元前550—前510年的一批陶器的制造者，在此之前，这些陶器曾被贴上了卡尔基斯的标签。从公元前494年到前476年，阿纳克西拉斯（Anaxilas）是这里的僭主。

8 塔拉兹（塔兰图乌姆，塔兰托）位于其同名海湾北侧（锡巴里斯对面），这里有着漫长的史前历史，该地的希腊名字来自神话中的建城者，最初居住着梅萨皮亚人（伊利里亚人）。该建城者与城市同名，他的父亲是波塞冬，在塔拉兹遇难的时候，波塞冬曾经派了一只海豚去救他。根据优西比乌的说法，由帕兰修斯领导的殖民者在公元前506年来到了这里（从塔拉兹东南部大约7英里的地方迁移而来），这些殖民者之前是斯巴达的帕尔特尼艾人，也就是"非婚生之子"，据说是因为他们是斯巴达女性与黑劳士生的私生子，出生于斯巴达男性外出征战之时。不过这个故事本身不是很可信。塔拉兹的人口中也有一部分克里特人。这里的收入主要来源于羊毛、紫色染料（murex）以及农产品。公元前6世纪晚期的统治者阿里斯托菲利德斯（Aristophilides）以斯巴达模式为基础建立了自己的王权。公元前500年后不久，塔拉兹人采取了一定的措施，击退了邻近的梅萨皮亚部落。在罗卡迪切雷拉旁的塔奥托（Thaotor [Tutor]）的洞穴圣所发现了意大利语铭文。

9　Strabo, VI, 1,13, 263. 关于赫利斯，参见下一注释。

10　阿凯亚人开始与这一地区产生联系，尽管在荷马史诗中，阿凯亚人一般指特洛伊战争中的希腊人，尤其是阿基琉斯领导的穆尔弥多奈斯人（参见色萨利东南部的阿凯亚弗提奥提斯）。伯罗奔尼撒半岛北部的阿凯亚人分布在12个小城镇中，这些地方形成了一个松散的、以宗教为主的联盟，在赫利斯的波塞冬赫利克纽斯神庙举行会议。

11　Aristotle, *Politics*, V, 2, 10, 1303a. 据说这些特洛伊曾人被他们的阿凯亚同胞驱逐之后，给他们的城邦带来了诅咒。在神话传说中，特洛伊曾是俄瑞斯忒斯净化的地方，也是雅典英雄忒修斯出生的地方。

12　Strabo, VI, 1, 13, 263. 根据另一种说法塞尔达奥部落就是萨丁尼亚人。

13　Herodotus, VI, 127, 1. 希罗多德注意到了斯敏戴里德斯（Smindyrides）之子希波克拉底的非凡财富。斯巴达那种痛苦的生活方式吓坏了一位来自锡巴里斯的旅行者。

14　梅塔庞托是公元前8世纪晚期由琉奇珀斯（Leucippus）领导的阿凯亚人建立（也有可能是皮洛斯人）的，位于布拉达诺河（Bradanus）和卡苏恩托斯河（Casuentus）河口之间，这里是锡巴里斯和塔拉兹的缓冲之地。从约公元前550年开始，这里发行了标有谷穗的钱币，这代表了这里农作物产量充足。梅塔庞托在德尔菲有自己的宝库。在该世纪末，梅塔庞托成了毕达哥拉斯的避难地和埋葬地（西塞罗曾经去他的住处朝圣，*De Finibus*, V, 2,4）。

15　波塞冬尼亚的第三座神庙是"波塞冬神庙"（实际上是献给赫拉或宙斯的），约建于公元前450年，紧邻巴西利卡。公元前5世纪早期，波塞冬尼亚发现的绘画（尤其是一幅潜水者的画）与伊特鲁里亚的塔尔奎尼有诸多相似之处。

16 Strabo, VI, 1, 13, 263.

17 Herodotus, VI, 21.

18 克罗顿或塔拉兹的菲洛劳斯（生于公元前470年）和塔拉兹的阿尔库塔斯（Archytas，公元前4世纪早期）是主要人物。

19 Aristotle, *Metaphysics*, I, 6, 986b, 3.

20 因此柏拉图强调几何学。毕达哥拉斯很可能发现了"毕达哥拉斯定理"，虽然这种形式跟亚历山大时期的欧几里得（约公元前300年）强调的并不同。

21 Plato, *Republic*, X, 617b.

22 Aristotle, *Metaphysics*, I, 986a7.

23 Xenophanes, fragment 7. 色诺芬尼也嘲笑了赫拉克利特，Diogenes Laertius, IX, 1。

24 Aristotle, fragment 191 Rose. 据说毕达哥拉斯曾是色雷斯的扎尔莫克西斯的主人，他还与"许珀耳玻瑞亚人"［北族人］阿巴里斯有交往，参见附录2，注释40。

25 Diogenes Laertius, VIII, 8 (from Ion of Chios, fragment 12).

26 Pompeius Trogus, *Historiae Philippicae*, Epitome, XX, 4, 14 (Justin).

27 Polybius, II, 39, 1. 这种兄弟会式的组织发展到了赫雷基乌姆和塔拉兹。他们不吃肉也不献祭，这导致他们并不受欢迎。

28 Strabo, VI, 1, 12, 263.

29 Cicero, *On Old Age*, 9, 27; Galen, *On the Diagnosis of Pulses*, II (Külm, *Galeni Opera Omnia*, VIII, p. 843).

30 Strabo, VI, 1, 8, 260.

31 卡隆达斯经常变换住所，他曾在西西里岛和南意大利的很多城邦立法。他关于控告假目击证人的立法是值得注意的。Aristotle, *Politics*, II, 9, 7, 1274b。

32 目前尚不确定伊利米人使用何种语言，应该是特洛伊战败之后逃到西方的。西坎尼人使用的语言也不确定，可能被伊比利亚人赶出了家园。西库里人说印欧语，从意大利穿越到西西里，从西西里的东部将西坎尼人驱逐。

33 关于腓尼基人在西西里定居的最早的假设，参见Thucydides, VI, 2, 6。迦太基位于地中海中部狭窄的腰部，从突尼斯湾向海突出的一个半岛上，只有75英里宽，有一个宽敞的、隐蔽的港口（后来人工完成的），很容易到达有紫色染料（murex）的海床。腓尼基最重要的殖民地（附录2）是新城（迦尔德·哈达斯特），这里是来自泰尔的殖民者建立的，传统上一般认为建立时间是公元前814年，但是大约应该晚两代人。维吉尔和其他作家以不同的形式叙述的狄多女王的传说就涉及这一背景。公元前7世纪，迦太基从泰尔独立，逐渐统治了北非的一些部落。陶器的出土还证明，迦太基在腓尼基人建立莫特亚的过程中发挥了很大作用，在腓尼基人建立西西里岛西部其他殖民点时也起到了促进作用。在约公元前535年，迦太基和伊特鲁里亚的凯勒击败了腓尼基的阿拉里亚（科西嘉）殖民者，这场战争以阿拉里亚命名。在这之后，迦太基继续在萨丁尼亚、西班牙和西西里岛与希腊人对抗。

34　西西里纳克索斯占据了一个古老的定居点，位于西西里岛埃特纳山以北一条水流河口旁边的低洼熔岩半岛上。这里得名于爱琴岛的纳克索斯，纳克索斯是优卑亚殖民城市卡尔基斯的盟友。这里殖民者的领导人是卡尔基斯的特奥克勒斯，他在这里建立了一个神射手阿波罗的祭坛（后来西西里人前往希腊的时候，出发前都要在这里献祭）。五年之后，特奥克勒斯离开了西西里纳克索斯，在更南边的伦蒂尼建立了第二个殖民地，他的同胞尤阿克斯（Euarchus）在卡塔纳建立了殖民地。

35　Herodotus, VII, 155.

36　这卡尔基斯的殖民地相反，他们通常与本地原住民保持良好的关系。

37　最近还发现了一座公元前6世纪下半叶的大型伊奥尼亚神庙建筑遗迹。

38　Aristotle, *Poetics*, V, 1448a.

39　Plato, *Theaetetus*, 152e.

40　不能肯定埃庇卡摩斯的戏剧一定在剧院上演。

41　Epicharmus, *Persians, Bacchants, Philoctetes*.

42　Aristotle, *Poetics*, V, 1449b.

43　Epicharmus, fragment 1（应该是真迹，Plato, *Theaetetus*, 160d，认为他是赫拉克利特传统的奠基人之一）；Plutarch, *Numa*, 8.

44　Thucydides, VI, 4, 5.

45　Ibid., 5, 1.

46　Strabo, VI, 2, 6, 272.

47　Solinus, II, 11.

48　但是斯特拉克鲁斯葬在卡塔纳，那里有一座以他名字命名的大门。

49　Quintilian, *Training of an Orator*, X, 1, 62. 但是斯特西克鲁斯对荷马的改写略显牵强，他的作品冗长。

50　Diogenes Laertius, IX, 18.

51　Ibid.

52　Clement of Alexandria, *Stromateis*, 1, 64, 2.

53　Xenophanes, fragment 1.

54　Xenophanes, fragments 16, 15.

55 Ibid., fragments 26, 25.

56 Ibid., fragment 23.

57 Ibid., fragment 170.

58 Plato, *Sophist*, 242d; Aristotle, *Metaphysics*, I, 5, 986b12.

59 伊利亚的巴门尼德（伊利亚是约公元前540年在意大利西南部的腓尼基人殖民地，罗马的维利亚［Velia］，今天的布鲁卡的卡斯特拉马尔［Castellamare di Bruca］）可能出生于约公元前515年。据说他曾经为自己所在的城市制定法律，还一度加入克罗顿的毕达哥拉斯兄弟会。他的哲学观点体现在一首六音步短诗《论自然》中，现存160行。巴门尼德认为现实一直存在，并且永远保持着不可改变和不动的状态，占据着整个空间。这种观点与以往所有关于宇宙多重性的假设都有尖锐的矛盾，在亚里士多德看来，色诺芬尼似乎已经预示了这种观点（色诺芬尼因此被视为第一个伊利亚学派的人），但实际上，两人的立场是不同的，因为，色诺芬尼仅仅是对荷马神人同形同性论和多神论的反击，而巴门尼德（声称受到神的启示）认为，他的宇宙图景认知是建立在严格的逻辑论证的基础上的。柏拉图利用他的分析来支持自己的形式（理念）学说，亚里士多德则把巴门尼德视为形而上学的主要奠基人之一。

60 色诺芬尼受到了后来伊奥尼亚人的批评，参见 Heraclitus of Ephesus (Diogenes Laertius, IX, I)。

61 Xenophanes, fragment 34; 参见 fragments 35, 18。

62 Ibid., fragment 7.

63 在早期被西西里人占领后，希腊殖民地阿克拉伽斯于约公元前580年由来自盖拉和罗德岛的城市定居者建立。阿克拉伽斯之名的名字来源于它东面的一条与之相连的河流，而另一条河流西普萨河（Hypsas，今圣安娜）流经其西侧。阿克拉伽斯的贵族统治在约公元前571年被独裁者法拉里斯推翻，法拉里斯当时在阿克拉伽斯就已经占据高位（Aristotle, *Politics*, V , 8, 4, 1310b）。阿克拉伽斯因残酷对待政治对手而臭名昭著，但他大幅扩大了阿克拉伽斯的领土，攻克了内地的原住民城镇。该世纪后期，该城从粮食生产、养牛以及向迦太基和其他地方出口葡萄酒和橄榄油中获得了大量财富。但是阿克拉伽斯真正的辉煌和神庙建筑计划是由塞隆（Theron，公元前488—前472年）发起的。他与叙拉古的戈隆一起在希梅拉战胜了迦太基人（公元前480年）。

64 希波克拉底还占领了卡利波利斯，一个西西里纳克索斯的殖民地，至今仍未找到。

65 塞格斯塔（有时也称Egesta），位于巴尔巴罗山（Barbaro）下，靠近克里米索斯河

（Crimisus）的支流伽格拉河（Gaggera）。希腊神话中有这里的建城史，这个早期的城镇是伊利米人的主要中心（上文注释32）。遗址可追溯到约公元前630年。至少在约公元前580/576年之后，塞格斯塔历史的重要主题就是与赛利诺斯之间的持续冲突。然而，到了公元前5世纪，塞格斯塔已经变得相当希腊化，这里有各种发现，还有所有多利安神庙中最高贵的神庙之一（始建于约公元前430/420年），都能证明这一点。

66 公元前480年，赛利诺斯站在迦太基人这边，一起对抗他们的希腊同胞（就像塞格斯塔一样，这里的人民可能并不全是希腊人）。

67 赫西俄德的残篇（55）中提到了利古里亚人。我们并不清楚他们的名字是否代表任何种族或语言上的统一划分，也不清楚这种划分属于什么性质。他们受到了伊比利亚人、希腊人，尤其是高卢人的影响。在早期，归属利古里亚人的领土远远超出了以其名字命名的现代海岸带（意大利西北部），还包括意大利北部和高卢东南部的大片地区，他们是马萨利亚的邻居。古代作家谈到他们时，都说他们的村落生活粗犷而又艰难。

68 Justin, XLIII, 3, 5–12.

69 Strabo, IV, I, 5, 179.

70 高卢地中海沿岸的其他马萨利亚殖民地（尼凯亚［Nicaea］、安提波利斯、莫奈科斯［Monoecus］）建立的时间似乎更晚。

71 Herodotus, I, 166.

72 Strabo, IV, I, 5, 179.

73 Aristotle, *Politics*, VI, 4, 6, 1321a.

74 哈尔施塔特文化是以奥地利萨尔茨卡默古特（Salzkammergut）的一处遗址命名的。在中欧考古学中，它呈现出连续的阶段，A（公元前12世纪至前11世纪）、B（公元前10世纪至前8世纪）、C或I（公元前7世纪）和D或II（公元前6世纪），A和B属于该地区青铜时代晚期，但在C中，特有的武器是一把长铁剑（或青铜复制品）。在D区，最先进的中心位于更西边，法国东部，瑞士和莱茵兰地区。马车墓葬占据主导，例如在维城（参见注释75）以及亨内堡（Heuneburg）。哈尔施塔特人被称为前凯尔特人或原凯尔特人。后续的拉坦诺文明（La Tène，即大陆铁器时代的第二个时期，以瑞士纳沙泰尔湖［Neuchatel］上的一处遗址命名）的人可以被称为凯尔特人。

75 维城混酒钵（*crater*）近6英尺高，是古代金属制品的杰出之作，也是最大的一个，出土于塞夸纳河（Sequana，塞纳河）上游维城的一位高卢公主的墓葬中。墓葬是公元前6世纪末的，但混酒钵铸造的时间可能更早一些（约公元前550—前530年）。混酒钵的钵体上装饰着战士和战车雕带，一个女孩的身影站在盖子上边，旁边还绘有涡纹。手柄和其他部件是单独铸造的，到达这里后才组装起来。这个混酒钵可能是在斯巴达或其他拉哥尼亚地区制作的，因为他的风格体现了拉哥尼亚元素；也有可能是在南意大利的西洛克里制作的。

76　Justin, XLIII, 4, 1–2.

第八章　北部地区

1　Thucydides, I, 25.

2　伊庇鲁斯被分成希腊西北部和阿尔巴尼亚南部，由四座与海岸平行的巍峨山脉组成，包围着狭窄的山谷。在铁器时代早期，这里出现了三个主要说多利安语的部落（一共有十四个部落），有一部分人来自伊利里亚（参见下文注释3），这三个部落分别是：卡奥尼斯（居住在西北部）、莫洛斯（居住在中部地区，据说被阿基琉斯之子奈奥普托勒姆斯[Neoptolemus]征服，他最后成了这里的国王）、塞斯普罗蒂亚（Thesproti，西南部）。除了海岸上和海岸外的希腊殖民地（注释4），这里最重要的中心是位于多多纳的宙斯神谕所，被称为奈欧斯，与女神狄奥尼（Dione）一起接受崇拜，这一神谕所位于莫洛西人部落境内，其历史可以追溯至公元前1200年之前，荷马和赫西俄德都提起过。《伊利亚特》（XVI, 234f.）提到了多多纳的祭司塞利，说他从不洗脚，睡在地上，奥德修斯也曾在此祈求神谕，希望能从一棵神圣的橡树上聆听宙斯的神意（Odyssey, XIV, 327f.）。赫西俄德（Catalogues of Women and Eoiai, fragment 97）说鸽子生活在橡树中，后来多多纳的女祭司就被称为鸽子。后来的作家断言神谕是通过橡树叶子的沙沙声、圣泉的潺潺声和黄铜声传递（来自科基拉的礼物）。多多纳的声誉后来被德尔菲神谕所取代（中间也享受过一次希腊化的复兴）。

3　伊利里亚人占据了巴尔干半岛的西北部，相当于（其实已经超越了）现代南斯拉夫和阿尔巴尼亚北部。伊利里亚部落分为七个主要群体，他们起源于混合的种族，但大多讲单一印欧语方言，不过他们在自己的家乡并没有留下这种方言的文字（但意大利东南部[伊利里亚]梅萨皮亚人的铭文[第七章，注释8]反映了这种方言的特点）。辛梅里亚人和色雷斯人的入侵（约公元前650年）明显带来了破坏。此时，伊利里亚人的行动自由也因希腊人在其沿海和岛屿上的殖民而受到限制，尽管他们也从随后的贸易中获得了利润。殖民者的存在为他们天生的海盗和好战倾向提供了新的诱人的行动领域（关于伊庇鲁斯的部分伊利里亚血统，参见上文注释1）。

4 所有这些定居点的创建者都是库普塞鲁斯的儿子。一千名殖民者在莱夫卡斯岛定居，他们或他们的后裔在那里修建了一条运河。阿纳克托里翁发掘的最早的坟墓中，出土了制造于公元前7世纪最后二十五年的陶器。阿姆夫拉基亚是伊庇鲁斯中部和东南部木材贸易的中心，乘船可到阿拉克索斯河（Arachthus）。这里的建立者格尔斯之后至少由两位库普塞鲁斯家族的独裁者统治。其中第二位名叫佩里安德，他被城里的寡头和人民联合驱逐，据说是因为他羞辱了自己的男情人（Aristotle, *Politics*, V, 3, 6, 1304a; and V, 8, 9, 1311a）。

5 Herodotus, VII, 168; Thucydides, I, 14.

6 维涅第这个名字适用于西欧很多民族，但最著名的是意大利东北部的居民，他们在公元前1000—前950年占领了那里。他们的具体种族无法确定，但他们的语言（记录在400个简短的铭文中，都是公元前500年以后刻写的，有些是拉丁字母，有些是本地文字）是印欧语，似乎更接近拉丁语和其他意大利语族，而不是伊利里亚语（上文注释3）。这里最主要的城市是埃斯特特（Ateste，今埃斯特[Este]），后来被帕塔维乌姆（Patavium，帕多瓦[Padua]）取代，两地都曾经出现在希腊神话中。他们的马在希腊世界很有名，他们对波罗的海的琥珀贸易也有一定的控制。他们信奉的主要神明是瑞提亚（Rehtia或Reitia），主管治疗或分娩。

7 Pliny the elder, *Natural History*, III, 120.

8 在亚得里亚海下游的安科纳（Ancona）附近，有另一个重要的商业中心努马纳（Numana），希腊商人在公元前7世纪开始来到这里（200年后这个地方对雅典尤为重要）。

9 Dionysius of Halicarnassus, VII, 3, I.

10 Livy, V, 33, 5.

11 Herodotus, VII, 73（马其顿人的邻居）；Herodotus, VII, 20似乎给出了完全不同的说法。早在公元前12世纪，马其顿似乎就有了使用铁器的生活中心，当时埃盖开辟了一个长期的繁荣时段。

12 Hesiod, *Catalogues of Women and Eoiae*, fragment 3.

13 Aristotle, *Politics*, II, 9, 9, 1274b.

14 在齐科涅斯人的领地内，位于奈斯托斯河和赫布罗斯河之间。据说玛罗涅亚之名源自神话中的马戎（Maron），奥德修斯曾经拜访过他。

15 在塞伊人（后来的比斯托尼人）领域内。

16 在阿普辛提人的领域内。

17 阿比多斯是与吕底亚国王巨吉斯达成协议之后建立的（Strabo, XIII,1, 22, 590）。关于西基昂，参见Herodotus, V, 95。科林斯的佩里安德为雅典人和米利都人之间的纠纷做了仲裁，并将这里判给了雅典。

18 庇西特拉图还占领了塞尔迈湾的莱阿克鲁斯（后来的艾尼亚[Aenea]），也就是说，他与马其顿保持着良好的关系。

19 庇西特拉图还将自己另一个儿子海盖西斯特拉图斯派去了海岸对面的西基昂（参见上文注释17），这无疑得到了波斯人的认可。

20 他们的儿子是公元前5世纪的雅典政治家客蒙。

21 小亚细亚南岸从西至东依次是：帕里昂（帕罗斯、米利都和厄里特赖，约公元前709年）、基齐库斯（米利都，约公元前756年[？]）、奇乌斯（米利都，公元前627年）、阿斯塔克斯（麦加拉或迦克墩，公元前711年）。在公元前690年之前，米利都人在基齐库斯附近的普洛康奈索斯岛殖民。北岸依次有：比桑特－莱德斯托斯（Rhaedestus，萨摩斯）、佩林索斯（萨摩斯，公元前602年），锡里布里亚（麦加拉，公元前668年之前）。

22 Herodotus, IV, 138.

23 Ibid., 144.

24 Polybius, IV, 38.

25 卡律贝斯人大概生活在帕夫拉戈尼亚和科尔基斯之间，特拉佩组斯以南。

26 西诺普是犬儒主义的发源地，该地以此闻名（约公元前400—前325年）。

27 Xenophon, *Anabasis*, V, 5, 10.

28 Aristotle, *Politics*, V, 4, 2f., 1304b; and 5, 2, 1305b. 赫拉克里亚庞提卡的陪审员不在公民名单上。

29 Homer, *Iliad*, II, 853.

30 Aristotle, *Politics*, V, 5, 2, 1305b.

31 Ibid., V, 5, 7, 1306a.

32 M. N. Tod, *Selection of Greek Historical Inscriptions to the End of the Fifth Century BC*, III, 195; W. Dittenberger, *Sylloge Inscriptionum Graecarum*, 3rd edn., 286.

33 Herodotus, IV, 18, 52.

34 Ibid., 53f.

35 Polybius, IV, 38.

36 Translated in M. M. Austin and P. Vidal-Naquet, *Economic and Social History of Ancient Greece*, London, 1977, pp. 221f.

37. Strabo, XI, 2, 3, 493. 塔纳依斯河谷上游125英里处的克里诺托夫维加（Krivorovija）发现了一个约公元前640—前520年的酒坛的一部分，另一部分出土于187英里处的内陆舒斯坎河（Tsuskan）河岸。

38. 库尔奥巴（Kul Oba，灰烬之山，公元前5世纪）的中心就在潘提卡派乌姆西边4英里处。该地后来的黄金制品十分优异。

39. 宁法埃乌姆（靠近格洛埃夫卡［Geroevka］）位于潘提卡派乌姆南边11英里处的小山上。希腊殖民地的创建者可能是米利都人，他们于约公元前600年或不久之后抵达。在城墙的保护下，这个定居点通过广泛的粮食贸易而致富。此外，利用当地的矿产资源，它可能拥有该地区最早的银币铸造厂。这里的居民建造了德墨忒尔和阿芙洛狄忒的圣所。墓葬中的发现表明，斯基泰贵族积极参与了希腊社区的生活。泰里塔克（Tyritace，卡米什布伦［Kamysh Burun］）是另一个有城墙的城镇，位于宁法埃乌姆和潘提卡派乌姆之间，可能创建于约公元前550年之前。

40. 令人困惑的是这条河有时也被称为许帕尼斯河，它与布格河共享这个名字（Strabo, XI, 9, 494）。

41. 科派位于塔曼半岛的西北部，在海湾的东部凹处，是米利都人建立的一个小殖民地，当地的发现（特别是墓地）可以追溯到公元前6世纪的前三分之一。辛迪克斯莱曼，或称辛迪克，是另一个米利都的殖民地，位于东南部，大约建立于同一个时期，得名于当地的辛迪部落（其种族、性格和社会发展备受争议），后来该地得名格尔基皮亚（Gorgippia），今天的阿纳帕（Anapa）几乎覆盖了古代的这一区域。

42. 狄奥斯库里亚以西半英里的埃舍维（Eshevi）发现了一个公元前6、前5世纪的文化层。

43. 科尔哈或奎尔哈是一个乌拉尔语名字（参见附录，注释11）。在巴提斯莱曼（Bathys Limen，巴统密［Batumi］），公元前8和前7世纪的地层上覆盖了一个公元前6世纪的地层，这一层包括希俄斯和其他希腊东部世界的陶器。瓦尼（Vani）离海岸60英里，这里被认为是埃厄忒斯（Aeetes）的都城，这里的发现可以追溯到公元前7世纪和公元前6世纪，但是这个地方在公元前400年前不久才开始富裕起来。

44. Aeschylus, *Prometheus Bound*, 723-727; Apollodorus, *Library*, II, 5, 9.

45. Strabo, XI, 5, 4, 505.

46. Pliny the elder, *Natural History*, VI, 19.

47. Strabo, op. cit., citing Clearchus.

48　Herodotus, II, 35, 2.

49　Homer, *Iliad*, III, 189; IV, 186. 她们的名字通常被形象地解释为"没有乳房", 为了方便使用弓箭, 她们的一只乳房被切除了。

50　Proclus, *Chrestomathia*, 175–180.

51　Homer, *Iliad*, III, 189.

52　Herodotus, IV, 113–16.

附　录　希腊人与其他人的关系

1　Homer, *Iliad*, III, 187.

2　西里西亚位于小亚细亚东南沿海地带及其腹地,包括一个荒凉多山的"崎岖"之地和一个平坦的平原,以神话中特洛伊国王阿吉诺(Agenor)的儿子西里克斯(Cilix)命名。虽然根据另一个传说,在特洛伊战争之后,在先知摩普索斯(Mopsus)的带领之下,西里西亚人从特洛阿德来到这里(Homer, *Iliad*, VI, 397, 415)。他们的主要城市塔尔索斯(Tarsus)声称自己的建城者是赫拉克勒斯、珀尔修斯、特里普托勒摩斯(Triptolemus)以及阿尔戈斯人。格兹吕库勒(Gözlü Kule)出土了公元前700年之前的陶器碎片,学者认为这是希腊人在此聚集的证据。在萨尔贡二世重新占领西里西亚后,这里的人在公元前696—前695年起义,再次对塞纳克里布起兵,希腊人也参与其中(Berossus, F. Jacoby, *Fragmente der griechischen Historiker*, 680F 7 [31]; Abydenus, ibid., 685F 5 [6])。国王在战胜希腊人并平息叛乱之后,在行省都城的奥林布鲁斯(Olymbrus)重新建立了塔尔索斯。

3　辛梅里亚人在《奥德赛》(XI, 14ff.)中出现过,在荷马笔下这里是一个阳光永远照不到的民族,是一片承受着死亡的土地,这可能是因为该词与 *Cheimerioi*(凛冬之人)同源。从历史材料上看,他们似乎是一个半游牧民族,从约公元前1000年起就在南俄罗斯草原上横行,饲养牛、马,并发展了青铜冶金术。他们将死者埋葬在建造得像木屋一样的坟墓里,一般被认为是公元前9世纪和前8世纪的晚期木墓文化。也有人认为他们是色雷斯人,但是这个观点并没有得到证实。他们的语言,或至少是他们上层社会的语言,属于印欧语系的安纳托利亚语族。约公元前750年后,为了逃避斯基泰人(附录2),他们部落大部分人撤离俄罗斯南部,并穿越高加索继续向南撤退(但在塔曼半岛留下了一些成员在此设防)。大约在公元前705年他们被亚述的萨尔贡二世击退(然而,萨尔贡二世也丧命于他们之手),然后在公元前679年,他们被后来的亚述君主阿萨尔哈东击退,于是转向小亚细亚,在那里，他们和盟友摧毁了弗里吉亚王国，摧毁了吕底亚萨尔迪斯（约公元前652年）和希腊城市士麦那、以弗所和迈安德河附近的马格尼西亚（色萨利东部马格纳特斯的殖民地）。然而，在约公元前637年（或约前626年？），在吕底亚的阿吕亚泰斯手中溃败后，辛梅里亚人四散溃逃，从历史舞台上消失了。他们的残余或许定居在卡帕多西亚（小亚细亚东部）。希腊的高加索金属作品，特别是透孔青铜吊坠和透孔支架上的小鸟小雕像，可能是由辛梅里亚人那里传来的。

4　Plato, *Republic*, III, 399a. 对希腊人而言，奥林普斯（Olympus）是一个或几个传说中的弗里吉亚音乐家的名字，据说他们引进了长笛和一种令人振奋的"古老"形式的音乐旋律或调子。

5　据说，这份慷慨为克洛伊索斯在传说中极北之地的许珀耳玻瑞亚人中赢得了永恒的幸福（附录2）。

6　Herodotus, I, 94.

7　Ibid., Xenophanes in Pollux, *Onomasticon*, IX, 83. 亚述的塞纳克里布声称铸造了半谢克尔的钱币（L. W. King, *Cuneiform Texts from Babylonian Tablets*, 1909, Part XXVI; S. Smith, *Numismatic Chronicle*, 1922, pp. 176–185）。吕底亚-米利都发行的钱币，虽然在重量上有所不同，但是基本遵循了美索不达米亚的1米那对60谢克尔，不像常见的叙利亚模式中的1米那对50谢克尔。

8　克洛伊索斯利用新的冶金技术，推出了第一枚双金属（金银）钱币。参见 Herodotus, I, 94。

9　斯巴达的阿尔克曼似乎不是来自吕底亚，就是来自伊奥尼亚。

10　Plato, *Republic*, III, 398e.

11　乌拉尔图是一个主要的帝国力量，也被称为哈尔迪亚王国（卡尔迪亚[Khaldian]），这个名字最早出现在早期的亚述铭文中，名为 *Uruatri*，用来描述居住在亚美尼亚高原凡湖（Lake Van）南部和东南部的一个民族，亚述人称之为奈里（Nairi）王国。他们的语言在类型上与高加索方言相似，有人专门将其与东高加索地区的语言联系起来，但这并不能完全被接受。在公元前9世纪，乌拉尔图人在他们的国王阿拉梅（Arame）的带领下联合起来，却被亚述国王沙尔马那塞尔三世击败，但是他的比亚王国还是建立起来了，首都位于图什帕（Tushpa），短时间内成了西亚最大的国家，统治了叙利亚各王国，直到被辛梅里亚人击败，然后被亚述国王萨尔贡二世击败（公元前713年）。乌拉尔图在公元前8世纪与叙利亚北部的希腊港口市场接壤，在奥林匹亚和德尔菲（第一章，注释44）奉献的青铜鼎一度被认为源自乌拉尔图，但事实上，它们更应归于叙利亚北部地区，而乌拉尔图人和希腊人都是从那里得到了这些器物。然而，乌拉尔图人在灌溉方面的专业知识确实对希腊人以及弗里吉人产生了影响。由于乌拉尔图人讲的是一种与胡里安语有关的语言，赫西俄德可能从乌拉尔图了解到了《库玛比史诗》和《乌里库米之歌》（都起源自胡里安）与他自己的创世神话之间的密切关系，但其具体知识可能来自于保存赫梯和胡里安传统的北叙利亚小国（注释19、20）。公元前612年，乌拉尔图在斯基泰人和米底人的打击下崩溃。

12 公元前595—前570年的巴比伦分配板显示，这里有很多来自西亚的囚犯，其中包括腓尼基人、吕底亚人和伊奥尼亚工匠（可能也包括小亚细亚的非希腊人）。

13 希腊"东方化"陶器的其他图案似乎呼应了亚述长袍的纺织图案。塞纳克里布声称铸造了半谢克尔的钱币（注释7）可能影响了吕底亚钱币的诞生。

14 Homer, *Iliad*, XIV, 182f.

15 Herodotus, II, 109. 系统地编纂天象似乎始于那布那西尔（Nobu-nasir, 公元前747—前734年）。

16 腓尼基大致相当于现代的黎巴嫩国，包括黎巴诺斯山（黎巴嫩山）和前黎巴嫩山（二者森林资源丰富），这两座山脉之间富饶的贝卡谷地，以及北边的埃琉特罗斯河（Eleutherus River，埃尔卡比尔河 [Nahr el Kebir]）和南边的阿克（Ace，今以色列阿卡 [Acre]）之间的沿海地区。腓尼基人可能在大约公元前3000年到达他们这里，是最后幸存的保持独立的迦南人（参见下一个注释），他们就以此名字自称。"腓尼基人"一词源自一个埃及词，意思是"亚洲人"，但当它出现在荷马史诗中时，被解释为"红皮肤"（*phoinos*，红色），虽然可能是想指当地的紫色染料（*murex*）。然而，希腊神话又给这个词的词源增加了一些复杂因素，将这个名字与菲尼克斯（Phoenix）联系起来，菲尼克斯是卡德摩斯和欧罗巴的父亲，是泰尔或西顿的国王。北非的迦太基（第七章，注释33）就是泰尔人建立的。

17 迦南是古代对包括腓尼基（参见上注）、叙利亚和犹太部分地区（巴勒斯坦、以色列）在内的大片领土的称呼。在公元前2千纪的中期，迦南人的城市由不同的国王统治，并有巨大的城墙以作防御之用。后来，他们的大部分领土被非利士人和以色列人控制。迦南人的语言中较早的阶段我们只能间接地知道一些，后来这种语言演变成希伯来语和腓尼基语。这些是西北闪米特语系的一部分，乌加里特语可能是迦南语的方言，亚摩利语和阿拉姆语都属于这个语系。闪族语言中使用了三种文字，楔形文字、北闪族文字和南闪族文字。北闪米特语文字有两大分支，即迦南文和阿拉姆语。就目前所知，迦南人是最早使用字母文字的民族，他们从约公元前1800年起就开始使用字母。腓尼基语和早期希伯来字母是其分支，不过所有这些字母表都只表达辅音（希腊人仍然要加上元音，参见第一章，注释35）。

18 阿拉姆人讲的是一种不同于希伯来语的西北闪米特语（参见上注），他们间接地影响了希腊文化，因为创造了希腊东方化绘画风格的叙利亚—腓尼基艺术混合体中包含了阿拉姆元素，他们之间的关系很难分离。公元前11世纪到前8世纪之间，阿拉姆人占领了美索不达米亚和叙利亚北部的大片地区，他们在那里建立了许多小国（其中最重要的是大马士革），他们的人口和文化中不同程度地融入了新赫梯人的元素（参见下注），他们的名字源自正是叙利亚北部平原（Aram Naharain，河流的田野）。到了公元前9世纪，从巴比伦到地中海的大片地区都掌握在阿拉姆人的手中，但经过一系列战争后，亚述的萨尔贡二世摧毁了大马士革（公元前732年）和哈马斯（公元前720年），这标志着叙利亚王国的终结。希腊的三个沿海港口市场阿尔米纳、波塞迪翁和保图斯可能在约公元前700年至前675年，在小亚细亚东南部西里西亚人的叛乱中被摧毁（注释2）。阿拉姆人最重要的文化成就是将腓尼基字母（注释16）引入公共和私人使用。他们崇拜巴比伦、亚述和迦南诸神，在他们的叙利亚王国被纳入新巴比伦帝国之后，互有交织的几个民族越来越难以区分。当叙利亚、巴勒斯坦和塞浦路斯合并成为波斯人的领地（公元前539年）时，这一融合的过程还在持续，腓尼基水手在公元前525年帮助他们征服了埃及。阿拉姆语成为了一种通用语言，在波斯的统治下，"帝国阿拉姆语"被正式用于从埃及到印度的领土上。

19 赫梯人的语言属于印欧语系的安纳托利亚语分支，他们在公元前2000年左右从北方渗入小亚细亚。他们的旧王国（约公元前1750—前1450年）的首都在库萨拉（Kussara），然后转移到哈图沙（波阿兹卡雷）。后来更稳定的赫梯帝国（约公元前1450—前1200年）合并了安纳托利亚大部分地区和叙利亚北部，挑战亚述和埃及。在此期间，小亚细亚的铁匠学会了铁器加工。然而，在约公元前1200年，赫梯在大规模的动荡中被弗里吉亚人压倒，他们吞没了整个东地中海地区和近东地区，特洛伊人和迈锡尼人（与赫梯人曾有过密切接触）也屈服于他们。然而，在叙利亚北部的赫梯前哨，却在"奇怪的赫梯余晖"中幸存下来，成立了一连串的叙利亚-赫梯或新赫梯王国。这些王国使用的是赫梯人发明的象形文字，并将之改编并适应了卢维语（与赫梯语有关，以前在小亚细亚西南部使用）的形式，在这一过程中受到不同程度的迦南人和阿拉姆人的影响（注释17、18）。

20 胡里安人居住在山地，他们的语言是用一种类似于阿卡德语（美索不达米亚）和赫梯语的音节文字记录下来的，但是本质上他们的语言是黏着语，由大量的后缀支配，它似乎既不是印欧语也不是闪米特语。胡里安人最早可以追溯到公元前3

千纪末的美索不达米亚,在那里他们被雅利安人(说印欧语)统治。在接下来的一千年里,他们蔓延到亚述(他们曾一度统治亚述)、叙利亚北部(在那里发现了他们的名字和与之相关的宗教文献)以及小亚细亚东部,建立了米坦尼(Mitanni)王国,通过马匹和战车保障自己的权力。这个胡里安王国在公元前15世纪达到顶峰,约公元前1350年被赫梯人打败,但是雅兹利卡亚(Yazilikaya)的雕刻表明胡里安人对赫梯人的宗教、神话和命名法产生了深远的影响,这种影响长期存在于叙利亚北部的新赫梯王国中(参见上注)。似乎与《旧约》中的何利人相对应。乌拉尔图人讲的是一种与胡里安语密切相关的语言(注释2)。

21 据称生活在公元前11世纪的腓尼基人桑楚尼亚松(Sanchuniathon)书写的《腓尼基历史》也提到了类似的继承神话。其作品的残篇由公元1世纪布波洛斯的斐洛保存了下来。

22 大量的黎凡特象牙(包括在亚述发现的许多象牙),就像该地区的纺织品设计一样,影响了希腊艺术,这种影响也许可以分为两大类,即源自叙利亚(基于哈马)和腓尼基。爱奥尼亚柱头(第一章,注释53)和希腊的宝石雕刻是直接或通过塞浦路斯从腓尼基传来的。在优卑亚和皮特库塞发现的圣甲虫印章和护身符则是直接源自或仿制了腓尼基人的物件,而腓尼基人是从埃及人那里学来的,后期又加以改进。希腊的金属技术同样可以追溯到叙利亚和腓尼基工匠从埃及学来的重铸和造粒技术,早期的雅典青铜器也包含了叙利亚元素。希腊人从黎凡特人那里学会了在宴会上斜躺的习惯(参见 Amos, 6, 4)。

23 Josephus, *Against Apion*, I, 28.

24 Herodotus, V, 58, 1-2.

25 伊特鲁里亚的塔尔奎尼发现的一个刻有第二十四王朝国王波克霍利斯(Bocchoris,公元前720—前715年)名字的印章和彩陶陶瓶(附录3),可能是一件腓尼基人对埃及作品的改造品。

26 Diodorus Siculus, I, 98(参见第五章,注释23)。另一种说法是希腊大型雕塑是直接从科林斯的雕像工艺发展而来的。线条画的起源,也被归于一个科林斯人和一个埃及人(Pliny the elder, XXXV, 16),不过后者,也就是菲洛克勒斯,可能是希腊居民(第六章,注释38)。

27 Herodotus, II, 123中提到,"一些希腊人"(他可能指的就是毕达哥拉斯)从埃及得到灵魂不朽的学说,这个观点可能是错误的。

28 Ibid. II, 169.

29 Herodotus, III, 27-38.

30. 阿那克西美尼认为天体环绕北部山脉转动的观点反映了波斯人的观念。
31. Homer, *Iliad*, II, 844−850.
32. 在公元前7世纪，居住在奥埃斯库斯河（Oescus River，伊斯克尔河）的特雷里人（可能是色雷斯的一个部落），追随并融入了辛梅里亚人（注释2），学者们经常混淆他们，他们随后一起突袭萨尔迪斯和小亚细亚的其他中心（Callinus in Strabo, XIII, 4, 8, 627）。
33. 最近在黑海西北部发现了色雷斯人的遗迹，在高加索西北部和塔曼半岛也有色雷斯的巨石室。现代色雷斯的范围已大大缩小，包括土耳其和希腊的部分地区，加之欧洲东南角和希腊共和国的东北边缘。然而，大多数现代研究色雷斯的学者对该地区的定义要宽泛得多。
34. Herodotus, V, 3.
35. Thucydides, II, 29, 2. 他认为他们的骑兵没有斯基泰人多。
36. 雅典雇用的轻装步兵包括色雷斯人。
37. Homer, Iliad, VI, 133−135.
38. 根据Diodorus Siculus, I, 23, 2的说法，俄耳甫斯按照狄奥尼索斯的意愿统治着赫勒斯滂。但是也有一种说法，认为狄奥尼索斯与俄耳甫斯不和，导致后者死于酒神的随从迈纳德手中（Pausanias, IX, 30, 5；参见 Aeschylus' *Bassarids*）。
39. Apollodorus, *Library*, 1, 3, 2. 据说俄耳甫斯还邀请阿尔戈斯英雄加入萨摩色雷斯秘仪。厄琉息斯秘仪（第二章，第2节）的创立者也是色雷斯人，名为欧摩尔波斯（Eumolpus, Pausanias, I, 38, 3）。
40. Herodotus, IV, 95.
41. 或者说人类被认为拥有扎格罗斯（Zagreus）的神性火花，这是一个前希腊的神，与俄耳甫斯教密切相关，与狄奥尼索斯也有关此，除此之外，还与冥界、克里特岛和狩猎相关。
42. 俄耳甫斯教中还包含埃及元素（Diodorus Siculus, I, 23；I, 96, 4），不过我们并不确定是不是在公元前6世纪就已经存在。
43. Herodotus, IV, 20.
44. Ibid., 46; 参见17, 19。
45. 根据希罗多德的说法（Ibid., 73），斯基泰人通常被埋葬在远离自己领土的地方，他们国王的葬礼一般在偏远的格尔西（Gerrhi）举行（Ibid., 71）。
46. Herodotus, IV, 76.
47. 头颅有长有短，长的居多。

48　动物之间的战斗可能代表了神力之间的冲突。有时被描绘的跛行、死亡、处于被动地位的动物似乎代表着已经失去神力的灵魂。

49　斯米拉、特米尔戈拉、阿尔汀奥巴（Altin Oba，潘提卡派乌姆）、曼尼诺夫（Melgunov，基洛夫格勒[Kirovograd]）、克勒尔梅斯、科斯特罗马、维特斯菲尔德（Vettersfelde）。至于库尔奥巴，参见第八章，注释38。有些人更喜欢将海峡两岸的公元前6世纪墓葬描述为辛迪-麦奥提斯型，即原斯基泰型，而不是斯基泰式的。

50　Herodotus, IV, 78. 斯库里可能是个意外，参见第八章，第3节。

51　Herodotus, IV, 76.

52　通古斯人是东西伯利亚地区亚北极森林中的一群人，说乌拉尔-阿尔泰语系的阿尔泰语支。他们宗教中最核心的就是萨满。

53　斯基泰人还向希腊人传授编制材料的制毡法（*pilesis*, Pseudo-Plutarch, *Stromateis*, 3），不过这在阿那克西美尼中的应用可能是一种时代错序。

54　Herodotus, IV, 17, I; IV, 108, 2.

55　W. Dittenberger, *Sylloge Inscriptionum Graecarum*, 3rd edn., 495.

56　E.g. Ligurian, Sican, Sardinian.

57　最长的两个，分别包含190和300个字，是一个礼拜仪式的文本（包裹在萨格勒布博物馆的埃及木乃伊上），这种文本很可能用在葬礼仪式上（佩鲁贾）。

58　Herodotus, I, 94.

59　M. Pallottino, *Testimonia Linguae Etruscae*, 2nd edn., nos. 155, 131.

60　*Notizie degli Scavi*, 1971, p. 241, fig. 57; Herodotus, IV, 152. 希腊人很可能被限制在诺克拉蒂斯的住宅区里（第六章，第4节）。

61　M. Torelli, *Elogia Tarquinensia* (1975), pp. 43f.

62　*Bucchero*（源自西班牙文*bucaro*，在哥伦布时代之前应用于中美洲和南美洲的陶罐上），是用细黏土，最好是含锰的黏土，在轮子上翻转，在缓慢燃烧的火中烘烤，这样氧气到达黏土的量不足以使其中的铁变成红色，反而会使其变黑。

63　不过，凯勒人在科西嘉岛东北部建立了一个殖民地，希腊人称之为尼凯亚（胜利之镇）。他们无疑是与马萨利亚有密切接触的伊特鲁里亚民族之一（第七章，第6节）。

64　M. Pallottino, op. cit., nos. 873-877.

65　凯勒和罗马在撒丁岛和科西嘉岛联合建立了殖民地（约公元前378/377年、前357/354年）。

66 维伊人的影响也作用在部分属于伊特鲁里亚文明的法利希人身上,他们的菲洛尼亚神庙(Feronia,靠近卡佩纳[Capena])是非常重要的圣所。法利希人的文化呈现出逐渐希腊化的趋势,他们的主要城市法莱里维特勒斯(Falerii Veteres,奇维塔卡斯泰拉纳[Civita Castellana])的发展和城市化过程体现了这种趋势。

67 公元前7世纪末的鸭子墓,是伊特鲁里亚最古老的著名彩绘墓。

68 在公元前6世纪的雅典尼克斯提尼作坊和蒂勒尼人双耳瓶的制造者将伊特鲁里亚视为主要出口地。

69 罗塞莱还发现了一堆上乘的锡。翁布罗河旁边的杉树为冶炼提供了木材。

70 Servius of Virgil, *Aeneid*, X, 172.

71 Pliny the elder, *Natural History*, XXXVI, 19, 91ff.

72 几个村庄在公元前6世纪合并,形成了阿雷提翁,在一个高原上,俯瞰着克拉尼斯河(基里那河)和阿尔诺斯河(阿尔诺河)上游。佩鲁西亚与克鲁西乌姆一样,以前居住着翁布里亚人,坐落在台伯河上游(当时可通航)的肥沃河谷之上。他们也自命不凡地创作了自己的建城神话。维图洛尼亚的阿夫勒费卢斯(Avle Feluske)科墓碑(约公元前600年?)似乎是佩鲁西亚的战友希鲁米纳(Hirumina)建立的。佩鲁西亚的青铜制品反映了伊奥尼亚的影响,后来其风格转越来越有当地特色。在沃尔西尼,有一个约公元前600年由村庄合并而成的城镇,城镇旁的长方形墓葬中(公元前550—前500年)埋葬的死者来自九十个家庭,通过他们的名字可以看出,这里有很多非伊特鲁里亚人,其中包括希腊人。沃尔西尼与坎帕尼亚的关系也很密切。

73 Virgil, *Aeneid*, X, 200-203.

74 在南方,波塞冬尼亚的潜水者之墓与伊特鲁里亚人的风格很相似(第七章,注释15)。

75 Dionysius of Halicarnassus, VII, 3, I.

76 Pliny the elder, *Natural History*, XXXV, 43, 152. 参见第三章,第2节。

77 罗马很多地方也出土了阿提卡的黑绘陶瓶画和红绘陶瓶画。

78 Pliny the elder, *Natural History*, XXXV, 154.

79 F. Castagnoli, *Studi e Materiali*, XXX, 1959, pp. 109ff.

80 Cato, *Origins*, fragment 12.

81 在约公元前425年,入侵的意大利萨贝利人占领了伊特鲁里亚的卡普亚和希腊的库迈。在公元前396年,维伊落入罗马人之手,罗马人逐渐将伊特鲁里亚和其他诸国也纳入麾下。公元前4世纪期间,意大利北部的伊特鲁里亚人屈服于高卢人。

参考书目

本书目只列举了本书中提到的文献
带*的表示文本未流传下来或者以残篇的形式流传

希腊文献

阿布德诺斯,公元2世纪,亚述和巴比伦的历史学家。*
埃斯库罗斯,生于厄琉息斯,公元前525/524—前456年,雅典悲剧作家。
阿尔卡埃乌斯,生于米提列涅(莱斯博斯),约公元前620年,抒情诗人。*
阿尔克迈翁,生于克罗顿(意大利东南部),公元前5世纪晚期,科学研究者、医生。*
阿那沙西斯,斯基泰国王,公元前6世纪,教谕诗*的作者还留有一些书信,七贤之一。
阿那克里翁,生于忒奥斯(伊奥尼亚),约公元前570年,抒情诗、哀歌和抑扬格诗人。
阿那克西曼德,生于米利都(伊奥尼亚),约公元前610—前546年之后,前苏格拉底哲学家。*
阿那克西美尼,生于米利都(伊奥尼亚),公元前600—前528/525年,前苏格拉底哲学家。*
安德罗达马斯,生于赫雷基乌姆(意大利西南部),公元前7世纪(?),马其顿卡尔基蒂斯的立法者。
安德罗提翁,生于雅典,约公元前410—前340年,阿提卡的地方史家。*
安条克斯,生于西西里的叙拉古,公元前5世纪的历史学家。*
阿波罗多洛斯,雅典人,生于埃及亚历山大里亚,约公元前180年,神话、神谱、地理学作家。
罗德岛的阿波罗尼奥斯,生于埃及,约公元前295—前215年,史诗诗人(*Argonautica*)。
阿基尔罗库斯,生于帕罗斯,约公元前710—前648(?)年,诗人。
阿尔库塔斯,生于意大利东南部的塔拉兹,公元前4世纪上半叶,毕达哥拉斯派哲学家、科学研究者。*

阿尔克提诺斯，生于米利都，公元前8世纪（？），史诗诗人。*

阿里昂，生于莱斯博斯的米西姆纳，公元前7世纪末，诗人。*

阿里斯提亚斯，生于普罗庞提斯的普洛康奈索斯，公元前6世纪的半传奇式人物，斯基泰阿里马斯皮诗歌的创作者。*

阿里斯托芬，生于雅典，公元前457/445—前385年之前不久，喜剧作家。

亚里士多德，生于马其顿的斯塔基拉，公元前384—前322年，哲学家、科学研究者。

阿里斯托克赛诺斯，生于意大利东南部的塔拉兹，约公元前370年，音乐家和传记作家。

阿斯奥斯，生于萨摩斯，公元前7世纪或前6世纪，诗人。

阿特纳奥斯，生于埃及的诺克拉蒂斯，约公元前200年，《智者之宴》的作者。

巴克基利得斯，生于凯奥斯的鲁里斯，约公元前524/521—前452年，诗人。

贝罗斯苏斯，贝尔的祭司，生于约公元前290年，巴比伦的历史学家。*

卡里马库斯，生于昔兰尼，约公元前310/305—约前240年，亚历山大里亚的诗人和学者。

卡利努斯，生于以弗所，公元前7世纪上半叶，挽歌诗人。*

卡隆达斯，生于意大利的卡塔纳，公元前6世纪，包括赫雷基乌姆在内的很多地区的立法者。*

基奥尼德斯，生于雅典，活跃于公元前4世纪早期，喜剧作家。*

克莱曼特，生活在亚历山大里亚，生于雅典（？），约公元150—211/216，基督教神学家。

克瑞提阿斯，生于雅典，约公元前460—前403年，政治家，三十僭主之一，挽歌诗人、悲剧作家。*

库纳伊索斯，生于希俄斯，公元前6世纪，可能是荷马颂诗《致阿波罗》的作者。

达马斯特斯，生于西基昂（特洛阿德），公元前5世纪，历史学家、文学家、地理学家和神话学家。*

戴尼阿斯，生于阿尔戈斯，公元前3世纪，阿尔戈斯的历史学家。*

狄奥多罗斯·西库路斯，生于西西里的阿吉里乌姆（Agyrium），公元前1世纪，世界历史书写者。

第欧根尼，生于西诺普，约公元前400—前325年，犬儒学派的创始人，对话录和悲剧作家。*

埃克门尼斯，克里特人，出生时间不明，《克里特》（Cretica）的作者。

埃庇卡摩斯，生于叙拉古，活跃于公元前 5 世纪早期，喜剧作家。*
欧几里得，约公元前 300 年在亚历山大里亚教书，数学家和音乐家。
欧里庇得斯，生于阿提卡的弗吕亚（Phlya），约公元前 485/480—前 407/406 年，雅典悲剧作家。
优西比乌，生于海边的凯撒利亚（叙利亚-巴勒斯坦），约公元 260—340 年。基督教主教、教会史学家、传记作家。
盖伦，生于米西亚的帕加马，约公元 129—约 199 年，医生，涉猎解剖学、生理学、心理学和哲学评论。
赫卡泰乌斯，生于米利都，活跃于约公元前 500 年，地理学家、历史学家和神话学家。*
赫拉克利特，生于以弗所，活跃于约公元前 500 年，前苏格拉底哲学家。*
希罗多德，生于卡里亚的哈利卡纳索斯，约公元前 480—约前 425 年，历史学家。
赫西俄德，生于爱奥尼亚的库梅，移民至波奥提亚的阿斯克拉，公元前 8 世纪，史诗诗人。
荷马，可能生于希俄斯，在士麦那生活，公元前 8 世纪，史诗诗人。
荷马颂诗，公元前 8 世纪到前 6 世纪，献给多位神祇，包括德墨忒尔和阿波罗（以及库纳伊索斯），作者不是荷马。
杨布里科斯，生于叙利亚黎巴诺斯下的卡尔基斯，约公元 250—306/337 年，新柏拉图主义哲学家和超自然现象作家。
伊比库斯，生于意大利西南部的赫雷基乌姆，公元前 6 世纪，诗人。*
伊索克拉底，生于雅典，公元前 436—前 338 年，修辞学家和教育家。
约瑟夫斯，生于耶路撒冷，公元 37/38—94/95 年，犹太历史学家。
《荷马传记》，都是罗马时代的作品，共有七部分，或许可以追溯到更早的传统。
马格奈斯，生于雅典，活跃于公元前 5 世纪上半叶，喜剧作家。*
麦里索斯，生于萨摩斯，活跃于公元前 440 年，舰队指挥官和前苏格拉底哲学家（伊利亚学派）。*
弥涅墨斯，生于士麦那或伊奥尼亚的科洛丰，也有可能是斯波拉泽斯（Sporades）的阿斯图帕莱亚，公元前 7 世纪晚期，挽歌诗人。
奥奈西克里图斯，生于雅典，活跃于公元前 6 世纪下半叶，俄耳甫斯著作的书写者或创作者，荷马史诗和神谕的编辑者（也有人怀疑其中有伪作）。
奥利翁（Orion），生于埃及底比斯，公元 5 世纪，亚历山大里亚的教师，文法学家。
《俄耳甫斯诗歌》，从公元前 6 世纪起流传的，托名于神话中俄耳甫斯之名的诗歌。
《帕拉丁文选》，公元 980 年，一位或者一批拜占庭学者收集的 3700 首警句。

巴门尼德，生于意大利西南部的伊利亚，约公元前515年，前苏格拉底哲学家。
保桑尼阿斯，生于吕底亚的斯比勒斯附近的马格尼西亚，公元2世纪，游记作家。
法勒阿斯，生于拜占庭对面的迦克墩，可能生活在公元前5世纪，政治理论家。*
菲冬，生于科林斯，公元前8世纪（?），立法者。*
斐瑞居德斯，生于许罗斯，活跃于约公元前550年，宇宙论作家。*
斐洛，生于腓尼基的布波洛斯，公元64—141年，腓尼基宗教和习俗的创作者。*
　（参见非古典时期史料，桑楚尼亚松。）
菲洛劳斯，(1)生于科林斯，活跃于约公元前730年，忒拜的立法者*；(2)生于塔拉兹或克罗顿，公元前470年，毕达哥拉斯派哲学家。*
福西尼德，生于米利都，活跃于公元前544/541年，诗人。*
普律尼科司，生于雅典，活跃于公元前511/508—前476年晚期，悲剧作家。*
品达，生于波奥提亚的库诺斯克法莱（Cynoscephalae），约公元前518—约前438年，抒情诗人。
柏拉图，生于雅典，约公元前429—前347年，哲学家。
普鲁塔克，生于波奥提亚喀罗尼亚，公元50年之前至120年之后，哲学家、传记作家。
波鲁克斯，生于埃及诺克拉蒂斯，公元2世纪后期，修辞学家、百科全书作家。
波利比乌斯，生于阿卡迪亚的麦加洛波利斯，约公元前200—前118年之后，历史学家。
波利卡姆斯，生于埃及诺克拉蒂斯，创作了很多关于阿芙洛狄忒的作品。*
波菲利，生于腓尼基的泰尔或叙利亚的巴塔尼埃（Batanea），哲学和宗教作家。
普拉提纳斯，生于阿尔戈利斯的菲力乌斯，活跃于约公元前500年，悲剧和萨提尔剧的作家。*
普洛克罗，(1)公元2世纪，语法学家；(2)生于小亚细亚南部的吕西亚，公元412—485年，新柏拉图主义哲学家。
西姆努斯，生于希俄斯，活跃于约公元前185年，地理学家*；但是遗存的游记（Pseudo-Scymnus）是约公元前90年的。
西蒙尼德斯，生于萨摩斯，但是与公元前7世纪至前6世纪的阿莫尔戈斯密切相关，抑扬格和挽歌诗人。
西蒙尼德斯，生于凯奥斯的鲁里斯，约公元前556—前468年，诗人。
辛普利丘斯（Simplicius），生于小亚细亚南部的西里西亚，公元6世纪，为亚里士多德和爱比克泰德做注疏。
苏格拉底，生于阿尔戈斯，可能生活在希腊化时代，作品主要关于阿尔戈斯和宗教。*（另一位同名的雅典苏格拉底并没有留下作品）。

梭伦，生于雅典，活跃在公元前 6 世纪早期，政治家和诗人。

索福克勒斯，生于阿提卡的克罗诺斯，约公元前 496—前 406 年，雅典悲剧作家。

斯特西克鲁斯，原名提西亚斯，生于意大利南部的马陶鲁斯，生活在西西里的希梅拉，约公元前 632/629—前 556/553 年（？），抒情诗人。

斯特拉波，生于本都的阿马西亚，公元前 63—公元 21 年，地理学家和历史学家。

苏达，公元 10 世纪晚期的辞书作家。

萨勒塔斯，生于克里特的格尔蒂，生活在斯巴达，公元前 7 世纪，诗人、立法者。

狄米斯提厄斯，生于小亚细亚北部的帕夫拉戈尼亚，约公元 317—388 年，哲学家、修辞学家。

泰奥格尼斯，生于麦加拉，公元前 6 世纪中期，挽歌诗人。

泰斯庇斯，生于阿提卡，活跃于公元前 535/533 年，据说是雅典第一位悲剧作家。*

修昔底德，生于雅典，约公元前 460/455—约前 400 年，历史学家。

蒂迈欧，生于西西里陶尔米纳（Tauromenium），约公元前 356—约前 260 年，历史学家。*

提蒙，生于阿尔戈利斯的菲力乌斯，约公元前 320—前 230 年，怀疑论哲学家。*

色诺芬，生与阿提卡的埃尔西纳（Erchia），约公元前 428—约前 354 年，公众人物、士兵、历史学家，留有书信。

扎莱乌库斯，生于意大利西南部的西洛克里，活跃于约公元前 650 年（？），立法者。*

芝诺，生于意大利西南部的伊利亚，约公元前 490 年，前苏格拉底哲学家，伊利亚学派。*

拉丁文献

阿维阿努斯，生于伊特鲁里亚的沃尔西尼，公元 4 世纪，地理学家和诗人。

老加图，监察官，出生于拉丁姆的特斯古林（Tusculum），公元前 234—前 149 年，历史学家、演说家*、农事作家。

西塞罗，生于拉丁姆的阿尔皮诺（Arpinum），公元前 106—前 43 年，政治家、演说家、修辞学家、哲学家、诗人，还留有很多书信。

贾斯汀，公元 3 世纪，庞贝特洛古斯（Pompeius Trogus）的集大成者。

老普林尼，生于意大利北部的科莫（Comum），公元 23/24—79 年，军事、语言和历史作品的作家*，还是《自然史》的作者。

庞贝特洛古斯，生于南高卢的沃孔提（Vocontii），活跃于公元前 1 世纪晚期，写了很多动植物学作品，以及世界历史（参见 Justuin）。*

昆提利安，生于西班牙南部的卡拉奥拉（Calagurris），约公元35—100年，教育家和评论家。

塞尔维乌斯，生于公元360/365年，语法学家，还为维吉尔的作品作了评注。

索利努斯，公元3世纪早期，地理辞书作家。

维吉尔，生于意大利北部曼图阿的安第斯，公元前70—前19年，诗人（《埃涅阿斯记》《农事诗》《牧歌集》）。

非古典学史料

《埃努玛埃利什》，巴比伦的创世史诗，记录在公元前7世纪的楔形文字文本中，原作可以追溯到公元前2千纪中期，其内容可以追溯到约公元前3000年苏美尔人的故事。

《吉尔伽美什史诗》，讲述了最著名的苏美尔英雄故事。其中最完整的版本始于公元前2千纪早期，记录在亚述国王亚述巴尼拔（公元前669—前630年）图书馆中的十二块残破石碑上。

《库玛比史诗》，文本关于神界王权。源于胡里安人的宇宙起源神话，被翻译或改编成赫梯文。

《乌里库米之歌》，关于库玛比创造的石头怪物的故事。起源于胡里安人的神话，被翻译或改编成赫梯文。

桑楚尼亚松，腓尼基作家，可能生活在公元前11世纪，他的作品关于腓尼基的宗教和神话，在公元1或2世纪被比布洛斯的菲洛翻译成希腊文（参见上文，希腊文献）。

《阿摩司书》，希伯来圣经（《旧约》），其中包含阿摩司的语录，公元前8世纪他在以色列扮演先知角色，之前住在犹大的提哥亚（Tekoa）。

《约伯记》，希伯来圣经（《旧约》），可以追溯到公元前6世纪，记载了以东约伯受难记。

铭　文

M. M. AUSTIN and P. VIDAL NAQUET, *Economic and Social History of Ancient Greece* (1977)

W. DITTENBERGER, *Sylloge Inscriptionum Graecarum*, 3rd edn. (1915−1924)

C. W. FORNARA, *Archaic Times to the End of the Peloponnesian War* (2nd edn., 1983)

M. GUARDUCCI, *Inscriptiones Creticae* (1935−1950)

F. JAGOBY, *Fragmente der griechischen Historiker* (1923, reprinted with additions 1957;

ii BD no. 239, Marmor Parium)

L. H. JEFFERY, *The Local Scripts of Archaic Greece* (1961)

R. MEIGGS and D. LEWIS, *Selection of Greek Historical Inscriptions to the End of the Fifth Century BC* (1969)

H. ROEHL, *Inscriptiones Graecae Antiquissimae* (1882)

M. N. TOD, *Selection of Greek Historical Inscriptions* (Vol. I, 2nd edn., 1946; Vol. II, 1948)

T. F. R. G. BRAUN, *Cambridge Ancient History*, Vol. III, Part 3 (2nd edn., 1982) (Assyrian tablets)

L. W. KING, *Cuneiform Texts from Babylonian Tablets* (1909)

M. PALLOTTINO, *Testimonia Linguae Etruscae* (2nd edn., 1968)

M. TORELLI, *Elogia Tarquiniensia* (1975)

钱 币

正文中没有给出对单个硬币的详细资料，但下面的书会很有参考价值。

R. A. G. CARSON, *Coins of Greece and Rome* (2nd edn., 1970)

Catalogues of Greek Coins in the British Museum (1873−1927)

Guide to the Principal Coins of the Greeks from c.700 BC to AD 270 (British Museum, 2nd edn., 1959)

B. V. HEAD, *Historia Numorum* (2nd edn., 1911)

M. HIRMER and C. M. KRAAY, *Greek Coins* (1966)

G. K. JENKINS, *Ancient Greek Coins* (1972)

G. K. JENKINS, *The Coins of Greek Sicily* (2nd edn., 1976)

C. M. KRAAY, *Archaic and Classical Greek Coins* (1976)

M. J. PRICE, E. M. BESLY, D. W. MACDOWALL, M. JONES, W. A. ODDY (eds.), *A Survey of Numismatic Research 1978−1984* (1986)

M. J. PRICE and B. L. TRELL, *Coins and Their Cities* (1977)

N. K. RUTTER, *Greek Coinage* (1983)

C. T. SELTMAN, *Greek Coins* (2nd edn., 1955)

近代参考文献

A. W. H. ADKINS and P. WHITE, *The Greek Polis* (Chicago, 1986)

K. ADSHEAD, *The Politics of the Archaic Peloponnese* (Aldershot, 1986)

A. ANDREWES, *Greek Society* (Harmondsworth, 1975)

A. ANDREWES, *The Greek Tyrants* (London, 1956)

M. E. AUBERT, *The Phoenicians and the West* (Cambridge, 1993)

A. BARKER (ed.), *Greek Musical Writings*, Vol. I, *The Musician and his Art* (Cambridge, 1984)

J. BARNES, *The Presocratic Philosophers* (London, 1979)

J. BARNES (ed.), *Early Greek Philosophy* (Harmondsworth, 1987)

M. BERNAL, *Black Athena: The Afro-Asiatic Roots of Classical Civilization,* Vol. I, *The Fabrication of Ancient Greece 1785-1885* (London, 1987)

J. BOARDMAN, *Greek Sculpture: The Archaic Period* (London, 1978)

J. BOARDMAN, *The Greek Overseas: Their Early Colonies and Trade* (rev. edn., London, 1980)

J. BOARDMAN (ed.), *Cambridge Ancient History*, Plates to Vol. III (2nd edn., Cambridge, 1984)

J. BOARDMAN, I. E. S. EDWARDS, N. G. L. HAMMOND, E. SOLLBERGER (eds.), *Cambridge Ancient History*, Vol. III, Parts I-3 (2nd edn., Cambridge, 1982)

J. BOARDMAN, J. GRIFFIN, O. MURRAY (eds.), *Oxford History of the Classical World* (Oxford, 1986)

R. BROWNING, *The Greek World: Classical, Byzantine and Modern* (London, 1985)

P. BUITRON-OLIVER (ed.), *New Perspectives in Early Greek Art* (Washington, 1991)

W. BURKERT, *Greek Religion: Archaic and Classical* (Oxford, 1985)

A. R. BURN, *The Pelican History of Greece* (rev. edn., Harmondsworth, 1982)

A. R. BURN, *The Warring States of Greece: From Their Rise to the Roman Conquest* (London, 1968)

A. R. BURN, (postscript by D. M. LEWIS), *Persia and the Greeks: The Defence of the West c.546-478 BC* (2nd edn., London, 1984)

J. B. BURY and R. MEIGGS, *History of Greece* (4th edn., London, 1983)

P. CARLIER, *La Royaute en Gréce avant Alexandre* (Strasbourg, 1984)

M. CARY, *The Geographical Background of Greek and Roman History* (Oxford, 1949)

M. CARY and E. H. WARMINGTON, *The Ancient Explorers* (rev. edn., Harmondsworth, 1963)

L. CASSON, *Ships and Seamanship in the Ancient World* (with new appendix, Princeton, 1986)

J. N. COLDSTREAM, *Geometric Greece* (London, 1977)

J. N. COLDSTREAM, *The Formation of the Greek Polis: Aristotle and Archaeology* (Wiesbaden, 1984)

J. M. COOK, *The Greeks in Ionia and the East* (London, 1962)

J. M. COOK, *The Persian Empire* (London, 1983)

R. M. COOK, *Greek Art: Its Development, Character and Influence* (London, 1972)

R. M. COOK, *The Greeks Till Alexander* (London, 1961)

M. H. CRAWFORD and D. WHITEHEAD, *Archaic and Classical Greece: A Selection of Ancient Sources in Translation* (Cambridge, 1983)

F. DEPOLIGNAC, *Cults, Territory and Origins of the Greek City State* (Chicago, 1994)

V. R. DESBOROUGH, *The Greek Dark Ages* (London, 1972)

I. M. DIAKONOFF, *Early Antiquity* (Chicago, 1991)

B. C. DIETRICH, *Tradition in Greek Religion* (Berlin, 1986)

R. DREWS, *Basileus: The Evidence for Kingship in Geometric Greece* (New Haven, 1983)

R. DREWS (ed.), *The Coming of the Greeks* (Princeton, paperback ed., 1995)

P. E. EASTERLING and B. M. W. KNOX (eds.), *Cambridge History of Classical Literature*, Vol. I, *Greek Literature* (Cambridge, 1985)

P. E. EASTERLING and J. V. MUIR, *Greek Religion and Society* (Cambridge, 1985)

I. E. S. EDWARDS, C. J. GADD, N. G. L. HAMMOND, E. SOLLBERGER (eds), *Cambridge Ancient History*, Vol. II, Part 2 (Cambridge, 1975)

H. VAN EFFENTERRE, *La Cité Grecque* (Paris, 1985)

V. EHRENBERG, *From Solon to Socrates: Greek History and Civilization during the Sixth and Fifth Centuries BC* (2nd edn., London, 1973)

V. EHRENBERG, *The Greek State* (2nd edn., London, 1969)

C. J. EMLYN-JONES, *The Ionians and Hellenism* (London, 1980)

C. FARRAR, *The Origins of Democratic Thinking* (Cambridge, 1989)

A. FERRILL, *The Origins of War: From the Stone Age to Alexander the Great* (London, 1985)

M. I. FINLEY, *Early Greece: The Bronze and Archaic Ages* (rev. edn., London, 1981)

M. I. FINLEY (ed., C. DUGGAN), *History of Sicily* (London, 1986)

M. I. FINLEY, *The World of Odysseus* (2nd edn., London, 1977)

M. I. FINLEY (ed.), *The Legacy of Greece: A New Appraisal* (Oxford, 1981)

M. I. FINLEY (ed.), *Slavery in Classical Antiquity* (reprint with supplement, Cambridge, 1968)

C. W. FORNARA (ed.), *Archaic Times to the End of the Peloponnesian War* (2nd edn., Cambridge, 1983)

W. G. FORREST, *The Emergence of Greek Democracy* (London, 1966)

F. J. FROST, *Greek Society* (Lexington, Massachusetts, 1971)

A. FUKS, *Social Conflict in Ancient Greece* (Jerusalem and Leiden, 1984)

M. GAGARIN, *Early Greek Law* (Berkeley, 1987)

P. GARNSEY, K. HOPKINS and C. R. WHITTAKER (eds.), *Trade in the Ancient Economy* (London, 1983)

L. GERNET, *The Anthropology of Ancient Greece* (Baltimore, 1981)

M. GRANT (ed.), *Greece and Rome: The Birth of Western Civilization* (2nd edn., London, 1986)

M. GRANT and R. KITZINGER (eds.), *Civilization of the Ancient Mediterranean* (New York, 1988)

Grecia, Italia e Sicilia nei VIII e VII secoli a.C. (Atti del Convegno Nazionale, Athens, 1983-1984)

P. A. L. GREENHALGH, Early *Greek Warfare* (Cambridge 1973)

R. HÄGG (ed.), *The Greek Renaissance of the Eighth Century BC: Tradition and Innovation* (Stockholm Symposium, 1981; Stockholm, 1983)

N. G. L. HAMMOND, *History of Greece to 322 BC* (3rd edn., London, 1986)

N. G. L. HAMMOND, *Migration and Invasions in Greece and Adjacent Areas* (Park Ridge, 1976)

V. D. HANSON (ed.), *Hoplites* (London, 1991)

H. A. HARRIS, *Sport in Greece and Rome* (London, 1972)

E. A. HAVELOCK, *The Muse Learns to Write* (New Haven, 1986)

R. J. HOPPER, *The Early Greeks* (London, 1976)

S. C. HUMPHREYS, *Anthropology and the Greeks* (London, 1978)

E. HUSSEY, *The Art and Culture of Early Greece 1100-480 BC* (Ithaca, 1985)

L. H. JEFFERY, *Archaic Greece: The City-States c.700-500 BC* (London, 1978)

W. R. JOHNSON, *The idea of Lyric: Lyric Models in Ancient and Modern Poetry* (Berkeley, 1982)

G. S. KIRK, J. E. RAVEN and M. SCHOFIELD, *The Presocrottc Philosophers* (2nd edn.,

Cambridge, 1983)

C. KOPCKE and I. TOKUMARU (eds), *Greece Between East and West: 10th-8th Centuries B.C.* (Mainz, 1992)

W. K. LACEY, *The Family in Classical Greece* (London, 1968)

M. R. LEFKOWITZ, *Women in Greek Myth* (London, 1986)

M. R. LEFKOWITZ and M. B. FANT (eds.), *Women's Life in Greece and Rome: A Source-Book in Translation* (London, 1982)

A. LESKY, *History of Greek Literature* (London, 1966)

P. LEVI, *History of Greek Literature* (Harmondsworth, 1985)

A. LINTOTT, *Violence, Civil Strife and Revolution in the Classical City 750-330 BC* (London, 1982)

R. J. LITTMAN, *The Great Experiment Imperialism and Social Conflict 800-400 BC* (London, 1974)

H. LLOYD-JONES, *The Justice of Zeus* (2nd edn., Berkeley, 1984)

C. MEIER, *The Greek Discovery of Politics* (Harvard, 1990)

F. J. MEIJER, *A History of Seafaring in the Classical World* (London, 1986)

S. P. MORRIS, *Daidales and the Origins of Greek Art* (Princeton, 1992)

O. MURRAY, *Early Greece* (London, 1978, 1993)

P. OLIVA, *The Birth of Greek Civilization* (London, 1981)

H. W. PARKE, *Greek Oracles* (London, 1967)

J. J. PERADOTTO and J. P. SULLIVAN, *Women in the Ancient World: TheArethusa Papers* (Albany, 1984)

A. J. PODLECKI, *The Early Greek Poets and their Times* (Vancouver, 1984)

F. DE POLIGNAC, *La Naissance de la cité grecque* (Paris, 1984)

S. B. POMEROY, *Goddesses, Whores, Wives and Slaves: Women in Classical Antiquity* (New York, 1975)

W. K. PRITCHETT, *The Greek State at War*, Parts I-IV (Berkeley, 1971-1985)

D. RIDGWAY, *The First Western Greeks* (Cambridge, 1992)

C. ROEBUCK, *Economy and Society in the Early Greek World* (New York, 1979, 1984)

C. ROLLEY, *Greek Bronzes* (London, 1986)

B. RUTKOWSKI, *Cult Places in the Aegean* (New Haven, 1986)

N. K. SANDARS, *The Sea Peoples* (rev. edn., London, 1985)

F. SCHAGHERMEYR, *Griechische Fruhgschichte* (Vienna, 1984)

R. SEALEY, *History of the Greek City States c.700–338 BC* (Berkeley, 1976)

A. M. SNODGRASS, *Archaic Greece: The Age of Experiment* (London, 1980)

A. M. SNODGRASS, *Early Greek Armour and Weapons* (Edinburgh, 1964)

C. G. STARR, *The Aristocratic Temper of Greek Civilization* (Oxford, 1992)

C. G. STARR, *The Economic and Social Growth of Early Greece 800–500 BC* (New York, 1977)

C. G. STARR, *The Individual and the Community: The Rise of the Polis 800–500 BC* (Oxford, 1986)

C. G. STARR, *The Origins of Greek Civilization* (London, 1961, 1991)

R. A. TOMLINSON, *Greek Sanctuaries* (London, 1976)

C. A. TRYPANIS, *Greek Poetry from Homer to Seferis* (Chicago, 1981)

E. C. L. VAN DER VLIET, *The Origins of the Greek State* (London, 1987)

J.-P. VERNANT, *Myth and Society in Ancient Greece* (London, 1982)

J.-P. VERNANT, *The Origins of Greek Thought* (London, 1982)

H. G. WALLINGER, *Ships and Sea-Power Before the First Persian Wars* (Leiden, 1993)

L. J. WARLEY, *Hippeis* (San Francisco, 1994)

L. WHIBLEY, *Greek Oligarchies: Their Character and Organization* (London, 1896, reprint Chicago, 1975)

M. R. WRIGHT, *The Presocraitcs* (Bristol, 1985)

索 引

[本索引中的页码为原书页码，即本书边码；斜体数字为地图编码]

A

Aba 阿拜 113, *4*
Abantes 阿班忒斯人, 113, 139
Abaris 阿巴里斯 308f., 349
Abdera 阿布德拉 155, 262, *2*, *9*
Abu Simbel 阿布辛贝 215, *7*
Abydus 阿比多斯 264, 290, 352, *2*, *10*
Acamas 阿卡玛斯 206
Acanthus 阿坎索斯 260, *2*, *9*
Acastus 阿卡斯图斯 41
Ace 阿卡 355, *12*
Achaea (northern Peloponnese) 阿凯亚（伯罗奔尼撒北部） 10, 73, 223f., 226, 284, 348, *3*
Achaeans (Homeric) 阿凯亚人（荷马颂诗） 1, 35, 99f., 113, 126, 128f., 141ff., 201, 348
Achelous R. 阿克洛斯河 341, *4*
Acheron 阿刻戎河 222
Acherusian promontory 阿克鲁西亚海角 271
Achilles 阿基琉斯 12, 29, 126, 142ff., 280, 294, 351

Achillodorus 阿基罗多洛斯 276
Acrae 阿克拉 236, *8*
Acraephia 阿克拉菲亚 130, 343, *4*
Acragas 阿克拉伽斯 20, 242, 245, 247, 350, *2*, *8*
Acragas R. 阿克拉伽斯河 350
Acte 埃克特 116, 260, *9*；同时参见 Attica, Epidaurus
Admetus 阿德门图斯王朝 343
Adramyttium 阿德拉米迪翁 178
Adranus (god) 阿德拉诺斯（神） 239
Adranus (town) 阿德拉诺斯（城市） 239
Adrasteia 阿德拉斯忒亚 196
Adrastus 阿德拉斯图斯 73, 79, 101ff., 129
Adria 阿德里亚，参见 Atria
Adriatic Sea 亚得里亚海 10, 80, 183, 223, 253, 255, 257, 260, 315, 319, *1*, *8*, *13*
Aea 埃亚，参见 Colchis
Aeetes 埃厄忒斯 279, 354
Aegae 埃盖 259, 313, 352, *9*

Aegaleos Mt. 艾加洛斯山 34, *4*
Aegesta 艾格斯塔，参见 Segesta
Aegialeis 埃加勒斯 102
Aegina 埃吉那 20f., 26, 43, 46, 62, 70ff., 77, 89, 100, 106f., 118, 213, 215, 231, 256, 298, 313f., 339f., *4*
aeinautai, Perpetual Sailors 终身船员 158f.
Aenea 艾尼亚，参见 Rhaecelus
Aeneas 埃涅阿斯 315
Aenus 埃诺斯 262, *2*
Aeolian dialect 爱奥尼亚方言，参见 language
Aeolian Is. 埃奥利群岛，参见 Lipara
Aeolic Order 爱奥尼亚风格 203, 337
Aeolis 爱奥尼亚 3, 6, 130, 137, 159, 173, 175, 178–183, 215, 262, 345, *5*
Aeolus 埃罗斯 126, 145, 178, 234, 239
Aepeia 埃佩亚 206, *7*
Aesarus R. 埃萨罗斯河 226
Aeschines 埃斯基尼斯 103
Aeschylus 埃斯库罗斯 60, 122, 238, 241
Aeson 埃宋 126
aesymnetes 裁判，参见 arbitrator
Aethalia (Ilva, Elba Is.) 埃泰利亚（伊尔瓦岛，厄尔巴岛）220, 317, *13*
Aethiopes 埃塞俄比亚人 243
Aetna (Etna) Mt. 埃特纳山 235, 239, 349, *8*
Aetolia 埃托利亚 284, 341f., *4*
Agade 阿卡德 293f.
Agamedes 阿伽墨得斯 122, 129
Agamemnon (King of Cyme) 阿伽门农（库梅国王）345
Agamemnon (legendary King of Mycenae) 阿伽门农（传说中的迈锡尼国王）2, 6, 73, 99, 101, 142ff., 147, 168, 179, 205, 241
Agapenor 阿伽彭诺 205
Agariste 阿佳丽思特 102
Agathe (Tyche) 阿伽特（提刻）249, *2*
Agdistis 阿格狄斯提斯，参见 Great Mother
Ageladas 阿格拉达斯 79
Agenor 阿吉诺 354
Agiads 亚基亚德家族 92, 100
agoge 斯巴达教育 96–99
agon 竞争精神，参见 competition
agora 市场 5, 6, 200, 261, 273
Agriculture 农业，参见 land, use of
Ahiram 阿西拉姆 297
Ahuramazda 阿胡拉·玛兹达 162
Aiaces 阿亚克斯 154
Aielus 埃鲁斯 113
Aigikoreis 阿基科瑞斯 338
Ajax 埃阿斯 338
Ak Alan 阿克阿兰 271
Akkadians 阿卡德人 293, 357
Alalia 阿拉里亚 177, 250, 314, 349, *2*
Alazeir 阿拉兹尔 211
Alba Longa 阿尔巴隆伽 321, *13*
Alcaeus 阿尔卡埃乌斯 15f., 179f., 182
Alcathous 阿尔卡托斯 104
Alcestis 阿尔克斯提斯 343
Alcinous 阿尔喀诺俄斯 140
Alcmaeon (physician of Croton) 阿尔克迈翁（克罗顿的医生）231

Alcmaeon (son of Amphiaraus) 阿尔克迈翁（安菲阿拉俄斯之子） 241
Alcmaeonids 阿尔克迈翁家族 42, 56, 58, 61, 63, 70, 102, 125
Alcman 阿尔克曼 15, 95, 355
Alcmene 阿尔克墨涅 75
Aletes 阿勒提斯 80f.
Aleuadae 阿琉阿德家族 127f., 339
Aleuas 阿琉阿斯 127
Alexander III the Great 亚历山大大帝 xi, 284
Alexandria 亚历山大里亚 284, 348
Al Mina 阿尔米纳 7, 116, 212ff., 220f., 293, 295, 297, 300, 311, *12*
Aloeus 阿劳埃乌斯 130
Alopecia 阿罗佩其亚 277
alphabet 字母，参见writing
Alpheus R. 阿尔弗斯河 109, 235, 342, *3*
Alps Mts. 阿尔卑斯山脉 319, *13*
Altai Mt. 阿尔泰山 306
Altaic languages 阿尔泰语，参见Ural-Altaic
Altin Oba 阿尔汀奥巴，参见Panticapaeum
Alyattes 阿吕亚泰斯 124, 159, 170, 175, 290f., 299, 354
Amaltheia (goat) 阿玛尔忒亚（羊） 196
Amaltheia (Sibyl) 阿玛尔忒亚（西比拉） 223
Amasis II. (Ahmose Egyptian pharaoh) 阿玛西斯二世（埃及法老） 154, 176, 183, 215f., 299
Amasis (general) 阿玛西斯（将军） 211

Amasis Painter 阿马西斯画家 55, 339
Amathus 阿玛索斯 203, *7*
Amazons 亚马逊 31, 168, 173, 279f., 345, 354
amber 琥珀 257, 352
Ambracia 阿姆夫拉基亚 85, 254, 352, *2, 4*
Ambracia Gulf of 阿姆夫拉基亚湾 85, 342
Ameinocles 阿美诺克勒斯 86, 150, 341
Amiata Mt. 阿米亚塔山 315, *13*
Amisus 阿米索斯 175, 270f., 279, *2, 11*
Amnisus 安尼索斯 195, *6*
Amorgos 阿莫尔戈斯岛 30, 150, 184, 332
Amphiaraus 安菲阿拉俄斯 241
Amphictyonies 近邻同盟 43, 71, 123f., 127, 190
Amphidamas 安菲达玛斯 115, 131
Amphion 安菲翁 129, 135
Amphis 安菲斯 334
Amyclae 阿米克莱 90f., 197, 341, *3*
Amyntas 阿明塔斯 259
Anacharsis 阿那沙西斯 265, 308
Anacreon 阿那克里翁 128, 155f., 262
Anactorium 阿纳克托里翁 85, 254, 352, *2, 4*
Analatos Painter 阿纳拉托斯画家 42
Anapus, R. 阿纳普斯河 236, *8*
Anaxagores 阿那克萨戈拉 276
Anaxilas 阿纳克西拉斯 348

Anaximander 阿那克西曼德 28, 160-164, 166, 228, 244, 300

Anaximandridas 阿那克西曼德里达斯 211

Anaximenes 阿那克西美尼 28, 163ff., 172, 228, 244, 300, 357f.

Andocides Painter 安多基德斯画家 62

Androclus 安德洛克罗斯 168

Androdamas 安德罗达马斯 233, 260, 347

Andromache 安德洛玛刻 144

Andromeda 安德洛美达 346

Andros 安德罗斯 117, 184, 188, 260, *5*

Angelion 安格里翁 191

Antenor 安忒诺耳 63

Anthela 安忒拉, 123f., *4*

Anthesteria 安塞特亚节, 参见 festivals

Anticites (Hypanis, Kuban), R. 安提奇特斯河（许帕尼斯河，库班河）277, *11*

Antigonids 安提柯王朝 284

Anti-Libanus, Mt. 前黎巴嫩山 355

Antileon 安提莱翁 117

Antimnestus 安提姆涅斯托斯 347

Antioch 安条克 284

Antiochus 安条克斯 347

Antipater 安提帕特 90

Antiphemus 安提菲莫斯 245

Antipolis 安提波利斯 250, 381

Antissa 安提萨 96, 178, 180, 292, *5*

Anu 阿努 295

Apaturia 阿帕图利亚节，参见 festivals

apella 阿佩拉，参见 Assembly

Apennines, Mts. 亚平宁山脉 319

Aphaea 阿法埃娅 71

Apollo 阿波罗 17f., 25, 71, 84, 87., 90f., 104, 115, 119, 121-125, 127, 129f., 136f., 140, 142, 151, 154, 158f., 168, 176, 178, 187, 189f., 194f., 199, 208, 215, 223, 229, 247f., 250, 254, 256, 273, 298, 303, 308f., 313, 340, 343, 345, 349, 351

Apollodorus 阿波罗多洛斯 200

Apollonia (Cyrenaica) 阿波罗尼亚（昔兰尼加）208, *6*

Apollonia (Illyria) 阿波罗尼亚（伊利里亚）254, *2, 4*

Apollonia (Pontus) 阿波罗尼亚（本都）162, 272, *2, 11*

Apollonius Rhodius 罗德岛的阿波罗尼奥斯 216, 269, 284

Appeal 上诉，参见审判员

Apries (Hophra) 阿普里伊（霍夫拉）209, 215, 299

Apsias, R. 阿普西亚斯河 347

Apsinthii 阿普辛提人 264, 302, 352, *10*

Apulia 普利亚人 253, *8*

Arachthus, R. 阿拉克索斯河 352, *4*

Aramaeans 阿拉姆人 212, 221, 294ff., 356f.

Arame 阿拉梅 355

Aramis, R. 阿拉米斯河 249

arbitrator 仲裁者 179, 188

Arcadia 阿卡迪亚 3, 73, 90, 99f., 130, 186, 197, 201, 205, 210, 240, 341f., *3*

索引 / 421

Arcesilaus I. 阿尔克西拉乌斯一世 208
Arcesilaus II., the Cruel 阿尔克西拉乌斯二世，残暴者 209ff.
Arcesilaus III. 阿尔克西拉乌斯三世 210f.
Archaeanactids 阿尔凯亚纳克斯王朝 277, 282
archaic 古风，xii, 26
Archermus 阿尔克尔姆斯 147
Archetimus 阿克提莫斯 184
Archias 阿尔奇亚斯 235
Archilochus 阿基尔罗库斯 15f., 19, 186f., 261, 290
Archimedes 阿基米德 284
Architecture, buildings 建筑，建筑物 18, 23, 45f., 58, 60f., 71, 76, 81, 84, 88f., 91, 107, 110, 114f., 122, 124f., 129f., 139, 151ff., 155, 159, 169f., 173f., 176, 185, 188, 190, 197-200, 205, 208, 213f., 217, 224-227, 232, 235ff., 239, 247f., 254f., 272, 275, 277f., 290, 298, 316f., 338, 341, 346, 349f., 353
Archon, archonships 执政官 41, 54, 56f., 61, 63, 67f., 72, 264, 271
Archytas 阿尔库塔斯 348
Arctinus 阿尔克提诺斯 157, 280
Arctonnesus 阿尔克托尼索斯 265
Ardea 阿尔德亚 223, 321, *13*
Ardys 阿尔蒂斯 290
Areopagus 战神山议事会 41f., 52, 65, 67
Ares (Mars) 阿瑞斯（马尔斯） 302
ante ("virtue") 美德 5, 164

Arethusa 阿瑞图萨 26, 235
Argadeis 阿尔嘉戴斯 338
Arganthonius 阿尔干托尼欧斯 176
Arginusae 阿吉纽塞 282
Argive Gulf 阿尔戈斯湾 71
Argolid 阿尔戈利斯 1, 3, 43, 73, 75, 79f., 100, 149, 183, 224, 243, *3*
Argonauts 阿尔戈斯英雄 126, 242, 265, 269, 279, 343, 358
Argos 阿尔戈斯 6, 13, 18, 20, 35, 43, 73-80, 84f., 89f., 93f., 99-104, 106, 110, 129, 206, 259, 266, 293, 296, 340, 354, *3*
Ariadne 阿里阿德涅 184, 193
Aricia 阿里奇亚 321, *13*
Arimaspians 阿里马斯皮人 309
Arion 阿里昂 87, 335, 341
Aristagoras (Cyzicus) 阿里斯塔格拉斯（基齐库斯） 265, 267
Aristagoras (Miletus) 阿里斯塔格拉斯（米利都） 118, 167, 185
Aristeas 阿里斯提亚斯 265, 308f.
aristocratic government 贵族政府 5f., 11-14, 19f., 22, 41, 52f., 81, 84, 88, 106, 115ff., 133, 135, 148f., 153, 157, 169, 185, 194, 201, 207, 232, 236, 245, 251, 271f., 350
Aristocyprus 阿里斯托塞浦路斯 206
Aristodemus (brother of Temenus) 阿里斯托德摩斯（忒麦努斯的兄弟） 90
Aristodemus the Effeminate 柔弱的阿里斯托德摩斯 223, 321
Aristogeiton 阿里斯托吉吞 63

Aristomenes 阿里斯托梅诺斯 94

Ariston (dictator of Byzantium) 阿里斯通（拜占庭统治者） 267

Ariston (Parian sculptor) 阿里斯通（帕罗斯雕塑家） 188

Airistonothus 阿里斯托诺索斯 314

Airistophilides 阿里斯托菲利德斯 348

Aristophanes 阿里斯托芬 238

Aristoteles Battus I. 亚里士多德勒斯巴图斯一世 207

Aristotle 亚里士多德 5, 11ff., 20, 28f., 58f., 66, 68, 77, 93, 101, 108, 115, 118, 126, 161, 187, 198, 224, 228f., 231, 237f., 243, 251, 271f.,284, 290, 333, 339, 350

Aristoxenus (Selinus) 阿里斯托克赛诺斯（赛利诺斯） 238

Aristoxenus (Taras) 阿里斯托克赛诺斯（塔拉兹） 227

Armenia 亚美尼亚 271, *11, 12*

Armenta, R. 阿尔门塔河 315, *13*

armies, armour 军队, 盔甲, 参见 warfare

Arne 阿尔尼 129

Arnus, R. 阿尔诺斯河 318, 359, *13*

Arretium 阿雷提翁 319, 359, *13*

Arruns 阿伦斯 321

Artemis (Diana) 阿尔忒弥斯（戴安娜神庙） 17f., 24, 89, 91, 96, 122, 155, 168–171, 176, 186–190, 198f., 208, 235f, 238, 248, 250, 254, 261, 280, 298, 302, 307, 320

Artemisium (battle) 阿尔特弥西翁（战役） 281; 同时参见 Ephesus

Aryandes 阿里安德斯 211

Asclepius 阿斯克勒庇俄斯 187, 340

Ascra 阿斯克拉 130, 343, *4*

Ashtoreth 阿希特拉丝，参见 Astarte

Ashurbanipal 亚述巴尼拔 290, 293, 298

Ashurnasirpal II. 亚述尔纳西尔帕二世 292

Asius 阿斯奥斯 153

Asopus, R. 阿索普斯河 101, 135, *3*

Assembly (Apella, Ecclesia) 公民大会 5f., 22, 42, 50, 52ff., 65–69, 91, 84, 88, 92f., 99, 127, 146, 271, 341

Assyria 亚述 7, 21, 82, 86, 203f., 206, 213, 289f., 292, 296, 298ff., 305f., 354f., 357, *12*

Astacus 阿斯塔克斯 106, 2,10

Astarte (Ashtoreth, Ishtar) 阿斯塔特（阿希特拉丝，伊斯塔） 83, 205, 294, 296, 315

astronomy 天文学，宇宙论 161, 163, 292, 294, 355

Astyages 阿斯提阿格斯 299

Astypalaea 阿斯图帕莱亚 174, 344

Atesis, R. 阿特西斯河 255

Ateste 埃特斯特 352, *13*

Athamas 阿塔玛斯 262

Athena 雅典娜 26, 35, 40, 54, 58, 61f., 71, 120, 122, 127, 134, 144ff., 157, 174–177, 187, 224, 247f.

Athenaeus 阿特纳奥斯 118, 343

Athenagoras 雅典那格拉斯 171

Athens 雅典 xiif., 2ff., 6f., 10, 14, 17,

23, 25ff., 29f., 33–72, 75, 83, 87–90, 100, 102, 104, 107f., 113f., 118, 123, 125, 134f., 137, 147ff., 152, 167f., 175, 179, 182, 184ff., 189, 191, 193, 195, 199, 201, 206, 213, 231f., 237f., 241, 250, 264, 278, 281–284, 291, 296, 300–304, 308, 316, 343, 352, 357ff.
athletics 运动员，参见 Games
Atlantic Ocean 大西洋 150
Atria 阿特里亚 255ff., 319f., 339, *13*
Attica 阿提卡 4, 21, 29, 34ff., 40, 43f., 47, 50f., 54, 59, 61, 64, 70, 128f., 135, 139, 175, 204, 249, 256
Atys 阿提斯 290
Augustine, St. 奥古斯丁 164
Augustus 奥古斯都 285
Avernus L. 埃弗尔纳斯湖 222, *8*
Avienus 阿维阿努斯 250
Avle Tite 阿维尔泰特，参见 Tite
Axius, R. 阿修斯河 258, 301, 304, *9*
Aziris 阿兹里斯 207, *6*

B

Babylon, Babylonia 巴比伦，巴比伦尼亚 133, 161, 163, 203, 213, 227, 292–295, 299f., 355f., *12*
Bacchants (Bacchae) 巴克坎特斯，参见 Maenads
Bacchiads 巴基斯王朝 81f., 84f., 88
Bacchus 巴库斯，参见 Dionysus
Bacchylides 巴克基利得斯 216
Bactria 巴克特里亚 211, 284, *12*
Baetis (Guadalquivir), R. 贝蒂斯河（瓜达尔基维尔河） 150, 176
banquets 会饮，参见 *Symposia*
Barbara, Mt. 巴尔巴罗山 350, *8*
Barca 巴尔卡 209, 211, *2, 6*
Bartatua 巴塔图阿 293, 305
Basilidae 巴西利德 169, 171
Bathycles 巴修克勒斯 96
Bathys Limen 巴提斯莱曼 353, *11*
Battus I. 巴图斯一世，参见 Aristoteles
Battus II., Eudaemon 巴图斯二世，尤戴蒙 208
Battus III., the Lame 巴图斯三世，跛足者 183, 209f.
Battus IV. 巴图斯四世 211
Bekaa valley 贝卡谷地 355
Bellerophon 柏勒洛丰 26, 80, 89, 254, 280
Belskoye 别利斯克耶 309
Bendis (Thasian) 本迪丝（萨索斯人的） 261
Bendis (Thracian goddess) 本迪丝（色雷斯女神） 302
Berezan 别列赞 274ff, *2, 11*
Berossus 贝罗斯苏斯 354
Besletka, R. 贝斯莱特卡河 278
Bia dynasty 比亚王族 355
bilocation 分身 229, 304, 308f.
Bisanthe 比桑特 151, *2*
Bistones 比斯托尼人 352
Bithynia 比提尼亚 106, 108, 284, *10, 11,12*
Biton 比同 78, 340
Black Corcyra 参见 Corcyra Nigra

black-figure pottery 黑绘陶瓶画 27, 42, 53f., 58, 313, 341

Black (Euxine) Sea 黑海（尤克辛海）10f., 43, 46, 81, 106, 108ff., 126, 148, 158, 162, 166, 175, 242, 262, 265ff., 269-280, 282, 301f., 306, 309, 331, 358, *1*, *10*, *11*, *12*

Blason 布拉松 171

Bocchoris 波克霍利斯 357

Bocotia 波奥提亚 1, 3, 6, 15, 34, 63, 70, 72, 100, 108, 113, 117f., 122f., 128-136, 160, 178, 180, 222, 241, 271, 284, 295, 343, *4*

Boğazkäle, Boğazkğy 波阿兹卡雷，参见Hattusas

Bolbitine mouth of Nile 尼罗河河口 158, 215, *7*

Bolissus 波利索斯 139, *5*

Bomba, Gulf of 邦巴湾 207

Bononia 博诺尼亚，参见Felsina

Borysthenes, R. 波利斯塞纳斯河 273, 275, 306, *11*

Bosphorus, Cimmerian (Straits of Kerch) 博斯普鲁斯，辛梅里亚（刻赤海峡）276f., 282, 284, 308

Bosphorus, Thracian 博斯普鲁斯，色雷斯 11, 106, 108, 156, 158, 262, 266, 272, 279, 302, 305, *11*

Boudini 布迪尼 309

Boule 五百人议事会，参见Council

Bradanus, R. 布拉达诺河 348, *8*

Braila 布勒伊拉 272

Branchidae 布兰奇代，参见Didyma

Branchus 布兰克斯 159

Brettioi 布勒提奥，参见Bruttii

Briseis 布里塞伊斯 142

Britain 不列颠 150, 176, 252

Brittany 布列塔尼 344

bronze 铜，参见metals

Bronze Age 青铜时代 1, 34ff., 44, 73, 75f., 80, 90f., 94, 101, 113f., 120, 126, 132, 143, 149, 157, 168, 178, 183, 185, 188, 190, 193, 195, 197, 200f., 204ff., 212, 214, 217, 219, 234, 239, 245, 247, 258, 264, 303

Bruna, R. 布鲁纳河 316, *13*

Brundusium 布林西迪 346

Bruttii 布鲁提 223, *8*

Bryges 布里吉斯人 289

bucchero pottery 薄壁黑陶 314, 318, 359

Buchetium 布克提翁 342

Bupalus 布帕罗斯 171

burials 葬礼 6, 18, 35f., 38, 44, 64, 115, 204f., 208, 220f., 248, 256, 260, 270, 273f., 278, 293, 301f., 306, 311, 313-318, 321, 331f., 358f.

Byblus 布波洛斯 297, 317, 357, *12*

Byzantine empire, epoch 拜占庭帝国，xi, 208, 267, 285

Byzantium 拜占庭 106, 266f., 285, *2*, *10*

Byzes 拜泽斯 185

C

Cabiri 卡比利 261, 290

Cadmus 卡德摩斯 129, 160, 279, 297, 343, 347, 356
Caecina clan 凯奇纳部落 318
Caecina, R. 凯奇纳河 318, 13
Caere 凯勒 177, 250, 256, 314f., 318, 321, 349, 359, 13
Caicus, R. 卡伊库斯河 345, 5
Calabria 卡拉布里亚 223, 8
Calauria 卡劳利亚 43, 71, 340, 343, 3
Calchedon 迦克墩 11, 106, 266f., 2, 10
Caleh 卡勒，参见 Kunulua
Cales 卡莱斯 320, 13
Callimachus 卡里马库斯 190, 284
Callinus 卡利努斯 15, 169
Callipidae 卡里皮达人 274, 11
Callipolis 卡利波利斯 350
Callon 卡隆 71
Calusium 卡卢索 315, 13
Calydon 卡吕冬 341, 4
Calypso 卡吕普索 145f., 294
Camarina 卡马里纳 236, 245, 2, 8
Cambyses II. 冈比西斯二世 154, 156, 211, 299
Camirus 卡米罗斯 26, 183, 5
Campania 坎帕尼亚 212, 219, 224, 239, 257, 269, 311, 313, 315f., 319ff., 359, 8, 13
Canaan, Canaanites 迦南，迦南人 294, 297, 355ff.
Canachus 卡纳克斯 104
Candaules 坎道列斯 290
Canopic mouth of Nile 尼罗河卡诺匹斯河口 215f., 7

Capena 卡佩纳 13
Cappadocia 卡帕多西亚 270, 284, 309, 354
Capua 卡普亚 220, 223, 257, 319, 359, 8, 13
Carchemish 卡尔凯美什 12
Cardia 卡尔迪亚 262, 2, 10
Caria 卡里亚 139, 149, 156f., 160, 168, 182, 184, 188, 203, 214f., 299, 340, 344, 5
Carpathian Mts. 喀尔巴阡山脉 305
Carthage, Punic civilization 迦太基，布匿文明 10, 177, 201, 220, 234f., 242, 247, 250, 252, 295, 314, 349f., 1
Carystus 卡里斯托斯 113, 4
Casalecchio 卡萨莱基奥 319, 13
Casius, Mt. 卡修斯山 214, 295, 12
Casmenae 卡斯梅涅 236, 8
Caspian Gates 里海之门 280
Caspian (Hyrcanian) Sea 里海（希尔卡尼亚海）280, 309
Cassiterides, Cassiteris 卡西特里德，卡西特里斯 150, 176, 252
Cassotis springs 卡索蒂斯泉 119f.
Castalian spring 卡斯塔利亚泉 120, 122
Castor (Dioscuri) 喀斯托尔（狄奥斯库洛伊）91, 215, 233, 302, 321
Casuentus, R. 卡苏恩托斯河 348, 8
Catana 卡塔纳 14, 42, 116, 184, 233, 242, 349f., 2, 8
cattle 牛，参见 land, use of
Caucasus Mts. 高加索山脉 277f., 289,

305f., 310, 354f., 358, *11*
cauldrons 釜 18, 76, 150, 196f., 296, 336, 355
Caulonia 考洛尼亚 227, *2*, *8*
cavalry 骑兵，参见 *hippeis*, wafare
Cayster, R. 考斯特河 137, 168, 290, *5*
Cebren 科布仁 346, *10*
Celenderis 希伦德里斯 151, *12*
Celeus 刻琉斯 44f.
Celts 凯尔特人 252, 351
Cenchreae 肯克里埃 80, 85, *3*
centaurs 半人马 114, 280
Ceos 凯奥斯岛 62, 117, 128, 184, 332, *5*
Cephis(s)us, R. (Attica) 基菲索斯河（阿提卡）34, 55, *4*
Cephis(s)us, R. (Boeotia, Phoris) 基菲索斯河（波奥提亚，弗里斯）128, 342
Cepi 科派 353, *2*, *11*
Ceramic Gulf 克拉美克湾 183
Ceramicus quarter 凯拉米克斯区 37, 62
Cerata, Mt. 凯拉塔山 34
Cercolas 科尔克拉斯 181
Cercopes 科尔科派斯 248
Ceres 克瑞斯，参见 Demeter
Cerveteri 切尔韦泰里，参见 Caere
Chaeronea 喀罗尼亚 284
Chalcedon 迦克墩，参见 Calchedon
Chalcidice 卡尔基蒂斯 116ff., 260, *2*, *9*
Chalcis 卡尔基斯 10, 13f., 63, 70, 72, 100, 113–118, 123, 127, 131, 135, 184, 186, 188, 212f, 220f., 223, 233, 235f., 239f., 246, 253, 260, 311f., 342, 347, 349, *2*
Chalcitis 卡尔基提斯 266
Chaldaea 迦勒底 293, *12*
Chalybes 卡律贝斯人 269ff., 279, 333, 353
Champions, Battle of 冠军之战，参见 Thyrea
Chaones 卡奥尼斯人 351, *4*
Charaxus 卡拉修斯 12, 181, 216
Charon 卡隆 217
Charondas 卡隆达斯 14, 232, 349
Charybdis 卡律布狄斯 145
Cheiromachia 劳工 160
Cheramyes 切拉梅耶斯 152, 293
Cherkassy 切尔卡瑟 274, *11*
Chersicrates 科尔西克拉提斯 254
Chersiphron 科尔斯丰 169
Chersonese, Tauric (Crimea) 切索尼斯，陶立克（克里米亚）109, 276f., 306, *11*
Chersonese, Thracian (Gallipoli) 切索尼斯，色雷斯（加里波利半岛）26, 56, 61, 262, 264, 301f., 310, *10*
Chilon 奇隆 99f.
China 中国 307
Chionides 基奥尼德斯 237
Chios 希俄斯 23, 137–140, 171, 173f., 189, 215, 250, 261, 291, 293, 301, 344, 347, 354, *5*
chiton 亚麻袍子，参见 clothing
chlamys 斗篷，参见 clothing
Christians 基督教 208

Chryse 克律赛 142

Chryseis 克律塞斯 142

Chryses 克律西斯 142

chthonian (underworld) cults 生育崇拜（冥府） 18f., 261, 290, 304, 336, 358

Cicero 西塞罗 164, 230, 348

Cicones 齐科涅斯人 301, 304, 352, *10*

Cilicia 西里西亚 151, 201, 213, 289, 293f., 354

Cilix 西里克斯 354

Cilia 奇拉 142

Cimmerian Bosphorus 辛梅里亚博斯普鲁斯，参见Bosphorus

Cimmerians 辛梅里亚人 157, 169, 265, 277, 289f., 293, 305, 345, 352, 354, 358

Cimon 客蒙 353

Cinaethon 齐纳翁 129

Cinyps, R. 辛尼普斯河 211, *6*

Cinyras, Cinyradae 辛尼拉斯 205

Circe 喀耳刻 145f.

Cirrha 基拉 102, 120, 123f., 127, *4*

Cissus 齐苏斯 75

Cithaeron, Mt. 西塞隆山 34, 135, *4*

Citium 基提翁 203, 284, 294, *7*

city-state (polis) 城邦 xiiif., 11ff., 18, 23, 26, 41, 92, 128, 130, 133, 200, 284, 332f.

Cladeus, R. 克拉丢斯河 109

clan (*genos*) 家族 4, 39f., 43, 48f., 53f., 57, 64, 332f.

Clanis, R. 克拉尼斯河 318, 359, *13*

Claros, R. 克拉洛斯河 18, 345, *5*

classical style 古典风格 xif., 26, 69, 281f.

Claudius 克劳迪乌斯 311

Clazomenae 克拉佐美奈 137, 171, 215, 262, 290, *5*

Cleanactidae 克里纳克提德 179

Cleander 克里安德 246

Cleanthes 科林塞斯 82

Cleis (daughter of Sappho) 克莱伊斯（萨福之女） 181

Cleis (mother of Sappho) 克莱伊斯（萨福之母） 181

Cleisthenes (Athens) 克里斯提尼（雅典） 23, 63–70, 102, 283, 338

Cleisthenes (Sicyon) 克里斯提尼（锡西安） 21, 63, 78, 102f., 127

Cleobis 克里奥比斯 78, 340

Cleobulus 克里奥布鲁斯 183

Cleomenes I. 克里奥门尼一世 63, 70, 79, 89f., 100, 118, 125, 211, 310

Cleonae 科里奥尼 79, 110

Cleopatra VII. 克里奥帕特拉七世 285

Cleophrades Painter 克里奥夫拉德斯画家 69f.

Clitias 克里提阿斯 54f.

clothing 服饰 26, 98, 105, 148, 181, 216, 291

clubs 俱乐部，参见 *hetaireiai*

Clusium 克鲁西乌姆 55, 223, 318–321, *13*

Clytemnestra 克吕泰涅斯特拉 147

Clytius 克律提奥斯 186

Cnidus 克尼多斯 26, 182f., 215, 247, 254, *5*

Cnossus 克诺索斯 119, 169, 195–198,

200, 346, *6*

Coastmen 参见 *paralia*

Codrus 科德鲁斯 36, 40, 168

Coes (Miletus) 科埃斯（米利都） 270

Coes (Mytilene) 科埃斯（米提列涅） 182

coinage 钱币 20ff., 26, 57, 62, 71, 77f., 89, 99, 118, 128, 134f., 147, 159, 169, 176, 195, 203ff., 224, 237, 239, 264ff., 276, 291f., 298, 300, 336f., 355

Colaeus 克莱奥斯 150

Colchis (Colha Kulha) 科尔基斯（科尔哈，库尔哈） 279, 353, *11*

colonization 殖民 10f, 63, 77, 80ff., 102, 105, 107ff., 116f., 121, 123, 131, 148, 157f., 176f., 195, 197, 201, 206–209, 216, 222, 224, 226, 232f., 235f., 239f., 247, 249f., 253–257, 259–262, 264–267, 269–280, 284, 290, 294, 302, 319, 338, 352

Colophon 科洛丰 6, 28, 137, 159, 168, 173f., 226, 242, 290, 345, *5*

Comas 科马斯 171

comedy 喜剧 31, 49, 108, 237f., 283f., 342

commerce 商业，参见 trade

competition, competitiveness (*agon*) 竞争 xiv, 12, 18, 28, III, 115, 131, 143; 同时参见 Games

Constantinople 君士坦丁堡，参见 Byzantium

Copais, L. 考帕依斯湖 129, 135, *4*

Copper 铜，参见 metals

Corcyra 科基拉 10, 23, 80, 83, 85, 87ff., 169, 212, 235f., 246, 253ff., 260, 341, 351, *2, 4*

Corcyra Nigra (Black Corcyra) 黑色科基拉 183, 254

Coressus 克雷苏斯 173, 5

Corinth 科林斯 1, 3, 6f., 10, 12ff., 18, 20f., 23, 26f., 35, 42, 44, 56, 59f., 73, 75–78, 80–90, 96, 101, 103, 105ff., 117f., 123f., 150, 153f., 159, 184, 195, 213, 222, 235f., 246, 248ff., 254f., 260, 270, 281, 289f., 293f, 296, 298, 312ff, 320, 341, 357, *1, 3*

Corinth, Gulf of 科林斯湾 80, 103f., 119, 121, 128ff., *3, 4*

Corinth, Isthmus of 科林斯地峡 0f., 127, *3*

Cornwall (Stannaries) 康沃尔（锡矿区） 150, 176, 252

Corobius 科洛比乌斯 207

Corocondamitis, L. 克洛康达米提斯湖 278

Coronea 喀罗尼亚 130, 134f., *4*

Corsica 科西嘉 177, 250, 252, 359, *1, 13*

Cortona 科尔托纳 319, *13*

Corybantes 克瑞邦特斯 346

Cos 科斯岛 182f., 237, *8*

cosmogony, cosmology 天体演化论 133, 161–165, 171f., 227, 238, 244, 292

Council (boule, gerousia etc.) 议事会（五百人议事会，长老会等） 6, 52f., 65–68, 81 88, 92f., 127, 148f., 158, 181, 200, 211, 251, 341

Crannon 克兰农 128, 339, *4*
Crataemenes 科拉泰美尼斯 239
Crater 科拉特，参见Cumae, Gulf of
Crathis, R. 克拉提斯河 224, *8*
Creices 克雷克斯 313
Cremation 火化，参见burals
Cremera, R. 克雷梅拉河 314f.
Cresphontes 克瑞斯丰忒斯 94
Crete 克里特 1, 7, 14, 25, 30f., 42; 50, 96, 103, 114, 119f., 129, 157, 169, 183f., 186, 188, 193-201, 203, 207-210, 232, 245, 293, 296, 298, 304, 341, 346, 348, 358, *1, 6*
Cretines 克里提涅斯 270
Creusa 克鲁萨 130, 137
Crimea 克里米亚，参见Chersonese, Touric
Crimisus, R. 克里米索斯河 350, *8*
Crisaean plain 克里塞平原 120, 124, 342, *4*
Croesus 克洛伊索斯 99, 121, 124f., 160, 166, 170, 291, 337, 340, 355
Cronus 克罗诺斯 109, 133, 295, 321
Croton 克罗顿 10, 12, 18, 28, 155, 225-231, 237, 302, 350, *8*
Cumae 库迈 10f., 116, 212f., 220-223, 225, 237, 239, 257, 311, 314, 316f., 321, 347, 359, *2, 8*
Cumae, Gulf of (Crater, Bay of Naples) 库迈湾（那不勒斯湾）219, 221, 253
Curetes 库瑞忒斯 196, 346
Curium 库里翁 77, 206, *7*
Cyaxares 基亚克萨雷斯 290, 299, 306

Cybele 库柏勒，参见Great Mother, Tobiti
Cyclades 基克拉迪斯 25f., 54, 60, 113, 150, 183-191, 207, 212, 214, 255, 320, *5*
Cyclops 圆目巨人，参见Polyhemus
Cylon (Athens) 库伦（雅典）42f.
Cylon (Croton) 库伦（克罗顿）229
Cyme (Aeolis) 库梅（爱奥尼亚）6, 130, 175, 178, 222, 262, 280, 295, 345f., *5*
Cyme (Euboea) 库梅（优卑亚）220f., *4*
Cyme 库梅，参见Cumae
Cynaethus 库纳伊索斯 189
Cynthus, Mt. 辛图斯山 188f.
Cyprus 塞浦路斯 3, 6f., 26, 37, 77, 83, 114, 119, 167, 197, 201-206, 210, 212, 284, 292, 294, 299, 356, *1, 7*
Cypselus 库普塞鲁斯 20f., 84ff., 123, 254, 294
Cypselus (II.) 库普塞鲁斯二世，参见Psammetichus
Cyrenaica 昔兰尼加 118, 206-211, 299, *1, 6*
Cyrene (city) 昔兰尼（城市）11, 13, 26, 30, 96, 154, 183, 204, 207-211, 215, 226, 284, 299f.
Cyrene (goddess) 昔兰尼（女神）208
Cyrus II. 居鲁士二世 33, 121, 149, 166, 291, 293, 299f.
Cythera 基西拉岛 90, 100, 205, *3*
Cytorus 库托罗斯 271, *11*
Cyzicus 基齐库斯 20, 265f., 309, *2, 10*

D

Dacia 达契亚 301, *11*

Dactyls 达克堤利 196, 346

Daedalic style 代达罗斯风格 25f., 184, 198, 296

Daedalus (mythical inventor) 代达罗斯（神话中的发明家）193, 197

Daedalus (sculptor) 代达罗斯（雕塑家）25, 103, 197f.

Damascus 大马士革 356, *12*

Damasenor 达玛赛诺尔 159

Damastes 达马斯特斯 341

Damon 达蒙 175

Damophon 达摩丰 320

Dancing 舞蹈 15, 59f., 87, 95, 303, 346

Danube (Ister), R. 多瑙河（伊斯特尔河）70, 271f., 301, 305, 309, *11*

Daphne 迪芬尼 215, 272, *7*

Dardanelles 达达尼尔海，参见 Hellespont

Darius I. 大流士一世 33, 62, 70, 119, 128, 156, 167f., 170f., 177, 182, 231, 259, 264-267, 276, 299f., 305, 309f., 346

Dark Age 黑暗时代 2, 5, 7, 75, 114, 332

Darnis 达尔尼斯 207

Dascylium 达斯库里乌姆 266, *10*

Daulis 道利斯 301, *4*

Deinias 戴尼阿斯 75

Deinomenids 德诺门尼德王朝 246

Delos 提洛岛 18, 57, 81, 119, 148, 154, 183f., 188-191, 198, *5*

Delphi 德尔菲 10, 18, 63, 78, 80, 84, 92, 95f., 99f., 102f., 110, 116, 119-125, 127, 129, 140, 169, 184, 186, 189, 194, 196, 205, 209, 211, 215, 224, 250f., 256, 264, 289ff., 296, 342f., 348, 351, 355

Delphus 德尔福斯 120

Demaratus (Corinth, Tarquinii) 德玛拉图斯（科林斯，塔尔奎尼）89, 313, 320

Demaratus (Sparta) 德玛拉图斯（斯巴达）100, 125

demes 德莫 64ff.

Demeter (Ceres) 德墨忒尔（克瑞斯）17, 19, 44ff., 123, 129, 188, 208, 238, 248, 253, 294, 313, 320f., 338, 353

Democedes 德墨赛迪斯 230f.

democratic movements 民主运动 22f., 47, 50, 53f., 61, 63, 66-69, 72, 83, 89, 93, 106f., 109, 117, 148f., 156, 167, 226, 231, 237, 271, 283, 339, 352

Demodocus 德墨多库斯 140

Demonax 德墨纳克斯 210

Demosthenes 德摩斯梯尼 284, 339, 343

Demoteles 德墨特勒斯 153

Deucalion 丢卡利翁 126, 238, 259, 294

Diadochi (successors of Alexander) 继业者战争 284

Diagoras 迪亚戈拉斯 118

diakria (hillsmen) 山地派 54, 56, 64

dialects 方言，参见 language

Diana 戴安娜，参见 Artemis

Dicaearchia (Puteoli) 迪凯亚尔西亚（波佐利） 151, 222, 2, 8

Dictators (autocrats, "tyrants") 独裁者（专制领导者，"僭主"） 19-23, 53, 56-59, 61, 63, 65, 71, 77, 84-89, 99ff., 106ff., 117f., 123, 127, 139, 153-156, 159, 166, 169ff., 179, 182, 185, 200, 223, 226ff., 242, 245f., 260, 264f., 283, 290, 298, 300, 348, 350

Dicte, Mt. 迪克特山 200, 347, 6

Dido 狄多 349

Didyma 迪迪马 18, 104, 159f., 167, 291, 298, 5

dike 狄刻，参见 justice

Dinaretum 狄纳勒图姆 201, 7

dining clubs 参见 symposia

Diodorus Siculus 狄奥多罗斯·西库路斯 153, 247

Diogenes Laertius 第欧根尼·拉尔修 42

Diogenes the Cynic 西诺普人第欧根尼 353

diolkos 参见 ships, shipping

Diomedes 狄奥墨得斯 73, 255f.

Dione 狄奥尼 351

Dionysia 狄奥尼修斯节，参见 festivals

Dionysius (Phocaean admiral) 狄奥尼修斯（福西亚将军） 177

Dionysius of Halicarnassus 哈利卡纳索斯的狄奥尼修斯 241, 257, 320

Dionysus 狄奥尼修斯, 18, 26, 31, 59f., 69, 87, 103, 123, 180, 184, 187, 193, 248, 256, 261f., 289f., 299, 303f., 317, 338, 358

Dioscuri 狄奥斯库洛伊，参见 Castor, Polydeuces

Dioscurias 狄奥斯库里亚 278f., 11

Dipoenus 狄派诺斯 25, 103, 198

Dipylon 迪派隆 6, 37

Dirce, R. 狄耳刻河 129

Dodona 多多纳 18, 256, 351, 4

dokimasia (scrutiny) 审查制度 52, 68

Dolonci 多隆奇人 264, 301, 10

Dorians 多利安人 2f., 21, 35, 70, 75, 80, 84, 88, 91, 94ff., 99-102, 104f., 108f., 119f., 137, 142, 149, 179, 182f., 193ff., 198, 207, 238, 259, 332, 351

Doric dialect 多利安方言，参见 language

Doric Order 多利安风格 23f., 125, 224, 236, 341, 350

Doricha 多里夏 181

Dorieus 多琉斯 211, 226, 230

Doris (south-western Asia Minor) 多利斯（小亚细亚西南部） 3, 182, 215

Dorus 多罗斯 126

Douvanli 都万利 302

Dracon 德拉古 42, 47f., 50

Drerus 德雷鲁斯 4, 14, 189, 199f., 232, 334, 6

dye, dyeing 染料，参见 *murex*

Dymaneis 丢马内斯 92, 101

Dyrrhachium 底拉西乌姆，参见 Epidamnus

Dyseris 杜赛丽斯 128

E

East Greek dialects 参见 language

Ebla 埃勃拉, xi, 12
ecclesia 公民大会, 参见 Assembly
Echecratidas 埃凯克拉提达斯 128
Echemenes 埃克门尼斯 194
Ectenians 埃克特那人 129
Edoni 埃多尼人 301, 303, *10*
education 教育 14f., 50, 98, 147, 149, 335, 344
Eetion 艾提翁 84
Egesta 格斯塔, 参见 Segesta
Egypt 埃及 17, 23, 25, 71, 82, 88, 114, 125, 131, 148, 150–154, 158–161, 167, 170, 176, 179ff., 183, 203–207, 209, 214–217, 229, 257, 280, 284., 290, 293–296, 298ff., 355, 357f.
Eileithyia 厄勒提亚 109
Elaeus 埃莱乌斯 264, *10*
Elam 埃兰 293, *12*
Elba I. 厄尔巴岛, 参见 Aethalia
Elephantine 象岛 215, *7*
Elea 伊利亚 28, 171, 177, 244, 348, 350, *2*, *8*
Eleusis 厄琉息斯 19, 44ff., 58, 64, 186, 303, 336, 338, 358, *4*
Eleutherae 厄琉特拉伊 59f., *4*
Eleutherus, R. 埃琉特罗斯河 355
Elia, Mt. 埃利亚山 70
Elis 伊利斯 32, 73, 77, 109f., 135, 342, *3*
Elpis 厄尔庇斯, 参见 Hope
Elsa, R. 艾尔莎河 318, *13*
Elymi 伊利米 234, 240, 247, 349f., *8*
Elyrus 厄琉罗斯 198, *6*
Emathian plain 厄玛西亚平原 259

emporia (markets) 港口市场 7, 11,11 6, 158, 203, 211–217, 219ff., 239, 250, 255ff., 269f., 272, 276, 278, 293, 295, 309, 319
Emporiae 恩普利亚 177, 250, *1*
Emporio 恩波利翁 139, *5*
Engineering 参见 technology
Enkidu 恩奇杜 294
Enkomi 恩科米 204, *7*
Entimnus 恩提莫斯 245
Enuma Elish 《埃努玛埃利什》 133, 293
Eordaea 艾欧代亚 259, *9*
Epeus 埃佩乌斯 241
Ephesus 以弗所 15, 18, 20, 24, 26, 28, 125, 137, 149, 155, 168–173, 228, 250, 280, 290f., 298, 310, 320, 336, 354
Ephialtes 埃菲阿尔特斯 130, 184
Ephors 埃福罗斯, 139, 194, 232
Ephyra 埃菲拉, 参见 Corinth
Epic Cycle 史诗 129, 157, 204, 241, 336
Epicharmus 埃庇卡摩斯 108, 237f., 349
Epicurus 伊壁鸠鲁 284
Epidamnus 埃庇达诺斯 85, 254, 341, *4*
Epidaurus 埃皮道鲁斯 70f., 75, 103, 149, 183, 340
Epigenes 埃皮格涅斯 103
Epigoni 英雄之子 73
epigraphy 碑铭学, 参见 inscriptions
epikleros 女继承人, 参见 women
Epimenes 埃皮麦涅斯 337
Epimenides 埃庇米尼得斯 196
Epirus 伊庇鲁斯 2, 125f., 253, 256,

342, 351f., *1*, *4*, *9*

Epomaeus, Mt. 埃波迈乌斯山 221, *8*

Equals (Spartan) 参见 *homoioi*

Era, R. 艾拉河 318, *13*

Eratosthenes 埃拉托色尼 146

Erechtheus 厄瑞克透斯 35

Eresus 厄勒苏斯 178, 181, *5*

Eretria 埃雷特里亚 33, 113–119, 123, 127, 167f., 184, 186, 205, 212, 220, 235, 253f., 259f., 300, *2*

Eretrieus 埃雷特里乌斯 114

Ergotimus 埃尔戈蒂姆斯 54

Eridanus (Po), R. 厄里达诺斯（波河）255, 318

Eriphyle 厄里斐勒 241

Erythrae 厄里特赖 137, 139, 178, 186, 223, 341, *5*

Eryxo 尤丽克索 209

Esarhaddon 阿萨尔哈东 203, 206, 293, 298, 305, 354

Eshevi 埃舍维，参见 Dioscurias

Eteobytads 埃特比塔德 56

Eteo-Cypriot 埃泰尔塞浦路斯 347

Ethiopians 埃塞俄比亚人，参见 Aethiopes

Ethne (tribal non-city-states) 部落，xiii, 4, 41, 128, 213, 259, 261, 266, 301f., 305, 307, 309

Etruria, Etruscans 伊特鲁里亚，伊特鲁里亚人 83, 89, 116, 124, 177, 196, 212, 220, 223, 225, 249, 252, 255ff., 285, 290, 296f., 311–321, 347, 349, 357ff., *13*

Euanthes 优安忒斯 232

Euarchus 尤阿克斯 349

Euboea 优卑亚 2f., 7, 10, 13, 21, 34, 62, 71, 89, 113–119, 123, 127f., 131, 139, 159, 186, 197, 201, 203, 212, 214, 220f., 232, 235, 237, 239, 253, 259f., 295, 297f., 301, 314, 320

Euclid 欧几里得 348

Eudemus 欧德摩斯 227

Euelthon 埃尔通 204, 210

Eugammon 尤伽蒙 209

Euhesperides 尤埃斯佩里德斯 208, 211, *2*, *6*

Eumelus 欧墨洛斯 81

Eumolpus, Eumolpids 欧摩尔波斯 46, 358

eunomia (good order) 优良秩序 5, 22f., 51, 69, 72, 88, 95

Eupalinus 优帕里诺斯 154

Eupatridai 贵族 41f., 54, 57, 61

Euphrates, R. 幼发拉底河 292, *12*

Euphronius 欧弗洛尼奥斯 69f.

Euripides 欧里庇得斯 31, 60, 303

Euripus strait 尤里普斯海峡 34, 113, 116f., *4*

Europa 欧罗巴 193, 356

Eurotas, R. 埃夫罗塔斯河 90, *3*

Eurycleia 尤丽克莱亚 145

Eurydice 欧律狄刻 304

Euryleon 尤里勒翁 247

Eurylochus 欧律洛克斯 123f., 127

Eurypontids 欧里旁提德家族 92

Eurysthenes 尤利斯森斯 90

Eurystheus 尤里休斯 340

Eusebius 优西比乌 207, 232, 247, 265, 269f., 348
Euthymenes 游苏梅涅斯 251
Euthymides 欧泰米德斯 69f.
euthyna (audit) 资格审查（审查）52, 68
Euxine Sea 尤克辛海，参见 Black Sea
Examyes 埃克塞姆耶斯 160
Exekias 埃克塞基亚斯 55f., 62, 306

F

fabrics 织物，参见 textiles
factional violence 派系之争，参见 *stasis*
Faesulae 法埃索莱 318, *13*
Faience 彩色陶器 114, 216, 295
Falerii Veteres 法莱里维特勒斯 359, *13*
Falisci 法利希人 359, *13*
family (household, *oikos*) 家庭 4, 39f., 43, 48f., 53f., 57, 81, 97, 332
farming 耕种，参见 land, use of
Felsina (Bonomia) 费尔西纳（博诺尼亚）257, 318f., *13*
felting 制毡，参见 textiles
Feluske, Avle 阿夫勒费卢斯科 359
Feronia 菲洛尼亚 359
festivals 节日 5, 18, 21, 30f., 36, 38, 46, 57–61, 109, 134, 189f., 230, 238, 241, 303, 340
Fidenae 菲德纳 316, *13*
Finocchito 芬诺奇托 236, *8*
fishing 渔业 106, 108, 158, 239, 265ff., 270, 272, 275f., 306f.
Fleece, Golden 羊毛，金的，参见 Golden Fleece

fleet 舰队，参见 ships
Fort of the Milesians 米利都防御工事 158, 215
Fortuna 福尔图娜，参见 Tyche
France 法国，参见 Gaul
François tomb 弗朗索瓦墓葬 315
François vase 弗朗索瓦陶瓶 54f., 306
Fratte di Salerno 萨勒诺的弗拉特 320, *13*
Funerals 出殡，参见 burials

G

Gaggera, R. 伽格拉河 350, *8*
Gaia 盖亚 35, 109, 120
Galen 盖伦 230
Galepsus 伽勒普索斯 261, *9*
Galici, R. 伽利齐河 247f., *8*
Gallic Gulf (Gulf of Lions) 高卢湾 249, *1*
Gallipoli 加里波利半岛，参见 Chersonese, Thracian
Games 竞技 18, 26, 58, 79, 88, 101f., 106, 109ff., 122, 124, 127, 187, 230, 245f., 340
gamoroi, geomoroi 参见 aristocratic government
Ganymede 伽倪墨得斯 118, 194
Gaul, Gauls 高卢，高卢人 176, 252, 257, 359, *1*
Gela 盖拉 20, 90, 183, 245ff., 282, 350, *2, 8*
Gelas, R. 盖拉河 245, *8*
Geleontes 盖勒翁特 338
Gelon 戈隆 246, 350
gems, scarabs 宝石，圣甲虫 26, 203,

221, 337, 357；同时参见 seal-stones
generals (*strategoi*) 将军 67f., 95, 101, 105
genos 参见家族
geography 地理学 166, 170, 301, 309
Geometric pottery 几何陶 6f., 37f., 42, 75, 80
geometry 几何学，参见 mathematics
Geraneia, Mt. 格拉尼亚山 104, *3*
Geraestus 格莱斯托斯 113, *4*
Germany 德国 257
gerousia 长老会，参见 Council
Gerrhi 格尔西 358
Geryon 革律翁 222, 242
Getae 盖塔人 272, 301f., *10, 11*
Getas 格塔斯 301
Ghiaccio Forte 吉亚奇奥堡垒 317, *13*
Gibraltar, Straits of 直布罗陀海峡，参见 Heracles, Pillars of
gift-exchange 礼物交换 5, 11, 102
Gilgamesh 吉尔伽美什 294f.
Glaucias 格劳西亚斯 71
Glaucus 格劳库斯 147, 291
Gnesilochus 格涅西罗科斯 271
gnorimo 贵族，参见 aristocratic government
gold 金，参见 metals
Golden Fleece 金羊毛 279
Gordium 戈尔迪乌姆 289, *12*
Gordius 戈耳狄俄斯 289
Gorgasus 高尔伽索斯 320
Gorgippia 格尔基皮亚，参见 Sindike
Gorgo 戈尔戈 346
Gorgon 戈尔贡 57, 248, 254f., 351

Gorgus (founder of Ambracia) 格尔果斯（阿姆夫拉基亚的建立者）352
Gorgus (King of Salamis) 格尔果斯（萨拉米斯国王）205
Gortys 格尔蒂斯 197
Gortyna, Gortyn 格尔蒂 96, 197ff., *6*
Graffti 涂鸦 215
Grain 谷物，参见 land, use of
Graioi 格雷奥伊人 222
Graves 坟墓，参见 burials
Graviscae 格拉维斯基 313f., 339
Great Gods 双生神，参见 Cabiri
Great Mother (Great Goddess, Cybele) 众神之母（圣女神，库柏勒）175, 205, 290f., 302
Gryneum 格律聂翁 178, *5*
Guadalquivir, R. 瓜达尔基维尔河，参见 Baetis
guest friendship 客友之谊 5, 53, 102
Gurpanzah 古尔潘扎 295
Gute Maritzyn 古特马里参 274, 309
Guzana 古扎那 212, 295
Gyges 巨吉斯 19, 124, 159, 174, 214, 290f., 352
gymnetes, gymnesia 轻甲兵，轻装步兵 75
Gyptis 巨菩提斯 249

H

Habrondas 哈布隆达斯 269
Hades (Pluto) 哈迪斯（普鲁托）44, 222
Hades (underworld) 哈迪斯（冥府）

222

Haemon 海蒙 126
Haliacmon, R. 阿利阿克蒙河 258f., 9
Haliarchus 哈利阿尔库斯 209
Haliartus 哈利阿尔托斯 130, 134, 4
Halicarnassus 哈利卡纳索斯 182f., 215, 241, 284, 336, 5
Hallstatt culture 哈尔施塔特文明 252, 351
Halycus, R. 哈利科斯河 247, 8
Halys, R. 哈里斯河 269, 290, 11, 12
Hama, Hamath 哈马, 哈马斯 214, 295f., 356, 12
Harmodius 哈莫迪乌斯 63
Harpagus 哈尔帕哥斯 166, 299
healing 治疗, 参见 Healing
Hebrew 希伯来, 参见 Israel
Hebrus, R. 赫布罗斯河 301, 352, 9
Hecataeus 赫卡泰乌斯 35, 165f., 172
Hecate 赫卡特 248
Hector 赫克托尔 143f.
Hegesias 赫格西亚斯 204
Hegesipyle 赫格思普勒 264
Hegisistratus 海盖西斯特拉图斯 57, 353
hektemoroi 六一汉, 参见 debt
Helen 海伦 90f., 142, 144, 241
Heliaea 法庭 50, 52, 66, 338
Helice 赫利斯 224, 348, 3
Helicon, Mt. 赫利孔山 130, 4
Helios 赫利俄斯 145, 193
Helisson, R. 赫里孙河 101, 3
Helladic culture 赫拉斯文明, 参见

Bronze Age
Hellanicus 赫拉尼库斯 76
Hellas, Hellenes 赫拉斯, 希腊人 4, 126, 343
Helle 赫勒 262
Hellen 希伦 126
Hellenistic Age 希腊化时代 xi, 30, 284f.
Hellespont 赫勒斯滂 2, 44, 57, 142, 158, 175, 178, 262, 264, 266, 290, 301, 304, 358, 10
Helorus, R. 赫洛鲁斯河 236, 246, 8
Helots 黑劳士 23, 29, 93f., 97f., 101f., 108, 126, 194, 337, 348
Heniochi 赫尼奥奇 278, 11
Hera 赫拉 17f., 24, 76, 78f., 81, 110f., 150-153, 155, 215, 223f., 227, 266, 293, 298, 313f., 340
Heraclea Pontica 赫拉克里亚庞提卡 108f., 271, 353, 2, 11,
Heraclea 赫拉克里亚, 参见 Minoa (Sicily)
Heracles 赫拉克勒斯 2, 75f., 79, 90, 109, 129, 186, 222, 238, 242, 259, 261f., 271, 280, 290, 320f., 336, 340f., 354
Heracles, Pillars of 参见 Pillars of Heracles
Heraclidae, Heraclids (Greek) 赫拉克利德(希腊) 2, 75, 90
Heraclidae, Heraclids (Lydian) 赫拉克利德(吕底亚) 290
Heraclion (Crete) 赫拉克利翁(克里特) 195, 6

Heraclion (Pithecusae) 赫拉克利翁（皮特库塞） 219

Heraclitus 赫拉克利特 28, 122, 171ff., 238, 300, 349f.

Hermes 赫尔墨斯 131, 135, 256, 321

Hermonassa 赫尔墨纳萨 277, *2*, *11*

Hermus, R. 赫尔姆斯河 137, 173, 175, 178, 290f., 345, *5*

Herodotus 希罗多德 xiii, 4, 12, 30, 33, 72, 76, 82, 87f., 100, 124f., 127f., 137, 144, 150, 154, 156, 166f., 176, 207, 209, 211f., 215f., 229, 255, 258, 265f., 275, 280, 283, 291f., 294, 299, 301, 304ff., 308, 311, 314, 340

heroes, hero-cults, *heroa* 英雄崇拜 10, 18, 26, 64, 96, 102, 109, 115, 122, 132, 143, 146, 165, 187, 206, 208, 238, 241, 254, 336

Hesiod 赫西俄德 15ff., 28, 30, 115, 130-135, 140, 144, 151, 161, 163f., 172, 187, 228, 241, 243, 259, 293, 295, 299, 343, 350f., 355

hetairai 女继承人，参见women

hetaireiai (clubs) 兄弟会 32, 180, 187, 230, 242

Heuneburg 亨内堡 351

Hiero 希尔罗 237

Hillsmen 山地民，参见diakria

Himera 希梅拉 15, 26, 96, 155, 240, 242, 350, *2*, *8*

Himeras, R. 希梅拉河 240, *8*

Hipparchus (*archon* 496 BC) 希帕库斯（公元前496年执政官） 72

Hipparchus (joint dictator of Athens) 希帕库斯（雅典的共治独裁者） 61f., 72, 339, 343

hippeis 骑士阶层 5, 13, 51, 117；同时参见warfare

Hippias (dictator of Athens) 希皮阿斯（雅典独裁者） 61ff., 89, 100, 128, 264, 300

Hippias (of Elis) 希皮阿斯（伊利斯） 109f.

hippobotae (horse-breeders) 养马者 117, 208, 289, 302

Hippocleides 希波克里德斯 221

Hippoclus 希波克鲁斯 139

Hippocrates (dictator of Gela) 希波克拉底（盖拉独裁者） 20, 246

Hippocrates (Sybaris) 希波克拉底（锡巴里斯） 348, 350

Hippodamia 希波达米亚 109

Hippodamus 希波达摩斯 105, 174, 248

Hipponax 希波纳克斯 171

Hipponium 希波尼乌姆 233, *8*

Hipukrates, Rutile 胡提勒希波克拉特斯 313

Hirumina 希鲁米纳 359

Hispania 西班牙，参见Spain

Histiaea 希斯提亚 113, *4*

Histiaeotis 西斯提艾奥提斯 126, *4*

Histiaeus 希斯提亚埃乌斯 166f

history, historiography 历史，历史编纂 165f.

Hittites 赫梯 2, 44, 133, 168, 289, 293, 295f., 298, 356f.

Homer (*Iliad*, *Odyssey*)　荷马（《伊利亚特》《奥德赛》）　1, 5f., 12–18, 27–30, 38ff., 45, 55f., 61, 73, 80, 90, 95, 102f., 113, 121, 126, 128–133, 137, 139–147, 151, 157, 166, 168, 174, 187, 189, 193ff., 204f., 220, 241, 243, 253, 259, 270f., 273, 280, 289, 293ff., 299, 301, 303, 333, 335, 344f., 351, 354ff.

Homeric Hymns　荷马颂诗　46, 119f., 122, 135, 140, 189

Homeridae　荷马继承者　139, 147

homoioi (Likes, Equals)　同胞（相似，平等）　92f., 283

homosexuality　同性恋　32f., 50, 53, 97f., 108, 118, 135, 143, 180, 182, 194f.

honour　荣誉，参见 time

Hope (Elpis)　希望女神　131

Hophra　霍夫拉，参见 Apries

Hopletes　霍普莱特　338

hoplites　重装步兵，参见 warfare

Horace　贺拉斯　180

horsemen　骑兵，参见 *hippeis*, *hippobotae*, warfare

horses　马　5, 13, 53, 97, 128, 208f., 246, 257, 260, 289f., 302, 306f., 352

hospitality　参见 guest friendship

households　参见 families

hubris　傲慢　17, 107, 122

Hungary　匈牙利　306

Hurrians　胡里安人　133, 293, 295, 355, 357

Hyacinthus　雅辛托斯　90

Hyblaea　修布莱亚　246

Hyblon　修布隆　105

Hylleis　许勒斯　92, 101

Hyllus　许罗斯　2, 75

Hymettus, Mt.　伊米托斯山　34, *4*

hymns　颂诗　87, 123, 180, 190, 195, 200；同时参见 Homeric Hymns

Hypanis, R.　许帕尼斯河　273ff., 353, 11；同时参见 Anticites

Hyperboreans　许珀耳玻瑞亚人　349, 355

Hypothebae　许波忒拜　129

Hypsas, R.　西普萨河　350

Hyrcanian Sea　希尔卡尼亚海，参见 Caspian

Hysiae　海西亚　77f., 94, *3*

I

Iacchus　伊阿科斯　303, 321, 338

Ialysus　伊利索斯　26, 183, *5*

Iamblichus　扬布里科斯　227

Iamids　伊阿米德家族　109

Iberia　伊比利亚，参见 Spain

Ibycus　伊比库斯　155f., 347f.

Icaria　伊卡利亚　60, *4*

Icus　伊科斯　195, *4*

Ida (nymph)　伊达（山林水泽女神）　196

Ida, Mt. (Crete)　伊达山（克里特）　196, 200, *6*

Ida, Mt. (Troad)　伊达山（特洛阿德）　346

Idalium　伊达里乌姆　203, 295, *7*

Idianthyrsus　伊殿图索斯　310

Idomeneus　伊多墨纽斯　346

索 引 / 439

Iliad 《伊利亚特》，参见Homer
Ilium 伊利昂，参见Troy
Illyria 伊利里亚 85, 87, 148, 235, 254, 260, 301, 348, 351f.
Ilva I. 伊尔瓦岛，参见Aethalia
Imbrasus, R. 艾姆布拉苏斯河 151, *5*
Imbros 音布罗斯 301, *2, 9, 10*
immortality 永生 228f., 304, 336, 357
Inachus 伊纳科斯 266
Inanna 伊南娜 205, 294
Inarus 伊纳罗斯 158, 215
India, Indo-Greeks 印度 164, 166, 172, 229, 284f., 300
inferiors (Sparta) 底层民众（斯巴达）97
Ingul, R. 因古尔河 274f., *11*
Inhumation 土葬，参见burials
Ino 伊诺 262
inscriptions, epigraphy 铭文 23, 198ff., 203, 206, 213f., 220, 256, 276, 300, 311, 313ff., 334f., 342, 347f., 352, 355, 358f.
intaglios 凹雕，参见gems
Io 伊俄 266
Iolcus 伊奥尔科斯 1, 126, 279, 343, *4*
Ion 伊翁 3, 36, 39, 126, 137, 338
Ionia 伊奥尼亚 3, 6, 20, 26, 28, 33, 35, 40, 57, 61, 71f., 95, 113, 130f., 137, 182ff., 186, 189, 204, 206, 214f., 223, 243, 245, 249, 262, 264, 267, 269, 273, 278, 289ff., 293, 298, 300f., 307ff., 314, 316, 332, 345, 355, 359, *5*
Ionian Gulf 伊奥尼亚湾，参见Adriatic Sea
Ionian islands 伊奥尼亚岛 253
Ionian League 伊奥尼亚同盟，参见Delos, Panionian
Ionian Sea 伊奥尼亚海 10, 80, 109, 224f., 231, 235, 253
Ionic dialect 伊奥尼亚方言，参见language
Ionic Order 伊奥尼亚风格 24, 125, 152, 337
Ios 伊俄斯岛 344, *5*
Iran 伊朗，参见Persia
Irasa 伊拉萨 209
Iris, R. 伊利斯河 269, 271, 279, *11, 12*
iron 铁，参见mines
Iron Age 铁器时代 7, 36, 39, 123, 193, 197, 199f., 205, 214, 297, 333, 351, 356
irrigation 灌溉，参见land, use of
Is 伊思 224
Isagoras 伊萨格拉斯 63, 70
Ishtar 伊斯塔，参见Astarte
Ismenus, R. 伊斯梅诺斯河 129
Isocrates 伊索克拉底 338
Isodamus 伊索达姆斯 102
isonomia 平等 23, 69, 156, 167, 231
Israel (Israelites, Hebrews, Jews, Judaea) 以色列（以色列人、希伯来人、犹太人、犹太）44, 208, 292, 294, 356, *12*；同时参见Canaan
Ister, Istros, R. 伊斯特尔河，参见Danube
Isthmia, Isthmian Games 地峡，地峡赛会 18, 84, 88, 110, 230, *3*
Isthmus of Corinth 科林斯地峡，参见Corinth

Istrian Harbour 伊斯特罗斯港 272
Istrocles 伊斯托克勒斯 272
Istrus 伊斯特罗斯 271f., 274, 310, *2, 11*
Italy 意大利 xiv, 10, 13f., 26, 42, 50, 85, 102, 116, 151, 155, 157, 177, 212, 219-233, 239, 250f., 253f., 284, 304, 311-321
Itanus 依塔诺斯 207, *6*
Ithaca 伊萨卡 80, 144f., *4*
Iulis 鲁里斯 62, *5*
ivory 象牙 38, 82, 94, 124, 152f., 168f., 198, 212, 214, 296, 357

J

Jagorlik 贾戈里克 274
Jason 伊阿宋 126, 279, 343
Jaxartes, R. 伊阿克萨尔提斯河 309
Jews 犹太人，参见以色列
Job 约伯 304
Josephus 约瑟夫斯 297
Judaea, Judaism 犹太，犹太教，参见以色列
judges, juries 审判员 5, 57, 66, 92, 132, 148, 199f., 338., 353
Justice (*dike*) 正义 50f., 84, 132, 134, 335, 337
Justin 贾斯汀 249, 252

K

Kadiston, Mt. 卡迪斯顿山 199
Kairatos, R. 凯瑞托河 195
Kalde 卡尔德 347, *12*

Kambos, R. 坎柏思河 206 *7*
Kamienskoye 卡梅恩斯科耶 306
Karphi 卡尔菲 346, *6*
Kastri, Mt. 卡斯特里山 260f., *9*
Kato Syme 卡托苏梅 346, *6*
Kelermes 克勒尔梅斯 307, 358
Kerykes 克律克斯家族 46
Khalde 哈尔德，参见Kalde
Kiev 基辅 308, *11*
kings 君主，参见monarchy
knights 骑士，参见*hippeis*
korai 女性雕塑 25f., 60f., 148, 152, 185, 188, 298
Korakou 科拉库 80, *3*
Kore 科莱，参见Persephone
kosmoi 民事官员 194, 200
Kostromskaya 科斯特罗马 308, 358
kouroi 男性雕塑 25, 54, 152, 185, 188, 257, 298, 321, 343
Kourtir 库提尔 178
Krasnodar 克拉斯诺达尔 307
Krivorovija 克里诺托夫维加 353
Kronos 科罗诺斯，参见Cronus
krypteia 克里普提 97
Kuban 库班 307
Kuban, R. 库班河，参见Anticites
Kul Oba 库尔奥巴，参见Panticapaeum
Kumarbi, Epic of 《库玛比史诗》133, 293, 295
Kunulua 库努鲁拉 212, 295
Kussara 库萨拉 356
kyllyrioi 奴隶，参见serfs
Kynortion, Mt. 库诺提翁山 3

L

Labda 拉布达 84

labour, attitudes to 对劳工的态度 28f.,132

Lacinium, C. 拉齐尼翁海角 227, 8

Laconia 拉哥尼亚 29, 73, 90f., 94, 97, 150, 183, 197, 205, 232, 351, *3*

Lade 拉德 149, 156, 167, 173, 177, 206, 300, *5*

Lais 莱斯 341

Lampsacus 兰普萨库斯 175, 264, *2, 10*

land, use of 土地使用 2, 4f., 7, 10, 26, 34, 40, 44f., 47, 50f., 54, 57f., 83, 85, 90, 94, 101, 106, 108, 110f., 116, 126–133, 135, 148ff., 154, 157f., 160, 167f., 175, 180f., 193f., 207, 209, 216, 219, 222, 224, 227, 233–237, 239f., 247, 249, 252f., 259f., 266, 269–272, 275, 306f., 350

Lapethus 拉帕索斯 203, *7*

Laris(s)a (nymph) 拉里萨（山林水泽女神） 127

Laris(s)a (town) 拉里萨（城） 127, 339, *4*

Lars Porsenna 拉尔斯波尔塞纳，参见 Porsenna

Lars Pulenas 拉尔斯普勒纳斯，参见 Pulenas

Lasithi, Mt. 拉斯提山 196, 199f., *6*

Lassois, Mt. 拉索斯山 252

La Tène culture 拉坦诺文化 351

Latium, Latins 拉丁姆 196, 219, 223, 311, 315, 319f., *13*

Laurium 劳里昂 29, 34, 37, 57

Laus 拉奥斯 224, *8*

Lavinium 拉维尼乌姆 321

laws, lawgivers 法律，立法者 14, 21, 30f., 41ff, 47–52, 63ff., 69, 81, 84, 96, 134, 149, 195, 198ff, 210, 232f., 260, 266, 296, 347

Leagues 联盟，参见 Achaea, Aeolis, Aetolia, Amphictyonies, Boeotia, Delos, Doris, Etruscans, Panionian, Sparta, Thessaly

Lebadeia 利巴迪亚 122, 129, *4*

Lebaea 勒巴亚 259

Lebanon, Mt. 黎巴嫩山，参见 Libanus

Lebedus 勒比多斯 137, *5*

Lechaeum 利开翁 80, 85, *3*

Leda 列达 90

Lefkandi 莱夫坎迪 3, 114f., 117, 201, 347

Lelantine plain 利兰丁平原 114, 116f.

Lelantine war 利兰丁战役 116f., 123, 127, 184, 186, 188, 334

Lelantum 劳伦图姆，参见 Lefkandi

Lelanton, R. 利兰同河 114

Leleges 利利格人 168, 173, 344

Lemnos 列姆诺斯 264, 301, *2, 9, 10*

Lenaea 勒那节，参见 festivals

Leontes, R. 勒翁忒斯河 295

Leontini 伦蒂尼 116, 184, 246, 349, *2, 8*

Leotychidas 列奥图奇达斯 100

lesbianism 参见 homosexuality

Lesbos 莱斯博斯 15, 30, 32, 44, 87,

96, 173, 178-182, 216, 262, 264, 292, 301, *5*
Lethaeus, R. 利塔伊俄斯河 197, *6*
Leto 列托 189f.
Leucas 莱夫卡斯岛 85, 181, 254, 352
Leucippus 琉奇珀斯 348
Levant 黎凡特，参见Syria
Libanus (Lebanon), Mt. 黎巴嫩山 294, 355
Liber, Libera 利伯，利伯拉 320
Libya 利比亚 207, 209ff., 298f., *1*
Liguria 利古里亚 249, 350f., *1*
Likes (Spartan) 同好（斯巴达），参见 *homoioi*
Lilybaeum 利鲁拜翁 247, *8*
liman 河口 273ff.
Limnae 利姆纳伊 91, *3*
Linear B script 线性文字B，参见书写
Lindus 林多斯 183, 209, 215, *5*
Lions, Gulf of 狮子湾，参见高卢湾
Lipara islands 利帕拉岛 183, 234, *2*, *8*
Locri Epizephyrii 西洛克里 14, 42, 50, 198, 230-233, 240, 351, *2*, *8*
Locris (Opuntian) 洛克里（奥普斯）6, 232, 342, *4*
Locris (Ozolian) 洛克里（奥佐里亚）131, 232, *4*
logographoi 史话家 166
lot (sortition) 抽签（拈阄）66, 207, 283, 338
Lucania 卢卡尼亚 223, *8*
Lucrinus, L. 鲁克林诺斯湖 221f., *8*
Luwian 卢维 357

Lycabettus, Mt. 吕卡维多斯山 1
Lycambes 吕坎贝斯 186
Lycia 吕西亚 157, 183, *12*
Lycoria 拉科里亚 119
Lycurgus (Athens) 吕库古（雅典）56
Lycurgus (Sparta) 吕库古（斯巴达）14, 96, 195, 198, 232, 341
Lycurgus (Thrace) 吕库古（色雷斯）303
Lycus 吕库斯 180
Lycus, R. 吕库斯河 271, *11*
Lydia 吕底亚 19ff., 33, 84, 95, 99, 121, 124, 139, 149, 155, 157, 159f., 169f., 174f., 180f., 214, 265, 290ff., 298ff., 307, 311, 345, 354f.
Lydias, R. 吕底亚斯河 258, *9*
Lygdamis (Cimmerian) 吕格达米斯（辛梅里亚）289
Lygdamis (Naxos) 吕格达米斯（纳克索斯）153, 185, 188, 191
Lyttus 利图斯 195, 334, *6*

M

Macedon (son of Zeus) 马克顿（宙斯之子）259
Macedonia 马其顿 56f., 87, 116, 125f., 208, 258ff., 283f., 289, 301, 305, 313, 352f.
Macistus, Mt. 马齐斯托斯山 114, *4*
MacMillan Painter 麦克米兰画家 83
Mactorium 马克堂利翁 245f., *8*
Maeander, R. 迈安德河 156f., *5*
Maeandrius 马安德鲁斯 156

索 引 / 443

Maenads 迈纳德 31, 303f., 358
Maeotis, L. 迈欧提斯湖 276ff., *11*
Magnes 马格奈斯 237
Magnesia beside Sipylus 马格尼西亚，靠近斯比勒斯 169, 345, *5*
Magnesia on the Maeander 马格尼西亚，迈安德河边 96, 354, *5*
Magnetes, Magnesian peninsula 马格纳特斯 126, 345, 354
Maison 喜剧面具 108
Malea, C. 迈勒阿海角 90, *3*
Mantinea 曼蒂纳 210, 342, *3*
Mantua 曼图阿 319, *13*
Marathon 马拉松 56, 60, 262, 264, 281, 339
Mardonius 玛多纽斯 300
Marea 马雷亚 215, *7*
Mariandyni 马里安丢诺伊 108, 271, 279
Marium 马里乌姆 203
markets 市场，参见 *emporia*, trade
Maron 马戎 352
Maronea 玛罗涅亚 148, 261, 352, *2, 9*
Marpessa, Mt. 马尔佩萨山 186
Marpessus 玛尔帕索斯 223, *5, 10*
marriage 婚姻，参见 women
Marsiliana 马西利亚纳 317, *13*
Marzabotto 马尔扎博托，参见 Misa
Massalia 马萨利亚 11, 176f., 249-252, 282, 314, 320, 351, 359, *1*
Matasys 玛塔苏斯 276
Mataurus, Metaurus 马陶鲁斯 233, 240, *8*

Mater Matuta 母神马图塔 320
mathematics 数学 28, 160f., 227f., 348
Mazarus, R. 马扎罗斯河 247, *8*
Medea 马扎罗斯 247, *8*
Media 美狄亚 126, 279
medicine, physicians, healing 医学，医生，治疗 114, 120, 231, 304, 308, 337, 352
Medma, Mesma 麦德马 233, *8*
Medon, Medontids (legendary Athenian kings) 墨冬（传说中的雅典国王）40f., 338
Medon, (legendary herald) 墨冬（传说中的传令官）344
Medusa 美杜莎，参见 Gorgon
Megabyzus 迈加比佐斯 266
Megacles 麦加克勒斯 56, 102
Megara 麦加拉 11, 22f., 34, 42, 46, 56f., 59, 84, 96, 104-109, 117, 154, 238, 247, 266, 271, 339, *2, 3*
Megara Hyblaea 麦加拉修布莱亚 105, 107f., 247
Megarid 麦加利德 81, 104, *3, 4*
megaron 迈佳隆 23, 44, 247, 341
Megasthenes 麦伽斯提尼 221
Melaine 梅兰妮 120
Melanchrus 麦兰克罗斯 179f.
Melanippus 麦拉尼珀斯 102
Melas (Athenian colonizer of Paros) 麦拉斯（雅典在帕罗斯的殖民者）186
Melas (Chiot sculptor) 麦拉斯（雕塑家）148
Melas (Ephesian dictator) 麦拉斯（以弗

所独裁者）170, 290
Melas, R. 麦拉斯河 345
Meleager 梅列阿格 341
Melgunov 曼尼诺夫 358
Melia 美利亚 137, 5
Melkart 梅尔卡特 261
Melos 米洛斯岛 6, 183, 185, 188, 197, 337, 5
Memphis 孟菲斯 298
Menander 米南德 284
Menelaus 墨涅拉俄斯 90f., 142, 144
mercenaries 雇佣军，参见 warfare
merchants 商人，参见 trade
Mermnads 梅尔莫纳达王朝 290
Mesaoria plain 梅萨奥利亚平原 201
Mesara plain 迈萨拉平原 197
Mesembria 梅森布里亚 267, 2, 11
Mesogeia plain 美索吉亚平原 34, 38, 4
Mesopotamia 美索不达米亚, xi, 21, 44, 152, 205, 271, 292ff., 296., 355ff.
Messana 麦萨纳，参见 Zancle
Messapia 梅萨皮亚 226, 348, 352
Messenia 美塞尼亚 73, 81, 90, 94ff., 110, 150, 232, 347
Metagenes 麦塔格涅斯 169
metals, metallurgy, mines 金属，冶金，金属矿藏 1, 7, 11, 13, 29, 36f., 55ff., 76, 78, 91, 99, 111, 114–117, 124, 132, 147, 150, 158, 167, 176f., 190f., 195–198, 201, 212, 216, 220, 222, 227, 251f., 260f., 266, 269–272, 275, 277f., 289, 291, 294ff., 298, 305–308, 313, 315–319, 333, 336, 352, 354, 356f.

Metapontum 梅塔庞托 26, 224, 226, 229f., 309, 348, 2, 8
Metaurus 麦陶鲁斯，参见 Mataurus
metempsychosis 轮回 228
Methone (Macedonia) 迈索尼（马其顿）260, 2, 4
Methone (Messenia) 迈索尼（美塞尼亚），参见 Mothone
Methymna 米西姆纳 87, 178, 5
metics, *metoikoi* (resident foreigners) 异邦人 29, 51, 64, 67, 82
Mezentius 梅津迪乌斯 321
Midacritus 米达克里托斯 176, 251, 344f.
Midas (King of Phrygia) 米达斯（弗里吉亚国王）289f., 345
Midas (legendary King of Phrygia) 米达斯（弗里吉亚传说中的国王）289
Milatus 米拉图斯 157, 6
Milesian Fort 参见 Fort of the Milesians
Miletus 米利都 11, 20, 28, 72, 82f., 88, 105f., 117ff., 125, 137, 149ff., 154, 156–168, 172, 174, 182, 184f., 215, 226, 228, 244, 248, 264f., 269–280, 289f., 294, 299f., 307, 333, 344, 354f.
Milo 米罗 230
Miltiades the elder 老米太亚德 26, 56, 61, 264, 302
Miltiades the younger 小米太亚德 61, 264
Mimnermus 弥涅墨斯 35, 174, 345
mines 参见 metal, metallurgy
Minoa (Amorgos) 米诺雅（阿莫尔戈

斯) 150, 5

Minoa (Heraclea, Sicily) 米诺安（赫拉克里亚，西西里） 247

Minoan civilization 米诺斯文明 1, 4, 113, 120, 129, 183, 193, 195ff., 200, 247, 346

Minos 米诺斯 145, 186, 188, 193ff., 197, 200, 346

Mirabello, Gulf of 米拉贝洛湾 199, 6

Misa 米萨 319, 13

Mitanni 米坦尼 357

Mitylene 米提列涅，参见Mytilene

Mixellenes 半希腊人 309

Mnesarchus 曼尼萨科斯 227

Moab, Moabitic 摩押人 356

Modi, Mt. 莫迪山 200

Moldavia 摩尔达维亚平原，参见Scythia

Molossi 莫洛斯 351, 4

monarchy 君主制 5, 19f., 39ff., 76f., 81, 92, 99, 101, 115, 149, 168ff., 201, 204, 208, 210, 333, 341, 348

Monoecus 莫奈科斯 351

Mopsus 摩普索斯 354

Morphou Bay 摩尔夫湾 206, 7

Mossynoeci 墨苏诺科人 270, 12

mother-goddess 参见Great Mother

Mothone, Methone (Messenia) 摩梭涅（美塞尼亚） 340

Motya 莫特亚 220, 234, 295, 349, 8

Munichia 穆尼西亚 37

murex (purple dye) 骨螺紫（紫色染料） 207, 225, 291, 294, 348, 356

Muses 缪斯 130f., 133, 135, 187, 303

Music 音乐 15, 58, 60, 79, 87, 95f., 98, 110, 120, 123f., 135f., 141, 155, 174, 180, 196, 227f., 241, 290, 292, 303f., 335, 345f., 354

Mycale, Mt. 麦卡莱山 137, 141, 149, 281, 5

Mycalessus 麦卡莱索斯 343

Mycenae, Mycenaean civilization 迈锡尼，迈锡尼文明 1, 4-7, 10, 14, 17f., 23, 35-39, 41, 44, 58, 73, 75, 80, 90f., 101, 109, 113ff., 120, 122, 126, 129, 139-143, 157, 168, 178, 183f., 188, 193, 201, 203ff., 207, 212, 214, 219, 224, 234f., 281, 289, 294, 296ff., 333, 347, 357, 3

Mylae 米莱 240, 8

Mylasa 米拉萨 344

Myletidae 米莱提达 240

Myrcinus 穆尔奇诺斯 167, 9

Myrlea 弥尔莱亚 345, 10

Myrmecium 弥尔迈奇乌姆 2

Myrmidons 穆尔弥多奈斯人 126, 142

Myron I. (dictator of Sicyon) 麦荣一世（锡西安独裁者） 101f.

Myron II. (dictator of Sicyon) 麦荣二世（锡西安独裁者） 102

Myrsilus 米尔斯罗斯 179f.

Myscellus 迈西卢斯 226

Mysia 米西亚 175, 178, 345, 10

Mytilene 米提列涅 20, 44, 154, 215f., 352

Myus 美乌斯 137, 5

N

Nabonidus 那波尼德 293
Nabopolassar 那波帕拉萨尔 293, 299
Nabu-nasir 那布那西尔 355
Nagidus 纳吉多斯 151, *12*
Nanno 南诺 174
Nannus 那诺斯 247
Naucratis 诺克拉蒂斯 23, 71, 148, 151, 158, 160, 176, 179, 181, 215ff., 298, 339, 347, 359, *7*
Naupactus 纳夫帕克托斯 332
Nauplia 纳夫普利亚 79, 340, *3*
Nausicaa 瑙西卡 145f.
Naxos (Cyclades) 纳克索斯（基克拉迪斯） 6, 25f., 54, 60, 150, 152f., 167, 183–186, 188, 191, 193, 198, 298, 301, 337, 349, *5*
Naxos (Sicily) 纳克索斯（西西里） 116, 184, 235, 239, 246, 349f., *2*
Neapolis (Kavalla) 奈阿波利斯（卡瓦拉） 261
Neapolis (Naples) 奈阿波利斯（那不勒斯） 222, *8*
Nebuchadrezzar (Nebuchadnezzar) 尼布甲尼撒 11, 293
Necho II. 尼可二世 159, 298
Neleidae 尼莱德人 157, 333
Neleus 涅莱乌斯 157
Nemea, Nemean Games 尼米亚，尼米亚赛会 18, 79, 110, 230, *3*
Nemirov 纳米瑞夫 274
Neobule 纽布勒 186
Neolithic age 新石器时代 76, 80, 126, 149, 173, 260
Neoptolemus 奈奥普托勒姆斯 351
Nephele 涅斐勒 262
Nessos Painter 奈索斯画家 42
Nestor 涅斯托耳 144, 220
Nestus, R. 奈斯托斯河 260, 262, 301, 352, *9*
Nicaea (Corsica) 尼凯亚（科西嘉） 359
Nicaea (Transalpine Gaul) 尼凯亚（山外高卢） 351
Nicandre 尼坎德 184, 198
Nicosthenes 尼克斯提尼 70, 359
Nike (Victory) 尼刻（胜利） 148
Nile, R. 尼罗河 158, 160, 214f., 251, *1, 7*
Nineveh 尼尼微 293, 299, *12*
Nisaea 尼赛亚 56, 104, 108, *3*
nomos 习惯，参见 laws
Nora 诺拉 295, *13*
Nubia 努比亚 294, 298
Numana 努马纳 352, *13*
Nymphaeum 宁法埃乌姆 353, *2, 11*
Nysa, Mt. 尼萨山 303

O

Oasis Polis 奥阿西斯城 151, *2, 7*
obeliskoi 金属棒，参见 spits
Octavian 奥古斯都，参见 Augustus
Odessus 奥迪索斯 272, *11*
Odrysae 奥德吕塞部落 305, *10*
Odysseus 奥德修斯 144–147, 194, 209, 238, 294, 346, 351
Odyssey 《奥德赛》，参见 Homer

Oeagrus 俄阿格罗斯 303
Oebares 欧巴雷斯 266
Oedipus 俄狄浦斯 129
Oenoe 俄诺埃 131, *4*
Oenomaus 奥诺玛奥斯 109
Oenotrians 奥依诺特里亚人，参见 Sicels
Oeochus 奥埃库斯 130
Oescus, R. 奥埃斯库斯河 358, *10*
Oesyme 奥依苏梅 261, *9*
Ogyges 奥巨吉斯 129
oikos 家，参见 family
oil 油，参见 land, use of
Oise, R. 瓦兹河 252, *1*
Olbia 奥比亚 11, 158, 252-257, 307, 309, *2*, *11*
oligarchic government 寡头政府 11, 22, 71, 84, 88, 101, 117f., 127, 185, 200, 230, 251, 271ff., 352；同时参见 timocracy
Olives 橄榄，参见 land, use of
Olorus 欧罗洛斯 264
Olymbrus 奥林布鲁斯，参见 Tarsus
Olympia, Olympic Games 奥林匹亚，奥林匹亚赛会 18, 26, 43, 58, 77, 84, 101f., 106, 109ff., 124, 150, 187, 196, 224, 230, 245f., 296, 355, *3*
Olympus, Mt. 奥林波斯山 17, 45, 109, 25, 184, 258, *4*
Olympus (Phrygian musician) 奥林普斯（弗里吉亚音乐家） 354
Omphace 奥姆法克 245, *8*
Onatas 奥纳塔斯 71

Onesilus 奥讷西琉斯 205f.
Onomacritus 奥奈西克里图斯 304
Opicans 奥皮卡人 221
Opuntian Locris 奥普斯洛克里，参见 Locris
Orbetello 奥尔贝泰洛，参见 Calusium
Orchomenus (Boeotia) 奥尔霍迈诺斯（波奥提亚） 71, 128-131, 134f., 343
Orestes 俄瑞斯忒斯 99, 179, 241, 345, 348
orgeones 归化民 40, 43, 54
orientalizing style 东方化风格 7, 23, 42, 82, 116, 197, 212, 296, 312, 355
Ornea 奥涅阿 75, *3*
Orneates 奥涅阿特人 75
Oroetes 欧罗依提斯 156, 299
Orontes, R. 奥隆忒斯河 212ff., 295
Oropus 奥罗普斯 130, *4*
Orpheus, Orphism 俄耳甫斯 178, 229, 245, 262, 303f., 336, 358
Orsippus 奥西普斯 106
Orthagoras 奥塔戈拉斯 20f., 101f.
Orthia 奥尔提亚，参见 Artemis
Oscan 奥斯坎 223
Osiris 奥西里斯 299
Ossa, Mt. 奥萨山 184, *4*
Ostracism 陶片放逐 68f.
Otranto, Straits of 奥特朗托海峡 253
Otus 奥图斯 130, 184
Ovid 奥维德 272
Ozolian Locris 奥佐里亚洛克里，参见 Locris

P

Padus, R. 帕都斯河，参见厄里达诺斯
Pacones 派奥涅斯 301, 9, 10
Pagasae, Gulf of 帕加塞湾 126, 4
Palatine Anthology 《帕拉丁文选》 78
Paleokastri (Euboea) 帕莱奥卡斯特里（优卑亚），参见Cyme
Paleokastro (Crete) 帕莱卡斯特罗（克里特） 200, 6
Palestine 巴勒斯坦，参见Israel
Pallene 帕勒涅 116, 260, 9
Paltus 保图斯 116, 214, 220, 295, 297, 311, 12
Palus 派鲁斯 54
Pamboeotia 泛波奥提亚节 134
Pamillus, Pammilus 帕米洛斯 247
Pamphylia 潘福利亚 346, 12
Pamphyloi 潘菲罗伊 92, 101
Pan 潘 239, 290
Panathenaia 泛雅典人节，参见festivals
Pandion 潘迪翁 301
Pandora 潘多拉 30, 131f.
Pangaeum, Mt 潘盖翁山 56ff., 186, 305, 9
Panhellenism 泛希腊同盟 xiii, 18, 45, 79, 110f., 121, 124, 128, 230, 281
Panionion, Panionianism 泛伊奥尼亚同盟 137, 141, 160, 5
Panormus 帕诺尔摩斯 234, 295, 8
Pantagnotus 潘塔格诺图斯 153
Pantalica 潘塔莉卡 236, 8
Pantares 潘塔勒斯 245f.
Panticapaeum 潘提卡派乌姆 277, 358, 2, 11
Paphlagonia 帕夫拉戈尼亚 269, 11, 12
Paphos 帕福斯 201, 203, 205f., 294, 7
Papyri 纸草 186, 216
paralia (coast men) 海岸派 54, 56, 64
Paris 帕里斯 90, 142, 241
Parium 帕里昂 186, 2, 10
Parmenides 巴门尼德 28, 171, 177, 244, 350
Parnassus, Mt. 帕纳索斯山 1, 119, 124, 175, 303, 4
Pamon, Mt. 帕农山 90, 99, 3
Paros 帕罗斯 6, 15, 19, 25, 54, 60, 125, 148, 150, 184, 186ff., 261, 298, 342, 5
Parthenius, R. 艾姆布拉苏斯河，参见Imbrasus
Parthia 帕提亚 284
Paryadres, Mts. 帕里亚德斯山 270
Pasargadae 帕萨尔加德 300, 12
Pasiphae 帕西淮 193
Patavium 帕塔维乌姆 352, 13
Patroclus 帕特洛克罗斯 6, 38, 143, 294
Pattin 帕丁，参见Unqi
Pausanias 保桑尼阿斯 77, 79, 103, 198
Pazaryk 巴泽雷克 306
Pediaeus, R. 派迪埃俄斯河 204, 7
pedieis (plainsmen) 平原派 54, 56, 64
Pegae 派伽港口 104, 3
Pegasus 帕加索斯 26, 80, 89
Pelasgi 皮拉斯基 36, 256
Pelasgiotis 派拉斯基奥提斯 126ff., 4

Peleus 佩琉斯 12
Pelias 派利阿斯 242, 279
Pelion, Mt. 皮利翁山 184, 4
Peloponnese 伯罗奔尼撒 1ff., 10, 20, 35, 70f., 73-111, 179, 209f., 224, 282
Pelops 佩洛普斯 2, 73, 109
Pelorias 佩洛瑞阿斯 239
Peloritan, Mt. 佩洛瑞阿斯山 239
Pelusiac mouth of Nile 尼罗河普鲁西亚河口 215, 7
Penelope 佩内洛普 144ff.
Penestae 派奈斯泰人 126
Peneus, R. 派纽斯河 126f., 342, 4
pentakosiomedimnoi 五百斗级 51
Pentelicus, Mt 潘提里山 34, 4
Penthesilea 彭忒西勒亚 280
Pentheus 彭透斯 31, 303f.
Penthilus, Penthilidae 蓬提罗斯 179
Peparethus 佩帕瑞托斯 26, 195, 4
peplos 羊毛长袍, 参见 clothing
Perachora 佩拉霍拉, 参见 Piraeum
Peraea, Thracian 派莱亚 261
Perdiccas I. 佩迪卡斯一世 259
Pergamum 帕加马 284f.
Periander (Ambracia) 佩里安德（阿姆夫拉基亚） 352
Periander (Corinth) 佩里安德（科林斯） 21, 44, 87, 123, 159, 254, 260, 298, 340, 352
Perieres 佩里厄瑞斯 239
Perinthus 佩林索斯 106, 151, 2, 10
perioikoi, perioeci (dwellers round about) 边居民 23, 29, 75, 80, 93f., 126, 210, 342

Perpetual Sailors 终身船员, 参见 *aeinautai*
Persephone (Kore) 珀耳塞福涅（科莱） 44f., 208, 232, 294, 321
Persepolis 波斯波利斯 300, 12
Perses 帕尔赛 131
Perseus 珀尔修斯 248, 354
Persia (Iran), Persian Wars 波斯（伊朗），波斯战争 xi, 22, 26, 28, 33, 60ff., 70, 72, 90, 100, 118f., 121, 123ff., 128, 139, 149, 154, 156, 162, 166ff., 170, 172f., 175-178, 182f., 185, 188, 203-206, 208, 211, 229, 242f., 249, 255, 259, 261f, 264-267, 276, 281-285, 291f., 296, 299f., 305, 307, 309f., 314f, 345, 353, 356f.
Perusia (Perugia) 佩鲁西亚（佩鲁贾） 319, 359, 13
Pessinus 培希努 290, 12
Phaeacians 费阿奇亚人 145, 253
Phaedriades 费德里亚德斯 119f.
Phaedrus 斐德若 32
Phaestus 法埃斯托斯 197, 6
Phalanthus 帕兰修斯 26, 348
phalanx 重装步兵方阵, 参见 warfare
Phalaris 法拉里斯 20, 242, 245, 350
Phalces 法尔克斯 101
Phaleas 法勒阿斯 266
Phaleiron 法勒荣 37, 64, 206, 4
Phalerus 法勒洛斯 206
Phanagoria 法纳戈里亚 278, 2, 11
Phanes 法涅斯 336
Pharae 法莱依 343

pharmakos 替罪羊 251
Pharsalus 法萨卢斯 127f., *4*
Phaselis 法赛里斯 183, 215
Phasis 法希斯 278f.
Phasis, R. 法希斯河 278f., 310, *2*, *11*
Pheidias 菲迪亚斯 283
pheiditia 共餐会 97
Pheidon (Argive monarch) 菲冬（阿尔戈斯统治者） 20, 71, 76ff., 84f., 110
Pheidon (Corinthian lawyer) 菲冬（科林斯立法者） 81
Phemius 斐弥俄斯 344
Pherae 费拉 126, 343, *4*
Pheraemon 费拉蒙 239
Pherecrates 斐勒克拉忒斯 337
Pherecydes 斐瑞居德斯 300, 346
Pheretime 斐勒提梅 30, 204, 210f.
Philaids 斐赖家族 56, 61, 264
Philip II. 腓力二世 283f.
Philistines 非利士人 294, 356
Philistus 菲利斯托斯 217
Philo of Byblus 布波洛斯的斐洛 357
Philocles 菲洛克勒斯 82, 347, 357
Philocyprus 菲洛塞浦路斯 206
Philogenes 菲洛格涅斯 175
Philolaus (Corinthian and Theban law-giver) 菲洛劳斯（科林斯和忒拜的立法者） 81, 135
Philolaus (philosopher of Croton or Taras) 菲洛劳斯（克罗顿或塔拉兹的哲学家） 348
philosophy 哲学 11, 27f., 133, 160–165, 171ff., 227ff., 238, 283f., 294

Phlius 菲力乌斯 243, 339, *3*
Phocaea 福西亚 10, 20, 26, 137, 174–177, 215, 249–252, 264, 271, 299f., 314, 348
Phocis (colonizer of Massalia) 福西斯（马萨利亚的殖民者） 249
Phocis (region of Greece) 福西斯（希腊地名） 119, 123, 175, 178, 300f., 342, *4*
Phocylides 福西尼德 164
Phoenicia 腓尼基 4, 7, 10, 14, 19, 24f., 85f., 114, 116, 129, 160, 167, 176, 178, 195ff., 200f., 203f., 211, 213, 220f., 232, 234f., 240, 242, 247, 252, 261, 266f., 292, 294–299, 315, 317, 320, 355, 357, *12*
Phoenix 菲尼克斯 356
phoinikeia 希腊字母别称 197, 203, 212, 297
Phoxus 福修斯 117
phratry 胞族 4, 39f., 64, 84, 333
Phrixus 弗里克索斯 262
Phrygia 弗里吉亚 157, 169, 173, 258, 265, 269, 271, 289–292, 297, 303, 345, 354ff.
Phrynichus 普律尼科司 60, 72, 167
Phrynon 弗吕侬 43, 179
Phthiotis, Phthia 弗提奥提斯 126f., 343, *4*
phyle 宗族，参见 tribe
physicians 医生，参见 medicine
Picentia 皮森提亚 320, *13*
Pillars of Heracles (Straits of Gibraltar) 赫拉克勒斯之柱（直布罗陀海峡）

10, 150, 251f., *1*
Pindar 品达 45, 72, 109, 128
Pindarus 品达罗斯 170
Pindus, Mt. 品都斯山 125, *1*, *4*
Pion, Mt. 皮翁山 168, *5*
Piraeum 比雷乌姆 76, 81, 106, *5*
Piraeus 比雷埃夫斯 37, 44, 64, 72, *4*
pirates 海盗 4, 11, 35, 46, 154, 194, 201, 214, 222, 239, 257, 296, 344
Pisa, Pisatis 皮萨，皮萨提斯 109f., *3*
Pisistratids 庇西特拉图家族 63, 118, 125, 135, 147f.；同时参见Hipparchus (2), Hippias, Pisistratus
Pisistratus 庇西特拉图 56-59, 62, 64, 72, 118, 182, 185, 191, 264, 304, 353
Pithecusae 皮特库塞 11, 116, 212f., 219ff., 225, 253, 311, 314, 316f., 320, *2*, *8*
Pitsa 皮特萨 77, 103, *3*
Pittacus 庇塔库斯 44, 179f., 182
Pityus 皮图斯 278, *11*
plainsmen 平原居民，参见*pedieis*
Plataea 普拉提亚 281, *4*
Platea 普拉提亚 63, 130, 135, 150, 207
Plato 柏拉图 7, 10, 12, 18, 28, 32, 34, 135, 164, 172, 194, 228f., 231, 238, 243, 283, 290, 292, 348, 350
Pliny the elder 老普林尼 82, 103, 148, 176, 198, 258
Plutarch 普鲁塔克 12, 43, 47, 49f., 96, 107, 118, 128, 238, 338, 341
Pluto 普鲁托，参见Hades

Po, R. 波河，参见Eridanus
polemarch 军事执政官，参见*archon*
polis 城邦，参见city-state
Politorium 波利托利乌姆 321, *13*
Poltava 波尔塔瓦 309, *11*
Polybius 波利比乌斯 230, 267, 275
Polybus 波吕波斯 101, 342
Polycharmus 波利卡姆斯 216
Polycrates (dictator of Samos) 波利克拉特斯（萨摩斯僭主） 20, 153-156, 185, 191, 215, 227, 299
Polycrates (son of dictator of Samos) 波利克拉特斯（萨摩斯僭主的儿子） 155, 182
Polydeuces (one of Dioscuri) 波吕丢刻斯（狄奥斯库洛伊兄弟之一） 91, 215, 233, 302, 321
Polygnotus 波利格诺托斯 304
Polymnestus 波利涅斯托斯 345
Polyphemus 波吕斐摩斯 144f.
Pontus 本都 269ff., 284, *11*, *12*
Populonia 波普罗尼亚 317f., *13*
Poros 波罗斯岛，参见Calauria
Porphyry 波菲利 227
Porsenna, Lars 拉尔斯波尔塞纳 318f., 321
Poseidon 波塞冬 18, 26, 35, 84, 88, 120, 130, 137, 144f., 193, 214, 239, 260f., 348
Posidium 波塞迪翁 116, 214, 220, 295, 297, 311, *12*
Posidonia 波塞冬尼亚 18, 26, 224, 226, 348, 359, *2*, *8*

Potidaea 波提狄亚 26, 87, 260, *2, 9*
pottery 陶器, 参见 black-figure, *bucchero*, Geometric, Mycenaean, orientalizing, Protoattic, Protocorinthian, Protogeometric, red-figure, sub-Mycenaean, white-ground
Praeneste 普莱讷斯特 321, *13*
Pratinas 普拉提纳斯 338
Pre-Socratics 前苏格拉底哲学, 参见 Philosophy
Priam 普里阿摩斯 90, 142ff.
Priene 普里埃内 137, *5*
Prilius, L. 普利琉斯湖 316f., *13*
Prinias 普林尼阿斯 198
Probouleusis 议案 67
Procles (founder of Samos) 普罗克勒斯（萨摩斯建城者） 149
Procles (invader of Laconia) 普罗克勒斯（入侵拉哥尼亚者） 90
Procne 普罗克妮 301
Proconnesus 普洛康奈索斯 265, 309, *2, 10*
prokrisis 投票 66f.
Prometheus 普罗米修斯 131, 238
Propontis 普罗庞提斯 43, 106, 158, 262, 265ff., 302, 309, *10*
Prosymna 普若苏纳 76, *3*
Protagoras (Berezan) 普罗塔哥拉斯（别列赞） 276
Protoattic pottery 原始阿提卡陶 54, 340
Protocorinthian pottery 原始科林斯陶 82f., 232, 315
Protogeometric pottery 原始几何陶 3, 6, 37, 75, 91, 114, 347
Protothyas 普罗托苏亚斯, 参见 Bartatua
prounikoi 负债者, 参见 serfs
proxenoi 外邦代理人 12
Prussia 普鲁士 306, 308
prytaneis 五十人委员会, 参见 steering committee
Psammetichus I. 普萨美提克一世 158, 214f., 290, 293, 298
Psammetichus II. 普萨美提克二世 88, 298
Psammetichus III. 普萨美提克三世 154, 299
Psammetichus Cypselus 库普塞鲁斯的普萨美提克 88, 298
Pseudo-Scymnus 伪西姆努斯 195
Psiloriti, Mt. 普西罗力提山 196
Psychro 浦西克洛 200
Ptoion 普陀伊翁 136, 343, *4*
Ptolemies 托勒密 284
Pulenas, Lars 拉尔斯普勒纳斯 313
Punic language 布匿语, 参见 Carthage
Punicum 布匿 314, *13*
purple dye 紫色染料, 参见 *murex*
Puteoli 波佐利, 参见 Dicaearchia
Pylae 比利, 参见 Thermopylae
Pylos 皮洛斯 1, 35f., 56, 94, 119, 144, 201, 303, 345, 348
Pyrgi 皮尔基 314, *13*
Pyrrha (Lesbos) 皮拉（莱斯博斯） 178, 180, *5*
Pyrrha (wife of Deucalion) 皮拉（丢卡利翁的妻子） 126, 238

Pyrrhaeus Euripus, Gulf of 皮拉尤里普斯湾 178
Pythagoras (Ephesus) 毕达哥拉斯（以弗所） 169
Pythagoras (Samos), Pythagoreans 毕达哥拉斯（萨摩斯），毕达哥拉斯学派 28, 155, 172, 227-231, 238, 245, 300, 302, 304, 309, 336, 348ff., 357
Pythia 皮提亚 120f.
Pythian Games 皮提亚赛会，参见Delphi
Python 皮同，参见堤丰

Q

Quintilian 昆提利安 241
Qulha 奎尔哈，参见Colchis

R

Ras Shamra 拉斯姗拉，参见Ugarit
red-figure pottery 红绘陶瓶画 7, 69f., 283, 313f., 359
Regae, Regisvilla 雷加，雷吉斯韦拉 315, 13
Regillus, L. 勒吉鲁斯湖 321
Rehtia, Reitia 瑞提亚 352
Renus (Reno), R. 雷诺河 319
Rhaecelus 莱阿克鲁斯 56, 62, 353, 9
Rharian plain 拉里亚平原 44f.
Rhea 瑞亚 196
Rhegium 赫雷基乌姆 116, 155, 177, 223, 230, 233, 260, 347, 349, 2, 8
Rheneia 里尼亚岛 154, 191, 346, 5
Rhetra 大公约 92, 341, 343
Rhium 利乌姆 332, 3

Rhodanus (Rhône), R. 罗达诺斯河（罗讷河） 176, 252, 1
Rhodes 罗德岛 26, 182f., 209, 212, 215, 245, 247, 249, 284f., 296, 347, 350, 5
Rhoecus 罗伊科斯 152f., 155, 344
Rhombus 罗姆布斯 54
Rhône, R. 罗讷河，参见Rhodanus
Rhypae 鲁佩亚 226
Rome 罗马 251, 285, 297, 311, 313ff., 320, 359, 1, 13
Rosas, Gulf of 罗塞斯湾 250
Rusellae 罗塞莱 317, 359, 13
Russia, South 俄罗斯南部，参见Scythia
Rutile Hipukrates 胡提勒希波克拉特斯，参见Hipukrates

S

Sabellians 萨贝利人 359
Sacadas 萨卡达斯 79
Sacred War, First 第一次神圣战争 102, 123f., 127
Sadyattes 萨迪亚泰斯 159, 290f.
Saei 塞伊人 352, 10
Sagra, R. 萨格拉河 230, 8
Saint-Blaise 圣布莱斯 250
Sais 赛易斯 216, 298, 7
Salamis (Cyprus) 萨拉米斯（塞浦路斯） 26, 201, 203-206, 210, 255, 338, 7
Salamis (island in Saronic Gulf) 萨拉米斯（萨罗尼克湾的岛屿） 44, 46, 57, 64, 107f., 204, 281f., 339, 4
Salerno, Fratte di 萨勒诺，弗拉特，参

见 Fratte di Salerno

Salemum, Gulf of 萨勒努姆湾 320, 8, 13

Salzkammergut 萨尔茨卡默古特 351

Samnium, Samnites 萨莫奈人 223, 315, 8, 13；同时参见 Sabellians

Samos 萨摩斯 18, 20, 24f., 28, 30, 71, 96, 106, 117, 137, 139f., 149–156, 158, 166f., 169f., 176, 182, 184f., 191, 207, 210, 215, 217, 227, 231, 261, 284, 290, 293, 296, 298ff., 305, 314, 337, 341, 5

Samothrace 萨摩色雷斯 151, 261, 290, 301, 358, 2, 9

Sanchuniathon 桑楚尼亚松 357

Sandon 桑顿 290

Sangarius, R. 桑加留斯河 289, 11, 12

Sapaei 萨派俄斯人 264, 10

Sappho 萨福 12, 15f., 30, 32, 181f., 216

Sardinia 撒丁岛 177, 295, 317, 348, 359, 1, 13

Sardis 萨尔迪斯 70, 155f., 159, 161, 167, 173, 290ff., 294, 299, 354, 358

Sargon (Agade) 萨尔贡（阿卡德） 294

Sargon II. (Assyria) 萨尔贡二世（亚述） 289, 292f., 354, 356

Sarmatae 萨尔马提亚人，参见 Sauromatae

Saronic Gulf 萨罗尼克湾 34, 43, 70f., 75, 80, 104

Sarpedon 萨尔佩冬 157

Satres 萨特斯人 261

satyrs, satyr-plays 萨提尔，萨提尔剧 59, 87, 108, 261, 303, 338

Saulius 萨奥留斯 308

Sauromatae 萨尔马提亚人 280, 11

Scamandronymus 斯卡曼德罗尼莫斯 181

Scarabs 圣甲虫，参见 gems

Scheria 斯科利亚岛 148, 253

schools 学园，参见 education

Scidrus 斯奇德洛斯 224, 8

science 科学 12, 27f., 133, 160, 164f., 231

Sciron, Scironian Rocks 司奇隆，司奇隆岩 104, 3

Scopas, Scopads 斯哥帕特 128, 339

sculpture, carving 雕塑 23, 25ff., 54, 59ff., 63, 70f., 82, 89, 94, 96, 99, 102ff., 109, 111, 120, 124, 135, 147f., 152, 168, 177, 184f., 188–191, 197–200, 204, 215, 217, 225, 247f., 272–275, 284f., 296, 298, 300, 306ff., 314–318, 331, 336, 357

Scyles 斯库勒斯 274, 308, 358

Scylla 斯库拉 145

Scyllis 斯库里斯 25, 103, 198

Scymnus 西姆努斯，参见 Pseudo-Scymus

Scyros 斯基罗斯 178, 5

Scythia (South Russia, Moldavia, Ukraine) 斯基泰（俄罗斯南部，摩尔达维亚，乌克兰） xiv, 56, 101, 148, 166, 169, 182, 229, 264f., 272f, 276f., 280, 293, 299f., 302, 304–310, 353f., 358

seal-stones 印章 185, 297, 337；同时参见 scarabs

Segesta 塞格斯塔 247, 350, 8

Segobrigii 塞戈布里热人 249

Seine, R. 塞纳河，参见Sequana

Seleucia by the Tigris 底格里斯河畔的塞琉西亚 284

Selinus 赛利诺斯 238, 240, 245, 247f., 350, *2, 8*

Selinus, R. 赛利诺斯河 247f., *8*

Selloi 赛洛伊人 351

Selymbria 锡里布里亚 106, *2,10*

Semitic languages 闪米特语 205, 297, 334f.

Semon 西蒙 337

Semonides 西蒙尼德斯 16, 30, 140, 150f., 228

Senegal, R. 塞内加尔河 251

Sennacherib 塞纳克里布 86, 293, 354f.

Sepeia 赛皮亚 79, 100, *3*

Sequana (Seine), R. 塞夸纳河 252, 351, *1*

Serdaioi 塞尔达奥 224, 348

serfs 农奴 29, 80, 101f., 104, 108, 126, 194, 236, 267, 271；同时参见Helots

Servius 塞尔维乌斯 318

Servius Tullius 塞尔维乌斯·图利乌斯 320

Sestus 塞斯托斯 301, *2, 10*

Seven Sages 七贤 87, 99, 160, 179, 183, 308

Shalmaneser III. 沙尔马那塞尔三世 292, 355

shamans 萨满教 196, 229, 304, 308, 358

ships, shipping, navigation 船只，航运，航海 1, 11, 82f., 85ff., 93, 118, 150, 153f., 157f., 161, 185, 193, 220, 254f., 261, 269, 274, 296, 298, 313f., 317

Siberia 西伯利亚 306ff., 358

Sibyls 西比拉 222f.

Sicans 西坎尼人 234, 245, 349, *8*

Sicels 西库里人 232, 234, 236, 239, 246f., 349, *8*

Sicilian Strait 西西里海峡 116, 219, 222, 234, 239f., *8*

Sicily 西西里, xiv, 10, 14, 22f., 42, 85, 110, 178, 181, 183f., 201, 219f., 234-248, 254, 282, 295, *1, 8*

Sicon 西孔 347

Sicyon 锡西安 20f., 25, 59f., 73, 78f., 82, 101-104, 123f., 127, 148, 198, 300, 342, *3*

Side 赛德 346, *12*

Sidon 西顿 10, 90, 294, *12*

Siduri 西杜里 294

Sigeum 西基昂 44, 57, 179f., 182, 264, 352f., *10*

Silarus, R. 希拉里乌斯河 225, *8*

Silenus, Sileni 西勒诺斯塞勒尼 303, 339

Silphium 罗盘草 26, 209f.

silver 银，参见金属

Simagre 西马格雷 279

Simonides 西蒙尼德斯 62, 128, 339

Sindi, Sindike (Gorgippia), Sindikos Limen 辛迪，辛迪克（阿纳帕），辛迪克斯莱曼 353, 358, *11*

Sinope 西诺普 269ff., 273, 279, 353, 2, *11*
Sintes, Sinti 辛提斯人 260
Siphae 斯伐伊港口 130
Siphnos 锡弗诺斯 124, 154, 188, *5*
Sipylus, Mt. 斯比勒斯山 169, *5*
Sirens 塞壬 227
Siris 西里斯 226, 230, 345, *2*
Sisyphus 西西弗斯 80
Sithonia 锡索尼亚 116, 260, *9*
Sitia, Mt. 斯提亚山 196, 200, *6*
Skales 斯卡勒斯 205
slaves 奴隶 23, 29, 39, 43, 45, 47f., 64, 67, 93, 95, 116, 132f., 148, 185, 194, 199, 212, 221, 223, 232, 269ff., 275f., 289, 302, 304, 307, 309, 337, 349
Slovenia 斯洛文尼亚 319
Smardus, R. 斯玛德斯河 175, *5*
Smela 斯米拉 274, 358, *11*
Smyrna 士麦那 24, 139, 173ff., 272, 345, 354, *5*
Socrates (Athenian philosopher) 苏格拉底（哲学家） 11, 66, 228, 283
Socrates (historian of Argos) 苏格拉底（阿尔戈斯历史学家） 75
Soli 梭利 206, *7*
Solinus 索利努斯 240
Soloeis 索罗埃斯 234, *8*
Solon 梭伦 12, 16, 23, 28, 31, 46−54, 56f., 61, 64ff., 71, 107, 123, 149, 174, 179, 206, 216, 291, 308, 338ff.
Somme, R. 索姆河 252, *1*
Sophocles 索福克勒斯 10, 60

sortition 拈阄，参见 lot
Sostratus 索斯特拉图斯 314, 339
Spain (Iberia, Hispania) 西班牙 150, 176f., 242, 249f., 351, *1*
Sparta 斯巴达 3, 14f., 20, 30ff., 57, 63f., 72, 77, 79, 89−101, 109, 118, 123, 126, 128f., 135, 142, 144f., 148, 150, 154, 156, 167, 169, 180, 182, 185, 194f., 198, 210, 215, 226, 232, 240f., 247, 281−284, 293, 310, 340f., 347f., *1, 3*
Spartocids 斯帕尔多库斯 284
Spina 斯宾纳 223, 255ff., 315, 319f., *13*
spits (obeliskoi) 金属棒 78, 89
Spurinna family 斯普林那家族 313
Srubnaya 斯鲁布纳亚文化，参见 Timber-Grave Culture
Stagirus 斯塔基拉 284
Stannaries 锡矿区，参见 Cornwall
Stasanor 斯塔桑诺 206
Stasinus 斯塔西努斯 204
stasis, factional violence 内战 23, 42, 68f., 107, 158ff., 179, 226, 231, 237, 272
steering committee 指导委员会 65, 251
Stesichorus 斯特西克鲁斯 15, 96, 155f., 240ff., 350
Strabo 斯特拉波 81f., 110, 113f., 149, 174f., 206, 224f., 249, 251, 276, 278f., 346
Straits of Gibraltar 直布罗陀海峡，参

见 Pillars of Heracles

Straits of Messina 墨西拿海峡，参见 Sicilian Strait

strategoi 将军，参见 generals

Stratopeda 斯特拉拓派达 215

Stryme 斯特鲁梅 261, *9*

Strymon, R. 斯特鲁马河 167, 301, 304, *9*

Sub-Mycenaean pottery 亚迈锡尼陶 2f., 37

Sumerians 苏美尔人，xi, 205, 293

Senium 苏尼翁 34, *4*

Susa 苏萨 167, 170, 299f.

Susarion 苏萨利翁 108

Sybaris 锡巴里斯 10, 12, 26, 157, 223–226, *2, 8*

Sybaris, R. 锡巴里斯河 224, *8*

Sybota 叙博塔 83, 254, *4*

syllabary 音节文字，参见 writing

Syloson 叙洛松 153, 156

symposia (banquets) 会饮 5, 15, 32, 46, 68, 180f., 187, 337

synetheiai 忠诚 68

Synoecism (*synoikismas*) 村镇合并 3, 38, 80, 91, 105, 115, 313, 315–319, 359

Synoikia 统一节，参见 festivals

Syracuse 叙拉古 10, 26, 80, 90, 105, 108, 169, 235–240, 246f., 254, 282ff., *1, 2*

Syria 叙利亚 4, 6f., 14, 18, 21, 25, 37, 71, 82, 85, 110, 114, 116, 118, 133, 152, 195ff., 200f., 211–215, 220, 257, 269, 292–298, 300, 311, 315, 318, 355ff., *1, 12*

Syros 锡罗斯 300, *5*

Syrtis, Greater (Major) 大瑟提斯 206, *6*

T

Tabiti 塔比缇 278, 306, 308f.

Taenarum, C. 泰纳伦 90, *3*

Tagos 色萨利联盟军事领袖 127

Talaus 塔劳斯 73

Taman Gulf, peninsula 塔曼半岛 277, 279, 353f., 358, *11*

Tanagra 塔纳格拉 130, 134, 222, *4*

Tanais 塔纳依斯 276f., *11*

Tanais, R. 塔纳依斯河 276f., 280, 306, 309, 353, *2, 11*

Tantalus 坦达洛斯 173

Taras 塔拉兹 26, 94, 98, 224, 284, 348f., *2, 8*

Taras, Gulf of 塔拉兹湾 219, 224, *8*

Tarchon 塔肯 312

Tariverde 塔里菲尔德 272

Tarquinii 塔尔奎尼 89, 312ff., 340 348, 357, *13*

Tarquinius, Cnaeus (Cleve Tarchunies) 格奈乌斯·塔奎尼乌斯（克尼夫·塔库尼斯）315

Tarquinius Priscus 塔奎尼乌斯·布里斯库斯 223, 313, 320

Tarquinius Superbus 塔奎尼乌斯·苏培布斯 320

Tarsus 塔尔索斯 354, *12*

Tartessus 塔尔特索斯 150, 176, *1*

Taucheira 陶切拉 208, 211, *6*

Taurianum 陶里亚努姆 233, *8*
Tauris 陶里斯，参见Chersonese, Tauric
taxation, tolls, tribute 税收，贡金 21, 51, 58, 61, 82, 85, 93f., 123, 169, 225, 236, 240, 273, 340
Taygetus, Mt. 泰格特斯山 90, 99, *3*
technology 技术 11f., 154
Tectaeus 泰克塔埃乌斯 191
Tegea 帖该亚 99, 197, 205, 342
Telamon (King of Salamis) 忒拉蒙（萨拉米斯国王） 204, 317, 338
Telemachus 忒勒马科斯 144f., 344
Telephanes 特勒芬尼 177, 300
Telepinus 特里皮努 44
Telesicles 忒勒斯科勒司 186, 261
Telys 特莱斯 226
Temenus 忒麦努斯 75ff., 90, 101
Temir Gora 特米尔戈拉 358
Tempe, Vale of 坦佩山谷 124, *4*
temples 神庙，参见architecture
Tenea 泰耐 235, *3*
Tenedos 忒涅多斯岛 142
Tenos 泰诺斯岛 117, 184, *5*
Teos 忒奥斯 128, 137, 155, 160, 215, 262, 264, 278, 299, *5*
Tereus 特雷乌斯 301
Terina 特里那 227, *8*
Terme di Roselle 罗塞勒浴场 317
Terpander 特尔潘德 96, 180, 292
Teucer 透克洛斯 204, 338
Teuclus 泰乌克罗斯 184
textiles, fabrics 纺织 82, 212, 225, 289, 291, 358

Thales 泰勒斯 28, 160-164, 172, 244, 294
Thaletas 萨勒塔斯 14, 96, 198, 200, 232
Thaotor 塔奥托 348
Tharros 塔罗斯 295, *13*
Thasos 萨索斯 26, 186, 260ff., 278, 301, *2*, *9*
Theagenes 塞阿戈奈斯 42, 106f.
Theages 忒阿格斯 231
Thebes (Boeotia) 忒拜（波奥提亚） 1, 14, 32, 35, 73, 75, 90, 98, 128ff, 134ff., 160, 241, 281, 283, 297, 303, *4*
Thebes (Egypt) 底比斯（埃及） 298
Thefarie Velianas 塞费里·韦礼安纳斯 315
Thelidae 泰利德 160
Themis 忒弥斯 109
Themiscyra 忒弥斯库拉 279, *11*
Themistocles 提米斯托克利 72
Theocles 特奥克勒斯 116, 349
Theocritus 忒奥克里托斯 284
Theodorus 特奥多罗斯 96, 152f., 155, 169f., 217
Theognis 泰奥格尼斯 22, 96, 107f.
Theologos 塞奥洛戈斯 260
Thera 锡拉岛 1, 6, 11, 32, 183, 197, 207, 210, 347, *5*
Therapne 铁拉普涅 90f., *3*
Thermaic Gulf 塞尔迈湾 56, 116, 258ff., 353, *9*
Thermi 塞尔米 178, *5*
Thermodon, R. 塞墨顿河 279, *11*

Thermopylae 德摩比利，温泉关 123, 281, *4*

Thermum 塞尔蒙 341, *4*

Theron 塞隆 350

thes, *thetes* 贫民 29, 51f.

Theseus 忒修斯 35, 104, 184, 193, 206, 280, 348

Thesmophoria 地母节，参见 festivals

thesmothetai 律法执政官，参见 lawgivers

Thespiae 赛斯皮亚 128, 130, 343, *4*

Thespis 泰斯庇斯 59f., 338

Thesproti 塞斯普罗蒂亚 351, *4*

Thessaliotis 泰萨利奥提斯 126, *4*

Thessalus 色萨鲁斯 126f.

Thessaly 色萨利 1ff., 13, 19, 56, 70, 117, 123-130, 134, 142, 148, 178, 183, 208, 304, 343, *4, 9*

Thoas 索阿斯 159

Thoricus 索瑞库斯 37, *4*

Thrace 色雷斯 18, 46, 56f., 59, 70, 123, 148, 151, 155, 167, 178ff., 184, 186, 229, 243, 258-262, 264, 266f., 272, 284, 289f., 299-305, 308, 349, 352, 354, 358, *1, 9, 10, 11*

Thracian Bosphorus, Chersanese 色雷斯博思普鲁斯，克森尼索，参见 Bosphorus, Chersonese

Thrasybulus 塞拉叙布鲁斯 20, 88, 159

Thriasian plain 特里亚细亚平原 34, 44, *4*

Thucydides 修昔底德 23, 36, 76, 86, 91, 105, 188, 223, 234, 239, 247, 253, 255, 282f., 302

Thurii 图利 226

Thyia 蒂亚 259

Thyrea, Thyreatis 特里亚 79f., 100, *3*

Tiber, R. 台伯河 220, 311, 314, 319, 359, *1, 13*

Tibur 提布尔 320, *13*

Tiglath-Pileser I. 提格拉特帕拉沙尔一世 292

Tiglath-Pileser III. 提格拉特帕拉沙尔三世 292

Tigris, R. 底格里斯河 292, *12*

Timaeus 蒂迈欧 194, 242, 249

timber 木材 57, 201, 216, 259, 261, 269, 278, 294, 307, 359

Timber-Grave (Srubnaya) culture 木墓（斯鲁布纳亚）文化 354

time (honour) 荣誉 134, 143

Timesias 特伊西亚斯 262

timocracy (government by wealthy) 财权政府 22, 51f., 72, 107, 135, 345; 同时参见 oligarchic government

Timomachus 提莫马科斯 341

Timon 提蒙 243

timouchoi 有荣誉者，参见 steering committee

Tiryns 梯林斯 1, 73, 75, 79, 100, 129, *3*

Tisias 提西亚斯，参见 Stesichorus

Titans 提坦巨人 189, 253, 304

Tite, Avle 阿夫勒泰 318

Tlepolemus 忒勒波勒莫斯 183

Tolfa, Mt. 托尔法山 313f.

tolls 过路费，参见 taxation

tombs　坟墓，参见burials
Tomis　托米斯　272, 2, 11
Torone　托罗尼　260, 2, 9
trade　贸易　11f., 38, 46f., 50f., 54, 58, 70ff., 80, 82f., 85, 89, 93f., 102, 105, 107, 115f., 150, 157f., 165, 167, 170f., 177, 181, 183, 186, 211–217, 219ff., 224, 232, 234f., 249, 252, 255, 269–278, 291f., 294, 296, 309, 311–320, 344, 352
tragedy　悲剧　27, 49, 55, 59f., 79, 87, 103, 122, 167, 187, 241, 283, 339, 341
Tragliatella　塔格利塔利　83
Transylvania　特兰西瓦尼亚　275
Trapezus　特拉佩组斯　270f., 353, 2, 11
Treres　特雷里人　358, 10
tribe (*phyle*)　部落　36, 40ff., 52ff., 57, 64f., 84, 92, 96, 101f., 104f., 137, 157, 168, 170, 195, 199, 210, 254, 332, 337; 同时参见*ethne*
tribute　贡金，参见taxation
Triphylia　特里弗里亚　114, 3
Triptolemus　特里普托勒摩斯　354
*tritty*s　三一区　40, 64
Troad　特洛阿德　44, 223, 10
Troezen　特洛伊曾　183, 224, 348, 3
Trophonius　特洛夫涅斯　122, 129
trousers　裤子，参见clothing
Troy, Trojan War　特洛伊，特洛伊战争　1f., 36, 71, 73, 90, 113, 129, 140, 142–145, 156f., 178, 180, 183, 204, 241, 255, 264, 280, 301, 335, 349, 354, 357, 10, 12

Tsuskan, R.　舒斯坎河　353
Tullius, Servius　塞尔维乌斯，图利乌斯，参见Servius Tullius
Tungus　通古斯　308, 358
Tushpa　图什帕　355, 12
Tyche (Fortuna)　泰科（福尔图娜）　320
Tynisias　特伊西亚斯，参见Timesias
Tynnondas　图农达斯　117
Typhaon, Typhon, Typhoeus　堤丰　119, 295
tyrants　僭主，参见dictators
Tyras　提拉斯　274, 2, 11
Tyras, R.　提拉斯河　274, 11
Tyre　泰尔　10, 129, 294f., 347, 349, 12
Tyritace　泰里塔克　353, 11
Tyrrhenian Sea　第勒尼安海　224f., 227, 233, 240, 312, 314
Tyrrhenians　第勒尼安人，参见Etruscans
Tyrsenus　提尔森诺斯　312
Tyrtaeus　提尔泰奥斯　16, 92, 95, 169

U

Ugarit　乌加里特　296, 335, 121
Ugro-Altaian languages　乌拉尔-阿尔泰语系，参见Ural-Altaic
Ukraine　乌克兰，参见斯基泰，乌里库米之歌
Umbria　翁布里亚　256, 318, 13
Umbro, R.　翁布罗河　316f., 359, 13
Underworld cults　冥府崇拜，参见克托尼俄斯崇拜
Unqi　乌尼奇　212, 214, 295
Upanishads　奥义书　164, 172, 229, 300

Ural-Altaic languages 乌拉尔-阿尔泰语系 305, 358
Urartu 乌拉尔图 292, 296, 353, 355, 357

V

Vani 瓦尼 354
Varro 瓦罗 318
Veii 维伊 314ff., 359, *13*
Velia 维利亚，参见 Elea
Velianas, Thefarie 韦礼安纳斯，塞费里，参见 Thefarie
Veneti 维托尼 255, 257, 352
Vettersfelde 维特斯菲尔德 358
Vetulonia 维图洛尼亚 316ff., 359
Vibo Valentia 维博瓦伦蒂亚，参见 Hipponium
Vico, Mt. 维科山 219
victory 胜利，参见 Nike
villages 村庄 2, 40, 65, 75, 80, 91, 104, 115, 130, 175, 302, 313, 315ff., 319, 332, 351, 359
Virgil 维吉尔 223, 315, 319, 349
virtue 美德，参见 *arete*
viticulture 葡萄种植，参见 land, use of
vix crater 混酒钵 96, 252, 351
Volaterrae 沃拉特莱 318, *13*
Volcei 沃尔凯 320, *13*
Volsinii 沃尔西尼 319, 359, *13*
Voltumna 沃尔图姆纳 319
Volturnum 沃尔图诺，参见 Capua
Vulca 乌尔卡 316
Vulchitrun 沃尔图诺 301, *10*
Vulci 武尔奇 314f., 320, *13*

W

warfare, armies 战争 11ff., 21f., 29, 32, 51, 56f., 64, 67, 77f., 85, 88, 93ff., 97, 105, 117, 127f., 153, 185, 195, 201, 205f., 209, 214, 223, 225, 246, 259, 280, 284, 290, 302, 306, 334, 343, 345, 357f.
wealthy, government by 按财富统治，参见 timocracy
West Greek dialects 希腊西部方言，参见 language
white-ground pottery 白陶 70
White Mts. 白山 196, *6*
wine 葡萄酒，参见 land, use of
Wisdom Texts 智慧文学 132, 293
women 女性 25f., 30ff., 40, 45, 49f., 56, 58, 70, 85, 93, 95, 98f., 107f., 111, 115, 131ff., 144, 146, 151, 155, 171, 181f., 186, 189f., 199, 205, 210f., 216, 225, 228, 232, 241, 260, 280, 289, 291, 303, 346, 352
wood 木头，参见 timber
writing, alphabet 书写，字母 14, 16, 38, 42f., 50, 103, 116, 131, 141, 165, 197, 200f., 203f. 212f., 220ff., 256, 296ff., 301, 303, 311, 331f, 334, 343, 347, 356

X

Xenophanes 色诺芬尼 17, 28, 161, 228, 242–245, 291, 349f.

Xenophon 色诺芬 96f., 135
Xerxes I. 薛西斯一世 177, 300, 340
Xuthus 克苏索斯 126, 137

Y
Yazilikaya 雅兹利卡亚 357

Z
Zagreb 萨格勒布 358
Zagreus 扎格罗斯 358
Zaleucus 扎莱乌库斯 14, 168, 232f.
Zalmoxis 扎尔莫克西斯 302, 304, 309, 349
Zancle 赞科勒 10, 222, 233, 239–242, 246, 347
Zea 载阿港口 37
Zeno 芝诺 284
Zephyrian promontory 泽弗里海角 232
zeugitai 双牛级 51f.
Zeus 宙斯 17f., 40, 73, 75, 90f., 109ff., 118ff., 122, 126, 129, 131–134, 143, 145, 152, 156, 172, 188f., 193f., 196, 200, 215, 224, 236, 246, 248, 259, 266, 273, 295, 300, 304, 321, 344, 351
Zigana pass 齐格纳山口 271, *11*
Zoroaster 琐罗亚斯德 300

图1　以弗所阿尔忒弥斯伊奥尼亚式神庙的复原图，该神庙在公元前560—前550年重建，全部由大理石建成，除了雪松木的屋顶和横梁。七大奇迹之一

图2　波塞冬尼亚的多利安式神庙，位于卢卡尼亚（意大利西南部），锡巴里斯的殖民地。据说这里以"克瑞斯"的神庙闻名，但是这里供奉的主要是赫拉和雅典娜，公元前500年。
Norbert Nagel /Wikimedia Commons / CC BY-SA 3.0

图3　伊奥尼亚的凯斯特河河口（门德雷斯河）。在古代，这条河流向以弗所，经历了数个世纪的泥沙淤积，其入海口已经发生了转移。dsdwn / Wikimedia Commons / CC BY-SA 3.0

图4　奥林波斯山山顶，众神居住的地方（位于马其顿和色萨利的边境），是阿提卡半岛最高的山峰

图5 青铜格里芬(头和脖子是中空浇铸的),是献祭给奥林匹亚青铜鼎的把手

图6 献给曼提克洛斯阿波罗的大型青铜雕塑,上有两行六音步题献说他"远射银弓"。这个雕塑的人物形象(阿波罗)最初可能身着盔甲并拿着矛和盾。公元前7世纪,波士顿美术馆。Marcus Cyron / Wikimedia Commons / CC BY-SA 4.0

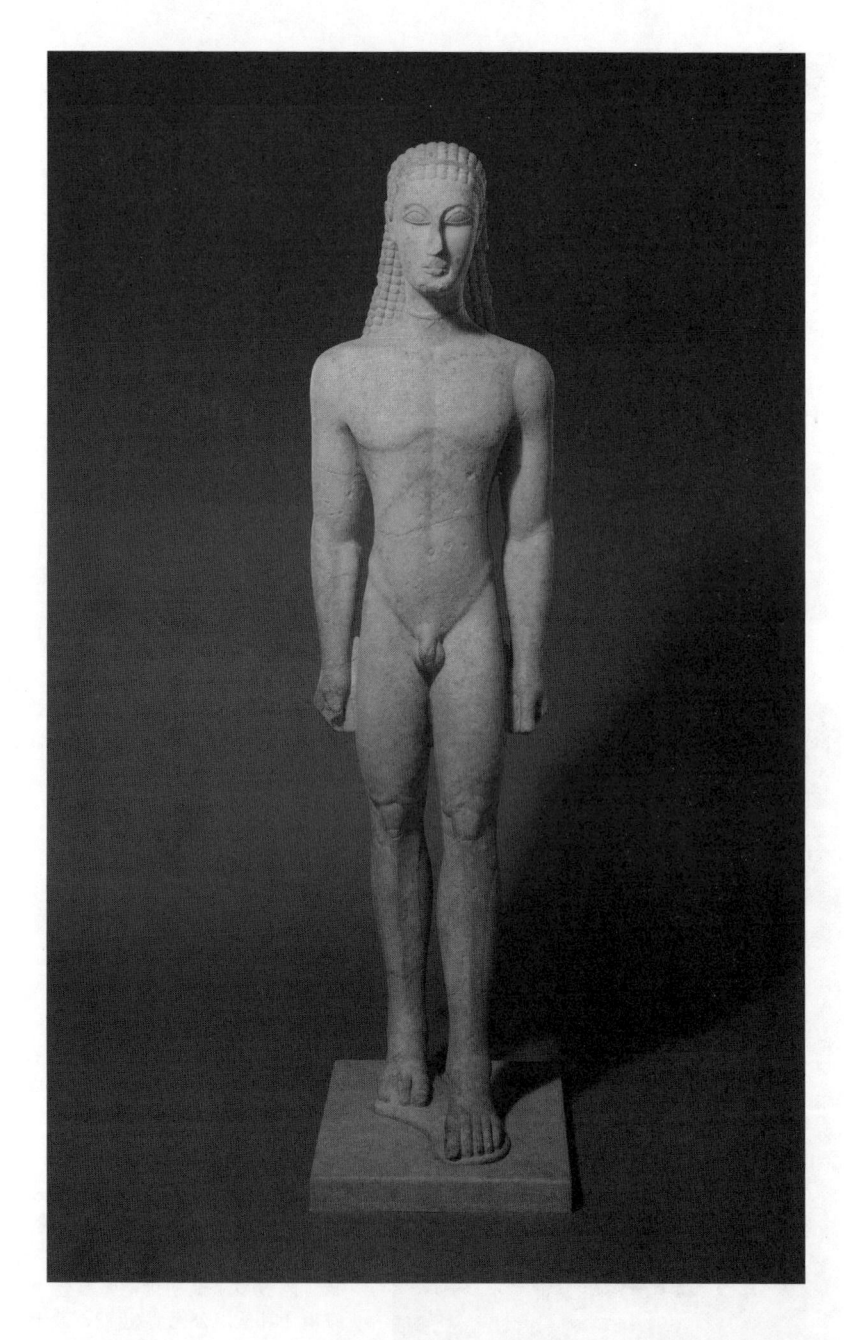

图7 来自阿提卡的大型大理石雕塑（kouros），可能是墓葬纪念雕塑，公元前660—前625年。左脚向前跨一步可能直接或间接地受到了埃及的影响。大都会博物馆，纽约

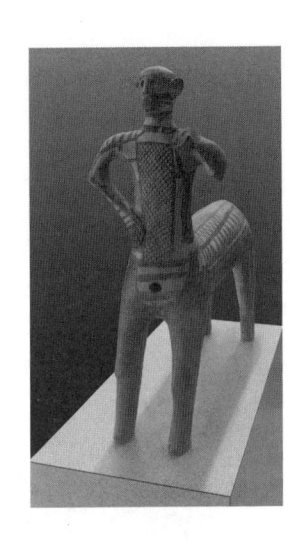

图8 来自优卑亚莱夫坎迪的红陶半人马雕塑,这些东西的发掘改变了我们对"黑暗时代"的认知。公元前10世纪晚期,考古博物馆,卡尔基斯

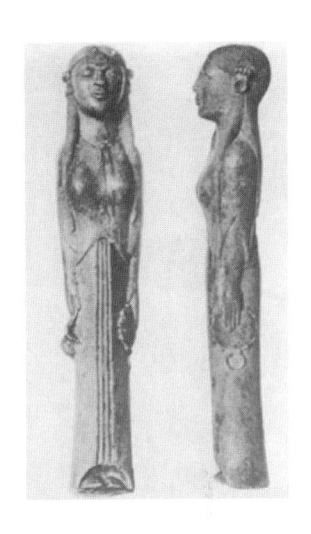

图9 以弗所阿尔忒弥斯神庙的象牙雕塑,该雕塑被称为"鹰隼女神"因为这个雕像是一个雄鹰权杖的把手。公元前560年,考古博物馆,伊斯坦布尔

图10 阿尔忒弥斯神庙山墙上的戈尔贡石灰石雕像,位于科林斯的殖民地科基拉(科孚岛)。公元前580年,德国考古中心,雅典

图11 一块嵌板，图上的宙斯骑着被变成小牛的欧罗巴，来自意大利南岸赛利诺斯（塞利农特）的神庙Y（位置并不确定）。公元前560—前550年，区域考古博物馆，巴勒莫

图12 女性大理石雕塑（kore），出土于雅典卫城，但是制造于纳克索斯或萨摩斯，脸部是纳克索斯风格，身上的布料是萨摩斯风格。公元前560—前550年，卫城博物馆，雅典。Zde / Wikimedia Commons / CC BY-SA 4.0

图13 出土于凯勒的伊特鲁里亚红陶雕塑，公元前500年。有很强烈的伊奥尼亚风格，但是经过了本地改良。妻子与丈夫一起斜躺在宴会的躺椅上，这显然是伊特鲁里亚式风俗。国立伊特鲁斯坎博物馆，罗马。Sailko / Wikimedia Commons / CC BY-SA 4.0

图14 阿芙洛狄忒［阿尔忒弥斯］扛着献祭的公羊的红陶雕塑，公元前500年，出土于意大利南岸的盖拉。盖拉是由克里特人和罗德岛人一起建立的，建立时间约为公元前688年。阿什莫林博物馆，牛津

图15 伊特鲁里亚的"维伊阿波罗"（伊特鲁里亚语 *Apulu*）雕塑，位于维伊的波图纳奇奥神庙的屋顶。他正在与后边的赫拉克勒斯（伊特鲁里亚语 *Herkle*）搏斗。国立伊特鲁斯坎博物馆，罗马。
Sergio D'Afflitto / Wikimedia Commons / CC BY-SA 4.0

图16 饮宴者的青铜雕塑。该人物使用失蜡法（*cire perdue*）铸造，出土于多多纳的宙斯神庙（可能代表阿波罗），本身可能在伯罗奔尼撒地区制造。公元前520年，大英博物馆，伦敦。Mary Harrsch / Wikimedia Commons / CC BY-SA 4.0

图17 大型红陶储物罐的颈口。出土于米科诺斯,但是可能制造于泰诺斯。该出土物的表面绘着踩着轮子的"特洛伊木马",周围是希腊士兵,试图包围特洛伊。公元前675—前650年,考古博物馆,米尔科斯。Zde / Wikimedia Commons / CC BY-SA 3.0

图18 青铜混酒钵的颈口,6英尺高,容积为1200升,出土于维城的高卢公主墓,塞纳河上游,法国。这个混酒钵可能是在拉哥尼亚或者意大利南部制造的。公元前550—前530年,考古博物馆,塞纳河畔沙蒂永(Châtillon)

图19 优卑亚莱夫坎迪出土的塞浦路斯长颈瓶,见证了近东海上贸易的恢复。Yosef Garfinkel

图20 原始几何陶双耳瓶,公元前950—前900年。这种设计发源于雅典,但是传播地区广泛,由多个刷子绘制的同心圆图案,标志着与之前亚迈锡尼陶瓶的差别。国立考古博物馆,雅典。Mervyn Popham, E. Touloupa and L. H. Sackett

图21 锡拉（圣托里尼）出土的几何陶罐，公元前8世纪。这种风格是从原始几何陶发展而来的，雅典是这种风格的发源地。直线图案构成的装饰带描绘着鸟类，还有一些人物场景

图22 原始几何陶短颈单柄球形瓶，公元前720—前690年。这种陶瓶瓶身描绘着旋涡轮廓，上边的图案受到近东影响，用的是科林斯白泥（燃烧时有淡绿色或浅黄色火苗），在科林斯领导的东方化艺术起到了重要作用。国立博物馆，那不勒斯

图23　带有格里芬头的陶罐，公元前675年，出土于埃吉那，但可能是在基克拉迪斯群岛制造的。其头部设计让人想起金属制品，尤其是有相同设计的青铜鼎。大英博物馆，伦敦。Zde / Wikimedia Commons / CC BY-SA 4.0

图24　科林斯的酒罐，这种科林斯风格是从原始科林斯的风格中发展出来的，在一定时间内，广泛传播，在整个地中海地区占据主要地位（图中的酒罐出土于罗德岛），直到雅典人取代了科林斯人的商业位置，公元前625—前600年。大英博物馆，伦敦

图25　弗朗索瓦陶瓶的把手。大埃阿斯正扛着阿基琉斯的尸体,在史诗传统中阿基琉斯死于阿波罗或帕里斯之手(或者说是阿波罗指导帕里斯杀了他)

图26　弗朗索瓦陶瓶。原始阿提卡混酒钵(*krater*),出土于伊特鲁里亚克鲁西乌姆人的墓葬中,瓶身有陶工埃尔戈蒂姆斯和画家克里提阿斯的签名,公元前575—前550年。从上到下依次是:雅典少男少女在克诺索斯跳舞;与半人马的战斗;佩琉斯和忒提斯婚礼上的诸神队伍。考古博物馆,佛罗伦萨

图27 弗朗索瓦陶瓶把手。图中的狩猎女神阿尔忒弥斯与米诺斯文明（克里特）有密切的关系。这是早期黑绘陶瓶例子，整个陶瓶绘有紫色、白色和黑色的图案，使用淡黄色陶土制作。Sailko / Wikimedia Commons / CC BY-SA 3.0

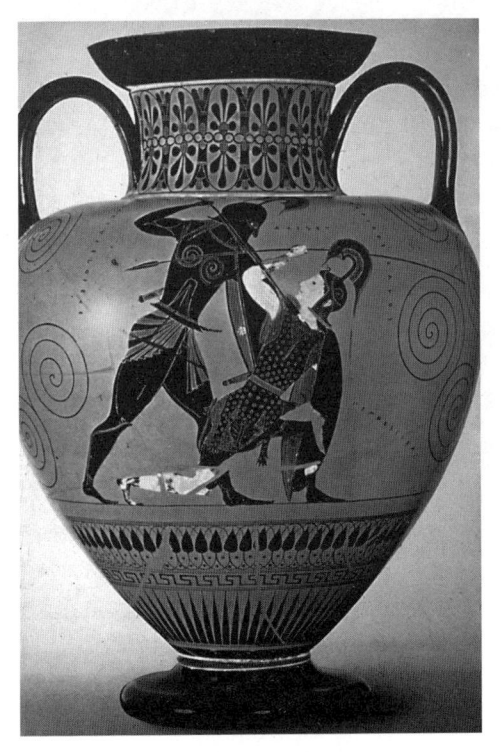

图28 阿提卡黑绘双耳陶瓶，公元前540年。画面中阿基琉斯正准备杀死亚马逊女王彭忒西勒亚。瓶身上的埃克塞基亚斯说明他不仅是陶工，也是绘画者（其他很多陶瓶上也有他的签名）。大英博物馆，伦敦。aaron Wolpert / Wikimedia Commons / CC BY 2.0

图29 阿提卡黑绘香水瓶,"阿马西斯画家"在瓶身签名,描绘了婚礼场景,公元前540年。这种陶瓶上一般描绘着"新娘和新郎"在马车上的情景,还有一些描绘着新娘被强迫塞进马车的景象。大都会博物馆,纽约

图30 阿提卡黑绘彩陶双耳瓶,绘有橄榄丰收图案,公元前520年。厄瑞克特翁神庙的雅典娜女神是手工业者与和平的守护神,这正是生长缓慢的橄榄树需要和象征的。大英博物馆,伦敦

图31 阿提卡黑绘陶瓶画,描绘着两层桨的长船和载有商人的较圆的船。公元前520年,大英博物馆,伦敦。ArchaiOptix / Wikimedia Commons / CC BY-SA 4.0

图32 阿提卡红绘陶瓶画,公元前520年,上边有多产的爱比克泰德(Epictetus)的签名。盘上描绘了一个斯基泰弓箭手,持弓是斯基泰人的特征,他们还在雅典担任警察。大英博物馆,伦敦。ArchaiOptix / Wikimedia Commons / CC BY-SA 4.0

图33 阿提卡白底香水瓶，上边有陶工帕西阿德斯（Pasiades）的签名，公元前500年。瓶身描绘了一对迈纳德（巴克坎特斯），他们是色雷斯神狄奥尼索斯的随从，狂怒和葡萄酒之神，欧里庇得斯的悲剧《酒神的伴侣》就以之命名。大英博物馆，伦敦。ArchaiOptix / Wikimedia Commons / CC BY-SA 4.0

图34 阿提卡红绘陶杯,公元前520—前510年,上边有陶工皮同(Python)和画家爱比克泰德的签名,描绘了吹笛者和舞者的形象。该器物出土于武尔奇(伊特鲁里亚),和许多其他希腊陶瓶相似。大英博物馆,伦敦

图35 阿提卡红绘双耳瓶,制作者是梅松(Myson),公元前500年,描绘了吕底亚国王克洛伊索斯试图在柴堆上将自己火化。在公元前546年克洛伊索斯被波斯国王居鲁士二世击败之后,关于克洛伊索斯本人的死亡有相互冲突的叙事传统。卢浮宫,巴黎

图36 出土于克勒尔梅斯库班地区的镀金镜子的反面,混合了希腊和近东图案的斯基泰艺术风格,献给斯基泰人的保护者。公元前6世纪,埃尔米塔日博物馆,圣彼得堡

图37 出土于土耳其东部阿尔泰佩(Altintepe)的青铜三角鼎,公元前8世纪。这类器物可能起源自叙利亚,爱琴海和整个近东地区都曾发现这种器物,希腊人主要将它们用作盛大节日竞赛的奖品,尤其是奥林匹亚赛会

图38　阿尔戈斯一个战士墓出土的重装步兵盔甲，公元前725—前700年。头盔体现了东方的影响，上方有马尾毛装饰，很可能是模仿了埃及战马的样式，这种传播以叙利亚为中转点。阿尔戈斯博物馆。AlMare / Wikimedia Commons / CC BY-SA 3.0

图39 雅典的双德拉克马银币。是雅典纹章银币的变体，钱币上的纹章可能被解释为和解，可能标志着庇西特拉图（公元前546—前527年）和贵族家族的和解，戈尔贡的头像可能不是家族的象征，而是标志着国家

图40 忒拜的双德拉克马银币。波奥提亚同盟钱币的一部分，上边描绘了一个波奥提亚盾牌，公元前6世纪晚期。反面的theta首创于忒拜，但是早期发行的钱币并没有这种标志，可能标志着后来忒拜等同甚至控制了这个同盟

图41 萨索斯的双德拉克马银币，帕罗斯在爱琴海北部的殖民地，公元前500年。钱币上有萨提尔的形象，扛着一个挣扎的山林水泽女神，萨提尔与狄奥尼索斯相关，可能会让人想起岛上颇具声誉的葡萄酒

图42 马其顿的德隆尼斯部落的十德拉克马银币，公元前5世纪。钱币上有一个长胡子的人，驾着牛车，上边还有一个科林斯式头盔。该地有大量的钱币出土可能与潘盖翁山上丰富的银矿有关

图43 伊奥尼亚城市的斯塔特琥珀金币（浅金色），可能源自米利都，钱币上描绘着一只山羊的前半身。这可能是希腊最早的钱币之一。公元前600年，大英博物馆，伦敦

图44 埃吉那双德拉克马银币，描绘了一只海龟的样子（献祭给阿芙洛狄忒）。这是靠近希腊大陆最古老的钱币，大概发行于公元前6世纪。这种钱币流传甚广，建立了希腊世界的钱币标准之一。Classical Numismatic Group, Inc. / CC BY-SA 3.0

图45 克罗顿的一德拉克马银币，公元前530年，阿凯亚人在意大利脚尖的殖民地，钱币上描绘着一个三脚架。这些南意大利最早的钱币，钱币上铸印的纹饰特征与哲学家毕达哥拉斯相关，他的父亲曼尼萨科斯是一个宝石制造者

图46 雅典的四德拉克马银币，描绘着雅典娜的头像和一只猫头鹰，还有圣橄榄树的一棵枝丫。这一非常知名的钱币币制采用自当时商业贸易十分有名的优卑亚城市，这一过程可能开始于公元前520年或稍晚。Odysses / Wikimedia Commons / CC BY-SA 4.0

"二十世纪人文译丛"出版书目

《希腊精神:一部文明史》　　　　　　〔英〕阿诺德·汤因比 著　乔　戈 译

《十字军史》　　　　　　　　　　　　〔英〕乔纳森·赖利-史密斯 著　欧阳敏 译

《欧洲历史地理》　　　　　　　　　　〔英〕诺曼·庞兹 著　王大学　秦瑞芳　屈伯文 译

《希腊艺术导论》　　　　　　　　　　〔英〕简·爱伦·哈里森 著　马百亮 译

《国民经济、国民经济学及其方法》　　〔德〕古斯塔夫·冯·施穆勒 著　黎　岗 译

《古希腊贸易与政治》　　　　　　　　〔德〕约翰内斯·哈斯布鲁克 著　陈思伟 译

《欧洲思想的危机（1680—1715）》　　〔法〕保罗·阿扎尔 著　方颂华 译

《犹太人与世界文明》　　　　　　　　〔英〕塞西尔·罗斯 著　艾仁贵 译

《独立宣言:一种全球史》　　　　　　〔美〕大卫·阿米蒂奇 著　孙　岳 译

《文明与气候》　　　　　　　　　　　〔美〕埃尔斯沃思·亨廷顿 著　吴俊范 译

《亚述:从帝国的崛起到尼尼微的沦陷》　〔俄〕泽内达·A.拉戈津 著　吴晓真 译

《致命的伴侣:微生物如何塑造人类历史》〔英〕多萝西·H.克劳福德 著　艾仁贵 译

《希腊前的哲学:古代巴比伦对真理的追求》〔美〕马克·范·德·米罗普 著　刘昌玉 译

《欧洲城镇史:400—2000年》〔英〕彼得·克拉克 著　宋一然　郑　昱　李　陶　戴　梦 译

《欧洲现代史（1878—1919）:欧洲各国在第一次世界大战前的交涉》
　　　　　　　　　　　　　　　　　　〔英〕乔治·皮博迪·古奇 著　吴莉苇 译

《古代美索不达米亚城市》　　　　　　〔美〕马克·范·德·米罗普 著　李红燕 译

《图像环球之旅》　　　　　　　　　　〔德〕沃尔夫冈·乌尔里希 著　史　良 译

《古代波斯:阿契美尼德帝国简史（公元前550—前330年）》
　　　　　　　　　　　　　　　　　　〔美〕马特·沃特斯 著　吴　玥 译

《古代埃及史》　　　　　　　　　　　　〔英〕乔治·罗林森 著　王炎强 译

《酒神颂、悲剧和喜剧》
　　　　〔英〕阿瑟·皮卡德-坎布里奇 著　〔英〕T. B. L. 韦伯斯特 修订　周靖波 译

《诗与人格：传统中国的阅读、注解与诠释》　　〔美〕方泽林 著　赵四方 译

《商队城市》　　　　　　　　　　　〔美〕M. 罗斯托夫采夫 著　马百亮 译

《希腊人的崛起》　　　　　　　　　　〔英〕迈克尔·格兰特 著　刘 峰 译

《历史著作史》　　　　　　　　　〔美〕哈里·埃尔默·巴恩斯 著　魏凤莲 译

《贺拉斯及其影响》　　　　　〔美〕格兰特·肖沃曼 著　陈 红　郑昭梅 译

《人类思想发展史：关于古代近东思辨思想的讨论》
　　　　　　〔荷兰〕亨利·法兰克弗特、H. A. 法兰克弗特 等 著　郭丹彤 译

《意大利文艺复兴简史》　　　　　　　〔英〕J. A. 西蒙兹 著　潘乐英 译

《人类史的三个轴心时代：道德、物质、精神》　〔美〕约翰·托尔佩 著　孙 岳 译

《欧洲外交史：1451—1789》　　　　　　〔英〕R. B. 莫瓦特 著　陈克艰 译

《中世纪的思维：思想情感发展史》〔美〕亨利·奥斯本·泰勒 著　赵立行　周光发 译

《西方古典历史地图集》　〔英〕理查德·J. A. 塔尔伯特 编　庞 纬　王世明　张朵朵 译

《中世纪与文艺复兴时期的佛罗伦萨》　〔美〕费迪南德·谢维尔 著　陈 勇 译

《乌尔：月神之城》　　　　　　　　〔英〕哈丽特·克劳福德 著　李雪晴 译

《塔西佗》　　　　　　　　　　　　　〔英〕罗纳德·塞姆 著　吕厚量 译

《哲学的艺术：欧洲文艺复兴后期至启蒙运动早期的视觉思维》
　　　　　　　　　　　　　　　　　　〔美〕苏珊娜·伯杰 著　梅义征 译

《宗教与西方文化的兴起》　　　　〔英〕克里斯托弗·道森 著　长川某 译

《永恒的当下：艺术的开端》　　〔瑞士〕西格弗里德·吉迪恩 著　金春岚 译

《罗马不列颠》　　　　　　　　　　　　〔英〕柯林武德 著　张作成 译
《历史哲学指南：关于历史与历史编纂学的哲学思考》〔美〕艾维尔泽·塔克 主编　余 伟 译
《罗马艺术史》　　　　　　　　　　　　〔美〕斯蒂文·塔克 著　熊 莹 译
《中世纪的世界：公元1100—1350年的欧洲》〔奥〕费德里希·希尔 著　晏可佳 姚蓓琴 译
《人类的过去：世界史前史与人类社会的发展》
　　　　　　　　　〔英〕克里斯·斯卡瑞 主编　陈淳 张萌 赵阳 王鉴兰 译
《意大利文学史》　　　　　　　　〔意〕弗朗切斯科·德·桑科蒂斯 著　魏 怡 译

"二十世纪人文译丛·文明史"系列出版书目

《大地与人：一部全球史》　　〔美〕理查德·W.布利特 等 著　刘文明 邢 科 田汝英 译
《西方文明史》　　　　　　　　　　　　〔美〕朱迪斯·科芬 等 著　杨 军 译
《西方的形成：民族与文化》　　　　　　〔美〕林·亨特 等 著　陈 恒 等 译

图书在版编目（CIP）数据

希腊人的崛起 /（英）迈克尔·格兰特著；刘峰译. —北京：商务印书馆，2023
（二十世纪人文译丛）
ISBN 978－7－100－21299－1

Ⅰ. ①希… Ⅱ. ①迈… ②刘… Ⅲ. ①希腊—历史 Ⅳ. ①K545

中国版本图书馆 CIP 数据核字（2022）第 105114 号

权利保留，侵权必究。

希 腊 人 的 崛 起

〔英〕迈克尔·格兰特 著
刘 峰 译

商 务 印 书 馆 出 版
（北京王府井大街36号 邮政编码100710）
商 务 印 书 馆 发 行
山 东 临 沂 新 华 印 刷 物 流
集 团 有 限 责 任 公 司 印 刷
ISBN 978－7－100－21299－1

2023年8月第1版　　开本 640×960　1/16
2023年8月第1次印刷　印张 31¼
定价：158.00元